La recherche opérationnelle

3e édition

Yves Nobert
Roch Ouellet
Régis Parent

La recherche opérationnelle

3e édition

gaëtan morin
éditeur
CHENELIÈRE ÉDUCATION

La recherche opérationnelle
3e édition

Yves Nobert, Roch Ouellet et Régis Parent

Révision linguistique : Gaétane Trempe
Impression : Imprimeries Transcontinental

Tableau de la couverture :
Message
Œuvre de **Léon Bellefleur**

Léon Bellefleur est l'une de ces rares personnes qui semblent connaître le secret de jouvence : à quatre-vingt-dix ans, il conserve l'œil vif et l'esprit enjoué de sa jeunesse, et demeure toujours fidèle à son émouvant *Plaidoyer pour l'Enfant* publié en 1947, profession de sa foi et programme de sa carrière.

Ses œuvres font partie de collections prestigieuses et sont présentes dans les grands musées nationaux. On les retrouve également à la Galerie Michel-Ange de Montréal.

Catalogage avant publication
de Bibliothèque et Archives nationales du Québec
et Bibliothèque et Archives Canada

Nobert, Yves

La recherche opérationnelle

3e éd.

Comprend des réf. bibliogr.

ISBN 2-89105-787-2

1. Recherche opérationnelle. 2. Modèles mathématiques. 3. Programmation linéaire. 4. Analyse de réseau (Planification). 5. Gestion – Modèles mathématiques. 6. Recherche opérationnelle – Problèmes et exercices. I. Ouellet, Roch, 1946- . II. Parent, Régis. III. Titre.

T57.6.N62 2003 003 C2001-941062X

gaëtan morin éditeur

CHENELIÈRE ÉDUCATION

7001, boul. Saint-Laurent
Montréal (Québec)
Canada H2S 3E3
Téléphone : 514 273-1066
Télécopieur : 514 276-0324
info@cheneliere.ca

ISBN 978-2-89105-787-5

Dépôt légal : 3e trimestre 2001
Bibliothèque et Archives nationales du Québec
Bibliothèque et Archives Canada

Imprimé au Canada

4 5 6 7 8 ITM 11 10 09 08 07

Nous reconnaissons l'aide financière du gouvernement du Canada par l'entremise du Programme d'aide au développement de l'industrie de l'édition (PADIÉ) pour nos activités d'édition.

Gouvernement du Québec – Programme de crédit d'impôt pour l'édition de livres – Gestion SODEC.

Avant-propos

De plus en plus, la recherche opérationnelle est présente dans le quotidien des gestionnaires : construction d'horaires, établissement de routes optimales de facteurs, de camions ou d'autobus, planification intégrée de la production, gestion de projets font appel explicitement ou implicitement à des techniques de la recherche opérationnelle. Pendant longtemps, les calculs souvent considérables exigés par la recherche opérationnelle en ont freiné l'essor dans le monde de la gestion. Mais les gestionnaires disposent désormais de plusieurs logiciels de recherche opérationnelle relativement conviviaux et disponibles sur des micro-ordinateurs de plus en plus rapides.

Cependant, à l'instar des autres outils d'aide à la prise de décision, ces logiciels ne profitent vraiment qu'à ceux qui en comprennent les hypothèses sous-jacentes. Il faut, en effet, prendre bien soin d'en respecter les conditions d'utilisation et veiller à rester dans les limites permises pour que l'interprétation donnée aux résultats obtenus reste valide. Les utilisateurs de ces logiciels doivent de plus s'assurer que les données colligées et les relations mathématiques qu'ils proposent reflètent bien la réalité des problèmes à résoudre. Ce manuel est donc résolument tourné vers le développement d'habiletés de formulation de modèles mathématiques et vers l'interprétation des résultats obtenus à l'aide de logiciels adéquats.

Les lecteurs de ce manuel se recruteront principalement parmi :

- les étudiants de premier cycle en sciences de la gestion ou en génie industriel,
- les étudiants de second cycle inscrits au programme de MBA ou à des programmes similaires.

Le niveau mathématique requis pour la compréhension des notions présentées dans ce manuel ne dépasse pas celui qu'on peut acquérir par de bonnes études secondaires. C'est dans ce dessein que le recours au calcul matriciel a été évité.

Pour rendre le manuel convivial, nous avons choisi de lui donner les caractéristiques suivantes :

- Chaque chapitre, à l'exception du premier, se termine par une liste de problèmes dont la difficulté va croissant. On passe des exercices purement techniques aux problèmes mettant en jeu des concepts fondamentaux. Les problèmes permettent également d'illustrer, grâce à la gamme variée des situations auxquelles ils font allusion, plusieurs des nombreux domaines d'application de la recherche opérationnelle. Beaucoup de ces problèmes s'appuient d'ailleurs sur des contextes d'articles publiés dans les revues spécialisées. Des réponses succinctes aux exercices de numéro impair sont données à la fin du manuel.

- Les formules mathématiques ont été réduites en nombre et en complexité pour faire place à des discussions et à des approches intuitives. L'exposé vise à conduire le lecteur pas à pas dans le dédale des sujets délicats.
- Pour permettre à l'étudiant de mieux mesurer les progrès faits dans son apprentissage, non seulement avons-nous émaillé le texte d'exemples résolus, mais nous avons aussi préparé un cahier d'accompagnement qui réunit de nombreux problèmes résolus traitant de chacun des thèmes abordés dans le manuel.
- Nous avons choisi parmi les progiciels de recherche opérationnelle offerts sur le marché nord-américain celui qui nous apparaît le plus flexible : *STORM*.

Il y a deux approches extrêmes que nous avons voulu éviter. La première aurait consisté à traiter de façon rigoureuse et générale les mathématiques relatives à la résolution des modèles linéaires. Il en serait résulté un manuel certes valable, mais dont l'utilité aurait été marginale pour des étudiants en sciences de la gestion. La seconde se serait confinée dans un strict exposé des algorithmes utilisés dans ce contexte. Ces deux approches, malgré leurs qualités respectives indéniables, ne conviendraient pas à notre clientèle cible, qui considère la recherche opérationnelle comme un outil de décision parmi d'autres, tout en lui reconnaissant la possibilité de jeter un éclairage privilégié sur la partie modélisable et quantifiable des problèmes à résoudre en gestion.

L'approche que nous avons retenue met moins l'accent sur la maîtrise des mécanismes de calcul que sur la modélisation des situations. C'est ainsi que le deuxième chapitre est entièrement consacré à la modélisation. Notre démarche se distingue encore par le souci de progresser à petits pas et d'expliquer intuitivement chaque étape. Ainsi, toujours dans le deuxième chapitre, nous illustrons les stratégies de modélisation à l'aide d'exemples numériques résolus et abondamment commentés.

Les chapitres 3 à 6 traitent de la programmation linéaire, qui étudie les problèmes où il s'agit de minimiser ou de maximiser une fonction linéaire en présence d'une ou de plusieurs contraintes linéaires écrites sous forme d'équations ou d'inéquations. L'algorithme du simplexe y est présenté avec force détails et un grand luxe de commentaires. Cette partie du manuel s'adresse surtout aux étudiants de premier cycle dont la formation intellectuelle requiert la compréhension des outils qu'ils utilisent. Voilà pourquoi la plupart des concepts reliés à cet algorithme sont expliqués sous leur double aspect géométrique et algébrique. Cette partie semblera moins essentielle à l'étudiant inscrit au programme de MBA dont les besoins de formation vont plus du côté de la résolution des problèmes de gestion et des habiletés de prise de décision au vu des résultats fournis par un logiciel que vers les détails techniques des divers algorithmes qui interviennent dans la résolution des modèles. Cet étudiant, qui requiert surtout un kaléidoscope des principales applications de la recherche opérationnelle, s'intéressera davantage aux chapitres 1, 2, 7 et 8, dans lesquels sont décrits plusieurs contextes du monde des affaires où les concepts de la recherche opérationnelle trouvent sans cesse des applications nouvelles – et souvent inattendues.

L'approche retenue innove aussi en présentant, pour la première fois dans un manuel de ce niveau, le concept de la modélisation graphique (chapitre 7). Cette méthode graphique s'applique, entre autres, aux problèmes de transport des personnes ou des marchandises, aux problèmes d'affectation, à ceux de la localisation optimale d'installations commerciales ou récréatives, à la construction de trajets optimaux pour les véhicules de service. L'éclairage jeté par cette méthode s'avère fort stimulant pour l'étudiant qui aime accompagner d'images justes son apprentissage de sujets abstraits : le double codage des informations disponibles à la fois sous forme visuelle et sous forme mathématique rend cette approche particulièrement attrayante à l'intuition ; de plus, l'aspect visuel des réseaux a, semble-t-il, de bénéfiques conséquences sur la rétention et la stimulation intellectuelle des apprenants. Nous avons inclus dans ce chapitre une section (7.4) consacrée au problème classique de transport. Nous y présentons de façon détaillée l'un des premiers algorithmes mis au point pour résoudre ce problème. L'intérêt de cette étude réside, à notre avis, non pas dans son efficacité, car d'autres algorithmes plus performants ont été mis au point pour le résoudre, mais plutôt dans le fait qu'elle nous donne l'occasion d'illustrer, de façon intuitive mais rigoureuse, à un niveau mathématique adéquat pour un étudiant en sciences de la gestion, comment s'analyse un problème en RO et comment se développe un algorithme efficace pour le résoudre.

Les outils de la gestion de projets sont présentés dans le cadre de deux exemples réalistes qui relèvent des systèmes d'information et de la comptabilité. De plus, les hypothèses de la méthode *PERT*, de même que leurs implications sur la validité et la précision des résultats numériques, sont abondamment discutées.

La deuxième édition de ce manuel différait notablement de la première. L'écart entre les deuxième et troisième éditions est bien moins important. De nouvelles sections ont vu le jour : un exemple de modèle linéaire multipériode est donné à la section 2.1.9 et est repris en 7.2.3 pour illustrer sa traduction dans le langage des réseaux ; on trouve également dans cette dernière section un nouvel exemple de problème de planification de la production où les livraisons anticipées ou en retard sont permises. De nombreux problèmes ont été ajoutés, notamment dans les chapitres 2, 5 et 7. Enfin, plusieurs changements de détail, suggérés par les usagers des précédentes éditions, ont été apportés.

Un site Internet, dont l'adresse est :

http://www.hec.ca/pages/roch.ouellet/manuels/NOP/

présente divers outils informatiques reliés directement ou indirectement à ce recueil. Ce site, qui continue à évoluer, contient pour l'instant :

- des fichiers de données en format *STORM* qui donnent les modèles linéaires ou les modèles de réseau associés à tous les exemples ;
- des fichiers de données en format *EXCEL* pour les exemples des chapitres 2 à 7 ;
- des fichiers de données en format *STORM* (et *EXCEL* pour les chapitres 2 à 7) qui donnent les modèles linéaires ou les modèles de réseau associés aux exercices du manuel *Problèmes résolus de recherche opérationnelle* des mêmes auteurs paru chez le même éditeur ;
- des exemples de fichiers *EXCEL* présentant la résolution graphique des exemples du chapitre 3 et des exercices du chapitre 3 de *Problèmes résolus de recherche opérationnelle* ;
- des tutoriels et des didacticiels interactifs qui guident l'apprentissage de la méthode SÉP et de l'algorithme du transport ;
- un guide d'utilisation des logiciels *STORM* et *EXCEL* pour résoudre les modèles mathématiques décrits dans ce manuel.

Ce livre est la version obtenue en conclusion d'une série de recueils de cours plusieurs fois remaniés et dont la qualité s'est enrichie des suggestions des nombreux étudiants tant de l'UQAM que des H.E.C. et de celles des nombreux collègues qui les ont utilisés dans ces deux établissements.

Nous tenons à souligner plus particulièrement l'apport de nos collègues Jacques Desrosiers et Amadou Diallo, dont les commentaires pertinents nous ont permis d'améliorer les versions préliminaires de ce texte. Plusieurs auxiliaires d'enseignement, dont Jean-François Cordeau, Sylvain Perron, Claude Guindon et Nathalie Perrier, ont collaboré à différents aspects de ce manuel ou nous ont fait remarquer diverses coquilles. Nous tenons également à remercier le Service de l'enseignement des méthodes quantitatives et le Service de la recherche de l'École des Hautes Études Commerciales de Montréal, ainsi que le Département des sciences administratives de l'UQAM, pour leur soutien financier. Enfin, nous remercions Hakim Belmaachi, Michel Hébert, André Vincent, Jean-Pierre Bélisle, Pierre Smith et Diane Paul, qui nous ont aidés à construire certains exemples ou problèmes.

Table des matières

Avant-propos v

CHAPITRE 1 Le rôle et les applications de la recherche opérationnelle 1

1.1 Une journée dans la vie de Maude et d'André 1

La recherche d'un itinéraire optimal • L'horaire des transports en commun • Le nettoyage des rues • L'organisation de la distribution du courrier • Les réseaux avec contraintes horaires

1.2 Un bref historique de la recherche opérationnelle 8

L'aplanissement des terrains • L'optimisation de la productivité • La gestion de projets • La gestion des stocks • La taille optimale d'un standard • L'optimisation de la défense antiaérienne • La taille optimale des convois • La taille optimale d'une meute de sous-marins • La taille optimale des escadres de bombardiers • La pose des mines marines • La défense contre les kamikazes • Le ratissage des plans d'eau • L'algorithme du simplexe • La RO en ex-URSS • Les applications de l'algorithme du simplexe • L'enseignement de la RO

1.3 La méthode scientifique et la recherche opérationnelle 14

1.4 La recherche opérationnelle et les facteurs qualitatifs 15

1.5 Un palmarès des techniques de la recherche opérationnelle 17

1.6 Quelques exemples d'application de la recherche opérationnelle 18

Le raffinage du pétrole • La composition des moulées • La gestion des forces policières • La gestion du transport routier • La gestion des stocks et des processus manufacturiers • La découpe des billes de bois • La recherche opérationnelle et le marketing • La gestion financière • La gestion du transport aérien • La restauration rapide • La gestion hospitalière • La guerre du golfe Persique • La gestion des files d'attente • La reconfiguration des cartes électorales • Varia

1.7 La recherche opérationnelle au Québec au tournant de l'an 2000 22

1.8 En conclusion 25

CHAPITRE 2 La modélisation 27

2.1 Quelques exemples de base 28

2.1.1 Les chaises de M. Eugène 28
Le contexte • La construction d'un modèle linéaire • Une solution optimale du modèle linéaire de M. Eugène • Les hypothèses de la programmation linéaire • Le carcan linéaire et la pratique de modélisation

2.1.2 Un problème de comptabilité de gestion 33

2.1.3 Le choix des variables de décision : Cirem 37
La description du problème • Un premier modèle • Un deuxième modèle • La renégociation du contrat : pénalités pour approvisionnement insuffisant • La modification du premier modèle • La modification du deuxième modèle

2.1.4 Le chocolatier-confiseur 42

2.1.5 Les problèmes de mélange 45

2.1.6 Les variables de décision à double indice : Vitrex 48

2.1.7 L'horaire des standardistes 52

2.1.8 Le choix de la fonction-objectif : la coupe de bobines-mères 58
La description du problème • Un modèle pour minimiser le nombre de bobines-mères • Un modèle pour minimiser les chutes • Un troisième modèle qui intègre les deux premiers • En complément

2.1.9 Un modèle multipériode de production 65
Le contexte • Le modèle linéaire

2.2 Les variables binaires 69

2.2.1 Le problème de recouvrement minimal : où implanter des franchises 69

2.2.2 Le problème d'affectation : la rotation du personnel 71

2.2.3 Le problème du chemin le plus court dans un réseau orienté 72

2.2.4 Les conditions logiques : l'équipe d'arpenteurs-géomètres 73

2.2.5 La verrerie Grand Siècle 75

2.3 L'utilisation de variables binaires pour linéariser 76

2.3.1 Électro 76

2.3.2 Comment tenir compte des coûts fixes : la coupe de bobines-mères 79

2.3.3 Comment traiter les lots : les chaises et leur cuisson 80

2.3.4 La modification par à-coups du membre droit d'une contrainte 82

2.3.5 Comment satisfaire à un nombre fixé de contraintes 85
Les contraintes de signe « ≥ » • Les contraintes de signe « ≤ »

2.3.6 Les fonctions linéaires par parties : les escomptes sur quantité 87

2.4 Autres exemples 90

2.4.1 Le parcours des éboueurs 91
La description du problème • Le modèle • En complément

2.4.2 La modification avec pénalité du membre droit d'une contrainte . . . 96

2.4.3 Comment poursuivre plusieurs objectifs à la fois : le problème du partage équitable d'un héritage 97

2.4.4 Le problème de la mine à ciel ouvert 99

*2.5 Quelques trucs de modélisation 102

2.5.1 La recherche du maximum de plusieurs minima : le joueur 102

2.5.2 Les variables libres : les livraisons d'Attache-Tout 103

2.5.3 L'écriture sous forme linéaire du produit d'une variable binaire et d'une variable non négative bornée supérieurement 105

2.5.4 La linéarisation d'expressions en valeur absolue 108
L'Annapurna

2.6 La notion de modèle 111

2.7 Problèmes 113

CHAPITRE 3 La résolution graphique de modèles linéaires continus comportant deux variables de décision 139

3.1 Un premier exemple : la Fonderie Rivière-Bleue 140
3.1.1 La description du problème 140
3.1.2 Le modèle linéaire 141
3.1.3 La construction de la région admissible 142
3.1.4 La recherche d'une solution optimale 148
3.2 La résolution d'un deuxième exemple 150
3.3 Les caractéristiques de l'ensemble des solutions admissibles 152
3.3.1 Une typologie des régions admissibles 153
3.3.2 Une typologie des solutions admissibles 158
3.3.3 Les caractéristiques des solutions optimales 160
3.4 Problèmes 164

CHAPITRE 4 L'algorithme du simplexe 169

4.1 Les variables d'écart et les variables d'excédent 170
4.1.1 Les variables d'écart 170
4.1.2 Les variables d'excédent 171
4.1.3 Le modèle (P=) associé à un modèle linéaire (P) 172
4.2 Les solutions de base admissibles 173
4.2.1 Les modèles linéaires sous forme (PLS) 173
4.2.2 La caractérisation algébrique des points extrêmes de (FRB) 174
4.2.3 Un second exemple : les points extrêmes d'un cube 176
4.2.4 Les solutions de base 178
Théorème 1 • Théorème 2
4.2.5 Un exemple : le problème continu du sac alpin 178
4.3 La résolution des modèles sous forme (PLS) 180
4.3.1 Un résumé de l'algorithme du simplexe 180
4.3.2 Étape A : la mise en évidence d'une solution de base admissible initiale 181
4.3.3 Étape A : la construction du tableau initial 183
4.3.4 Étape B : le choix de la variable entrante 184
4.3.5 Étape C : le choix de la variable sortante 186
4.3.6 Les tableaux ou les modèles sous forme canonique 186
4.3.7 Étape D : le pivotage 187
4.3.8 La deuxième itération 189
4.3.9 Le calcul des coûts marginaux 191
4.3.10 La troisième itération 193
4.3.11 La solution optimale de (FRB) 195
4.3.12 La séquence des solutions de base de l'exemple (FRB) 196
*4.3.13 Le calcul des coefficients de la section centrale : la méthode du rectangle 197
4.3.14 Description de l'algorithme du simplexe 199
Étape A • Le critère d'optimalité • Étape B • Étape C • Étape D
4.4 La résolution d'un modèle (PLC) 200
4.4.1 Le modèle linéaire continu général (PLC) 200
4.4.2 La construction du tableau initial 201

4.4.3 La méthode en deux phases 203
4.4.4 La résolution de (PMF) : phase I 204
4.4.5 La résolution de (PMF) : phase II 207
*4.4.6 La transition entre les phases I et II 208
*4.4.7 La méthode du grand M 208

4.5 Les cas particuliers ou pathologiques 210
Catégorie A : la forme du tableau final • Catégorie B : les choix multiples lors d'une itération
4.5.1 Les modèles admettant une solution optimale (unique ou multiple) . . . 211
4.5.2 Les modèles sans solution admissible 214
4.5.3 Les modèles non bornés 215
4.5.4 Le cas où plus d'une variable peut entrer dans la base 217
4.5.5 Le cas où plus d'une variable peut sortir de la base : la dégénérescence 218

4.6 L'efficacité de l'algorithme du simplexe 222

4.7 Problèmes 223

CHAPITRE 5 L'analyse postoptimale 231

5.1 La modification d'un coefficient c_j : l'approche géométrique 233
5.2 La modification d'un coefficient c_j : l'approche algébrique 235
5.3 La modification d'un coefficient b_i : l'approche géométrique 236
5.4 La modification d'un coefficient b_i : l'approche algébrique 237
5.5 L'analyse postoptimale et les logiciels 239
5.6 L'analyse postoptimale des problèmes de production : un exemple classique 240
5.6.1 Expro : le contexte et le modèle mathématique 240
5.6.2 Les préparatifs à l'analyse postoptimale 241
5.6.3 Le champ de l'analyse postoptimale proposée 242
5.6.4 La modification du c_j d'une variable originale hors base 242
5.6.5 La modification du c_j d'une variable de base originale 243
5.6.6 La modification d'un b_i 244
Contrainte de signe « ≤ » et variable e_i hors base • Contrainte de signe « ≤ » et variable e_i dans la base • Contrainte de signe « ≥ » et variable e_i hors base • Contrainte de signe « ≥ » et variable e_i dans la base
5.7 Exemple 2 : les roubachki de la maison Kalinine 249
5.8 Exemple 3 : CinéFam 255
*5.9 La dualité et l'analyse postoptimale 259
5.9.1 La construction et l'interprétation du modèle dual 259
Les premières jongleries d'Henri • Les deuxièmes jongleries d'Henri • Les troisièmes jongleries d'Henri
5.9.2 Les relations entre le primal et le dual 263
Le théorème de la dualité faible • Le théorème de la dualité forte • Le théorème des écarts complémentaires
5.10 Problèmes 265

CHAPITRE 6 La programmation linéaire en nombres entiers 287

6.1 Introduction, définitions et notations ... 287

6.2 L'ajout de contraintes d'intégrité et leur représentation graphique ... 289

6.2.1 Exemple 1 : le modèle continu (P_0) associé ... 289
6.2.2 Exemple 1 : l'ajout d'une contrainte d'intégrité ... 290
6.2.3 Exemple 1 : le modèle totalement en nombres entiers ... 292
6.2.4 Exemple 2 ... 293
6.2.5 Exemple 3 : un modèle sans solution admissible entière ... 294

6.3 La méthode de séparation et d'évaluation progressive ... 295

6.3.1 La méthode SÉP : présentation dans le cadre d'un exemple à 2 variables ... 295
6.3.2 L'exemple 1 et le critère de la variable la plus distante ... 296
6.3.3 L'exemple 1 et le critère du meilleur c_j ... 301
6.3.4 Exemple 4 : le plan de production pour des appareils électroniques . 302
6.3.5 L'exemple 4 et le critère de la variable la plus distante ... 304
6.3.6 L'exemple 4 et le critère du meilleur c_j ... 306

*6.4 Le calcul d'une solution optimale d'un nœud-fils ... 308

6.5 Problèmes ... 311

CHAPITRE 7 Les problèmes de réseaux ... 317

7.1 Un premier exemple : la compagnie Nitrobec ... 318

7.1.1 L'énoncé du problème de Nitrobec ... 318
7.1.2 La construction du réseau de Nitrobec ... 319
7.1.3 Les conventions graphiques des réseaux ... 320
Le flot sur les arcs • Le flot net émergeant d'un sommet et le flot net incident à un sommet • Les sommets de transbordement • Les sommets émetteurs • Les sommets récepteurs • Nitrobec et la terminologie des réseaux : un résumé
7.1.4 Le modèle linéaire associé au réseau de Nitrobec ... 323
Les variables de décision • L'écriture de la fonction-objectif • Les contraintes associées aux sommets • Les contraintes associées aux arcs • Le modèle linéaire de Nitrobec : un résumé
7.1.5 La solution optimale de Nitrobec ... 325
7.1.6 Le modèle général de réseau ... 326

7.2 Quelques exemples supplémentaires de problèmes de réseaux ... 327

7.2.1 Une nouvelle version du problème de Nitrobec ... 327
Description du contexte modifié • Le réseau • Le modèle mathématique • Une solution optimale
7.2.2 La maison Cordon Bleu ... 331
Description du problème • Les composantes du réseau • La modélisation graphique • Une solution optimale
7.2.3 Modèles multipériodes et livraisons anticipées ou en retard ... 335
Le modèle multipériode de Pastissimo • Un problème de planification avec livraisons anticipées ou en retard
7.2.4 La société Air Taxi ... 341
Description du problème • Les composantes du réseau • La modélisation graphique • Une solution optimale
7.2.5 Nevera Nieve ... 343
Description du problème • Les composantes du réseau • La modélisation graphique • Une solution optimale

7.3 Quelques cas particuliers du problème de transbordement 350
7.3.1 Le problème du flot maximal 350
Un exemple : l'expédition scientifique du CNRS
7.3.2 Le problème du chemin le plus court 352
Un exemple : la politique optimale de remplacement d'un véhicule
7.3.3 Le problème d'affectation 354
Un exemple : le problème de la Pharmacie Centrale
7.4 Les problèmes de transport 358
7.4.1 Le contexte et la terminologie 358
La modélisation du problème de Sporcau
7.4.2 L'algorithme du transport 362
7.4.3 Les méthodes heuristiques de calcul d'une solution de base admissible initiale 366
La méthode du coin nord-ouest • *La méthode des coûts minimaux (CM) • *La méthode des pénalités (PEN)
7.4.4 Le calcul des coûts marginaux : la méthode des potentiels 372
7.4.5 Les problèmes non équilibrés et la dégénérescence 375
L'équilibrage d'un problème de transport • La dégénérescence et la méthode du coin nord-ouest • *La dégénérescence et la méthode CM • *La dégénérescence et la méthode PEN • La dégénérescence et le choix de la variable sortante • La dégénérescence et les itérations
7.5 Les problèmes apparentés à des problèmes de réseaux 382
7.5.1 Xanada : première version 382
L'énoncé du problème • Les composantes du réseau • La modélisation graphique • La modélisation algébrique
7.5.2 Xanada : changements au code d'investissement 386
7.5.3 Le supermarché Provi 387
L'énoncé du problème • Le modèle graphique
7.6 Problèmes 391

CHAPITRE 8 La gestion de projets 405

8.1 Un exemple : le projet RESO 407
8.2 La construction du réseau 408
8.3 La durée minimale d'un projet et le chemin critique 414
8.4 La compression de la durée d'un projet 421
Analyse *ad hoc* de l'accélération de certaines tâches : un exemple • Un modèle linéaire général pour l'accélération
8.5 La méthode *PERT* : durée aléatoire des tâches 428
*8.6 Annexe – La représentation des tâches par les sommets : le réseau potentiels-tâches 435
8.6.1 La construction d'un réseau potentiels-tâches 436
8.6.2 Le calcul des moments et des marges 437
8.6.3 La compression de la durée d'un projet 441
8.6.4 En conclusion 443
8.7 Problèmes 444

Table – Aire sous la courbe normale centrée réduite 453

Réponses des problèmes de numéro impair 455

Index 461

Le rôle et les applications de la recherche opérationnelle

CHAPITRE

1

La recherche opérationnelle (RO) est une science qui, après avoir pris son nom et son essor au cours de la Seconde Guerre mondiale, joue maintenant un rôle prépondérant dans les sociétés postindustrielles. Dans ce chapitre, nous définissons cette science, en traçons un bref historique, dissertons sur son rôle dans la résolution des problèmes de gestion et décrivons succinctement quelques-uns des succès qu'elle a connus tant à l'étranger qu'au Québec, où elle occupe une place de choix.

1.1 UNE JOURNÉE DANS LA VIE DE MAUDE ET D'ANDRÉ

Rare est l'adulte qui arrive à voir son quotidien avec des yeux d'enfant. Pourtant, s'il s'est déjà rendu dans un pays exotique, notre lecteur se rappellera, avec délice ou avec effroi, ses premières découvertes d'une nouvelle façon d'être et de vivre. Puisse notre lecteur blasé, que la vie citadine ne surprend plus guère, adopter, pendant la lecture de cette section, l'attitude du touriste néophyte. Qu'il nous laisse le guider dans la redécouverte de certains aspects de son environnement urbain qui réserve, il le verra, bien des surprises à qui apprend à le décoder.

Dans ce but, empruntons les yeux de Maude et de son frère André, étudiants à l'UQAM, pour épier leur quotidien dont les coulisses, convenablement explorées, nous donnent la vision qu'aurait de Montréal un initié de la RO. Rendons-nous chez Maude et André pour y vivre un après-midi avec eux.

La recherche d'un itinéraire optimal

Aujourd'hui, comme tous les jeudis, Maude se rend en voiture à son cours de RO qui débute à 14 heures. Quoique ponctuelle, Maude se veut économe de son temps et quitte son foyer à la dernière minute, ce qui l'oblige à faire diligence pour éviter les retards. Elle a convenu de passer prendre aujourd'hui trois de ses camarades de classe, Amélie, Bernard et Claude, que nous désignerons par leur initiale dans la suite du texte. Maude cherche naturellement à emprunter la route la plus courte pour se rendre à l'université, tout en se prêtant aux détours nécessaires pour faire monter ses camarades. Elle connaît bien la géographie de sa ville, habituée qu'elle est d'y conduire sa voiture, et elle sait choisir son trajet avec flair et perspicacité. Maude est toutefois perfectionniste et, après chaque choix de trajet, un doute la taraude : le parcours tout juste choisi est-il optimal ?

En fait qu'est-ce qu'un itinéraire optimal ? Selon elle, un parcours qui est optimal le dimanche matin ne l'est pas forcément le lundi à 9 heures. Maude comprend que l'**optimalité d'un trajet** urbain tient à sa durée pour l'automobiliste avare de son temps, et à sa longueur pour l'automobiliste économe de ses sous. La pertinence du choix de Maude, ce jeudi, dépend en partie de l'ordonnancement adopté pour se rendre chercher chacun de ses trois amis, et en partie du trajet retenu pour chaque étape de son déplacement. Il y a six façons pour Maude d'organiser les étapes successives de ce déplacement. En effet, soient M, la maison de Maude ; A, B et C, les endroits où l'attendent ses trois amis ; et U, l'université. Les étapes à parcourir se succéderont selon l'une des six façons suivantes :

$$M\to A\to B\to C\to U \quad M\to B\to A\to C\to U \quad M\to C\to A\to B\to U$$
$$M\to A\to C\to B\to U \quad M\to B\to C\to A\to U \quad M\to C\to B\to A\to U.$$

Pour chacun des ordonnancements, en tout cas pour ceux qui semblent acceptables, il lui faut trouver le meilleur itinéraire. Et encore, elle n'a que trois amis à qui elle a promis le voyage en ville ; en aurait-elle eu cinq qu'elle aurait dû considérer 120 ordonnancements ! Toutefois, comme le montre la carte de la figure 1.1, seulement deux des six façons d'organiser le trajet sont acceptables, soit $M\to B\to C\to A\to U$ et $M\to A\to C\to B\to U$.

Avant de poursuivre l'analyse du problème de Maude, précisons la terminologie utilisée. Tout **trajet** urbain en véhicule de surface emprunte rues, boulevards ou ruelles. Il est constitué d'une succession de **tronçons**, dont chacun est un segment du réseau routier (bout de rue, ruelle, pont, etc.) qui joint deux intersections consécutives. Mesurer la longueur de chaque tronçon, en coder la topologie et en constituer une banque de données sont les étapes d'un procédé appelé **géocodage**.

Une des façons de réaliser le géocodage d'un réseau routier consiste à fixer une carte sur une table à numériser puis à saisir les coordonnées des différentes intersections à l'aide d'une souris dotée d'un dispositif de ciblage. Quelques manipulations supplémentaires font apparaître sur un écran d'ordinateur les tronçons du réseau. Le réseau routier de Montréal, entre autres, est géocodé de cette façon, dans ses moindres recoins

FIGURE 1.1 Maude : trajet de distance minimale

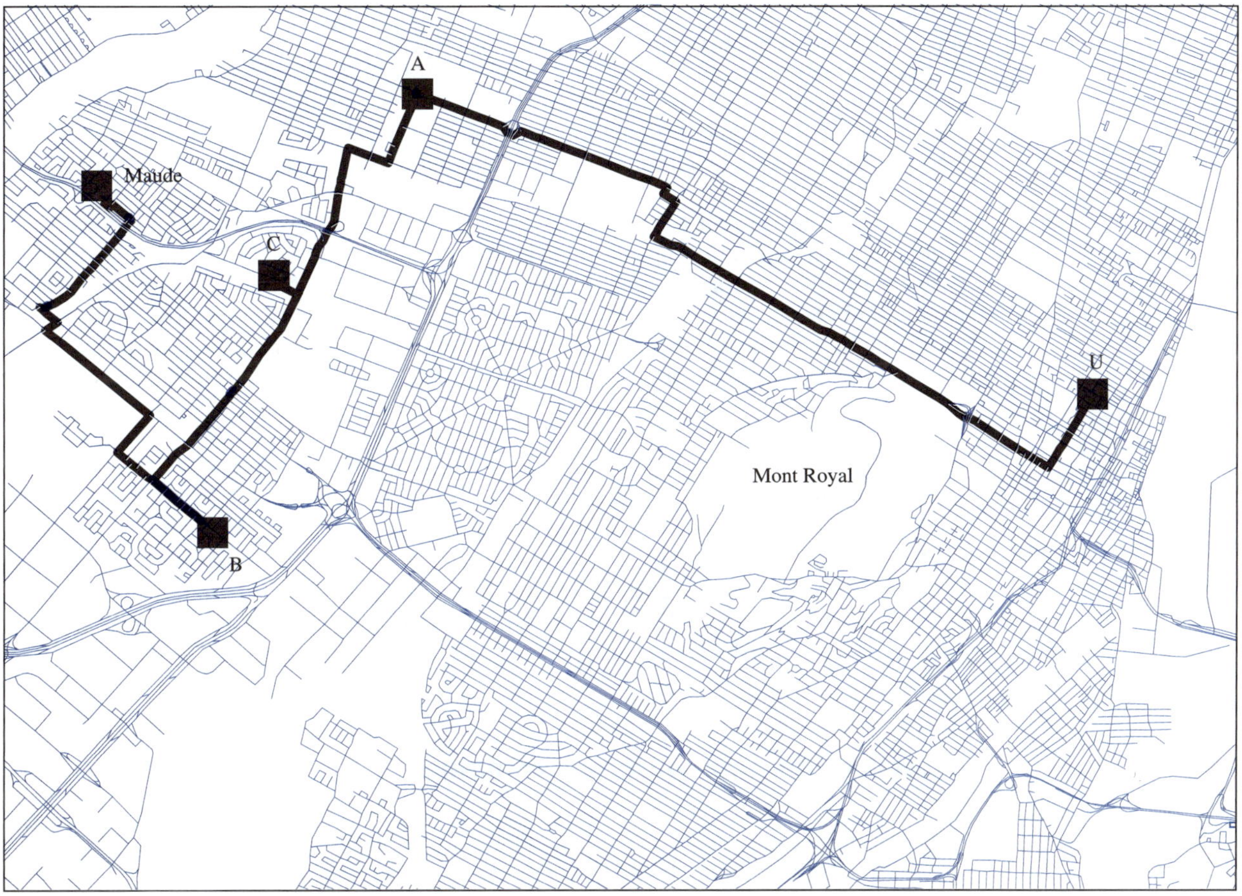

et culs-de-sac, tronçon par tronçon. Les mesures de distance obtenues par ce procédé sont fiables ; des arpentages de contrôle menés sur le terrain le confirment. D'autres méthodes de géocodage encore plus précises utilisent le repérage par satellite. Elles sont toutefois difficiles à appliquer en milieu urbain, où des gratte-ciel et de grands arbres font souvent écran entre le satellite de référence et le véhicule muni de la balise nécessaire à la communication avec le satellite.

La RO dispose de plusieurs algorithmes pour établir le chemin le plus court ou le plus rapide entre deux points d'un réseau urbain géocodé. Le calcul de la longueur et de la durée de la plupart de ces chemins s'effectue en quelques minutes à l'aide d'un micro-ordinateur doté d'un logiciel approprié.

Comme l'indique la carte de la figure 1.1, le foyer de Maude est situé à Ahuntsic sur la rue Terrasse de Louisbourg. Amélie (A) attend Maude non loin de chez elle, à l'intersection du boulevard Saint-Laurent et de la rue de Louvain Ouest. Bernard (B) est au coin de la rue Nantel et du boulevard Alexis-Nihon, tandis que Claude (C) se tient à l'intersection des boulevards Thompson et Jules-Poitras, à Ville Saint-Laurent.

Sur commande, l'ordinateur fait appel au logiciel *GÉOROUTE* pour montrer, sur une carte de Montréal, l'emplacement de l'UQAM, du foyer de Maude et des intersections où l'attendent ses amis. Il trace deux trajets qui mènent de chez Maude à l'UQAM en passant devant chacun des trois amis : un trajet de durée minimale et un trajet de longueur minimale. L'utilisateur peut aussi imposer un choix de priorité de ramassage. Maude recherche d'habitude le parcours de longueur minimale ; de plus, son intuition lui suggère de passer prendre ses amis dans l'ordre B→C→A avant de se rendre à l'UQAM. Suivant ces prescriptions, le logiciel *GÉOROUTE* indique comme chemin à suivre le trajet de la figure 1.1, d'une longueur d'environ 22,2 km et d'une durée de parcours de 48 minutes. Cette durée suppose une circulation sans embouteillage et en dehors des heures de pointe.

Le logiciel fournit également la succession des rues à emprunter pour réaliser le trajet proposé : départ de la Terrasse de Louisbourg, puis Alexandre-Lacoste, Dudemaine, Grenet, Henri-Bourassa, Marcel-Laurin, Thimens, Alexis-Nihon (B monte), Alexis-Nihon, de la Côte-Vertu, Jules-Poitras (C monte), Jules-Poitras, de la Côte-Vertu, Sauvé, Meilleur, de Louvain (A monte), de Louvain, Saint-Laurent, Crémazie, Saint-Laurent, de Castelneau, Clark, Jean-Talon, du Parc, de Bleury, et enfin Sainte-Catherine jusqu'à l'UQAM.

Si Maude demande le chemin de plus courte durée sans préciser l'ordre de ramassage, le logiciel, laissé à lui-même, retient le trajet de la figure 1.2, dont la longueur est de 28,6 km environ mais dont la durée de parcours s'abaisse à 45,5 minutes : Terrasse de Louisbourg, de l'Acadie, Henri-Bourassa, Saint-Laurent, de Louvain (A monte), de Louvain, Saint-Laurent, Sauvé, de la Côte-Vertu, Jules-Poitras (C monte), Jules-Poitras, de la Côte-Vertu, Alexis-Nihon (B monte), Alexis-Nihon, de la Côte-de-Liesse, 40 Est, 15 Sud, Décarie, Ville-Marie, Sanguinet, puis Sainte-Catherine jusqu'à l'UQAM.

L'horaire des transports en commun

André, le frère cadet de Maude, doit se rendre à l'UQAM pour 15 heures. Un peu grippé, il s'est levé fort tard, et Maude se serait mise en retard si elle l'avait attendu. À défaut de se déplacer confortablement dans la voiture conduite par sa sœur, il devra se résoudre à emprunter le transport en commun. La durée de son déplacement est quasiment prédéterminée par la RO, qui a aidé à établir l'horaire des autobus et des rames de métro. C'est la RO qui, en fonction de la demande, régit la fréquence de passage des véhicules de transport en commun de la Société de transport de la Communauté urbaine de Montréal (STCUM). La RO sert également à élaborer l'horaire des chauffeurs d'autobus et celui des conducteurs de rames de métro. Regardons d'un peu plus près les difficultés de planification inhérentes à ces deux exercices.

Les services de transport et de billetterie emploient plus de 4 000 personnes, environ 1 700 autobus assurent le service sur 150 trajets, et 20 rames de métro desservent les 65 stations. Les horaires sont remis à jour cinq fois par année, après une analyse serrée des facteurs saisonniers. Il y a quatre niveaux de service, déterminés à la suite d'un compromis entre la demande et les contraintes budgétaires : celui des jours ouvrables, celui des samedis, celui des dimanches et celui des jours fériés. La demande, qui dépend des jours de la semaine et des heures de la journée, se caractérise en semaine par deux périodes de pointe qui atteignent leur maximum autour de 9 heures et de 17 heures. À ces heures, il faut mettre en service suffisamment de véhicules et, partant, de chauffeurs et de conducteurs pour éviter que les voyageurs s'agglutinent dans les abribus et sur les quais. Aux heures de pointe, non seulement la demande de transport est plus forte, mais

FIGURE 1.2 Maude : trajet de durée minimale

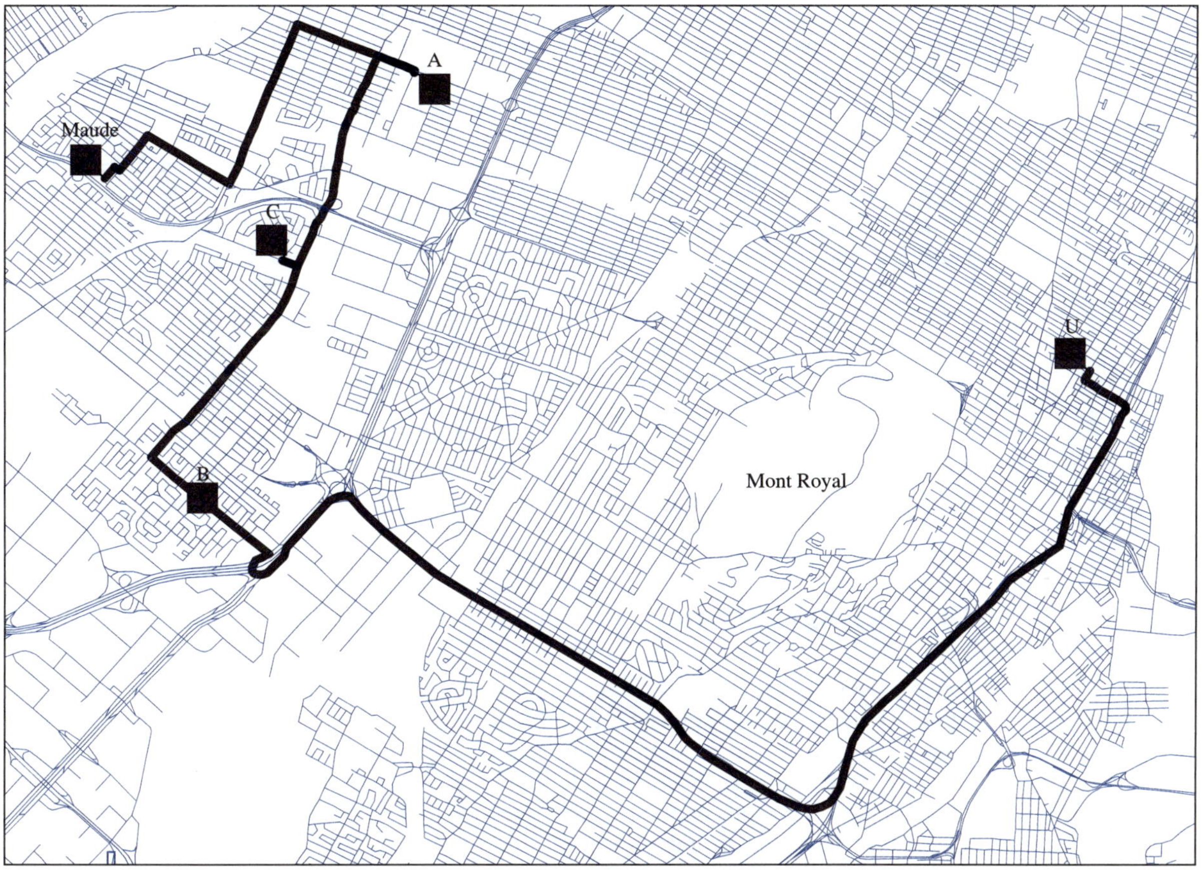

la vitesse moyenne des autobus diminue (on contre ce dernier phénomène en leur réservant des voies spéciales). De là provient la nécessité économique d'établir des horaires brisés pour les chauffeurs et les conducteurs puisque, dans ces fonctions, l'emploi à temps partiel n'a pas été retenu par la STCUM. En effet, si les chauffeurs et les conducteurs travaillaient tous huit heures d'affilée, le nombre d'autobus et de rames de métro en circulation dépasserait de loin, entre les périodes de pointe, toute limite de coût raisonnable pour les usagers.

Beaucoup d'employés doivent donc consentir à travailler selon un horaire brisé comportant deux ou trois périodes, dont seule la plus courte fait l'objet d'une prime. Les changements de chauffeur se font en 75 points de relève qui se trouvent soit à une station de métro, soit aux garages de la STCUM ou en d'autres endroits où les chauffeurs peuvent attendre confortablement l'heure de la relève. Selon la convention collective, il faut prévoir au moins 25 % de journées de travail continu en semaine, et au moins 45 % les fins de semaine. Le temps travaillé au cours d'une journée ne peut ni excéder 7 heures 30 minutes ni descendre à moins de 6 heures 45 minutes. L'amplitude, c'est-à-dire la différence entre l'heure d'une fin de journée et l'heure où elle débute, ne peut excéder 12 heures 30 minutes en semaine et 11 heures les fins de semaine. Des primes sont attribuées selon l'amplitude de la journée de travail : la neuvième heure est majorée de 15 %, et les dixième et onzième, de 50 % ; on passe à 100 % pour toute durée supérieure à 12 heures. De plus, on accorde des primes de nuit et de jours fériés, de même que des primes de déplacement pour se rendre aux points de relève. Établir des horaires le moins coûteux possible, qui respectent la réglementation et qui assurent à la clientèle le taux de service désiré, est l'une des tâches où excelle la RO.

Les horaires de travail des employés de la STCUM donnent lieu à de chaudes négociations entre leur syndicat et la partie patronale. À Montréal, les horaires des véhicules et des employés sont établis grâce à *HASTUS*, un logiciel québécois conçu pour cette fonction. En période de renégociation des conditions de travail, *HASTUS*, utilisé à la fois par le syndicat et la partie patronale, permet aussi de calculer les coûts de main-d'œuvre découlant de légères modifications apportées au règlement de travail déjà convenu. Ainsi, comme les conséquences financières de chacun des changements proposés sont connues des deux parties présentes à la table de négociations, les débats s'en trouvent refroidis. *HASTUS* est maintenant utilisé dans une centaine de villes du monde pour dresser les horaires des véhicules et des chauffeurs en tenant compte des conditions de travail déjà convenues. C'est là un bel exemple d'intervention de la RO en urbanisme et en gestion des ressources humaines et des relations de travail.

Le nettoyage des rues

Le cours de RO de Maude n'a duré qu'une demi-heure, car un bris dans le système de climatisation a rendu l'atmosphère de la classe irrespirable. De retour tout près de chez elle, à 15 h 30, Maude s'aperçoit que son côté de rue est libre de véhicules en stationnement. Vérification faite toutefois, le stationnement y est interdit le jeudi entre 15 heures et 16 heures, car cette période est réservée au passage éventuel d'un balai mécanique. Les « aubergines » sont aux aguets et, pour Maude, se garer de son côté de rue avant 16 heures serait, presque à coup sûr, encourir une contravention onéreuse pour son budget estudiantin. Maude déniche donc, à grand-peine, une place où se garer de l'autre côté de la rue, à quelque 200 mètres de chez elle. Elle attendra la fin de l'interdiction de stationnement pour ramener sa voiture plus près.

La Ville de Montréal établit l'itinéraire quotidien de chacun de ses balais mécaniques en faisant appel à la RO. Le calcul de ces itinéraires est fort complexe. Pensons d'abord aux plages horaires à respecter : il faut permettre à l'opérateur d'un balai de profiter des créneaux que lui garantissent les panneaux d'interdiction de stationnement. La RO aide à déterminer, chaque jour et pour chacun des balais en service, un secteur à balayer selon un itinéraire qui prévoit, entre autres, les arrêts nécessaires pour l'ajout d'eau dans les réservoirs de la machine. La RO établit aussi les horaires des conducteurs de ces balais.

L'organisation de la distribution du courrier

La voiture enfin garée près de son domicile, Maude rentre chez elle où l'attend André, qui a renoncé à se rendre à l'UQAM. Le chien qui aboie, des pas dans l'escalier, un bruit de boîte aux lettres, c'est la livraison du courrier. Maude et André y trouvent deux lettres de leur oncle, en poste au Burundi, qui ont emprunté, pour leur acheminement de Bujumbura à Montréal, des réseaux complexes dont le dernier n'est peut-être pas le plus simple. En effet, comment la tournée du facteur est-elle établie ? On s'en doutait, les tournées prescrites aux facteurs sont élaborées à l'aide de techniques de RO. Voici comment. D'abord, on divise le pays en **régions de tri et d'acheminement**[1] (RTA), chacune responsable d'un volume de courrier sensiblement égal. Puis le **territoire** de chaque succursale postale est formé de deux RTA voisines. Ce territoire est ensuite subdivisé en **secteurs**, chacun desservi par un facteur à qui on attribue plusieurs **unités de livraison**[1] (UDL).

La tournée d'un facteur débute souvent à la succursale postale, où il entre en possession d'une partie du courrier qu'il aura à livrer ; parfois il se rend d'abord à une première boîte de relais, où il trouve sous clé une sachée de courrier. (La disposition de ces boîtes ne se fait qu'une fois établie la tournée du facteur qui s'y approvisionnera ; l'organisation des tournées de remplissage des boîtes de relais, à l'aide d'un véhicule approprié, représente un autre problème que peut résoudre la RO.) La tournée d'un facteur comporte deux parties : la partie AM et la partie PM. Chaque matin d'un jour ouvrable, il se rend soit en voiture, soit en empruntant le réseau de transport en commun où il bénéficie de la gratuité, soit à pied, au premier carrefour du secteur qui lui est attribué. Puis, portant son sac ou le poussant dans un petit chariot à grandes roues qui facilitent montées et descentes des chaînes de trottoirs, il entreprend la distribution des lettres, des magazines, des petits paquets et des envois recommandés qui lui sont confiés. En fin de matinée, arrivé au dernier carrefour, que la procédure choisie pour établir la tournée fait toujours coïncider avec le carrefour initial, le facteur remonte en voiture ou reprend le transport en commun pour se rendre à sa succursale postale d'attache, quand il n'y revient pas à pied. Après le lunch, il entreprend de façon similaire la tournée de l'après-midi.

La figure 1.3 illustre le territoire associé à la succursale postale responsable du courrier de Maude. Subdiviser un tel territoire en secteurs qui correspondent chacun à la tournée quotidienne d'un facteur n'est pas tâche facile, même pour qui connaît les techniques de la RO. Le territoire de la figure 1.3 a été subdivisé selon une méthode heuristique propre au logiciel *POST/CARDS*. La portion en couleur représente l'un des secteurs obtenus. Ce secteur comprend la rue où habite Maude.

Ce même secteur est repris à la figure 1.4. Celle-ci donne également la tournée du facteur, qui, elle aussi, a été déterminée à l'aide du logiciel *POST/CARDS*.

Les réseaux avec contraintes horaires

C'est à André qu'incombe ce soir la tâche de se rendre au dépanneur pour y acheter du pain frais. L'organisation des circuits d'approvisionnement en pain des dépanneurs est une tâche qui, elle aussi, relève de la RO. Un logiciel *ad hoc* a été mis au point par GIRO pour la Boulangerie Weston. Ce logiciel tient compte du nombre d'approvisionnements hebdomadaires souhaités par les clients de Weston et de la capacité des camionnettes pour organiser des tournées de livraison de longueur minimale qui respectent les plages horaires indiquées par les dépanneurs.

Laissons maintenant Maude et André à la lecture de leur courrier, à leurs études et à leurs loisirs. Ne pensons pas au fait que leur téléviseur est relié à un câble, dont le réseau relève de la RO pour sa configuration optimale. Ne disons rien des interventions

1. Les trois premiers éléments du code postal assigné à une résidence désignent la RTA d'appartenance, et les trois derniers correspondent à l'unité de livraison (UDL).

FIGURE 1.3
Maude : subdivision en secteurs d'un territoire postal

possibles de la RO dans l'établissement du circuit des éboueurs qui assurent l'enlèvement des ordures ménagères deux fois la semaine ou dans l'organisation du déneigement de leur rue. Passons sous silence le rôle de la RO dans la répartition des casernes de pompiers qui veillent à la protection des Montréalais contre les incendies, dans la constitution des horaires et la formation des équipages des avions qui survolent Montréal la soirée durant, dans l'établissement du calendrier des prochains examens de l'université qu'André et Maude fréquentent... Laissons Maude se reposer. Demain matin Montréal l'attend.

1.2 UN BREF HISTORIQUE DE LA RECHERCHE OPÉRATIONNELLE

La RO s'alimente à un développement fort actif en recherche, mais elle jouit aussi d'un héritage de plusieurs acquis et réussites. Ses origines historiques diverses vont permettre d'en brosser par touches successives le portrait. En effet, à propos de la RO, on a parlé d'une méthode, d'une approche, d'un ensemble de techniques, d'une activité née d'une collaboration multidisciplinaire, d'un prolongement des mathématiques, de la statistique, de l'économie et de l'ingénierie. On a parlé d'une vocation, d'une religion même. La RO, c'est tout cela et un peu plus, mais c'est surtout la **recherche d'optimisation d'un**

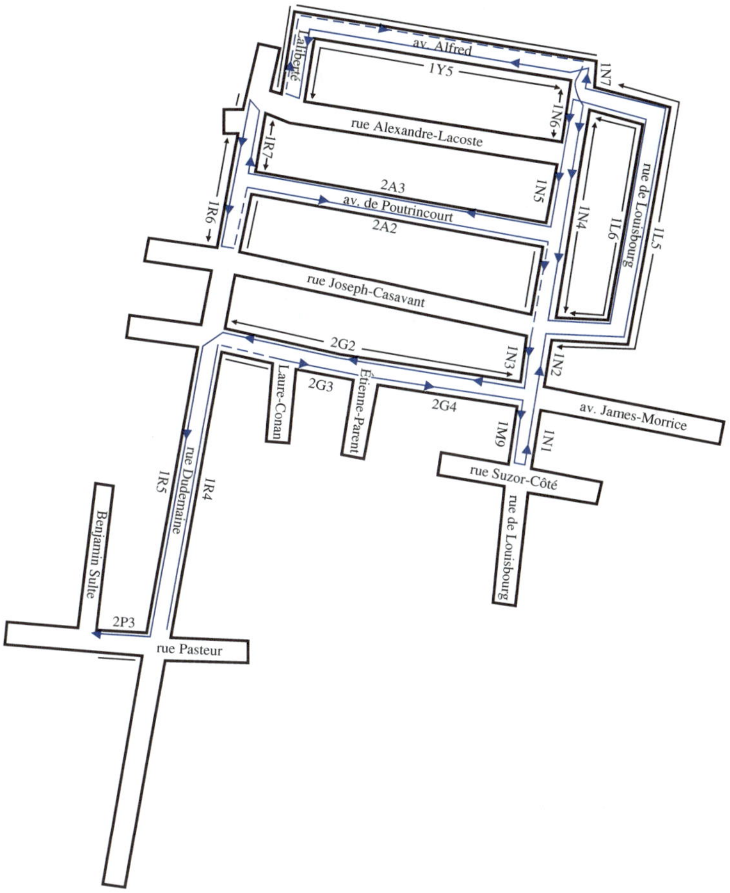

FIGURE 1.4
Maude : tournée du facteur

processus. Une des meilleures façons d'expliquer ce qu'est la RO est d'en donner plusieurs exemples d'application.

L'aplanissement des terrains

Le géomètre Gaspard Monge, fondateur de l'École polytechnique de Paris, trouva une façon optimale d'organiser les travaux de déblayage et de remblayage pour minimiser le coût du charroi lors de l'aplanissement d'un terrain.

L'optimisation de la productivité

La révolution industrielle donna ses premières lettres de créance à la RO. Frederick Taylor, qui fut l'un des principaux acteurs de cette révolution, avait comme principe qu'il existe toujours une façon optimale d'accomplir chaque tâche simple. Il montra, dans le cas précis auquel il doit sa réputation de visionnaire, qu'il était erroné de s'en tenir à la sagesse populaire selon laquelle plus grande est la pelle d'un soutier, plus ce dernier est productif. Il conçut des expériences pour isoler les variables importantes dans la détermination de la productivité optimale d'un soutier et découvrit que la variable cruciale n'est pas la taille de la pelle, mais bien le poids total de l'ensemble constitué par la pelle et son contenu :

Poids total = Poids de la pelle + Poids de son contenu en charbon.

Il arriva à cette formule, dont la simplicité ne devrait pas occulter la sagesse, en cherchant à maximiser la quantité de charbon déplacé au cours d'un quart de travail sans dépasser le seuil admissible de fatigue pour le soutier ; il suffisait d'abaisser le poids total pour que ce dernier se fatigue moins vite. La productivité commença à se mesurer non plus comme une entité instantanée, mais comme le travail fourni durant un laps de temps donné. Ce fut le premier résultat de ce qu'on appelle aujourd'hui le génie industriel. Pour l'ensemble de ses travaux dans ce domaine, Taylor fut surnommé le père du management scientifique, d'où le nom de taylorisme. Il utilisa, dans ses travaux pour améliorer la prise de décisions, ce qu'on convient maintenant d'appeler la méthode scientifique : observation des faits pertinents, définition du problème à résoudre, écriture d'un modèle de la réalité, résolution du modèle, validation du modèle, prédiction sur le comportement du réel puis confrontation des résultats obtenus du modèle avec les observations du réel. Nous reparlerons plus loin de la méthode scientifique en RO et des adaptations nécessaires à son application adéquate aux problèmes de gestion.

La gestion de projets

Henry Gantt donna plus d'ampleur au point de vue de Taylor, dont l'objectif se bornait à trouver la meilleure façon d'exécuter une tâche simple ; il entreprit d'optimiser la façon d'accomplir un ensemble de tâches simples interreliées. Il mit au point un système d'organisation du calendrier de production de plusieurs machines. Ce fut la première proposition scientifique pour passer de l'optimisation d'une tâche simple à l'optimisation d'un réseau de tâches, ce qu'on désigne maintenant sous le nom de gestion de projets.

La gestion des stocks

Ford Harris se préoccupa de la taille du lot à commander pour minimiser les coûts reliés à un approvisionnement adéquat. Il établit la première de ces formules, que les praticiens de la gestion des stocks connaissent sous le nom de formules du lot économique.

La taille optimale d'un standard

Erlang s'intéressa à la taille à donner à un standard téléphonique pour fournir un service adéquat aux abonnés. Exiger que tous les abonnés puissent, au même instant, acheminer chacun un appel par le même standard obligerait à lui donner une taille démesurée. Mais Erlang réalisa qu'il était fort improbable que les abonnés dépendant d'un standard désirent téléphoner tous à la fois. Il établit alors des formules de calcul de la taille du standard permettant d'assurer un niveau de service donné. De nos jours, le nombre de guichets dans les banques, de caisses dans les supermarchés, de voies sur les autoroutes est déterminé par cette branche de la RO qui étudie les files d'attente.

L'optimisation de la défense antiaérienne

Tout juste avant la Seconde Guerre mondiale, un groupe placé sous la direction de Watson-Watt s'intéressa au déploiement des stations de radar et aux interactions entre les impératifs de la défense antiaérienne et ceux de l'intervention de la chasse aérienne (meilleur déploiement, nouveaux modes de communication des résultats, coordination des observations radars et des observations du type avion vu ou avion entendu). Il s'agissait d'un essai d'optimisation d'un processus et de l'évaluation de l'importance des variables de décision en cause.

Plusieurs groupes opérant sous le couvert du secret défense furent formés en Angleterre pour collaborer à la préparation de la défense des îles Britanniques. Le plus fameux fut le Blackett's Circus dirigé par le physicien Blackett, récipiendaire du prix Nobel pour ses travaux portant sur la théorie de la relativité. On y trouvait, entre autres, deux physiciens, un astrophysicien, un militaire, un arpenteur-géomètre et deux mathématiciens. Les succès attribués à ces groupes dans l'organisation de la bataille d'Angleterre incitèrent les Américains à imiter les Anglais et à former plusieurs équipes qu'on jugea, après la guerre, trop utiles pour les démobiliser.

La taille optimale des convois

Des groupes américains ont cherché à déterminer la taille optimale des convois de ravitaillement de l'Europe et de la Russie pour minimiser les naufrages dus aux torpilles des U-Booten. En 1942, juste après l'entrée en guerre des Américains, leurs convois vers l'Europe comptaient en moyenne 40 cargos et 6 destroyers ; les pertes étaient alors importantes. Un bon moyen de les réduire aurait été d'augmenter le nombre de destroyers escortant chaque convoi, mais la rareté des bateaux de guerre interdisait cette approche. On n'avait le choix que du nombre de navires marchands par convoi. Selon des statistiques compilées entre 1942 et 1943, les pertes moyennes étaient de 2,6 % pour les convois de 45 cargos ou moins et de 1,7 % pour ceux de plus de 45 cargos, quels que soient l'importance de l'escorte de destroyers et le nombre des attaques sous-marines. On conclut donc à l'intérêt d'augmenter le nombre de cargos par convoi malgré l'accroissement des difficultés liées à la navigation dans le brouillard par gros temps ou à l'absence obligatoire de communications radio. En fait, on montra que L, le pourcentage de cargos envoyés par le fond, était à peu près égal à $C/(S \times E)$, où S représente le nombre de cargos par convoi, E le nombre de destroyers d'escorte et C une constante. On espaça donc les convois pour en augmenter la taille et en assurer la défense par plus de destroyers. Il s'agit là d'un exemple d'optimisation d'un processus à partir de sa modélisation.

La taille optimale d'une meute de sous-marins

La taille idéale à donner à une meute de sous-marins fut aussi mise à l'étude. Plus la meute était grosse et plus augmentaient les chances d'annihiler les forces ennemies. Toutefois, la cohésion entre les sous-marins s'en trouvait affaiblie, et le nombre des théâtres simultanés d'opération s'en trouvait restreint. Plus la meute était petite et plus elle était vulnérable à la contre-attaque par les destroyers ennemis, qui pouvaient alors se permettre de s'éloigner impunément du convoi dont ils assuraient la protection pour s'adonner à des poursuites pugnaces et persistantes. Finalement, l'étude montra que la taille optimale d'une meute était de trois sous-marins.

La taille optimale des escadres de bombardiers

Les statistiques colligées lors des bombardements des villes industrielles allemandes ne tardèrent pas à suggérer que, lors d'un raid, le nombre de bombardiers abattus était inversement proportionnel au nombre de bombardiers engagés, car les défenses antiaériennes allemandes devenaient alors saturées. Aussitôt cette relation établie, on organisa des escadres de plus de 1 000 bombardiers. L'œuf de Colomb ? Mais encore fallait-il le constater !

La pose des mines marines

Un autre problème que traitèrent les Américains fut celui de la pose de mines marines par les bombardiers B29. Ils finirent par établir que les conditions optimales étaient les suivantes : sortie de nuit d'un seul bombardier par raid et vol à environ 1 500 mètres d'altitude. Cette tactique présentait de nombreux avantages sur les vols collectifs à haute altitude effectués jusqu'alors : réduction de l'écart balistique, suppression des servitudes du vol en formation, difficulté de repérage radar par l'ennemi, tellement les cibles que leur offraient les bombardiers isolés étaient dispersées, et, par conséquent, risque affaibli d'être abattu par la chasse ennemie. On réduisit ainsi de 90 % les pertes subies au cours de ces missions.

La défense contre les kamikazes

La violence des attaques aériennes japonaises contre la marine américaine, en particulier de celles des kamikazes, amena les spécialistes de la RO à se poser la question suivante : un navire attaqué doit-il virer brusquement et zigzaguer pour tenter d'éviter le coup ou, au contraire, continuer sa course en ligne droite pour tirer le meilleur parti de ses canons antiaériens dont les zigzags du navire auraient rendu le tir imprécis ? On examina 477 attaques de navires par l'aviation japonaise : 172 de ces navires avaient été touchés et 27, coulés. On en arriva à la conclusion que les gros navires devaient virer sur-le-champ pour se mettre à zigzaguer, tandis que les bateaux de petit tonnage devaient changer lentement de cap. Ces conseils s'avérèrent bien fondés : des navires qui les suivirent, 29 % furent touchés, contre 47 % chez ceux qui ignorèrent ces recommandations.

Le ratissage des plans d'eau

Un des groupes de RO de la R.A.F. démontra, grâce à une expérience menée dans le golfe de Biscaye, qu'un petit nombre d'avions suffisaient à déceler les navires ennemis qui faisaient route sur un plan de mer à condition de le ratisser de la bonne façon. En janvier 1944, ce type de ratissage permit de capturer cinq cargos allemands qui essayaient de rejoindre l'Allemagne, chargés de matériaux stratégiques. Quatre sorties quotidiennes de surveillance de l'Atlantique Sud suffirent pour atteindre ce surprenant résultat. Voici comment on s'y prenait.

Supposons qu'un avion se rende du Brésil jusqu'à l'île de l'Ascension en mission de ratissage. Son radar détecte, dans une bande de largeur donnée répartie de part et d'autre du trajet de l'avion, les bateaux qui s'adonnent à franchir cette bande quand l'avion vole au-dessus. Quelles que soient sa vitesse et sa position au moment où l'avion prend son envol, un navire est détecté s'il traverse la bande sous surveillance radar de l'avion. Quand on connaît la vitesse du navire et son cap, il suffit de dessiner une bande représentant toutes les positions possibles, au moment où décolle l'avion, d'un navire qui sera repéré par cet avion. Si on suppose que les navires cherchés en 1944 étaient des cargos qui faisaient route vers l'Allemagne pour la ravitailler, des bandes parallèles à la première, mais placées toujours plus au sud avec un léger recouvrement pour tenir compte des erreurs d'appréciation des caps et des vitesses possibles des navires chassés, donnaient toutes les positions vraisemblables des navires qui se feraient repérer par les avions ratisseurs successifs. À leur retour de l'île de l'Ascension, les avions effectuaient une manœuvre similaire. Il suffisait d'établir l'horaire des avions de telle sorte que les bandes précitées couvrent tout le secteur sud pour empêcher les navires d'échapper à la détection. Ces derniers ne pouvaient alors compter, pour casser le blocus, que sur le mauvais temps, qui interdisait le ciel aux avions ratisseurs.

Des techniques apparentées servent de nos jours aux garde-côtes américains pour repérer les petits avions qui acheminent la cocaïne colombienne vers les pistes du sud de la Floride.

L'algorithme du simplexe

En 1945, on comptait en RO plus de 1 000 personnes dans les groupes américains et près de 400 dans les groupes anglais. L'industrie civile américaine n'adopta pas tout de suite la méthodologie de la RO. La résistance au changement y fut très forte. En fait, le vent vint de l'Angleterre où, après la guerre, la nationalisation de grandes industries (charbon, gaz, électricité, rail et transport routier) donna le banc d'essai que nécessitait l'implantation de cette « philosophie ». Beaucoup de scientifiques, mis au courant de la nouvelle approche dont le secret avait été bien gardé durant la guerre, y adhérèrent avec la ferveur qui convient pour une idée dont le temps est venu. Aux États-Unis, la conversion à la nouvelle philosophie se fit d'abord dans les universités, où les services armés financèrent la poursuite de recherches amorcées pendant la guerre. C'est là qu'en 1947 George Dantzig mit au point l'algorithme du simplexe, qui permit de résoudre les programmes linéaires continus proposant l'allocation optimale de ressources rares à la production des biens manufacturés.

Enfin vint l'ère des ordinateurs. Des calculs, qui mobilisaient auparavant une grande partie des efforts d'application, s'effectuaient dorénavant avec une rapidité jugée foudroyante à l'époque. Tout au long des années 50, la RO fit des bonds de géant : l'éventail des problèmes traités s'élargit rapidement ; les sociétés Operations Research Society of America (ORSA) et The Institute of Management Science (TIMS) furent formées pour regrouper chercheurs et praticiens de la RO ; diverses revues spécialisées commencèrent à paraître, illustrant à la fois les applications et le développement des méthodes. Durant les années 60 et 70, les chercheurs commencèrent à s'attaquer à des problèmes moins bien structurés ; c'est alors que la théorie de la décision fit ses premiers pas dans le monde industriel.

La RO en ex-URSS

La RO a aussi des racines en ex-URSS. La planification étatique du régime léniniste, bien qu'autoritaire et carrément méprisante envers la recherche de la rentabilité, a servi d'incubateur à deux des principaux outils de la RO : la matrice d'échanges interindustriels, connue sous le nom de « matrice input-output », et la programmation linéaire. Le premier de ces outils, développé aux États-Unis par Wassily Leontieff, fut vraiment créé en Russie au temps des études de ce dernier. Avant la guerre, Léonid Kantorovitch résolut de façon moderne le problème du charroi de Gaspard Monge, grâce à une technique largement assimilable à la programmation linéaire. En fait, il fut le précurseur des idées de Dantzig et il reçut, au début des années 80, le prix Nobel pour ses succès dans ce domaine, bien qu'on ait attribué à Dantzig le titre de père de la programmation linéaire. Mais, comme Dantzig le fit lui-même remarquer, le mathématicien français Joseph Fourier avait déjà indiqué dans un mémoire, en 1826, une façon de résoudre les systèmes d'inéquations linéaires, qui contenait en germe l'idée de l'algorithme du simplexe.

Les applications de l'algorithme du simplexe

Il y eut une floraison exubérante de résultats ingénieux et d'applications nouvelles, où l'algorithme du simplexe joua un rôle central. Les domaines d'activité les plus divers furent touchés par cet outil. Les problèmes traités vont maintenant de la gestion du calendrier des cours de justice aux parcours de déneigement des rues. Divers algorithmes spécialisés virent le jour, qui utilisaient à bon escient les structures particulières de certains problèmes pour en accélérer la résolution. Mais, au fil des années, on repéra des problèmes dont la combinatoire est explosive et pour lesquels l'obtention d'un optimum dans des délais raisonnables est encore hors de portée, du moins pour les cas de grande taille. On réussit néanmoins à en classer plusieurs selon une mesure de leur complexité. L'accent fut mis, pour les plus complexes, sur la construction de méthodes heuristiques pour obtenir une solution de bonne qualité.

L'enseignement de la RO

Des cours de RO apparurent, pour y rester, dans tous les cycles des écoles de gestion, des écoles d'ingénieurs et des départements d'informatique. Les cours des écoles de gestion qui traitent de la RO ont évolué ces dernières années et continueront à le faire, croyons-nous, en s'éloignant de l'enseignement des algorithmes et des techniques de résolution de problèmes pour viser, surtout au deuxième cycle, la maîtrise de la modélisation.

1.3 LA MÉTHODE SCIENTIFIQUE ET LA RECHERCHE OPÉRATIONNELLE

La figure 1.5 représente, de façon schématique, le déroulement des tâches à mener à bien pour résoudre un problème de gestion grâce aux techniques de la RO.

1. La détection d'un problème Les nécessités de l'action viennent des expériences vécues ; c'est la phase préscientifique.

2. La formulation du problème Quel est le vrai problème à résoudre ? Quels critères permettent de juger si le problème est résolu de façon satisfaisante ?

3. L'élaboration d'un modèle Il s'agit de représenter les principaux aspects de la réalité par un ensemble de formules, mathématiques le plus souvent, qui mettent en jeu les variables de décision concernées et leurs interactions. On lance des hypothèses, on élabore une théorie, on écrit un modèle. C'est la phase de conceptualisation, de construction théorique ; en un mot, c'est la phase de modélisation.

4. La collecte des données Il faut préciser les paramètres du modèle en s'appuyant sur l'information recueillie dans l'environnement du problème à résoudre. L'élaboration du modèle s'éclaire à la lanterne des données. Le processus peut requérir plusieurs cycles impliquant les étapes 3, 4 et 5.

5. La résolution du modèle C'est la phase où l'on souhaite recourir aux méthodes appropriées déjà disponibles si on a réussi à classer le problème parmi ceux pour lesquels on connaît déjà une méthode d'approche. Sinon, il faut recourir à la simulation ou inventer une technique de résolution.

6. La validation du modèle On confronte les conclusions obtenues du modèle aux opinions des personnes qui ont suffisamment d'expérience du problème traité pour apprécier ou critiquer la pertinence de la solution proposée. Si les avis reçus sont négatifs, on peut alors remettre en cause soit l'écriture du modèle retenu, soit la valeur de ses paramètres, soit les critères d'appréciation de la solution. On peut aller jusqu'à remettre en cause l'approche choisie pour résoudre le problème et, partant, le modèle retenu.

7. La prise de décisions et l'implantation de la solution Comment implanter la solution retenue ? Doit-on s'arrêter là ? Il y a ici un retour possible vers le modèle initial pour le modifier ou l'enrichir des observations faites lors de la phase expérimentale. Une fois les révisions nécessaires apportées, le modèle enrichi permettra de tirer des conclusions mieux étayées.

FIGURE 1.5
Méthode scientifique et RO : représentation schématique

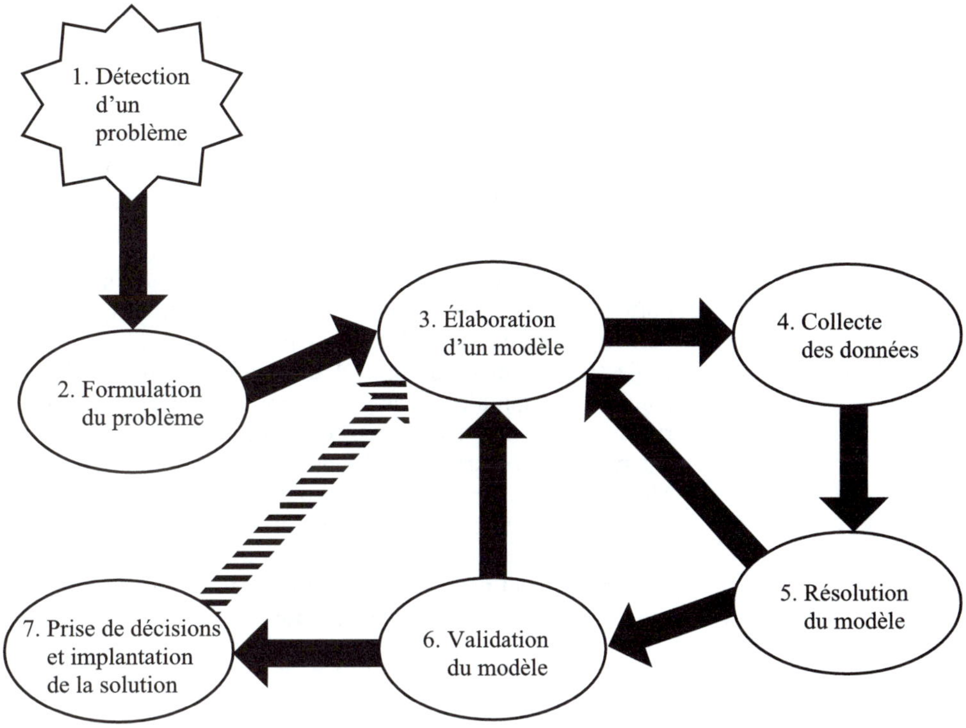

1.4 LA RECHERCHE OPÉRATIONNELLE ET LES FACTEURS QUALITATIFS

Appliquer la méthode scientifique en RO nécessite habituellement la collecte de données pertinentes aux problèmes à résoudre. De nos jours, ces données proviennent souvent des banques de données relationnelles compilées par les systèmes d'information. Il faut ensuite traiter ces données en utilisant les techniques de la statistique descriptive ou inférentielle pour en extraire l'information d'intérêt.

Cette phase du traitement exclut les émotions, les coups de cœur, les a priori et la simple devinette, mais on doit veiller à ne pas extirper de l'analyse les facteurs dits qualitatifs, comme le climat financier, les législations gouvernementales, les avances constatées ou prévues de la technologie, le résultat d'une élection ou d'un référendum, toutes choses dont les répercussions sont difficiles à quantifier mais dont la présence permet de calibrer les résultats obtenus lors de la résolution des modèles.

D'ailleurs, c'est l'importance relative de ces deux types de facteurs, les quantitatifs et les qualitatifs, qui détermine le poids du rôle de la RO dans la résolution d'un problème de gestion. Si les facteurs qualitatifs sont peu importants ou si la solution du modèle reste stable quel que soit le cas de figure des facteurs qualitatifs, alors on peut quasiment automatiser la prise de décisions optimales. Les modèles de point de commande pour maintenir des niveaux adéquats de stocks sont souvent de ce type. Cependant, même dans les cas où les facteurs qualitatifs jouent un rôle prépondérant, la RO peut aider au processus décisionnel en explorant la pertinence de la solution optimale d'un modèle vis-à-vis des changements appréhendés dans les données qualitatives.

Il ne faut donc pas s'attendre à ce que la méthode scientifique, hors des laboratoires où systèmes clos et variables contrôlées sont la norme, puisse entrer de plain-pied dans le monde des affaires sans sacrifier un peu de sa pureté et, par conséquent, un peu de l'assurance de ses résultats. La précision mathématique doit faire de la place aux facteurs humains qui constituent la toile de fond de la gestion. D'ailleurs, quand on en vint à réaliser les limites d'une description déterministe des problèmes réels, on commença à faire appel, en RO, aux techniques du calcul des probabilités et de la statistique. Il le fallait pour que la RO s'adapte à l'étude de l'ensemble des problèmes qui concernent les décideurs.

Le décideur avisé comprend que tous les problèmes de gestion non triviaux comportent des éléments quantitatifs dont la mesure est objective, et des éléments qualitatifs dont la mesure est subjective. Un décideur qui ne s'appuie que sur ses évaluations subjectives se prive d'outils d'analyse bien développés qui ont fait leurs preuves. Par contre, celui qui s'en tient à une application rigide des résultats obtenus de ses modèles risque d'ignorer, à ses dépens, des aspects non quantifiables mais cruciaux. La formulation des modèles et leurs méthodes de résolution sont choses relativement faciles à enseigner. Mais l'art de circonscrire les problèmes correctement et de déterminer les objectifs à poursuivre, de même que celui de mettre en place la solution retenue dépendent souvent de l'environnement et de la personnalité des acteurs en présence dans une organisation. Ces arts ne sont pas faciles à pratiquer et supposent, pour leur maîtrise, la maturité d'un esprit cultivé et doué pour la gestion.

Un des rôles de la RO est de trouver l'équilibre optimal entre des facteurs qui, souvent, se font opposition au sein des entreprises. Ainsi, le nombre d'ouvriers, les coûts reliés à leur travail, la quantité des heures-machines disponibles sont des facteurs qui restreignent la production, tandis que les profits découlant de la production, les commandes à satisfaire poussent en sens inverse. Va-t-on passer en régime d'heures supplémentaires, acheter des machines ou se contenter de les louer ? Doit-on accroître la part de marché d'un des produits par un effort de marketing ? Est-il rentable d'investir dans un projet des capitaux empruntés au taux actuel du marché ? Comme ces questions le suggèrent, l'entreprise est une arène où s'affrontent des points de vue conflictuels.

Ainsi, la direction commerciale mesure tout selon l'étalon du chiffre d'affaires ou de la part de marché ; elle souhaite des budgets de publicité musclés et se désintéresse en partie des impératifs de la production, sauf pour déplorer les ruptures imprévues ou les accumulations exagérées de stocks. La direction de l'exploitation appelle de tous ses vœux un niveau élevé de production ; elle désire moderniser machines et outillage, dispenser des primes au rendement. La direction de la recherche et du développement ne songe qu'à remplacer par un produit amélioré celui qu'on fabrique actuellement et jette de ce fait des yeux gourmands sur les ressources financières de l'entreprise. La direction financière, de son côté, a l'habitude de ne desserrer qu'à regret les cordons de la bourse : les investissements lui paraissent toujours trop lourds, les salaires trop élevés, la recherche peu rentable ou peu prometteuse, le budget du service commercial disproportionné aux ventes conclues ; en revanche, l'accumulation de réserves et le prix des actions de la firme lui paraissent toujours trop faibles.

Heureusement, il existe une direction qui réconcilie tous ces antagonismes en définissant le critère d'après lequel on jugera du succès. C'est ce critère qui deviendra l'**objectif** à poursuivre alors que les autres débats et circonstances seront ramenés au rang de **contraintes**.

Pour une bonne part, l'utilité de la RO dans l'entreprise provient du fait qu'elle force les décideurs à considérer leurs problèmes d'une façon rationnelle et cohérente. Il leur faut définir précisément chaque problème non seulement pour repérer clairement l'objectif poursuivi et les variables de décision qui influent sur l'atteinte de cet objectif, mais aussi pour analyser les interactions entre ces variables. Ce processus encourage la communication dans l'organisation et un meilleur monitorage du système étudié avant même de conduire à la construction d'un modèle du système à optimiser. L'utilisation d'un modèle peut s'avérer moins coûteuse et moins dangereuse que l'expérimentation *in vivo*, qui est souvent irréversible. Les solutions optimales des modèles s'obtiennent de nos jours grâce aux ordinateurs. Les questions du type « Qu'est-ce qui se passerait si… ? », qui constituent l'analyse postoptimale des solutions obtenues, suggèrent des réponses souvent adéquates et stimulantes.

Mais, comme nous l'avons vu, l'utilisation des modèles de la RO reste limitée lorsque les impondérables qualitatifs remettent en question la validité de la représentation de la réalité par le modèle. Les coûts de mise au point d'un modèle empêchent parfois la RO de faire sa marque partout où elle le devrait. L'implantation des résultats obtenus par la RO rencontre sur son chemin l'incontournable résistance au changement, qui s'explique en partie par le manque de sophistication mathématique des décideurs et par leur méconnaissance des outils dont disposent les consultants formés aux méthodes de la RO.

1.5 UN PALMARÈS DES TECHNIQUES DE LA RECHERCHE OPÉRATIONNELLE

Plusieurs études[2] menées depuis le début des années 80 ont permis d'ordonner les techniques de la RO selon la fréquence de leur utilisation. On retrouve en tête de peloton : la programmation linéaire, la simulation, le *PERT/CPM*, les arbres de décision. Suivent de près l'analyse des réseaux, la théorie des files d'attente, la programmation linéaire en nombres entiers. Beaucoup de ces sujets seront traités dans les chapitres subséquents de cet ouvrage.

Des développements récents font intervenir des méthodes heuristiques pour obtenir des solutions approximatives d'un problème lorsqu'il n'existe pas encore d'algorithme optimal suffisamment efficace pour le résoudre en un temps raisonnable et que l'énumération exhaustive des solutions retarderait théoriquement la découverte de la solution optimale pendant des siècles, même en utilisant les ordinateurs les plus rapides dont on puisse rêver de disposer. Précisons brièvement la nature des difficultés éprouvées. Dans quantité de problèmes que posent les phénomènes d'organisation, le nombre de solutions admissibles est démesurément grand, car les variables s'y multiplient et chacune peut prendre un large éventail de valeurs.

La RO s'est longtemps butée sur cet aspect combinatoire des phénomènes complexes d'organisation. A-t-on pensé, pour ne donner qu'un exemple, que pour répartir de façon optimale 20 tâches entre autant de travailleurs il faudrait, en examinant tous les cas possibles, faire les calculs afférents à chacune des 20 ! = 2 432 902 008 176 640 000 affectations. En consacrant, disons, un millionième de seconde pour chaque attribution, il faudrait près de 780 siècles pour terminer les calculs… L'énumération des possibilités n'est donc pas une approche sensée dans ces situations combinatoires si fréquentes en recherche opérationnelle. La RO évite ces énumérations grâce à des algorithmes exacts,

---

2. Voir, entre autres, Eiselt, H.A., Eiselt, G.R. et Sandblom, C.-L., « A Survey of Operations Research in Canadian Companies », *Infor*, vol. 24, nº 4, nov. 1986.

méthodes qui s'en tiennent à l'examen d'un nombre relativement restreint de cas, ou, à défaut, grâce à des méthodes heuristiques qui donnent des solutions s'approchant de l'optimum.

Ces efforts de recherche se poursuivent de façon très active. Les problèmes de découpe présentés au chapitre 2, l'organisation des tournées de livraison avec plages horaires à respecter (comme la tournée des balais mécaniques), le transport en commun des handicapés, accordent tous un grand rôle à la combinatoire et présentent les difficultés de résolution tout juste décrites.

1.6 QUELQUES EXEMPLES D'APPLICATION DE LA RECHERCHE OPÉRATIONNELLE

Selon une étude récente, il y aurait plus de 20 000 personnes employées dans ce champ d'expertise qu'est devenue la RO. La plupart des grandes firmes internationales ont un service de RO, alors que des consultants spécialistes du domaine s'offrent à combler les besoins des entreprises de taille plus modeste. Les praticiens de la RO ont toujours fait valoir que le problème à résoudre prévaut sur la méthode choisie pour le résoudre. Les chercheurs du domaine ont toutefois des préoccupations différentes, dont la taxonomie des différents problèmes et la mise au point d'algorithmes de plus en plus performants. Des questions ardues relatives au degré de complexité de divers problèmes font aussi l'objet de leurs recherches et de leurs publications. Les applications à la gestion des techniques qu'ils découvrent ne tardent pas à suivre, car les praticiens (quand ce ne sont pas les chercheurs eux-mêmes convertis en entrepreneurs) s'empressent d'assurer la commercialisation, sur un marché de plus en plus porteur, de ces nouveaux savoir-faire. Plusieurs, et il y a des Québécois dans le nombre, se sont enrichis de cette façon.

Entreprenons un rapide tour d'horizon, dont l'intérêt est la diversité des applications de la RO rencontrées. Notre but est de montrer un kaléidoscope de bons coups, sans rechercher un exposé systématique des problèmes que la RO permet de résoudre.

Le raffinage du pétrole

Un modèle adopté en 1989 chez Texaco dicte la quantité des différents pétroles bruts à transformer en chacune des sortes d'essence. Le modèle tient compte des 14 caractéristiques à considérer dans la composition d'une essence (dont le pourcentage de plomb et de soufre, l'indice d'octane...). Texaco estime les économies réalisées grâce à ce modèle à 30 millions de dollars par année.

La composition des moulées

La composition des moulées les moins chères et les plus favorables à la croissance, à la ponte ou à la lactation est une préoccupation constante des éleveurs qui mettent en marché volailles, porcs, bestiaux, œufs ou lait en cherchant à maximiser leurs revenus. Les prix des grains de provende, qui fluctuent souvent en dents de scie et qui, de ce fait, influent fortement sur les coûts assumés par les éleveurs, invitent à cet effort de modélisation qui est à la source de toute application réussie de la RO. Les histoires d'économies substantielles attribuables aux formulations optimales des moulées sont légion du côté des éleveurs.

La gestion des forces policières

Le déploiement des policiers de San Francisco a donné lieu, en 1989, à une réorganisation qui tient compte des contraintes de congés, de vacances, d'absences motivées par la maladie, de l'urgence d'intervenir dans des secteurs à risque… Ainsi, 11 millions de dollars sont épargnés annuellement ; l'attente après une demande d'intervention s'est écourtée de 20 % ; les amendes relatives aux infractions en matière de stationnement ont augmenté de 3 millions de dollars par année.

La gestion du transport routier

La compagnie Yellow Freight System exploite un important parc de camions de toutes tailles, dont 45 000 camions à remorque. Chaque année, pour ses 300 000 clients répartis dans 35 000 villes américaines, Yellow réalise 15 millions d'expéditions, chacune inférieure à une charge complète (la grande majorité des chargements proposés pèsent moins de 500 kilos, alors que la charge d'un camion à remorque est de 20 500 kilos). Yellow possède 630 entrepôts destinés à la consolidation et à la rupture des charges. Ses revenus annuels dépassent 2,3 milliards de dollars. Yellow doit assurer un service rapide et fiable pour permettre à sa clientèle de maintenir les stocks minimaux requis par le juste-à-temps ou l'impératif d'économie des frais d'intérêt. On lui confie quotidiennement 60 000 missions. Chaque jour, après le ramassage et la consolidation, Yellow doit prévoir le départ de 10 000 camions, dont la charge sera répartie aux points de rupture de charge, possiblement à plusieurs reprises, entre les camions qui poursuivront leur itinéraire, ceux qui le commenceront et les camions de livraison locale. L'organisation de cet horaire quotidien relève des gestionnaires ; ces derniers utilisent le progiciel *SYSNET*, qui s'appuie sur les techniques de réseaux étudiées au chapitre 7. Les économies réalisées par Yellow ont permis son expansion dans un marché dont la déréglementation a entraîné récemment la disparition de plusieurs transporteurs.

En 1988, un modèle a été mis au point chez North American Van Lines pour attribuer les chargements aux camions disponibles. Contrairement à Yellow, North American Van Lines n'accepte de transporter que des charges complètes. Il lui faut tenir compte des besoins des clients tout en minimisant le nombre de kilomètres que les camions ont à parcourir à lège pour accéder à chaque chargement. L'emplacement d'un camion vide dépend de la destination du chargement tout juste livré, donc de décisions récentes ou prises au cours des jours précédents. Chaque matin cependant, seulement 30 % à 40 % des chargements de la journée sont connus ; ce pourcentage chute à 10 % pour ceux du lendemain. Aussitôt son chargement livré, chaque chauffeur appelle son répartiteur. Ce dernier peut lui demander de rester sur place pour attendre un autre chargement, ou lui indiquer à quel endroit conduire à lège son camion pour y prendre un chargement.

Le répartiteur, qui cherche à maximiser les revenus de l'ensemble des camions, doit souvent choisir entre plusieurs propositions de transport. Il les accepte ou les refuse selon l'intérêt qu'elles présentent pour les revenus immédiats ou prévus. Il accorde la priorité aux clients les plus importants. Il choisit certaines des propositions qui rapportent les meilleurs profits immédiats et certaines autres qui permettent d'envoyer les camions dans des régions où le nombre de camions vides n'est pas suffisant pour faire face à la demande prévue. Optimiser les revenus en tenant compte de toutes ces contraintes, dont certaines relèvent du calcul des probabilités, est une tâche qui requiert une connaissance des techniques de la RO. Cette approche modélisée du choix des chargements a entraîné des économies de plusieurs millions de dollars pour l'ensemble du réseau.

Les compagnies de chemins de fer disposent de modèles pour répartir sur leurs réseaux les divers types de wagons vides destinés à transporter les marchandises. Le modèle permet d'acheminer au moindre coût les wagons là où ils sont requis.

La gestion des stocks et des processus manufacturiers

Blue Bell est un manufacturier bien connu pour ses jeans Wrangler et ses vêtements sport très en vogue de marque Jantzen. Blue Bell exploite 80 usines et emploie 27 000 personnes. Un modèle de gestion des stocks, implanté en 1985, a permis de réduire de 31 % les coûts relatifs au maintien des stocks tout en assurant un service à la clientèle d'aussi bonne qualité qu'auparavant. De plus, la mise sur pied d'une banque de plans de découpe des tissus, conçue à l'aide d'un modèle de RO, a permis de réaliser d'autres économies substantielles.

En 1984, deux employés de la grande firme pharmaceutique Pfizer implantèrent un système informatisé de gestion des stocks. Pfizer fabrique de nombreux produits chimiques qui entrent dans la composition des médicaments qu'elle met en marché. Elle combine ces ingrédients, obtenus par fermentation ou par synthèse organique dans ses laboratoires, à d'autres substances pour élaborer les médicaments dont elle assure la distribution. Le nouveau système de gestion des stocks, qui s'appuie sur des modèles inspirés de la RO, tient compte de la courte demi-vie de plusieurs des ingrédients chimiques utilisés, des frais d'intérêt sur le capital investi dans les stocks, de la compétition croissante provenant de produits concurrents à effets comparables qui font craindre les ruptures de stock. Grâce à ce modèle, Pfizer a réussi en trois ans à diviser par 20 le nombre de retards dans la livraison des commandes tout en réduisant le capital lié aux stocks de 23,9 millions de dollars.

Il existe aussi des modèles de RO pour optimiser la disposition des machines-outils dans les usines, pour déterminer le nombre et la localisation des usines à construire, pour organiser les systèmes de distribution des biens produits (choix des moyens de transport et des routes).

La découpe des billes de bois

Chez Weyerhaeuser, un des grands fournisseurs de bois de construction aux États-Unis, on s'est toujours préoccupé de tirer le meilleur profit possible des 15 millions d'arbres abattus chaque année. Il faut décider, sur les chantiers, comment découper les troncs en billes en tenant compte du rayon de courbure et de l'emplacement des nœuds. Pour entraîner les bûcherons à prendre les meilleures décisions, des consultants en RO ont mis au point un jeu vidéo dénommé *VISION*. L'ordinateur présente à l'écran un tronc choisi dans sa banque de données ; le bûcheron suggère la découpe qui lui semble la plus rentable ; l'ordinateur prend le relais et indique la découpe optimale, puis il accorde des points selon la proximité de la proposition du travailleur. Pour la période 1977-1985, on estime que les profits annuels ont augmenté de 100 millions de dollars grâce aux retombées de cet entraînement par jeu vidéo.

La recherche opérationnelle et le marketing

La répartition d'un budget de publicité entre les différents médias peut s'inspirer des techniques de la RO. Le partage des territoires de vente entre les vendeurs, la détermination du nombre d'entrepôts et de grossistes nécessaires pour satisfaire les besoins de la clientèle, le partage des étalages entre les divers articles en vente et celui de l'espace occupé dans les pages d'un catalogue, la surréservation de chambres dans les hôtels ou de places sur les traversiers, voilà autant de domaines où la RO intervient dans le marketing des entreprises.

La gestion financière

La gestion des flux financiers d'une entreprise, la gestion de portefeuille, l'établissement du calendrier de construction d'un développement commercial ou résidentiel tirent grand profit des techniques de la RO.

La gestion du transport aérien

Les décisions concernant les itinéraires des appareils aériens, l'horaire des vols, les quantités de carburant achetées dans les divers aéroports où atterrissent les appareils, la constitution des équipages, l'organisation des horaires du personnel au sol, rien de tout cela n'est étranger à la RO.

La restauration rapide

La RO joue même un rôle dans l'organisation des opérations des chaînes de restauration rapide. Chez Burger King, par exemple, qui constitue une chaîne de plus de 3 000 restaurants, on a vite compris que pour augmenter les profits, il faut augmenter le nombre de clients servis, et que pour augmenter le nombre de clients, il faut augmenter la rapidité du service. La simulation et la mise en application des modèles de files d'attente ont fait l'objet d'une étude menée par deux employés de Burger King. Dans cette étude, on analysa l'impact sur les ventes de l'ajout d'un second service de commandes à l'auto ou d'un nouveau produit à la gamme existante, on détermina, pour un emplacement donné, la taille optimale du restaurant à y implanter, on chercha la meilleure configuration à donner à la cuisine et aux espaces destinés au service à la clientèle. Cette modélisation permit de répondre aux questions suivantes : combien d'employés faut-il par équipe ? où situer leurs postes de travail ? quel partage des tâches adopter ? L'augmentation des profits annuels attribuable seulement au nouvel agencement des équipes fut de 32 millions de dollars !

La gestion hospitalière

La gestion hospitalière est aussi un champ d'exercice de la RO : en plus d'aider à établir les horaires du personnel, elle permet d'élaborer les menus des patients, de contrôler les stocks de produits sanguins et de gérer l'attribution des salles de chirurgie. Le déploiement adéquat des véhicules d'intervention médicale est assuré dans de nombreuses villes à l'aide de la RO ; on cherche ainsi à assurer aux citoyens l'intervention la plus rapide possible.

La guerre du golfe Persique

Les applications militaires de la RO ne sont pas disparues avec la fin de la guerre en 1945 : l'affectation des spécialistes entre les postes disponibles, les méthodes de recherche d'avions disparus ou abattus, les études de fiabilité de l'équipement dont les essais sont proscrits en temps de paix, la planification des efforts de recrutement pour ces carrières où l'âge de la retraite est vite atteint, voilà quelques-uns des domaines militaires où la RO a un rôle à jouer.

La guerre du Golfe, menée contre l'Irak au début des années 90, a donné l'occasion d'appliquer la RO à l'acheminement, à pied-d'œuvre, des troupes et du matériel militaire requis. L'aller retour, par exemple, d'un combi chargé de troupes militaires et de fret vers le golfe Persique prenait trois jours, nécessitait d'atterrir sur les pistes d'au moins sept aéroports, consommait environ 400 000 kg d'essence et coûtait 280 000 $. Cette guerre, pour sa préparation et son déroulement, nécessita chaque jour pendant plusieurs mois une centaine de ces vols. On transporta ainsi plus de 966 000 passagers et plus de 774 000 tonnes de fret. Ce fut la plus grosse opération du genre dans l'histoire de l'aviation.

Certaines des difficultés liées à cette opération tenaient aux différents types d'appareils utilisés, chacun présentant ses caractéristiques de chargement et nécessitant, après chaque atterrissage, un équipage entraîné et reposé pour poursuivre le vol. D'autres difficultés résultaient de l'incapacité de certains aéroports à assurer l'accueil simultané de plusieurs appareils et à fournir les facilités idoines d'entretien et de ravitaillement ; d'autres encore tenaient au nombre trop restreint de préposés au chargement et au déchargement, à la rareté des véhicules routiers nécessaires, à la préparation inadéquate du fret et de son entreposage avant l'envol et à l'arrivée. Enfin, l'organisation du transport routier et l'hébergement des militaires en transit ajoutèrent à la complexité de cette opération militaire.

La gestion des files d'attente

Le calcul du nombre de postes de péage sur les autoroutes et du nombre de guichets actifs dans les bureaux de passeport ou dans les banques relèvent des techniques de la RO. Il en va de même pour la planification dans les cours de justice, où il faut tenir compte de façon concomitante du nombre et de l'importance des causes inscrites au rôle ainsi que de la disponibilité des juges, des procureurs, des avocats et des salles d'audience.

La reconfiguration des cartes électorales

Les spécialistes auxquels on confie les tâches de redéfinition des circonscriptions électorales et de redistribution des bureaux de scrutin et qui doivent tenir compte des migrations et des variations des populations utilisent la RO pour mener à bien leurs mandats.

Varia

La gestion de la répartition des voitures de location entre les différents bureaux des grandes agences, le choix des athlètes dans les équipes, leur ordre d'apparition au bâton par exemple, l'établissement des calendriers des saisons sportives, voilà encore des domaines où la RO a son mot à dire. Enfin, il existe des modèles de gestion ou de commande optimale des installations hydroélectriques : dans une suite de barrages situés sur une même rivière, il y a de nombreuses décisions à prendre concernant les séquences d'utilisation des eaux captées.

Nous terminons ce tour d'horizon par une suggestion : que le lecteur qui n'aurait pas le temps de résoudre tous les problèmes présentés à la fin des différents chapitres prenne tout de même la peine de les lire tous ; il y trouvera de nombreuses descriptions allégées de contextes où la RO joue un rôle.

1.7 LA RECHERCHE OPÉRATIONNELLE AU QUÉBEC AU TOURNANT DE L'AN 2000

Au Québec, de nombreuses sociétés accordent une large place à la RO. Citons, à titre d'exemples, Bell Canada, Hydro-Québec, l'IREQ, Air Canada, la Régie des transports du Québec, la STCUM, Bombardier, le CN. Montréal compte plusieurs groupes de recherche en RO, dont le Groupe d'études et de recherche en analyse des décisions (GERAD) et le Centre de recherche sur les transports (CRT). Les nombreux articles scientifiques publiés dans les revues internationales de même que les différents logiciels d'origine québécoise déjà installés dans de multiples organismes publics et privés au Québec, au Canada et à l'étranger témoignent éloquemment des succès de ces groupes. Des professeurs de nombreuses universités québécoises et de leurs écoles affiliées sont les locomotives de cette recherche. Parlons plus longuement des logiciels mis au point par ces chercheurs. Et commençons par les réalisations du CRT.

La STCUM, le ministère des Transports du Québec, la Commission de transport de Toronto, celle de Winnipeg, la Société de transport de Laval et celle de la Communauté urbaine de Québec utilisent *MADITUC*, un logiciel conçu pour planifier et évaluer les réseaux de transport en commun à l'aide de l'analyse d'enquêtes origine-destination.

Le progiciel *EMME/2*, dont la diffusion est assurée par l'entreprise INRO de Montréal, est aujourd'hui implanté dans plus de 500 organismes répartis dans 51 pays. Ce progiciel est un instrument interactif graphique de planification et d'évaluation des réseaux multimodaux de transport urbain et régional ; il s'utilise tant sur mini-ordinateur que sur micro-ordinateur. À partir des flots de circulation observés et prévus, il permet de prévoir les effets de l'ajout d'un nouveau pont, d'une nouvelle voie, d'un nouveau tunnel, ou l'effet de l'agrandissement ou du prolongement des installations routières existantes. *EMME/2* sert de banc d'essai pour prévoir les effets des solutions envisagées et pour en déterminer le meilleur emplacement. Pour discuter des nouvelles applications de *EMME/2*, les groupes d'utilisateurs organisent une réunion internationale annuelle et de fréquents colloques régionaux.

Le logiciel *STAN*, aussi diffusé par INRO, est un système interactif graphique conçu pour planifier et évaluer des réseaux multimodaux de transport de marchandises. Il est implanté dans plus de 25 organismes de 13 pays. Ses utilisateurs sont répartis dans des villes aussi diverses que Stockholm, Rio de Janeiro et Shanghai.

SIMNAV simule et prévoit les mouvements des navires. Il a été implanté chez Transports Canada pour analyser différents problèmes d'organisation du transport maritime canadien.

JET-SET, un simulateur d'entreprises de transport interurbain de passagers, a été conçu pour servir d'outil de formation et d'expérimentation. Il est utilisé par près de 30 organismes au Canada et à l'étranger.

DEMTEC est utilisé depuis 1975 par la STCUM pour tracer le profil de sa clientèle annuelle et pour établir ses prévisions d'achalandage. La Commission de transport de Toronto a implanté *DEMTEC* en 1980 aux fins de prévision.

DSDM regroupe divers modèles de demande et les programmes informatiques correspondants pour l'analyse de la demande dans divers contextes. L'une des composantes de *DSDM*, le logiciel *L-1*, sert à plus de 30 utilisateurs répartis dans une douzaine de pays.

C'est GIRO de Montréal, un des plus gros employeurs de personnel de RO au monde (120 personnes) dont le chiffre d'affaires atteignait en 1997 plus de 5 millions de dollars, qui assure l'implantation et le développement de *HASTUS*, dont nous avons déjà parlé lors de notre rencontre avec Maude et André. Ce logiciel est implanté dans plus de 185 organismes répartis dans 22 pays sur les 5 continents : on le trouve à Nantes, à Helsinki, à Sydney, à Singapour, à Édimbourg, à Barcelone, à Bruxelles, à Boston, à Omaha, à Oslo, à Kuala Lumpur, à Athènes, à Hong-Kong, à New York, etc. *HASTINFO* est un logiciel connexe développé par GIRO pour informer les clients d'un transporteur public des horaires en vigueur, et pour leur suggérer des itinéraires pour leurs déplacements.

TRANSCOL regroupe un ensemble d'algorithmes qui permettent d'établir les trajets d'autobus scolaires en tenant compte des horaires des écoles et en minimisant le nombre de véhicules requis. Il a été utilisé à plusieurs occasions pour la réorganisation des trajets d'autobus dans différentes commissions scolaires. *GÉOBUS*, un logiciel apparenté, a été développé par GIRO dans le but de gérer le transport scolaire ; il permet même de calculer la distance de marche d'un écolier pour établir son droit au transport scolaire.

TRANSPOST/ROUTEGRAPH comprend un ensemble d'outils informatisés destinés à la gestion et à l'optimisation de la collecte et de la livraison du courrier. Ce système engendre automatiquement les parcours des facteurs et des véhicules de courrier. Il produit aussi des cartes détaillées pour planifier et gérer les opérations quotidiennes. *GÉOROUTE-MRROS* de GIRO trace les parcours des releveurs pour différents services publics (parcomètres, compteurs d'électricité, cabines téléphoniques). *GÉOROUTE* détermine les parcours de livraison des produits alimentaires (pain, lait, légumes) en tenant compte de la capacité des véhicules, du temps de service à chaque endroit, des plages horaires pendant lesquelles la livraison est souhaitable ou obligatoire ; il respecte les sens uniques et les interdictions de virage. Un module du logiciel *GÉOROUTE*, conçu pour la livraison postale, permet de minimiser le temps de déplacement non productif effectué à pied ou à bord d'un véhicule, de respecter la durée maximale d'une tournée, d'inclure la pause-repas, de prévoir le tri et les autres tâches préparatoires d'une tournée de facteur. La société belge des postes l'a adopté tout récemment, rejoignant dans le club des utilisateurs la Deutsche Post AG et la société anglaise des postes. *GÉOROUTE-MUNICIPAL* aide à planifier la collecte des déchets, le nettoyage des rues et leur déneigement.

Au CRT, on met au point un logiciel qui permettra l'adoption de meilleures politiques de répartition et de relocalisation des systèmes de véhicules d'urgence tels que les voitures de patrouille policière, les ambulances et les véhicules du service d'incendie. Des travaux s'y poursuivent sur la régulation des feux de circulation ; on cherche ainsi à mieux équilibrer les flots de circulation en tenant compte des piétons et des virages des véhicules.

PLANAIR, conçu pour l'affectation des avions selon les horaires de vol prévus, a été développé en utilisant des données d'Air Canada et de CP Air.

Les logiciels *GENIUS* et *ALTO* permettent d'élaborer des tournées de véhicules à un coût minimal. Le premier sert à une firme de consultants en RO ; le second, qui construit des tournées soumises à des contraintes horaires, est utilisé comme outil pédagogique à l'Université de Montréal.

DRAG étudie le mécanisme qui détermine la demande routière et le nombre de victimes de la route. C'est le plus important modèle explicatif des accidents routiers jamais construit. Ce système est en voie d'implantation à la Société de l'assurance automobile du Québec. Une version allemande est en préparation.

Au CRT, on s'intéresse aussi à la recherche-développement portant sur ce que la littérature anglo-saxonne désigne sous le vocable de *intelligent vehicle/highway systems* (systèmes intelligents routes-véhicules). Ces systèmes visent à combiner électronique, informatique, RO et télécommunications en vue de réduire les problèmes de congestion et de sécurité en matière de transport. Un projet de système de gestion des autoroutes de la région montréalaise est en cours depuis 1993. Ce concept de gestion diffère de l'approche traditionnelle. Jusqu'ici, on attribuait la congestion de la circulation au fait que trop de véhicules se déplaçaient à la même heure du point A au point B. On réglait ce problème en augmentant la capacité des routes entre ces deux points. Or, les embouteillages causés par les incidents routiers se répartissent sur l'ensemble du réseau routier : l'utilisation optimale des structures existantes revient à gérer les incidents en éliminant le plus vite possible ce qui cause le ralentissement du flot des véhicules. Il faut aussi informer en temps réel les conducteurs de l'état de la circulation, voire leur suggérer un itinéraire d'évitement des points noirs, et organiser l'envoi de l'aide appropriée pour résoudre la difficulté : dépanneuses, ambulances, policiers.

Pour implanter ce système, on installe sous la chaussée des boucles de détection qui enregistrent le nombre et la vitesse des véhicules, ce qui permet à l'ordinateur, doté des logiciels de RO appropriés, de déceler les problèmes éventuels. Des caméras, placées en divers endroits stratégiques, complètent les informations obtenues des boucles de détection. Le système réagit en informant les usagers au moyen de panneaux à affichage variable et en modifiant les fréquences des feux de circulation dans le secteur problématique. D'autres types de systèmes, expérimentés aux États-Unis, équipent des voitures d'ordinateurs de bord capables de recevoir des informations en temps réel et de transmettre leur vitesse et leur position exacte sur le réseau routier. Dans le but de donner des conseils préventifs aux automobilistes, on espère pouvoir inférer de ces données, 15 minutes à l'avance, l'état de la circulation.

La compagnie GIRO, dont nous avons déjà parlé, est très active dans le domaine de la consultation en RO. GIRO a mis au point plusieurs logiciels du domaine du transport, dont *GIRO/ACCES* qui est un outil de gestion du transport adapté. Ce logiciel assure la confection automatique des horaires des véhicules servant au transport porte-à-porte des personnes handicapées ou âgées. Il est utilisé par plusieurs grands pourvoyeurs de ces services en Amérique du Nord.

LOGIMAINT a été développé par GIRO pour la gestion de l'entretien des parcs de véhicules et de l'équipement : planification de l'entretien, contrôle des stocks et des achats, gestion des carburants et des réservoirs.

Au GERAD, les recherches ont donné naissance à plusieurs réalisations en temps réel. Citons entre autres : l'élaboration de cartes électorales pour le Directeur général des élections du Québec ; la conception d'un logiciel de commande de machines contrôlées numériquement pour la compagnie Mark Hot ; la conception d'un logiciel d'optimisation des dosages des produits épandus et des circuits d'hélicoptères pour la lutte contre l'onchocercose en Afrique de l'Ouest ; la gestion en temps réel de camions miniers dans une mine à ciel ouvert. Cette dernière réalisation, qui date de 1986, a été l'embryon de la compagnie Ad Opt Technologies qui a connu depuis un développement fulgurant. Qu'on en juge : 5 employés en 1992, 55 en 1998 ; un chiffre d'affaires de 5,5 millions en 1997. Ad Opt Technologies, en s'attaquant aux problèmes des itinéraires et des horaires, a mis au point des logiciels de gestion des opérations aériennes qui ont supplanté plusieurs des concurrents déjà présents dans ce créneau. Des contrats importants lient maintenant Ad Opt Technologies à Air Canada, à Air Transat, à Delta Air Lines, à Northwest Airlines, à Sabena, à FedEx, à UPS, à TWA, etc. C'est encore un logiciel d'Ad Opt Technologies qui sert à la confection des horaires des contrôleurs aériens à l'emploi de la FAA, d'EuroControl, d'Airways Corporation de la Nouvelle-Zélande et d'AirServices d'Australie, entre autres.

1.8 EN CONCLUSION

Les environnements technologiques complexes que sont devenues les entreprises, où les choix foisonnent et où règnent l'incertitude et la compétition, offrent aux gestionnaires de nombreuses occasions d'appuyer leurs décisions sur une vision quantitative. La popularité des logiciels du genre *LOTUS* et *EXCEL* s'explique de cette façon. Or, ces tableurs électroniques ne sont que la tête de pont de la RO dans le monde des affaires. La RO est en train de prendre toute la place qui lui revient, même dans ces entreprises où la résistance au changement est prononcée. Quoi qu'on dise et quoi qu'on fasse, les idées valables font leur chemin. Il en est ainsi des applications de la RO à la gestion. Il faut bien adopter, partout où c'est pertinent, la démarche que propose la RO, car le maintien de la compétitivité des entreprises en dépend. Plusieurs percées en ce domaine sont le fait d'équipes québécoises. Déjà, les gestionnaires d'avant-garde combinent leur flair et leur humanisme au savoir-faire acquis par l'étude et la pratique de la RO pour assurer le progrès de leur entreprise. La gestion n'échappe plus à l'influence de l'approche scientifique que permet la RO.

La modélisation

CHAPITRE

2

« Petit à petit l'oiseau fait son nid. » « Rome ne s'est pas construite en un jour. » Ces deux dictons décrivent l'approche que nous avons choisi d'adopter pour développer chez le lecteur l'habileté à traduire divers problèmes du domaine de la gestion par des relations mathématiques. Une traduction ne peut rendre toutes les nuances de l'original ; au mieux, elle n'en est que l'écho, elle laisse des zones d'ombre, elle fait souvent appel à des compromis et à des arbitrages. Les Italiens ont un proverbe qui porte jugement sur le travail de traduction : *Traddutore, traditore* (traduire, c'est trahir). Il faut donc s'attendre à ce que nos efforts de traduction ne donnent pas toujours des résultats tout à fait satisfaisants. Les relations mathématiques obtenues ne constituent que des « modèles » des problèmes considérés. Malgré tout, connaître une solution optimale d'un modèle permet souvent au gestionnaire d'obtenir de précieuses indications sur la façon de se comporter pour tirer au mieux son épingle du jeu.

L'approche pédagogique retenue ici est empirique : nous présentons d'entrée de jeu de nombreux exemples de problèmes de gestion ; nous en tirons des modèles, tout en truffant notre propos de remarques et d'observations sur lesquelles viendront s'appuyer les généralisations et les définitions que nous donnerons en fin de chapitre. C'est à ce moment que nous tenterons de cerner de plus près ce processus, qui relève à la fois de l'art, de l'expérience, de la culture mathématique et générale, qu'est la modélisation.

2.1 QUELQUES EXEMPLES DE BASE

2.1.1 Les chaises de M. Eugène

Le contexte

Eugène Iberville, dit M. Eugène, est un designer hors pair doté d'un goût prononcé pour l'entrepreneuriat. Au cours de sa carrière, il a connu plusieurs succès couronnés par de nombreux prix. Ses dessins innovateurs de cuillers à cocktail lui ont valu une renommée internationale et lui rapportent des redevances substantielles qui ont servi à monter un atelier où il fabrique, en tirage limité et avec l'aide d'artisans doués, plusieurs des objets d'art qui font sa réputation. Il y a quelques années, un de ses designs de chaises longues a été adopté comme « le » transatlantique par beaucoup d'armateurs de bateaux de croisière. Les touristes les moins habiles arrivent à déplier ces transatlantiques sans l'aide des stewards ; de plus, ils sont confortables et occupent peu d'espace de rangement.

Depuis quelque temps, M. Eugène se spécialise dans le design du meuble de luxe. Grand admirateur de Ludwig Mies Van Der Rohe, M. Eugène a adapté, pour la production en courtes séries, deux modèles de ce créateur : la chaise en porte-à-faux et la chaise Barcelone. M. Eugène les a pourvues d'une armature métallique dont les pièces sont assemblées par brasage puis enduites de laques isolantes, ce qui confère au métal un toucher chaud. Dossiers et sièges sont ensuite recouverts de cuirs de Cordoue capitonnés. Les prototypes ont séduit une clientèle d'amateurs de beaux meubles et d'ensembliers-décorateurs : M. Eugène s'est engagé à livrer d'ici 3 semaines 42 chaises en porte-à-faux et 53 chaises Barcelone. Il estime à 100 unités le marché potentiel pour chaque type de chaise.

M. Eugène se propose de consacrer à la fabrication de ces chaises toutes les heures de main-d'œuvre dont il disposera dans son atelier pendant les 3 prochaines semaines. Le tableau 2.1 présente les données afférentes à ce problème de production : la chaise en porte-à-faux y est appelée chaise A et la chaise Barcelone, chaise B.

L'objectif que poursuit M. Eugène est de maximiser le profit qu'il pourra tirer, au cours des 3 prochaines semaines, de ces 2 types de chaises en utilisant au mieux les ressources de son atelier.

Nous allons guider pas à pas le lecteur dans la traduction de ce problème en un modèle mathématique.

TABLEAU 2.1
Les chaises de M. Eugène : résumé des données de fabrication

	Durée de fabrication d'une chaise		
Opération	**A Porte-à-faux**	**B Barcelone**	**Nombre d'heures disponibles**
Brasage	1,5 heure	2 heures	250
Laquage	30 minutes	45 minutes	100
Capitonnage	2 heures	3 heures	327
Profit par chaise	450 $	800 $	

La construction d'un modèle linéaire

Quelles sont les informations dont doit disposer M. Eugène pour considérer que son problème est résolu ? Il lui suffit de connaître le nombre de chaises A et le nombre de chaises B à fabriquer d'ici 3 semaines, n'est-ce pas ? Agissons comme si ces nombres nous étaient connus et dénotons-les par :

x_A = nombre de chaises A à fabriquer d'ici 3 semaines

x_B = nombre de chaises B à fabriquer d'ici 3 semaines.

Les variables x_A et x_B sont dites **variables de décision**.

Quel profit M. Eugène retirera-t-il de la vente de ces chaises ? Il s'agit d'additionner les bénéfices à tirer de chacun des 2 types de chaises :

- pour les chaises A, il retire 450 $ par unité et en fabrique x_A unités ; cette production lui rapporte donc un profit de ($450\ x_A$) dollars ;
- de même, les x_B chaises B lui permettent de faire un profit de ($800\ x_B$) dollars.

Le profit total à tirer des chaises fabriquées s'élève donc à :

$$(450\ x_A + 800\ x_B) \text{ dollars.}$$

Nous dénoterons ce profit total par z et laisserons implicite l'unité monétaire :

$$z = 450\ x_A + 800\ x_B\,.$$

Nous cherchons évidemment à rendre z aussi grand que possible en donnant à x_A et à x_B des valeurs appropriées.

Ici, z est une fonction qui, à chaque **plan de production** (tant de chaises A, tant de chaises B), associe le nombre de dollars que M. Eugène retirerait comme profit s'il adoptait ce plan. Cette fonction z, qui traduit l'objectif de notre problème, s'appelle **fonction-objectif**. Et, comme nous cherchons à rendre z aussi grand que possible, nous écrivons :

Maximiser z où

$$z = 450\ x_A + 800\ x_B$$

ce que généralement l'on convient d'abréger comme suit :

$$\text{Max } z = 450\ x_A + 800\ x_B\,.$$

S'il ne s'agissait pour M. Eugène que de maximiser z, il lui suffirait de laisser augmenter x_A ou x_B pour que z prenne une valeur aussi grande qu'il le souhaite. Mais s'attendre à de tels profits s'apparente plus au rêve de Perrette dans la fable qu'à la situation de notre designer. Il y a bien sûr des empêchements naturels, appelés **contraintes**, qui freinent le rêve d'un profit infini. Prenons en considération tour à tour chacune des contraintes.

Contraintes de demande Il faut exiger que le plan de production satisfasse les commandes fermes :

$$x_A \geq 42 \quad \text{et} \quad x_B \geq 53$$

sans excéder le marché potentiel :

$$x_A \leq 100 \quad \text{et} \quad x_B \leq 100\,.$$

Contrainte de brasage Le temps utilisé pour braser les chaises ne peut excéder les 250 heures disponibles :

$$\textit{Temps utilisé} \leq 250\,.$$

Or, ce temps utilisé est la somme des heures consacrées à chacun des types de chaises. Pour les chaises A, le temps nécessaire au brasage des x_A unités se calcule ainsi :

$$1{,}5 \text{ heure/(chaise A)} \times x_A \text{ (chaises A)} = 1{,}5\ x_A \text{ heures;}$$

pour les chaises B, on procède de façon analogue :

$$2 \text{ heures/(chaise B)} \times x_B \text{ (chaises B)} = 2\ x_B \text{ heures.}$$

La contrainte associée à l'opération de brasage s'écrit donc :

$$1{,}5\ x_A + 2\ x_B \leq 250\,.$$

Remarquons que le membre de gauche comme le membre de droite de cette inéquation sont des heures de brasage. À gauche, il s'agit des heures de brasage utilisées pour les chaises, et à droite, des heures de brasage disponibles. On emploie le signe « ≤ », et non « = », car il n'est pas obligatoire que toutes les heures disponibles soient utilisées pour le brasage des chaises A et B, bien qu'il ne soit pas interdit qu'il en soit ainsi.

Contrainte de laquage Le lecteur qui, s'inspirant de la contrainte de brasage, écrirait la contrainte de laquage comme suit :

$$30\ x_A + 45\ x_B \leq 100$$

commettrait une lourde erreur puisque le membre de gauche désigne les **minutes** utilisées pour le laquage et le membre de droite, les **heures** disponibles pour cette opération. Il faut ou bien convertir le membre de gauche en heures et écrire :

$$0{,}5\ x_A + 0{,}75\ x_B \leq 100$$

ou bien convertir en minutes les 100 heures disponibles et écrire :

$$30\ x_A + 45\ x_B \leq 6\,000\,.$$

Contrainte de capitonnage Cette contrainte s'écrit tout naturellement :

$$2\ x_A + 3\ x_B \leq 327\,.$$

Contraintes de non-négativité et d'intégrité Elles assurent que l'on ne défera pas des chaises déjà fabriquées et que toute chaise dont la fabrication est entamée sera complétée :

$$x_A,\ x_B \geq 0 \text{ et entiers.}$$

Le modèle se résume ainsi :

$$\text{Max } z = 450\ x_A + 800\ x_B$$

sous les contraintes :

$$x_A \geq 42 \qquad (1)$$

$$x_B \geq 53 \qquad (2)$$

$$x_A \leq 100 \qquad (3)$$

$$x_B \leq 100 \qquad (4)$$

$$1{,}5\ x_A + 2\ x_B \leq 250 \qquad (5)$$

$$0{,}5\ x_A + 0{,}75\ x_B \leq 100 \qquad (6)$$

$$2\ x_A + 3\ x_B \leq 327 \qquad (7)$$

$$x_A,\ x_B \geq 0 \qquad (8)$$

$$x_A,\ x_B \text{ entiers} \qquad (9)$$

On distingue souvent trois types de contraintes[1] dans un tel modèle linéaire, soit les contraintes de non-négativité, d'intégrité et technologiques.

- Une **contrainte de non-négativité** est habituellement requise pour chaque variable présente dans le modèle.
- Une **contrainte d'intégrité** est ajoutée pour chaque variable dont les valeurs possibles sont, d'après le contexte, confinées aux nombres entiers.
- Toutes les autres contraintes sont qualifiées de **contraintes technologiques**. Le terme vient des premières applications historiques, souvent tirées de contextes industriels qui faisaient appel à diverses technologies. Dans le modèle des chaises, les contraintes technologiques sont numérotées de (1) à (7).

Les modèles linéaires dont **certaines variables** de décision sont astreintes aux seules valeurs entières sont appelés **modèles linéaires en nombres entiers**. Le modèle utilisé pour traduire le problème de M. Eugène est un modèle (totalement) en nombres entiers, puisque les chaises ne peuvent être vendues qu'une fois terminées. On parle de **modèle linéaire continu** quand **chaque variable** de décision peut prendre toutes les valeurs d'un intervalle, borné ou non. On verra, à la section 2.1.5, un exemple de modèle linéaire continu utilisé pour décrire un problème de mélange.

Une solution optimale du modèle linéaire de M. Eugène

Des méthodes ont été mises au point pour « résoudre » les modèles linéaires, c'est-à-dire trouver des valeurs des variables de décision qui, tout en respectant chacune des contraintes, optimisent la fonction-objectif et constituent donc une « solution optimale ». Mais n'anticipons pas : ces méthodes seront expliquées dans des chapitres subséquents. Nous allons toutefois fournir au lecteur une solution optimale pour chaque modèle présenté dans ce chapitre : sa curiosité légitime sera satisfaite. Nous en profiterons d'ailleurs pour introduire différents concepts qui sont rattachés aux solutions de ces modèles.

Une **solution** d'un modèle est la donnée d'une valeur numérique pour chacune des variables de décision. Par exemple, le couple (15 ; 61) est une solution du modèle de M. Eugène et s'interprète comme le plan de production recommandant la fabrication de 15 chaises en porte-à-faux et de 61 chaises Barcelone. Une **solution** $(x_B ; x_B)$ est dite **admissible**[2] si elle satisfait à chacune des contraintes du modèle ; dans le cas contraire, elle est dite **inadmissible**. Dans le cas du modèle construit dans la présente section, les couples (15 ; 61), (121 ; 38) et (47,5 ; 61,2) sont des solutions inadmissibles ; par contre, (50 ; 60) est admissible. Une **solution** admissible est dite **optimale** lorsque

---

1. Il existe d'autres classifications possibles des contraintes. Par exemple, certains auteurs introduisent un 4e type de contraintes, qui force une variable particulière à prendre ses valeurs dans un intervalle fermé. Par exemple, on pourrait résumer (1) et (3) par une inéquation double
$$42 \le x_A \le 100$$
et inscrire les nombres 42 et 100 comme les valeurs minimale et maximale que l'on peut assigner à la variable x_A. On considère alors que les contraintes de non-négativité, qui reviennent à imposer une borne inférieure de 0 à toute variable, constituent un cas particulier de ce 4e type de contraintes. Certains logiciels de résolution des modèles linéaires donnent à ces bornes un traitement différent de celui accordé aux contraintes technologiques, avec le résultat que le temps de calcul nécessaire à l'obtention d'une solution optimale est souvent diminué, parfois de façon notable.
2. Certains auteurs parlent de **solution réalisable** ou **irréalisable** au lieu de **solution admissible** ou **inadmissible**.

la valeur associée de la fonction-objectif z est optimale. Voici l'unique solution optimale du modèle de M. Eugène[3] :

$$x_A = 42 \quad \text{et} \quad x_B = 81 \,; \quad z = 83\,700 \,.$$

Cette solution recommande de fabriquer 42 chaises en porte-à-faux et 81 chaises Barcelone. Ce plan de production assurerait à M. Eugène un profit de 83 700 $.

Les hypothèses de la programmation linéaire

Le modèle utilisé pour traduire le problème de M. Eugène en langage mathématique est qualifié de linéaire. Mais à quelles conditions doit obéir un modèle pour être déclaré linéaire ? Et pourquoi les modèles linéaires sont-ils tant recherchés ?

Répondons d'abord à la deuxième question. Les modèles linéaires se présentent naturellement dans la modélisation de plusieurs situations de gestion, comme le démontreront amplement les exemples décrits et les problèmes proposés dans ce chapitre. De plus, il existe toute une gamme d'algorithmes efficaces pour résoudre ces modèles.

Un modèle linéaire s'écrit sous la forme générale suivante, où E dénote l'ensemble des indices j pour lesquels la variable x_j est soumise à une contrainte d'intégrité.

Max (Min) $z = c_1x_1 + c_2x_2 + \ldots + c_nx_n$

sous les contraintes :

$$a_{11}x_1 + a_{12}x_2 + \ldots + a_{1n}x_n \begin{pmatrix} \leq \\ \geq \\ = \end{pmatrix} b_1$$

$$a_{21}x_1 + a_{22}x_2 + \ldots + a_{2n}x_n \begin{pmatrix} \leq \\ \geq \\ = \end{pmatrix} b_2$$

.

.

.

$$a_{m1}x_1 + a_{m2}x_2 + \ldots + a_{mn}x_n \begin{pmatrix} \leq \\ \geq \\ = \end{pmatrix} b_m$$

$x_1, x_2, \ldots, x_n \geq 0$

x_j est entier pour tout $j \in E$

Rappelons que les contraintes dont les membres droits sont b_1, b_2, ..., b_m sont dites contraintes technologiques ; qu'un modèle linéaire est dit continu quand $E = \phi$.

---

3. La solution optimale du modèle considéré ici est entière, que l'on exige ou non l'intégrité des variables de décision. Il en est de même pour la majorité des exemples de ce chapitre. Évidemment, les modèles associés aux problèmes pratiques admettent souvent des solutions optimales non entières si l'on ne tient pas compte de l'intégrité des variables. Mais nous avons voulu éviter pour l'instant les difficultés que pose la résolution des modèles dont certaines variables doivent être entières. Ce sujet est repris au chapitre 6, où nous illustrons l'impact sur les solutions optimales (et sur le temps de calcul pour les obtenir) découlant de l'adjonction de contraintes d'intégrité.

Les **conditions de linéarité** que doit remplir un modèle pour être déclaré linéaire découlent de la forme du modèle précédent :

1. Le modèle comporte une fonction-objectif qu'il s'agit soit de maximiser, soit de minimiser. Dans le problème de M. Eugène, on cherche à maximiser le profit total qui est représenté par la fonction $z = 450\ x_A + 800\ x_B$.
2. La fonction-objectif de même que les membres gauches des contraintes technologiques s'écrivent comme des sommes dont chaque terme est un produit d'une constante et d'une variable.
3. Chaque variable est soumise à une contrainte de non-négativité.
4. Le modèle ne comporte pas de contraintes écrites sous forme d'inéquations strictes.
5. On suppose que tous les paramètres qui apparaissent dans le modèle sont déterministes et sont connus avec précision.

La condition 2 résume ce que la littérature de la RO désigne sous le nom d'hypothèses de proportionnalité et d'additivité. Nous décrivons la portée de ces 2 hypothèses dans un problème général d'allocation de ressources à une gamme de produits et illustrons nos propos à l'aide du problème de M. Eugène.

– **Hypothèse de proportionnalité :** Le profit (ou le coût) provenant du produit rattaché à une variable donnée est proportionnel à la valeur de cette variable ; par exemple, le profit dû aux chaises de type A s'obtient en multipliant le nombre de chaises de ce type par le profit unitaire. De même, la portion d'une ressource consacrée à un produit est proportionnelle à la valeur de la variable associée ; par exemple, si le laquage d'une chaise A exige 0,5 heure, il faut, si la proportionnalité s'applique, 1 heure pour en laquer 2 et 50 heures pour en laquer 100.

  La proportionnalité doit être valable pour toute la gamme des valeurs possibles des variables de décision. Il n'y a donc ni coûts de mise en route, ni coûts d'exploitation ni économies d'échelle.

– **Hypothèse d'additivité :** Le profit (ou le coût) total est la somme des profits (ou des coûts) provenant des différents produits. La quantité totale d'une ressource requise par un plan de production est la somme des quantités utilisées par les différents produits ; par exemple, le temps de laquage est la somme des heures consacrées aux chaises A et des heures consacrées aux chaises B.

Le carcan linéaire et la pratique de modélisation

Il existe des situations où les conditions de linéarité ne sont pas toutes satisfaites, mais où il est possible de réécrire le modèle sous une forme équivalente et linéaire. Nous en donnerons plusieurs exemples dans le texte et dans les problèmes de ce chapitre. La section 2.3 est consacrée à l'utilisation de variables dites binaires pour « linéariser » diverses situations qui, a priori, ne respectent pas les hypothèses de proportionnalité et d'additivité.

Lorsque les paramètres du modèle ne sont pas connus avec certitude, on peut parfois recourir aux techniques de l'analyse postoptimale présentées au chapitre 5.

2.1.2 Un problème de comptabilité de gestion

Vincent Murtada est originaire d'Alep, grand centre du nord de la Syrie réputé pour être la plus vieille ville d'occupation continue au monde. Émigré au début des années 1970 à Nancy, Vincent a continué à pratiquer son métier d'ébéniste dans un atelier monté grâce à ses économies alépines. Sa spécialité, c'est le mobilier pour chambres d'enfant, en particulier les tables à langer et les berceaux de style en bois précieux ou semi-précieux (okoumé, palissandre, bois de rose, bois de ronce, etc.). En 1989, il a épousé Céline Forest, une jeune Québécoise qui s'était rendue en Europe pour y accompagner une cousine de Vincent établie depuis longtemps à Montréal. Céline eut tôt fait de convaincre son mari de venir s'établir au Québec, où elle pourrait continuer de s'occuper de ses parents vieillissants tout en poursuivant sa carrière de comptable dans une grande agence de voyages.

Vincent n'a pas tardé à monter un atelier dans son nouveau pays d'adoption ; les revenus de Céline ont permis de faire bouillir la marmite pendant que Vincent constituait un stock suffisant de tables à langer et de berceaux pour attirer les chalands, qu'il recrute surtout parmi les propriétaires de boutiques spécialisées dans les meubles pour enfants. Le marché s'est avéré porteur et Vincent n'a maintenant plus de difficulté à écouler sa production. Toutefois, son manque de capitaux, son inexpérience du recouvrement des créances et de la gestion des stocks en milieu nord-américain l'obligent à des relations suivies avec son banquier.

Aujourd'hui, 1er juin, Vincent dispose d'assez de bois et de fournitures pour fabriquer 100 tables à langer et 100 berceaux. Une table se vend 500 $ et un berceau, 800 $. Les coûts de main-d'œuvre sont de 250 $ pour une table et de 350 $ pour un berceau. Le bois et les fournitures lui coûtent 75 $ pour une table et 160 $ pour un berceau. Une grande part de la main-d'œuvre est occasionnelle, car Vincent accepte de recevoir en stage des élèves d'une école d'ébénisterie. Pendant l'année scolaire, le directeur de cette école lui confie autant d'apprentis qu'il le désire ; mais le nombre d'apprentis disponibles sera réduit au cours de la période estivale qui débute, ce qui limitera sa production de juin à un maximum de 50 tables et de 30 berceaux.

Voici un résumé de la situation financière de Vincent au 1er juin :

	Actif	**Passif**
Encaisse	20 000 $	
Comptes clients	37 000 $	
Stocks*	23 500 $	
Emprunt bancaire		30 000 $

* 23 500 = (100 × 75) + (100 × 160).

Vincent doit établir combien de tables et de berceaux il lui faut fabriquer au cours du mois de juin. Sa clientèle ne paie toutefois jamais comptant : les meubles vendus en juin ne seront payés qu'au début du mois d'août. En juin, Vincent doit recevoir 13 850 $ de comptes clients et il devra payer 1 600 $ pour le loyer de son atelier. Il aura à rembourser une partie de l'emprunt bancaire, soit 4 350 $. La dernière semaine de juin, il recevra une livraison de bois précieux valant 26 500 $, qu'il lui faudra payer en août.

Vincent veut pouvoir disposer, au début de juillet, d'au moins 15 900 $ pour acheter, en payant comptant conformément à une entente conclue depuis mars dernier, les outils d'un confrère ébéniste qui prendra sa retraite. Le banquier de Vincent exige, en contrepartie du maintien de sa marge de crédit, que le ratio actif/passif soit, au début de juillet, égal tout au moins à 2.

Malgré toutes ces contraintes, Vincent veut maximiser avec sa production de juin la contribution au profit, et il se demande comment y arriver.

Répondre aux préoccupations de Vincent, c'est déterminer le nombre de tables à langer et de berceaux qu'il devra fabriquer en juin. Dans ce but, définissons comme suit les variables de décision associées à ce problème :

$$x_1 = \text{nombre de tables à langer à fabriquer et à vendre en juin}$$

$$x_2 = \text{nombre de berceaux à fabriquer et à vendre en juin.}$$

L'objectif de Vincent consiste à maximiser le profit qu'il retirera de la production de juin. Dans le modèle, ce profit est exprimé en fonction des variables de décision tout juste définies. En premier lieu, calculons les contributions unitaires au profit :

- pour une table à langer : 500 – 250 – 75 = 175 (dollars),
- pour un berceau : 800 – 350 – 160 = 290 (dollars).

Le profit s'élève donc à :

$$z = 175\, x_1 + 290\, x_2 .$$

Comme on l'a mentionné à la section précédente, cette expression reçoit le nom de fonction-objectif. Et l'on résume ainsi l'objectif à poursuivre lors de la résolution du modèle :

$$\text{Max } z = 175\, x_1 + 290\, x_2 .$$

Construisons maintenant les contraintes du modèle.

Contraintes de main-d'œuvre La disponibilité des apprentis limite à 50 et à 30 respectivement le nombre de tables et de berceaux :

$$x_1 \leq 50$$

$$x_2 \leq 30 .$$

Contraintes de fournitures Le bois et les fournitures disponibles limitent également la production de juin :

$$x_1 \leq 100$$

$$x_2 \leq 100 .$$

Tout plan de production $(x_1 ; x_2)$ qui respecte les contraintes de main-d'œuvre respectera aussi les contraintes de fournitures. Ces dernières sont redondantes et n'apparaîtront pas dans le modèle.

Contrainte d'encaisse Il faut au moins 15 900 \$ en banque au début de juillet. Cette somme est égale au solde en banque au début de juin, auquel s'ajoute le recouvrement partiel des comptes clients et dont il faut retrancher le remboursement partiel de l'emprunt, le loyer de juin et les coûts de la main-d'œuvre en juin :

$$20\,000 + 13\,850 - 4\,350 - 1\,600 - 250\, x_1 - 350\, x_2 \geq 15\,900$$

d'où

$$27\,900 - 250\, x_1 - 350\, x_2 \geq 15\,900$$

et enfin

$$250\, x_1 + 350\, x_2 \leq 12\,000 .$$

Contrainte du ratio actif/passif Au début de juillet, ce ratio doit être ≥ 2. Établissons d'abord l'actif au début de juillet :

$$\textit{Encaisse} = 27\,900 - 250\, x_1 - 350\, x_2$$

$$\textit{Comptes clients} = 37\,000 + \textit{Ventes de juin} - \textit{Sommes encaissées}$$

$$= 37\,000 + (500\, x_1 + 800\, x_2) - 13\,850$$

Des stocks du début de juin, qui valent 23 500 $, on doit retrancher le bois et les fournitures qui seront utilisés en juin, puis ajouter le bois à recevoir à la fin de juin :

$$\textit{Stocks} = 23\,500 - (\ 75\ x_1 + 160\ x_2\ ) + 26\,500\,.$$

L'actif au début de juillet est la somme de ces 3 éléments :

$$\begin{aligned}\textit{Actif} &= \textit{Encaisse} + \textit{Comptes clients} + \textit{Stocks}\\ &= 101\,050 + 175\ x_1 + 290\ x_2\,.\end{aligned}$$

Le passif au début de juillet est égal au passif au début de juin, diminué du remboursement partiel de l'emprunt et augmenté du paiement de la commande de bois reçue à la fin de juin :

$$\textit{Passif} = 30\,000 - 4\,350 + 26\,500 = 52\,150\,.$$

La contrainte s'écrit donc :

$$\frac{101\,050 + 175\ x_1 + 290\ x_2}{52\,150} \geq 2.$$

En multipliant les deux membres de cette contrainte par le dénominateur 52 150, on obtient :

$$175\ x_1 + 290\ x_2 \geq 3\,250\,.$$

Le modèle obtenu est le suivant :

$$\text{Max } z = 175\ x_1 + 290\ x_2$$

sous les contraintes :

$$x_1 \leq 50$$

$$x_2 \leq 30$$

$$250\ x_1 + 350\ x_2 \leq 12\,000$$

$$175\ x_1 + 290\ x_2 \geq 3\,250$$

$$x_1,\ x_2 \geq 0 \text{ et entiers}$$

La solution optimale est :

$$x_1 = 6 \quad \text{et} \quad x_2 = 30\,; \quad z = 9\,750 \text{ (dollars)}.$$

Remarque. Une **contrainte** d'un modèle est dite **redondante** lorsqu'elle est satisfaite par toute solution qui vérifie les autres contraintes du modèle. Ainsi, inclure ou non une contrainte redondante ne change en rien l'ensemble des solutions admissibles. Les contraintes de fournitures sont clairement redondantes dans le modèle de planification de production de Vincent. Parfois, la redondance d'une contrainte n'est pas évidente. Par exemple, l'inéquation

$$15\ x_1 + 22\ x_2 \leq 750$$

serait redondante si elle était ajoutée au modèle de Vincent[4].

On juge parfois approprié de conserver une contrainte redondante. Diverses raisons justifient ce choix :

- pour insister sur un aspect du modèle considéré comme important ;

---

4. Pour vérifier la redondance de cette inéquation, il suffit d'appliquer la méthode graphique exposée au chapitre 3 : on observe que la droite associée à cette inéquation ne coupe pas la région admissible.

- pour respecter une convention : par exemple, dans le modèle de M. Eugène construit à la section 2.1.1, on a spécifié que les variables x_j sont non négatives, même si les contraintes de demande (1) et (2) garantissent clairement la non-négativité de ces variables ;
- pour assurer la robustesse d'un modèle utilisé de façon répétitive, c'est-à-dire sa capacité d'adaptation à de nouvelles données : si Vincent recourait régulièrement au modèle ci-dessus et que la disponibilité en apprentis ou en fournitures variait considérablement d'une fois à l'autre, il serait prudent de conserver les contraintes de fournitures dans le modèle.

2.1.3 Le choix des variables de décision : Cirem

La description du problème

La production de la compagnie Cirem se réduit à 2 produits périssables, P et Q, et est absorbée en entier par un grossiste. Celui-ci n'impose pas de quota à Cirem : il pourrait revendre (à profit) plus d'unités de P et de Q que ne saurait en fabriquer Cirem et il laisse cette dernière fixer à sa guise ses niveaux quotidiens de production.

Cirem vend les produits P et Q 42 $ et 48 $ l'unité respectivement. Chaque soir, les produits sont acheminés chez le grossiste par un transporteur qui réclame à Cirem 2 $ par kg transporté, moyennant un minimum quotidien garanti de 4 000 $. Les produits P et Q s'élaborent à partir des 2 matériaux M et N selon la recette présentée au tableau 2.2.

TABLEAU 2.2
Cirem : recettes des produits P et Q

Produit	Poids unitaire (en kg)	Poids des matériaux incorporés (en kg)	
		M	N
P	7	4	3
Q	3	2	1

Le problème quotidien de Cirem est de répartir la production de la journée entre les produits P et Q de façon à tirer des matériaux M et N disponibles les revenus nets les plus élevés possible. Considérons une journée où Cirem dispose de 3 200 kg de M et de 2 400 kg de N. Et supposons que les ressources de Cirem en équipement et en main-d'œuvre lui permettent de traiter ces 5 600 kg de matériaux durant la journée.

Nous proposons 2 modèles de cette situation, qui s'adaptent facilement à des disponibilités différentes des matériaux M et N.

Un premier modèle

Ce modèle comprend d'abord des variables x_P et x_Q qui dénotent le nombre d'unités à fabriquer de chaque produit. On introduit également des variables y_1 et y_2 qui permettront de tenir compte du minimum garanti de 4 000 $. Ces variables de décision se définissent comme suit :

x_P = nombre d'unités de P fabriquées par Cirem durant la journée

x_Q = nombre d'unités de Q fabriquées par Cirem durant la journée

y_1 = portion (en kg) du poids total de la production qui n'excède pas 2 000 kg

y_2 = portion (en kg) du poids total de la production qui excède 2 000 kg.

Cirem cherche un plan de production qui, à la fois, entraîne des revenus de vente aussi élevés que possible et réduit les coûts de transport. Mathématiquement, ce double objectif se traduit ainsi :

$$\text{Max } z = V - T$$

où

$$V = \text{revenus totaux de vente} = 42\ x_P + 48\ x_Q$$

$$T = \text{coûts totaux de transport.}$$

Si la quantité totale fabriquée durant la journée dépasse 2 000 kg, la variable y_1 prend la valeur 2 000, et les coûts de transport s'élèvent à :

$$T = 2\ y_1 + 2\ y_2 = (2 \times 2\ 000) + 2\ y_2 = 4\ 000 + 2\ y_2\,.$$

La formule « $T = 4\ 000 + 2\ y_2$ » reste valide quand la quantité totale est inférieure à 2 000 kg, car y_2 vaut alors 0 et le minimum garanti de 4 000 $ s'applique. En résumé, l'objectif de Cirem s'écrit :

$$\text{Max } z = 42\ x_P + 48\ x_Q - 4\ 000 - 2\ y_2\,.$$

Les contraintes, outre celles de non-négativité, sont au nombre de 4. Les 2 premières exigent que les poids des matériaux M et N incorporés dans les unités fabriquées ne dépassent pas les quantités disponibles :

$$4\ x_P + 2\ x_Q \leq 3\ 200$$

$$3\ x_P + 1\ x_Q \leq 2\ 400\,.$$

Les 2 dernières forcent les variables y_1 et y_2 à jouer dans le modèle le rôle que nous avons cherché à leur donner en les définissant. On exige d'abord que la somme $y_1 + y_2$ représente le poids total de la production de la journée :

$$y_1 + y_2 = 7\ x_P + 3\ x_Q\,.$$

Et on limite à un maximum de 2 000 la valeur que peut prendre y_1 :

$$y_1 \leq 2000\,.$$

Le problème de Cirem peut donc se modéliser comme suit :

$$\text{Max } z = 42\ x_P + 48\ x_Q - 2\ y_2 - 4\ 000$$

sous les contraintes :

$$4\ x_P + 2\ x_Q \leq 3\ 200$$

$$3\ x_P + 1\ x_Q \leq 2\ 400$$

$$7\ x_P + 3\ x_Q - y_1 - y_2 = 0$$

$$y_1 \leq 2\ 000$$

Il faut ajouter au modèle les contraintes de non-négativité et d'intégrité requises. Noter que le coefficient négatif de y_2 dans la fonction-objectif forcera cette variable à prendre la valeur 0 quand la production totale sera inférieure à 2 000 kg. On trouve comme seule solution optimale :

$$x_Q = 1\ 600$$

$$y_1 = 2\ 000$$

$$y_2 = 2\ 800$$

$$z = 67\ 200$$

Le modèle recommande de consacrer toutes les ressources disponibles au seul produit Q : Cirem pourrait alors en fabriquer 1 600 unités, dont le poids total serait de $3 \times 1\,600 = 4\,800 = 2\,000 + 2\,800$ kg ; Cirem s'assurerait ainsi des revenus nets de 67 200 $ pour la journée.

Plusieurs logiciels, dont *STORM*, ne permettent pas la présence d'une constante dans la fonction-objectif z. Pour contourner cet interdit, on peut tout simplement « oublier » la constante – 4 000 et chercher à

$$\text{Max } z' = 42\, x_P + 48\, x_Q - 2\, y_2 .$$

Cet objectif est évidemment équivalent à celui du modèle. Le lecteur notera cependant que z' ne représente pas l'excédent des revenus sur les coûts de transport. Il est possible de conserver la fonction-objectif z du modèle tout en ne recourant pas explicitement à une constante dans son écriture ; il suffit de se donner comme objectif de

$$\text{Max } z = 42\, x_P + 48\, x_Q - 2\, y_2 - C$$

et d'ajouter au modèle la contrainte suivante :

$$C = 4\,000 .$$

Nous utiliserons souvent ce truc[5] par la suite, afin de garder aux fonctions-objectifs une interprétation naturelle.

Un deuxième modèle

Cette fois les variables de décision sont les variables x_P et x_Q utilisées dans le modèle précédent, auxquelles s'ajoute

$$x_T = \text{coûts de transport (en dollars) pour la journée.}$$

Le lecteur constatera que le problème de Cirem peut également se modéliser comme suit :

$$\text{Max } z = 42\, x_P + 48\, x_Q - 1\, x_T$$

sous les contraintes :

$$4\, x_P + 2\, x_Q \leq 3\,200$$

$$3\, x_P + 1\, x_Q \leq 2\,400$$

$$x_T \geq 4\,000$$

$$x_T - 14\, x_P - 6\, x_Q \geq 0$$

Il faut également inclure les contraintes de non-négativité et d'intégrité requises. La solution optimale donne :

$$x_Q = 1\,600$$

$$x_T = 9\,600$$

$$z = 67\,200 \text{ (dollars).}$$

On constate que les 2 modèles ont essentiellement la même solution optimale : Cirem maximiserait ses revenus nets en approvisionnant le grossiste en produit Q seulement.

---

5. Ce truc augmente de 1 et le nombre de variables et le nombre de contraintes technologiques. Généralement, cette complexité additionnelle ne porte pas à conséquence.

La renégociation du contrat : pénalités pour approvisionnement insuffisant

Il arrive souvent qu'il faille adapter un modèle à de nouvelles conditions qui n'avaient pas été prévues lors de la modélisation originale. Dans les situations complexes, la modélisation se fait généralement par étapes. On commence par intégrer dans le modèle ce qui semble constituer le cœur du problème, mais il faut souvent revenir sur le résultat de ce premier effort, soit que des éléments essentiels de la situation aient échappé au premier essai de modélisation, soit que l'évolution du contexte l'exige.

Montrons comment adapter les 2 modèles précédents à la nouvelle situation qui va prévaloir chez Cirem.

Le grossiste, désireux d'un approvisionnement quotidien en produit P, décide de renégocier l'entente qui le lie à Cirem : il exige la livraison quotidienne d'au moins 2 450 kg du produit P et d'au moins 1 800 kg de Q. Si ces minima ne sont pas atteints, il imposera une pénalité de 5 $ par kg manquant de P et une pénalité de 1,50 $ par kg manquant de Q.

La modification du premier modèle

Convenons de partir de la version utilisant la constante C. Et introduisons les variables de décision supplémentaires suivantes :

p_1 = portion (en kg) du poids de P n'excédant pas 2 450 kg

p_2 = portion (en kg) du poids de P excédant 2 450 kg

q_1 = portion (en kg) du poids de Q n'excédant pas 1 800 kg

q_2 = portion (en kg) du poids de Q excédant 1 800 kg.

Les pénalités quotidiennes éventuelles, qui devront être incluses dans la fonction-objectif, s'élèvent à :

$$-5\,(2\,450 - p_1) - 1{,}50\,(1\,800 - q_1) = -14\,950 + 5\,p_1 + 1{,}50\,q_1 .$$

En fait, conformément au principe, mentionné lors de l'élaboration du premier modèle, d'éviter la présence de constantes dans la fonction-objectif, seuls les termes $5\,p_1$ et $1{,}50\,q_1$ sont ajoutés à la fonction-objectif ; et la contrainte « $C = 4\,000$ » est remplacée par « $C = 18\,950$ ».

On ajoute au modèle une contrainte liant x_P aux nouvelles variables p_1 et p_2 ainsi qu'une contrainte limitant p_1 à un maximum de 2 450 :

$$7\,x_P = p_1 + p_2 \quad \text{et} \quad p_1 \leq 2\,450 .$$

On fait de même pour le produit Q :

$$3\,x_Q = q_1 + q_2 \quad \text{et} \quad q_1 \leq 1\,800 .$$

Le modèle prend la forme suivante :

$$\text{Max } z = 42\,x_P + 48\,x_Q - 2\,y_2 + 5\,p_1 + 1{,}5\,q_1 - C$$

sous les contraintes :

$$4\,x_P + 2\,x_Q \leq 3\,200$$

$$3\,x_P + 1\,x_Q \leq 2\,400$$

$$7\,x_P + 3\,x_Q - y_1 - y_2 = 0$$

$$y_1 \leq 2\,000$$

$$7\ x_P - p_1 - p_2 = 0$$
$$p_1 \leq 2\ 450$$
$$3\ x_Q - q_1 - q_2 = 0$$
$$q_1 \leq 1\ 800$$
$$C = 18\ 950$$

Il faut enfin ajouter les contraintes de non-négativité et d'intégrité requises. Noter que les coefficients positifs de p_1 et q_1 dans la fonction-objectif pousseront ces variables à prendre leurs valeurs maximales 2 450 et 1 800 lorsque cela sera possible. La solution optimale donne :

$$x_Q = 1\ 600$$
$$q_1 = 1\ 800 \qquad q_2 = 3\ 000$$
$$y_1 = 2\ 000 \qquad y_2 = 2\ 800$$
$$z = 54\ 950 \text{ (dollars).}$$

Le constat : la pénalité imposée à Cirem pour les kg manquants de P n'est pas suffisamment forte pour déclencher la livraison d'unités de P. L'analyse postoptimale, à laquelle nous nous adonnerons au chapitre 5, montrerait que la pénalité minimale à imposer pour décider Cirem à livrer du produit P est de 8 $ le kg manquant.

La modification du deuxième modèle

Cette fois on introduit les variables de décision supplémentaires suivantes :

y_P = nombre de kg de P qu'il faudrait ajouter à ceux qui sont livrés pour atteindre les 2 450 kg de P requis pour éviter la pénalité prévue

y_Q = nombre de kg de Q qu'il faudrait ajouter à ceux qui sont livrés pour atteindre les 1 800 kg de Q requis pour éviter la pénalité prévue.

Les pénalités éventuelles, calculées selon cette approche, s'élèvent à :

$$-\ 5\ y_P - 1{,}50\ y_Q\,.$$

Pour lier les nouvelles variables y_P et y_Q aux anciennes, x_P et x_Q, il suffit d'écrire :

$$y_P \geq 2\ 450 - 7\ x_P \quad \text{et} \quad y_Q \geq 1\ 800 - 3\ x_Q\,.$$

On obtient donc le modèle suivant :

$$\text{Max } z = 42\ x_P + 48\ x_Q - 1\ x_T - 5\ y_P - 1{,}5\ y_Q$$

sous les contraintes :

$$4\ x_P + 2\ x_Q \leq 3\ 200$$
$$3\ x_P + 1\ x_Q \leq 2\ 400$$
$$x_T \geq 4\ 000$$
$$-\ 14\ x_P - 6\ x_Q + x_T \geq 0$$
$$7\ x_P + y_P \geq 2\ 450$$
$$3\ x_Q + y_Q \geq 1\ 800$$

Il ne faut pas oublier les contraintes de non-négativité et d'intégrité requises. La solution optimale donne :

$$x_Q = 1\ 600$$

$$x_T = 9\,600$$
$$y_P = 2\,450$$
$$z = 54\,950 \text{ (dollars).}$$

2.1.4 Le chocolatier-confiseur

Un chocolatier-confiseur reçoit une commande de 3 000 assortiments de chocolats. Pour les confectionner, il a convenu d'y placer 3 sortes de chocolats, dénotés chocolats 1, 2 et 3, dont chaque kg lui coûte 4 $, 1,45 $ et 2,40 $ respectivement. Chaque assortiment doit peser un kg et se vendra 8 $.

Les chocolats 1 doivent représenter entre 10 % et 20 % du poids d'un assortiment. Les chocolats 1 et 2 présents dans un assortiment ne doivent pas peser plus de 800 g. Au moins la moitié du poids d'un assortiment doit provenir des chocolats 1 et 3.

Comment le chocolatier-confiseur doit-il répartir ses achats entre les 3 sortes de chocolats pour maximiser les revenus nets qu'il tirera de la vente des assortiments ?

Les 3 000 assortiments seront confectionnés de la même manière, car une recette qui est optimale pour un assortiment l'est pour tous. Les quantités totales utilisées de chaque sorte de chocolats, et par conséquent les quantités achetées, s'obtiennent en multipliant par 3 000 cette recette optimale. Et réciproquement, pour résoudre le problème du chocolatier-confiseur, il suffit de connaître le nombre de kg à acheter de chaque sorte, puis de diviser par 3 000 pour obtenir la recette. De ces remarques découle immédiatement la définition des 3 variables de décision suivantes :

$$x_j = \text{nombre de kg de chocolats } j \text{ que se procurera le confiseur.}$$

Le chocolatier-confiseur poursuit l'objectif de maximiser les profits qu'il tirera de la vente des 3 000 assortiments qu'il s'est engagé à fournir. Un kg de chocolats se vend toujours 8 $, puisque c'est là le prix de vente de chaque assortiment et que chaque assortiment pèse un kg. Mais le prix d'achat varie d'une sorte de chocolats à l'autre. C'est ainsi que le profit réalisé sur un kg de chocolats 1 s'établit à 8 $ – 4 $ = 4 $. Pour chaque kg de chocolats 2, le profit est de 8 $ – 1,45 $ = 6,55 $. Le kg de chocolats 3 rapportera des profits de 8 $ – 2,40 $ = 5,60 $. La fonction-objectif qui représente les profits s'écrit donc :

$$\text{Max } z = 4\,x_1 + 6{,}55\,x_2 + 5{,}60\,x_3\,.$$

Que les achats du chocolatier-confiseur soient suffisants pour satisfaire la commande s'écrit :

$$x_1 + x_2 + x_3 = 3\,000 \qquad (10)$$

Cette contrainte ne tient aucun compte, et c'est là une des faiblesses de ce modèle, de la forte possibilité que de légers incidents survenant au cours de la confection des assortiments occasionnent des pertes de chocolats. On néglige donc de traduire dans le modèle une caractéristique de certains processus industriels. Le chocolatier-confiseur devra donc prendre avec un grain de sel (!) les recommandations d'achat que lui fournira l'exploitation du modèle et refusera à juste titre de s'en servir comme d'un credo.

Comment traduire l'exigence selon laquelle le poids de chocolats 1 présents dans chaque assortiment soit d'au moins 10 % du poids total de l'assortiment ? On remarque que si cela est vrai de chaque assortiment, cela sera vrai de l'ensemble des assortiments. On peut donc dire que les achats de chocolats 1 doivent représenter au moins 10 % des achats totaux de chocolats. Or, les achats de chocolats 1 qu'il a été convenu de faire pèsent x_1 kg ; et les achats totaux de chocolats pèsent $(x_1 + x_2 + x_3)$ kg. On pourra donc modéliser cette condition en écrivant :

$$\frac{x_1}{x_1 + x_2 + x_3} \geq \frac{10}{100}$$

c'est-à-dire, après simplifications :

$$0{,}9\ x_1 - 0{,}1\ x_2 - 0{,}1\ x_3 \geq 0 \qquad (11)$$

Que la quantité de chocolats 1 dans chaque assortiment représente au plus 20 % du poids total des chocolats de l'assortiment peut s'écrire comme suit :

$$0{,}8\ x_1 - 0{,}2\ x_2 - 0{,}2\ x_3 \leq 0 \qquad (12)$$

Que les chocolats 1 et 2 présents dans un assortiment ne doivent pas peser plus de 800 grammes se traduit en posant :

$$\frac{x_1 + x_2}{x_1 + x_2 + x_3} \leq \frac{80}{100}$$

ce qui s'écrit :

$$0{,}2\ x_1 + 0{,}2\ x_2 - 0{,}8\ x_3 \leq 0 \qquad (13)$$

Quant à la condition selon laquelle les chocolats 1 et 3 doivent constituer au moins la moitié du poids d'un assortiment, on peut la représenter par :

$$\frac{x_1 + x_3}{x_1 + x_2 + x_3} \geq \frac{50}{100}$$

ce qui s'écrit :

$$0{,}5\ x_1 - 0{,}5\ x_2 + 0{,}5\ x_3 \geq 0 \qquad (14)$$

Il faut ajouter les contraintes de non-négativité puisqu'il est question, pour le chocolatier-confiseur, de se procurer des chocolats pour en confectionner des assortiments et non de reprendre des kg de chocolats dans des assortiments déjà confectionnés :

$$x_1, x_2, x_3 \geq 0 \qquad (15)$$

Résumons notre modèle : il s'agit de maximiser z sous les contraintes (10) à (15).

Il existe d'autres façons de modéliser ce problème. Par exemple, puisque le poids total des intrants s'élèvera à 3 000 kg selon (10), on peut reformuler les contraintes (11) à (14) en substituant 3 000 à $(x_1 + x_2 + x_3)$ dans les dénominateurs. Par exemple, (11) serait remplacée par $x_1 / 3\ 000 \geq 10/100$. Le modèle s'écrirait alors comme suit :

Max $z = 4\ x_1 + 6{,}55\ x_2 + 5{,}60\ x_3$

sous les contraintes :

$x_1 + x_2 + x_3 = 3\ 000$

$x_1 \geq 300$

$x_1 \leq 600$

$x_1 + x_2 \leq 2\ 400$

$x_1 + x_3 \geq 1\ 500$

$x_1, x_2, x_3 \geq 0$

Pour ces 2 formulations, la solution optimale est la même :

$$x_1 = 300$$

$$x_2 = 1\,500$$

$$x_3 = 1\,200$$

$$z = 17\,745 \text{ (dollars)}.$$

Voici encore une autre façon de modéliser la même situation, obtenue en définissant d'une manière différente les variables de décision. Le nouveau modèle indiquera au chocolatier-confiseur non plus la quantité de chocolats de chaque sorte qu'il doit se procurer, mais plutôt la proportion de chaque sorte de chocolats à utiliser dans un assortiment. Les variables de décision se définissent donc de la façon suivante :

p_j = proportion de chocolats j dans chacun des 3 000 assortiments.

Si le chocolatier-confiseur n'utilisait que des chocolats 1 pour confectionner ses assortiments, il en résulterait un profit de 12 000 dollars :

$$3\,000\,(8 - 4) = 12\,000\,.$$

De même, recourir exclusivement aux chocolats 2 ou aux chocolats 3 pour constituer les assortiments donnerait des profits de 19 650 ou de 16 800 dollars :

$$3\,000\,(8 - 1{,}45) = 19\,650$$

$$3\,000\,(8 - 2{,}40) = 16\,800\,.$$

On comprend pourquoi l'objectif de maximisation du profit se traduit par la fonction-objectif suivante :

$$\text{Max } z = 12\,000\, p_1 + 19\,650\, p_2 + 16\,800\, p_3\,.$$

Les premières contraintes s'écrivent alors tout naturellement :

$$p_1 \geq 0{,}1$$

$$p_1 \leq 0{,}2$$

$$p_1 + p_2 \leq 0{,}8$$

$$p_1 + p_3 \geq 0{,}5$$

Il faut prendre soin d'indiquer que chaque assortiment ne peut être constitué que des chocolats 1, 2 ou 3. C'est ce qu'on traduit en écrivant :

$$p_1 + p_2 + p_3 = 1\,. \qquad (16)$$

Les contraintes de non-négativité complètent l'écriture de ce second modèle :

$$p_1, p_2, p_3 \geq 0\,.$$

La solution optimale donne :

$$p_1 = 0{,}1$$

$$p_2 = 0{,}5$$

$$p_3 = 0{,}4$$

$$z = 17\,745 \text{ (dollars)}.$$

Si la contrainte (16) avait été omise, la solution optimale aurait pris une toute autre allure : le chocolatier-confiseur se serait vu indiquer la possibilité d'atteindre un profit infini ! Le modèle lui aurait suggéré d'augmenter indéfiniment p_3, puisque cette variable n'aurait pas été bornée supérieurement...

Le dernier modèle recommande les mêmes achats que les 2 autres : selon la solution optimale donnée ci-haut, le chocolatier-confiseur devrait consacrer 10 % de ses achats, soit 300 kg, aux chocolats 1... Jusqu'ici, on n'a aucune raison sérieuse de préférer un des modèles aux deux autres. Mais il n'en est pas nécessairement de même si l'on veut tenir compte de contraintes additionnelles. Illustrons notre propos par un exemple.

Ce n'est pas la première commande de 3 000 assortiments de la part de ce client que doit satisfaire le chocolatier-confiseur. Il attribue les commandes répétées de ce dernier à la qualité des assortiments confectionnés ; son livre de comptes en faisant foi, il pourrait démontrer que, jusqu'ici, les achats de chocolats entrant dans l'une ou l'autre de ces commandes n'ont jamais été inférieurs à 6 687 $. Il entend bien respecter encore une fois cette norme minimale. Comme il lui semble fort ardu d'introduire cette contrainte dans le dernier modèle, dont les variables de décision sont p_1, p_2 et p_3, il décide de recourir au premier modèle et de le modifier en y ajoutant la contrainte suivante :

$$4\ x_1 + 1{,}45\ x_2 + 2{,}40\ x_3 \geq 6\ 687\ .$$

Une solution optimale pour ce nouveau modèle se lirait :

$$\begin{aligned} x_1 &= 570 \\ x_2 &= 1\ 500 \\ x_3 &= 930 \\ z &= 17\ 313 \text{ (dollars).} \end{aligned}$$

2.1.5 Les problèmes de mélange

Les pétrochimistes se demandent périodiquement quels pétroles bruts choisir, parmi ceux qui sont disponibles sur le marché, pour en tirer une gamme optimale de produits finis : essences à différents indices d'octane, lubrifiants à viscosités diverses, naphtas, goudrons, paraffines. Les métallurgistes cherchent à produire au moindre coût les alliages recherchés par leur clientèle tout en atteignant les standards requis de résistance à la corrosion, de charge de rupture, de bonne tenue à l'usure, de facilité à l'usinage, de résistance au frottement de roulement ; ils y arrivent par l'apport bien calibré d'éléments d'addition (nickel, chrome, manganèse, tungstène, cobalt, etc.), qui confèrent à l'acier des propriétés particulières ou en améliorent les propriétés normales. Les papetiers élaborent au moindre coût possible, à partir de rebuts recyclés ou désencrés et de pâte de cellulose vierge, des papiers dont les caractéristiques sont désirées par leur clientèle. Les responsables de parcs d'engraissement du bétail de boucherie, les administrateurs de porcheries ou de poulaillers cherchent à constituer les moulées les moins coûteuses possible compte tenu des besoins alimentaires des bêtes et des coûts d'approvisionnement. Les charcutiers détenteurs des grandes marques cherchent la gamme d'ingrédients qui, tout en maintenant le goût et l'apparence de leurs produits, en permettra la fabrication au moindre coût. Il en va de même pour les brûleries de café où l'on achète, pour les mélanges qui se vendent sous marque de commerce, des cafés qui allient bon goût et coût peu élevé. Les diététiciennes responsables de l'élaboration des menus de cantine partagent les mêmes soucis d'approvisionnement peu coûteux et de respect des normes minimales alimentaires.

Dans chacune de ces situations, le modèle à construire doit permettre de répondre à la question suivante : « Combien faut-il mettre de chacun des ingrédients disponibles dans chaque mélange de façon à maximiser les profits découlant de cette production ou à en minimiser les coûts ? » Illustrons par un exemple.

Un industriel se voit proposer, au début d'un mois donné, les quantités suivantes de 4 liquides : 8 000 litres du liquide A au coût de 5,50 $ l'unité, 4 250 litres de B au coût de 4,50 $ l'unité, 16 000 litres de C à 7,50 $ l'unité et 2 000 litres de D à 11,25 $ l'unité. L'industriel peut revendre ces liquides directement, sans leur faire subir de transformations, et en retirer un bénéfice de 0,50 $ le litre. Il peut aussi s'en servir pour élaborer les mélanges E, F et G. Ces mélanges doivent présenter les caractéristiques données au tableau 2.3.

TABLEAU 2.3
Proportion de chaque liquide dans un litre de mélange

Mélange	Liquide A	Liquide B	Liquide C	Liquide D
E	30 %	Au moins 10 %	40 %	Au plus 5 %
F	Au moins 25 %	Au plus 20 %	20 %	Au moins 10 %
G	20 %	Au moins 15 %	40 %	Au plus 20 %

Ces mélanges se vendent 11 $, 15 $ et 14 $ le litre respectivement, et le marché peut en absorber autant que peut en fabriquer l'industriel. Le carnet de commandes exige cependant la livraison d'au moins 400 litres de E, d'au moins 800 litres de F et d'au moins 200 litres de G. Enfin, en mélangeant 2 parties de G à 1 partie de E, on peut obtenir un produit P qui se vend 22 $ le litre et dont la demande est suffisamment grande pour être considérée comme illimitée.

Que devrait faire l'industriel s'il souhaite tirer le meilleur profit possible des liquides A, B, C et D qu'il peut se procurer en début de mois ?

Voici une approche qui permet de visualiser rapidement les problèmes de mélange et de les modéliser avec aisance. Associons tout d'abord un réservoir à chacun des produits considérés : dans notre exemple, il y aura 8 réservoirs, soit 4 pour les liquides A, B, C et D servant de matières premières, 3 pour les mélanges E, F et G, et un dernier pour le produit fini P. Adjoignons à chaque réservoir autant de tuyaux qu'il y a d'utilisations prévues pour le produit qui y est enfermé, la seconde embouchure d'un tuyau rejoignant le réservoir où aboutira le produit qui y sera acheminé. La figure 2.1 présente l'ensemble des tuyaux nécessaires au problème considéré dans notre exemple.

Les variables de décision essentielles à la modélisation correspondent aux tuyaux illustrés : elles seront affectées de 2 indices, le premier désignant l'origine et le second, la destination du produit qui s'écoulera dans le tuyau. On définira, par exemple,

x_{AE} = nombre de litres du liquide A qui entrent dans la composition du mélange E

x_{EP} = nombre de litres du mélange E qui entrent dans la composition du produit P

x_{AV} = nombre de litres du liquide A qui feront l'objet d'une vente directe, sans entrer dans un mélange

x_{GV} = nombre de litres du mélange G qui seront vendus sur le marché.

On inclut habituellement d'autres variables de décision, dites **variables d'étape** ou **variables accessoires**, pour clarifier l'écriture et la lecture du modèle, ainsi que l'interprétation des résultats :

$$x_J = \text{nombre de litres du produit } J \text{ utilisés,}$$

où l'indice J représente soit l'un des 4 liquides utilisés comme matières premières, soit l'un des mélanges E ou G. La fonction-objectif s'écrit :

$$\text{Max } z = \textit{Ventes} - \textit{Achats}$$

FIGURE 2.1
Problème de mélange : représentation schématique

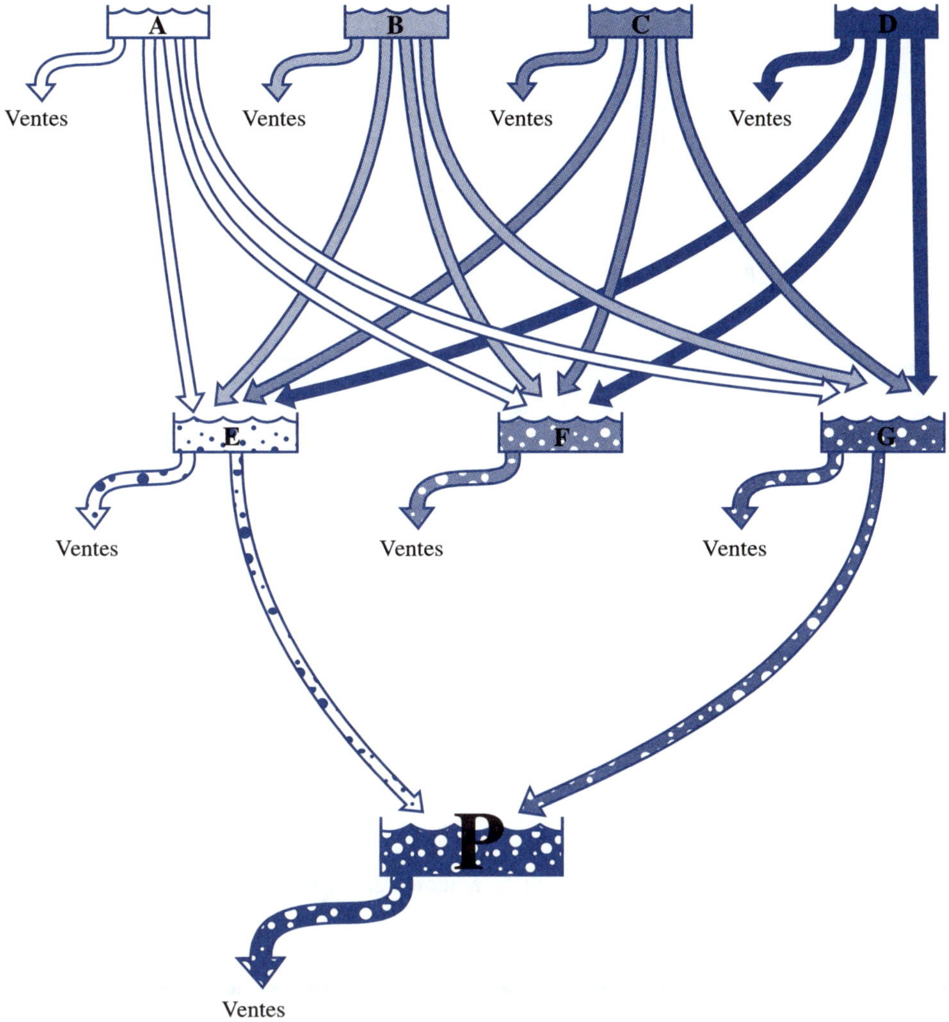

où

$$Ventes = 6\ x_{AV} + 5\ x_{BV} + 8\ x_{CV} + 11{,}75\ x_{DV} + 11\ x_{EV} + 15\ x_{FV} + 14\ x_{GV} + 22\ x_{PV}$$

$$Achats = 5{,}50\ x_A + 4{,}50\ x_B + 7{,}50\ x_C + 11{,}25\ x_D .$$

Les contraintes se regroupent en 5 catégories.

1. Pour chaque liquide, l'industriel ne peut vendre ni utiliser davantage que ce dont il dispose :

$$x_{AV} + x_{AE} + x_{AF} + x_{AG} = x_A \quad \text{et} \quad x_A \leq 8\,000$$
$$x_{BV} + x_{BE} + x_{BF} + x_{BG} = x_B \quad \text{et} \quad x_B \leq 4\,250$$
$$x_{CV} + x_{CE} + x_{CF} + x_{CG} = x_C \quad \text{et} \quad x_C \leq 16\,000$$
$$x_{DV} + x_{DE} + x_{DF} + x_{DG} = x_D \quad \text{et} \quad x_D \leq 2\,000$$

2. Pour chaque mélange, la quantité vendue ou utilisée est égale à la quantité fabriquée :

$$x_{AE} + x_{BE} + x_{CE} + x_{DE} = x_E \quad \text{et} \quad x_E = x_{EV} + x_{EP}$$

$$x_{AF} + x_{BF} + x_{CF} + x_{DF} = x_{FV}$$

$$x_{AG} + x_{BG} + x_{CG} + x_{DG} = x_G \quad \text{et} \quad x_G = x_{GV} + x_{GP}$$

$$x_{EP} + x_{GP} = x_{PV}$$

3. Il faut tenir compte des conditions imposées dans l'élaboration des mélanges :

$$x_{AE} = 0{,}30\ x_E \quad \text{et} \quad x_{BE} \geq 0{,}10\ x_E \quad \text{et} \quad x_{CE} = 0{,}40\ x_E \quad \text{et} \quad x_{DE} \leq 0{,}05\ x_E$$

$$x_{AF} \geq 0{,}25\ x_{FV} \quad \text{et} \quad x_{BF} \leq 0{,}20\ x_{FV} \quad \text{et} \quad x_{CF} = 0{,}20\ x_{FV} \quad \text{et} \quad x_{DF} \geq 0{,}10\ x_{FV}$$

$$x_{AG} = 0{,}20\ x_G \quad \text{et} \quad x_{BG} \geq 0{,}15\ x_G \quad \text{et} \quad x_{CG} = 0{,}40\ x_G \quad \text{et} \quad x_{DG} \leq 0{,}20\ x_G$$

$$x_{GP} = 2\ x_{EP}$$

4. On doit respecter les quantités minimales imposées par le carnet de commandes :

$$x_{EV} \geq 400 \quad \text{et} \quad x_{FV} \geq 800 \quad \text{et} \quad x_{GV} \geq 200$$

5. Enfin, il faut ajouter les contraintes usuelles de non-négativité.

Le tableau 2.4 décrit une solution optimale, qui assure un profit de 289 725 dollars. Cette solution optimale recommande entre autres :

- d'acheter les 8 000 litres disponibles du liquide A ; d'en utiliser 1 599 pour le mélange E, 4 389 pour F et 2 012 pour G ; de ne pas en vendre directement sur le marché ;
- de fabriquer 5 330 litres du mélange E à partir de 1 599 litres du liquide A, de 1 332,5 litres de B, de 2 132 litres de C et de 266,5 litres de D ; d'employer 4 930 de ces 5 330 litres dans le produit P et de vendre les 400 autres sur le marché ;
- de fabriquer 14 790 litres du produit P à partir de 4 930 litres du mélange E et de 9 860 litres de G.

Noter que le tiret à l'intersection de la ligne A et de la colonne P du tableau 2.4 signifie que le liquide A n'entre pas directement dans la fabrication du produit P.

TABLEAU 2.4
Problème de mélange : une solution optimale

	E	F	G	P	Ventes	Total
A	1 599	4 389	2 012	–	0	8 000
B	1 332,5	0	2 917,5	–	0	4 250
C	2 132	1 254	4 024	–	8 590	16 000
D	266,5	627	1 106,5	–	0	2 000
E	–	–	–	4 930	400	5 330
G	–	–	–	9 860	200	10 060
Total	5 330	6 270	10 060	14 790	–	–

2.1.6 Les variables de décision à double indice : Vitrex

Le bâtiment où la firme Vitrex entreposait ses surplus de production et qui lui permettait d'étaler sa production tout en étant toujours prête à faire face aux fluctuations fréquentes de la demande vient d'être la proie des flammes. Il faut que Vitrex s'assure de disposer d'espaces d'entreposage suffisants pour les 6 prochains mois, en attendant la mise en service du nouvel entrepôt dont la construction doit débuter incessamment. Voici les besoins minimaux en espaces d'entreposage prévus pour le semestre prochain (tableau 2.5).

Vitrex peut louer aisément les espaces nécessaires auprès de GG, spécialiste de l'entreposage et administrateur d'un immense entrepôt situé à proximité de l'usine Vitrex, en signant des baux pour autant de mois qu'elle le souhaite et pour autant de mètres carrés qu'il lui en faudra. Les coûts de location sont proportionnels à la surface louée, mais ils varient selon la durée. Le tableau 2.6 donne les coûts unitaires (100 m^2) pour des périodes allant de 1 à 6 mois.

Quels baux devrait signer Vitrex pour minimiser ses frais d'entreposage durant les 6 prochains mois ?

TABLEAU 2.5
Vitrex : besoins minimaux en espaces

Mois	Besoins minimaux (en 00 m^2)
1	35
2	20
3	30
4	10
5	15
6	20

TABLEAU 2.6
Vitrex : coûts de location selon la durée du bail

Durée (en mois)	1	2	3	4	5	6
Coût (en $/100 m^2)	200	360	500	625	745	850

L'objectif de Vitrex est évidemment de minimiser le coût total des baux qui lui assureront la satisfaction de tous ses besoins en espaces d'entreposage au cours des 6 prochains mois. Vitrex cherche à établir la gamme de baux à conclure avec GG. Cela suppose l'établissement d'un calendrier de début et de fin des baux incluant le nombre de centaines de mètres carrés retenus par chacun d'eux.

Le lecteur est invité à relire attentivement le paragraphe précédent, qui constitue la clé de ce qui va suivre. En effet, après avoir bien cerné l'objectif poursuivi, il faut toujours se demander : « À quelles questions faut-il apporter réponses pour considérer comme résolu le problème du décideur ? » C'est une étape essentielle de toute modélisation qui se veut pertinente. Ici, il s'agit d'établir un calendrier de baux. On définit donc des variables de décision de la façon suivante :

x_{ij} = nombre de centaines de m^2 d'espaces d'entreposage loués en vertu du bail valable du début du mois i jusqu'à la fin du mois j.

Par exemple :

x_{25} = nombre de centaines de m^2 faisant l'objet du bail qui commencera au début du 2e mois pour se terminer à la fin du 5e mois.

On remarquera que la définition précédente des variables de décision a le grand mérite d'être mnémonique : les indices i et j indiquent, le premier, la date de début et, le second, la date d'expiration de chaque bail. Cette façon de dénoter les variables de décision, qui facilite grandement l'interprétation du modèle et des résultats, est d'usage courant. (Le lecteur attentif aura compris que des variables telles que x_{53} et x_{62} décriraient des baux qui n'auraient aucun sens.) La fonction-objectif s'écrit :

$$\text{Min } z = 200\ (x_{11} + x_{22} + \ldots + x_{66}) + 360\ (x_{12} + x_{23} + \ldots + x_{56}) + \ldots + 850\ x_{16}.$$

Chacun des 6 mois à considérer donne lieu à une contrainte, qui vise à exiger que les baux, dans leur ensemble, satisfassent les besoins de Vitrex en espaces d'entreposage pour ce mois-là. Construisons celle qui correspond au 1er mois : comme l'espace pour répondre aux besoins de ce mois sera réservé par les baux associés aux variables x_{11}, x_{12}, x_{13}, x_{14}, x_{15} et x_{16}, la contrainte s'écrit :

$$x_{11} + x_{12} + x_{13} + x_{14} + x_{15} + x_{16} \geq 35.$$

L'espace désiré pour le 2e mois sera assuré par les baux associés aux variables x_{ij} dont les indices forment des intervalles où se retrouve 2, c'est-à-dire tels que $i \leq 2 \leq j$. On écrit :

$$x_{12} + x_{13} + x_{14} + x_{15} + x_{16} + x_{22} + x_{23} + x_{24} + x_{25} + x_{26} \geq 20.$$

Les autres contraintes s'obtiennent de façon similaire :

$$x_{13} + x_{14} + x_{15} + x_{16} + x_{23} + x_{24} + x_{25} + x_{26} + x_{33} + x_{34} + x_{35} + x_{36} \geq 30$$
$$x_{14} + x_{15} + x_{16} + x_{24} + x_{25} + x_{26} + x_{34} + x_{35} + x_{36} + x_{44} + x_{45} + x_{46} \geq 10$$
$$x_{15} + x_{16} + x_{25} + x_{26} + x_{35} + x_{36} + x_{45} + x_{46} + x_{55} + x_{56} \geq 15$$
$$x_{16} + x_{26} + x_{36} + x_{46} + x_{56} + x_{66} \geq 20$$

Il faut ajouter, pour les variables utilisées, les contraintes de non-négativité, puisqu'il est impossible de se dédire : les mètres carrés loués par bail ne peuvent être rétrocédés au locateur.

La solution optimale donne :

$$x_{11} = 15$$
$$x_{13} = 5$$
$$x_{16} = 15$$
$$x_{33} = 10$$
$$x_{66} = 5$$
$$z = 21\,250 \text{ (dollars)}.$$

Le tableau 2.7 décrit ce calendrier de baux en regard des besoins minimaux de Vitrex. Il n'y a pas de calendrier moins coûteux et c'est le seul qui soit optimal. Nous indiquerons comment prouver la justesse de ces deux dernières affirmations dans les chapitres suivants.

TABLEAU 2.7
Vitrex : solution optimale

Mois	Besoins	Espaces loués	Excédent
1	35	15 5 15	0
2	20	5 15	0
3	30	5 15 10	0
4	10	15	5
5	15	15	0
6	20	15 5	0

Évidemment, plusieurs prétendront qu'ils auraient pu trouver cette même solution par l'énumération de toutes les possibilités, sans recourir à tout ce montage que constituent l'écriture et la résolution d'un modèle. À ces derniers nous répondons que la modélisation permet de tenir compte aisément de légères modifications ultérieures des données du problème. La **robustesse**, c'est-à-dire l'**adaptabilité d'un modèle à des modifications ultérieures**, est une caractéristique qui rend un modèle attrayant aux aficionados de la recherche opérationnelle. En effet, si les données du problème d'entreposage de Vitrex évoluent, il est souhaitable que le modèle permette de tenir compte sans trop d'efforts des changements mineurs apportés aux données du problème. Une modification des besoins en espaces ou du coût des baux n'occasionne pas de difficultés au détenteur d'un modèle robuste alors que, si l'on s'appuie sur le calcul exhaustif des différentes possibilités jugées rationnelles, l'effort requis pour obtenir une solution optimale est à renouveler dès qu'une modification, même mineure, est apportée aux données.

Illustrons notre propos en supposant que les besoins minimaux en espaces d'entreposage ont été révisés à la hausse (tableau 2.8).

TABLEAU 2.8
Vitrex : besoins minimaux révisés

Mois	Besoins (en 00 m²)
1	45
2	55
3	33
4	22
5	24
6	34

Pour obtenir la gamme optimale de baux, il suffit de modifier les seconds membres des contraintes du modèle original. Une modification des conditions financières de location aurait entraîné une simple révision des coefficients de la fonction-objectif.

Chaque fois qu'on arrive à répondre à des questions complémentaires concernant le problème qu'il s'agissait de modéliser en n'apportant que des changements mineurs au modèle original, on peut se targuer d'avoir construit un modèle robuste. La robustesse est à coup sûr une qualité relative. Aucun modèle ne saurait résister sans changements majeurs, qui peuvent aller jusqu'à la redéfinition des variables de décision, à des modifications en profondeur de l'environnement décisionnel. Mais il n'est pas sans intérêt de se prémunir contre les changements anticipés causés par les modifications prévisibles de cet environnement. Toutefois, il n'y a pas de panacée : il est évidemment impossible de tout prévoir.

Revenons donc aux données du tableau 2.8 et modifions le second membre des contraintes du modèle original. Ce qui se fait en un tour de main. La solution optimale du nouveau modèle est :

$$x_{12} = 12$$

$$x_{13} = 9$$

$$x_{16} = 24$$

$$x_{22} = 10$$

$$x_{66} = 10$$

$$z = 33\ 220 \text{ (dollars).}$$

2.1.7 L'horaire des standardistes

Une petite compagnie téléphonique du Bas-Saint-Laurent a su échapper, depuis sa fondation, aux visées tentaculaires de sa consœur géante. Elle a certes consenti à relier son réseau à celui de sa grande rivale, mais elle a maintenu dans son fief, contre vents et marées, son autarcie administrative. Une gestion du personnel bonhomme, paternaliste disent certains, se traduisant d'une part par l'offre annuelle, à chacun des membres de son personnel, d'un séjour en famille, tous frais payés, dans sa grande hôtellerie de Boisbouscache, et d'autre part par une politique généreuse, benoîte disent les mêmes, d'assistance médicale et de soins à domicile, lui ont permis de tenir à distance « l'hydre syndicale »[6] et de maintenir ainsi des salaires bien en deçà de la norme acquise par les « syndiqués va-t'en-grève »[7] de sa concurrente.

L'entreprise arrive ainsi à dégager, bon an mal an, de substantiels profits d'exploitation qui lui permettent de verser de généreux dividendes, d'assurer l'entretien méticuleux de son réseau, en plus d'investir dans l'acquisition du nec plus ultra en matière d'équipement. Elle vient justement de terminer l'installation, dans son central téléphonique de Withworth, d'un standard automatisé qui entraînera une réduction considérable du nombre d'employés y œuvrant.

Dans ce central, on compte présentement 50 standardistes au service de la compagnie. Ces employés ne sont pas assujettis à la politique des heures brisées : ils travaillent 9 heures d'affilée, sans pauses-café ni pauses-repas. La direction des ressources humaines dispose d'une banque de noms d'employés désireux de travailler à temps partiel, auxquels elle fait appel durant la période des fêtes, où se multiplient les appels interurbains et internationaux, et lors d'absences des standardistes réguliers.

Les nouveaux besoins minimaux en standardistes pour une journée typique ont fait l'objet, par la direction des ressources humaines, d'une estimation serrée de façon à assurer un service répondant aux normes rigoureuses de l'entreprise. Le tableau 2.9 donne les chiffres qui ont été arrêtés. Le salaire indiqué dans le tableau représente la somme versée pour une journée de 9 heures aux standardistes dont le quart de travail débute par la période de 3 heures indiquée. L'entreprise verse une prime de 5 $ aux standardistes qui prennent leur service à 18 heures ou à 21 heures. Cette prime est portée à 11 $ pour ceux qui commencent à minuit, à 3 heures ou à 6 heures.

TABLEAU 2.9 Horaire des standardistes : description des données, 1re version

Heures	0 – 3	3 – 6	6 – 9	9 – 12	12 – 15	15 – 18	18 – 21	21 – 24
Besoins	6	4	12	20	20	24	14	14
Salaire	86 $	86 $	86 $	75 $	75 $	75 $	80 $	80 $

Le directeur des ressources humaines, après avoir fait la somme du nombre de standardistes requis pour chaque période :

$$6 + 4 + 12 + 20 + 20 + 24 + 14 + 14 = 114\,,$$

a eu la joie de découvrir que cette somme est un multiple de 3. Il a communiqué cette bonne nouvelle au directeur général en ajoutant qu'il suffira, pour connaître le nombre

6. Propos attribués au président du conseil d'administration.

7. Voir note 6.

total de standardistes requis, de diviser 114 par 3, puisque chaque standardiste assure 3 périodes consécutives de 3 heures de travail. Ce genre de raisonnement a laissé sceptique son patron, qui lui a demandé, à tout hasard, d'essayer de répartir les 38 standardistes entre les différentes périodes de travail en s'assurant du respect des besoins minimaux pour offrir un service adéquat.

Avant que le directeur ne s'attelle à cette tâche, que pense le lecteur de son approche ? Commençons par noter que le directeur des ressources humaines a mal défini l'objectif qu'il poursuit. À l'écouter, on croirait qu'il cherche à réduire le plus possible le personnel nécessaire. Ne serait-il pas plus pertinent de minimiser les coûts quotidiens en personnel tout en respectant le nombre minimal de standardistes requis pendant les différentes périodes ?

Pour atteindre cet objectif, que faut-il savoir au juste ? Il faut un horaire précis qui permette d'établir combien de standardistes prennent leur service au début de chaque période et combien le quittent au même moment. Il suffit donc de définir la valeur de chacune des variables de décision x_0, x_3, x_6, …, x_{21}, où, par exemple,

$$x_0 = \text{nombre de standardistes prenant leur service à 0 heure (minuit)}.$$

Comme le directeur général se soucie du nombre total de standardistes requis pendant une journée typique, une variable optionnelle, x_T, définie comme la somme des variables x_j (j = 0, 3, 6, ..., 21), est incluse dans le modèle. La valeur prise par x_T dans la solution optimale indiquera directement combien de standardistes travaillent durant une journée. L'objectif consiste à minimiser les coûts quotidiens z, où

$$z = 86\,x_0 + 86\,x_3 + 86\,x_6 + 75\,x_9 + 75\,x_{12} + 75\,x_{15} + 80\,x_{18} + 80\,x_{21}\,.$$

Le directeur des ressources humaines a vite admis que cette approche était plus rationnelle que celle qu'il proposait et il a bien hâte de voir comment vont s'écrire les contraintes qui assurent l'arrivée et le départ en nombre adéquat des standardistes nécessaires à la bonne marche du service. Après mûre réflexion, il a compris qu'il suffisait de programmer les arrivées. En effet, tout standardiste est libéré exactement 9 heures après sa prise de service.

Pour fixer les idées, considérons la période de 9 h à midi, dont les besoins minimaux en standardistes sont de 20 personnes. Les standardistes qui assurent le service pendant ces 3 heures se regroupent en 3 catégories : premièrement, ceux qui terminent leur quart de travail, c'est-à-dire qui ont commencé à 3 h et quittent à midi ; deuxièmement, ceux qui ont entrepris leur quart à 6 h et continuent jusqu'à 15 h ; et troisièmement, ceux qui viennent tout juste de prendre leur service à 9 h. La figure 2.2 traduit graphiquement cette idée, qui s'exprime algébriquement par l'inéquation :

$$x_3 + x_6 + x_9 \geq 20\,.$$

Il suffit maintenant de généraliser cette approche pour pouvoir écrire le modèle suivant :

$$\text{Min } z = 86\,x_0 + 86\,x_3 + 86\,x_6 + 75\,x_9 + 75\,x_{12} + 75\,x_{15} + 80\,x_{18} + 80\,x_{21}$$

sous les contraintes :

$$\begin{array}{llr}
x_0 & + x_{18} + x_{21} & \geq 6 \\
x_0 + x_3 & + x_{21} & \geq 4 \\
x_0 + x_3 + x_6 & & \geq 12 \\
\quad x_3 + x_6 + x_9 & & \geq 20
\end{array}$$

$$
\begin{aligned}
x_6 + x_9 + x_{12} \quad & \geq 20 \\
x_9 + x_{12} + x_{15} \quad & \geq 24 \\
x_{12} + x_{15} + x_{18} \quad & \geq 14 \\
x_{15} + x_{18} + x_{21} \quad & \geq 14 \\
x_0 + x_3 + x_6 + x_9 + x_{12} + x_{15} + x_{18} + x_{21} \quad & = x_T
\end{aligned}
$$

où toutes les variables sont non négatives et entières. Une solution optimale est :

$$
\begin{array}{llll}
x_0 = 4 & x_3 = 0 & x_6 = 8 & x_9 = 12 \\
x_{12} = 0 & x_{15} = 12 & x_{18} = 2 & x_{21} = 0 \\
x_T = 38 & & & \\
z = 2\,992 \text{ (dollars).} & & &
\end{array}
$$

Le directeur des ressources humaines exulte : nous venons de retrouver le résultat qu'il avait annoncé ! Il semble avoir raison quand il prétend qu'il suffit de faire la somme du nombre d'employés requis pour chaque période et de diviser cette somme par 3.

Qu'en pense le lecteur ? Pour en avoir le cœur net, proposons au directeur des ressources humaines de prévoir le nombre minimal de standardistes requis pour assurer le service dans le cas présenté au tableau 2.10, qui correspond à un jour férié. Fier de sa première réussite, le directeur propose de faire la somme des réquisitions minimales pour les différentes périodes :

$$27 + 14 + 31 + 23 + 19 + 11 + 25 + 26 = 176\,.$$

Le quotient obtenu en divisant 176 par 3 est 58,667. « Très bien, de corriger perfidement le directeur, il suffit dans ce cas d'arrondir à la hausse le quotient ! » Il prévoit que nos méthodes de modélisation plus sophistiquées mèneront à l'obligation de retenir les services d'au moins 59 standardistes. Il avoue tout de même qu'il aurait beaucoup de difficulté à répartir ces 59 employés entre les diverses périodes de travail de façon à assurer le niveau minimal de service requis.

FIGURE 2.2
Horaire des standardistes : représentation schématique

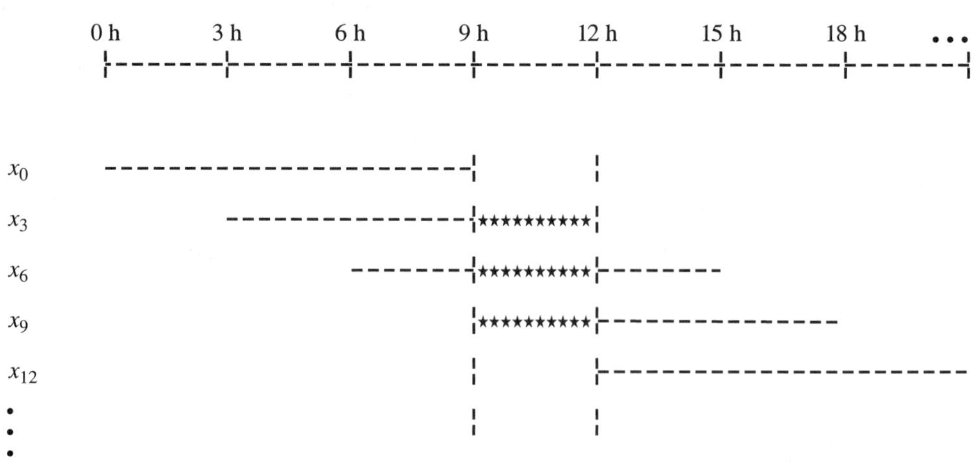

Les modifications à apporter au premier modèle sont mineures. Le nouveau modèle s'obtient rapidement :

Min $z = 105\ x_0 + 105\ x_3 + 105\ x_6 + 90\ x_9 + 90\ x_{12} + 90\ x_{15} + 100\ x_{18} + 100\ x_{21}$

sous les contraintes :

$$\begin{aligned}
&x_0 + x_{18} + x_{21} \geq 27\\
&x_0 + x_3 + x_{21} \geq 14\\
&x_0 + x_3 + x_6 \geq 31\\
&x_3 + x_6 + x_9 \geq 23\\
&x_6 + x_9 + x_{12} \geq 19\\
&x_9 + x_{12} + x_{15} \geq 11\\
&x_{12} + x_{15} + x_{18} \geq 25\\
&x_{15} + x_{18} + x_{21} \geq 26\\
&x_0 + x_3 + x_6 + x_9 + x_{12} + x_{15} + x_{18} + x_{21} = x_T
\end{aligned}$$

où toutes les variables sont non négatives et entières. Voici une solution optimale de ce modèle :

$$x_0 = 10 \quad x_3 = 3 \quad x_6 = 18 \quad x_9 = 2$$

$$x_{12} = 0 \quad x_{15} = 9 \quad x_{18} = 16 \quad x_{21} = 1$$

$$x_T = 59$$

$$z = 5\ 945 \text{ (dollars).}$$

Comme l'avait prévu le directeur, le nombre d'employés requis s'avère égal à 59 ! Amusant… troublant… La règle du directeur serait-elle infaillible ?

Depuis l'annonce des 12 mises à pied motivées par la modernisation de l'équipement du central, l'atmosphère s'est alourdie entre la direction et les standardistes. Ces derniers souhaitent, au moins en ce qui concerne les prochaines innovations technologiques, négocier des périodes tampons pour leur permettre de se recycler en vue de postuler un poste de niveau supérieur au sein de l'entreprise. La colère gronde, la menace de syndicalisation plane… il faut jeter du lest.

Le directeur des ressources humaines propose à la direction de réduire à 7 heures la durée du travail quotidien : les standardistes seront présents sur les lieux de travail 8 heures d'affilée, mais auront droit à une pause-repas d'une heure, qu'ils devront prendre pendant les heures d'ouverture du casse-croûte, soit 11 h à 14 h, 17 h à 20 h, 2 h à 4 h. Pour compenser en partie les coûts additionnels que ces mesures ne manqueront pas d'entraîner, le directeur propose que les prises de service se fassent plus fréquemment. Il entend ainsi grignoter, par une meilleure adéquation des ressources et des besoins, quelques postes de standardistes, ou tout au moins réaliser des économies en reportant certaines prises de service à des heures qui n'exigent pas le versement d'une prime. Les nouvelles heures de prise de service sont 7 h, 8 h, 9 h, 15 h, 16 h, 23 h et minuit. Le

Heures	0 – 3	3 – 6	6 – 9	9 – 12	12 – 15	15 – 18	18 – 21	21 – 24
Besoins	27	14	31	23	19	11	25	26
Salaire	105 $	105 $	105 $	90 $	90 $	90 $	100 $	100 $

TABLEAU 2.10 Horaire des standardistes : description des données, 2e version

salaire sera de 80 $ pour une présence de 8 heures d'affilée ; s'y ajouteront des primes de 5 $ pour une prise de service effectuée à 23 h et de 10 $ pour une prise de service effectuée à minuit. L'horaire de chaque standardiste devra indiquer l'heure à laquelle il prendra son service et quand débutera sa pause-repas, soit 3 heures ou 4 heures après sa prise de service.

La norme de service a été réévaluée à la hausse et les nouveaux nombres minimaux de standardistes ont été réestimés pour chaque durée d'une heure. Le tableau 2.11 donne les besoins révisés. Pour appliquer sa « règle », le directeur commence par faire la somme des besoins minimaux, égale ici à 340, qu'il divise par 7. Il obtient, en arrondissant à la hausse, 49 employés.

TABLEAU 2.11 Horaire des standardistes : description des données, 3e version

Besoins minimaux en standardistes pour chaque heure								
Heure	0 – 1	1 – 2	2 – 3	3 – 4	4 – 5	5 – 6	6 – 7	7 – 8
Besoins	6	5	2	2	3	3	4	12
Heure	8 – 9	9 – 10	10 – 11	11 – 12	12 – 13	13 – 14	14 – 15	15 – 16
Besoins	20	23	24	24	20	22	24	25
Heure	16 – 17	17 – 18	18 – 19	19 – 20	20 – 21	21 – 22	22 – 23	23 – 24
Besoins	22	20	18	16	15	14	9	7

On utilisera 2 sortes de variables de décision, dénotées x_j et y_j respectivement[8], pour tenir compte du fait que la pause-repas peut avoir lieu à 2 moments, soit 3 heures (x_j) ou 4 heures (y_j) après l'arrivée au travail. Comme dans les modèles précédents, l'indice j indique l'heure de prise de service. Par exemple,

x_8 = nombre de standardistes qui débutent à 8 h et font une pause entre 11 h et midi

y_8 = nombre de standardistes qui débutent à 8 h et font une pause entre midi et 13 h.

Par ailleurs, on ne définit pas de variable x_j ou y_j lorsque les employés ne peuvent prendre leur pause-repas : ainsi, le modèle ne contient pas de variable y_{10} , puisque, entre 14 h et 15 h, le casse-croûte n'est pas ouvert. On introduit également une variable d'étape t qui donnera le nombre total de standardistes requis pendant une journée. La figure 2.3 aide à déterminer les variables de décision nécessaires ainsi que les contraintes dominées par au moins une autre.

Le modèle s'écrit :

$$\text{Min } z = 90\ x_0 + 80\ (y_7 + x_8 + y_8 + x_9 + y_9 + x_{15} + y_{15} + x_{16}) + 85\ (x_{23} + y_{23})$$

---

8. Il serait également possible d'unifier l'écriture des variables en définissant des variables de décision x_{jp} à 2 nombres-indices, le premier indiquant l'heure j de prise de service, le second, l'heure p du début de la pause-repas : par exemple, $x_{7;\,11}$ dénoterait le nombre de standardistes qui arrivent au travail à 7 heures et prennent leur pause-repas entre 11 heures et midi. S'il y avait plus de 2 périodes de pause possibles, cette approche s'imposerait. Mais, ici, nous utilisons plutôt 2 sortes de variables afin d'alléger la présentation du modèle.

sous les contraintes :

$x_0 + x_{23} + y_{23} \geq 6$
$x_0 + y_{23} \geq 2$
$x_{23} \geq 2$
$x_0 + y_7 \geq 12$
$y_7 + x_8 + y_8 \geq 20$
$y_8 + x_9 + y_9 \geq 24$
$y_7 + x_8 + y_9 \geq 20$
$y_7 + x_8 + y_8 + x_9 \geq 22$
$x_8 + y_8 + x_9 + y_9 + x_{15} + y_{15} \geq 25$
$x_9 + y_9 + x_{15} + y_{15} + x_{16} \geq 22$
$x_{15} + y_{15} + x_{16} \geq 20$
$y_{15} + x_{16} \geq 18$
$x_{15} \geq 16$
$x_{16} + x_{23} + y_{23} \geq 7$
$x_0 + y_7 + x_8 + y_8 + x_9 + y_9 + x_{15} + y_{15} + x_{16} + x_{23} + y_{23} = t$

FIGURE 2.3 Horaire des standardistes : 3e version, représentation schématique

Salaire	90	80	80	80	80	80	80	80	80	85	85		
Variable	x_0	y_7	x_8	y_8	x_9	y_9	x_{15}	y_{15}	x_{16}	x_{23}	y_{23}	**Min**	**Dom**
0 h – 1 h	×									×	×	6	
1 h – 2 h	×									×	×	5	0 h – 1 h
2 h – 3 h	×										×	2	
3 h – 4 h										×		2	
4 h – 5 h	×									×	×	3	0 h – 1 h
5 h – 6 h	×									×	×	3	0 h – 1 h
6 h – 7 h	×									×	×	4	0 h – 1 h
7 h – 8 h	×	×										12	
8 h – 9 h		×	×	×								20	
9 h – 10 h		×	×	×	×	×						23	11 h – 12 h
10 h – 11 h		×	×	×	×	×						24	11 h – 12 h
11 h – 12 h				×	×	×						24	
12 h – 13 h		×	×			×						20	
13 h – 14 h		×	×	×	×							22	
14 h – 15 h		×	×	×	×	×						24	11 h – 12 h
15 h – 16 h			×	×	×	×	×	×				25	
16 h – 17 h					×	×	×	×	×			22	
17 h – 18 h							×	×	×			20	
18 h – 19 h								×	×			18	
19 h – 20 h							×					16	
20 h – 21 h							×	×	×			15	19 h – 20 h
21 h – 22 h							×	×	×			14	19 h – 20 h
22 h – 23 h							×	×	×			9	19 h – 20 h
23 h – 24 h									×	×	×	7	

Note : La colonne « Min » donne les besoins minimaux en standardistes pour chacune des heures. Une entrée dans la colonne « Dom » indique que la contrainte associée à la ligne est « dominée » : considérons, à titre d'exemple, la deuxième ligne, qui correspond à la période 1 h – 2 h ; les standardistes à l'œuvre entre minuit et 2 h auront pris leur service soit à 23 h la veille, soit à minuit ; satisfaire les besoins minimaux pendant les deux premières heures de la journée se traduit mathématiquement ainsi :

$x_0 + x_{23} + y_{23} \geq 6$ pour la période 0 h – 1 h
$x_0 + x_{23} + y_{23} \geq 5$ pour la période 1 h – 2 h ;

la 2e de ces inéquations est dominée par la 1re, en ce sens qu'elle est automatiquement satisfaite dès que l'autre l'est. Les contraintes dominées sont redondantes et ne sont pas incluses dans le modèle.

où toutes les variables sont non négatives et entières. Une solution optimale donne :

$$
\begin{aligned}
x_0 &= 3 & & \\
& & y_7 &= 9 \\
& & y_8 &= 11 \\
x_9 &= 2 & y_9 &= 11 \\
x_{15} &= 16 & & \\
x_{16} &= 18 & & \\
x_{23} &= 2 & y_{23} &= 1 \\
t &= 73 & & \\
z &= 5\,885 \text{ (dollars).} & &
\end{aligned}
$$

« Pas de commentaires... » s'est empressé de déclarer le directeur des ressources humaines, bien marri de voir sa règle récusée si carrément. En effet, c'est de 73 standardistes qu'il aura besoin, plutôt que de 49 comme le prévoyait sa « règle ».

Le directeur avait joué de chance lors de ses deux premières tentatives. Mais point n'est besoin de recourir aux pauses-repas pour prendre sa « règle » en défaut. Le tableau 2.12 présente un cas où la règle bute sur les grandes fluctuations des besoins d'une période à l'autre.

TABLEAU 2.12 Horaire des standardistes : description des données, 4e version

Heures	0 – 3	3 – 6	6 – 9	9 – 12	12 – 15	15 – 18	18 – 21	21 – 24
Besoins	27	8	35	20	40	12	60	8
Salaire	86 $	86 $	86 $	75 $	75 $	75 $	80 $	80 $

Selon une solution optimale, il faut recruter au moins 95 employés :

$$x_0 = 15 \quad x_6 = 20 \quad x_{12} = 20 \quad x_{15} = 28 \quad x_{18} = 12 \quad x_T = 95$$

alors que la règle du directeur laisse croire que 70 standardistes suffiraient.

2.1.8 Le choix de la fonction-objectif : la coupe de bobines-mères

La description du problème

Les papetiers fabriquent des rouleaux de papier dont la largeur est fixée par les caractéristiques des machines qu'ils utilisent. Ils les désignent sous le vocable de bobines-mères. Par contre, leurs clients réclament des rouleaux de diverses largeurs et parfois de diverses longueurs. Comme il est fréquent que ni la largeur ni la longueur des bobines-mères ne soient des multiples de celles des rouleaux commandés, les papetiers encourent souvent, pour satisfaire les commandes de leur clientèle, des pertes de papier qu'ils désignent sous le nom de chutes.

Supposons que toutes les bobines-mères dont dispose un papetier ont une largeur de 215 cm et une longueur de 250 m, et qu'il a accepté les commandes données au tableau 2.13. Comme la longueur des rouleaux commandés est identique à celle des bobines-mères, il sufft d'assurer la coupe transversale d'un certain nombre de bobines-mères.

TABLEAU 2.13
Coupe de bobines-mères : commandes déjà acceptées

Largeur (en cm)	Longueur (en m)	Nombre de rouleaux
64	250	360
60	250	180
35	250	180

Quel est l'objectif poursuivi par le papetier ? S'agit-il pour lui de satisfaire les commandes acceptées ? Si tel était le cas, il lui suffirait de tailler tout bonnement un seul rouleau par bobine-mère : les commandes des clients seraient évidemment satisfaites, mais exigeraient 720 bobines-mères, ce qui constituerait un gaspillage de papier. Il faut se rendre à l'évidence : l'objectif poursuivi n'est pas uniquement de remplir les commandes. Si le papetier se propose d'utiliser le moins possible de bobines-mères pour s'acquitter des commandes, comment peut-il atteindre cet objectif ? Et s'il cherche plutôt à minimiser les chutes tout en remplissant les commandes, s'agit-il du même objectif, formulé différemment, ou d'un second objectif totalement distinct du premier ? Et si ces objectifs s'avèrent distincts, lequel faut-il privilégier ? Voilà des questions auxquelles nous nous proposons d'apporter réponse.

Mettons-nous en situation : si le papetier nous confiait la tâche de remplir les commandes, que ferions-nous ? Commencerions-nous par tailler des bobines-mères sans avoir arrêté au préalable un plan de découpe précis ? Sûrement pas, surtout s'il s'agit de papier fin d'un coût élevé.

Tentons d'imaginer d'éventuelles opérations de coupe pour en prédire les résultats. Prenons d'abord une bobine-mère de dimension standard.

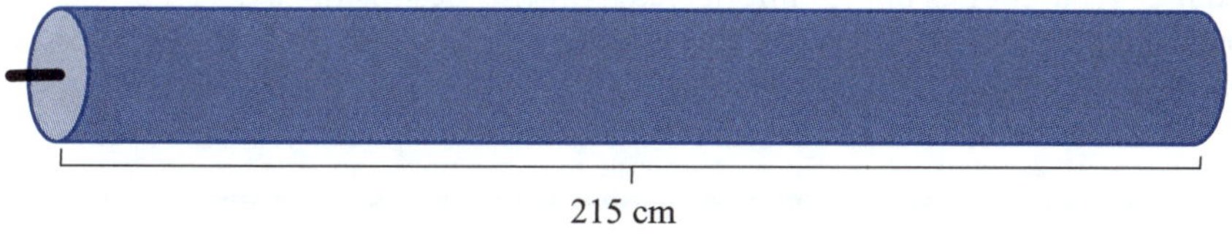

Puis, simulons la coupe de la bobine-mère en rouleaux de 35 cm :

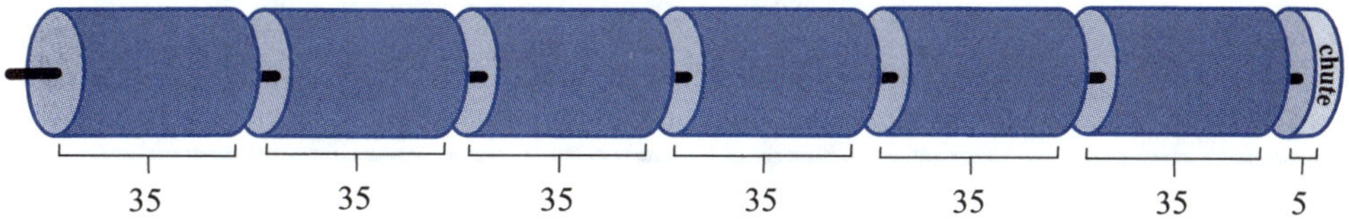

ou en rouleaux de 64 cm :

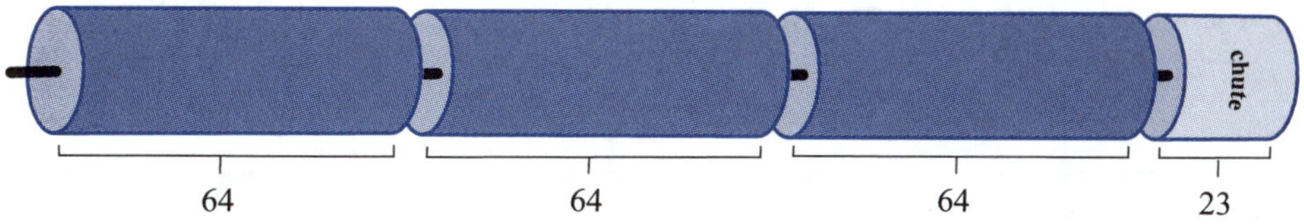

ou encore en rouleaux de 60 cm :

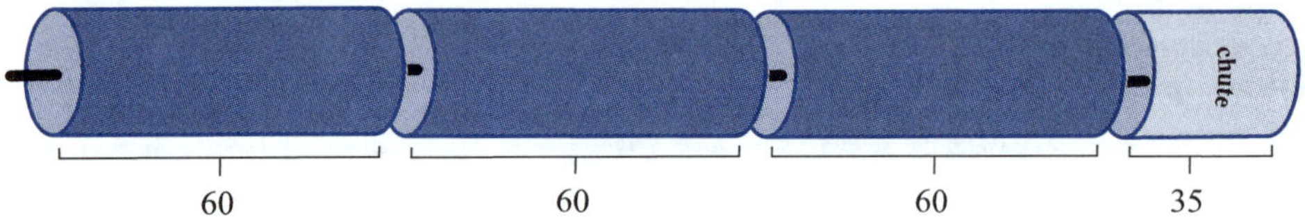

Nous ne tardons pas à remarquer l'astuce que suggère cette dernière coupe : nous obtenons, en supplément, une chute providentielle de 35 cm, qui permet de remplir une partie des commandes pour les rouleaux de cette largeur. Nous ne considérerons donc plus les plans de coupe qui produisent des chutes dont la largeur excède 35 cm. Toutefois, il ne faut pas s'attendre à obtenir tous les rouleaux de 35 cm requis comme à-côtés des plans de coupe dont la raison d'être première est l'obtention de rouleaux de 60 ou de 64 cm.

Sur cette lancée, nous sommes rapidement amenés à imaginer des plans de coupe mixtes tels que :

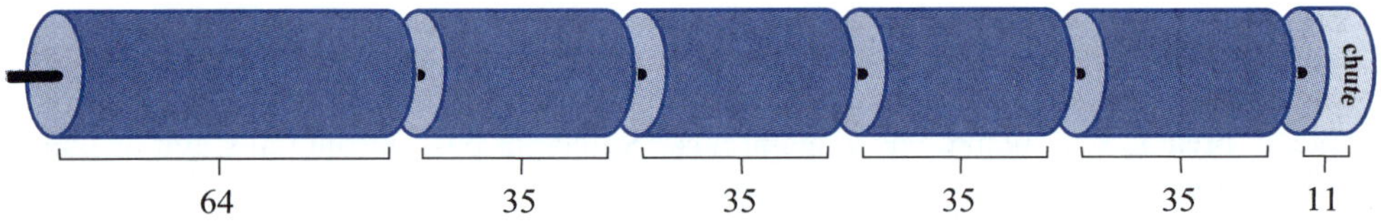

Nous finissons naturellement par dresser une liste exhaustive de tous les plans de coupe qui engendrent des chutes inférieures à 35 cm. Les résultats de cette énumération[9] sont présentés au tableau 2.14 (où le plan de coupe mixte illustré ci-dessus porte le numéro 6).

TABLEAU 2.14
Coupe de bobines-mères : plans de coupe

Largeur	Plan de coupe									
	1	**2**	**3**	**4**	**5**	**6**	**7**	**8**	**9**	**10**
64 cm	3	2	2	1	1	1	0	0	0	0
60 cm	0	1	0	2	1	0	3	2	1	0
35 cm	0	0	2	0	2	4	1	2	4	6
Chutes	23	27	17	31	21	11	0	25	15	5

L'objectif du papetier est de remplir les commandes soit en minimisant la longueur des chutes, soit en minimisant le nombre de bobines-mères utilisées. Le papetier doit déterminer quels plans de coupe retenir et combien de fois mettre chacun en œuvre de façon à atteindre l'un ou l'autre de ces objectifs.

9. Le lecteur vérifiera que l'ensemble des plans de coupe coïncide avec l'ensemble des solutions $(x\,;\,y\,;\,z)$ entières et non négatives de : $180 < 64\,x + 60\,y + 35\,z \leq 215$.

On pourrait prétendre que, quel que soit l'objectif visé, le plan de coupe 4, dont la chute s'élève à 31 cm, ne doit pas être mis en œuvre ; et que le plan de coupe 7 doit être retenu, même s'il ne fournit pas de rouleaux de 64 cm, puisqu'il est le seul à ne pas produire de chute. On pourrait encore observer que le plan de coupe 1 ne fournit que des rouleaux de 64 cm tout en produisant une chute de 23 cm peu intéressante pour qui vise l'économie draconienne du papier.

Dans ce genre d'analyse, les possibilités à envisager se multiplient rapidement, et il est impossible d'accorder à chacune sa juste valeur dans la poursuite de l'un ou l'autre des objectifs.

Imaginons que l'on doive prévoir, de cette façon, un plan complet de découpe pour des commandes plus élaborées, qui requièrent la fourniture de rouleaux d'une dizaine de largeurs différentes ! Il serait alors sage d'abandonner cette réflexion sur les plans de coupe à retenir ou à écarter, basée sur l'a priori, pour aborder le problème d'une manière plus systématique.

Un modèle pour minimiser le nombre de bobines-mères

Énonçons tout d'abord de façon non équivoque le premier objectif visé : minimiser le nombre de bobines-mères à découper pour satisfaire les commandes. Nous nous préoccuperons plus loin de l'autre objectif.

Comme il s'agit de déterminer les plans de coupe à retenir et le nombre de mises en œuvre pour chacun, posons :

$$x_j = \text{nombre de mises en œuvre du plan de coupe numéro } j.$$

Dire que le plan de coupe numéro j n'est pas retenu revient à exiger que la variable de décision x_j soit nulle.

Puisque chaque mise en œuvre d'un plan de coupe implique la découpe transversale d'une bobine-mère, l'objectif visé consiste à minimiser la somme des mises en œuvre des diverses coupes :

$$\text{Min } z = x_1 + x_2 + x_3 + x_4 + x_5 + x_6 + x_7 + x_8 + x_9 + x_{10}.$$

Satisfaire les commandes se traduit par le respect des 3 inéquations suivantes, appelées contraintes :

$$3\,x_1 + 2\,x_2 + 2\,x_3 + 1\,x_4 + 1\,x_5 + 1\,x_6 + 0\,x_7 + 0\,x_8 + 0\,x_9 + 0\,x_{10} \geq 360$$

$$0\,x_1 + 1\,x_2 + 0\,x_3 + 2\,x_4 + 1\,x_5 + 0\,x_6 + 3\,x_7 + 2\,x_8 + 1\,x_9 + 0\,x_{10} \geq 180$$

$$0\,x_1 + 0\,x_2 + 2\,x_3 + 0\,x_4 + 2\,x_5 + 4\,x_6 + 1\,x_7 + 2\,x_8 + 4\,x_9 + 6\,x_{10} \geq 180$$

Expliquons la genèse de la première : le carnet de commandes exige au moins 360 rouleaux de 64 cm ; or, à chaque mise en œuvre, le plan de coupe 1 donne 3 rouleaux de 64 cm, le plan de coupe 2 en donne 2, etc.

Pourquoi ne pas utiliser des signes d'égalité dans ces contraintes et écrire, dans la première par exemple, = 360 plutôt que ≥ 360 ? Notons d'abord que, pour le client, l'essentiel est de voir ses commandes satisfaites ; il n'exige pas du papetier que celui-ci y arrive sans produire de rouleaux excédentaires. De plus, la recherche d'une gamme de plans de coupe permettant de satisfaire exactement les commandes inscrites dans le carnet exigerait, dans certains cas, soit de mettre en œuvre certains plans de coupe un nombre fractionnaire de fois, soit de recourir à des plans qui comportent des chutes supérieures à 35 cm. En pratique, on utilise parfois des solutions fractionnaires, que l'on arrondit à la solution entière la plus proche. Mais nous avons voulu présenter ici un modèle rigoureusement représentatif du problème étudié, à titre d'illustration du processus de modélisation.

Nous venons de construire un modèle qui représente l'essentiel de la situation vécue par un papetier qui, face aux commandes de ses clients, a décidé d'utiliser le minimum de bobines-mères. Voici ce modèle :

$$\text{Min } z = x_1 + x_2 + \ldots + x_{10}$$

sous les contraintes :

$$3\,x_1 + 2\,x_2 + 2\,x_3 + \ldots + 0\,x_{10} \geq 360$$

$$0\,x_1 + 1\,x_2 + 0\,x_3 + \ldots + 0\,x_{10} \geq 180$$

$$0\,x_1 + 0\,x_2 + 2\,x_3 + \ldots + 6\,x_{10} \geq 180$$

$$x_j \geq 0 \text{ et entier} \qquad \text{pour } j = 1, 2, \ldots, 10$$

Ce modèle admet plusieurs solutions optimales. En voici 3, qui proposent chacune d'utiliser 200 bobines-mères et qui, sans qu'on l'ait exigé, occasionnent toutes la même longueur totale de chutes, soit 2 860 cm :

Solution A	Solution B	Solution C
x_1 = 120	x_1 = 80	x_1 = 110
x_7 = 60	x_3 = 60	x_6 = 30
x_{10} = 20	x_7 = 60	x_7 = 60
z = 200	z = 200	z = 200
Chutes = 2 860 cm	Chutes = 2 860 cm	Chutes = 2 860 cm

Le lecteur vérifiera que chacun de ces groupes de valeurs satisfait toutes les contraintes. Quant à s'assurer par lui-même que ce sont des solutions optimales, il devra, pour le moment, rester sur son appétit. On peut, à partir de ces 3 solutions optimales, en trouver d'autres, toujours optimales mais plus élaborées, qui requièrent toutes 200 bobines-mères. Par exemple :

Solution D	Solution E	Solution F
x_1 = 100	x_1 = 95	x_1 = 104
x_3 = 30	x_3 = 30	x_3 = 12
x_7 = 60	x_6 = 15	x_6 = 24
x_{10} = 10	x_7 = 60	x_7 = 60
z = 200	z = 200	z = 200
Chutes = 2 860 cm	Chutes = 2 860 cm	Chutes = 2 860 cm

Ces solutions constituent quelques-unes seulement des solutions optimales obtenues des précédentes par des combinaisons linéaires d'un type particulier[10].

10. Soient **x** et **x'** des solutions optimales d'un modèle linéaire ne comportant pas de contraintes d'intégrité. Est également solution optimale du même modèle toute **combinaison linéaire convexe u** de **x** et de **x'**, c'est-à-dire toute solution **u** pour laquelle il existe une constante réelle $\lambda \in [0;1]$ telle que
$$u_j = \lambda x_j + (1-\lambda) x'_j \qquad j = 1, \ldots, n.$$
Les n équations ci-dessus se résument par l'équation vectorielle unique suivante : $\mathbf{u} = \lambda\,\mathbf{x} + (1-\lambda)\,\mathbf{x}'$. Les solutions optimales D, E et F s'obtiennent comme combinaisons linéaires convexes des 3 premières :
$$\mathbf{x}^D = 0{,}5\,\mathbf{x}^A + 0{,}5\,\mathbf{x}^B \qquad \mathbf{x}^E = 0{,}5\,\mathbf{x}^B + 0{,}5\,\mathbf{x}^C \qquad \mathbf{x}^F = 0{,}2\,\mathbf{x}^B + 0{,}8\,\mathbf{x}^C.$$

Un modèle pour minimiser les chutes

Retournons maintenant au second objectif proposé, soit la minimisation des chutes obtenues en satisfaisant les commandes. Le modèle s'écrit :

$$\text{Min } w = 23\ x_1 + 27\ x_2 + 17\ x_3 + \ldots + 5\ x_{10}.$$

Ici, le terme 23 x_1 représente les chutes produites par les x_1 mises en œuvre du plan de coupe 1. Les autres termes correspondent semblablement aux chutes découlant des autres plans de coupe. La somme de tous ces termes est égale au total des chutes, que nous dénotons w et que nous cherchons à minimiser.

Les contraintes restent les mêmes que précédemment puisqu'il s'agit de satisfaire les mêmes commandes. L'unique solution optimale de ce nouveau modèle est :

$$x_1 = 120$$

$$x_7 = 180$$

$$w = 2\,760$$

Selon cette solution, le papetier utilise 300 bobines-mères : les 120 bobines découpées selon le plan 1 sont transformées en 360 rouleaux de 64 cm de largeur ; les 180 du plan 7 produisent 540 rouleaux de 60 cm et 180 rouleaux de 35 cm ; les chutes totalisent 2 760 cm.

Un troisième modèle qui intègre les deux premiers

S'il s'appuie sur la solution optimale du deuxième modèle, le papetier découpe plus de bobines-mères, produit davantage de rouleaux de 60 cm, mais engendre des chutes totales moins élevées que s'il applique l'une ou l'autre des solutions optimales du premier modèle. Comment expliquer ce paradoxe ? Tout simplement par le fait qu'aucune pénalité ne s'applique à la production de rouleaux qui ne sont pas essentiels à l'exécution des commandes. Si nous imposions une pénalité pour cette production excédentaire, en considérant par exemple comme chutes les rouleaux excédentaires, la fonction-objectif s'écrirait :

$$\text{Min } t = w + Exc_{64} + Exc_{60} + Exc_{35}$$

où

$$\begin{aligned} w &= 23\ x_1 + 27\ x_2 + 17\ x_3 + \ldots + 5\ x_{10} \\ Exc_{64} &= 64\ (3\ x_1 + 2\ x_2 + 2\ x_3 + 1\ x_4 + 1\ x_5 + 1\ x_6 - 360) \\ Exc_{60} &= 60\ (1\ x_2 + 2\ x_4 + 1\ x_5 + 3\ x_7 + 2\ x_8 + 1\ x_9 - 180) \\ Exc_{35} &= 35\ (2\ x_3 + 2\ x_5 + 4\ x_6 + 1\ x_7 + 2\ x_8 + 4\ x_9 + 6\ x_{10} - 180) \end{aligned}$$

Expliquons la genèse du premier de ces 3 termes additionnels : le nombre de rouleaux de 64 cm obtenus est donné par la somme

$$3\ x_1 + 2\ x_2 + 2\ x_3 + 1\ x_4 + 1\ x_5 + 1\ x_6\,;$$

comme les commandes s'élèvent à 360 rouleaux de ce type, on trouve le nombre de rouleaux de 64 cm excédentaires en retranchant 360 de la somme ci-dessus

$$3\ x_1 + 2\ x_2 + 2\ x_3 + 1\ x_4 + 1\ x_5 + 1\ x_6 - 360$$

puis la largeur totale en cm de ces rouleaux excédentaires en multipliant par 64

$$64\ (3\ x_1 + 2\ x_2 + 2\ x_3 + 1\ x_4 + 1\ x_5 + 1\ x_6 - 360).$$

Après transformations, l'expression de t se réécrit :

$$\text{Min } t = 215\,(x_1 + x_2 + x_3 + \ldots + x_{10}) - 40\,140\,.$$

Mais minimiser cette fonction-objectif revient, n'est-ce-pas, à minimiser la fonction :

$$z = x_1 + x_2 + x_3 + \ldots + x_{10}\,,$$

ce qui ramène aux solutions optimales proposées pour atteindre le premier objectif.

Le paradoxe n'était donc qu'apparent : les 2 objectifs poursuivis sont équivalents pour le modéliseur qui veut bien considérer les rouleaux excédentaires comme des chutes inutilisables.

Noter que le papetier pourrait retenir la solution $x_1 = 120$ et $x_7 = 180$ et constituer un stock de 360 rouleaux de 60 cm, surtout s'il compte recevoir sous peu de nouvelles commandes de rouleaux de cette largeur et que les frais d'entreposage de ces 360 rouleaux ne dépassent pas les économies réalisées en réduisant de 100 cm les chutes. Mais si les commandes de rouleaux de 60 cm sont rares, il s'en tiendra à minimiser le nombre de bobines-mères utilisées.

En complément

Les problèmes pratiques présentent souvent des caractéristiques qui ne se laissent pas traduire dans des modèles « simples » comme ceux décrits plus tôt dans cette section. Si l'on veut plus de réalisme, il faut accepter des modèles plus complexes. Les objectifs considérés jusqu'ici, qui étaient de minimiser les chutes ou de minimiser le nombre de bobines-mères utilisées, sont fort louables ; dans la pratique cependant, c'est l'ensemble des coûts variables que l'on cherche à minimiser. Le passage d'un plan de coupe à un autre engendre des frais, car il faut repositionner correctement les couteaux-guillotines à chaque mise en œuvre d'un nouveau plan de coupe. Pour tenir compte de tels frais fixes, on utilise généralement des variables binaires (voir la section 2.3.2).

L'approche qui consiste à engendrer au préalable tous les plans de coupe possibles, bien qu'intellectuellement attrayante, ne peut servir en pratique. On pourrait citer un cas où des commandes de rouleaux de 7 largeurs différentes ont entraîné plus de 800 plans de coupe distincts, et un autre cas où 50 largeurs de rouleaux ont engendré plus de 900 000 plans de coupe ! Un auteur cite un exemple où, en cherchant à satisfaire des commandes de 40 largeurs distinctes à partir de bobines-mères de 200 cm, on peut générer de 10 à 100 millions de plans de coupe distincts selon la gamme des largeurs commandées...

Dans la coupe de tuyaux de plomberie, par exemple, il arrive que les matériaux à partir desquels on se propose de satisfaire les commandes existent en plusieurs longueurs différentes. En multipliant les possibilités, cela compliquerait encore davantage la tâche de celui qui essaierait de dresser la liste de tous les plans de coupe.

Dans la pratique, les modéliseurs ont mis au point des méthodes heuristiques (ou approximatives) pour choisir rapidement les plans de coupe à mettre en œuvre. Ces méthodes s'appuient sur le flair éclairé par l'expérience, les calculs, la logique. Même si elles ne donnent pas l'assurance d'une solution optimale, ces méthodes améliorent toutefois la performance, vis-à-vis de l'objectif visé, des néophytes, voire celle des connaisseurs.

Certaines méthodes qui engendrent graduellement de nouveaux plans de coupe prometteurs au cours de la résolution du problème ont donné des résultats intéressants. Toutefois, l'explication de ces méthodes dépasse le cadre de cet ouvrage.

2.1.9 Un modèle multipériode de production

Dans le problème des chaises de M. Eugène traité à la section 2.1.1, on cherche la meilleure utilisation des ressources des ateliers au cours d'une période de production délimitée de trois semaines. Rien ne laisse supposer, dans la situation décrite, que la rafale de production à planifier doive s'inscrire dans une suite répétitive. Il faut toutefois convenir que de telles situations ne sont pas les plus fréquentes dans le domaine de la production d'objets manufacturés. Le plus souvent, un gestionnaire doit inscrire une rafale de production sur un continuum temporel : il hérite des stocks du passé et il prévoit lancer d'autres rafales dans le futur.

Il est donc naturel de classer les modèles de planification de la production en deux types par rapport à l'horizon de leur mise en œuvre. Les premiers, comme celui des chaises de M. Eugène, ne tiennent compte que des ressources disponibles et de l'état du marché au moment de leur mise en œuvre. Dans les seconds, dits **modèles multipériodes**, les rafales à prévoir s'inscrivent dans un univers de ressources évolutives aux prix changeants, de commandes périodiques fluctuantes, d'héritage des stocks cumulés, etc.

Pour concrétiser notre propos, nous présentons maintenant un problème qui requiert pour sa solution un modèle multipériode. Nous traitons de la production d'un seul produit sur un horizon décisionnel mensuel limité à six mois consécutifs, afin d'éviter que le modèle résultant ne devienne inutilement lourd. Considérer simultanément plus d'un produit ou augmenter le nombre de mois signifieraient simplement un plus grand nombre de variables de décision et de contraintes technologiques.

Le contexte

On distingue quatre types de pâtes alimentaires : les rondes (vermicelle, spaghetti, capellini), les plates (fettucine, tagliatelle, lasagne), les tubulaires (macaroni, sedani, conchigliette) et enfin les pâtes à farcir (ravioli, cannelloni, tortellini).

Le spaghetti est la pâte alimentaire la plus consommée en Amérique du Nord, où il s'en vend chaque année plus de 300 000 tonnes. Il faut dire qu'à calories égales, les pâtes coûtent moins cher que le pain. Le terme « spaghetti » lui-même n'est pas très ancien. Dérivé de *spago* (ficelle), il n'apparaît dans les écrits qu'au XIXᵉ siècle. Mais la tradition en est beaucoup plus vieille : certains la font remonter à Marco Polo, qui aurait ramené de Chine l'utilisation des pâtes alimentaires ; d'autres disent qu'elles auraient été importées par les Maures alors qu'ils occupaient la Sicile entre les IXᵉ et XIᵉ siècles.

De nos jours, on fabrique les spaghettis à partir d'un mélange de semoule et d'eau chaude. La semoule est obtenue par le pétrissage du blé dur. Les grains de blé sont épierrés, triés, brossés et dégermés avant d'être pétris et transformés en semoule. On procède ensuite au tréfilage en poussant à travers un moule de plusieurs mètres de long le mélange de semoule et d'eau. Un rideau de fils de spaghetti sort de cette machine en bout de course. Tous les 50 centimètres, ces longs fils sont sectionnés. Ils sont ensuite suspendus sur des barres, puis enfournés dans des tunnels de séchage où ils passent en moyenne six heures à une température qui atteint progressivement 80 °C. Ils sont finalement ensachés avant d'être proposés à la vente.

Pastissimo, qui fabrique sous son label une large gamme de pâtes alimentaires, a accepté de fournir, en sacs de 1 kg, pendant les six prochains mois les spaghettis que la chaîne d'alimentation Hyper-Halli vend sous sa marque privée. À chaque fin de mois, Pastissimo mettra 4 tonnes de spaghettis ensachés à la disposition de Hyper-Halli, qui s'est engagée à en prendre livraison au prix de 1,28 $ le sac.

Pastissimo s'approvisionne en blé dur, déjà épierré, trié, brossé et dégermé, auprès de Les Grands Moulins du Sud. Les prix mensuels, qui ont fait l'objet de longues négociations entre Les Grands Moulins et Pastissimo, sont indiqués au tableau 2.15. On y trouve également les quantités minimales et maximales de blé que Pastissimo pourra affecter à son contrat avec Hyper-Halli, compte tenu des ententes préalables avec Les Grands Moulins et des besoins de Pastissimo pour les produits qu'elle met en marché sous son label.

TABLEAU 2.15
Pastissimo: l'entente avec Les Grands Moulins

Mois	Prix (en $/t)	Minimum (en t)	Maximum (en t)
1	1 000	4	6
2	975	3	4
3	1 000	5	7
4	980	2	3
5	1 020	4	7
6	1 025	5	6

Pastissimo possède un entrepôt et un magasin. Dans le premier, elle conserve les matières premières jusqu'à leur utilisation ; dans le second, elle emmagasine les produits finis jusqu'à leur livraison. Elle pratique une politique du « premier entré, premier utilisé ou premier livré ». Au début du premier mois, Pastissimo disposera dans son entrepôt de 2 tonnes de blé prêt pour le pétrissage, et désire y retrouver le même tonnage de ce blé à la fin des 6 mois. Elle peut entreposer à un coût mensuel de 20 $ la tonne les surplus de blé qu'elle ne peut traiter immédiatement. La capacité maximale de cet entrepôt est de 3 tonnes de blé. Pastissimo dispose également d'une capacité maximale de 1 tonne de sacs de spaghettis dans son magasin. Les coûts mensuels relatifs à cet emmagasinage sont évalués à 25 $ la tonne.

Pastissimo s'est engagée auprès de Hyper-Halli à libérer une partie de sa capacité de production pour le contrat temporaire de spaghettis. Le tableau 2.16 indique la capacité maximale qu'elle prévoit consacrer à ce contrat ; il donne également les coûts (en $/tonne) de production et d'ensachage des spaghettis.

TABLEAU 2.16
Pastissimo: l'entente avec Hyper-Halli

Mois	Capacité de production (en t)	Coûts (en $/t)
1	6	160
2	5	150
3	4	150
4	4	160
5	4	175
6	3	165

Le modèle linéaire

Le problème de Pastissimo se modélise de plusieurs façons. En voici une, qui recourt à un modèle linéaire comportant 4 groupes de 6 variables, soit en tout 24 variables de décision :

a_j = nombre de tonnes de blé dur achetées au début du mois j

x_j = nombre de tonnes de spaghettis produites durant le mois j

e_j = nombre de tonnes de blé dur entreposées durant le mois j

s_j = nombre de tonnes de spaghettis emmagasinées de la fin du mois j jusqu'à la fin du mois suivant

où $j = 1, 2, 3, 4, 5, 6$.

Puisque les quantités vendues à Hyper-Halli sont contractuelles, les revenus R de Pastissimo s'élèveront nécessairement à 30 720 dollars et ne seront pas assujettis aux décisions de Pastissimo :

$$R = 1{,}28 \times 4\ 000 \times 6 = 30\ 720.$$

L'objectif de Pastissimo se limite donc à minimiser ses coûts totaux z, qui se calculent de la façon suivante :

$$z = CAchats + CProd + CEntrB + CEmmS,$$

où

$$\begin{aligned}
CAchats &= 1\ 000\ a_1 + 975\ a_2 + 1\ 000\ a_3 + 980\ a_4 + 1\ 020\ a_5 + 1\ 025\ a_6 \\
CProd &= 160\ x_1 + 150\ x_2 + 150\ x_3 + 160\ x_4 + 175\ x_5 + 165\ x_6 \\
CEntrB &= 20\ (e_1 + e_2 + e_3 + e_4 + e_5 + e_6) \\
CEmmS &= 25\ (s_1 + s_2 + s_3 + s_4 + s_5 + s_6).
\end{aligned}$$

Les contraintes technologiques forment 6 groupes. Le premier exige que les achats de blé dur au début d'un mois donné appartiennent à la fourchette mentionnée dans le tableau 2.15.

$$\begin{aligned}
4 \leq\ & a_1 \leq 6 \\
3 \leq\ & a_2 \leq 4 \\
5 \leq\ & a_3 \leq 7 \\
2 \leq\ & a_4 \leq 3 \\
4 \leq\ & a_5 \leq 7 \\
5 \leq\ & a_6 \leq 6
\end{aligned}$$

Les contraintes du 2e groupe forcent la production des différents mois à respecter la capacité maximale mentionnée dans le tableau 2.16.

$$\begin{aligned}
x_1 &\leq 6 \\
x_2 &\leq 5 \\
x_3 &\leq 4 \\
x_4 &\leq 4 \\
x_5 &\leq 4 \\
x_6 &\leq 3
\end{aligned}$$

Les 3e et 4e groupes traduisent les capacités maximales de l'entrepôt et du magasin.

$$e_j \leq 3 \qquad j = 1, 2, 3, 4, 5, 6$$

$$s_j \leq 1 \qquad j = 1, 2, 3, 4, 5, 6$$

Enfin, les deux derniers groupes garantissent l'équilibre entre les quantités achetées et les quantités produites, ou encore entre les quantités produites et les quantités mises à la disposition du client. Au début du mois 1, Pastissimo disposera des 2 tonnes de blé dur en entrepôt, auxquelles il faut ajouter les a_1 tonnes achetées à ce moment-là, soit en tout $2 + a_1$ tonnes. Cette matière première sera soit utilisée pour la production de spaghettis (x_1 tonnes), soit remisée en entrepôt (e_1 tonnes). Le fait que la quantité de blé utilisée doit coïncider avec la quantité disponible se traduit par l'équation[11] suivante :

$$x_1 + e_1 = 2 + a_1 \ .$$

De même, la quantité totale de blé utilisée au début du mois 2, soit $x_2 + e_2$ tonnes, devra être égale à la somme de ce qui provient de l'entrepôt (e_1 tonnes) et de ce qui est acheté (a_2 tonnes) :

$$x_2 + e_2 = e_1 + a_2 \ .$$

Des équations semblables forcent l'équilibre entre achats et production au début des autres mois, compte tenu des quantités à entreposer.

$$\begin{aligned} x_3 + e_3 &= e_2 + a_3 \\ x_4 + e_4 &= e_3 + a_4 \\ x_5 + e_5 &= e_4 + a_5 \\ x_6 + 2 &= e_5 + a_6 \end{aligned}$$

Un ensemble de 6 équations similaires relie les quantités de spaghettis mises à la disposition de Hyper-Halli à la fin du mois aux quantités produites durant ce même mois.

$$\begin{aligned} x_1 \qquad &= s_1 + 4 \\ x_2 + s_1 &= s_2 + 4 \\ x_3 + s_2 &= s_3 + 4 \\ x_4 + s_3 &= s_4 + 4 \\ x_5 + s_4 &= s_5 + 4 \\ x_6 + s_5 &= 4 \end{aligned}$$

Une solution optimale, dont le coût est de 28 055 dollars, est décrite au tableau 2.17. Le profit net P que Pastissimo retirera de ce contrat s'élève donc à 2 665 dollars :

$$P = R - z = 30\ 720 - 28\ 055 = 2\ 665.$$

TABLEAU 2.17
Pastissimo : une solution optimale

Mois	1	2	3	4	5	6	Coûts
a_j : Achats	4	5	4	4	4	3	3 825
x_j : Production	4	3	5	3	4	5	24 070
e_j : Entrepôt – Blé	2	–	1	–	–	–	60
s_j : Magasin – Spaghettis	–	1	1	1	1	–	100

11. Cette équation s'écrit souvent sous la forme équivalente :

$$e_1 = 2 + a_1 - x_1$$

et s'interprète alors ainsi : Pastissimo dispose de 2 tonnes de blé dur en entrepôt ; au début du mois 1, elle en achètera a_1 tonnes, puis consacrera x_1 tonnes à la production du mois 1 ; il en restera donc $2 + a_1 - x_1$ tonnes, qui seront entreposées durant le mois 1.

Remarques. Convenons de poser

$$e_0 = e_6 = 2 \quad \text{et} \quad s_0 = s_6 = 0.$$

Les 6 dernières équations du modèle se réécrivent sous la forme générique suivante :

$$x_j + s_{j-1} = s_j + 4 \qquad j = 1, 2, 3, 4, 5, 6.$$

De même, les 6 équations du groupe précédent se résument de la façon suivante :

$$x_j + e_j = e_{j-1} + a_j \qquad j = 1, 2, 3, 4, 5, 6.$$

Les variables d'entreposage e_j et s_j ne sont pas indispensables au modèle et peuvent être éliminées en recourant aux équations des 5e et 6e groupes de contraintes technologiques. Par exemple, les 1re et 2e équations du 5e groupe signifient que

$$e_1 = 2 + a_1 - x_1$$
$$e_2 = e_1 + a_2 - x_2 = (2 + a_1 - x_1) + a_2 - x_2$$

On peut de cette façon mettre en évidence une à une les variables e_j, puis remplacer chaque occurrence de e_j dans le modèle par l'expression obtenue. Des formules similaires existent pour les variables s_j. En procédant ainsi, on diminue certes le nombre de variables et de contraintes technologiques, mais on rend plus difficile l'interprétation du modèle. Le choix entre les deux approches dépend des circonstances.

Nous avons ignoré à dessein les détails de la production des spaghettis chez Pastissimo : les capacités de production d'un mois donné sont résumées dans le tableau 2.16 par un nombre unique. En pratique, le produit à fabriquer passe souvent par différents ateliers qui, chacun, disposent de ressources limitées et imposent des restrictions quant aux quantités qui peuvent être produites. Le 2e groupe de contraintes technologiques du modèle multipériode prend alors une forme plus complexe.

Par exemple, une entreprise qui dispose de 3 ateliers dont les ressources sont limitées et qui planifie la production des 6 prochains mois construira un modèle, analogue à celui de Pastissimo, dont le 2e groupe de contraintes technologiques comporte 3×6 inéquations, celle de numéro $(h\,;j)$ exigeant que les ressources requises à l'atelier h pour la production du mois j n'excèdent pas les ressources disponibles dans cet atelier durant ce mois-là.

Nous n'avons pas inclus cet aspect dans notre exemple, afin de limiter la taille du modèle résultant. En pratique, des contraintes de ce type, et de nombreuses autres, s'ajoutent souvent au modèle, ce qui en amplifie d'autant la complexité. Mais les ordinateurs et les logiciels actuels permettent de résoudre de tels modèles dans un délai raisonnable.

2.2 LES VARIABLES BINAIRES

Les modéliseurs appellent **variables binaires** (ou **variables booléennes**, ou **variables bivalentes**, ou encore **variables 0-1**) les variables de décision qui ne peuvent prendre que les 2 valeurs suivantes : 0 ou 1. On peut les considérer comme des variables entières non négatives dont la valeur maximale est 1. Voici quelques exemples qui en illustrent l'application.

2.2.1 Le problème de recouvrement minimal : où implanter des franchises

Une chaîne de restaurants a décidé d'accorder des franchises dans une région divisée en 10 secteurs naturels (voir figure 2.4). Elle choisit de démarrer son implantation en étant

FIGURE 2.4
Franchises : division de la région en secteurs

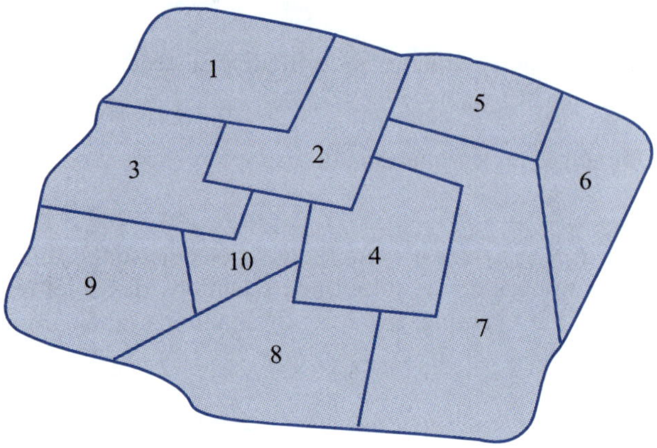

présente dans toute la région de façon à pouvoir affirmer dans sa publicité régionale : « Quel que soit le secteur où vous habitez, nous avons un restaurant près de chez vous. Ce restaurant est dans votre secteur ou dans un secteur limitrophe à celui où vous demeurez... Au plaisir de vous y accueillir ! »

Combien de franchises au minimum la chaîne doit-elle accorder et dans quels secteurs les restaurants seront-ils implantés ?

Les variables de décision sont les variables binaires v_j ($1 \leq j \leq 10$), définies ainsi :

$$v_j = \begin{cases} 1 & \text{si la chaîne implante une franchise dans le secteur } j \\ 0 & \text{sinon} \end{cases}$$

(On comprendra que, pour une telle variable binaire, il suffit d'en définir la valeur 1 ; dorénavant, nous laisserons implicite le fait que la valeur 0 correspond à la condition « sinon ».) La fonction-objectif s'écrit :

$$\text{Min } z = v_1 + v_2 + \ldots + v_{10} .$$

Chaque secteur engendre une contrainte, qui garantit l'implantation d'au moins un restaurant dans ce secteur ou dans un des secteurs qui lui sont limitrophes. Par exemple, les secteurs limitrophes au secteur 1 étant les secteurs 2 et 3, la contrainte relative au secteur 1 s'écrit :

$$v_1 + v_2 + v_3 \geq 1 .$$

Les autres contraintes technologiques sont :

$$v_1 + v_2 + v_3 + v_4 + v_5 + v_7 + v_{10} \geq 1$$

$$v_1 + v_2 + v_3 + v_9 + v_{10} \geq 1$$

$$v_2 + v_4 + v_7 + v_8 + v_{10} \geq 1$$

$$v_2 + v_5 + v_6 + v_7 \geq 1$$

$$v_5 + v_6 + v_7 \geq 1$$

$$v_2 + v_4 + v_5 + v_6 + v_7 + v_8 \geq 1$$

$$v_4 + v_7 + v_8 + v_9 + v_{10} \geq 1$$

$$v_3 + v_8 + v_9 + v_{10} \geq 1$$

$$v_2 + v_3 + v_4 + v_8 + v_9 + v_{10} \geq 1$$

L'unique solution optimale recommande d'ouvrir 2 restaurants, l'un dans le secteur 3, l'autre dans le secteur 7 :

$$v_3 = v_7 = 1\,; \qquad z = 2\,.$$

Si la chaîne connaît les coûts d'implantation d'un restaurant dans chaque secteur, elle peut se donner comme objectif de minimiser les coûts totaux d'implantation tout en garantissant, pour chaque secteur, l'ouverture d'un établissement dans ce secteur ou dans un secteur limitrophe. La fonction-objectif prend alors la forme suivante :

$$\text{Min } z = c_1\, v_1 + c_2\, v_2 + \ldots + c_{10}\, v_{10}\,,$$

où le coefficient c_j représente les coûts d'implantation dans le secteur j. Les contraintes restent les mêmes.

Lorsque les coûts d'implantation (en centaines de milliers de dollars) sont : 10, 7, 16, 8, 9, 12, 15, 12, 7 et 8 respectivement, la solution optimale est :

$$v_2 = v_5 = v_9 = 1 \qquad z = 23 \text{ (centaines de milliers de dollars).}$$

2.2.2 Le problème d'affectation : la rotation du personnel

À intervalles réguliers, l'armée organise la rotation d'une partie de son personnel technique entre les différentes bases militaires. Elle a plusieurs raisons d'agir ainsi : permettre l'acquisition d'une expérience de travail diversifiée, donner l'occasion de suivre des cours, accéder aux demandes de mutation vers des postes où le climat est plus favorable, récompenser ou punir certains comportements.

Supposons, à titre d'exemple, que l'armée dispose d'une liste de 10 sergents d'état-major, spécialistes de la mécanique des chars d'assaut, et qu'elle souhaite réaffecter chacun au poste de l'un de ses 9 collègues. Certains de ces militaires sont célibataires, d'autres sont mariés mais n'ont pas d'enfants, d'autres encore sont mariés et ont des enfants... L'armée a évalué pour chacun les coûts de mutation à chaque poste. L'objectif est de s'assurer au moindre coût que chaque sergent occupe un nouveau poste et que tous les postes soient comblés.

Dénotons les sergents par les lettres A, B, ..., H, M et N. Et désignons par i le poste occupé présentement par le sergent d'état-major I : le sergent A occupe présentement le poste « a », et ainsi de suite. Le tableau 2.18 présente la matrice des coûts de mutation de chaque sergent à chacun des postes.

TABLEAU 2.18
Coûts (en 000 $) des affectations possibles

	Poste									
Sergent	**a**	**b**	**c**	**d**	**e**	**f**	**g**	**h**	**m**	**n**
A	*	12	15	11	17	15	11	12	10	10
B	6	*	14	12	16	11	17	18	18	16
C	8	17	*	21	17	16	14	12	10	15
D	7	16	9	*	12	18	18	14	11	14
E	7	13	8	12	*	22	19	12	13	12
F	8	8	11	14	12	*	12	17	9	18
G	6	9	13	9	11	16	*	14	13	16
H	7	14	16	11	16	22	15	*	14	18
M	11	16	17	15	17	18	21	22	*	11
N	8	9	8	13	9	7	8	9	8	*

Comme il n'est pas permis qu'un sergent conserve le poste qu'il occupe présentement, on remplace chaque astérisque de la diagonale par un montant M, largement supérieur à ceux qui sont en jeu pour les mutations envisagées, marquant ainsi l'impossibilité de maintenir un sergent dans son poste actuel. Posons, par exemple : $M = 500$.

Définissons les variables de décision binaires suivantes :

$$v_{Ij} = 1 \quad \text{si le sergent } I \text{ est muté du poste } i \text{ au poste } j .$$

Et le tour est joué ! La fonction-objectif s'écrit comme suit :

$$\text{Min } z = 500\ v_{\text{Aa}} + 12\ v_{\text{Ab}} + 15\ v_{\text{Ac}} + \ldots + 9\ v_{\text{Nh}} + 8\ v_{\text{Nm}} + 500\ v_{\text{Nn}} .$$

Les contraintes indiquent :

- qu'à chaque sergent on doit attribuer un poste ;
- que chaque poste doit être comblé.

Il y a autant de contraintes de chaque catégorie que de sergents ou de postes, soit 10. Voici, à titre d'exemples, la contrainte associée au sergent A :

$$v_{\text{Aa}} + v_{\text{Ab}} + v_{\text{Ac}} + \ldots + v_{\text{An}} = 1$$

et celle associée au poste « a » :

$$v_{\text{Aa}} + v_{\text{Ba}} + v_{\text{Ca}} + \ldots + v_{\text{Na}} = 1 .$$

Une solution optimale de ce problème est décrite ci-dessous. Le coût total des affectations proposées par cette solution s'élève à 96 000 $.

Le sergent	A	B	C	D	E	F	G	H	M	N
sera muté au poste	m	f	h	e	c	b	d	a	n	g

Une autre façon de modéliser la même situation aurait été de ne pas introduire dans le modèle les variables v_{Ii}, interdisant ainsi aux sergents de demeurer aux postes occupés présentement.

Les problèmes d'affectation surviennent fréquemment : c'est le problème des répartiteurs de voitures-taxis, des armateurs, etc. Il existe, pour résoudre les modèles engendrés par ces problèmes, plusieurs algorithmes spécialisés.

2.2.3 Le problème du chemin le plus court dans un réseau orienté

La figure 2.5 représente un réseau routier possédant les caractéristiques suivantes : il est constitué de tronçons à sens unique ; il est doté d'un seul carrefour de départ, noté O, et d'un seul carrefour d'arrivée, noté A. Convenons d'appeler **chemin** toute suite non interrompue de sens uniques qui mène du carrefour de départ au carrefour d'arrivée.

Nous cherchons à repérer le chemin le plus court entre les carrefours O et A. Une façon d'y arriver est de supposer l'existence, au carrefour de départ, d'un objet à convoyer jusqu'au carrefour d'arrivée par le chemin le plus court ; et de définir les variables binaires suivantes :

$$v_{ij} = 1 \quad \text{si l'objet emprunte le tronçon } (i\,;j).$$

L'objectif poursuivi se traduit par la minimisation de la fonction suivante :

$$z = 5\ v_{\text{O1}} + 3\ v_{\text{O2}} + 4\ v_{\text{O3}} + 7\ v_{13} + \ldots + 2\ v_{9\text{A}} .$$

L'objet doit quitter le carrefour de départ O en empruntant un et un seul tronçon ; cette contrainte s'écrit :

$$v_{\text{O1}} + v_{\text{O2}} + v_{\text{O3}} = 1 .$$

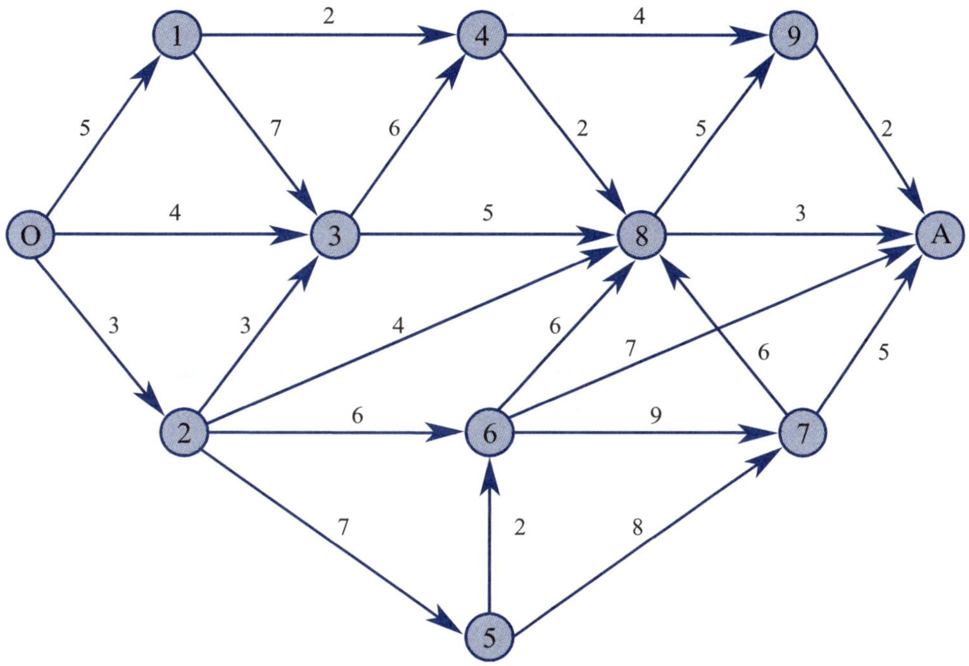

FIGURE 2.5
Réseau orienté

L'arrivée éventuelle de l'objet à un carrefour autre que A doit être suivie de son départ de ce même carrefour ; pour le carrefour 8, la contrainte s'écrit :

$$v_{28} + v_{38} + v_{48} + v_{68} + v_{78} = v_{89} + v_{8A} .$$

Enfin, l'objet doit atteindre le carrefour A ; cette contrainte s'écrit :

$$v_{6A} + v_{7A} + v_{8A} + v_{9A} = 1 .$$

Le chemin le plus court, dont la longueur est 10, est O → 2 → 8 → A.

2.2.4 Les conditions logiques : l'équipe d'arpenteurs-géomètres

Une firme d'exploration minière veut recruter 6 personnes pour combler les postes vacants dans une équipe d'arpenteurs-géomètres qui doit se rendre pour de longues périodes dans le Grand Nord. On a retenu, parmi les dossiers reçus, 12 candidatures valables. Les émoluments annuels exigés par ces personnes apparaissent au tableau 2.19.

La cohésion de l'équipe est de prime importance. Des tests de personnalité et des séances d'interaction entre les 12 candidats menés par des psychologues ont révélé que certaines combinaisons de candidats n'étaient pas souhaitables. En particulier, on désire respecter les contraintes de cohésion suivantes :

(1) Si les candidats 3 et 8 sont embauchés, le candidat 9 ne peut l'être.

(2) Si on embauche le candidat 2, il convient d'embaucher le candidat 11, et réciproquement, puisqu'ils sont mari et femme.

(3) Le candidat 7 est en conflit avec les candidats 4 et 5, et on ne veut pas retenir ses services si l'un des candidats 4 ou 5, ou les deux, sont embauchés.

TABLEAU 2.19
Émoluments annuels exigés par les candidats

Candidat	Émoluments
1	56 000 $
2	55 000 $
3	54 000 $
4	57 000 $
5	49 000 $
6	51 000 $
7	54 000 $
8	56 000 $
9	52 000 $
10	55 000 $
11	53 000 $
12	50 000 $

De plus, compte tenu des travaux à effectuer par l'équipe, on tient également à respecter les contraintes de qualification suivantes :

(4) On ne peut embaucher plus de trois des cinq candidats suivants : 1, 3, 6, 10, 12.

(5) On doit embaucher un et un seul des trois candidats 3, 5 et 12.

Quels candidats faut-il embaucher si l'objectif est de minimiser le total des émoluments annuels à verser aux nouveaux employés ? Les variables de décision sont les variables binaires v_j $(1 \leq j \leq 12)$, où

$$v_j = 1 \quad \text{si le candidat } j \text{ est embauché.}$$

La fonction-objectif s'écrit :

$$\text{Min } z = 56\ v_1 + 55\ v_2 + 54\ v_3 + \ldots + 50\ v_{12}$$

où z représente les émoluments totaux (en milliers de dollars) de l'équipe. Écrivons maintenant les contraintes. Tout d'abord, il s'agit d'embaucher 6 candidats :

$$v_1 + v_2 + v_3 + v_4 + v_5 + v_6 + v_7 + v_8 + v_9 + v_{10} + v_{11} + v_{12} = 6\,.$$

Les contraintes (1) et (2) se traduisent mathématiquement ainsi :

$$v_3 + v_8 + v_9 \leq 2$$

$$-\ v_2 + v_{11} = 0\,.$$

Quant à (3), on la traduit soit par les 2 inéquations suivantes :

$$v_4 + v_7 \leq 1$$

$$v_5 + v_7 \leq 1$$

soit par la seule inéquation suivante, qui équivaut aux 2 précédentes[12] :

$$v_4 + v_5 + 2\ v_7 \leq 2\,.$$

12. Il faut user avec circonspection de cette astuce qui permet d'abréger l'écriture de certains modèles : on doit s'assurer qu'en remplaçant ainsi un ensemble de contraintes par leur somme, on n'affaiblit pas le modèle. En effet, la contrainte-somme est souvent moins exigeante que les contraintes originales. Par exemple, l'inéquation qui traduit la condition (1) et «$v_4 + v_7 \leq 1$» ne saurait être remplacée par leur somme «$v_3 + v_4 + v_7 + v_8 + v_9 \leq 3$» puisque $v_3 = v_8 = v_9 = 1$ satisfait à cette dernière inéquation sans satisfaire à la condition (1).

Les 2 dernières contraintes de qualification donnent lieu à :

$$v_1 + v_3 + v_6 + v_{10} + v_{12} \leq 3$$

$$v_3 + v_5 + v_{12} = 1 .$$

Une solution optimale consiste à embaucher les candidats 2, 6, 7, 9, 11 et 12, pour un coût total de 315 milliers de dollars.

2.2.5 La verrerie Grand Siècle

La verrerie Grand Siècle exploite une usine de verre dépoli dans chacune des 5 villes suivantes : A, B, C, D et E. Le procédé de fabrication exige de l'acide fluorhydrique que, jusqu'à maintenant, Grand Siècle entreposait sur l'emplacement même de ses usines. Le ministère de l'Environnement exige qu'à compter de l'an prochain les fûts d'acide soient entreposés à la campagne en des endroits où d'éventuelles émanations accidentelles se diffuseraient dans l'atmosphère. Grand Siècle a repéré 4 emplacements, qui ont reçu l'agrément du Ministère, où il serait possible de stocker les fûts en attendant de les acheminer un à un, au fur et à mesure des besoins, vers les différentes usines. Les coûts reliés à l'acquisition des terrains et à la construction des installations de stockage varient très peu d'un emplacement à l'autre ; une fois répartis sur la vie utile des installations, ils correspondent, selon les comptables de Grand Siècle, à une dépense annuelle de 85 000 $ par emplacement. Par contre, les coûts d'entretien des chemins d'accès différeraient de façon notable. Le tableau 2.20 donne, pour les 4 emplacements envisagés, les coûts annuels d'entretien de ces chemins d'accès.

TABLEAU 2.20
Coûts annuels d'entretien des chemins d'accès

Emplacement	Coût
1	12 000 $
2	4 000 $
3	4 000 $
4	10 000 $

TABLEAU 2.21
Coûts annuels (en 000 $) d'acheminement des fûts d'acide

Emplacement	Usine A	Usine B	Usine C	Usine D	Usine E
1	7	13	11	6	11
2	9	18	5	10	23
3	16	8	5	17	15
4	12	8	7	12	8

Le tableau 2.21 donne les coûts annuels, en milliers de dollars, d'acheminement des fûts de chacun de ces emplacements vers les diverses usines. Il est convenu que chaque usine sera approvisionnée à partir d'un seul emplacement.

L'objectif de Grand Siècle est de minimiser les coûts de l'opération « Approvisionnement annuel des usines en fûts d'acide fluorhydrique ». La direction se pose deux questions :

- Sur quel(s) emplacement(s) faut-il construire des installations de stockage ?
- Quelles sont les usines qui seront approvisionnées en acide à partir de chaque emplacement où des installations de stockage auront été construites ?

Répondre à la première question revient à déterminer, pour chaque emplacement, si oui ou non on y construira des installations de stockage. De plus, pour qu'une usine puisse être approvisionnée à partir d'un emplacement, il faut que des installations de stockage y aient été aménagées et que le chemin d'accès soit entretenu. On est donc amené à introduire les variables de décision binaires suivantes :

$v_i = 1$ si Grand Siècle construit un entrepôt sur l'emplacement i

$w_{iJ} = 1$ si l'entrepôt de l'emplacement i alimente en fûts l'usine de la ville J.

Il s'agit de minimiser la fonction-objectif z obtenue en additionnant l'amortissement annuel (en 000 \$) des investissements réalisés sur les emplacements retenus

$$85\ v_1 + 85\ v_2 + 85\ v_3 + 85\ v_4,$$

les coûts annuels (en 000 \$) d'entretien des chemins d'accès

$$12\ v_1 + 4\ v_2 + 4\ v_3 + 10\ v_4$$

et les coûts annuels (en 000 \$) d'acheminement des fûts

$$7\ w_{1A} + 13\ w_{1B} + 11\ w_{1C} + \ldots + 8\ w_{4E}.$$

Les contraintes technologiques se regroupent en 2 blocs. Le premier, contenant $4 \times 5 = 20$ inéquations, traduit la condition qu'une usine J peut être approvisionnée à partir d'un emplacement i seulement lorsque des installations de stockage existent sur cet emplacement. Mathématiquement, on écrit :

$$v_i \geq w_{iJ} \qquad i = 1, \ldots, 4 \text{ et } J = \text{A}, \ldots, \text{E}.$$

Les contraintes du deuxième bloc traduisent le fait que chaque usine doit s'approvisionner à partir d'un seul emplacement :

$$w_{1J} + w_{2J} + w_{3J} + w_{4J} = 1 \qquad J = \text{A}, \ldots, \text{E}.$$

Une solution optimale donne :

$$v_4 = 1$$

$$w_{4A} = w_{4B} = w_{4C} = w_{4D} = w_{4E} = 1$$

$$z = 142 \text{ (milliers de dollars).}$$

2.3 L'UTILISATION DE VARIABLES BINAIRES POUR LINÉARISER

Les variables binaires sont souvent utilisées conjointement avec des variables réelles non négatives pour traduire en modèles linéaires des problèmes qui, a priori, semblent non linéaires. La présente section est consacrée à quelques exemples simples qui illustrent comment le recours astucieux à des variables binaires permet d'agrandir considérablement le champ d'application des modèles linéaires.

2.3.1 Électro

En périodes de basses eaux ou durant l'hiver pour faire face à une demande accrue, Électro, un fournisseur d'énergie électrique, fait appel à des centrales thermiques alimentées au mazout et regroupées sur un emplacement situé près d'une grande ville où demeure une bonne part de sa clientèle. Dans chacune des 4 centrales thermiques d'Électro, des brûleurs génèrent dans une chaudière la vapeur nécessaire à l'entraînement du groupe turboalternateur qui produit l'électricité convoyée par les lignes de transport vers les consommateurs. Chez Électro, la vapeur produite par l'une ou l'autre des 4 chaudières peut être acheminée sans perte conséquente vers l'un ou l'autre des 4 groupes turboalternateurs ; cette configuration a été adoptée pour faire face aux nombreuses pannes et aux fréquents arrêts nécessités par les entretiens.

Électro a construit ces centrales au fur et à mesure de l'expansion de son réseau, de sorte que certaines centrales sont plus modernes et, partant, plus rentables que d'autres. Chaudières et groupes alternateurs ont des plages d'exploitation en dehors desquelles leur fonctionnement n'est ni économique ni sécuritaire. Le respect de ces plages assure de plus une vie utile prolongée à l'équipement. Le tableau 2.22 contient, pour les 4 chaudières et les 4 groupes alternateurs, les données pertinentes au problème exposé par la suite.

TABLEAU 2.22
Électro : résumé des données relatives aux chaudières et aux groupes alternateurs

Chaudière	Tonnage minimal de vapeur produite	Tonnage maximal de vapeur produite	Coût de production par tonne de vapeur
A	800	1 200	9,00 $
B	650	900	8,50 $
C	425	675	7,75 $
D	360	600	7,25 $

Groupe	Tonnage minimal	Tonnage maximal	kWh par tonne de vapeur	Coût par tonne
1	500	800	4	3,00 $
2	900	1 300	3	3,40 $
3	600	900	4	3,25 $
4	500	800	3	4,00 $

Le problème d'aujourd'hui consiste à produire 8 312 kWh en période de pointe tout en minimisant les coûts. Combien de vapeur produira chacune des chaudières et de quelle façon sera répartie la vapeur entre les groupes, sachant qu'il est possible que certaines chaudières ou que certains groupes soient inutilisés ? Les variables de décision utilisées seront :

$v_I = 1$ si la chaudière I est activée

$w_j = 1$ si le groupe j est mis à contribution

$x_I =$ nombre de tonnes de vapeur produites par la chaudière I

$y_j =$ nombre de tonnes de vapeur utilisées par le groupe j

où $I = \text{A, B, C, D}$ et où $j = 1, 2, 3, 4$.

Pour indiquer qu'il faut produire au moins 8 312 kWh, on pose :

$$4\,y_1 + 3\,y_2 + 4\,y_3 + 3\,y_4 \geq 8\,312 .$$

Pour indiquer que les 4 chaudières doivent produire ensemble au moins autant de tonnes de vapeur qu'en utiliseront les 4 groupes, on pose :

$$x_A + x_B + x_C + x_D \geq y_1 + y_2 + y_3 + y_4 .$$

Il faut forcer la variable x_A à être soit nulle, soit dans l'intervalle [800 ; 1200]. Il suffit de lier la variable x_A à la variable binaire v_A, en exigeant que l'inéquation double[13] suivante soit satisfaite :

$$800\,v_A \leq x_A \leq 1\,200\,v_A \qquad (17)$$

13. Les logiciels de programmation linéaire en général n'acceptent pas de telles inéquations doubles, qui devront être réécrites comme deux contraintes simples avant d'être saisies. Par exemple, dans un chiffrier *STORM*, l'inéquation double (17) sera traduite par les deux contraintes technologiques suivantes :

$$x_A - 800\,v_A \geq 0$$
$$x_A - 1\,200\,v_A \leq 0.$$

En effet, si $v_A = 0$, alors $0 \leq x_A \leq 0$ selon (17), ce qui signifie que x_A est nulle et que la chaudière A non activée ne produit pas de vapeur. Par contre, si $v_A = 1$, alors x_A se situe entre 800 et 1 200 tel que voulu.

On introduit des paires semblables de contraintes pour lier x_I et v_I (où I = B, C, D), de même que des paires pour lier y_j et w_j (où j = 1, 2, 3, 4). Le modèle s'écrit donc :

$$\text{Min } z = 9\ x_A + 8{,}5\ x_B + 7{,}75\ x_C + 7{,}25\ x_D + 3\ y_1 + 3{,}4\ y_2 + 3{,}25\ y_3 + 4\ y_4$$

sous les contraintes :

$$4\ y_1 + 3\ y_2 + 4\ y_3 + 3\ y_4 \geq 8\,312$$
$$x_A + x_B + x_C + x_D - y_1 - y_2 - y_3 - y_4 \geq 0$$

$$800\ v_A \leq x_A \leq 1\,200\ v_A$$
$$650\ v_B \leq x_B \leq 900\ v_B$$
$$425\ v_C \leq x_C \leq 675\ v_C$$
$$360\ v_D \leq x_D \leq 600\ v_D$$

$$500\ w_1 \leq y_1 \leq 800\ w_1$$
$$900\ w_2 \leq y_2 \leq 1\,300\ w_2$$
$$600\ w_3 \leq y_3 \leq 900\ w_3$$
$$500\ w_4 \leq y_4 \leq 800\ w_4$$

où les variables x_I et y_j sont non négatives et où les variables v_I et w_j sont restreintes aux valeurs 0 et 1. Une solution optimale donne :

$$x_A = 929 \qquad x_C = 675 \qquad x_D = 600$$
$$y_1 = 800 \qquad y_3 = 900 \qquad y_4 = 504$$
$$v_A = v_C = v_D = w_1 = w_3 = w_4 = 1$$
$$z = 25\,283{,}25 \text{ (dollars).}$$

Remarques. Électro présente un cas particulier d'une situation fréquente. Dans le présent exemple, les variables x_I et y_j doivent soit être nulles, soit appartenir aux plages d'exploitation économique et sécuritaire. Autrement dit, les domaines admissibles de ces variables sont composés de deux intervalles fermés disjoints : par exemple, le domaine de x_A est la réunion des intervalles [0 ; 0] et [800 ; 1 200].

Dans certains contextes, le domaine d'une variable est formé de plus de deux intervalles fermés disjoints. L'approche utilisée dans le problème d'Électro s'adapte aisément à ces situations. À titre d'exemple, considérons une variable x dont la valeur doit impérativement appartenir à l'un des intervalles [0 ; 20], [50 ; 64] et [75 ; 81]. Il suffit alors d'introduire des variables binaires u, v et w ainsi définies :

$u = 1$ si x appartient à l'intervalle [0 ; 20]

$v = 1$ si x appartient à l'intervalle [50 ; 64]

$w = 1$ si x appartient à l'intervalle [75 ; 81].

Il reste à ajouter au modèle les deux contraintes technologiques suivantes :

$$u + v + w = 1$$
$$0\ u + 50\ v + 75\ w \leq x \leq 20\ u + 64\ v + 81\ w$$

L'équation détermine l'intervalle auquel appartiendra la variable x. L'inéquation double force la variable x à prendre une valeur entre les bornes de cet intervalle.

2.3.2 Comment tenir compte des coûts fixes : la coupe de bobines-mères

Reprenons le problème de la coupe de bobines-mères considéré en 2.1.8. Convenons cette fois de tenir compte non seulement des coûts reliés aux chutes, mais également des coûts engendrés par le passage d'un plan de coupe à un autre. Convenons de plus de nous conformer à une pratique du monde manufacturier où l'on tolère, souvent tacitement, des variations de faible amplitude dans la fourniture des commandes. À ce propos, imaginons qu'aient été conclus, entre le papetier et ses clients, des accords dont il s'autorise pour se contenter de satisfaire, à quelques rouleaux près, l'ensemble des commandes de rouleaux d'une largeur donnée. Pour fixer les idées, disons qu'il se donne une marge de 10 rouleaux de 64 cm, en plus ou en moins, se contraignant à produire non pas exactement 360 rouleaux, comme l'indique le carnet de commandes, mais de 350 à 370 rouleaux de cette largeur ; et fixons à 5 rouleaux la marge de manœuvre qu'il s'accorde pour les commandes de 180 rouleaux de chacune des 2 autres largeurs. Un modéliseur chevronné utiliserait vraisemblablement un modèle qui ressemble à celui que nous décrivons ci-après.

Comme dans les modèles de la section 2.1.8, les variables x_j dénotent le nombre de mises en œuvre du plan de coupe numéro j. On leur adjoint des variables binaires v_j telles que :

$$v_j = 1 \quad \text{si le plan de coupe } j \text{ est mis en œuvre au moins une fois.}$$

La fonction-objectif prend alors l'allure suivante :

$$\text{Min } z = (c_1 \times \mathit{Chutes}) + (c_2 \times \mathit{Passages})$$

où

$$\begin{aligned} c_1 &= \text{coût correspondant à chaque cm de chute} \\ \mathit{Chutes} &= \text{total des chutes (en cm)} \\ &= 23\, x_1 + 27\, x_2 + 17\, x_3 + \ldots + 5\, x_{10} \\ c_2 &= \text{coût de passage d'un plan de coupe au suivant} \\ \mathit{Passages} &= \text{nombre de passages d'un plan de coupe à un autre} \\ &= v_1 + v_2 + v_3 + \ldots + v_{10} - 1\,. \end{aligned}$$

Les contraintes se regroupent en 3 catégories.

– Celles qui visent à satisfaire la demande à quelques rouleaux près :

$$350 \leq 3\, x_1 + 2\, x_2 + 2\, x_3 + 1\, x_4 + 1\, x_5 + 1\, x_6 \leq 370$$
$$175 \leq 1\, x_2 + 2\, x_4 + 1\, x_5 + 3\, x_7 + 2\, x_8 + 1\, x_9 \leq 185$$
$$175 \leq 2\, x_3 + 2\, x_5 + 4\, x_6 + 1\, x_7 + 2\, x_8 + 4\, x_9 + 6\, x_{10} \leq 185$$

– Celles qui lient chaque variable x_j à la variable v_j correspondante de façon à traduire l'obligation pour v_j de prendre la valeur 1 si et seulement si la variable x_j est positive :

$$v_j \leq x_j \leq M\, v_j\,,$$

où M est une constante suffisamment élevée. (Le plus grand membre droit apparaissant dans les contraintes relatives à la demande, ici 370, pourrait servir de valeur à M.) Lorsque v_j est nulle, $0 \leq x_j \leq 0$, ce qui signifie que le plan de coupe j n'est pas mis en œuvre. Par contre, lorsque $v_j = 1$, la variable x_j est ≥ 1 et le plan de coupe j est mis en œuvre au moins une fois.

– Celles qui exigent que les variables x_j soient non négatives et entières, que les variables v_j soient binaires.

Supposons que chaque mise en place d'un plan de coupe coûte 15 $ et que les chutes coûtent 2 $ le cm. Une solution optimale du modèle précédent est alors :

$$x_1 = 78 \qquad x_3 = 58 \qquad x_7 = 61$$

$$v_1 = 1 \qquad v_3 = 1 \qquad v_7 = 1$$

$$z = 5\,590 \text{ (dollars).}$$

2.3.3 Comment traiter les lots : les chaises et leur cuisson

M. Eugène, dont le problème de production de chaises a été analysé en 2.1.1, envisage de cuire à l'infrarouge la laque dont sont enduites ses chaises, au lieu de la laisser sécher. Il pense qu'en améliorant ainsi le fini de ses produits, il leur conférera une meilleure image auprès de ses clients. Un tel gain, même intangible, est important à ses yeux, car ses succès reposent en grande partie sur le prestige de ses créations antérieures.

La cuisson sera effectuée dans un four à infrarouges, qui sera disponible pendant 140 heures durant les 2 dernières semaines que durera la production des chaises. Ce four peut contenir un maximum de 10 chaises A à la fois, ou encore un maximum de 5 chaises B à la fois ; les chaises, au fur et à mesure que leur armature aura été enduite de laque, seront donc groupées en lots pour la cuisson. Il est impossible d'enfourner des chaises A et B simultanément puisque la durée de cuisson n'est pas la même pour les 2 types : les chaises A requièrent 8 heures de cuisson, tandis que les chaises B en exigent 6.

M. Eugène évalue à 100 $ le coût de cuisson d'un lot, quels que soient le type et le nombre de chaises enfournées. Il aimerait déterminer l'impact de cette opération supplémentaire de cuisson sur le profit maximal qu'il peut escompter de la production de chaises. Il se demande également si le plan de production, qui était optimal selon le modèle élaboré en 2.1.1, le demeure toujours lorsque l'on tient compte de la cuisson.

Le nouveau modèle, tout comme l'ancien, utilise les variables x_A et x_B qui dénotent le nombre de chaises à produire de chaque type. Il comprend les contraintes (1) à (7) du modèle en 2.1.1. Nous décrivons maintenant 2 façons de prendre en considération la cuisson des lots.

Contrainte de cuisson : première approche Introduisons des variables supplémentaires L_A, r_A, L_B et r_B, où, par exemple,

L_A = nombre de lots complets de 10 chaises A

r_A = nombre de chaises A dans un éventuel lot incomplet.

Ces nouvelles variables permettent de retrouver le nombre x_A de chaises A à fabriquer :

$$x_A = 10\ L_A + r_A$$

Si $r_A = 0$, les chaises A sont regroupées en L_A lots et nécessitent 8 L_A heures de cuisson. Si r_A s'avère plus grand que 0, il faut alors prévoir un lot supplémentaire incomplet de chaises A et le temps de cuisson sera de 8 $(L_A + 1)$ heures. Nous voulons maintenant exprimer cette idée à l'aide d'inéquations. Une façon d'y arriver est d'introduire la variable binaire v_A définie ainsi :

$$v_A = 1 \quad \text{s'il existe un lot incomplet de chaises A.}$$

L'algorithme de résolution tiendra compte automatiquement de l'indication du modéliseur, selon laquelle la variable v_A est une variable binaire et ne peut donc prendre que l'une ou l'autre des valeurs 0 ou 1. Toutefois, le fait que v_A prenne la valeur 1 seulement quand la condition spécifiée dans la définition est satisfaite doit se stipuler par contraintes à inclure explicitement dans le modèle recherché. Voici une contrainte double qui garantit le respect de cette condition :

$$v_A \leq r_A \leq 9\ v_A$$

Si $v_A = 0$, alors $0 \leq r_A \leq 0$ et les x_A chaises A forment L_A lots complets. Par contre, si $v_A = 1$, alors $1 \leq r_A \leq 9$ et il existe un lot incomplet de r_A chaises A.

Le nombre d'heures consacrées à la cuisson des chaises A sera égal à $(8\ L_A + 8\ v_A)$. On utilise le même procédé pour les chaises B. Le four sera donc utilisé en tout pendant $(8\ L_A + 8\ v_A + 6\ L_B + 6\ v_B)$ heures. Ce nombre d'heures d'utilisation doit être inférieur ou égal au nombre d'heures disponibles :

$$8\ L_A + 8\ v_A + 6\ L_B + 6\ v_B \leq 140$$

Le modèle, selon cette approche, se résume ainsi :

Max $z = 450\ x_A + 800\ x_B - 100\ L_A - 100\ v_A - 100\ L_B - 100\ v_B$

sous les contraintes (1) à (7) ainsi que sous les contraintes suivantes :

$x_A - 10\ L_A - r_A = 0$

$v_A \leq r_A \leq 9\ v_A$

$x_B - 5\ L_B - r_B = 0$

$v_B \leq r_B \leq 4\ v_B$

$8\ L_A + 6\ L_B + 8\ v_A + 6\ v_B \leq 140$

$x_A, x_B, L_A, L_B, r_A, r_B \geq 0$ et entiers

$v_A, v_B = 0$ ou 1

Une solution optimale donne :

$$\begin{aligned} x_A &= 45 \quad \text{et} \quad x_B = 79 \\ L_A &= 4 \quad \text{et} \quad L_B = 15 \\ v_A &= 1 \quad \text{et} \quad v_B = 1 \\ r_A &= 5 \quad \text{et} \quad r_B = 4 \\ z &= 81\ 350 \text{ (dollars).} \end{aligned}$$

Le plan de production optimal sera donc modifié si M. Eugène va de l'avant avec son idée de cuire la laque dont sont enduites les chaises : il fera 45 chaises en porte-à-faux, au lieu de 42, et 79 chaises Barcelone, au lieu de 81. La cuisson de la laque entraîne, dans l'immédiat, un manque à gagner de 2 350 $: en effet, le profit escompté, qui est de 83 700 $ sans cuisson, diminue à 81 350 $ avec cuisson.

Contrainte de cuisson : deuxième approche Définissons cette fois les deux variables de décision supplémentaires suivantes :

$$Lot_A = \text{nombre de lots de chaises A}$$

$$Lot_B = \text{nombre de lots de chaises B.}$$

Lot_A et Lot_B sont des variables dont les valeurs sont à choisir parmi les nombres entiers non négatifs.

Une première contrainte indique que la durée totale de cuisson des lots ne doit pas dépasser les 140 heures disponibles :

$$8\ Lot_A + 6\ Lot_B \leq 140$$

Les chaises A, au fur et à mesure que leur armature est enduite de laque, sont regroupées pour la cuisson d'abord en lots de taille 10 ; puis, s'il le faut, on forme un dernier lot résiduel comportant au plus 9 chaises. Lorsque le nombre x_A est un multiple de 10, Lot_A est donc égal à $0{,}1\ x_A$; dans le cas contraire, Lot_A est l'unique entier compris entre $0{,}1\ x_A$ et $(0{,}1\ x_A + 1)$. Ainsi :

$$0{,}1\ x_A \leq Lot_A < 0{,}1\ x_A + 1 \qquad (18)$$

Les algorithmes utilisés pour résoudre numériquement les modèles linéaires interdisent l'emploi d'inéquations strictes comportant les signes < ou >. Il faut donc réécrire la formule (18) sous une forme équivalente ne contenant pas le signe <. Notons d'abord que, puisque x_A est un nombre entier, le terme 0,1 x_A varie par sauts de 0,1. Par conséquent :

$$Lot_A - 1 < 0{,}1\ x_A \quad \text{équivaut à} \quad Lot_A - 0{,}9 \leq 0{,}1\ x_A\,,$$

de sorte que la formule (18) reliant les variables entières x_A et Lot_A se réécrit sous la forme équivalente suivante :

$$0{,}1\ x_A \leq Lot_A \leq 0{,}1\ x_A + 0{,}9\,.$$

De même, puisque les lots de type B contiennent 5 chaises au maximum, les variables entières x_B et Lot_B sont reliées par :

$$0{,}2\ x_B \leq Lot_B \leq 0{,}2\ x_B + 0{,}8\,.$$

Le modèle, selon cette seconde approche, se résume ainsi :

$$\text{Max } z = 450\ x_A + 800\ x_B - 100\ Lot_A - 100\ Lot_B$$

sous les contraintes (1) à (7) et :

$$8\ Lot_A + 6\ Lot_B \leq 140$$

$$0{,}1\ x_A - Lot_A \leq 0$$

$$-\ 0{,}1\ x_A + Lot_A \leq 0{,}9$$

$$0{,}2\ x_B - Lot_B \leq 0$$

$$-\ 0{,}2\ x_B + Lot_B \leq 0{,}8$$

$$x_A,\ x_B,\ Lot_A,\ Lot_B \geq 0 \text{ et entiers}$$

Ce dernier modèle recommande, comme solution optimale, le même plan de production que le premier, soit de fabriquer 45 chaises A et 79 chaises B :

$$x_A = 45 \quad \text{et} \quad x_B = 79$$

$$Lot_A = 5 \quad \text{et} \quad Lot_B = 16$$

$$z = 81\ 350 \text{ (dollars).}$$

2.3.4 La modification par à-coups du membre droit d'une contrainte

Un manufacturier dispose de l'équipement nécessaire pour mettre en marché 4 produits alimentaires : P1, P2, P3 et P4. Ces produits requièrent l'intervention de 3 ateliers distincts : A1, A2 et A3. Le tableau 2.23 présente les données relatives aux durées de production et aux disponibilités de ces ateliers au cours du prochain mois.

Ce qui est fabriqué au cours d'un mois n'est livré qu'à la fin du mois suivant ; en effet, une période minimale d'un mois de mûrissement et d'affinage est requise pour que les produits atteignent leur pleine saveur. L'espace d'entreposage requis pour une caisse de chaque produit est donné au tableau 2.24. Le manufacturier dispose de 4 000 m^3 d'espace d'entreposage, qui lui coûtent 1 200 $ par mois. Il peut louer de l'espace supplémentaire, par tranche de 2 000 m^3, aux tarifs mensuels dégressifs donnés au tableau 2.25.

Le carnet de commandes et le maintien de ses parts de marché imposent au manufacturier de fabriquer un total d'au moins 5 000 caisses de P1 et de P2 confondus, au plus 4 000 caisses de P2, au moins 2 000 caisses de P4 et un total d'au plus 30 000 caisses des produits P1 et P3 confondus.

TABLEAU 2.23
Résumé des données de fabrication

Atelier	Temps requis (en h/caisse) P1	P2	P3	P4	Heures disponibles
A1	0,12	0,15	0,10	0,09	2 760
A2	0,10	0,09	0,15	0,10	2 500
A3	0,05	0,04	0,04	0,05	1 200
Profit par caisse	2,20 $	1,90 $	2,25 $	1,71 $	

TABLEAU 2.24
Espace requis pour l'entreposage d'une caisse

Produit	P1	P2	P3	P4
Espace requis (en m³)	0,27	0,28	0,29	0,24

TABLEAU 2.25
Coûts mensuels de location

Espace (en 000 m³)	2	4	6	8	10	12	14	16
Coût (en 000 $)	3	4,8	6,4	7,8	9	10	10,8	11,5

Les coûts d'entreposage ne sont pas linéaires et il sera nécessaire d'introduire des variables binaires. Les variables de décision sont donc x_j $(1 \leq j \leq 4)$, C et v_h $(0 \leq h \leq 8)$, où

x_j = nombre de caisses du produit j que fabriquera le manufacturier

C n'apparaît que pour représenter le coût des 4 000 m³ disponibles

$v_0 = 1$ si le manufacturier n'utilise que les 4 000 m³ dont il dispose

et où, pour $h = 1, \ldots, 8$,

$v_h = 1$ si le manufacturier loue exactement $(2 \times h)$ milliers de m³.

Le modèle suivant constitue une façon de traduire mathématiquement le problème du manufacturier :

$$\text{Max } z = 2{,}20\ x_1 + \ldots + 1{,}71\ x_4 - 3\ 000\ v_1 - 4\ 800\ v_2 - \ldots - 11\ 500\ v_8 - C$$

sous les contraintes :

$$0{,}12\ x_1 + 0{,}15\ x_2 + 0{,}10\ x_3 + 0{,}09\ x_4 \leq 2\ 760$$

$$0{,}10\ x_1 + 0{,}09\ x_2 + 0{,}15\ x_3 + 0{,}10\ x_4 \leq 2\ 500$$

$$0{,}05\ x_1 + 0{,}04\ x_2 + 0{,}04\ x_3 + 0{,}05\ x_4 \leq 1\ 200$$

$$0{,}27\ x_1 + 0{,}28\ x_2 + 0{,}29\ x_3 + 0{,}24\ x_4 \leq 1\ 000\ (4\ v_0 + 6\ v_1 + 8\ v_2 + \ldots + 20\ v_8)$$

$$v_0 + v_1 + v_2 + v_3 + v_4 + v_5 + v_6 + v_7 + v_8 = 1$$

$$x_1 + x_2 \geq 5\ 000$$

$$x_2 \leq 4\ 000$$

$$x_4 \geq 2\ 000$$

$$x_1 + x_3 \leq 30\ 000$$

$$C = 1\ 200$$

À cette liste s'ajoutent les contraintes qui fixent les types des variables (contraintes de non-négativité, d'intégrité, de variables binaires). La 5e contrainte[14] assure que l'une des variables binaires, disons v_k, sera égale à 1 et que les autres seront nulles. Le membre droit de la 4e contrainte se réduira alors au terme associé à v_k et le manufacturier louera $(2 \times k)$ milliers de m^3 d'espace supplémentaire.

Une solution optimale donne :

$x_1 = 19\,625 \qquad x_2 = 0 \qquad x_3 = 2\,250 \qquad x_4 = 2\,000$

$v_2 = 1 \qquad C = 1\,200$

$z = 45\,657{,}50$ (dollars).

Comme $v_2 = 1$, cette solution recommande de louer 4 000 m^3 d'espace supplémentaire.

L'approche retenue pour modifier par à-coups le membre droit de la contrainte d'entreposage mérite une présentation plus générale. L'objectif du manufacturier est de maximiser ses profits en utilisant à bon escient diverses ressources. L'une d'elles est l'espace d'entreposage, et le manufacturier dispose pour le moment de $b_0 = 4\,000$ m^3. Il doit donc respecter une contrainte du genre[15] :

$$a_1\, x_1 + a_2\, x_2 + \ldots + a_n\, x_n \leq b_0\,.$$

Il songe à augmenter l'espace d'entreposage et cherche le niveau de cette ressource qui lui permettrait de maximiser ses profits « en relaxant le membre droit de la contrainte associée ». Comme les contrats de location offrent l'espace supplémentaire en blocs (2 000 m^3 dans l'exemple), il s'agit de permettre à b_0 de varier par à-coups, disons de b_0 à b_1, de b_1 à b_2, de b_2 à b_3, etc. Les écarts entre deux b_h consécutifs n'ont pas à être égaux, bien qu'ils le soient dans l'exemple.

Pour modéliser une telle situation, il suffit de relier comme suit les coûts afférents à chacun des accroissements prévus de la ressource, à partir du seuil minimal b_0 :

$$\text{pour le passage de } b_0 \text{ à } b_h\text{: coûts de } c_h \qquad h = 1, \ldots, p.$$

Les coûts c_h augmentent au fur et à mesure que s'accroît la quantité utilisée de la ressource :

$$0 < c_1 < c_2 < c_3 < \ldots < c_p\,.$$

(Dans l'exemple numérique traité précédemment : $c_1 = 3\,000$; $c_2 = 4\,800$; etc.) Puis on définit les variables binaires v_h $(0 \leq h \leq p)$:

$$v_h = 1 \quad \text{si le membre droit de la contrainte est égal à } b_h\,.$$

La contrainte de la ressource relative à l'espace d'entreposage est modifiée comme suit :

$$a_1\, x_1 + a_2\, x_2 + \ldots + a_n\, x_n \leq b_0\, v_0 + b_1\, v_1 + \ldots + b_p\, v_p\,.$$

La contrainte additionnelle

$$v_0 + v_1 + v_2 + \ldots + v_p = 1$$

permet de déterminer sans ambiguïté l'espace d'entreposage requis. Enfin, on ajoute à la fonction-objectif les termes suivants :

$$- c_1\, v_1 - c_2\, v_2 - \ldots - c_p\, v_p\,.$$

---

14. La 5e contrainte est, dans le cadre du modèle, équivalente à « $v_0 + v_1 + \ldots + v_8 \leq 1$ ». En effet, la somme de variables binaires, si elle est ≤ 1, est soit égale à 1, soit égale à 0. Or, ce dernier cas est impossible ici, car alors chacune des v_h $(0 \leq h \leq 8)$ prendrait la valeur 0 et la 4e contrainte forcerait les variables de production x_j $(1 \leq j \leq 4)$ à être toutes nulles, ce qui contredirait, par exemple, l'inéquation « $x_4 \geq 2\,000$ ».

15. Dans l'exemple numérique traité précédemment : $a_1 = 0{,}27$, $a_2 = 0{,}28$, etc.

Dans la modélisation d'un problème où il est question de faire appel à plusieurs ressources, cette démarche est répétée pour chacune des ressources que l'on souhaite modifier par à-coups.

2.3.5 Comment satisfaire à un nombre fixé de contraintes

Il arrive que les contraintes technologiques, dans leur ensemble, excluent toute solution admissible, ou encore limitent la fonction-objectif à une valeur jugée inacceptable par les gestionnaires. On cherche alors à agrandir l'ensemble des solutions admissibles. Une façon de procéder est de faire jouer à certaines contraintes technologiques un rôle de critères et d'accepter que seulement un certain nombre de ces critères puissent être satisfaits.

Les contraintes de signe « ≥ »

Nous illustrons notre propos à l'aide d'un problème classique de diète, dont toutes les contraintes en un premier temps doivent être satisfaites.

Les normes d'une diète idéale imposent des quantités minimales de glucides, de lipides et de protides. Une diététicienne, qui cherche à minimiser le coût de rations composées à partir des aliments A et B, se voit confrontée au problème linéaire suivant :

$$\text{Min } z = 5\,x_A + 6\,x_B$$

sous les contraintes :

$$120\,x_A + 200\,x_B \geq 1\,200 \quad \text{(glucides)}$$

$$300\,x_A + 250\,x_B \geq 2\,200 \quad \text{(lipides)}$$

$$200\,x_A + 200\,x_B \geq 1\,375 \quad \text{(protides)}$$

$$x_A,\ x_B \geq 0$$

La lecture de ce modèle permet de reconstituer l'essentiel du problème lié au respect intégral des 3 normes. On découvre que les coûts unitaires des aliments A et B sont de 5 \$ et 6 \$ respectivement ; que la diète idéale impose au moins 1 200 unités de glucides, au moins 2 200 unités de lipides et au moins 1 375 unités de protides ; et que le contenu nutritionnel des aliments est réparti de la façon illustrée au tableau 2.26.

TABLEAU 2.26
Contenu nutritionnel des aliments

	Contenu d'une unité	
Substance	**Aliment A**	**Aliment B**
Glucides	120	200
Lipides	300	250
Protides	200	200

La valeur minimale de la fonction-objectif dans le modèle ci-dessus est $z = 42{,}53$. Si le coût 42,53 de la diète optimale est jugé trop élevé, il est possible d'améliorer la situation en exigeant seulement qu'au moins 2 des 3 contraintes technologiques soient satisfaites concomitamment. Voici comment traduire algébriquement cette exigence. On commence par définir des variables binaires v_i $(1 \leq i \leq 3)$:

$v_i = 1$ si la contrainte-critère numéro i doit être satisfaite.

À chacune des contraintes-critères de signe « ≥ », on ajoute un terme additionnel impliquant une constante positive M dont la valeur sera déterminée ultérieurement :

$$120\,x_A + 200\,x_B \geq 1\,200 - (1 - v_1)\,M$$

$$300\,x_A + 250\,x_B \geq 2\,200 - (1 - v_2)\,M$$

$$200\,x_A + 200\,x_B \geq 1\,375 - (1 - v_3)\,M$$

On ajoute enfin l'inéquation suivante, qui garantit le respect d'au moins 2 des 3 contraintes :

$$v_1 + v_2 + v_3 \geq 2\,.$$

On doit choisir M suffisamment grand pour rendre inopérante la contrainte i quand $v_i = 0$. La valeur $M = 2\,200$ suffit ici. De fait, quand toutes les contraintes-critères sont de signe « ≥ » et que les coefficients de leurs membres gauches sont tous ≥ 0, le maximum des membres droits de ces contraintes peut toujours servir de valeur à M.

Expliquons brièvement le rôle des variables binaires v_i :

- quand $v_i = 1$, le terme additionnel du membre droit s'annule et la contrainte modifiée redevient la contrainte originale ;
- quand $v_i = 0$, le terme additionnel prend la valeur $-M$ et le membre droit devient ≤ 0 ; la contrainte devient alors inopérante, puisque le membre gauche est toujours ≥ 0.

La valeur minimale du modèle modifié est $z = 36{,}67$.

Les contraintes de signe « ≤ »

Lorsque les contraintes-critères sont de signe « ≤ », il faut changer le signe du terme additionnel et choisir la constante M autrement. Voici une illustration de cette approche. Considérons le modèle :

$$\text{Max } z = 4\,x_1 + 5\,x_2 + 4\,x_3$$

sous les contraintes :

$$2\,x_1 + 3\,x_2 + 4\,x_3 \leq 230$$

$$3\,x_1 + 4\,x_2 + 6\,x_3 \leq 345$$

$$4\,x_1 + 1\,x_2 + 2\,x_3 \leq 119$$

$$5\,x_1 + 7\,x_2 + 4\,x_3 \leq 234$$

$$7\,x_1 + 4\,x_2 + 8\,x_3 \leq 464$$

$$x_1, x_2, x_3 \geq 0$$

Et supposons que l'on accepte que seulement 3 des 5 contraintes technologiques soient satisfaites. La fonction-objectif demeure inchangée. Les contraintes deviennent :

$$2\,x_1 + 3\,x_2 + 4\,x_3 \leq 230 + (1 - v_1)\,M$$

$$3\,x_1 + 4\,x_2 + 6\,x_3 \leq 345 + (1 - v_2)\,M$$

$$4\,x_1 + 1\,x_2 + 2\,x_3 \leq 119 + (1 - v_3)\,M$$

$$5\,x_1 + 7\,x_2 + 4\,x_3 \leq 234 + (1 - v_4)\,M$$

$$7\,x_1 + 4\,x_2 + 8\,x_3 \leq 464 + (1 - v_5)\,M$$

où les v_i sont des variables binaires définies comme précédemment et où M est une constante choisie de la façon indiquée ci-dessous. On ajoute l'inéquation suivante pour garantir qu'au moins 3 des contraintes initiales seront respectées :

$$v_1 + v_2 + v_3 + v_4 + v_5 \geq 3 .$$

On doit choisir M de sorte que la contrainte i devienne inopérante quand v_i est nulle. Il faut que le membre droit soit alors supérieur à toute valeur possible pour le membre gauche. La valeur $M = 5\ 000$ fait l'affaire[16] dans le présent exemple.

Une solution optimale est :

$$v_2 = v_3 = v_5 = 1$$

$$x_1 = 10{,}08 \qquad x_2 = 78{,}69 \qquad x_3 = 0$$

$$z = 433{,}77$$

2.3.6 Les fonctions linéaires par parties : les escomptes sur quantité

Un meunier dispose de 8 000 kg d'une céréale A et de 9 000 kg d'une céréale B, qu'il a déjà payés. Il veut les moudre, puis les mélanger pour produire des farines f et g, la première devant contenir au moins 50 % de la céréale A, la seconde, au moins 60 % de la même céréale. La farine f rapporte 1,40 $ le kg et la farine g, 1,60 $ le kg. Le meunier désire maximiser le revenu qu'il retirera de la vente des deux farines.

Définissons les variables de décision suivantes :

$$x_{Ij} = \text{nombre de kilos de la céréale } I \text{ incorporés à la farine } j,$$

où I = A, B et j = f, g. La fonction-objectif s'écrit :

$$\text{Max } z = 1{,}40\ x_{\text{Af}} + 1{,}40\ x_{\text{Bf}} + 1{,}60\ x_{\text{Ag}} + 1{,}60\ x_{\text{Bg}} .$$

Les contraintes sont :

$$x_{\text{Af}} + x_{\text{Ag}} \leq 8\ 000 \qquad (19)$$

$$x_{\text{Bf}} + x_{\text{Bg}} \leq 9\ 000 \qquad (20)$$

$$\frac{x_{\text{Af}}}{x_{\text{Af}} + x_{\text{Bf}}} \geq 0{,}50 \quad \text{ou} \quad 0{,}5\ x_{\text{Af}} - 0{,}5\ x_{\text{Bf}} \geq 0 \qquad (21)$$

$$\frac{x_{\text{Ag}}}{x_{\text{Ag}} + x_{\text{Bg}}} \geq 0{,}60 \quad \text{ou} \quad 0{,}4\ x_{\text{Ag}} - 0{,}6\ x_{\text{Bg}} \geq 0 \qquad (22)$$

$$x_{Ij} \geq 0 \text{ pour } I = \text{A, B et } j = \text{f, g.}$$

L'unique solution optimale recommande de ne produire que de la farine f, pour un revenu de 22 400 dollars :

$$x_{\text{Af}} = x_{\text{Bf}} = 8\ 000 \quad \text{et} \quad x_{\text{Ag}} = x_{\text{Bg}} = 0,$$

---

16. Dès que l'une des contraintes initiales est satisfaite, les variables de décision x_j sont toutes inférieures à 200 ; le membre gauche d'une contrainte ne peut alors excéder le produit de 200 et de la somme des coefficients des x_j dans cette contrainte : par exemple, pour la première,

$$2\ x_1 + 3\ x_2 + 4\ x_3 \leq (2 + 3 + 4) \times 200 .$$

Il suffit donc de donner à M la valeur

$$\text{Max } \{ (2{+}3{+}4)200 \,;\, (3{+}4{+}6)200 \,;\, (4{+}1{+}2)200 \,;\, (5{+}7{+}4)200 \,;\, (7{+}4{+}8)200 \} = 3\ 800$$

ou toute autre valeur supérieure.

ce qui laisse 1 000 kg non utilisés de la céréale B.

Puis, le meunier découvre qu'il lui serait possible de se procurer auprès d'un fournisseur jusqu'à 15 000 kg supplémentaires de la céréale A aux prix suivants :

- les 5 000 premiers kilos à 2,20 \$ chacun ;
- les 5 000 kilos suivants à 2 \$ chacun ;
- les 5 000 derniers kilos à 1,80 \$ chacun.

Soit s le nombre de kilos de la céréale A que le meunier achètera de ce fournisseur. Son objectif consiste maintenant à maximiser ses revenus nets, après déduction du coût C(s) des s kilos supplémentaires de céréale A provenant du fournisseur :

$$\text{Max } z = 1{,}40\ x_{\text{Af}} + 1{,}40\ x_{\text{Bf}} + 1{,}60\ x_{\text{Ag}} + 1{,}60\ x_{\text{Bg}} - \text{C}(s),$$

où

$$C(s) = \begin{cases} 2{,}20s & \text{si } 0 \leq s \leq 5\ 000 \\ (2{,}20 \times 5\ 000) + 2(s - 5\ 000) = 1\ 000 + 2s & \text{si } 5\ 000 \leq s \leq 10\ 000 \\ 21\ 000 + 1{,}80(s - 10\ 000) = 3\ 000 + 1{,}80s & \text{si } 10\ 000 \leq s \leq 15\ 000 \end{cases}$$

La fonction C n'étant pas linéaire, le terme C(s) ne peut être laissé dans la fonction-objectif sous la forme utilisée dans sa définition. Nous le remplacerons par le membre droit de l'équation suivante, car, comme nous l'indiquons plus loin, C(s) et ce membre droit sont équivalents :

$$\text{C}(s) = \text{C}(0)\ p_1 + \text{C}(5\ 000)\ p_2 + \text{C}(10\ 000)\ p_3 + \text{C}(15\ 000)\ p_4 \qquad (23)$$

où les p_h sont des variables réelles non négatives liées à s par la formule (25) ci-dessous. Pour décrire la relation entre s et les p_h, on introduira également des variables binaires v_1, v_2 et v_3 définies par la condition suivante :

$$v_h = 1 \text{ si } s \text{ appartient à l'intervalle numéro } h.$$

La fonction-objectif devient donc :

$$\text{Max } z = 1{,}40\,x_{\text{Af}} + 1{,}40\,x_{\text{Bf}} + 1{,}60\,x_{\text{Ag}} + 1{,}60\,x_{\text{Bg}} - 11\ 000\,p_2 - 21\ 000\,p_3 - 30\ 000\,p_4\,.$$

La contrainte (19) est modifiée comme suit pour tenir compte de la possibilité d'acheter une quantité supplémentaire de la céréale A :

$$x_{\text{Af}} + x_{\text{Ag}} \leq 8\ 000 + s \qquad (24)$$

On reprend telles quelles les contraintes (20), (21) et (22) ainsi que les contraintes de non-négativité des variables x_{Ij}, puis on ajoute les contraintes suivantes :

$$s = 0\ p_1 + 5\ 000\ p_2 + 10\ 000\ p_3 + 15\ 000\ p_4 \qquad (25)$$

$$p_1 + p_2 + p_3 + p_4 = 1 \qquad (26)$$

$$v_1 + v_2 + v_3 = 1 \qquad (27)$$

$$p_1 \leq v_1 \qquad (28)$$

$$p_2 \leq v_1 + v_2 \qquad (29)$$

$$p_3 \leq v_2 + v_3 \qquad (30)$$

$$p_4 \leq v_3 \qquad (31)$$

$$p_h \geq 0 \text{ et } v_h = 0 \text{ ou } 1 \qquad \text{tout } h \qquad (32)$$

Noter que, de (26) et (32), il résulte que

$$0 \leq p_h \leq 1 \qquad \text{tout } h \qquad (33)$$

Pour illustrer le jeu respectif des variables p_h et v_h, nous traitons ci-après trois exemples, dont le premier renvoie à une valeur numérique particulière de la variable s.

– Considérons d'abord le cas où $s = 9\,000$. Comme cette valeur appartient au 2e des intervalles utilisés dans la définition de la fonction C(s), on pose :

$$v_1 = 0 \quad \text{et} \quad v_2 = 1 \quad \text{et} \quad v_3 = 0\,.$$

De plus, l'écart entre 9 000 et la borne supérieure 10 000 représente 20 % de l'amplitude de l'intervalle ; et l'on écrit :

$$p_1 = 0 \quad \text{et} \quad p_2 = 0{,}2 \quad \text{et} \quad p_3 = 0{,}8 \quad \text{et} \quad p_4 = 0\,.$$

Il est immédiat que, pour ces valeurs des variables p_h et v_h, les contraintes (25) à (32) sont satisfaites. De plus, C(s) donne la même valeur, que l'on calcule à partir de la définition de la fonction C ou à l'aide de l'équation (23) :

$$C(9\,000) = 1\,000 + (2 \times 9\,000) = 19\,000$$

$$C(9\,000) = 0 + (11\,000 \times 0{,}2) + (21\,000 \times 0{,}8) + 0 = 19\,000\,.$$

– Supposons maintenant que $v_2 = 1$. Alors, $v_1 = v_3 = 0$ selon (27) et (32). Il en résulte, selon (28) et (31), que $p_1 = p_4 = 0$; puis, selon (26), que

$$p_2 + p_3 = 1.$$

Enfin, de (25) et (33), on conclut que

$$s = 5\,000\,p_2 + 10\,000\,p_3 \quad \text{où } 0 \leq p_2 \leq 1 \text{ et } 0 \leq p_3 \leq 1 \text{ et } p_2 + p_3 = 1 \tag{34}$$

Ainsi, s s'avère être un nombre compris entre 5 000 et 10 000, c'est-à-dire un nombre appartenant au 2e des intervalles utilisés dans la définition de la fonction C(s). Et la linéarité de C dans cet intervalle permet l'écriture suivante de C(s) :

$$C(s) = C(5\,000)\,p_2 + C(10\,000)\,p_3\,.$$

– Supposons enfin que $v_3 = 1$. Alors, $v_1 = v_2 = 0$ selon (27) et (32) ; et $p_1 = p_2 = 0$ selon (28) et (29) ; enfin, $p_3 + p_4 = 1$ selon (26). De (25) et (33), il résulte donc que

$$s = 10\,000\,p_3 + 15\,000\,p_4 \quad \text{où } 0 \leq p_3 \leq 1 \text{ et } 0 \leq p_4 \leq 1 \text{ et } p_3 + p_4 = 1.$$

Ainsi, s est entre les bornes 10 000 et 15 000 du 3e intervalle. De plus, puisque C est linéaire entre 10 000 et 15 000, C(s) se réécrit ainsi :

$$C(s) = C(10\,000)\,p_3 + C(15\,000)\,p_4\,.$$

Une solution optimale est cette fois :

$$s = 5\,500 \qquad v_2 = 1 \qquad p_2 = 0{,}9 \qquad p_3 = 0{,}1 \qquad v_1 = v_3 = p_1 = p_4 = 0$$

$$x_{Ag} = 13\,500 \qquad x_{Bg} = 9\,000 \qquad x_{Af} = x_{Bf} = 0$$

$$z = 24\,000 \text{ (dollars).}$$

Selon cette solution, le meunier achète 5 500 kg de la céréale A et produit uniquement de la farine g. Le bénéfice net de la transaction est de 24 000 – 22 400 = 1 600 dollars.

Mais voici que le fournisseur de céréale A modifie son offre : il se déclare prêt à fournir aux prix déjà indiqués un maximum de 15 000 kg de la céréale A, à condition que le meunier, s'il désire se prévaloir de l'offre, en achète au moins 7 500 kg. Voici comment modéliser cette dernière condition. Il s'agit de traduire la dichotomie suivante :

$$s = 0 \quad \text{ou bien} \quad s \geq 7\,500\,.$$

Il suffit d'ajouter au modèle précédent une variable binaire w et les contraintes suivantes :

$$7\,500\,w \leq s \leq M\,w \tag{35}$$

$$w = 0 \text{ ou } 1 \tag{36}$$

où M est une constante choisie suffisamment grande (M = 15 000 suffit ici). En effet, si $w = 0$, il résulte de (35) que $0 \leq s \leq 0$, ce qui assure que s est nulle ; par ailleurs, si $w = 1$, il vient $s \geq 7\,500$, l'inéquation de droite de (35) étant alors inopérante.

Une solution optimale, obtenue en posant M = 15 000 dans (35), recommande d'acheter le minimum de 7 500 kg de céréales, pour un revenu net de 23 200 dollars :

$$s = 7\,500 \qquad w = 1 \qquad v_2 = 1 \qquad p_2 = p_3 = 0{,}5 \qquad v_1 = v_3 = p_1 = p_4 = 0$$

$$x_{\text{Ag}} = 15\,500 \qquad x_{\text{Bg}} = 9\,000 \qquad x_{\text{Af}} = x_{\text{Bf}} = 0$$

Comme exercice, le lecteur vérifiera que le meunier refuserait l'offre et reviendrait à la production de la farine f, si le fournisseur exigeait l'achat d'au moins 10 000 kg de la céréale A.

Remarque : L'appareil des variables p_h et v_h n'est pas requis lorsque la structure de prix va croissante et que l'on cherche à maximiser le revenu net. À titre d'illustration, supposons que le fournisseur exige :

- 1,75 $ pour chacun des 5 000 premiers kilos ;
- 1,85 $ pour chacun des 5 000 kilos suivants ;
- 2,05 $ pour chacun des 5 000 derniers kilos.

Il suffirait d'ajouter aux variables de type x_{Ij} les trois variables y_h ($1 \leq h \leq 3$), où

y_1 = nombre de kilos achetés du fournisseur à 1,75 $ chacun

y_2 = nombre de kilos achetés du fournisseur à 1,85 $ chacun

y_3 = nombre de kilos achetés du fournisseur à 2,05 $ chacun.

La fonction-objectif devient :

$$\text{Max } z = 1{,}40\, x_{\text{Af}} + 1{,}40\, x_{\text{Bf}} + 1{,}60\, x_{\text{Ag}} + 1{,}60\, x_{\text{Bg}} - 1{,}75\, y_1 - 1{,}85\, y_2 - 2{,}05\, y_3\ .$$

Cette fois encore on reprend les contraintes (20), (21) et (22) ainsi que les contraintes de non-négativité des x_{Ij}, auxquelles on ajoute les suivantes :

$$x_{\text{Af}} + x_{\text{Ag}} \leq 8\,000 + y_1 + y_2 + y_3$$

$$0 \leq y_h \leq 5\,000 \qquad\qquad h = 1, 2, 3$$

En effet, la structure croissante des prix amènera le meunier à acheter d'abord la farine la moins chère avant de se tourner vers celle à 1,85 $ le kg : ainsi, tant que y_1 sera inférieure à 5 000, la variable y_2 restera nulle. De même, y_2 se rendra jusqu'à sa borne supérieure 5 000 avant que y_3 puisse prendre une valeur positive. Une solution optimale de ce dernier problème est :

$$x_{\text{Ag}} = 13\,500 \qquad x_{\text{Bg}} = 9\,000 \qquad y_1 = 5\,000 \qquad y_2 = 500 \qquad y_3 = 0$$

$$z = 26\,325 \text{ (dollars).}$$

2.4 AUTRES EXEMPLES

Cette section est consacrée à la description de quelques applications des méthodes de modélisation introduites aux sections 2.1 et 2.3. Ces exemples, qui reprennent les principes illustrés précédemment mais dans des contextes un peu plus élaborés, ont été choisis à la fois pour leur intérêt propre et pour l'occasion qu'ils offrent de réviser les notions clés de la modélisation et d'en faire la synthèse.

2.4.1 Le parcours des éboueurs

La description du problème

L'enlèvement bihebdomadaire des ordures ménagères est la norme dans les municipalités québécoises. Dans les grandes villes, on répartit cette tâche entre plusieurs équipes de 3 éboueurs : le premier conduit le camion-ramasseur, tandis que ses deux compagnons transvident les poubelles dans la benne à ordures. Quand les rues sont étroites, même si la circulation se fait dans les deux sens, les éboueurs arrivent, en un seul passage du camion, et en retenant parfois le flux des voitures qui les suivent, à vider toutes les poubelles qui ont été placées à la rue par les riverains. Quand les rues sont larges, même si la circulation s'y fait à sens unique, il leur faut faire 2 passages. Il en est de même pour les grandes rues, les avenues et les boulevards, où la circulation se fait dans les 2 sens. Le souci des administrateurs municipaux, leur objectif en fait, est de minimiser le coût de l'enlèvement des ordures.

La figure 2.6 illustre le plan d'un quartier où toutes les rues sont assez étroites pour qu'il soit possible de procéder à l'enlèvement des ordures ménagères en un seul passage, bien que la circulation se fasse partout dans les 2 sens. Les cercles numérotés de 1 à 8 constituent les carrefours du quartier. Les tronçons de rues sont représentés par les lignes qui relient les carrefours. Les nombres reportés sur chaque tronçon désignent le temps (en minutes) nécessaire au camion-ramasseur pour parcourir ce tronçon aux heures habituellement réservées à l'enlèvement des ordures, mais sans s'arrêter. (On parle alors de **passage hors service**.) On suppose que la durée d'un passage hors service sur un tronçon est invariante, quelle que soit la direction empruntée pour le parcourir.

Le répartiteur des équipes d'éboueurs a constaté que la durée d'enlèvement des ordures sur un tronçon était rarement proportionnelle à la durée du passage hors service sur ce tronçon : il faut en effet tenir compte de plusieurs facteurs qui influent sur la quantité d'ordures à ramasser sur chaque tronçon (densité de la population, niveau moyen de consommation, présence de commerces). Il a donc fallu estimer la durée de l'enlèvement, au cours d'une semaine type, pour chaque tronçon. Le tableau 2.27 présente les résultats obtenus.

On convient que le trajet des éboueurs doit se terminer au carrefour où il a débuté. On appelle **circuit** un tel trajet débutant et se terminant en un même carrefour. Le parcours recherché est un **circuit exhaustif**, c'est-à-dire un circuit qui emprunte chaque tronçon. Il est facile de constater que, pour un circuit exhaustif donné, le choix du carrefour servant de point de départ et de point d'arrivée est arbitraire et n'influe pas sur sa durée.

Après un examen attentif des données recueillies, le répartiteur a proposé le circuit exhaustif suivant :

$$1 \rightarrow 6 \rightarrow 7 \rightarrow 8 \rightarrow 3 \rightarrow 5 \rightarrow 8 \rightarrow 7 \rightarrow 5 \rightarrow 4 \rightarrow 7 \rightarrow 6 \rightarrow 4 \rightarrow 2 \rightarrow 5 \rightarrow 3 \rightarrow 2 \rightarrow 1 \rightarrow 4 \rightarrow 1.$$

Si les éboueurs empruntent ce circuit, ils mettront 422 minutes pour le compléter. Cette durée s'obtient en faisant la somme des durées d'enlèvement pour chaque tronçon, soit 400 minutes, et en y ajoutant les durées de passage hors service des tronçons 1-4, 3-5, 6-7 et 7-8. Noter que ce circuit oblige le camion à parcourir hors service 4 tronçons.

Le lecteur admettra que les 400 minutes nécessaires à l'enlèvement des ordures sont incontournables : quel que soit le circuit exhaustif retenu, il faudra procéder au ramassage sur chacun des tronçons ! On comprend que les divers circuits exhaustifs possibles ne diffèrent que par la durée totale des parcours hors service. À celui qui proposerait le circuit :

$$1 \rightarrow 4 \rightarrow 5 \rightarrow 3 \rightarrow 8 \rightarrow 5 \rightarrow 7 \rightarrow 8 \rightarrow 3 \rightarrow 2 \rightarrow 5 \rightarrow 4 \rightarrow 2 \rightarrow 1 \rightarrow 6 \rightarrow 7 \rightarrow 4 \rightarrow 6 \rightarrow 1$$

FIGURE 2.6
Parcours des éboueurs : plan du quartier

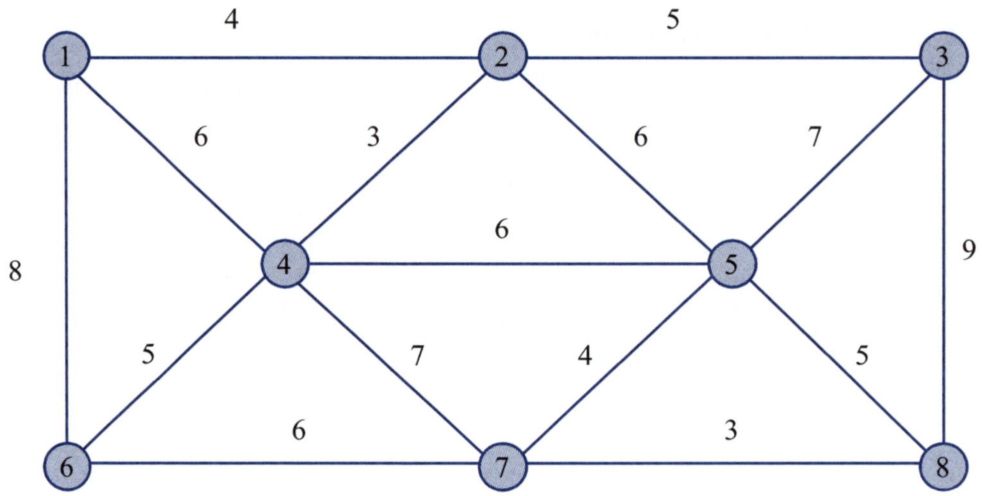

TABLEAU 2.27
Durée des passages sur les tronçons (en minutes)

Tronçon	Passage avec enlèvement	Passage hors service
1 – 2	20	4
1 – 4	30	6
1 – 6	35	8
2 – 3	22	5
2 – 4	12	3
2 – 5	30	6
3 – 5	35	7
3 – 8	50	9
4 – 5	25	6
4 – 6	20	5
4 – 7	35	7
5 – 7	30	4
5 – 8	20	5
6 – 7	24	6
7 – 8	12	3
Total	400 min	84 min

et qui voudrait en connaître la durée, il suffirait de repérer les tronçons parcourus plus d'une fois, soit les tronçons 1-6, 4-5 et 3-8, puis de faire la somme des durées d'un passage hors service sur chacun d'eux, qui est de 23 minutes, et enfin d'ajouter ces 23 minutes à la durée d'enlèvement de 400 minutes pour obtenir la durée du circuit proposé : 423 minutes.

L'idéal serait de repérer un circuit exhaustif sans parcours hors service, en fait un circuit dont la durée de parcours serait de 400 minutes. Les questions qui viennent alors naturellement à l'esprit sont :

1. Existe-t-il toujours un circuit exhaustif constitué du parcours unique de chaque tronçon ?
2. Quelles sont les caractéristiques du réseau des rues d'un quartier qui garantissent l'existence d'un tel circuit ?
3. En l'absence de ces caractéristiques, comment détermine-t-on un circuit exhaustif qui minimise la durée des passages hors service ?

Au XVIIIe siècle, Euler, un mathématicien suisse, a répondu aux 2 premières questions. Ses découvertes permettent de faire les observations suivantes. Si on arrive à un carrefour par un tronçon et qu'il faille en repartir, on ne peut le faire qu'en empruntant dans le sens inverse le tronçon d'arrivée ou un autre des tronçons qui en repart : la somme des arrivées à un carrefour et des départs est donc un nombre pair. Si le nombre de tronçons qui aboutissent à un carrefour est impair, il y aura forcément au moins un tronçon qui sera emprunté 2 fois par celui qui doit parcourir tous les tronçons d'un réseau. Il faudra donc distinguer 2 types de carrefours : les carrefours « pairs » et les carrefours « impairs ». En examinant le plan du quartier, on constate que les carrefours 1, 3, 4, 5, 6 et 8 sont impairs. Les tronçons parcourus hors service lors du 2e circuit proposé, soit 1-6, 4-5 et 3-8, sont tous des tronçons incidents à ces carrefours impairs.

En conclusion, pour qu'il existe un circuit exhaustif qui emprunte une et une seule fois chaque tronçon d'un réseau, il faut que tous les carrefours soient pairs. Un tel **circuit** est dit **eulérien**, en l'honneur du mathématicien qui a trouvé cette propriété. De la même façon, un **réseau** qui comporte un circuit eulérien est appelé **réseau eulérien**.

Lorsqu'un réseau n'est pas eulérien, c'est-à-dire lorsqu'il contient des carrefours impairs, il reste à répondre à la troisième question : comment déterminer un circuit exhaustif qui minimise les obligatoires passages hors service ? Le nombre de circuits exhaustifs dans un réseau de taille réelle est astronomique et il est impensable de les énumérer tous. La résolution d'un tel problème débute par la construction d'un modèle linéaire.

Le modèle

Mais quel est l'objectif que nous nous proposons d'atteindre ? Clairement, il s'agit de trouver un circuit exhaustif d'enlèvement de durée minimale. Un circuit exhaustif sera aussi appelé **parcours** dans ce qui suit. Comme nous l'avons vu, la durée dévolue à l'enlèvement des ordures est invariante d'un parcours à l'autre ; ce qui distingue vraiment les parcours entre eux, c'est la durée totale des passages hors service qu'ils comportent. En réalité donc, il faut trouver un circuit exhaustif d'enlèvement dont la durée totale des passages hors service soit minimale.

Connaître exactement le nombre de fois que chaque tronçon est emprunté suffit pour repérer le circuit sur le plan du quartier. Pour chaque tronçon *i-j*, définissons les variables de décision x_{ij} et x_{ji} :

x_{ij} = nombre de passages sur le tronçon *i-j*, dans le sens de *i* vers *j*

x_{ji} = nombre de passages sur le tronçon *i-j*, dans le sens de *j* vers *i*.

Comme le quartier comporte 15 tronçons, il y aura 30 variables de décision.

Quel sera le coefficient de la variable x_{ij} dans la fonction-objectif z ? Pour fixer les idées, supposons que $x_{16} = 2$ dans la solution optimale : il y aura donc 2 passages du camion-ramasseur de 1 vers 6. Le premier, où il y a enlèvement des ordures, dure 35 minutes et le deuxième, un passage hors service, dure 8 minutes. Ainsi, ni le terme $35x_{16}$ ni le terme $8x_{16}$ n'évaluent correctement la durée totale des 2 passages sur le tronçon 1-6 (qui est de 43 minutes). D'un autre côté, puisque le tronçon 1-6 sera emprunté au moins une fois dans tous les parcours, le problème se ramène à déterminer combien de passages hors service seront effectués sur ce tronçon. On est donc amené à utiliser la durée du passage hors service comme coefficient dans la fonction-objectif.

Se donner l'objectif suivant :

$$\text{Min } z = 4(x_{12} + x_{21}) + 6(x_{14} + x_{41}) + 8(x_{16} + x_{61}) + \ldots + 3(x_{78} + x_{87})$$

équivaut à rechercher un circuit exhaustif **sans enlèvement** dont la durée est minimale. Cet objectif répond à la troisième question. En effet, soient P_1 et P_2 des circuits exhaustifs qui minimisent, le premier, la durée totale **avec enlèvement**, le second, la durée totale **sans enlèvement**. On peut montrer que la durée totale des passages hors service dans P_1 et dans P_2 est la même. Pour trouver un parcours optimal avec enlèvement, on peut donc se contenter de calculer un parcours optimal sans enlèvement. Si, dans ce dernier parcours, le tronçon i-j est emprunté 2 fois, on saura que dans le circuit exhaustif optimal avec enlèvement le tronçon i-j comporte un passage hors service en plus du nécessaire passage pour l'enlèvement des ordures.

L'avantage de chercher un parcours optimal sans enlèvement réside surtout dans le fait que le choix des variables et l'écriture du modèle s'en trouvent simplifiés. C'est cet objectif que nous utilisons dans le modèle qui suit.

Nous écrivons maintenant les contraintes technologiques. Tout d'abord, les variables x_{ij} et x_{ji} ne peuvent prendre que des valeurs entières non négatives. De plus, l'enlèvement des ordures doit être assuré sur chaque tronçon, ce qui implique que chacun doit être parcouru au moins une fois, soit dans un sens, soit dans l'autre :

$$x_{ij} + x_{ji} \geq 1 .$$

Il y a 15 contraintes de ce type, une par tronçon.

Il faut enfin relier ces variables au plan du quartier. Lors d'un circuit, exhaustif ou non, le nombre d'arrivées en tout carrefour est nécessairement égal au nombre de départs de ce carrefour. Ce qui se traduit, nous ne citerons que 2 exemples, pour le carrefour 1 par :

$$x_{61} + x_{41} + x_{21} = x_{16} + x_{14} + x_{12}$$

et pour le carrefour 5 par :

$$x_{75} + x_{45} + x_{25} + x_{35} + x_{85} = x_{57} + x_{54} + x_{52} + x_{53} + x_{58} .$$

Il y a une contrainte de cette sorte pour chacun des 8 carrefours.

Voici un circuit qui part du carrefour 1 et y revient après avoir emprunté chaque tronçon au moins une fois, tout en maintenant minimale la durée totale des passages hors service :

$$1 \rightarrow 6 \rightarrow 4 \rightarrow 7 \rightarrow 6 \rightarrow 4 \rightarrow 2 \rightarrow 1 \rightarrow 4 \rightarrow 5 \rightarrow 7 \rightarrow 8 \rightarrow 5 \rightarrow 8 \rightarrow 3 \rightarrow 2 \rightarrow 5 \rightarrow 3 \rightarrow 2 \rightarrow 1 .$$

On l'obtient[17] à partir de la solution optimale suivante :

$$x_{16} = x_{85} = x_{14} = x_{83} = x_{57} = x_{76} = x_{58} = x_{42} = x_{25} = x_{45} = x_{53} = x_{78} = x_{47} = 1$$

$$x_{32} = x_{64} = x_{21} = 2 .$$

Ce circuit requiert de parcourir 2 fois les tronçons 2-3, 4-6, 1-2 et 5-8 ; et il n'y a pas de tronçon qu'il faille parcourir plus de 2 fois.

Le deuxième passage (nécessairement hors service) sur ces 4 tronçons exigera au total 19 minutes. Par conséquent, le circuit optimal exigera 84 + 19 = 103 minutes si on se limite aux passages hors service, et 400 + 19 = 419 minutes si on tient compte de la durée de l'enlèvement des ordures.

---

17. Voici une procédure pour trouver un ordre selon lequel emprunter les tronçons d'un réseau eulérien. Le réseau est d'abord décomposé en sous-circuits engendrés aléatoirement : il suffit d'extraire du réseau, un à un, des sous-circuits générés aléatoirement à partir d'un carrefour quelconque. Dans un deuxième temps, le réseau est recréé en réunissant 2 à 2, dans un ordre arbitraire, les sous-circuits de l'étape 1, en autant qu'ils aient au moins un carrefour en commun.

Il existe plusieurs autres solutions optimales, dont celle-ci :

$$x_{12} = x_{21} = x_{14} = x_{61} = x_{23} = x_{32} = x_{24} = x_{52} = x_{53} = 1$$

$$x_{38} = x_{45} = x_{46} = x_{64} = x_{47} = x_{57} = x_{76} = x_{78} = 1$$

$$x_{85} = 2$$

Cette solution donne lieu au circuit suivant :

1→4→5→7→8→5→3→8→5→2→3→2→1→2→4→7→6→4→6→1 .

Les tronçons qu'il faudra alors emprunter 2 fois sont : 5-8, 2-3, 1-2 et 4-6.

En complément

1. Quelles modifications faudrait-il apporter au modèle original si les tronçons 6-7, 4-5 et 7-8 devenaient à sens unique, dans les sens de 6 vers 7, de 5 vers 4 et de 8 vers 7 ?

   Il suffirait d'ajouter les contraintes suivantes au modèle mathématique tout juste construit :

   $$x_{76} = 0$$

   $$x_{45} = 0$$

   $$x_{78} = 0$$

   Un des circuits possibles serait :

   1→2→3→2→5→8→3→5→8→7→5→4→6→7→4→2→1→6→4→1 .

   Malgré les nouvelles contraintes, ce circuit requerrait toujours 19 minutes en sus de la durée incompressible de 400 minutes.

2. Si, en plus des sens interdits indiqués plus haut, on interdisait d'emprunter le tronçon 1-2 dans le sens de 1 vers 2, on devrait ajouter au modèle la contrainte « $x_{12} = 0$ ». La durée minimale d'un circuit exhaustif s'allongerait alors de 2 minutes pour passer à 421 minutes. Voici un tel circuit :

   1→6→1→4→6→7→4→2→5→3→8→5→8→7→5→4→2→3→2→1 .

   Ce dernier circuit provoque des passages hors service sur les tronçons 1-6, 2-4, 5-8 et 2-3.

3. Le tronçon qui relie les carrefours 4 et 5 et celui qui relie les carrefours 3 et 8 étant décidément trop larges pour qu'un seul passage suffise, quelles modifications faudrait-il apporter au modèle original pour pouvoir procéder à l'enlèvement des ordures en 2 passages, le premier dans un sens, le second dans l'autre sens ?

   Il suffirait d'y ajouter les contraintes suivantes :

   $$x_{45} \geq 1 \qquad x_{54} \geq 1$$

   $$x_{38} \geq 1 \qquad x_{83} \geq 1.$$

   On pourrait alors retirer du modèle les contraintes :

   $$x_{45} + x_{54} \geq 1 \qquad x_{38} + x_{83} \geq 1$$

   qui deviennent redondantes en présence des contraintes ajoutées. On dit aussi qu'elles sont **dominées** par les contraintes ajoutées. Bien qu'il ne soit pas toujours possible de repérer les contraintes redondantes, on convient généralement d'écarter du modèle celles qui le sont de toute évidence.

Voici un circuit exhaustif minimal, dont la durée est de 423 minutes :

$$1 \to 4 \to 6 \to 1 \to 2 \to 4 \to 5 \to 2 \to 3 \to 5 \to 7 \to 8 \to 3 \to 8 \to 5 \to 4 \to 7 \to 6 \to 1.$$

Le lecteur attentif constatera que l'ajout à un modèle de nouvelles contraintes ou le remplacement de certaines contraintes par des contraintes plus fortes ne peuvent permettre d'atteindre un meilleur optimum que celui obtenu auparavant. La raison en est très simple : l'ensemble des « points » qui satisfont toutes les contraintes et que l'on appelle l'ensemble des solutions admissibles n'admet pas de nouveaux points par de telles opérations d'ajout ou de remplacement.

2.4.2 La modification avec pénalité du membre droit d'une contrainte

Une petite coopérative laitière a lancé, l'été dernier, une crème glacée dite estivale, truffée de morceaux de fruits frais, pour laquelle les amateurs se sont emballés. Une étude de marché menée à l'automne indique comme fort probable que cet engouement perdurera l'été prochain et se traduira en ventes mirobolantes si les coopérateurs arrivent à augmenter leur production. Cependant, le goût de cette crème glacée s'altère rapidement à la congélation profonde, qui serait nécessaire pour pouvoir la transporter sur de grandes distances vers les marchés potentiels, car les morceaux de fruits soumis à de trop basses températures perdent de leur saveur. Les coopérateurs songent donc à mettre sur pied 5 petites usines régionales pour alimenter le marché. Ils comptent ne risquer dans cette aventure que les surplus de caisse dont ils disposent présentement, soit 32 000 $.

Le tableau 2.28 donne, en milliers de dollars, les prévisions de ventes des 5 usines projetées et les dépenses afférentes à la mise sur pied de chacune.

TABLEAU 2.28 Coopérative laitière : ventes et dépenses (en 000 $) prévues

Région	1	2	3	4	5
Ventes	80	60	20	16	18
Dépenses	16	16	10	8	6

Dans quelles régions les coopérateurs devraient-ils construire une usine si leur objectif est de maximiser les ventes prévues ? Définissons :

$$v_j = 1 \quad \text{si l'usine de la région } j \text{ est mise sur pied.}$$

Le modèle s'écrit :

$$\text{Max } z = 80\ v_1 + 60\ v_2 + 20\ v_3 + 16\ v_4 + 18\ v_5$$

sous la contrainte de budget :

$$16\ v_1 + 16\ v_2 + 10\ v_3 + 8\ v_4 + 6\ v_5 \leq 32$$

et les contraintes :

$$v_j = 0 \text{ ou } 1 \qquad\qquad j = 1, 2, 3, 4, 5.$$

Une solution optimale indique que les usines des régions 1 et 2 seront mises sur pied, que le budget de 32 000 $ sera complètement investi et que les ventes prévues s'élèveront à 140 000 $.

Le trésorier de la coopérative s'aperçoit que les coopérateurs ne disposent en fait que de 31 900 $. Il modifie le modèle en changeant le membre droit de la contrainte de budget. Et il arrive aux conclusions suivantes : il faut plutôt mettre sur pied les usines des régions 1, 4 et 5 ; l'investissement requis ne sera que de 30 000 $; les ventes prévues s'élèveront à 114 000 $ seulement. Il trouve absurde ce changement radical de la décision optimale et soupçonne que la modélisation proposée souffre d'un défaut troublant. Prévenus, les coopérateurs s'empressent de souscrire les 100 $ qui permettront de mettre sur pied les usines des régions 1 et 2 et d'espérer réaliser des ventes de 140 000 $. Il en aurait été tout autrement, peut-être, s'il leur avait fallu trouver plus de 5 000 $...

Quelle modification faut-il apporter au modèle pour prévenir cette situation paradoxale ? Il suffit d'attacher un coût à une augmentation du membre droit de la contrainte de budget et de modifier le modèle en conséquence.

Supposons, pour fixer les idées, que chaque dollar additionnel investi par les coopérateurs leur revienne à 1,25 $, compte tenu des intérêts qu'ils verseront, etc. Et définissons w comme le budget supplémentaire (en milliers de dollars) requis des coopérateurs pour atteindre une solution plus avantageuse. Ce budget supplémentaire pourra être borné supérieurement par une contrainte du type « $y \leq 5$ » de façon à tenir compte de la quasi-impossibilité pour les coopérateurs de trouver plus de 5 000 $. Le modèle devient donc :

$$\text{Max } z = 80\ v_1 + 60\ v_2 + 20\ v_3 + 16\ v_4 + 18\ v_5 - 1{,}25\ y$$

sous les contraintes :

$$16\ v_1 + 16\ v_2 + 10\ v_3 + 8\ v_4 + 6\ v_5 \leq 32 + y$$

$$0 \leq y \leq 5$$

$$v_j = 0 \text{ ou } 1 \qquad j = 1, 2, 3, 4, 5$$

On peut étendre cette approche à tout problème où, pour une contrainte de ressource du type

$$a_1\ x_1 + a_2\ x_2 + a_3\ x_3 + \ldots + a_n\ x_n \leq b,$$

il est possible de se procurer jusqu'à d unités supplémentaires de cette ressource à un coût unitaire de c. On écrit :

$$a_1\ x_1 + a_2\ x_2 + a_3\ x_3 + \ldots + a_n\ x_n \leq b + y$$

$$0 \leq y \leq d.$$

De plus, on ajoute à la fonction-objectif le terme « $- c\ y$ ».

2.4.3 Comment poursuivre plusieurs objectifs à la fois : le problème du partage équitable d'un héritage

Deux frères, A et B, héritent de tous les biens de leur père qui vient de mourir. Le testament enjoint l'exécuteur testamentaire de remettre à chacun une part égale des biens, qui consistent en un capital de 5 456 004 $ et en 14 maisons de rapport disséminées dans les différents quartiers de la ville qu'habitent les deux frères. L'exécuteur, en accord avec les héritiers, veut procéder à la répartition des biens sans avoir à vendre les maisons. Il leur propose donc de partager les biens immobiliers de façon aussi équilibrée que possible et de compenser tout déséquilibre par une allocation compensatoire sous forme de liquidités.

Les deux frères acceptent cette offre et conviennent de prendre comme valeur d'une maison de rapport les revenus actualisés des loyers des 10 prochaines années. Ils retiennent de concert les services d'un consultant dont le mandat est d'établir la valeur de chacune des 14 maisons ainsi que le coût des réparations urgentes à y entreprendre. Le tableau 2.29 présente les données établies par le consultant.

TABLEAU 2.29
Partage d'un héritage : données sur la portion immobilière du patrimoine

Maison	Revenus de loyer actualisés (en 000 $)	Coût des réparations (en 000 $)
1	2 470	150
2	1 140	90
3	2 570	100
4	1 210	165
5	1 670	80
6	1 810	167
7	2 310	125
8	2 240	190
9	2 040	160
10	1 780	204
11	1 160	95
12	1 840	175
13	1 270	116
14	1 760	184
Total (en 000 $)	25 270	2 001

Les deux frères décident de se partager le plus également possible les maisons, tant pour leur valeur totale que pour le montant des réparations à y apporter. Ils aimeraient aussi hériter chacun de 7 maisons.

Le modèle comprend 2 groupes de variables. Le premier est formé de variables binaires v_j $(1 \leq j \leq 14)$ définies ainsi :

$$v_j = 1 \quad \text{si A hérite de la maison numéro } j.$$

Le deuxième contient 6 variables, dénotées a_h, b_h et c_h $(h = 1, 2)$, qui représentent des écarts entre les héritages des frères et dont le rôle est expliqué ci-dessous.

La fonction-objectif z sera définie après les contraintes. Une première contrainte, jumelée à la présence dans z de pénalités liées aux variables a_1 et a_2, force le partage des revenus de location en 2 parts aussi égales que possible. On écrit :

$$2\,470\ v_1 + 1\,140\ v_2 + \ldots + 1\,760\ v_{14} + a_1 - a_2 = 12\,635\,.$$

Ici, la constante 12 635 représente la moitié des revenus totaux de 25 270 milliers de dollars. Les variables a_1 et a_2 permettent que les parts de A et de B diffèrent un peu[18] quant aux revenus de location. L'équilibre des héritages sera rétabli lors de la répartition des liquidités.

Une deuxième contrainte indique que les réparations à effectuer sur les maisons dont A hérite s'élèvent à 2 001 / 2 = 1 000,5 ou s'écartent peu de cette valeur cible :

$$150\ v_1 + 90\ v_2 + \ldots + 184\ v_{14} + b_1 - b_2 = 1\,000{,}5\,.$$

L'écart toléré, exprimé cette fois par les variables b_1 et b_2, est rendu aussi faible que possible par la fonction-objectif qui impose des pénalités à ces variables.

Le souhait des héritiers de recevoir chacun 7 maisons est traduit par la contrainte suivante :

$$v_1 + v_2 + \ldots + v_{14} + c_1 - c_2 = 7\,.$$

18. Plus précisément, a_1 représente la moitié de l'écart entre les revenus de location attribués à A et ceux attribués à B, lorsque cet écart est positif ; lorsqu'il est négatif, c'est a_2 qui sera égale à la moitié de cet écart.

Ici encore, l'écart par rapport à l'équilibre parfait est exprimé par une paire de variables qui sont soumises à des pénalités dans la fonction-objectif.

Enfin, on doit préciser le type de chaque variable :

$$(v_j = 0 \text{ ou } 1) \quad \text{et} \quad a_h \geq 0 \quad \text{et} \quad b_h \geq 0 \quad \text{et} \quad (c_h \geq 0 \text{ et entier}).$$

Il y a autant de fonctions-objectifs qu'il y a de façons de pondérer les pénalités attribuées aux écarts a_h, b_h et c_h. Conférons tout d'abord le même poids à chacun :

$$\text{Min } z = 1\ a_1 + 1\ a_2 + 1\ b_1 + 1\ b_2 + 1\ c_1 + 1\ c_2 .$$

Une solution optimale donne :

$$v_2 = v_3 = v_4 = v_6 = v_7 = v_{12} = v_{14} = 1$$

$$a_2 = 5 \quad \text{et} \quad b_2 = 5{,}5 .$$

Selon cette pondération, A hériterait des 7 maisons suivantes : 2, 3, 4, 6, 7, 12, 14. Les revenus de ces maisons dépassent de 10 000 $ ceux des maisons dévolues à B ; et le coût des réparations urgentes attribuables aux maisons de A est de 11 000 $ supérieur à celui estimé pour les maisons de B. Pour rétablir l'équilibre des 2 parts d'héritage, il faut donc que A reçoive 1 000 $ de plus que B lors de la répartition des liquidités : l'exécuteur testamentaire remettra 2 728 502 $ à A et 2 727 502 $ à B.

Imaginons maintenant que A désire obtenir en partage un nombre plus élevé de maisons et que B vise à limiter les dépenses liées aux réparations urgentes à faire aux maisons qui lui seraient dévolues en partage. La fonction-objectif suivante résulte de la prise en considération à la fois des souhaits des héritiers et de certains de leurs soucis (nous laisserons le lecteur imaginer ces derniers et y découvrir l'appétit inavoué de B pour les revenus de location) :

$$\text{Min } z' = 250\ a_1 + 1\ a_2 + 400\ b_1 + 1\ b_2 + 1\ c_1 + 4\,000\ c_2 .$$

La solution donnée ci-dessus est optimale pour z' également :

$$v_2 = v_3 = v_4 = v_6 = v_7 = v_{12} = v_{14} = 1$$

$$a_2 = 5 \quad \text{et} \quad b_2 = 5{,}5 .$$

2.4.4 Le problème de la mine à ciel ouvert

Voici un problème d'ingénierie minière qui a fait l'objet de nombreux articles dans les revues de recherche opérationnelle.

Pour juger de la rentabilité d'un projet de mine à ciel ouvert, les ingénieurs miniers découpent, sur plan, le sol et le sous-sol porteurs de minerai en gros blocs cubiques de taille uniforme. Ils estiment ensuite par carottage les revenus à tirer de l'extraction de chaque bloc. Pour extraire le minerai d'un bloc, il faut, dans les opérations à ciel ouvert, extraire les blocs qui le chapeautent. La taille des blocs est fixée en tenant compte du coefficient de friction de la pierraille engendrée par les opérations d'extraction : il ne faut pas que l'escalier de géant, qui s'enfonce dans le sol et est formé de banquettes et de gradins, ait une déclivité si prononcée qu'elle occasionne des éboulis, toujours périlleux. La figure 2.7 illustre la coupe verticale d'une partie d'un sous-sol minéralisé dont l'exploitation n'est possible qu'à ciel ouvert.

Pour avoir accès au bloc F de la figure 2.7, il faut extraire, entre autres, les blocs de surface A, B et C, qui peuvent ne pas contenir de minerai, puis les blocs D et E, qui seront sans doute plus coûteux à extraire que les blocs situés en surface.

FIGURE 2.7
Mine à ciel ouvert : coupe d'une partie du sous-sol

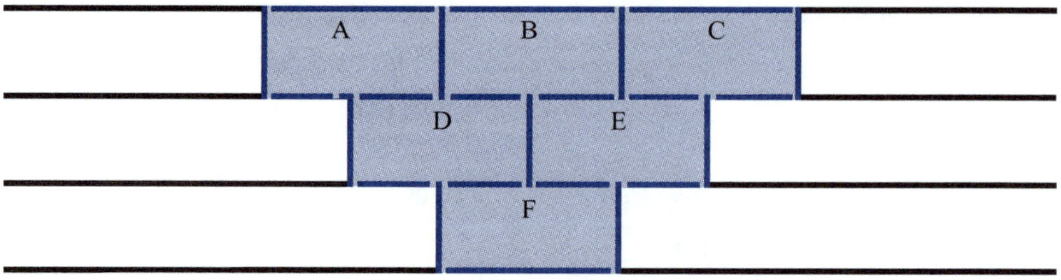

FIGURE 2.8
Mine à ciel ouvert : pyramide au-dessus d'un bloc

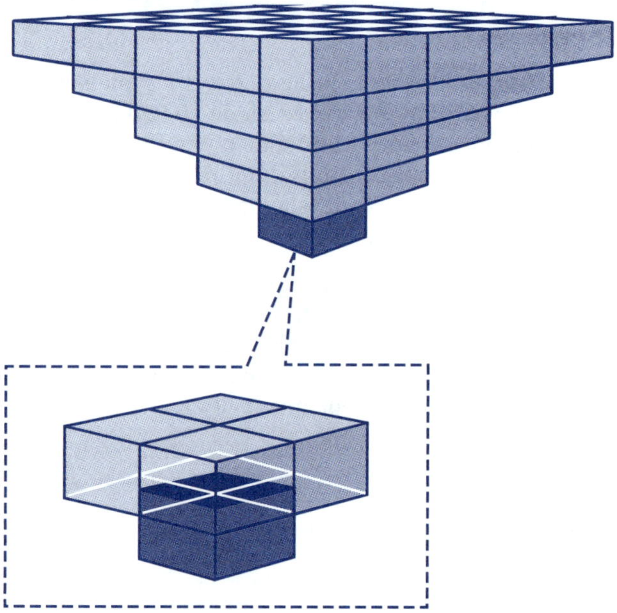

Imaginons un carré de 100 m de côté tracé sur la surface du sol. Il y a donc, au niveau du sol, 25 blocs de 20 m de côté. Au deuxième niveau il y en a 16, au troisième niveau, 9, au quatrième niveau, 4, et au cinquième niveau il n'y en a qu'un. Ces blocs forment une pyramide inversée de 55 blocs, tous de 20 m d'arête (figure 2.8). À chacun de ces blocs les ingénieurs ont attribué 2 nombres : le premier donne le revenu escompté de la vente du minerai qu'il renferme ; le second, l'investissement jugé nécessaire pour son extraction. L'objectif est de maximiser les revenus nets.

Avant de définir les variables de décision, numérotons les différents blocs (figure 2.9). Convenons également que les revenus et les dépenses d'extraction associés aux différents blocs sont donnés au tableau 2.30. À chaque bloc on associe une variable binaire v_j définie ainsi :

$$v_j = 1 \text{ si le bloc } j \text{ est extrait.}$$

L'objectif est de maximiser le revenu net total. La fonction-objectif s'écrit :

$$\text{Max } z = (4 - 7)\, v_{101} + (4 - 6)\, v_{102} + (5 - 6)\, v_{103} + \ldots + (30 - 23)\, v_{501}\,.$$

Chaque bloc en sous-sol engendre une contrainte : pour l'atteindre, il faut extraire les 4 blocs qui le chapeautent. Par exemple, le bloc 201 donne lieu à la contrainte

$$-\,4\, v_{201} + v_{101} + v_{102} + v_{106} + v_{107} \geq 0$$

FIGURE 2.9
Mine à ciel ouvert : numérotation des blocs et variables de décision

Niveau 1 (surface)

101	102	103	104	105
106	107	108	109	110
111	112	113	114	115
116	117	118	119	120
121	122	123	124	125

Niveau 2

201	202	203	204
205	206	207	208
209	210	211	212
213	214	215	216

Niveau 3

301	302	303
304	305	306
307	308	309

Niveau 4

401	402
403	404

Niveau 5

501

TABLEAU 2.30
Mine à ciel ouvert : revenus et dépenses d'extraction (en 000 000 $)

Bloc	Revenus	Dépenses d'extraction	Bloc	Revenus	Dépenses d'extraction	Bloc	Revenus	Dépenses d'extraction
101	4	7	121	6	5	216	12	16
102	4	6	122	6	5	301	15	10
103	5	6	123	5	5	302	12	15
104	5	5	124	5	5	303	10	15
105	5	5	125	5	5	304	15	12
106	5	10	201	10	13	305	15	13
107	5	9	202	14	10	306	15	11
108	5	5	203	14	11	307	15	10
109	5	5	204	14	21	308	15	12
110	5	6	205	0	12	309	13	11
111	6	5	206	15	12	401	20	26
112	5	5	207	15	20	402	20	27
113	5	5	208	12	15	403	28	20
114	5	7	209	12	15	404	30	20
115	5	5	210	16	12	501	30	23
116	5	5	211	15	12			
117	5	5	212	15	12			
118	5	5	213	10	12			
119	4	5	214	16	13			
120	6	5	215	12	9			

et le bloc 501, à la contrainte

$$-4\, v_{501} + v_{401} + v_{402} + v_{403} + v_{404} \geq 0\,.$$

Une solution optimale est atteinte par l'exploitation des blocs dénotés par × dans la figure suivante, qui représente les blocs des niveaux successifs :

1	2	3	4	5
O×××O	O××O	OOO	OO	O
O××××	O×××	O××	O×	
×××××	××××	×××		
×××××	××××			
×××××				

(Par exemple : $v_{101} = 0$, $v_{102} = 1$, etc.) Le revenu net est alors de 28 millions de dollars.

*2.5 QUELQUES TRUCS DE MODÉLISATION[19]

La présente section illustre quelques techniques plus avancées de modélisation. Les exemples qui suivent indiquent comment ramener dans le giron des modèles linéaires des situations qui, a priori, ne respectent pas les hypothèses des modèles linéaires décrites en 2.1.1.

2.5.1 La recherche du maximum de plusieurs minima : le joueur

Chaque fois qu'une métropole veut se doter d'une nouvelle caserne de pompiers, se pose le problème d'en bien choisir l'emplacement. Le règlement de zonage, la facilité d'exécution des manœuvres des camions d'incendie et la rapidité d'accès aux grandes artères sont certes pris en considération. Mais le critère qui prime est l'amélioration de la qualité des services offerts aux citoyens. Comment mesurer rationnellement cette amélioration ? Voici une façon d'y parvenir. Pour chaque répartition du territoire de la métropole entre les casernes, il existe, dans la zone d'intervention attribuée à chaque caserne, au moins un quartier dont le temps d'attente pour l'intervention des pompiers, en cas d'incendie, est le plus long. L'emplacement de la nouvelle caserne est déclaré optimal pour une répartition donnée aussitôt qu'on réussit à minimiser ce temps d'attente le plus long. Il s'agit donc de déterminer le maximum des temps d'attente pour chaque répartition plausible du territoire entre les casernes, puis de retenir la répartition qui assure le plus faible maximum.

Pour l'implantation optimale d'un nouvel hôpital de soins primaires ou la ventilation la plus adéquate d'un parc ambulancier pendant les heures de pointe, on utilise une méthode apparentée à celle qui permet de choisir l'emplacement optimal d'une nouvelle caserne de pompiers. Dans ces contextes, la technique de modélisation à mettre en œuvre est similaire à celle utilisée dans la recherche du minimum de plusieurs maxima. Voici une situation amusante pour illustrer ce type de technique, où il s'agit, à l'inverse, de trouver le maximum de plusieurs minima.

Un joueur invétéré, criblé de dettes, surveillé par ses multiples créanciers à l'affût du moindre de ses gains, a enfin décidé de limiter les dégâts. Il continue de s'adonner au jeu, certes, mais sans essayer de décrocher la timbale. Il jouera sans perdre, dit-il. Ses proches lui ont fait remarquer que les 2 objectifs qu'il poursuit semblent irréconciliables, mais il n'en démord pas. Poussé par ce qu'il appelle son sixième sens, il décide de miser ce qui lui reste de la vente de sa voiture et ce qu'il a pu obtenir d'un vague cousin qui passait par là, sur la sixième course de ce soir à l'hippodrome de Jonquière. Il a en poche la somme de 2 509 $. Le *Progrès-dimanche* donne comme partants les chevaux suivants :

- Armide à 4 contre 1
- Bayard à 5 contre 1
- Charlemagne à 6 contre 1
- Dunois à 7 contre 1
- Éclair à 8 contre 1
- Falstrade à 9 contre 1.

Pour maximiser ses gains éventuels, le joueur devrait tout miser sur Falstrade, mais ce pari est très risqué. Pour minimiser ses pertes, il lui suffirait de ne rien miser dans cette course, mais il se « doit » de jouer. Investir toute la somme disponible sur un cheval ne serait pas minimiser les pertes, si ce dernier ne gagnait pas la course. Le joueur décide donc de répartir son argent sur l'ensemble des chevaux qui prendront le départ, de façon

---

19. Les parties du texte marquées d'un astérisque peuvent être omises, sans nuire à la continuité.

à ne pas se retrouver sans le sou même dans la pire des éventualités. Son objectif devient de maximiser le gain net minimal qu'il pourrait réaliser dans cette course.

Le modèle utilise une variable y définie plus loin et des variables x_A, x_B, ..., x_F définies de la façon suivante :

$$x_J = \text{pari (en dollars) sur le cheval } J.$$

Si Armide gagne la course, le gain net du joueur sera de ($4\ x_A - 2\ 509$) dollars. De même, le gain net résultant d'une victoire de Bayard sera de ($5\ x_B - 2\ 509$) dollars. La variable y représente le minimum des gains potentiels nets provenant de la victoire des différents chevaux. Le modèle peut donc s'écrire :

$$\text{Max } z = y$$

sous les contraintes :

$$4\ x_A - y \geq 2\ 509$$
$$5\ x_B - y \geq 2\ 509$$
$$6\ x_C - y \geq 2\ 509$$
$$7\ x_D - y \geq 2\ 509$$
$$8\ x_E - y \geq 2\ 509$$
$$9\ x_F - y \geq 2\ 509$$
$$x_A + x_B + x_C + x_D + x_E + x_F = 2\ 509$$
$$x_J \geq 0 \qquad J = \text{A, B, ..., F}$$

La solution optimale de ce modèle donne :

$$x_A = 630 \quad x_B = 504 \quad x_C = 420 \quad x_D = 360 \quad x_E = 315 \quad x_F = 280$$
$$z = 11 \text{ (dollars).}$$

Résultat qui en surprendra plus d'un : il semble donc possible de gagner à coup sûr aux courses... Toutefois, le lecteur qui croit pouvoir récupérer une partie du prix d'achat de ce manuel en se rendant ce soir à la piste de courses la plus près de chez lui devrait y regarder à deux fois : la course décrite ci-dessus présente quelque chose d'inhabituel que les amateurs de courses sous harnais ne tarderont pas à découvrir.

2.5.2 Les variables libres : les livraisons d'Attache-Tout

Attache-Tout, manufacturier de la machine à ficeler du même nom, devra effectuer à la fin des 6 prochains mois les livraisons suivantes chez ses concessionnaires.

Fin du mois	1	2	3	4	5	6
Nombre de machines à livrer	30	70	40	60	80	20

Les coûts de production d'une machine à ficeler s'élèvent à 30 000 $. Une machine fabriquée au cours d'un mois et qui n'est pas livrée à la fin de ce mois doit être entreposée au coût de 1 500 $ par mois jusqu'à sa livraison, toute partie de mois d'entreposage étant comptée pour un mois complet.

Lorsque le nombre de machines fabriquées diffère d'un mois à l'autre, Attache-Tout doit assumer des frais reliés à la taille de la main-d'œuvre. Une augmentation de la production entraîne des frais de 2 500 $ pour chacune des machines excédentaires, car il faut recruter et former du personnel pour assurer cet accroissement. Pour une diminution de la production, Attache-Tout doit verser des primes de congédiement, qui équivalent à 2 000 $ par machine en moins.

Les livraisons doivent impérativement se faire à la fin du mois pour lequel les commandes ont été placées. Durant le mois qui a précédé le semestre dont il est ici question, Attache-Tout a manufacturé 50 machines à ficeler qui ont toutes été livrées : il n'y a présentement aucune machine à ficeler en entrepôt. Attache-Tout veut minimiser, au cours du prochain semestre, le total des coûts tout juste décrits. Définissons les variables de décision :

m_j = nombre de machines à ficeler manufacturées au cours du mois j

e_j = nombre de machines à ficeler entreposées à la fin du mois j

x_j = différence entre le nombre de machines à ficeler fabriquées au cours du mois j et le nombre de celles fabriquées au cours du mois précédent.

Chaque x_j est une **variable libre** qui peut prendre une valeur positive, négative ou nulle. Nous la décomposons en une différence $x_{js} - x_{jd}$:

$$x_j = x_{js} - x_{jd} \qquad \text{où } x_{js} \text{ et } x_{jd} \geq 0 .$$

Ici, x_{js} représente un surplus ou une augmentation de la production du mois j sur le mois précédent ; et x_{jd}, un déficit ou une diminution de cette production.

Il s'agit de minimiser le total z des coûts de production, *CProd*, des coûts d'entreposage, *CEntr*, des coûts engendrés par l'augmentation de la production de l'un des 6 mois par rapport à celle du mois précédent, *CAugm*, ainsi que des coûts découlant de la diminution de la production entre chaque paire de mois consécutifs, *CDim*. La fonction-objectif s'écrit donc :

$$\text{Min } z = CProd + CEntr + CAugm + CDim$$

où

$$\begin{aligned} CProd &= 30\,000\ (m_1 + m_2 + m_3 + m_4 + m_5 + m_6) \\ CEntr &= 1\,500\ (e_1 + e_2 + e_3 + e_4 + e_5 + e_6) \\ CAugm &= 2\,500\ (x_{1s} + x_{2s} + x_{3s} + x_{4s} + x_{5s} + x_{6s}) \\ CDim &= 2\,000\ (x_{1d} + x_{2d} + x_{3d} + x_{4d} + x_{5d} + x_{6d}). \end{aligned}$$

Les contraintes à respecter se regroupent en 3 catégories. La première caractérise les variables e_j reliées à l'entreposage :

$$\begin{aligned} e_1 &= 0 + m_1 - 30 \\ e_2 &= e_1 + m_2 - 70 \\ e_3 &= e_2 + m_3 - 40 \\ e_4 &= e_3 + m_4 - 60 \\ e_5 &= e_4 + m_5 - 80 \\ e_6 &= e_5 + m_6 - 20 \end{aligned}$$

La non-négativité des variables e_j assure que les unités produites auxquelles s'ajoutent les unités entreposées le mois précédent seront suffisantes pour satisfaire les commandes. Les contraintes de la deuxième catégorie décomposent les variations de la production entre chaque paire de mois consécutifs en une différence de 2 variables non négatives :

$$\begin{aligned} m_1 - 50 &= x_{1s} - x_{1d} \\ m_2 - m_1 &= x_{2s} - x_{2d} \\ m_3 - m_2 &= x_{3s} - x_{3d} \\ m_4 - m_3 &= x_{4s} - x_{4d} \\ m_5 - m_4 &= x_{5s} - x_{5d} \\ m_6 - m_5 &= x_{6s} - x_{6d} \end{aligned}$$

La troisième catégorie comprend les contraintes usuelles de non-négativité :

$$m_j,\ x_{js},\ x_{jd},\ e_j \geq 0 \qquad \text{pour } j = 1 \text{ à } 6$$

Une solution optimale donne :

$m_1 = 50$	$e_1 = 20$	$x_{1s} = 0$	$x_{1d} = 0$
$m_2 = 50$	$e_2 = 0$	$x_{2s} = 0$	$x_{2d} = 0$
$m_3 = 50$	$e_3 = 10$	$x_{3s} = 0$	$x_{3d} = 0$
$m_4 = 65$	$e_4 = 15$	$x_{4s} = 15$	$x_{4d} = 0$
$m_5 = 65$	$e_5 = 0$	$x_{5s} = 0$	$x_{5d} = 0$
$m_6 = 20$	$e_6 = 0$	$x_{6s} = 0$	$x_{6d} = 45$

$z = 9\ 195\ 000$ (dollars).

2.5.3 L'écriture sous forme linéaire du produit d'une variable binaire et d'une variable non négative bornée supérieurement

Il s'agit de trouver une façon de remplacer, dans une fonction-objectif, les termes du type $(v_j \times x_j)$, où v_j est une variable binaire et x_j, une variable réelle définie dans un intervalle borné supérieurement par une constante M.

Ce produit d'une variable binaire et d'une variable réelle, qui n'est pas répréhensible en soi dans l'écriture d'un modèle, soustrait cependant ce dernier à la classe des modèles que nous recherchons ici en priorité : celle des modèles linéaires. En général, les produits de variables, fussent-ils ceux d'une variable binaire et d'une variable réelle, de deux variables binaires ou de deux variables réelles, empêchent la résolution du modèle, où ils sont présents, par les méthodes algorithmiques que nous présenterons dans ce manuel. Nous nous efforcerons donc de trouver des astuces pour éviter de recourir à ce genre de produits.

Dans la fonction-objectif, on remplace le produit $(v_j \times x_j)$ par une variable non négative t_j qui prendra la même valeur que x_j quand $v_j = 1$, et sera nulle quand $v_j = 0$. On lie les variables x_j et t_j à l'aide des 3 contraintes suivantes :

$$t_j \leq M\ v_j$$

$$t_j \leq x_j$$

$$x_j - t_j \leq M\ (1 - v_j)$$

où M est un « grand » nombre qui dépasse toutes les valeurs plausibles de x_j dans le contexte du problème.

Voici un problème où il est naturel de faire appel à ce procédé de modélisation. Un petit industriel, plus âpre au gain qu'honnête, répartit la production des objets P1, P2, P3 et P4, qu'il met habituellement en marché, entre plusieurs ateliers clandestins qui recrutent des travailleurs au noir. La fabrication de chacun des objets requiert l'attention d'ouvriers de 4 spécialités différentes. La quantité de main-d'œuvre disponible dans chacune des spécialités et le profit que tire l'industriel des objets fabriqués varient de façon très abrupte d'une semaine à l'autre. Le tableau 2.31 donne, en plus des durées de fabrication relatives à chacun des objets, la situation qui prévaudra au cours de la semaine qui vient.

Chaque semaine, l'industriel fait fabriquer les objets les plus rentables selon les prix qu'on lui en offre et selon les disponibilités de la main-d'œuvre. Certaines semaines, il s'en tient au court terme et consacre prioritairement les ressources en main-d'œuvre

TABLEAU 2.31
Petit industriel : données de fabrication

Spécialité	Temps de travail (en minutes) d'un ouvrier de spécialité *Si* sur un objet *Pj*: P1	P2	P3	P4	Heures disponibles
S1	4	3	5	4	1 600
S2	3	2	3	2	1 000
S3	6	7	7	6	2 600
S4	4	5	4	5	1 800
Profit (en $/unité)	0,17	0,16	0,19	0,17	

à la fabrication du produit le plus rentable. Certaines autres semaines, préoccupé par la loyauté de sa clientèle, il cherche à maximiser ses profits, mais en fabriquant les 2 ou même les 3 produits les plus rentables…

Il construit un premier modèle, sans tenir compte de l'éventualité de restreindre la production à un nombre précis de produits. Il cherche à maximiser le profit hebdomadaire total z, où

$$z = 0{,}17\ x_1 + 0{,}16\ x_2 + 0{,}19\ x_3 + 0{,}17\ x_4$$

et où x_j dénote le nombre d'unités du produit Pj à fabriquer au cours de la prochaine semaine. Les contraintes qu'il considère, outre celles de non-négativité, sont :

$$4\ x_1 + 3\ x_2 + 5\ x_3 + 4\ x_4 \leq 96\ 000$$

$$3\ x_1 + 2\ x_2 + 3\ x_3 + 2\ x_4 \leq 60\ 000$$

$$6\ x_1 + 7\ x_2 + 7\ x_3 + 6\ x_4 \leq 156\ 000$$

$$4\ x_1 + 5\ x_2 + 4\ x_3 + 5\ x_4 \leq 108\ 000$$

$$x_1, x_2, x_3, x_4 \geq 0$$

La solution optimale de ce modèle donne :

$$x_1 = x_2 = x_3 = x_4 = 6\ 000$$

$$z = 4\ 140 \text{ (dollars).}$$

Si l'industriel désire maximiser ses profits en ne fabriquant qu'un certain nombre des produits P1, P2, P3 ou P4, lesquels fabriquera-t-il ? En quelles quantités ? Et quels seront ses profits ?

On ne peut apporter réponse à ces questions sans modifier le modèle précédent. Introduisons donc des variables binaires v_1, v_2, v_3 et v_4, où

$$v_j = 1 \quad \text{si l'industriel désire fabriquer le produit P}j.$$

La fonction-objectif devient :

$$z = 0{,}17\ (v_1 \times x_1) + 0{,}16\ (v_2 \times x_2) + 0{,}19\ (v_3 \times x_3) + 0{,}17\ (v_4 \times x_4).$$

On doit également ajouter la contrainte suivante :

$$v_1 + v_2 + v_3 + v_4 = \text{« nombre de produits »},$$

où le membre droit « nombre de produits » est un entier qui peut varier de 1 à 4.

Il s'agit de faire appel à l'astuce que nous venons de présenter pour obtenir un modèle linéaire où est évitée la présence de produits de variables. Posons :

$$t_j = v_j \times x_j \qquad j = 1, 2, 3, 4.$$

Le modèle se réécrit :

$$\text{Max } z = 0{,}17\ t_1 + 0{,}16\ t_2 + 0{,}19\ t_3 + 0{,}17\ t_4$$

sous les contraintes :

$$4\ x_1 + 3\ x_2 + 5\ x_3 + 4\ x_4 \leq 96\ 000$$
$$3\ x_1 + 2\ x_2 + 3\ x_3 + 2\ x_4 \leq 60\ 000$$
$$6\ x_1 + 7\ x_2 + 7\ x_3 + 6\ x_4 \leq 156\ 000$$
$$4\ x_1 + 5\ x_2 + 4\ x_3 + 5\ x_4 \leq 108\ 000$$

$$t_j \leq 30\ 000\ v_j \qquad j = 1, 2, 3, 4$$
$$t_j \leq x_j \qquad j = 1, 2, 3, 4$$
$$x_j + 30\ 000\ v_j - t_j \leq 30\ 000 \qquad j = 1, 2, 3, 4$$

$$v_1 + v_2 + v_3 + v_4 = \text{« nombre de produits »}$$

avec les contraintes usuelles de non-négativité pour les t_j et les x_j et l'exigence que les variables v_j soient binaires.

– Si on pose : « nombre de produits » = 1, alors il vient :

$$x_4 = t_4 = 21\ 600 \qquad v_4 = 1$$
$$z = 3\ 672 \text{ (dollars).}$$

– Si on pose : « nombre de produits » = 2, alors il vient :

$$x_1 = t_1 = 12\ 000 \qquad v_1 = 1$$
$$x_4 = t_4 = 12\ 000 \qquad v_4 = 1$$
$$z = 4\ 080 \text{ (dollars).}$$

– Si on pose : « nombre de produits » = 3, alors il vient :

$$x_2 = t_2 = 6\ 600 \qquad v_2 = 1$$
$$x_3 = t_3 = 9\ 000 \qquad v_3 = 1$$
$$x_4 = t_4 = 7\ 800 \qquad v_4 = 1$$
$$z = 4\ 092 \text{ (dollars).}$$

– Si on pose : « nombre de produits » = 4, alors, naturellement, on retrouve la solution de départ :

$$x_1 = t_1 = 6\ 000 \qquad v_1 = 1$$
$$x_2 = t_2 = 6\ 000 \qquad v_2 = 1$$
$$x_3 = t_3 = 6\ 000 \qquad v_3 = 1$$
$$x_4 = t_4 = 6\ 000 \qquad v_4 = 1$$
$$z = 4\ 140 \text{ (dollars).}$$

Le lecteur remarquera que $v_j = 0$ force $t_j = 0$, mais ne force pas $x_j = 0$. Et comme la solution du modèle initial recommandait la production des 4 produits, il est possible d'exiger le profit optimal pour un nombre de produits allant de 1 à 4. Mais si la solution du problème initial n'avait prescrit que la production de 2 des produits, la seule latitude laissée à l'industriel aurait été de maximiser ses profits en exigeant soit la production des 2 produits, soit la production du plus rentable des produits selon les ressources disponibles.

2.5.4 La linéarisation d'expressions en valeur absolue

Il n'est pas possible de linéariser tous les modèles comportant des expressions linéaires en valeur absolue. Voici plusieurs cas où il est toutefois possible de le faire. Notons d'abord qu'une expression de la forme

$$| x_1 + 6\, x_2 | ,$$

où x_1 et x_2 sont des variables non négatives, est toujours égale à $x_1 + 6\, x_2$, puisque $| r | = r$ pour tout nombre réel $r \geq 0$. Ainsi, on peut, sans affecter l'ensemble des solutions admissibles, omettre les symboles $| \, |$ lorsque la valeur absolue s'applique à la somme de variables non négatives affectées de coefficients positifs.

Cas 1. Contrainte de signe «$\leq$» comportant une **seule** expression linéaire en valeur absolue.

Considérons un exemple numérique simple :

$$| x_1 - 2\, x_2 | \leq 5 \tag{37}$$

La contrainte (37) se réécrit successivement sous les formes équivalentes suivantes :

$$-\,5 \leq x_1 - 2\, x_2 \leq 5$$

$$-\,x_1 + 2\, x_2 \leq 5 \quad \text{et} \quad x_1 - 2\, x_2 \leq 5 \tag{38}$$

Ainsi, (37) peut être remplacée dans le modèle par les deux inéquations linéaires de (38).

Il existe une autre approche pour linéariser (37), moins simple dans le cas présent, mais qui s'adapte facilement à beaucoup d'autres situations et qui sera utilisée dans les cas 3 et 4. On écrit d'abord l'expression linéaire $x_1 - 2\, x_2$ comme la différence de deux variables non négatives :

$$x_1 - 2\, x_2 = s - t \quad \text{et} \quad s, t \geq 0 \tag{39}$$

Alors, la contrainte (37) peut être remplacée dans le modèle par la conjonction de (39) et de (40), où

$$s + t \leq 5 \tag{40}$$

En effet, supposons que (37) soit satisfaite. Et introduisons des variables s et t que nous relions à l'expression $x_1 - 2\, x_2$ de la façon suivante :

$$\text{si } x_1 - 2\, x_2 \geq 0, \text{ on pose : } s = x_1 - 2\, x_2 \quad \text{et} \quad t = 0$$

$$\text{si } x_1 - 2\, x_2 < 0, \text{ on pose : } s = 0 \text{ et } t = -\,(x_1 - 2\, x_2)\,.$$

Il en résulte immédiatement que $| x_1 - 2\, x_2 | = s + t$ et que, de plus, (39) et (40) sont vérifiées[20]. Réciproquement, supposons que (39) et (40) soient satisfaites. Alors[21]

$$| x_1 - 2\, x_2 | \leq s + t$$

et, par conséquent, (37) est valide en vertu de (40).

20. Sauf lorsque (37) est satisfaite comme équation, il existe d'autres valeurs de s et de t pour lesquelles (39) et (40) sont valides.

21. Nous considérons deux cas, selon le signe de l'expression $x_1 - 2\, x_2$:

  * si $x_1 - 2\, x_2 \geq 0$, alors $| x_1 - 2\, x_2 | = x_1 - 2\, x_2 = s - t = s + t - 2t \leq s + t$

  * si $x_1 - 2\, x_2 < 0$, alors $| x_1 - 2\, x_2 | = -\,(x_1 - 2\, x_2) = -\,s + t = s + t - 2s \leq s + t$.

  Dans chaque cas, la 1re égalité relève de la définition même de valeur absolue, la seconde est l'équation de (39) et la dernière inégalité découle de la non-négativité des variables s et t.

Cas 2. Contrainte de signe « ≥ » comportant une **seule** expression linéaire en valeur absolue.

À nouveau, nous considérons un exemple numérique simple :

$$| 2\, x_1 - 3\, x_2 | \geq 4 \quad (41)$$

Introduisons une variable binaire v telle que :

$$v = 1 \quad \text{si} \quad 2\, x_1 - 3\, x_2 \leq -4\,.$$

On peut montrer que la contrainte (41) est équivalente à

$$2\, x_1 - 3\, x_2 \geq 4 - M\, v \quad \text{et} \quad 2\, x_1 - 3\, x_2 \leq -4 + M\,(1 - v)$$

où M est une constante positive dont la valeur, élevée, est adaptée au contexte.

Cas 3. Contrainte de signe « ≤ » comportant une **somme** d'expressions linéaires en valeur absolue.

Considérons la contrainte :

$$| x_1 - x_2 | + | 2 + 5\, x_3 - 3\, x_1 | \leq 5 \quad (42)$$

On écrit d'abord chaque expression linéaire mise en valeur absolue comme la différence de deux variables non négatives :

$$x_1 - x_2 = s_1 - t_1 \quad \text{et} \quad s_1,\, t_1 \geq 0 \quad (43)$$

$$2 + 5\, x_1 - 3\, x_2 = s_2 - t_2 \quad \text{et} \quad s_2,\, t_2 \geq 0 \quad (44)$$

Alors, la contrainte (42) peut être remplacée dans le modèle par la conjonction de (43), de (44) et de (45), où

$$s_1 + t_1 + s_2 + t_2 \leq 5 \quad (45)$$

Cas 4. La fonction-objectif à **minimiser** comporte une **somme** d'expressions linéaires en valeur absolue.

Nous allons indiquer comment linéariser la fonction-objectif suivante :

$$\text{Min } z = | 3 - 5\, x_1 | + | 4 - 2\, x_1 - 3\, x_2 | + | 4\, x_1 - 8\, x_2 | + | x_1 - 7\, x_2 - 2\, x_3 | \quad (46)$$

On écrit d'abord chaque expression linéaire mise en valeur absolue comme la différence de deux variables non négatives :

$$3 - 5\, x_1 = s_1 - t_1 \quad (47)$$

$$4 - 2\, x_1 - 3\, x_2 = s_2 - t_2 \quad (48)$$

$$4\, x_1 - 8\, x_2 = s_3 - t_3 \quad (49)$$

$$x_1 - 7\, x_2 - 2\, x_3 = s_4 - t_4 \quad (50)$$

Pour linéariser la fonction-objectif (46), il suffit de minimiser z, où

$$z = s_1 + t_1 + s_2 + t_2 + s_3 + t_3 + s_4 + t_4$$

et d'ajouter les contraintes technologiques (47) à (50), ainsi que les contraintes de non-négativité des variables s_h et t_h.

Noter que les procédés décrits aux cas 1, 2 et 3 restent valides même quand le membre droit de la contrainte est une expression linéaire, pourvu que la non-négativité de celle-ci soit garantie par les autres contraintes du modèle. Par exemple, on pourrait utiliser l'expression $2\, x_3 + 7$, où x_3 est une variable non négative, comme membre droit de (41) : on en déduirait que la contrainte

$$| 2\, x_1 - 3\, x_2 | - 2\, x_3 \geq 7$$

peut être remplacée par

$$2\,x_1 - 3\,x_2 - 2\,x_3 \geq 7 - \mathrm{M}\,v \quad \text{et} \quad 2\,x_1 - 3x_2 + 2\,x_3 \leq -7 + \mathrm{M}\,(1 - v).$$

Terminons par une situation himalayenne, dont la modélisation linéaire fait appel à certains des procédés présentés ci-dessus.

L'Annapurna

Pour établir leur camp d'attaque pour la conquête de l'Annapurna, 4 alpinistes, Gilles, Françoise, André et Pierre, se sont attelés à la tâche du transport à dos d'homme de leurs impedimenta à partir du camp de base. Il leur reste un dernier portage à effectuer. Il leur faut se répartir les colis dont les poids (en kg) sont donnés au tableau suivant.

Colis	A	B	C	D	E	F	G	H	M	N	P
Poids (en kg)	24	5	10	13	17	14	22	7	8	11	9

Les alpinistes souhaitent minimiser autant que possible la somme des différences de poids entre les paires de charges consécutives de la cordée tout en exigeant une différence d'au moins 5 kg entre le premier et le dernier de cordée. Comment répartir les charges entre les quatre alpinistes si André doit être le premier de cordée et Pierre, le dernier de cordée ? Ajoutons que, pour des raisons de sécurité, les alpinistes attribueront chacun des colis A, B et C à une charge différente.

Constituons d'abord les quatre charges. Numérotons consécutivement les charges en allant de celle du premier à celle du dernier de cordée. Et introduisons les variables de décision suivantes :

x_i = poids (en kg) de la charge i

v_{iJ} = 1 si le colis J fait partie de la charge i.

L'écriture d'un modèle de cette situation s'amorce comme suit :

$$\text{Min } z = |\,x_1 - x_2\,| + |\,x_2 - x_3\,| + |\,x_3 - x_4\,|$$

sous les contraintes :

$$|\,x_1 - x_4\,| \geq 5$$

......

Le modèle linéarisé s'écrit (on a posé M = 25 pour linéariser la première contrainte) :

$$\text{Min } z = s_1 + t_1 + s_2 + t_2 + s_3 + t_3$$

sous les contraintes :

$$x_1 - x_2 = s_1 - t_1$$
$$x_2 - x_3 = s_2 - t_2$$
$$x_3 - x_4 = s_3 - t_3$$
$$x_1 - x_4 + 25\,w \geq 5$$
$$x_1 - x_4 + 25\,w \leq 20$$
$$x_i = 24\,v_{i\mathrm{A}} + 5\,v_{i\mathrm{B}} + 10\,v_{i\mathrm{C}} + 13\,v_{i\mathrm{D}} + 17\,v_{i\mathrm{E}} + \ldots + 11\,v_{i\mathrm{N}} + 9\,v_{i\mathrm{P}} \quad \text{tout } i$$
$$v_{1J} + v_{2J} + v_{3J} + v_{4J} = 1 \quad \text{tout } J$$
$$v_{i\mathrm{A}} + v_{i\mathrm{B}} + v_{i\mathrm{C}} \leq 1 \quad \text{tout } i$$
$$x_1, x_2, x_3, x_4, s_1, t_1, \ldots, t_3 \geq 0$$

les variables v_{iJ} et w sont binaires.

Une solution optimale donne :

$$x_1 = 33 \qquad x_2 = 34 \qquad x_3 = 35 \qquad x_4 = 38$$

$$v_{1G} = v_{1N} = v_{2B} = v_{2D} = v_{2H} = v_{2P} = v_{3C} = v_{3E} = v_{3M} = v_{4A} = v_{4F} = 1$$

La première charge, confiée à André, le premier de cordée, sera donc constituée des colis G et N. La deuxième sera constituée des colis B, D, H et P ; la troisième, des colis C, E et M. La quatrième charge, confiée à Pierre, le dernier de cordée, sera formée des colis A et F.

Le temps est maintenant venu pour le lecteur de réfléchir à la démarche qu'il a entreprise tout au long de ce chapitre.

2.6 LA NOTION DE MODÈLE

Modéliser, c'est créer un modèle. Crée un modèle celui qui, confronté à une situation problématique, commence par s'en faire une représentation mentale dans laquelle il ne retient de la réalité que les éléments qui lui semblent essentiels. Un modèle est une représentation abstraite où apparaissent, dépouillés des détails superflus, les formes et les objets présents dans la situation réelle et où sont mis en évidence les relations et les processus qu'entretiennent ces objets entre eux. Quand quelqu'un se sert d'un système A pour obtenir de l'information à propos d'un système B, alors que A n'a aucune influence – fût-elle indirecte – sur B et que A n'entretient aucune interaction – fût-elle faible – avec B, alors cette personne utilise A comme un modèle de B.

Ajoutons que le système A s'élabore souvent en empruntant le langage mathématique et qu'il se construit grâce à des abstractions de certains éléments ou objets du système B et à la mise en évidence des relations qui peuvent intervenir entre ces objets. Le but poursuivi est de mieux connaître B. La plupart du temps, il y a possibilité de créer plusieurs modèles A d'un même système B. Alors chacun de ces modèles met en relief certains aspects de B qui apparaissent plus pertinents au modéliseur, en lui permettant soit de prévoir le comportement de B par l'observation de celui de A, soit de mieux saisir les relations qui lient entre eux les objets présents dans le système B.

La science fait un usage fréquent de modèles. On en retrouve en astronomie, en biologie, en chimie, en physique, en psychologie, à chaque fois que l'on peut dire : « Tout se passe comme si… » La structure d'un modèle doit épouser de près celle de la situation d'intérêt. Certains modèles sont concrets : un prototype réduit d'avion qu'on se propose de tester dans un tunnel où il sera possible de simuler des conditions de vol ; une reproduction à l'échelle d'un port et des plages environnantes, construite dans un bassin et qui permet de prévoir les érosions marines et les modifications de courants provoquées par les darses et les quais que l'on songe à ajouter. Voilà autant d'exemples de modèles concrets.

La recherche opérationnelle se préoccupe surtout de la construction et de l'étude des modèles abstraits dans le but d'optimiser un processus. Ces modèles sont le plus souvent mathématiques, construits à l'aide du symbolisme algébrique par lequel on traduit les relations existant entre les objets mis en cause dans le phénomène à modéliser. Notre étude de la modélisation se confine aux modèles mathématiques. Nous cherchons un ensemble de relations (équations, inéquations, dépendances logiques, etc.) qui correspondent, dans la réalité, aux lois du marché, à la disposition physique des lieux, aux contraintes de marketing, au respect des disponibilités en ressources ou en main-d'œuvre, etc.

Mais pourquoi les modèles mathématiques sont-ils si utiles ? D'abord, parce que le fait même de leur construction fait souvent découvrir des relations qui étaient loin d'être apparentes entre les objets qui meublent la situation concrète. Une situation modélisée est généralement une situation mieux comprise, car la poursuite du processus de modélisation exige souvent des réponses précises à des questions importantes qui, dans bien des cas, n'auraient même pas été posées n'eût été l'effort de modélisation. De plus, l'analyse mathématique du modèle obtenu suggère parfois des solutions qui ne se seraient pas imposées après une simple analyse langagière de la situation. En effet, le langage courant n'est, en général, ni suffisamment nuancé ni suffisamment précis pour permettre une analyse serrée d'une situation complexe.

Enfin, si on peut se permettre d'expérimenter avec un modèle, il n'est pas toujours possible de le faire avec la situation réelle, sauf en la modifiant sans espoir de retour aux conditions initiales. Un modèle économétrique permet, par exemple, d'étudier en vase clos l'effet qu'aurait sur une économie un resserrement du crédit, sans devoir procéder à une expérimentation *in vivo* qui risquerait d'être coûteuse politiquement et économiquement.

Un modèle est défini par sa structure, c'est-à-dire par le type des relations qu'on y trouve. Ces relations sont pour une bonne part indépendantes des données (prix, quantité des diverses ressources, paramètres technologiques, etc.). La nature d'un modèle n'est donc pas d'être totalement asservi aux données concrètes rencontrées sur le terrain. Un même modèle peut donc servir à comprendre et à analyser une situation où les données évoluent sans changements trop prononcés. On parle alors de **robustesse** du modèle.

Le bon modéliseur sait rester critique devant les résultats fournis par l'analyse de ses modèles. Il comprend que certaines des données sur lesquelles reposent ses analyses sont parfois connues de façon approximative seulement. Il sait aussi qu'il ne peut pas toujours décrire mathématiquement certaines contraintes, qui relèvent de l'ambiance du milieu modélisé ou de la politique qui y prévaut ; il ne sacralise donc pas les résultats qu'il obtient de ses modèles et reste ouvert aux compromis lors de la mise en œuvre des solutions qu'il a établies.

Les modèles mathématiques partagent presque tous cette caractéristique de chercher l'optimisation d'un objectif : soit sa minimisation, soit sa maximisation. Or, il n'est pas toujours possible de dégager un objectif unique dans une situation donnée. Et il n'est pas toujours facile de hiérarchiser les divers objectifs afférents à une situation. Il est même parfois très ardu de mesurer à l'aide d'un seul étalon les divers objectifs que l'on pourrait poursuivre lors même que leur hiérarchisation ne causerait pas de problèmes. Le modéliseur connaît ces difficultés. Toutefois, il est convaincu que, même dans ces situations, les éclairages qu'il peut apporter permettent souvent de lever des ambiguïtés, de débusquer des problèmes sous-jacents et d'aider à une meilleure prise de décisions, toutes choses qui n'auraient été qu'ébauchées si l'effort de modélisation n'avait pas été entrepris.

Il y a des modèles qui reviennent assez fréquemment dans le monde des affaires pour qu'on leur ait donné un nom : on trouve, parmi ces derniers, des modèles de réseaux (voir le chapitre 7), des modèles de simulation, des modèles économétriques, des modèles de séries temporelles, qui servent à prévoir l'avenir de phénomènes liés structurellement à leur passé, et des modèles linéaires, qui feront l'objet d'une étude approfondie de notre part.

Comme on peut posséder une excellente connaissance du hockey sans pour autant montrer quelque adresse à ce jeu, savoir ce qu'est un modèle ne confère pas l'habileté à en construire. Modéliser, c'est un art qui s'apprend petit à petit, comme... celui de la sage-femme. Le contact direct avec de nombreux exemples est la méthode d'apprentissage que nous avons retenue. Nous avons présenté, en les commentant abondamment, des situations plus complexes que celles que le lecteur aura à modéliser, du moins à ses débuts, mais qui ont la saveur de la réalité. Nous espérons qu'il est maintenant convaincu de la pertinence de l'apprentissage de la modélisation pour le gestionnaire qu'il veut devenir.

Nous nous sommes fixé comme objectif que le lecteur « ne voie plus la vie de la même manière » : qu'il connaisse les avantages de la modélisation de situations complexes, qu'il sache reconnaître les occasions d'exercer son nouvel art, qu'il puisse comprendre les modèles auxquels il sera confronté durant sa vie professionnelle, et qu'il arrive à communiquer efficacement ses desiderata aux modéliseurs auxquels il aura à demander conseil.

2.7 PROBLÈMES

Deux critères ont présidé à l'ordonnancement des problèmes de ce chapitre. Les problèmes ont d'abord été classés selon la section à laquelle ils se rapportent : numéros 1 à 20, section 2.1 ; numéros 21 à 34, section 2.2 ; numéros 35 à 50, section 2.3 ; numéros 51 à 61, section 2.4. Les problèmes de chaque section ont été classés par ordre croissant de difficulté, les plus difficiles étant indiqués par un astérisque. Cette double classification n'est pas parfaitement objective : certains problèmes font appel à la maîtrise d'un ensemble de notions traitées dans plus d'une section ; de même, la difficulté perçue de certains problèmes est liée au degré de préparation du lecteur.

1. **Le chapelier Beau-Brummel** Le chapelier Beau-Brummel confectionne 2 modèles de casquettes, M1 et M2, fort populaires chez les jeunes et dont le design s'inspire des couvre-chefs qui ornent le crâne des *Crips* et des *Bloods* de Los Angeles. La contribution marginale au profit de chaque casquette est de 12 $ pour le modèle M1, et de 20 $ pour le modèle M2. Chaque casquette fait l'objet, lors de sa confection, des soins de 2 ateliers, selon les données du tableau suivant.

	Durée des opérations (en heures/casquette)		Heures disponibles le mois prochain
Atelier	M1	M2	
A	0,2	0,4	400
B	0,2	0,6	800

Combien de casquettes de chaque modèle Beau-Brummel devrait-il confectionner au cours du mois prochain s'il est assuré de vendre toute sa production ?

2. **L'atelier de mécanique** Un atelier de mécanique cherche à recruter des mécaniciens-monteurs pour démarrer la production d'un nouveau moteur de motocyclette. Chaque mécanicien-monteur devra assurer de A à Z le montage d'un certain nombre de moteurs à partir des pièces détachées qu'on lui remettra. Une petite annonce dans les quotidiens a permis de susciter la candidature de 2 mécaniciens-monteurs experts (catégorie A), de 6 mécaniciens-monteurs confirmés (catégorie B) et de 9 apprentis (catégorie C), qui ont tous réussi les tests d'autonomie. Le tableau suivant donne, pour chaque catégorie, la productivité d'un employé (le nombre de moteurs qu'il peut monter en un jour), son salaire quotidien (en dollars) ainsi que le nombre minimal d'années d'expérience des candidats de cette catégorie.

Catégorie	Productivité	Salaire	Expér. min.
A	20	200 $	10
B	15	155 $	6
C	8	90 $	2

L'atelier fonctionne 5 jours par semaine. La direction souhaite fabriquer le plus de moteurs possible tout en ne déboursant pas plus de 8 000 $ hebdomadairement en salaires. De plus, elle exige que le nombre total des années d'expérience de cette nouvelle main-d'œuvre soit d'au moins 60 ans. Comment doit-elle s'y prendre ?

3. **Le marchand de fruits** Un camionneur marchand de fruits, qui fait régulièrement la navette entre la Floride et le Québec, est présentement en Floride chez un producteur et planifie ses achats de fruits. S'il prend un plein chargement de tangerines, il peut en transporter 800 caisses. Il considère cependant qu'il lui serait impossible d'en

revendre plus de 200 caisses. De plus, son carnet de commandes lui impose de rapporter au moins 200 caisses d'oranges et au moins 100 caisses de pamplemousses. Une caisse de pamplemousses occupe 2 fois plus d'espace qu'une caisse d'oranges, et 1,5 fois l'espace occupé par une caisse de tangerines. Les oranges, les pamplemousses et les tangerines lui rapporteront respectivement 6 $, 5 $ et 10 $ la caisse. Comment doit-il répartir son chargement?

4. Les gants de hockey Après des années d'efforts et des dizaines de maquettes (les premières en pâte à modeler, les plus récentes réalisées en assemblant des pièces de plastique), un mordu de notre sport national, inventeur à ses heures, a mis au point un gant de hockey révolutionnaire : le poignet, aussi bien protégé que par un gant de hockey traditionnel, s'y trouve libre de bouger en tous sens. L'étroitesse du contact des doigts et de la paume avec le bâton de hockey, dont ne peut que rêver celui qui a passé une paire de gants traditionnels, est assurée par un mince gant de cuir de chevreau. Le revers de la main est protégé grâce à une solide carapace bien articulée, mais très légère. Notre inventeur a même imaginé un slogan publicitaire, qui montre bien son amateurisme en marketing : « Contrairement au gant traditionnel, la protection de la main ne se soustrait pas au maniement du bâton. »

Après maintes démarches inutiles auprès des ministères concernés et des agences spécialisées, la chance lui sourit : il fait la connaissance d'un industriel, spécialiste d'articles en plastique en tous genres, qui, trouvant le nouveau gant innovateur et commercialement intéressant, décide d'investir les fonds nécessaires à une tentative de pénétration du marché. L'industriel retient les services d'un designer pour établir des devis de fabrication manufacturière. Un spécialiste du marketing suggère d'en fabriquer 3 modèles d'un luxe décroissant, numérotés 1, 2 et 3, chaque modèle comportant 3 tailles : P, M et G. Quelques centaines de prototypes sont soigneusement assemblés dans un des ateliers que gère l'industriel, à partir de composants provenant de différents fournisseurs, afin de déjouer le plus longtemps possible les spécialistes de la copie.

Un test de marché a été effectué en début de saison dans 2 villes septentrionales du Québec : Chicoutimi et Rouyn-Noranda. Le succès a été tel que l'industriel a décidé de monter rapidement une petite usine destinée à la fabrication des 3 modèles, chacun dans les 2 tailles retenues, P et G. Cette usine comporte 4 ateliers : extrusion du plastique, coupe et couture du cuir, assemblage, emballage. Le tableau ci-contre fournit les données estimées relatives à la fabrication des gants.

Pour chacun des 3 modèles, il faut prévoir, selon les données recueillies lors de l'étude de marché, au plus le double de paires de taille P que de taille G. De même, le nombre de paires du modèle 1 ne doit pas dépasser le quart de celui du modèle 3, ni être inférieur à la moitié de celui du modèle 2. Comment doit-on s'y prendre pour maximiser les profits?

	Durée des opérations (en minutes/paire de gants)			
Atelier	**Modèle 1**	**Modèle 2**	**Modèle 3**	**Temps disponible (en heures)**
Extrusion	3	2	2	2 400
Cuir	15	10	8	14 000
Assemblage	30	20	15	14 300
Emballage	5	4	3	4 000
Profit/paire	9 $	7 $	4 $	

5. Le montage de motoculteurs Une entreprise de Lagos au Nigeria met 2 ateliers de montage à la disposition des importateurs. La firme Peugeot veut y faire monter des motoculteurs de 3 modèles : il lui faut au moins 30 motoculteurs du modèle A, 160 du modèle B et 250 du modèle C. Le tableau ci-dessous donne, pour chaque atelier, les coûts quotidiens d'exploitation ainsi que la capacité quotidienne, laquelle s'interprète comme suit : l'atelier M, s'il consacre toutes ses ressources au modèle A, peut produire 2 motoculteurs par jour.

Modèle	**Atelier M**	**Atelier N**
A	2	1
B	5	10
C	10	10
Coûts (en naïras/jour)	3 800	4 500

Pendant combien de jours doit fonctionner chaque atelier pour satisfaire les besoins de la firme Peugeot au moindre coût, sachant que Peugeot a convenu, à la demande de la firme propriétaire, d'accorder le même nombre de jours de travail à chaque atelier?

6. La verrerie vénitienne Un importateur fait fabriquer sous sa griffe de la verrerie teintée de grand luxe dans 2 ateliers vénitiens. Il leur fournit, en quantité fixe correspondant à une cuvée, un mélange secret de silice, d'alcali et de chaux, auquel est ajouté, dans une proportion fort précise, le colorant. Une fois le mélange en fusion, on s'affaire dans l'atelier à en tirer des vases, des carafes et des bonbonnières. Seul le maître de chacun des ateliers possède la virtuosité requise pour souffler les vases ; le soufflage des carafes est confié aux premiers ouvriers, et le pressage des bonbonnières, aux apprentis. Voici, pour chaque atelier, la production que permet une cuvée de mélange secret.

Production obtenue d'une cuvée de mélange		
Produit	**Atelier M**	**Atelier N**
Vase	100	80
Carafe	250	400
Bonbonnière	750	400
Coûts (en lires/cuvée)	2 800 000	2 400 000

Le carnet de commandes impose la fabrication d'au moins 2 000 vases, 6 000 carafes et 12 000 bonbonnières. L'importateur cherche à répartir la production entre les 2 ateliers de façon à minimiser les coûts liés à la préparation des cuvées. Il entend confier à chaque atelier un nombre entier de cuvées.

(a) Construire un modèle linéaire approprié.

(b) Donner une contrainte qui, si elle était ajoutée au modèle construit en réponse à la question *(a)*, permettrait d'exiger qu'il y ait au moins 2 fois plus de cuvées dans l'atelier M que dans l'atelier N.

(c) Donner une contrainte qui, si elle était ajoutée au modèle construit en réponse à la question *(a)*, permettrait d'exiger qu'il y ait au moins 2 cuvées de plus dans l'atelier M que dans l'atelier N.

(d) Quelles modifications faudrait-il apporter au modèle construit en réponse à la question *(a)* s'il était prévu 10 % de casse dans la fabrication des carafes et des bonbonnières ?

7. Le lancement d'un nouveau produit La société XYZ envisage l'ajout d'un nouveau produit à la gamme de ceux qu'elle fabrique actuellement. Deux modèles du nouveau produit ont été analysés et testés par XYZ. Le modèle standard peut se fabriquer dans l'un ou l'autre des 3 ateliers (A, B et C) dont dispose la société ; chaque unité de ce modèle requiert en main-d'œuvre soit 5 heures dans l'atelier A, soit 4 heures dans B, soit 5 heures dans C. Quant à l'autre modèle considéré, dit modèle de luxe, l'atelier A ne dispose pas de l'équipement nécessaire et sa fabrication devra être confiée aux ateliers B et C ; enfin, une unité de ce modèle de luxe requiert en main-d'œuvre 5 heures dans l'atelier B ou 8 heures dans C.

On peut rendre disponibles pour la fabrication de l'un ou l'autre des modèles de ce produit 2 000 heures dans l'atelier A, 8 000 heures dans B et 4 000 heures dans C. Le salaire horaire versé aux ouvriers est de 11,50 $ dans l'atelier A, de 13 $ dans B et de 12 $ dans C. Le coût des matériaux et les dépenses (autres que celles engagées pour la main-d'œuvre) directement liées à la fabrication de cet article sont évalués à 10 $ pour l'unité du modèle standard et à 15 $ pour l'unité du modèle de luxe. L'entreprise se propose de vendre le modèle standard 135 $ l'unité et le modèle de luxe 145 $ l'unité. Le service du marketing estime qu'on ne peut espérer vendre plus de 2 500 unités du modèle standard ni plus de 1 000 unités du modèle de luxe.

Y a-t-il un profit possible ? Si oui, comment doit-on répartir la production des 2 modèles entre les différents ateliers pour maximiser les profits découlant du lancement de ce produit ?

8. La société CEG La société CEG fabrique 2 peintures antirouille qu'elle commercialise en bonbonnes pressurisées sous les marques déposées Formule X et Formule Y. La demande hebdomadaire des quincailleries qui assurent la distribution de ces produits s'élève à 100 000 bonbonnes de Formule X et à 105 000 bonbonnes de Formule Y. CEG n'arrive pas à satisfaire la demande et doit faire appel à un concurrent dont les produits ne connaissent pas le même succès et dont les ateliers sont disponibles pour fabriquer sous licence les Formules X et Y.

La production des 2 types de peinture requiert 3 opérations : mélange des ingrédients, mise en bonbonne, emballage publicitaire. Le tableau suivant indique, pour chaque marque de peinture, le temps de main-d'œuvre disponible chez CEG pour effectuer chaque opération et la durée de chacune de ces dernières.

Opération	Durée des opérations (en minutes/bonbonne) Formule X	Formule Y	Temps disponible (en min/sem.)
Mélange	0,40	0,30	30 000
Mise en bonbonne	0,15	0,20	21 000
Emballage	0,10	0,05	4 800

Le concurrent réclame à CEG 10,50 $ la bonbonne pour la Formule X et 13,12 $ la bonbonne pour la formule Y, alors qu'il en coûte à CEG respectivement 9,40 $ et 12,01 $ la bonbonne. CEG veut à tout prix satisfaire la demande.

Comment CEG doit-elle répartir la production de peinture entre son usine et celle de son concurrent si les bonbonnes dont la production est amorcée dans l'usine de CEG ou dans celle de son concurrent doivent être terminées sur place ?

9. Les Aînés en action Les Aînés en action, une association de retraités, viennent d'acquérir dans le Vieux-Montréal un ancien couvent, dont la superficie totale des planchers est de 8 000 m² répartis sur 5 étages, qu'ils ont entrepris de convertir en copropriété. Une étude de marché, menée par un retraité qui s'y connaît, a indiqué que la demande porterait sur 4 types d'appartements :

- Type A : appartements luxueux donnant sur le jardin intérieur, comprenant une cuisine, une salle de séjour et une chambre à coucher.
- Type B : appartements classiques avec cuisine et salle de séjour intégrées, une chambre à coucher.
- Type C : studios luxueux.
- Type D : studios classiques.

Le tableau de la page suivante résume les données quantitatives pertinentes à la conversion du couvent en copropriété et à sa vente.

Les Aînés disposent d'au plus 1 483 500 $ pour rénover le couvent. L'aménagement des espaces communs (ascenseurs, hall d'entrée, escaliers, garage, piscine, etc.), qui requerront une partie de la surface disponible, coûtera 700 000 $. Il restera 6 250 m² à aménager en appartements.

Coûts (en $) des aménagements d'un appartement				
Aménagement	**Type A**	**Type B**	**Type C**	**Type D**
Tapis	4 000	3 000	2 000	1 000
Peinture	1 500	1 000	1 500	1 500
Appareils ménagers	4 000	3 000	2 000	1 000
Menuiserie	14 000	11 000	4 500	4 300
Coûts d'aménagement	23 500	18 000	10 000	7 800
Prix de vente (en $)	148 000	114 000	89 000	71 000
Surface (en m2)	150	125	100	75

La banque qui finance l'ensemble des opérations, s'appuyant sur son expérience de ce genre de projets, exige que les immobilisations en menuiserie et en appareils ménagers représentent au moins 75 % des dépenses engagées pour l'aménagement des appartements, sans tenir compte des espaces communs.

Le règlement de zonage ne permet pas de subdiviser le couvent en plus de 60 appartements. Les Aînés en aménageront au moins 40 de façon à garantir aux acquéreurs qu'ils seront suffisamment nombreux à se répartir les charges communes d'entretien. La prévente a permis d'obtenir les promesses d'achat suivantes, que les Aînés en action se sont engagés à satisfaire : 20 appartements de type B, 12 de type D et 5 de type A.

Les Aînés ne veulent pas que le nombre de studios soit supérieur à 60 % du nombre total d'appartements, car les immeubles à trop forte proportion de studios attirent une « faune » qui rend difficiles les transactions ultérieures relatives aux appartements dotés d'une chambre.

Les Aînés désirent maximiser les revenus qu'ils tireront de la vente des appartements, après déduction du coût des aménagements. Le prix d'achat du couvent est un secret bien gardé et les Aînés ont décidé de ne pas tenir compte, en première analyse, du coût des capitaux investis.

10. Les masques Un jeune gestionnaire se voit proposer un budget maximal de 26 000 $ pour se procurer la peinture, le carton-pâte, les fils à moustaches et à sourcils et le velours de doublure qui serviront à fabriquer des masques pour l'Halloween. Pour les masques des 2 collections qu'il songe à lancer sur le marché, il faut, en moyenne, dépenser les sommes suivantes pour se procurer les fournitures nécessaires.

Coût moyen (en $) des fournitures pour un masque				
Collection	**Peinture**	**Carton-pâte**	**Fils**	**Velours**
A	0,30	0,20	0,35	0,50
B	0,40	0,20	0,10	0,40

Les masques de la collection A se vendent 3 $ l'unité et ceux de la collection B, 2,75 $. Le carnet de commandes indique des ventes d'au moins 5 000 masques de chacune des collections. Comment le jeune gestionnaire doit-il répartir le budget dont il dispose pour maximiser les rentrées à tirer de cette opération, s'il est assuré d'écouler toute sa production de masques ?

11. La société forestière Une société forestière veut utiliser de façon optimale le bois obtenu de l'exploitation d'une concession forestière. Comme elle dispose d'une scierie et d'une usine de déroulement des billes, les 2 débouchés possibles pour son bois sont le bois de sciage et le contreplaqué. La production de 1 000 pieds de planche requiert 1 000 unités d'épinette ou 1 200 unités de sapin. La fabrication de 1 000 pieds carrés de contreplaqué requiert 2 000 unités d'épinette et 4 000 unités de sapin. Des boisés concédés, la société pourra tirer au plus 150 000 unités d'épinette et au plus 200 000 unités de sapin. L'entreprise s'est engagée à produire 40 000 pieds de planche et 30 000 pieds carrés de contreplaqué. Produire 1 000 pieds de planche rapporte 200 $; produire 1 000 pieds carrés de contreplaqué rapporte 1 300 $. Quel plan de production la société devrait-elle envisager ?

12. Les mélanges de café

(*a*) Un vendeur de produits alimentaires dispose de 10 000 kg de café robusta, de 20 000 kg de café arabica et de 5 000 kg de café moka. Il veut en produire 2 mélanges : le premier contiendra 1 part de robusta pour chaque part d'arabica et se vendra 2,00 $ le kg ; le second se composera de 4 parts de moka pour chaque part d'arabica et se vendra 2,80 $ le kg. Tout le café qui ne pourra être incorporé à ces mélanges sera écoulé au prix de 1,50 $ le kg. Comment le vendeur doit-il s'y prendre pour maximiser le revenu qu'il tirera du café dont il dispose ?

(*b*) On décide de modifier les règles de composition des mélanges : le premier contiendra au moins 1 part de robusta pour chaque part d'arabica ; le second ne renfermera pas plus de 4 parts de moka pour chaque part d'arabica. Comment doit alors s'y prendre le vendeur pour maximiser ses revenus ?

(*c*) On change encore d'idée. Les nouvelles règles selon lesquelles on mélangera les cafés sont les suivantes : le premier mélange comportera au plus 1 part de robusta pour chaque part d'arabica ; le second n'acceptera pas moins de 4 parts de moka pour chaque part d'arabica. Comment, cette fois, doit s'y prendre le vendeur pour maximiser ses revenus ?

13. La distillerie MossBriar Des grossiums écossais amassent des fortunes en lançant de grandes marques de whisky dont ils s'assurent de la faveur auprès du public en en maintenant ce goût précis qui fait partie de leur marque de commerce. Tout repose sur les « épaules » de quelques « nez », ces experts à l'odorat et au goût extrêmement développés, dont les séances de dégustation sont ponctuées par le rejet bruyant, dans la sciure de bois, de mini-lampées qu'ils ne transforment jamais en gorgées, à la grande surprise des amateurs non initiés. À la distillerie MossBriar, fabricant des whiskies du même nom, les produits sont élaborés à partir de 3 malts et d'alcool de canne à sucre neutralisé quant à son goût de rhum d'origine.

MossBriar met en marché 3 whiskies : le MossBriar Red, le MossBriar Black et le MossBriar Special Reserve. Voici la recette des mélanges qui permettent de les obtenir.

Pourcentages requis des ingrédients dans les whiskies				
Ingré-dient	**Red**	**Black**	**S.R.**	**Disponibilité (en hl)**
Malt P	Au moins 25	Au plus 30	Au plus 35	425
Malt Q	Au moins 10	Au plus 15	Au plus 15	550
Malt T	Au moins 20	Au moins 25	Au moins 35	375
Alcool	Au plus 45	Au plus 30	Au plus 15	2 200

La distillerie MossBriar vend ses whiskies en bouteilles d'un litre, aux prix suivants : 10 $ la bouteille de Red, 12 $ celle de Black et 16 $ celle de Special Reserve. Les différents malts et l'alcool coûtent à la distillerie, pour un litre : 5 $ pour le malt P, 6 $ pour le malt Q, 8 $ pour le malt T et 3 $ pour l'alcool. La distillerie MossBriar insiste pour mettre suffisamment de Black et de Special Reserve en marché de façon que ces 2 sortes représentent au moins 50 % du total des whiskies qu'elle écoule.

Sous ces conditions, combien de litres de chaque sorte doit-elle mettre en marché pour maximiser ses profits ?

14. La raffinerie Une petite raffinerie des Maritimes s'approvisionne en brut auprès de 4 producteurs.

Producteur	Prix par baril livré à la raffinerie	Nombre minimal de barils	Nombre maximal de barils
1. Nigeria	24,00 $	75 000	–
2. Gabon	25,00 $	60 000	200 000
3. Venezuela	22,30 $	50 000	–
4. Mexique	24,20 $	50 000	250 000

Elle raffine ce brut pour en extraire 4 produits : essence sans plomb (A) ; mazout (B) ; naphta (C) ; sous-produits de raffinage (D) vendus aux industries du plastique et des produits pharmaceutiques.

Le raffinage donne 1 baril de produits par baril de brut. Les proportions des 4 produits obtenus varient selon l'origine du brut : le tableau suivant donne la répartition de 1 baril de brut pour chacun des producteurs.

Producteur	Produit				Coût du raffinage d'un baril
	A	B	C	D	
Nigeria	0,22	0,20	0,05	0,53	4,00 $
Gabon	0,18	0,22	0,12	0,48	4,25 $
Venezuela	0,25	0,05	0,22	0,48	4,15 $
Mexique	0,20	0,26	0,14	0,40	4,50 $

Voici les contraintes de production pour le mois prochain ainsi que le prix unitaire de chaque produit :

– au moins 200 000 barils de A vendus 200 $ le baril ;
– au moins 100 000 barils de B vendus 125 $ le baril ;
– au moins 40 000 barils de C vendus 310 $ le baril ;
– les produits D se vendront 20 $ le baril.

La raffinerie ne peut traiter plus de 900 000 barils de brut mensuellement. Combien de barils devrait-elle se procurer auprès de chacun de ses fournisseurs pour s'assurer de maximiser ses revenus nets le mois prochain ?

15. Les outils Une usine fabrique 2 outils, A et B, utilisés dans les ateliers de mécanique industrielle. Pour 4 $, on se procure suffisamment d'acier au titane pour fabriquer un outil A. On doit dépenser 5 $ pour l'acier au rutile requis pour façonner un outil B. Il faut tourner, polir et aiguiser l'acier pour fabriquer chacun des outils. Il en coûte 50 $ l'heure pour faire fonctionner le tour, 30 $ l'heure pour la polisseuse et 40 $ l'heure pour l'aiguiseuse. Ces coûts ne s'appliquent que durant les périodes d'utilisation d'une machine. En une heure d'utilisation du tour, on peut tourner 20 outils A ou 25 outils B, ou toute combinaison équivalente. On peut de même polir en une heure 30 outils A ou 20 outils B, et aiguiser 40 outils A ou 30 outils B. Un outil A se vend 11 $ et un outil B, 12,35 $. Il faut produire au moins 5 outils A à l'heure pour satisfaire la demande. Toutefois, la production supérieure à 10 outils B à l'heure ne pourrait être écoulée. Comment doit-on organiser la production de cette usine pour maximiser les revenus nets ?

16. Le papetier Un papetier dispose de 2 machines équipées de couteaux-guillotines pour couper des bobines-mères dans le sens de la largeur. La première machine coupe des bobines-mères larges de 120 cm et la seconde, des bobines-mères larges de 100 cm. Le papetier se propose de satisfaire les commandes suivantes.

Nombre de rouleaux	Largeur en cm
250	40
310	32
50	30
24	24

Il commence par établir la liste de tous les plans de coupe possibles avec chacune des 2 machines grâce au programme BASIC suivant.

```
10 FOR LBOBINE = 120 TO 100 STEP -20
15 NPLANS = 0
20 PRINT "L40 L32 L30 L24"
25 PRINT
30 FOR L40 = 3 TO 0 STEP -1
35 FOR L32 = 3 TO 0 STEP -1
40 FOR L30 = 4 TO 0 STEP -1
45 FOR L24 = 5 TO 0 STEP -1
50 UTIL = 40*L40 + 32*L32 + 30*L30 + 24*L24
55 IF UTIL <= LBOBINE THEN 60 ELSE 80
60 CHUTES = LBOBINE - UTIL
65 IF CHUTES < 24 THEN 70 ELSE 80
70 PRINT L40, L32, L30, L24, CHUTES
75 NPLANS = NPLANS + 1
80 NEXT L24, L30, L32, L40
85 PRINT
90 PRINT " NPLANS = "; NPLANS
95 NEXT LBOBINE
99 END
```

Il obtient ainsi des données qui lui permettent d'établir les tableaux suivants.

Plans de coupe des bobines-mères de 120 cm

Largeur	Plan 1	2	3	4	5	6	7	8	9	10	11
40 cm	3	2	2	2	1	1	1	1	1	1	0
32 cm	0	1	0	0	2	1	1	0	0	0	3
30 cm	0	0	1	0	0	1	0	2	1	0	0
24 cm	0	0	0	1	0	0	2	0	2	3	1
Chutes	0	8	10	16	16	18	0	20	2	8	0

Largeur	Plan 12	13	14	15	16	17	18	19	20	21
40 cm	0	0	0	0	0	0	0	0	0	0
32 cm	2	2	1	1	1	0	0	0	0	0
30 cm	1	0	2	1	0	4	3	2	1	0
24 cm	1	2	1	2	3	0	1	2	3	5
Chutes	2	4	8	10	16	0	6	12	18	0

Plans de coupe des bobines-mères de 100 cm

Largeur	Plan 1	2	3	4	5	6	7	8	9	10	11	12	13	14	15
40 cm	2	1	1	1	1	0	0	0	0	0	0	0	0	0	0
32 cm	0	1	0	0	0	3	2	2	1	1	1	0	0	0	0
30 cm	0	0	2	1	0	0	1	0	2	1	0	3	2	1	0
24 cm	0	1	0	1	2	0	0	1	0	1	2	0	1	2	4
Chutes	20	4	0	6	12	4	6	12	8	14	20	10	16	22	4

Comment doit-il procéder dans chacun des cas suivants :

(*a*) lorsque l'objectif est de minimiser les chutes ?

(*b*) lorsque l'objectif est de minimiser le nombre total de bobines-mères utilisées ?

(*c*) lorsque l'objectif est de minimiser le coût des bobines-mères nécessaires, sachant que celles de 120 cm coûtent 25 % de plus que celles de 100 cm ?

(*d*) lorsque l'objectif est de minimiser les chutes tout en coupant autant de bobines-mères avec la machine de 120 cm qu'avec la machine de 100 cm ?

(*e*) lorsque l'objectif est de minimiser les chutes tout en produisant autant de rouleaux de chaque largeur avec chacune des 2 machines ?

(*f*) lorsque l'objectif est de minimiser les chutes tout en produisant autant de rouleaux de 40 cm avec la machine de 120 cm que de rouleaux de 30 cm avec la machine de 100 cm ?

17. Fidominet Fidominet récupère divers sous-produits provenant des abattoirs et des usines de traitement de poisson pour les utiliser dans la fabrication de nourriture pour chiens et chats. Le carnet de commandes de Fidominet l'oblige à produire chaque semaine 7 000 kg de nourriture pour chiens et 9 000 kg de nourriture pour chats. Fidominet garantit que ses produits contiennent les pourcentages minimaux suivants des 4 nutriments A, B, C et D, considérés par les vétérinaires comme étant essentiels à la bonne santé des bêtes.

Pourcentages minimaux des nutriments dans un kg d'aliment

Nourriture	A	B	C	D
Pour chiens	4,0 %	5 %	4 %	3 %
Pour chats	3,5 %	6 %	2 %	2 %

Les sous-produits de viande et de poisson constituent, avec les céréales, les 3 composants qui entrent dans la recette de nourriture que met en marché Fidominet.

Poids (en kg) des nutriments dans un kg de composant

Composant	A	B	C	D	Nombre de kg disponibles	Coût par kg
1. Viande	0,05	0,08	0,05	0,04	9 000	2,00 $
2. Poisson	0,06	0,07	0,09	0,10	12 000	2,50 $
3. Céréales	–	0,01	0,06	0,08	4 000	0,75 $

Quels achats devrait effectuer Fidominet et de quelle façon devrait-elle combiner les composants achetés pour minimiser ses coûts tout en répondant aux exigences de son carnet de commandes ?

18. Le lancement d'une pièce de 5 $ L'hôtel de la Monnaie du Canada se prépare à lancer une pièce de 5 $ pour déloger les billets de même valeur dont l'inflation a banalisé l'emploi et accéléré l'usure, ce qui entraîne de fréquents et coûteux remplacements. À l'hôtel de la Monnaie, on envisage de produire les futures pièces à partir d'alliages provenant de différentes mines du pays. Après négociations, on a retenu 3 alliages composés chacun de cuivre, de nickel et de zinc qu'il est possible de se procurer auprès d'autant de fournisseurs. Voici la répartition du poids de chaque alliage entre les divers métaux qui le composent, ainsi que le coût de chaque alliage.

Alliage	Cuivre	Nickel	Zinc	Coût (en $/kg)
1	30 %	60 %	10 %	6,75
2	20 %	40 %	40 %	8,50
3	30 %	50 %	20 %	6,75

L'hôtel de la Monnaie cherche à minimiser les coûts de production de la nouvelle pièce tout en s'assurant qu'elle réponde aux normes de résistance à l'usure. On a donc fixé les normes suivantes, que la nouvelle pièce devra respecter rigoureusement : il faudra que, dans chaque pièce, le poids du cuivre soit égal au tiers de celui des 2 autres métaux ensemble ; que le poids du nickel ne dépasse pas le double de celui du cuivre ; et que le poids du zinc ne représente pas plus de 30 % du poids total de la pièce.

Comment doit-on s'y prendre ?

19. Le Ténéré Un paléontologue est à préparer une expédition de collecte d'artéfacts dans le Ténéré, cette partie du Sahara où les très rares puits sont le plus souvent à sec. Il souhaite prolonger le plus longtemps possible le périple qu'il entreprendra en *Land Rover*. En plus de tout l'équipement nécessaire à l'entretien du véhicule (outils, pneus de rechange, etc.), des tôles de désensablage, du matériel de cuisine et de couchage, il lui faut prévoir suffisamment de carburant, d'eau et de nourriture pour la durée de son séjour dans le désert.

Un jerrycan de 30 litres rempli de carburant pèse 35 kg et occupe un espace de 0,03 m^3. Le réservoir de la *Land Rover* a une capacité de 90 litres. Le paléontologue compte parcourir 150 km par jour, et son véhicule consomme, dans le sable, 20 litres aux 100 km. Une bonbonne de 50 litres remplie d'eau pèse 54 kg et occupe un espace de 0,05 m^3. Il lui faut prévoir 10 litres d'eau par jour pour s'abreuver, cuisiner, faire sa toilette et remettre le radiateur de la *Land Rover* à niveau. Le poids de la nourriture quotidienne nécessaire à une alimentation équilibrée, qui lui évitera les dysenteries tout en lui fournissant suffisamment d'énergie pour affronter les rigueurs du climat désertique, est de 1 500 grammes et occupe un espace de 0,001 m^3.

L'espace-cargo dont il dispose dans son véhicule pour stocker l'essence, l'eau et la nourriture est de 0,5 m^3. Le poids total des jerrycans, des bonbonnes d'eau et de la nourriture ne saurait dépasser 275 kg en début de périple.

Combien de jours le périple peut-il durer :

(a) si, au départ, tous les contenants, jerrycans et bonbonnes, doivent être pleins ?

(b) si on permet qu'au départ certains contenants soient partiellement emplis ?

20. Les policiers À Antananarivo, capitale de la République malgache, on doit, malgré de graves problèmes de trésorerie, assurer la sécurité des citoyens par un service de police adéquat. Voici, pour une journée type, le nombre minimal de policiers requis par période de 4 heures.

Période	Nombre de policiers
0 h – 4 h	24
4 h – 8 h	56
8 h – 12 h	90
12 h – 16 h	116
16 h – 20 h	40
20 h – 24 h	60

Un policier prend son service une fois par jour et travaille 8 heures d'affilée. Les heures de prise de service sont 0 h, 4 h, 8 h, 12 h, 16 h et 20 h. Le directeur peut demander aux policiers d'effectuer, immédiatement après leur service normal, un bloc de 4 heures supplémentaires, lesquelles sont rémunérées à un taux correspondant à 150 % du salaire horaire régulier.

(a) Si on ne tient compte ni des vacances ni des absences, et en supposant que chaque policier prend son service 7 jours par semaine à la même heure, sans jours chômés, combien de policiers faut-il prévoir pour assurer le service de police à Antananarivo au coût quotidien le plus faible possible ?

(b) Supposons que le directeur veuille s'assurer qu'un policier soit appelé à faire des heures supplémentaires 1 jour sur 3 au maximum. Comment modifiera-t-on le modèle précédent si l'on maintient l'objectif de minimiser les coûts salariaux ?

(c) La prise de service quotidienne et l'astreinte fréquente aux heures supplémentaires ont provoqué de nombreuses démissions chez les policiers. Le directeur, devenu soucieux du moral de ses troupes, a convaincu la mairie d'abandonner le recours aux heures supplémentaires et d'accorder à chaque policier 2 jours de congé consécutifs. Voici, selon ce nouveau régime, le nombre minimal de policiers requis pour chacune des journées d'une semaine typique.

Jour	Nombre de policiers
Dimanche	175
Lundi	125
Mardi	120
Mercredi	135
Jeudi	140
Vendredi	240
Samedi	270

Combien faut-il de policiers pour assurer le service minimal requis pendant une semaine typique ?

(d) La mairie voudrait reprendre son droit d'accorder les congés hebdomadaires d'un policier en 2 jours qui ne soient pas nécessairement consécutifs. Déterminer l'impact de cette mesure sur le nombre de policiers requis.

21. La société Volauvent Depuis la déréglementation dans le domaine du transport aérien, il est possible, sous certaines conditions assez libérales, de créer une compagnie aérienne qui se consacre à fournir des services concurrents sur le réseau de son choix. Volauvent a obtenu le mandat de desservir une fois par jour, au départ de Montréal, les villes suivantes : Rivière-du-Loup, Matane, Baie-Comeau, Val-d'Or, Jonquière et Lac-Mégantic. Comme les autorités de l'aéroport de Montréal n'ont prévu que 2 aires d'embarquement pour les vols de Volauvent aux heures suivantes : 6 h, 8 h, 10 h et 13 h, Volauvent ne peut inscrire à l'horaire plus de 2 départs à chacune de ces heures.

Le nombre de passagers empruntant un vol donné et, partant, le profit que Volauvent en retirera varient selon l'heure de départ. À la suite d'une analyse de marché, Volauvent a estimé les profits attendus de chaque vol selon l'heure de départ et selon la destination. Le tableau ci-dessous résume les résultats obtenus.

Profits quotidiens (en 000 $) d'un vol				
Vol	**6 h**	**8 h**	**10 h**	**13 h**
Rivière-du-Loup	11	10	11	12
Matane	14	14	12	13
Baie-Comeau	9	8	7	8
Val-d'Or	5	3	−2	2
Jonquière	13	14	10	12
Lac-Mégantic	8	7	6	4

(*a*) À quelle heure doit-on prévoir les vols quotidiens obligatoires entre Montréal et chacune des villes que dessert Volauvent, si l'objectif est de maximiser les profits quotidiens attendus ?

(*b*) Combien Volauvent serait-elle prête à débourser pour obtenir que l'aéroport mette une aire d'embarquement supplémentaire à sa disposition à 6 h ?

22. Le Louvre Un dimanche matin de 1911, au Louvre, un petit ouvrier italien, dont on ne sait s'il était inspiré par l'esprit de lucre ou par le désir de venger son pays des razzia napoléoniennes, s'empara de La Joconde avant l'ouverture des portes, sans laisser de traces. L'enquête policière fut menée vigoureusement : frontières bouclées, gares surveillées, antiquaires alertés en France et à l'étranger. Mais elle piétina malgré tous les limiers lancés à la recherche de La Joconde. Ce n'est qu'en 1914, à la veille de la Grande Guerre, que la toile fut retrouvée à Florence grâce au propriétaire d'une galerie qui se l'était vu proposer par le voleur. Cet incident a accru, chez les directeurs de musée, la conscience de leurs responsabilités vis-à-vis des objets d'art dont ils ont la garde. De nos jours, ils sont pourvus du nec plus ultra en matière d'équipement de mise en échec des éventuels voleurs, vandales et exaltés.

Récemment, dans un musée bien connu, il a été décidé de placer des caméras de télévision au-dessus du linteau de certaines des portes donnant accès aux salles d'exposition ; chaque caméra a été installée dans une alvéole de manière à balayer les 2 salles reliées par la porte grâce à un double objectif. Le but de la direction du musée était d'assurer, au moindre coût, que chaque salle soit surveillée par au moins une caméra. Le plan de ce musée est présenté ci-dessous ; les portes sont indiquées par les lettres B à R.

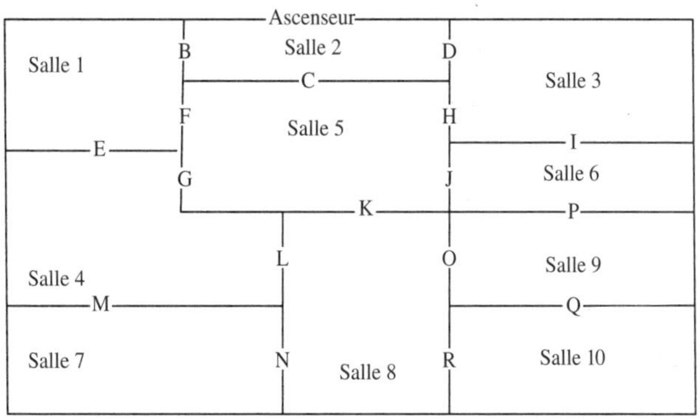

Combien de caméras a-t-il fallu utiliser pour parvenir, avec le moins d'appareils possible, à surveiller chaque salle avec au moins 1 caméra tout en plaçant la salle 4 sous la surveillance d'au moins 2 caméras ?

23. Les bourses d'études Depuis quelques années, une petite université incite ses diplômés fortunés à doter leur *alma mater* de sommes qui, placées en fiducie, produisent chaque année des usufruits, dont une part est immédiatement réinvestie pour enrayer la dévaluation provoquée par l'inflation, et dont le solde sert à créer des bourses dont le nom perpétue celui des généreux diplômés et permet à des étudiants peu fortunés mais méritants de poursuivre leurs études. Il arrive, à l'occasion, qu'une bourse ne soit pas attribuée ; le montant en est alors immédiatement réinvesti. La politique de l'université est, lorsqu'elle décide d'accorder une bourse, de la remettre dans son entièreté à un même étudiant.

L'université ne décerne jamais plus de 3 bourses à un même étudiant, et le montant total des bourses accordées à un étudiant ne peut excéder de plus de 10 % le montant de l'aide financière minimale requise par ce dernier.

Voici le nom et le montant de chacune des bourses que l'université peut accorder cette année.

Bourse Arminjon	1 500 $	Bourse Forest	2 100 $
Bourse Barzani	1 750 $	Bourse Garoua	3 100 $
Bourse Côté	1 875 $	Bourse Hubert	2 750 $
Bourse Diamant	1 425 $	Bourse Iolesco	2 275 $
Bourse Elmor	1 950 $	Bourse Janvier	2 345 $

Voici le nom des 4 étudiants qui seront boursiers cette année, et le montant minimal que requiert chacun.

Zaccour	3 000 $	Yolandeau	5 600 $
Xeren	4 500 $	Wong	5 000 $

L'université se propose de maximiser le montant total des bourses qui ne seront pas accordées, tout en satisfaisant les besoins minimaux des étudiants et en respectant les autres conditions indiquées. Comment s'y prendra-t-elle ?

24. Les candidatures Le directeur des ressources humaines de la firme X a retenu, parmi les dizaines de candidatures reçues pour combler 6 postes vacants, les dossiers de 15 personnes expérimentées qui demandent, à son avis, des salaires raisonnables et qui possèdent les compétences requises. Voici, pour chacun de ces 15 candidats, la liste des postes qu'il pourrait combler ainsi que le salaire souhaité.

Candidat	Postes potentiels	Salaire souhaité (en 000 $)
A	1, 5	20
B	2, 4	30
C	3, 6	25
D	1, 2, 5	32
E	2, 3, 6	27
F	1, 3, 5	32
G	5, 6	23
H	3, 4, 5	37
I	2, 4	32
J	1, 3, 6	23
K	1, 2, 3	31
L	1, 3, 5	34
M	5, 6	29
N	1, 6	27
O	3, 5	21

Si l'objectif du directeur des ressources humaines n'est que de combler les 6 postes au moindre coût, tous les candidats qualifiés lui semblant égaux par ailleurs, à quels postulants devrait-il proposer un poste ?

25. L'usine d'embouteillage Une importante société, qui met en marché une marque réputée de boissons gazeuses, veut construire une usine d'embouteillage dans une région. La figure suivante représente les villes de cette région.

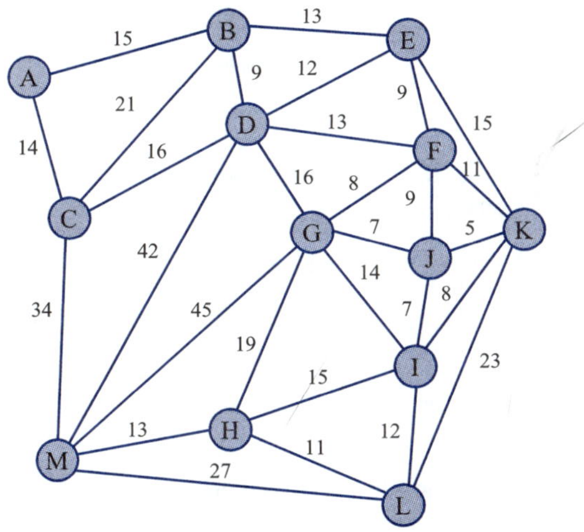

Le tableau suivant donne les plus courtes distances (en km) entre chacune des paires de villes où est concentrée la population. La dernière ligne donne la population en milliers d'habitants.

	A	B	C	D	E	F	G	H	I	J	K	L	M
A	–												
B	15	–											
C	14	21	–										
D	24	9	16	–									
E	28	13	28	12	–								
F	37	22	29	13	9	–							
G	40	26	32	16	17	8	–						
H	59	44	47	35	36	27	19	–					
I	51	36	45	29	23	16	14	15	–				
J	46	31	38	22	18	9	7	22	7	–			
K	43	28	40	24	15	11	12	23	8	5	–		
L	63	48	57	41	35	28	26	11	12	19	20	–	
M	48	51	34	42	49	40	32	13	28	35	36	24	–
Population	53	46	16	28	96	84	32	21	15	22	41	53	66

(a) Quelle ville sera retenue pour l'établissement de l'usine d'embouteillage si la société se donne comme objectif de maximiser le nombre de personnes de la région vivant à moins de 25 km de l'usine ?

(b) S'il était possible d'implanter 2 usines dans la région, dans quelles villes devrait-on le faire ?

26. L'impartition des colis chez Transport Albert La Société Transport Albert offre, conjointement avec d'autres sociétés, un service interurbain de transport de colis. Le schéma ci-dessous décrit les opérations. Lorsqu'un client expéditeur situé dans la zone d'action d'un terminus T1 fait appel à ce service, une camionnette va cueillir le colis et l'achemine au terminus T1. Le colis est ensuite chargé dans une remorque, puis transbordé de terminus en terminus jusqu'à ce qu'il arrive au terminus T*n* le plus près du destinataire. Il est alors chargé dans une camionnette qui assure la livraison finale au destinataire.

Margaret, qui travaille au terminus de Boucherville de Transport Albert, est responsable de la répartition des colis entre les camionnettes chargées de la livraison aux destinataires. Chaque matin, elle attribue à des camionneurs indépendants les divers colis rendus en fin de course qui sont arrivés à son terminus durant la nuit précédente. Margaret est assistée dans cette tâche par un logiciel de routage conçu par un consultant. Le logiciel engendre un grand nombre de routes de livraisons admissibles, dont la durée minimale est fixée à 5 heures : pour chaque route, le logiciel décrit de façon détaillée l'itinéraire à suivre et en calcule la durée espérée (en heures). Margaret, qui se tient au courant des travaux routiers et des conditions particulières de la circulation qui rendraient certaines routes impraticables ou plus onéreuses qu'à l'ordinaire, choisit quelques-unes des routes produites par le logiciel et les offre à des camionneurs indépendants. Un camionneur ne peut, une journée donnée, accepter plus d'une route. De plus, chaque colis doit être attribué à une et à une seule route.

Supposons, pour alléger le modèle, que seulement 10 colis, numérotés de 0 à 9, ont été reçus la nuit dernière au terminus de Boucherville et que Margaret a retenu, après analyse, les 20 routes décrites dans le tableau suivant. Dans chaque cas, la durée espérée (en heures) de la route est donnée sur la dernière ligne. Les nombres de la partie centrale indiquent quels colis seraient transportés sur chaque route et dans quel ordre ils devraient être livrés : par exemple, le camionneur auquel serait attribuée la route numéro 1 livrerait d'abord le colis 5, puis le colis 1 et enfin le colis 0.

	Routes suggérées par le logiciel									
Colis	1	2	3	4	5	6	7	8	9	10
0	3	5			4	1		1	3	
1	2		1			3				
2		2		1					1	1
3		3								3
4			3		1		2	3		
5	1			2						
6		4	2		3		1			
7					2				4	4
8		1		3				2		2
9						2	3		2	
Durée (en h)	6	9,5	7	8	7	5	6	8	7	8

	Routes suggérées par le logiciel									
Colis	11	12	13	14	15	16	17	18	19	20
0			3			2				4
1						1			3	2
2	2						3	3		
3	1			3	3	4				
4		1					1	1	1	
5		3	1						5	1
6		2		1				2		
7									4	3
8	3				1	3	2			
9			2	2	2	5			2	
Durée (en h)	6	6	6	7	6,5	8	5	5	9	6

(*a*) Construire et résoudre un modèle linéaire, si l'objectif de Margaret est de minimiser le nombre de camionneurs indépendants avec lesquels elle fera affaire aujourd'hui.

(*b*) Indiquer comment modifier le modèle précédent si l'objectif est plutôt de minimiser la durée espérée totale des livraisons à effectuer aujourd'hui. Résoudre le nouveau modèle.

(*c*) Indiquer comment modifier le modèle précédent si Margaret tient à ce que le colis 2 soit livré au tout début de la journée. Résoudre.

***(*d*)** Indiquer comment modifier le modèle (*b*) si Margaret désire plutôt minimiser la durée espérée de la route la plus longue. Résoudre.

27. La patrouille Au cours de manœuvres militaires, un officier se voit confier la mission de mener une patrouille dans le no man's land. Le tableau ci-dessous décrit les compétences des différents soldats sous ses ordres.

Soldat	Radio	Camouflage	Tireur	Endurance	Sous-officier
A	1	1	6	5	1
B	0	1	8	7	0
C	0	1	7	7	0
D	0	0	8	9	0
E	0	0	4	9	0
F	1	0	7	6	0
G	1	0	8	7	0
H	0	1	7	7	0
I	0	1	7	8	0
J	1	0	5	6	1
K	0	0	9	5	0
L	0	0	6	7	0

Note : Dans les colonnes « Radio » et « Camouflage », le nombre 1 indique que le soldat est un spécialiste. Les 2 sous-officiers de l'unité sont caractérisés par la présence du chiffre 1 dans la dernière colonne. Les valeurs numériques pour les 2 autres colonnes sont des cotes variant de 1 à 10, qui mesurent l'habileté du soldat ; une cote élevée signifie que le soldat est habile tireur ou possède une grande endurance.

L'officier veut choisir les membres de la patrouille de façon à minimiser la taille de la patrouille et à respecter les contraintes suivantes.

– Il faut un et un seul sous-officier.

– Il faut au moins 1 opérateur radio et au moins 1 spécialiste du camouflage.

– Au moins 2 opérateurs radio ne feront pas partie de la patrouille afin de rester disponibles pour d'autres missions.

– Les membres de la patrouille, à l'exclusion de l'officier, doivent posséder une cote moyenne d'au moins 7 au tir et une cote moyenne d'au moins 7,5 en endurance physique.

– Si A fait partie de la patrouille, alors ni B ni C ne devront en faire partie.

Écrire un modèle linéaire en nombres entiers qui traduise l'objectif et les contraintes de l'officier.

28. Les conditions logiques Il s'agit de choisir le plus de candidats possible parmi les 10 personnes suivantes : A, B, C, D, E, F, G, H, I, J. Définir les variables de décision ; écrire la fonction-objectif ; puis donner une ou plusieurs contraintes qui modélisent de façon linéaire, tour à tour, chacune des situations suivantes, indépendamment les unes des autres.

(*a*) La candidature de A ne peut être retenue à moins que celles de E et de F le soient.

(*b*) La candidature de A ne peut être retenue à moins de sélectionner E ou F.

(*c*) Si on retient la candidature de A, il faut retenir les candidatures d'au moins 5 autres et d'au plus 7 autres candidats.

(*d*) Si la candidature de A est retenue, ni celle de B ni celle de C ne peuvent l'être.

(*e*) Si A et B sont retenus, ni C ni D ne peuvent l'être.

(*f*) Si A est retenu, B ne peut l'être à moins que C le soit ; et si C est retenu, alors B le sera à coup sûr.

(*g*) Si on choisit D ou C, il faut prendre A et H.

(*h*) Si on choisit D ou C, il faut prendre A ou H.

29. Les déchets dangereux Récemment, le Conseil municipal d'une grande métropole a voté à l'unanimité le principe de concentrer déchets et rebuts dangereux pour l'environnement dans quelques sites d'enfouissement permanents.

Le maire a demandé aux fonctionnaires municipaux de lui indiquer où implanter ces sites de façon à ne pas gaspiller l'argent des contribuables. Ils ont répondu qu'il faudrait « respecter le principe d'accessibilité » selon lequel tout citoyen devrait trouver au moins un site d'enfouissement dans son quartier ou dans un des quartiers limitrophes à celui où il réside.

Le maire a voulu connaître combien de sites il faudrait prévoir pour respecter ce principe. Voici une carte de la métropole où apparaissent les limites des divers quartiers.

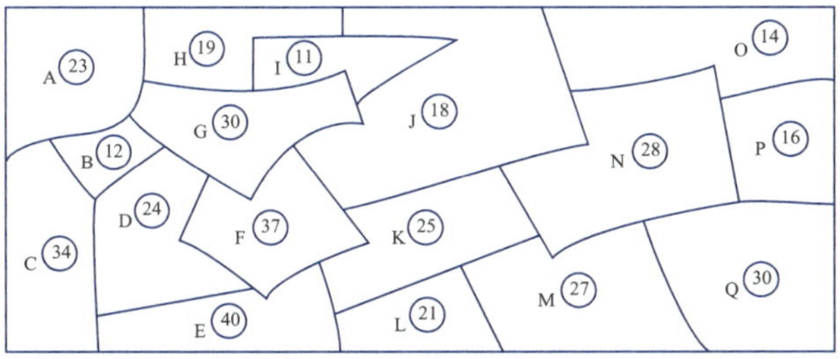

Si, par exemple, un site est implanté dans le quartier K, le principe d'accessibilité sera respecté pour les citoyens des quartiers E, F, J, K, L, M et N.

Le maire, qui désire minimiser le nombre de sites tout en respectant l'avis de ses fonctionnaires, a trouvé qu'il suffirait d'en implanter un dans les quartiers E, G et N.

(*a*) Comment a-t-il établi ce fait ?

Mais la construction de sites d'enfouissement dans les quartiers G et N s'est avérée impossible : ces quartiers sont très densément peuplés, les terrains libres y sont très rares et, partant, très chers, et les mesures à prendre pour assurer la sécurité des sites qu'on y implanterait seraient trop coûteuses. Le maire a donc suggéré aux fonctionnaires d'adopter une autre approche : construire un à un les sites nécessaires au respect du principe d'accessibilité en évitant les quartiers G et N, mais en s'assurant de minimiser progressivement l'insatisfaction des citoyens qui ne trouveraient pas, au début tout au moins, de site dans leur quartier ou dans un quartier limitrophe. En bon politicien, le maire juge que l'insatisfaction des citoyens d'un quartier est directement proportionnelle au nombre de citoyens qui y demeurent. Voici, en milliers de citoyens, la population des divers quartiers de la métropole.

A	B	C	D	E	F	G	H	I	J	K	L	M	N	O	P	Q
23	12	34	24	40	37	30	19	11	18	25	21	27	28	14	16	30

(*b*) Comment doit-on s'y prendre pour construire un à un (un chaque année) les sites d'enfouissement nécessaires au respect du principe d'accessibilité en réduisant le plus rapidement possible l'insatisfaction résiduelle des citoyens ?

30. Les pizzerias Vésuvetna La chaîne de pizzerias Vésuvetna, déjà fortement implantée en régions au Québec, vise maintenant le marché montréalais. Elle pense accorder plusieurs franchises de façon à limiter ses risques et à accroître rapidement ses ventes, ce qui lui permettra de négocier au mieux l'ensemble des prestations de ses fournisseurs. Elle veut s'assurer que chacun de ses nouveaux franchisés ouvrira sa pizzeria en un emplacement « isolé », c'est-à-dire suffisamment éloigné des autres restaurants Vésuvetna pour ainsi bénéficier d'un excellent potentiel de ventes. Une distance de 3 km est la distance que Vésuvetna juge minimale entre 2 franchisés.

Plusieurs candidats ont manifesté leur intérêt pour une franchise à Montréal. Vésuvetna en a retenu 12, qui tous proposent un emplacement jugé adéquat. Vésuvetna a estimé le potentiel des revenus annuels nets de chaque franchise, si elle est « isolée », selon les caractéristiques de la population du quartier où elle sera implantée. Voici le résultat de ce travail.

Emplacement	Revenus annuels nets de la franchise « isolée » située sur l'emplacement
A	100 000 $
B	120 000 $
C	100 000 $
D	110 000 $
E	140 000 $
F	120 000 $
G	130 000 $
H	120 000 $
I	100 000 $
J	110 000 $
K	90 000 $
L	120 000 $

Pour chaque franchise envisagée, Vésuvetna a établi, dans le tableau suivant, si oui ou non (O, N) la distance qui la séparera de chacune de ses autres franchises est inférieure à 3 km. Il n'est pas question d'établir 2 franchises qui soient à moins de 3 km l'une de l'autre.

Lesquelles de ces 12 franchises Vésuvetna devrait-elle accorder s'il s'agit de maximiser la somme des revenus annuels nets des franchisés ?

O si la distance est inférieure à 3 km, N sinon												
	A	**B**	**C**	**D**	**E**	**F**	**G**	**H**	**I**	**J**	**K**	**L**
A	–											
B	O	–										
C	N	N	–									
D	N	N	N	–								
E	N	N	N	O	–							
F	N	N	N	N	O	–						
G	N	N	O	N	N	N	–					
H	N	N	O	N	N	N	O	–				
I	N	N	N	N	N	N	N	N	–			
J	O	N	N	N	N	N	O	O	N	–		
K	N	O	N	N	N	N	N	N	O	N	–	
L	N	O	O	N	N	N	N	N	O	O	N	–

31. La maison Tapisrouge La maison Tapisrouge vend et assure l'entretien de machines à café destinées aux édifices à bureaux. Un des meilleurs arguments de vente de Tapisrouge est l'assurance d'un service après-vente ultrarapide. Lorsque Tapisrouge peut assurer à un client potentiel qu'un des préposés à l'entretien est installé à moins d'une heure de route de sa place d'affaires, les chances de lui vendre une machine à café augmentent fortement.

Nombre espéré de machines à café vendues dans chacune des localités, selon qu'un préposé à l'entretien s'en trouve ou non à moins d'une heure de route						
	A	**B**	**C**	**D**	**E**	**F**
Oui	120	150	200	300	200	180
Non	50	70	120	120	90	75

L'entretien d'une machine à café coûte 2 000 $ par année à Tapisrouge, qui en retire 5 000 $. De plus, maintenir un atelier entraîne des dépenses annuelles de 210 000 $ en salaire pour le préposé et en frais afférents. Les ateliers de ces préposés pourraient être installés dans les seules localités suivantes : A, B, C, D, E. Pour éviter les quiproquos, toutes les machines d'une même localité devront être entretenues par un même préposé.

Durée (en minutes) du déplacement entre chacune des paires des localités du territoire desservi par Tapisrouge						
	A	**B**	**C**	**D**	**E**	**F**
A	0					
B	50	0				
C	100	160	0			
D	55	80	10	0		
E	150	47	48	85	0	
F	120	22	42	40	75	0

Si Tapisrouge veut maximiser ses revenus annuels nets espérés, combien de préposés lui faut-il recruter et où ces derniers doivent-ils s'installer ?

32. *World News* Le quotidien *World News* de New York désire s'implanter dans la métropole québécoise, dont les citoyens ont une réputation bien établie de dévorer les journaux. Les éditeurs du *World News* sont conscients que leur quotidien ne se taillera pas d'emblée une part du lectorat suffisante pour attirer les insertions publicitaires locales. Le service du marketing de *World News* va donc tâter le marché en installant une boîte distributrice à quelques carrefours bien choisis du quartier Côte-des-Neiges, retenu pour sa représentativité des lecteurs de journaux montréalais. L'évolution des ventes indiquera la vitesse de pénétration du marché, sans que *World News* n'ait à assumer les coûts élevés de recrutement et de formation d'une équipe de distributeurs et de camelots.

Les coûts d'achat et d'installation d'une boîte distributrice sont évalués à 650 $. Pour alléger le modèle, limitons notre étude au quartier représenté à la figure ci-dessous. Sur chaque arête est reporté le nombre de ménages qui vivent sur le tronçon de rue correspondant : par exemple, il y a 123 ménages sur le tronçon A–B, et 46 sur le tronçon A–C. Supposons enfin que *World News* ait alloué un budget maximal de 2 600 $ à l'achat et à l'installation de boîtes distributrices dans ce quartier.

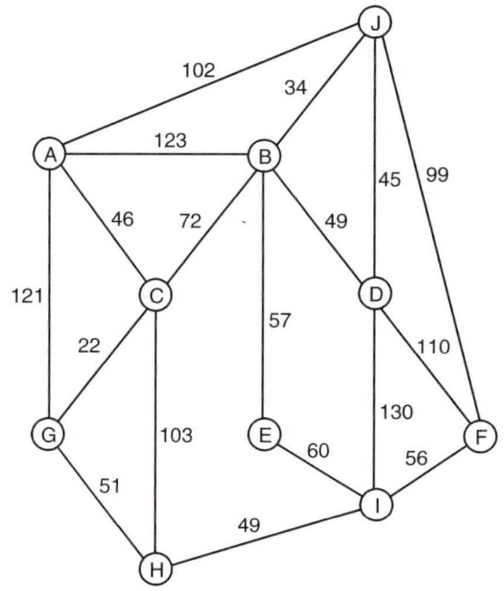

Construire et résoudre un modèle linéaire qui permettra de choisir les intersections où installer les boîtes distributrices de façon à maximiser le nombre de ménages vivant sur un tronçon dont l'une des extrémités se verra attribuer une boîte distributrice.

33. Le mercenaire Bob Dinard, dit Le Colonel, est un ex-mercenaire un peu vieilli mais qui veut de tout cœur reprendre du service. Il décide d'entrer en contact avec la quinzaine d'ex-collègues pour lesquels il a le plus d'estime. Il veut leur suggérer de constituer une unité de soldats de fortune expérimentés, dont il se chargera de proposer les services aux divers régimes qui recrutent ce genre de soldatesque.

Comme les années ont passé depuis leur dernier baroud, il ignore sous quelles latitudes vivent maintenant ses anciens affidés. Tout ce qu'il détient, c'est la liste des magazines d'extrême droite auxquels ces derniers sont abonnés et dont les petites annonces servent au recrutement des bledards.

Voici ce qu'il en coûterait pour faire paraître la petite annonce suivante dans les différents magazines : « Le Colonel B. D. reprend du service. Poste restante, Poste Centrale, Gare du Midi, Bruxelles. »

Magazine	0	1	2	3	4	5	6	7	8	9
Coût (en $)	100	75	125	100	70	110	70	80	100	90

Et voici un tableau où 1 indique qu'un des 15 mercenaires qu'il cherche à recruter est abonné à un magazine donné et où 0 indique le contraire.

	Magazine									
Mercenaire	0	1	2	3	4	5	6	7	8	9
A	0	1	0	0	0	1	0	0	0	0
B	1	0	0	0	0	0	0	1	0	0
C	0	1	0	1	0	0	0	0	0	0
D	1	0	0	0	0	0	0	0	0	1
E	0	0	0	0	1	1	0	0	0	0
F	0	0	1	0	0	0	0	1	0	1
G	0	0	0	0	1	0	0	0	1	0
H	1	0	0	0	0	0	0	0	1	0
I	0	0	0	1	0	1	0	0	0	0
J	0	1	0	0	0	0	0	1	0	1
K	0	0	1	1	0	0	0	0	0	0
L	1	1	0	0	0	0	1	0	0	0
M	0	0	1	0	1	0	0	0	0	0
N	0	0	0	1	0	1	0	0	1	0
O	0	0	1	0	0	0	1	0	0	0

Le Colonel n'a pas connu dans la vie civile le même succès que dans ses entreprises militaires. Il dispose d'au plus 400 $ à investir dans les petites annonces. Dans quels magazines devrait-il insérer son annonce pour maximiser le nombre de camarades avertis de son idée de reprendre du service ?

Note : *Ce problème fait écho à la situation suivante qui se présente en marketing lors du choix de véhicules publicitaires. Une entreprise d'appareils électriques profite des cartes de garantie que lui renvoient les acheteurs de ses produits pour recueillir le nom des magazines auxquels ces derniers sont abonnés. Elle constitue un échantillon de ces cartes dont elle analyse les réponses selon la méthode suggérée.*

34. Unité nationale Les dissensions tribales qui ont nourri les sanglantes guérillas du Sierra Leone et du Liberia ont rendu nerveux les gouvernements des pays d'Afrique de l'Ouest. Plusieurs, dont celui de la République de G**, ont décidé de prendre des mesures préventives pour atténuer les dissensions nationales qui couvent sous la cendre.

Le président de G** a décrété la mesure suivante : des jeunes provenant d'une même région (voir la figure qui suit) seront réunis en un ou plusieurs groupes sous les auspices d'un comité d'union nationale, puis chaque groupe sera envoyé dans une région limitrophe. Il a été précisé que, pour toute combinaison $(I; J)$ de régions, au plus un groupe serait expédié de I vers J ; que les groupes en provenance des régions excentriques A et B compteraient 100 jeunes, tandis que les groupes issus des autres régions en compteraient 200.

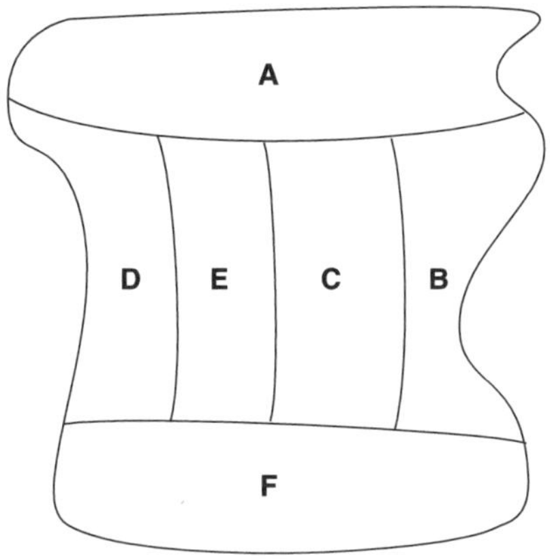

Les préfets des différentes régions ont été mandatés pour estimer le coût d'envoi d'un groupe de jeunes originaires de leur préfecture vers chacune des préfectures limitrophes à la leur. Le coût d'envoi d'un groupe devait comprendre les frais de voyage, d'accueil et d'entretien. Le tableau suivant donne les coûts (en millions de FCFA) tels qu'estimés par les préfets.

De \ Vers	A	B	C	D	E	F
A	–	15	17	12	15	–
B	16	–	12	–	–	12
C	26	15	–	–	13	16
D	21	–	–	–	14	15
E	17	–	13	14	–	18
F	–	19	18	15	22	–

Le gouvernement de G** a été prémuni par ses fonctionnaires de la lourde logistique d'encadrement à mettre en place. Il a donc été décidé finalement qu'au plus quatre des six régions formeraient et enverraient des groupes de jeunes. Un budget de 220 millions de FCFA a été alloué pour cette opération.

(a) Construire et résoudre un modèle qui donne un ensemble optimal d'échanges de groupes, si l'objectif du président de G** est de maximiser le nombre de groupes impliqués dans ce programme.

(b) Indiquer comment modifier le modèle précédent, si l'objectif est plutôt de déplacer le plus grand nombre possible de jeunes. Résoudre le nouveau modèle.

(c) Le gouvernement de G** envisage d'imposer que cette mesure d'unité nationale soit réalisée par le biais d'échanges interrégionaux : chaque envoi d'un groupe de jeunes d'une région I vers une région limitrophe J devra être jumelé avec l'envoi d'un groupe de J à I. Indiquer comment modifier le modèle précédent, puis résoudre.

35. L'agence Axe Les habitants d'une petite ville s'affairent à mettre sur pied la 12e édition du Festival estival. Deux mesures vont être prises pour remédier à la baisse des visiteurs constatée au cours des dernières années.

- Le festival se déroulera durant 2 week-ends consécutifs ; on compte que la belle température a plus de chance d'être au rendez-vous que si l'on joue son va-tout sur un seul week-end.
- L'effort publicitaire sera fortement accru ; on retiendra les services de l'agence Axe à laquelle on allouera un budget de 61 500 $.

Voici les résultats d'une étude réalisée par Axe à propos de la ventilation du budget de publicité. La dernière colonne, « Auditoire », donne le nombre de visiteurs potentiels touchés chaque fois que l'on recourt au médium correspondant. On considère, en première analyse, que l'auditoire total associé à un médium est proportionnel au nombre de fois que l'on y recourt.

Médium	Coût unitaire	Maximum	Auditoire
0. Spots tv locale (15 sec.)	1 800 $	10	10 000
1. Spots tv locale (30 sec.)	2 500 $	10	12 000
2. Quotidien national (1/8 p.)	3 000 $	5	8 500
3. Quotidien national (1/4 p.)	4 000 $	5	9 000
4. Hebdo régional (1/4 p.)	1 400 $	3	2 000
5. Hebdo régional (1/2 p.)	1 800 $	3	2 400
6. Spots radio locale (15 sec.)	250 $	25	1 200
7. Spots radio locale (30 sec.)	325 $	20	1 600
8. Affiches	3 $	1 000	100
9. Autocollants	1 $	5 000	50

Axe suggère d'investir au moins 5 000 $ dans les affiches et les autocollants, qui sont un excellent moyen de toucher la population des régions environnantes. Les messages télévisés sont garantis à condition d'y recourir au moins 5 fois dans le cas des publicités de 15 secondes et au moins 6 fois dans le cas des publicités de 30 secondes. À la radio, il faut s'engager à passer un total d'au moins 20 annonces des 2 types pour que celles-ci puissent être prévues à l'horaire au coût indiqué. La direction du festival insiste pour qu'au moins 10 000 $ soient affectés aux messages télévisés et radiophoniques. De plus, il faut investir au moins 9 000 $ pour la publicité dans les journaux, qui appuient le festival par de nombreux reportages réalisés à titre gracieux. De quelle façon Axe va-t-elle répartir le budget pour atteindre le plus grand nombre possible de visiteurs potentiels ?

36. La répartition de lots entre des machines Une entreprise pharmaceutique possède 5 machines, dénotées A, B, C, D et E, pour mélanger les ingrédients entrant dans la composition de ses produits. La semaine prochaine, 8 lots, dénotés L1 à L8, devront être fabriqués. L'entreprise a comme politique de traiter un lot dans sa totalité sur une seule machine : en effet, la réglementation est très stricte dans l'industrie pharmaceutique et le recours à plusieurs machines obligerait l'entreprise à multiplier certains tests très coûteux de contrôle de la qualité.

Le tableau suivant donne la durée de traitement (en heures) de chaque lot selon qu'il est mélangé par l'une ou l'autre des machines.

Machine	L1	L2	L3	L4	L5	L6	L7	L8
A	42	38	68	21	75	68	51	60
B	51	42	65	20	75	72	54	50
C	50	40	65	20	80	70	58	48
D	47	45	65	18	71	78	50	57
E	48	48	62	20	82	67	50	55

L'entreprise cherche à répartir les lots entre les machines de façon à minimiser la durée totale des traitements confiés à la machine qui sera la plus utilisée.

(*a*) Modéliser cette situation en utilisant les variables de décision v_{Ij}, x_I et y définies de la façon suivante :

v_{Ij} = 1 si le lot Lj est mélangé par la machine I ;

x_I = durée totale (en h) d'utilisation de la machine I ;

y = max { x_A ; x_B ; x_C ; x_D ; x_E }.

Modifier le modèle obtenu en (a) pour tenir compte, tour à tour, de chacune des conditions indépendantes suivantes.

(*b*) Pour faciliter la manutention, les lots L1 et L2 doivent être traités par la même machine.

(*c*) On ne veut recourir à C pour le lot L6 qu'à la condition d'utiliser C pour au plus deux autres lots.

(*d*) On ne veut recourir à C pour le lot L6 qu'à la condition d'utiliser C pour exactement deux autres lots.

(*e*) Si l'on recourt à B pour les lots L2 et L4, on devra recourir à D pour le lot L5.

37. La bonnetterie Une bonnetterie fabrique 4 tricots : T1, T2, T3 et T4. Chaque tricot doit passer dans chacun des 4 ateliers de l'entreprise. Le tableau suivant résume les données quantitatives pertinentes aux opérations des ateliers.

Atelier	Durée (en h/tricot) des opérations				Temps disponible (en h/mois)
	T1	T2	T3	T4	
1	0,9	1,0	0,6	0,3	800
2	0,7	0,8	1,2	0,5	700
3	1,0	0,5	0,5	1,5	650
4	0,3	0,2	0,5	0,4	700
Profit/tricot	25 $	20 $	18 $	45 $	

Il est possible de retenir les services d'un contractuel qu'on pourrait employer à bon escient dans les ateliers 1 ou 4 selon les besoins, à raison d'un maximum de 176 heures par mois, en contrepartie d'une somme forfaitaire de 1 000 $ que la bonnetterie lui verserait si elle recourait à ses services.

Le tricot T1 ne peut être produit que si T2 l'est également. Les tricots T3 et T4 ne peuvent être fabriqués tous les deux au cours d'un même mois. La fabrication de T3, si elle est entreprise, requiert un débours de 500 $ pour la mise en route de la chaîne de production. Enfin, si la bonnetterie entreprend la fabrication du tricot T4, elle doit en faire au moins 275 unités.

Dans ces circonstances, que doit faire la bonnetterie pour maximiser le profit au cours du mois prochain ?

38. La firme Revin La firme Revin propose aux opticiens et aux optométristes des étuis à lunettes qu'elle fabrique avec du cuir de yack importé du Tibet. Revin peut commander chaque mois un maximum de 500 peaux, par lots entiers de 100 peaux. Les arrivages ont lieu en fin de mois. Le carnet de commandes de Revin lui impose d'utiliser, au cours des prochains mois, les quantités de peaux suivantes pour en fabriquer des étuis livrables en fin de mois.

Arrivage à la fin du mois *j*	**Nombre de peaux requises pour satisfaire les commandes livrables à la fin du mois *j* + 1**
1	600
2	300
3	400
4	200
5	300

Il en coûte à Revin, transport aérien et dédouanement compris, 50 $ par peau de yack livrée dans ses ateliers. Il lui faut en outre payer une commission de courtage au grossiste tibétain pour le ramassage des peaux et l'accomplissement des formalités d'exportation du Tibet. Cette commission s'élève à 2 000 $, quelle que soit la taille de l'arrivage. Par exemple, pour un lot de 100 peaux livrées en fin de mois, il en coûterait (100 × 50 + 2 000) = 7 000 dollars. Évidemment, les frais de courtage ne s'appliquent pas lorsqu'il n'est pas prévu d'arrivage. Entreposer pour un mois une peau de yack qui n'a pas été utilisée au cours du mois suivant son arrivage revient à 1,50 $. Revin a reçu, au tout début du mois 1, outre les peaux nécessaires à la confection des étuis livrables à la fin du mois 1, un surplus de 100 peaux qu'il lui a fallu entreposer (il lui faudra débourser 150 $ pour l'entreposage).

(*a*) De combien de peaux Revin doit-elle prévoir l'arrivage à chaque fin de mois de façon à minimiser les coûts associés à l'obtention des peaux de yack ?

(*b*) Modifier le modèle pour tenir compte de la condition supplémentaire suivante : au cours des 5 prochains mois, Revin ne veut pas rester 2 mois consécutifs sans arrivage de peaux.

39. L'affectation des capitaux Un notaire joue le rôle de courtier entre ceux qui recherchent des fonds en deuxième hypothèque et les rentiers qui disposent de capitaux qu'ils sont prêts à risquer sur ce marché. Six clients du notaire cherchent présentement à contracter une deuxième hypothèque sur leur propriété. Le notaire s'est vu proposer des fonds par 7 rentiers. Voici les montants des hypothèques désirées et les taux proposés par les rentiers selon le risque qu'ils ont attribué aux clients du notaire après l'étude de leur dossier.

Taux proposés (en %) par les rentiers pour les hypothèques requises (en 000 $)

Hypothèque		**Rentiers**						
(en 000 $)	**N°**	**R1**	**R2**	**R3**	**R4**	**R5**	**R6**	**R7**
40	H1	10	11	12	13	11	13	14
60	H2	11	12	13	13	11	13	12
80	H3	12	14	13	10	12	13	13
90	H4	11	10	11	11	11	12	12
100	H5	13	11	10	10	12	11	13
120	H6	12	12	12	10	13	12	12
Capitaux (en 000 $)		45	145	90	180	160	200	40

Le notaire a promis à ses clients qu'ils obtiendraient les fonds désirés.

(*a*) Si le notaire désire limiter le total des frais financiers des hypothèques consenties par les rentiers, quels rentiers devront prêter combien et à quels clients ?

(*b*) Si le notaire veut maximiser les revenus que tireront les rentiers des hypothèques consenties, quels rentiers devront prêter combien et à quels clients ?

(*c*) Si chacune des sommes qui constituera une hypothèque doit être avancée à un même taux à choisir entre 10 %, 11 %, 12 %, 13 % ou 14 % (bien que ce taux puisse varier d'une hypothèque à l'autre), quels rentiers devront prêter combien et à quels clients, si le notaire vise à minimiser le total des intérêts payés par ses clients ?

(*d*) Si chaque demandeur d'hypothèque doit payer en intérêts une même proportion de l'hypothèque qui lui sera consentie, quels rentiers prêteront combien et à quels clients, si le notaire vise à minimiser le total des intérêts payés aux rentiers ?

***(*e*)** Supposons que pour chaque hypothèque il ne faille qu'un seul prêteur. Quels rentiers prêteront combien et à quels clients, si le notaire désire minimiser le total des intérêts payés aux rentiers ?

40. La clinique Une clinique de soins prolongés pour accidentés du travail choisit sa clientèle de façon à maximiser son profit tout en rendant service à la société où elle exerce ses activités. Elle traite deux types de patients, A et B, et accepte, pour une semaine donnée, un maximum de 100 patients de chacun des deux types. Un patient de type A requiert chaque semaine des examens d'évaluation de son état qui durent 1 heure et sont suivis de 5 heures de traitement ; un patient de type B requiert hebdomadairement 2 heures d'examen et 8 heures de traitement. Le personnel infirmier dispose de 240 heures par semaine pour les examens, et les professionnels disposent de 960 heures par semaine pour les traitements. Les coûts hebdomadaires pour un type de patient ne sont pas proportionnels au nombre de patients de ce type, le coût unitaire diminuant à partir d'un certain seuil. Le tableau suivant décrit la structure des coûts hebdomadaires.

Type A		Type B	
Nombre de patients	**Coût (en $/patient)**	**Nombre de patients**	**Coût (en $/patient)**
0 - 40	1 000	0 - 30	700
41 - 100	800	31 - 100	450

La société d'assurances contre les accidents du travail rembourse hebdomadairement à la clinique 1 200 $ par patient de type A et 1 000 $ par patient de type B.

(*a*) Déterminer combien de patients de chaque type devrait admettre la clinique la semaine prochaine pour maximiser ses revenus nets.

(*b*) Modifier le modèle précédent de façon à tenir compte du fait suivant : la clinique désire s'occuper au cours de la semaine prochaine (examens et traitement) d'au moins deux patients de type B pour chaque patient de type A. Résoudre le modèle modifié.

(*c*) Modifier le modèle construit à la question (*a*) de façon à tenir compte du fait suivant : la clinique ne veut pas traiter au cours de la semaine prochaine plus de 30 patients de type B, à moins d'y admettre plus de 20 patients de type A. Résoudre le modèle modifié.

41. Le jeu télévisé Un jeu télévisé propose à chaque concurrent 3 séries de 7 nombres choisis au hasard entre 1 et 50. Le concurrent doit choisir une des 3 séries, puis certains ou tous les nombres composant cette série, de façon que la somme des nombres retenus s'approche le plus près possible de 100 mais sans l'excéder. Voici les 3 jeux de nombres que vient de tirer un concurrent.

Série A	Série B	Série C
11	9	3
13	11	23
16	18	31
41	37	53
7	13	11
17	18	17
21	46	21

Quelle série le concurrent doit-il choisir et quels sont, dans cette série, les nombres à retenir dont la somme s'approche le plus de 100 sans l'excéder ?

42. La mitraille L'acier est obtenu en majeure partie par affinage de la fonte, mais aussi par refusion de ferraille récupérée ou par réduction directe de minerai de fer.

Strahlwerk met en marché deux qualités différentes d'acier, Q1 et Q2. Produire 10 tonnes de Q1 requiert 2 heures de réduction en haut-fourneau et 4 heures de laminage. Produire 10 tonnes de Q2 requiert 3 heures de réduction et 3 heures de laminage. Le mois prochain, l'entreprise disposera de 5 000 heures de haut-fourneau et de 6 000 heures de laminage. Le profit est de 160 $ la tonne pour l'acier Q1 et de 130 $ la tonne pour l'acier Q2.

Le carnet de commandes ne permet pas d'envisager pour le mois prochain une production supérieure à 30 000 tonnes de Q1, dont la production se fait en grande partie à partir de mitraille (ferraille de récupération). L'acier Q2 est obtenu à partir de minerai uniquement et, compte tenu de la quantité de minerai dont dispose l'aciérie, sa production le mois prochain sera limitée à 9 170 tonnes.

Pour l'acier Q1, Strahlwerk peut choisir de ne pas en fabriquer, ou d'en produire entre 5 000 et 6 000 tonnes, ou encore entre 7 000 et 8 000 tonnes, ou enfin d'en produire au moins 10 000 tonnes. En effet, la mitraille incorporée dans l'acier Q1 provient de différents fournisseurs, qui n'acceptent de livrer de la ferraille à Strahlwerk que par lots de taille suffisante. Le premier intervalle de production envisagé, soit de 5 000 à 6 000 tonnes d'acier, correspond au lot que livrerait un premier fournisseur, dont la ferraille est d'excellente qualité. Strahlwerk, si elle décidait de pousser la production de Q1 au-delà de 6 000 tonnes, pourrait faire appel à un deuxième fournisseur, dont la ferraille de qualité inférieure serait mélangée à celle du premier. La ferraille du deuxième fournisseur, utilisée seule, donnerait un acier de qualité inacceptable : Strahlwerk n'envisage donc pas de recourir au deuxième fournisseur, à moins de commander du premier un lot de taille maximale. Enfin, un nouveau fournisseur a récemment pris contact avec Strahlwerk : celle-ci n'aura pas le temps d'évaluer la qualité de la ferraille proposée et ne s'approvisionnera auprès de ce troisième fournisseur qu'en dernier recours ; dans ce cas, la taille minimale de lot imposée par le troisième fournisseur obligera à porter la production d'acier Q1 à au moins 10 000 tonnes.

(*a*) Quel plan de production devrait adopter Strahlwerk pour maximiser les profits du mois prochain ?

(*b*) Qu'adviendrait-il de ce plan optimal de production si Strahlwerk disposait le mois prochain de seulement 5 825 heures de laminage ?

(*c*) Modifier le modèle précédent de façon à tenir compte des différents prix payés aux fournisseurs de ferraille : la marge de profit de l'acier Q1 est de 160 $ la tonne de Q1 fabriquée à partir de la mitraille du premier fournisseur ; cette marge augmente de 15 $ la tonne dans le cas où la mitraille provient du deuxième fournisseur, et diminue de 20 $ la tonne dans le cas du troisième fournisseur. Résoudre le modèle modifié.

43. Les rivets d'Éclair-Hélico Chez Éclair-Hélico, la dernière opération à effectuer lors de l'usinage d'un rivet d'hélicoptère est de s'assurer que la pièce n'a pas subi, au cours des opérations, de stress qui en raccourcirait la durée de vie. On ne dispose pour cette vérification que d'une table de mirage électronique, où les rivets se présentent à la queue leu leu. L'opération de la table de mirage requiert un seul inspecteur.

Quatre inspecteurs ont la compétence nécessaire pour assurer l'opération adéquate de la table de mirage. Voici, pour chacun d'entre eux, le nombre de rivets qu'il peut inspecter en une heure, le taux de fiabilité de ses inspections ainsi que son salaire horaire pour les heures passées à la table de mirage, salaire qui tient compte à la fois de son ancienneté et de son expertise.

Inspecteur	Productivité (en rivets/h)	Fiabilité	Salaire horaire
A	500	95 %	24,00 $
B	400	99 %	25,00 $
C	450	96 %	23,50 $
D	425	97 %	24,50 $

Un inspecteur ne peut passer plus de 4 heures, par quart de travail de 8 heures, devant la table de mirage : la fatigue visuelle est trop intense pour excéder ce seuil. On confie aux inspecteurs, lorsqu'ils ne sont pas affectés à la table de mirage, d'autres tâches visuellement moins astreignantes, pour lesquelles on leur verse un taux horaire égal à 70 % de celui qu'ils reçoivent pour leur travail d'inspection. Chaque inspecteur doit toutefois passer au moins 1 heure par jour à la table de mirage : c'est la pratique minimale pour maintenir son expertise. Présentement, les ateliers d'Éclair-Hélico sont en activité 8 heures par jour, 5 jours par semaine.

Il faut inspecter au moins 3 500 rivets par jour, tout en maintenant le taux quotidien d'erreur d'inspection à 3 % au maximum. Comment s'y prendra-t-on pour minimiser les coûts salariaux quotidiens des 4 inspecteurs ? Combien d'heures chaque inspecteur doit-il passer à la table de mirage ? Combien de rivets inspectera chacun ?

44. Le cargo céréalier Le capitaine d'un cargo céréalier doit assurer l'équilibrage du chargement des 4 soutes de son navire pour lui conserver toutes ses qualités de hauturier. Les soutes vont de la soute avant A à la soute arrière D, en passant par les 2 soutes médianes B et C.

Soute	Capacité (en tonnes)	Volume (en m³)
A	3 600	20 000
B	4 300	30 000
C	4 500	31 000
D	3 300	18 000

La bonne tenue en mer de son navire lui impose de charger dans la soute A un tonnage de céréales compris dans la fourchette qui va de 90 % à 110 % du tonnage chargé dans la soute D. Le tonnage dans chacune des soutes B et C doit être d'au moins 30 % supérieur au tonnage dans la soute A, et de 25 % supérieur au tonnage dans la soute D ; la moitié de la somme des tonnages chargés dans les soutes B et C doit être au plus égale à la somme des tonnages chargés dans les soutes A et D. L'armateur propose au capitaine d'effectuer le chargement du navire à partir des lots suivants de céréales.

Lot	Poids (en tonnes)	Volume (en m³/tonne)	Tarif (en $/tonne)
1	6 000	6,5	7,00
2	4 400	4,7	6,50
3	3 200	3,0	6,25
4	2 100	5,4	7,20

(*a*) Le capitaine a carte blanche pour choisir sa cargaison : il peut accepter à sa guise tout un lot donné ou une partie de ce lot. Une même soute peut même accueillir plus d'une sorte de céréale. Il partage l'objectif de l'armateur, qui est de maximiser les tarifs reçus pour les quantités embarquées. Comment doit s'effectuer le chargement des soutes ?

(*b*) Des difficultés de dernière heure avec les portes coulissantes des soutes empêchent le capitaine d'embarquer dans une même soute plus d'une sorte de céréale, bien que rien ne lui interdise d'embarquer une même sorte de céréale dans plus d'une soute. Entre-temps, le tarif pour le transport d'une tonne de céréales du lot 1 est passé de 7 $ à 8 $, et la quantité disponible de cette céréale est passée de 6 000 tonnes à 10 000 tonnes. Modifier le modèle précédent pour tenir compte de ces changements.

(*c*) Si, en plus des conditions exposées en (*b*), il s'avérait impraticable d'embarquer une même céréale dans plus d'une soute, comment modifierait-on le modèle (*b*) pour tenir compte de cette nouvelle contrainte ?

(*d*) En plus de toutes les conditions imposées en (*c*), l'armateur prévient le capitaine que, s'il embarque des céréales du lot 1, il ne peut en embarquer moins de 5 000 tonnes. Comment le modèle obtenu en (*c*) pourrait-il être modifié pour tenir compte de cette exigence de l'armateur ?

***45. Les heures supplémentaires**

(*a*) Dans une usine, on fabrique 3 produits grâce aux ressources de main-d'œuvre disponibles dans 3 ateliers. Voici le nombre d'heures nécessaires pour la fabrication d'une unité de chacun des produits, le profit en découlant et les heures disponibles dans les ateliers. L'objectif poursuivi est de maximiser les profits.

Produit	Durée (en heures) de la production d'une unité: Atelier 1	Atelier 2	Atelier 3	Profit unitaire
P1	2	1,0	1,0	4 $
P2	1	1,0	1,0	3 $
P3	2	2,5	1,5	6 $
Heures	900	300	1 200	

(*b*) Il est possible ou bien de recourir aux heures supplémentaires au coût de 2 $ l'heure pour le deuxième atelier et de 1 $ l'heure pour le troisième atelier, ou bien de récupérer les heures qui restent disponibles pour les consacrer à une autre production, où chaque heure de l'atelier 2 rapporterait 1 $ et chaque heure de l'atelier 3 rapporterait 0,75 $. Si l'objectif demeure la maximisation des profits, combien d'heures feront l'objet de ces transactions dans les deuxième et troisième ateliers ?

(*c*) Supposons que les heures à ajouter dans les ateliers 2 et 3 ainsi que les heures de ces ateliers qui pourraient être dérivées vers une autre production ne puissent l'être que par lots de 10 à la fois avec, dans chaque atelier, un ajout ou une dérivation d'au plus 4 lots. Combien de lots feraient l'objet des 2 types de transaction dans chaque atelier si les coûts des ajouts ou les profits résultant des dérivations sont les suivants ?

Nombre de lots	Coûts (en $) de l'ajout				Profits (en $) associés à la dérivation			
	1	2	3	4	1	2	3	4
Atelier 2	20	35	48	60	10,00	17	25	33
Atelier 3	10	18	27	36	7,50	14	20	25

46. Les roues de bicyclettes Un manufacturier de roues de bicyclettes approvisionne 4 fabricants de vélos répartis sur le territoire national. Son usine, bien qu'amortie depuis fort longtemps, a beaucoup de peine à soutenir la vive lutte commerciale que lui imposent des concurrents dont les usines sont dotées d'un équipement plus moderne et plus productif. L'expertise du personnel a permis jusqu'à maintenant de maintenir la rentabilité des opérations, mais cet avantage sur la concurrence s'effrite au fil des ans. Le manufacturier compte réagir en construisant une ou plusieurs usines plus modernes. Six sites, ou emplacements potentiels qui pourraient convenir à l'érection d'une usine, ont été repérés. Le tableau suivant résume les caractéristiques des usines envisagées : l'avant-dernière colonne donne la capacité annuelle prévue de l'usine ; la dernière, les frais annuels d'exploitation et d'amortissement.

Site	Coût de transport (en ¢/roue) vers le fabricant				Capacité annuelle	Frais annuels
	A	B	C	D		
1	50	20	25	30	15 000	250 000 $
2	40	35	30	40	10 000	135 000 $
3	90	70	40	50	22 000	265 000 $
4	20	60	30	20	32 000	320 000 $
5	80	30	20	60	18 000	185 000 $
6	40	70	30	20	27 000	220 000 $

Les coûts de production d'une roue varieraient d'un site à l'autre et dépendraient à la fois des coûts de la main-d'œuvre locale et de l'importance des capacités de production envisagées.

Coûts de production selon le site (en $/roue)						
Site	1	2	3	4	5	6
Coût	2,00	2,25	1,85	1,80	1,90	1,90

Voici enfin la demande annuelle de chacun des 4 fabricants.

Fabricant	A	B	C	D
Demande	35 000	20 000	45 000	10 000

(*a*) Le manufacturier cherche à minimiser la somme des coûts annuels de transport, des frais d'exploitation et des coûts de production. Où devrait-il construire de nouvelles usines ? Et quels plans de transport et de production devrait-il adopter ?

Amender le modèle obtenu en (a) pour tenir compte, tour à tour, de chacune des conditions suivantes.

(*b*) Le manufacturier souhaite approvisionner le client B à partir d'une seule usine.

(*c*) Si une usine est érigée, elle devra fonctionner à 90 % de sa capacité à tout le moins.

(*d*) En plus des coûts de transport et de production indiqués dans les tableaux précédents, il faudrait assumer une taxe locale de 50 000 $ par année si on expédiait des roues au fabricant A à partir de l'usine érigée sur le site 6.

(*e*) Une étude plus approfondie du site 6 a révélé que la construction d'une usine y serait plus coûteuse que prévu. En effet, les spéculateurs du cru ont eu vent des intentions du manufacturier, et le prix des terrains s'est envolé. Le manufacturier se demande s'il ne serait pas plus rentable d'y construire une usine moins importante que celle qui avait été prévue. Il envisage 3 versions, dont une correspond au projet initial en ce qui concerne la capacité annuelle de 27 000 roues. Le tableau ci-dessous résume les caractéristiques des 3 versions.

Version	Capacité annuelle	Frais annuels	Coût unitaire de production
6M	15 000	200 000 $	2,00 $
6N	20 000	250 000 $	1,95 $
6P	27 000	350 000 $	1,90 $

***47. Le manufacturier de produits chimiques** Un manufacturier de produits chimiques met en marché 3 produits qui vieillissent mal : ces produits, pour donner les effets qu'en attendent ceux qui les achètent, doivent être utilisés dans le mois qui suit leur fabrication. Cette caractéristique empêche le manufacturier d'organiser le transport des unités produites d'un pays à l'autre. Le manufacturier, qui planifie sa production mensuellement et séparément dans chaque pays, dispose d'usines similaires dans 3 pays. Voici un tableau où l'on retrouve, pour 1 unité de chacun des produits, le nombre d'heures d'expertise chimique, le nombre d'heures de main-d'œuvre et le nombre de centaines de kg de matériau qui sont requis du manufacturier.

Produit	Expertise chimique	Main-d'œuvre	Matériau
A	1	10	4
B	2	5	2
C	1	5	1
Disponibilité	250 h	1 200 h	40 000 kg

(a) À l'usine située dans le pays de Mamadu, les prix qu'exige le manufacturier sont fort dépendants du nombre d'unités fabriquées. Plus il produit, plus il lui faut réduire ses prix : il est à la merci de clients qui, connaissant le nombre d'unités produites, profitent de l'urgence dans laquelle est le manufacturier d'écouler sa production. Ce dernier sait que le marché ne peut absorber plus de 200 unités de chacun de ses produits.

Voici, selon le nombre d'unités fabriquées, le profit que le manufacturier pourra obtenir pour chaque unité d'une tranche donnée : les premières unités sont vendues à prix ferme à des clients réguliers ; les autres sont soldées à des clients qui utilisent la dégradation rapide des produits pour forcer le manufacturier à leur consentir des rabais.

Usine de Mamadu : profit unitaire (en 000 $)

Tranche de production		A	B	C
1	1 - 40	10	6	5
2	41 - 100	9	4	4
3	101 - 150	8	3	4
4	151 - 200	7	3	4

Combien d'unités de chacun des 3 produits faut-il fabriquer pour maximiser les profits ?

(b) À l'usine située dans le pays de Mamada, le manufacturier a tout intérêt à lancer de longues rafales pour atteindre une clientèle de gros clients, prêts à payer le prix fort pour s'approvisionner auprès d'un seul fournisseur plutôt que de faire face aux aléas que provoque le passage d'un fournisseur à un autre. La structure des profits est donc tout à fait différente de celle de l'usine de Mamadu. Voici, pour chaque unité d'une tranche donnée, le profit unitaire correspondant.

Usine de Mamada : profit unitaire (en 000 $)

Tranche de production		A	B	C
1	1 - 40	7	3	4
2	41 - 100	8	3	5
3	101 - 150	9	4	5
4	151 - 200	10	6	5

Combien d'unités de chacun des 3 produits faut-il fabriquer pour maximiser les profits ?

(c) À l'usine située dans le pays tropical de Mamadi, il faut garder au froid les unités du produit A en attente de livraison. La chambre froide ne peut contenir que 40 unités : si la production de A excède 40 unités, il faut louer des chambres froides supplémentaires, dont les coûts de location élevés doivent être absorbés par ce surplus de production. La structure des profits dans l'usine de Mamadi est la suivante pour chaque unité d'une tranche donnée.

Usine de Mamadi : profit unitaire (en 000 $)

Tranche de production		A	B	C
1	1 - 40	10	3	4
2	41 - 100	9	3	5
3	101 - 150	8	4	5
4	151 - 200	7	6	5

Combien d'unités de chacun des 3 produits faut-il fabriquer pour maximiser les profits ?

***48. La Belle au bois dormant** Un grand magasin prépare sa vente « La Belle au bois dormant », qui se tiendra au début de février. Ce sera la foire des rabais, on y soldera matelas et sommiers, rideaux et stores, draps et oreillers. L'acheteur du magasin a reçu le mandat de se procurer 3 types d'oreillers : en duvet d'eider (A), en duvet d'oie (B), en mousse de polyuréthane (C). Les quantités désirées par la direction du service des achats sont données dans le tableau suivant.

Type	A	B	C
Quantité désirée	600	1 500	1 200

Quatre fabricants d'oreillers ont fait parvenir à l'acheteur des échantillons accompagnés d'une liste de prix. Ils se sont engagés à fabriquer dans les délais impartis un certain nombre d'oreillers. Il revient à l'acheteur de passer la commande et d'indiquer à chaque fournisseur combien d'oreillers de chaque type il devra fabriquer.

Propositions des fabricants : nombre total d'oreillers

Fabricant 1	Fabricant 2	Fabricant 3	Fabricant 4
1 000	3 000	1 200	3 000

L'acheteur a établi, à partir des listes de prix de ses fournisseurs potentiels, le bénéfice (voir le tableau sur page suivante) que pourrait retirer le magasin en passant une commande chez l'un ou l'autre d'entre eux.

L'objectif de l'acheteur est de maximiser les bénéfices du magasin.

(a) Comment doit-il répartir les commandes s'il désire, de façon à augmenter la gamme des oreillers A et B mis en vente, en commander au moins 200 de tout fabricant qui lui en a proposés ?

	Bénéfice par oreiller			
Fabricant	1	2	3	4
Type A	2,48 $	2,50 $	–	2,49 $
Type B	1,33 $	1,32 $	1,35 $	–
Type C	2,01 $	2,00 $	2,02 $	1,96 $

Un tiret signifie que le fabricant ne produit pas ce type d'oreiller.

(*b*) Comment doit-il répartir les commandes si les prix proposés et les marges bénéficiaires des oreillers A et B ne sont valables qu'à condition que toute commande d'oreillers de l'un ou l'autre de ces 2 types soit d'au moins 200 unités ? (Chaque fabricant a indiqué qu'il se refuserait d'honorer toute commande d'oreillers A ou B qui serait inférieure à 200 unités, vu les coûts élevés de lancement d'une rafale.)

(*c*) En plus des différentes contraintes imposées en (*b*) à l'acheteur, le fabricant 1 vient d'indiquer que les seules commandes d'oreillers de type C qu'il acceptera sont : soit 300 unités, soit entre 800 et 900 unités. Il prévient l'acheteur qu'il refusera toute autre demande. Il lui explique que sa conduite n'est pas dictée par le simple caprice : ce type d'oreiller ne fait pas souvent partie des commandes de sa clientèle, mais il dispose présentement de matériaux qui suffiraient à la fabrication de 300 oreillers de ce type ; pour profiter des remises sur quantité offertes par son propre fournisseur, il doit acheter les matériaux nécessaires à la fabrication d'au moins 500 oreillers. Il ajoute que ses installations d'entreposage ne lui permettent pas de commander les matériaux requis pour en fabriquer plus de 600, en plus des 300 pour lesquels il dispose déjà des matériaux nécessaires. Comment l'acheteur doit-il répartir ses commandes ?

••**49. L'entretien des appareils** Une compagnie aérienne dispose de 5 appareils gros-porteurs (A, B, C, D, E) dont elle fait, pour en garantir la rentabilité, un usage intensif : location à d'autres compagnies, affrètements fréquents, location pour le transport de marchandises, vols nolisés, etc. Elle en assure, en accord avec les normes de sécurité du ministère des Transports, l'entretien régulier grâce à son équipe de mécaniciens. Pour les révisions plus lourdes, prévues par le fabricant, elle fait appel à ce dernier qui lui dépêche les techniciens requis. Ces révisions sont regroupées de façon à faire le meilleur usage possible des techniciens du fabricant. Le répartiteur doit mettre chaque appareil à leur disposition pour la période de 3 semaines consécutives que dure la révision d'un appareil.

Pour la prochaine révision, chaque appareil sera donc immobilisé durant 3 semaines consécutives, à déterminer selon les plages indiquées dans la section de droite du tableau ci-contre : par exemple, l'appareil A pourrait être mis à la disposition des techniciens au plus tôt au début de la semaine n° 1 et au plus tard au début de la semaine n° 3. Comme chaque appareil a des antécédents d'utilisation différents, l'ampleur de la révision varie de l'un à l'autre : la section centrale du tableau indique combien de techniciens seront requis pendant chacune des semaines que dure la révision.

	Nombre de techniciens requis			Sem. de disponibilité	
Appareil	**1re sem.**	**2e sem.**	**3e sem.**	**au plus tôt**	**au plus tard**
A	4	3	2	n° 1	n° 3
B	3	2	3	n° 2	n° 4
C	4	3	3	n° 3	n° 5
D	1	4	5	n° 1	n° 3
E	6	5	3	n° 2	n° 4

Le fabricant a indiqué au répartiteur le nombre maximal de techniciens qui pourraient se rendre dans les ateliers de la compagnie aérienne pour y effectuer la révision des appareils. Le répartiteur a tenu à ce que les révisions soient regroupées de façon qu'elles s'effectuent dans une plage maximale de 7 semaines : il lui faut profiter des 7 semaines que dure la saison morte pour remettre les appareils en état.

Nombre maximal de techniciens disponibles	
Nombre	**Semaine**
12	1
8	2
10	3
12	4
15	5
12	6
10	7

(*a*) Écrire un modèle qui permet d'atteindre l'objectif suivant : terminer au plus tôt la révision des 5 gros-porteurs.

(*b*) Écrire un modèle qui permet d'atteindre l'objectif suivant : minimiser le nombre de techniciens requis au cours de la semaine pendant laquelle il en faut le plus.

(*c*) Écrire un modèle qui permet d'atteindre l'objectif suivant : minimiser le total des fluctuations d'une semaine à l'autre du nombre de techniciens requis au cours des semaines où s'effectueront les révisions.

Modifier le modèle obtenu en (a) pour tenir compte, tour à tour, de chacune des conditions suivantes.

(*d*) La révision de l'appareil B ne débute pas avant celle de l'appareil D.

(*e*) La révision de l'appareil B commence au début de la même semaine que celle de l'appareil E.

(*f*) La révision de l'appareil D ne commence pas au début de la même semaine que celle de l'appareil A.

(*g*) La révision de l'appareil C ne peut débuter avant que ne soit terminée celle de l'appareil D.

(*h*) La révision d'un seul gros-porteur commence au début de la première semaine, 2 révisions commencent au début de la deuxième semaine et aucune révision ne commence au début de la troisième semaine.

(*i*) Les révisions des gros-porteurs A, B et D se terminent à la fin de 3 semaines consécutives.

***50. Le fabricant de meubles QTR** Le carnet de commandes du fabricant de meubles QTR indique qu'il faudra fabriquer au cours du mois prochain au moins 22 douzaines de chacun des 3 jouets en bois A, B et C. Chaque jouet doit faire l'objet de 3 opérations qui, chacune, se déroule dans l'atelier approprié. La main-d'œuvre disponible dans les ateliers pour ces opérations et la durée de chacune apparaissent au tableau suivant.

Durée des opérations dans chaque atelier (en min/jouet)			
Jouet	**Atelier 1**	**Atelier 2**	**Atelier 3**
A	8	12	12
B	12	8	10
C	10	12	8
Temps disp. (en h)	600	600	600

Le temps qui ne sera pas consacré à la fabrication de ces 3 jouets sera utilisé pour les opérations habituelles de QTR qui rapportent 0,45 $/min au premier atelier, 0,34 $/min au deuxième et 0,22 $/min au troisième.

Le nombre de jouets de chaque type que QTR réussira à écouler dépend du prix de vente unitaire et des sommes investies en publicité. Selon les services de la production et du marketing, les contributions unitaires aux coûts d'exploitation et au profit seront moins élevées si l'on produit peu d'unités et elles tendront à augmenter si QTR produit davantage. Après discussion, on s'est entendu sur les données du tableau ci-dessous, qui s'interprètent comme suit : si, par exemple, QTR fabrique 800 jouets A, les 500 premiers rapporteront 12 $ chacun, les 250 suivants 11,50 $ chacun et les 50 derniers 11,25 $ chacun.

Contribution d'un jouet			
Jouet	**De 1 à 500 unités**	**De 501 à 750 unités**	**Plus de 750 unités**
A	12 $	11,50 $	11,25 $
B	15 $	14,50 $	14,25 $
C	17 $	16,00 $	15,50 $

(*a*) Si l'objectif est de maximiser la contribution totale aux coûts d'exploitation et au profit escompté de la vente des jouets et de l'utilisation de la main-d'œuvre disponible, combien de jouets de chaque sorte le manufacturier doit-il fabriquer au cours du prochain mois ?

(*b*) Le directeur du marketing s'est engagé à verser, lors d'un prochain téléthon, une somme pour chaque jouet de l'un des 3 types qui, le mois prochain, sera fabriqué et vendu au-delà de 1 000 unités : le manufacturier, selon la promesse du directeur, versera 0,25 $ par jouet A en excédent, 0,30 $ par jouet B en excédent, et 0,40 $ par jouet C en excédent. Combien de jouets de chaque sorte le manufacturier doit-il fabriquer si l'objectif poursuivi est de maximiser la contribution de la vente des jouets et de l'utilisation de la main-d'œuvre, après déduction de la somme versée ?

(*c*) Le fabricant s'est engagé à verser, en plus des promesses du directeur du marketing qu'il a jugées bien timides, 4 $ pour chaque jouet A qu'il faudrait ajouter pour que la production en atteigne 1 000 unités, 3 $ pour chaque jouet B qu'il faudrait ajouter pour que la production en atteigne 1 000 unités et 2 $ pour chaque jouet C qu'il faudrait ajouter pour que la production en atteigne 1 000 unités. Combien de jouets de chaque sorte le fabricant doit-il produire si l'objectif poursuivi est le même qu'à la question précédente ?

51. Automobiles de location à déplacer Loulou, une firme de location de véhicules implantée dans une grande ville, propose à sa clientèle 2 types de véhicules : des petites voitures et des grosses voitures. Les clients de Loulou louent un véhicule en se présentant dans l'un ou l'autre des 7 bureaux de location où Loulou assure un service 24 heures par jour. Des voitures des 2 types sont disponibles dans chaque bureau.

Loulou profite des heures creuses du petit matin pour faire déplacer les véhicules encore disponibles entre les différents parcs de voitures, rétablissant ainsi la répartition estimée optimale pour minimiser le nombre de refus dans l'ensemble des bureaux de location durant la journée qui débute. Loulou confie les déplacements des voitures à une entreprise indépendante : celle-ci se charge de recruter des chauffeurs à temps partiel, de déterminer leur affectation aux différents trajets, de les déplacer, si nécessaire, d'un bureau de location à l'autre et de les payer. Loulou assume les frais d'essence des voitures déplacées, puisqu'il est plus simple de faire le plein à ses bureaux. Tout compris, Loulou débourse 1,30 $ pour chaque kilomètre parcouru par les voitures déplacées.

Ce matin, Loulou dispose de 165 petites voitures et de 175 grosses voitures qui ne sont pas louées. Ces voitures sont réparties comme suit entre les différents points de location.

Bureau de location	1	2	3	4	5	6	7
Petites voitures	14	9	40	5	12	20	65
Grosses voitures	23	12	20	20	32	24	44

D'après l'achalandage prévu par Loulou, la répartition optimale serait la suivante.

Bureau de location	1	2	3	4	5	6	7
Petites voitures	20	110	30	15	30	20	40
Grosses voitures	15	10	25	30	45	30	20

À la page suivante, le tableau donne les distances entre les divers points de location.

Déterminer combien de voitures de chaque type devraient être déplacées entre les différents bureaux, de sorte que la répartition après ces déplacements coïncide avec la répartition optimale déterminée par Loulou à partir de l'achalandage prévu.

Distance entre les bureaux de location (en km)							
Au point / Du point	1	2	3	4	5	6	7
1	–						
2	12	–					
3	16	7	–				
4	19	10	5	–			
5	13	16	19	14	–		
6	5	18	21	16	8	–	
7	10	9	12	9	7	9	–

52. La coopérative forestière Une coopérative forestière s'est vu concéder pour une période de 5 ans, en vertu d'une politique gouvernementale de création d'emplois en régions excentriques, le droit de coupe dans 10 secteurs forestiers du canton Leclerc situé en périphérie de La Tuque. Le droit de coupe permet à la coopérative de répartir la récolte du bois sur les 5 prochaines années. L'équipement forestier dont elle dispose ne lui permet pas de récolter plus de 600 hectares de forêt par année. Mais il lui faudra, pour maintenir un nombre d'emplois acceptable pour les autorités gouvernementales de tutelle, couper au moins 200 hectares par année des forêts concédées. Plus tardives seront les coupes dans un secteur et plus substantiel sera le produit de ces coupes, comme en témoigne le tableau suivant (la 2e colonne donne la surface, en hectares, des différents secteurs).

Nombre d'unités de bois obtenu dans chaque secteur selon l'année de la coupe						
Secteur	**Surface**	**Année 1**	**Année 2**	**Année 3**	**Année 4**	**Année 5**
0	290	1 200	1 320	1 452	1 597	1 757
1	348	1 500	1 650	1 815	1 997	2 196
2	210	800	880	968	1 065	1 171
3	246	975	1 073	1 180	1 298	1 427
4	132	450	495	545	599	659
5	522	2 500	2 750	3 025	3 328	3 660
6	506	2 400	2 640	2 904	3 194	3 514
7	132	450	495	545	599	659
8	157	560	616	678	745	820
9	197	740	814	895	985	1 083

La coopérative veut maximiser la récolte totale de bois au cours de la durée de la concession. Quand doit-elle exercer son droit de coupe dans chacun des secteurs dans le cas où :

(*a*) la coupe d'un secteur doit être parachevée l'année même où elle est entreprise ?

(*b*) la coupe d'un secteur peut être répartie sur plus d'une année ? (On supposera que chaque récolte est proportionnelle à la fraction coupée du secteur : par exemple, si la coopérative coupe 50 % du secteur 0 au cours de l'an 1 et qu'elle reporte à l'an 3 la coupe du reste de ce secteur, la récolte y sera de 600 unités de bois en l'an 1 et de 726 unités en l'an 3.)

53. L'essence d'ylang-ylang À Nosy-Bé, une île de l'océan Indien, on trouve plusieurs plantations d'ylang-ylang, cet arbre à fleurs dont l'essence est précieuse en parfumerie. Les ylangs-ylangs ont une houppe naturellement altière et bien fournie, mais ils sont régulièrement étêtés et élagués et leurs branches sont ramenées par toutes sortes de moyens mécaniques à hauteur d'homme pour faciliter la récolte de leurs fleurs. L'essence recueillie est mise à mûrir dans des contenants inoxydables, où elle poursuit son évolution chimique. Les exportateurs la proposent à leurs clients à différents stades de maturation : on parle d'essence de 1 an, de 2 ans, de 3 ans, de 4 ans et de 5 ans. Passé ce délai, l'essence s'avère stable et, partant, garde la dénomination d'essence de 5 ans.

Le prix de l'essence croît de la 1re à la 5e année. Cela s'explique en partie par les effets de la capitalisation et les frais de gardiennage, ensuite par le fait qu'en cours de maturation l'échappement de gaz volatils et les dépôts de lie qu'il faut retirer lors du transvasage annuel en réduisent le volume, et enfin par la plus grande finesse acquise avec le passage des années.

Voici ce qu'il advient de 10 000 litres d'essence d'ylang-ylang entreposés durant 5 ans.

Au début	10 000 litres
Fin de l'an 1	10 000 × 0,80 = 8 000 litres
Fin de l'an 2	8 000 × 0,85 = 6 800 litres
Fin de l'an 3	6 800 × 0,92 = 6 256 litres
Fin de l'an 4	6 256 × 0,94 = 5 880,64 litres
Fin de l'an 5	–5 880,64 × 0,95 = 5 586,608 litres

On estime à 150 FMG, payables en début d'année, le coût d'entreposage annuel d'un litre d'essence, à 100 FMG par litre les coûts annuels de soutirage et de transvasage pour poursuivre l'entreposage, et à 1 000 FMG par litre les coûts de soutirage et d'emballage pour l'exportation.

Un exportateur s'est procuré auprès des producteurs, juste après l'extraction de l'essence qui a suivi la récolte des fleurs, 18 750 litres d'essence d'ylang-ylang. Il a en poche un contrat avec la parfumerie Guerlain, qui l'oblige aux expéditions décrites au tableau suivant.

Fin de l'an	Pas moins de (en litres)	Pas plus de (en litres)	Prix payé par Guerlain (en FMG/litre)
1	1 000	2 000	27 500 FMG
2	2 000	3 500	31 350 FMG
3	2 500	4 000	34 170 FMG
4	1 000	4 500	37 000 FMG
5	2 500	10 000	39 000 FMG

Comment l'exportateur doit-il organiser les livraisons pour maximiser ses revenus nets ? (Ne pas tenir compte de l'actualisation.)

54. Les deux aigrefins Deux aigrefins se sont associés dans un racket de prêts usuraires. Durant les quelques jours qui précèdent l'émission des chèques d'aide sociale, le premier consent, pour des périodes de 2 jours, des prêts aux démunis.

Le tableau suivant indique, pour chaque dollar prêté aux démunis au cours de la journée j, le montant que le premier aigrefin verse au second durant la journée j+1 en contrepartie d'une promesse du second de remettre au premier, durant la matinée du jour j+2, la somme indiquée au tableau ci-dessous, somme qu'il aura soit extorquée à l'emprunteur, soit fournie de sa poche. Les sommes remises au premier aigrefin redeviennent alors disponibles pour les emprunteurs démunis. À supposer que le premier aigrefin dispose de 1 500 $ le jour 1, quelle gamme de prêts doit-il consentir ce jour-là et au cours des 5 jours qui suivront pour s'assurer de maximiser les avoirs qu'il détiendra le 8e jour ?

Pour chaque dollar prêté le jour j		
Jour j	**Montant versé le jour j + 1 au second aigrefin**	**Somme remise au 1er aigrefin le jour j + 2 par le second aigrefin**
1	0,10 $	1,60 $
2	0,20 $	1,70 $
3	0,30 $	1,80 $
4	0,40 $	1,90 $
5	0,50 $	2,00 $
6	0,60 $	2,10 $

55. Andair Andair dessert plusieurs villes d'Amérique du Sud et cherche, devant la montée des prix du carburant, à adopter une politique d'achat de l'essence qui tienne compte des prix en vigueur dans les aéroports fréquentés et de la quantité minimale de carburant nécessaire pour rendre les vols sécuritaires. Une charge de carburant excessive rend les décollages hasardeux et augmente la consommation en vol. Toutefois, la politique qui consisterait à n'approvisionner un appareil au décollage que de la quantité minimale requise pour éviter la panne sèche en vol serait de courte vue, puisqu'elle ignorerait les différences entre les prix en vigueur dans les aéroports visités au cours d'un périple.

Voici le périple quotidien d'un des appareils de la flotte d'Andair :

Lima→Arequipa→Cochabamba→Sucre→Arica→Lima

Le tableau suivant résume, pour chaque vol de ce périple quotidien :

A. le nombre minimal de litres de carburant requis pour rendre le vol sécuritaire ;

B. le nombre maximal de litres que peuvent contenir les réservoirs pour chaque décollage prévu (tenant compte de l'altitude de l'aéroport et du poids habituel du fret embarqué) ;

C. la consommation en litres au cours du vol (dépendante de la quantité d'essence à bord et de la nature du vol : transandin, épousant le littoral, au-dessus de l'altiplano, etc.) ;

D. le prix du litre de carburant dans le premier des aéroports mentionnés.

Vol	A	B	C	D
1 Lima-Areq	31 000	42 000	1 600 + 0,30E*	0,66 $
2 Areq-Cocha	26 000	37 000	4 500 + 0,32E	0,72 $
3 Cocha-Sucre	21 000	34 000	1 800 + 0,26E	0,76 $
4 Sucre-Arica	27 000	37 000	2 300 + 0,37E	0,70 $
5 Arica-Lima	36 000	45 000	1 700 + 0,22E	0,68 $

* E représente le nombre de litres de carburant dans le réservoir au décollage.

Combien de litres faut-il embarquer avant chaque décollage de façon à minimiser la dépense quotidienne en carburant de l'appareil ?

56. La fabrication de pneus La société MM fabrique 2 sortes de pneus : Pirel et Michel. Les coûts de fabrication unitaires sont de 55 $ pour le Pirel et de 60 $ pour le Michel. Il faut compter 5 minutes de main-d'œuvre pour la fabrication de chaque pneu Pirel et 6 minutes pour la fabrication de chaque pneu Michel. Présentement – début de mai – on trouve en entrepôt 250 pneus Pirel et 500 pneus Michel. Les commandes pour les 6 prochains mois, le nombre d'heures de main-d'œuvre disponibles pour chacun de ces mois et les capacités maximales d'entreposage pendant chacun des mois sont donnés au tableau suivant.

	Commandes de Pirel	Commandes de Michel	Heures de main-d'œuvre	Capacité d'entreposage
Mai	1 600	700	100	800
Juin	1 800	200	200	500
Juillet	1 900	1 000	250	800
Août	2 200	550	75	600
Septembre	2 300	2 300	125	400
Octobre	1 500	1 600	200	300

Les livraisons se font en fin de mois et sont payables au moment de la réception. Les pneus fabriqués au cours d'un mois ne sont entreposés que s'ils ne sont pas livrés à la fin de ce mois. L'entreposage d'un pneu revient à 1 $ par mois. Chaque pneu Pirel se vend 100 $ et chaque pneu Michel se vend 110 $. Un pneu non livré à la fin du mois où il a été promis ne peut être livré plus tard. MM ne veut pas de pneus en entrepôt à la fin d'octobre. On demande la façon optimale de produire les pneus pour maximiser les revenus. (On ignorera les effets de l'actualisation.)

***57. Les saucissons** La firme SS fabrique des saucissons de 5 catégories : S1, S2, S3, S4, S5. Elle utilise, outre les épices et divers autres additifs dont le poids est négligeable et qui font partie du secret de fabrication, 2 ingrédients, dénotés A et B, qu'elle se procure chez un fournisseur sous 2 labels chacun : le label S pour la qualité supérieure et le label N pour la qualité standard. Tout ingrédient de qualité supérieure peut s'utiliser comme ingrédient de qualité habituelle, bien que l'inverse ne puisse être envisagé. Le tableau qui suit donne la composition et le prix de vente de chaque catégorie de saucisson.

Poids (en kg) des ingrédients requis pour un kg de saucisson					
	Catégorie de saucisson				
Ingrédient	S1	S2	S3	S4	S5
AS	0,5	0,3	0	0,2	0
AN	0	0,3	0	0,4	0,6
BS	0,5	0,1	0,8	0,1	0
BN	0	0,3	0,2	0,3	0,4
Prix de vente/kg	5,80 $	4,80 $	4,25 $	3,75 $	4,10 $

Au début de la période de production qui s'amorce, SS dispose déjà en chambre froide des quantités suivantes des ingrédients AS, AN, BS, BN.

Nombre de kg de chacun des ingrédients disponibles chez SS			
AS	AN	BS	BN
25 000	33 000	25 000	20 000

Le carnet de commandes de SS prévoit la fourniture d'au moins 2 000 kg de S3. Pour des raisons de maintien des parts de marché et du prestige de la marque, SS ne peut fabriquer moins de 15 000 kg de S2 et doit s'en tenir à un maximum de 20 000 kg de S1. Le poids total des saucissons S1 et S5 ne peut excéder 60 000 kg. Les ingrédients que SS ne peut incorporer à ses saucissons pourront être écoulés au prix de 2 $ le kilo. SS veut maximiser les sommes qu'elle retirera de la vente des saucissons et des ingrédients qui n'auront pu y être incorporés. Comment devra-t-elle s'y prendre ?

***58. Le parc de camions** Une entreprise possède un parc de camions qui assurent, hiver comme été, pour sa nombreuse clientèle d'artisans et de petites entreprises, la livraison de leurs produits. Elle loue ses véhicules à la journée et fournit les chauffeurs et les manutentionnaires requis. Les jours où son parc de camions ne peut suffire à la demande, l'entreprise fait appel à des agences de location de camions sans chauffeur. Tous les chauffeurs et tous les manutentionnaires sont des travailleurs occasionnels que la firme recrute selon les besoins.

L'amortissement, les frais d'immatriculation et les primes d'assurance pour un véhicule sont de 12 500 $ s'il reste disponible toute l'année, et de 8 000 $ s'il ne sert que durant l'été. En été, les frais variables (salaire, essence, pneus, etc.) sont de 200 $ par jour d'utilisation, contre 270 $ en hiver. L'entreprise considère que les 240 jours ouvrables d'une année se répartissent également entre les jours d'été et les jours d'hiver. Louer un camion dans une agence revient, toutes dépenses payées, à 320 $ par jour en été et à 350 $ par jour en hiver.

Les demandes des clients sont réparties par l'entreprise en « tâches », qui correspondent chacune à l'utilisation d'un camion pendant une journée. Voici, pour chaque jour d'été et chaque jour d'hiver, la distribution de fréquences du nombre de tâches que lui confie sa clientèle. Ainsi, il y a en été 20 % des 120 jours ouvrables au cours desquels la firme se voit confier 15 tâches quotidiennes.

Distribution de fréquences du nombre de tâches					
En été	5	10	15	20	25
	0,05	0,10	0,20	0,40	0,25
En hiver	5	10	15	20	25
	0,20	0,20	0,40	0,15	0,05

De combien de véhicules devrait se composer le parc de camions pour minimiser les coûts annuels ?

***59. Les ciments éburnéens** Par une politique vigoureuse de nationalisation et d'intégration des grandes industries qui se trouvaient sur son territoire, Éburne s'est libérée de l'emprise, trop prépondérante à son avis et à son goût, qu'exerçait sur son économie l'ancienne puissance coloniale. C'est ainsi qu'elle a acquis 2 cimenteries de ciment *Portland* bâties aux deux extrémités d'un axe nord-sud qui partage Éburne en deux, et dont l'alimentation en calcaire et en argile est assurée par des carrières situées à proximité de chacune. Le gypse nécessaire à la fabrication du ciment *Portland* doit être importé.

Chacune de ces cimenteries disposait d'un entrepôt, situé dans le voisinage de la cimenterie concurrente, qui visait à maintenir sa part de marché dans l'ensemble du pays. Ces entrepôts permettaient de stocker à peu de frais, sous des conditions favorables d'hygrométrie, le ciment ensaché. On pouvait aussi, pour répondre aux besoins du marché de proximité, entreposer sur les lieux mêmes de chacune des cimenteries une partie du ciment produit. Le nouveau gestionnaire, nommé par le gouvernement d'Éburne, a décidé que, dorénavant, les marchés éburnéens ne seront approvisionnés qu'à partir des seuls entrepôts, bien que l'on puisse continuer à stocker, avant de l'acheminer vers l'un ou l'autre des entrepôts, une partie du ciment sur les lieux de sa production. Le ciment produit au cours d'un mois donné et qu'il est prévu d'expédier vers les entrepôts en fin de mois n'est pas considéré comme étant entreposé à la cimenterie, mais bien en attente d'expédition.

La politique d'intégration recherchée par le nouveau gestionnaire est d'utiliser de façon optimale les cimenteries et les entrepôts, tout en répondant à la demande. Voici la situation qui prévaudra au cours des prochains mois.

La capacité maximale de production mensuelle sera de 10 000 tonnes à la cimenterie A et de 12 000 tonnes à la cimenterie B. Les coûts de production d'une tonne de ciment, qui varieront selon les prix du gypse sur le marché international, seront, en dollars US, les suivants :

Coûts de production (en $ US) d'une tonne de ciment		
Mois	**Cimenterie A**	**Cimenterie B**
1	125	121
2	120	124
3	127	122

Voici les demandes à satisfaire impérativement, en milliers de tonnes, pour les 3 prochains mois et dans chacun des 2 entrepôts.

Demande (en milliers de tonnes) de ciment		
Mois	**Entrepôt 1**	**Entrepôt 2**
2	15	6
3	9	8
4	14	11

La capacité maximale d'entreposage, à tout moment, des entrepôts et des cimenteries est la suivante.

Capacité maximale d'entreposage (en tonnes)	
Cimenterie A	3 000
Cimenterie B	2 000
Entrepôt 1	16 000
Entrepôt 2	12 000

Au début du mois 1, on retrouvera 1 500 tonnes de ciment dans l'entrepôt 1 et 1 700 tonnes dans l'entrepôt 2, tandis que dans les cimenteries, toute la production du mois précédent aura été expédiée vers les entrepôts.

Quant aux coûts d'entreposage, ils varient d'un mois à l'autre selon l'endroit où le ciment se trouve entreposé. Ils dépendent en effet du degré d'hygrométrie moyen de l'endroit et sont naturellement plus élevés en période de mousson qu'en saison sèche.

Coûts d'entreposage (en $ US) d'une tonne de ciment				
Mois	**Ciment. A**	**Ciment. B**	**Entr. 1**	**Entr. 2**
2	0,75	0,85	1,50	1,75
3	1,00	1,75	2,00	2,50
4	2,00	2,50	1,50	1,85

Voici les coûts d'expédition d'une tonne de ciment de chacune des cimenteries vers chacun des entrepôts. La variation de ces coûts s'explique par la disparité des distances entre les cimenteries et les entrepôts, et par les difficultés accrues de transport en saison des pluies. Les délais d'expédition sont assez courts pour les considérer comme pratiquement inexistants : les expéditions ont lieu en fin de mois et sont disponibles en entrepôts pour satisfaire la demande du mois suivant.

Coûts d'expédition (en $ US) de la cimenterie *I* à l'entrepôt *j*			
		Entrepôt 1	**Entrepôt 2**
Cimenterie A	Fin du mois 1	4,00	1,00
	Fin du mois 2	5,00	0,50
	Fin du mois 3	3,75	0,75
Cimenterie B	Fin du mois 1	1,25	3,50
	Fin du mois 2	0,75	4,50
	Fin du mois 3	0,85	3,25

***60. Le manufacturier d'engrais** Un manufacturier d'engrais reconstitue cet hiver les stocks de 2 engrais à pelouse, A et B, qui seront écoulés au printemps sur un marché fort concurrentiel. Les prix auxquels il pourra vendre ces produits dépendront des stocks de ses concurrents. Voici, d'après ses renseignements sur le niveau d'activité de la concurrence, les 4 scénarios les plus plausibles concernant ses profits unitaires le printemps prochain lors de la vente des stocks d'engrais A et d'engrais B.

	Profit par unité réalisé sur la vente des stocks	
Scénario	**Engrais A**	**Engrais B**
1	14,50 $	12,75 $
2	12,50 $	15,20 $
3	12,75 $	12,75 $
4	16,25 $	11,20 $

La fabrication des engrais A et B exige des ressources selon le plan suivant.

Nombre d'unités de ressources utilisées par unité d'engrais			
Engrais	**Ressource A**	**Ressource B**	**Ressource C**
A	2	1	1
B	1	1	0
Disponibilités	1 500	1 200	500

Comment le manufacturier peut-il s'assurer du meilleur profit même dans le cas du pire scénario ?

****61. Les barrages de la rivière Blanche** Une aluminerie requerra mensuellement, durant les 3 prochains mois, 40 000 unités d'énergie électrique qu'elle obtiendra grâce à l'aménagement de la rivière Blanche, sur laquelle elle a implanté 3 barrages successifs, dénotés A, B et C d'amont en aval, et dotés chacun d'une batterie de génératrices. L'aluminerie a conclu, avec la régie nationale qui assure la distribution de l'énergie électrique sur l'ensemble du territoire, une entente pour lui vendre, au prix de 4 $ l'unité, l'électricité que les barrages de l'aluminerie produiront en excédent au cours des 3 prochains mois. L'entente stipule que cette alimentation du réseau ne doit pas s'accroître de plus de 10 % d'un mois à l'autre.

Voici des données concernant les lacs de retenue de ces 3 barrages.

Nombre d'unités d'eau dans les lacs de retenue			
Barrage	**Début du mois 1**	**Minimum**	**Maximum**
A	18 000	10 000	25 000
B	26 000	18 000	40 000
C	36 000	19 000	70 000

Nombre d'unités d'énergie électrique obtenues pour chaque unité d'eau turbinée	
Par les génératrices du barrage A :	6
Par les génératrices du barrage B :	4
Par les génératrices du barrage C :	5

Les variations observées au tableau précédent s'expliquent par celles de la différence moyenne entre le niveau de la surface du lac de retenue et celui du plan des turbines d'un barrage.

Prévisions des captages mensuels nets du bassin propre à chaque barrage (en unités d'eau)			
Barrage	**Mois 1**	**Mois 2**	**Mois 3**
A	5 000	10 000	8 000
B	12 000	13 000	10 000
C	3 000	4 000	4 000

Les prévisions du tableau précédent seront tenues comme certaines pour planifier la production d'électricité. Ces captages mensuels nets ne tiennent pas compte, dans le cas des barrages B et C, de l'eau en provenance des lacs de retenue situés en amont. Comme la saison hivernale débutera dans 4 mois, l'aluminerie exige que les lacs de retenue soient à ce moment-là près de leur niveau maximal.

Unités d'eau minimales requises dans les lacs de retenue au début du mois 4	
Lac de retenue du barrage	**Unités d'eau requises**
A	24 000
B	39 000
C	68 000

L'entretien obligatoire des génératrices ne permettra pas de turbiner plus que les quantités suivantes d'unités d'eau.

Nombre maximal d'unités d'eau turbinées			
Turbines du barrage	**Mois 1**	**Mois 2**	**Mois 3**
A	4 000	8 000	5 000
B	15 000	8 000	15 000
C	24 000	24 000	12 000

Le ministère de la Chasse et de la Pêche oblige l'aluminerie à maintenir à chaque barrage une échelle à saumons qui permette à ces derniers de remonter le cours de la rivière et d'aller frayer dans les eaux où ils sont nés. À cette fin, l'aluminerie devra évacuer au moins 100 unités d'eau à chaque barrage au cours du 1er et du 3e mois. Ces quantités devront être portées à 150 unités au moins pendant le 2e mois.

En outre, les barrages sont munis de vannes d'évacuation des crues et des trop-pleins d'eau.

De quelle façon l'aluminerie doit-elle planifier le turbinage pour maximiser les sommes qu'elle recevra de la régie au cours des 3 prochains mois ?

CHAPITRE 3

La résolution graphique de modèles linéaires continus comportant deux variables de décision

À la façon des explorateurs d'antan qui abordaient une *terra incognita* par la côte, car les côtiers se montraient souvent plus ouverts que les peuplades de l'intérieur au commerce avec des étrangers, et qui, avant de pousser plus loin leurs incursions, se familiarisaient dans cette atmosphère plus conviviale avec la langue et les coutumes du cru, le lecteur entreprendra l'étude de la programmation linéaire par celle, plus aisée, de modèles linéaires continus ne comportant que deux variables de décision. La représentation graphique de ces modèles développera son intuition et lui facilitera l'acquisition des définitions et des concepts nécessaires à l'abord de modèles linéaires réalistes, lesquels comportent souvent un nombre imposant de variables de décision. C'est également par l'étude de ces modèles linéaires simples qu'il apprendra à repérer ceux qui admettent une ou plusieurs solutions optimales et à déterminer les caractéristiques de ces solutions optimales. Dans ce contexte allégé, il s'initiera à une justification graphique du théorème fondamental de la programmation linéaire et débusquera les concepts qui sous-tendent l'algorithme du simplexe, la plus utilisée des méthodes de résolution de modèles linéaires continus et dont l'étude approfondie fera l'objet du chapitre 4.

3.1 UN PREMIER EXEMPLE : LA FONDERIE RIVIÈRE-BLEUE

3.1.1 La description du problème

Il n'y a pas si longtemps, on retrouvait au Québec un réseau de fonderies régionales dont la survivance était assurée par les coûts élevés du transport, des grands centres vers ces régions, des objets qu'elles moulaient. Des marchands de métaux de rebut les alimentaient en fonte de récupération régionale : blocs-moteurs, pièces usées ou cassées de machinerie agricole, tuyauteries démontées à la suite de démolitions ou d'incendies. Ces fonderies se consacraient surtout à la production de tuyaux de drainage agricole ou de plomberie, car la fonte de récupération ne permet pas la coulée de pièces usinables.

Le réseau de ces fonderies s'est clairsemé ces dernières années : l'industrie du plastique a créé des ersatz de faible poids pour la plupart des produits que ces fonderies mettaient en marché. L'argument des coûts de transport n'est plus aussi valable qu'auparavant.

La Fonderie Rivière-Bleue a échappé jusqu'à maintenant à la fermeture. Les raisons de sa survivance ? Tout d'abord le fait que le village de Rivière-Bleue est situé dans un coin du Québec qui n'a pas connu le vigoureux développement industriel de régions moins excentriques, comme la Beauce et l'Estrie. Et puis, les habitants y ont gardé leurs valeurs traditionnelles : beaucoup de maisons neuves s'y voient encore dotées d'une tuyauterie en fonte ; chez les agriculteurs de la région, c'est l'essentiel des installations de plomberie pour l'adduction d'eau aux abreuvoirs à bestiaux et pour l'évacuation des eaux usées qui est réalisé encore maintenant dans ce matériau. Ajoutons que le propriétaire de la Fonderie, Aurèle Fournier, est un débrouillard de première force : une grande part de l'électricité qu'utilise sa fonderie provient d'une turbine qu'entraîne l'eau d'un barrage, aménagé sur un affluent de la rivière Bleue mais érigé durant le vide juridique qui a précédé l'avènement du ministère de l'Environnement. Et Aurèle ne s'est pas contenté du moulage des tuyaux en fonte. Il y a ajouté les accessoires : les U, les Y, les T, les coudes… Il coule aussi, avec grand succès commercial, de lourds poids en fonte de forme circulaire qui épousent les jantes arrière et avant des roues de tracteurs de ferme. Boulonnées sur les jantes arrière, ces gueuses, facilement montées et déposées, permettent d'assurer une meilleure traction et d'éviter le traditionnel remplissage des chambres à air par des solutions salines qui rendent les crevaisons onéreuses et interdisent les déplacements rapides lors des charrois routiers. Boulonnées sur les jantes avant, les gueuses préviennent les cabrements, source fréquente d'accidents fatals provoqués par le renversement du tracteur lors des travaux de force.

Nous arrivons à la Fonderie en pleine planification des opérations de la semaine prochaine. Voici les commandes enregistrées jusqu'à maintenant : 34 tonnes de tuyauterie (tuyaux et accessoires), 14 tonnes de gueuses. Toutefois, Aurèle ne s'est pas engagé à effectuer à la fin de la semaine prochaine la livraison intégrale de tous les articles commandés. Et il n'est pas question de constituer des stocks dont le financement risquerait d'obérer la Fonderie.

À la Fonderie, le père d'Aurèle se consacre aux opérations de modelage : il fournit les modèles et l'équipement nécessaire au moulage, telles que les boîtes à noyaux, les raclettes… L'équipe du moulage, qui prépare les moules en sable de fonderie et assure la coulée de la fonte en fusion et le décochage des pièces après leur refroidissement, est bien rodée et assumerait sans difficultés, selon Aurèle, tous les travaux requis par la production des commandes de la semaine prochaine. Là où il risque d'y avoir des goulots d'étranglement, c'est d'abord à l'atelier d'ébarbage des bruts de fonderie où l'on procède à l'arasement des inévitables morfils et aspérités, ainsi qu'à l'atelier de peinture où les articles ébarbés sont revêtus d'enduits pour faciliter leur commercialisation.

La semaine prochaine, la main-d'œuvre disponible sera de 200 heures dans l'atelier d'ébarbage et de 60 heures dans l'atelier de peinture. Il faut compter 10 heures la tonne pour l'ébarbage de tuyauterie et 5 heures la tonne pour celui de gueuses. À l'atelier de peinture, on requiert 2 heures la tonne pour la tuyauterie et 3 heures la tonne pour les gueuses. La contribution aux coûts d'exploitation et au profit d'une tonne de tuyauterie est de 1 000 \$. La tonne de gueuses apporte une contribution de 1 200 \$.

3.1.2 Le modèle linéaire

Quelles sont les commandes (en tonnes) qu'Aurèle devrait satisfaire la semaine prochaine, s'il veut maximiser la contribution totale aux coûts d'exploitation et au profit ? Les variables de décision seront :

x_1 = nombre de tonnes de tuyauterie traitées

x_2 = nombre de tonnes de gueuses traitées.

Le problème de planification de la Fonderie se traduit par le modèle linéaire suivant :

$$\text{Max } z = 1\,000\, x_1 + 1\,200\, x_2$$

sous les contraintes :

$$10\, x_1 + 5\, x_2 \leq 200 \qquad \text{(ébarbage)} \quad (1)$$

$$2\, x_1 + 3\, x_2 \leq 60 \qquad \text{(peinture)} \quad (2)$$

$$x_1 \leq 34 \qquad \text{(demande de tuyauterie)} \quad (3)$$

$$x_2 \leq 14 \qquad \text{(demande de gueuses)} \quad (4)$$

$$x_1 \geq 0 \qquad (5)$$

$$x_2 \geq 0 \qquad (6)$$

À chaque couple de valeurs des variables de décision x_1 et x_2 on associe un point $(x_1 ; x_2)$ du plan cartésien : le point $(x_1 ; x_2)$ s'interprète comme la proposition d'un plan de production indiquant le nombre de tonnes de tuyauterie et le nombre de tonnes de gueuses à fabriquer au cours de la semaine prochaine. On peut parler du **point** $(x_1 ; x_2)$ comme s'il s'agissait du **plan de production** $(x_1 ; x_2)$ ou encore de la **solution** $(x_1 ; x_2)$. Bien que l'idéal soit de réserver le terme « point » à la représentation géométrique, le terme « solution » à l'approche algébrique et le terme « plan de production » à l'interprétation du modèle dans la réalité, on convient généralement d'utiliser les 3 termes l'un pour l'autre, quel que soit le contexte.

Un **point**, solution ou plan de production $(x_1 ; x_2)$ est dit **admissible** s'il satisfait à chacune des contraintes du modèle linéaire. Dans le cas contraire, le **point**, solution ou plan de production est dit **inadmissible**. Par exemple, le point (14 ; 5) est admissible selon le modèle linéaire (1)-(6) proposé pour la Fonderie. Mais le point (24 ; 2) n'est pas admissible : en effet, ébarber 24 tonnes de tuyaux et 2 tonnes de gueuses nécessiterait $(10 \times 24) + (5 \times 2) = 250$ heures, ce qui dépasse les 200 heures de main-d'œuvre disponibles dans cet atelier. Il s'agit de la seule contrainte qui serait violée par le plan de production (24 ; 2) ; mais cela suffit pour que ce point n'appartienne pas à l'ensemble des points admissibles.

Trouver graphiquement une solution optimale d'un modèle linéaire continu à 2 variables de décision suppose qu'on puisse :

- construire le graphique de la **région admissible**, c'est-à-dire de l'ensemble des solutions admissibles ;
- repérer sur ce graphique une solution optimale.

3.1.3 La construction de la région admissible

Nous cherchons, en un premier temps, à nous doter d'une représentation graphique de l'ensemble des solutions admissibles. Notons d'abord que les contraintes (5) et (6) de non-négativité fixent 0 comme borne inférieure des variables de décision x_1 et x_2. Elles ont pour effet de cantonner au premier quadrant la recherche des points admissibles. Ces contraintes accompagnent la plupart des modèles linéaires, et ce sont habituellement les premières que l'on prend en considération lors du tracé d'un graphique des solutions admissibles.

Notons également que toutes les contraintes du modèle de la Fonderie Rivière-Bleue, y inclus les contraintes de non-négativité, peuvent s'écrire sous la forme suivante :

$$a\,x_1 + b\,x_2 \leq c \qquad (7)$$

Ainsi, pour la contrainte (1), $a = 10$, $b = 5$ et $c = 200$. Pour la contrainte (5) de non-négativité qui est équivalente à $-x_1 \leq 0$, il suffit de poser : $a = -1$, $b = 0$ et $c = 0$.

Pour préciser le procédé qui mène à la représentation graphique des points vérifiant ce type de contrainte, choisissons tout d'abord la contrainte (1). Et considérons la droite

$$10\,x_1 + 5\,x_2 = 200 \qquad (8)$$

que l'on appelle **droite associée à la contrainte** (1). La représentation graphique de l'équation (8) s'obtient en repérant 2 points qui vérifient cette équation, puis en traçant la droite qui passe par ces points. Afin de faciliter les calculs, on choisira ici les 2 points de façon que chacun ait une coordonnée nulle. Pour le premier on pose $x_1 = 0$, puis on résout l'équation résultante $5\,x_2 = 200$: ainsi, (0 ; 40) vérifie (8) et sera l'un des 2 points servant à tracer la représentation graphique de (8). De même, en posant $x_2 = 0$ dans (8), on obtient (20 ; 0) comme second point. La droite associée à la contrainte (1) est illustrée par la figure 3.1.

Tout point du premier quadrant situé sur la droite (8) propose un plan de production qui, s'il était adopté par Aurèle, utiliserait les 200 heures de main-d'œuvre disponibles dans l'atelier d'ébarbage. Par exemple, le point (10 ; 20) est situé sur la droite (8) ; le plan de production associé utilise $(10 \times 10) + (5 \times 20) = 200$ heures à l'atelier d'ébarbage.

Tout point qui vérifie la contrainte (1) et qui n'est pas situé sur la droite associée (8) vérifie l'inéquation stricte :

$$10\,x_1 + 5\,x_2 < 200 \qquad (9)$$

Étudions maintenant cette dernière formule. Le point (5 ; 20) vérifie (9) et se retrouve sous la droite associée à (1). Il en est de même des points (5 ; 0) et (10 ; 10). Par contre, le point (15 ; 20) est situé au-dessus de la droite (8) et ne vérifie pas (9). Ces exemples illustrent le fait que les points situés sous la droite associée (8), et eux seuls, vérifient (9).

FIGURE 3.1
FRB : droite associée à la première contrainte

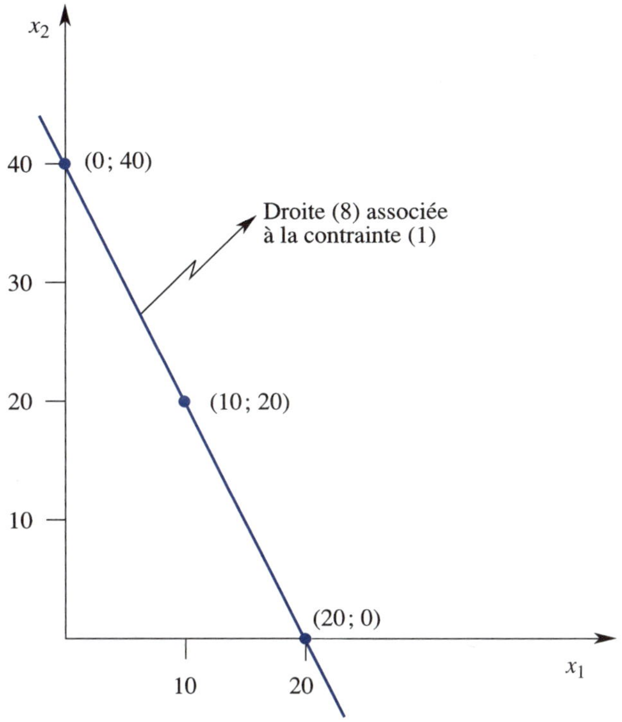

En effet, tout point situé sous la droite (8) appartient à une droite parallèle à (8), dont l'équation est de la forme :

$$10\ x_1 + 5\ x_2 = d \tag{10}$$

où $d < 200$. Au fur et à mesure que croît la valeur de d, les droites (10) occupent des positions de plus en plus élevées tout en demeurant parallèles à la droite (8), comme le montre la figure 3.2.

Les points qui vérifient la contrainte (1) appartiennent soit à la droite associée (on dit alors que la **contrainte** est **satisfaite comme équation**), soit à l'ensemble des points situés sous cette droite (on dit que la **contrainte** est **satisfaite comme inéquation**).

La figure 3.3 illustre l'ensemble des points du premier quadrant pour lesquels la contrainte (1) est satisfaite soit comme équation, soit comme inéquation. Le numéro porté sur la droite indique la contrainte considérée. La flèche qui pointe vers le bas indique que tous les points situés sous la droite vérifient la contrainte.

Puisque toutes les contraintes du modèle linéaire de la Fonderie Rivière-Bleue sont de la même forme, il suffira de les prendre en considération tour à tour, en répétant pour chacune les mêmes opérations que celles effectuées pour la contrainte (1). Il s'agira, pour chaque contrainte :

- de déterminer 2 points de la droite associée, puis de tracer cette droite ;
- de déterminer de quel côté de la droite associée se trouvent les points pour lesquels la contrainte est satisfaite comme inéquation ;
- de tracer une flèche pointant vers ce côté.

FIGURE 3.2
FRB : courbes de niveau de la première contrainte

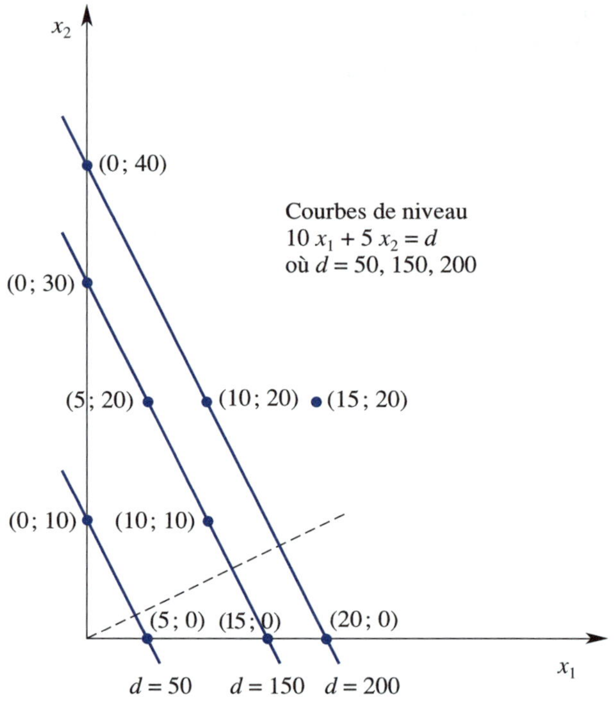

FIGURE 3.3
FRB : prise en considération de la première contrainte

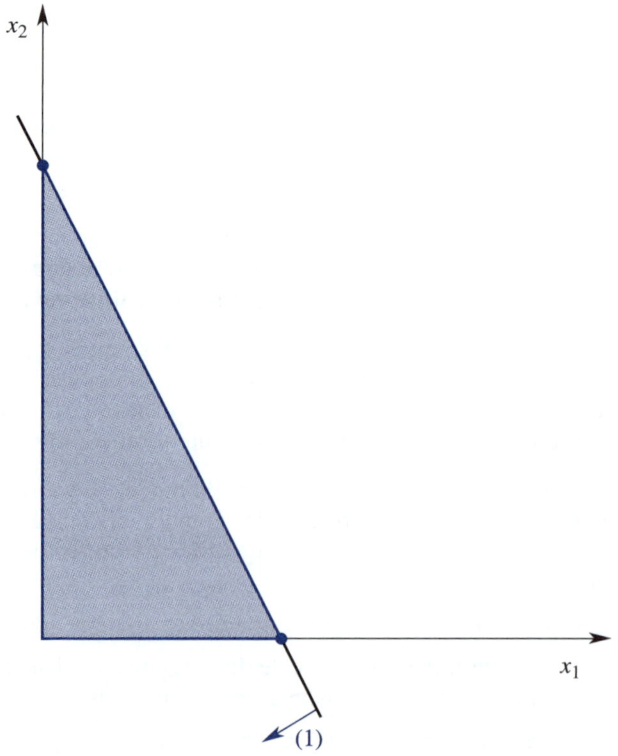

Illustrons à nouveau ce procédé à l'aide de la contrainte (2) :

- les points (30 ; 0) et (0 ; 20) appartiennent à la droite associée à la contrainte (2) ;
- l'origine O = (0 ; 0) vérifie cette dernière ; les points admissibles selon la seule contrainte (2) se trouvent sous la droite tracée ;
- la flèche est donc placée sous la droite.

Le résultat graphique de la prise en considération des contraintes (1) et (2) est illustré par la figure 3.4. On note que certains points du premier quadrant sont admissibles selon la contrainte (1) mais pas selon (2) ; ils sont représentés dans la figure 3.4 par le triangle ombré PQC.

FIGURE 3.4
FRB : prise en considération des 2 premières contraintes

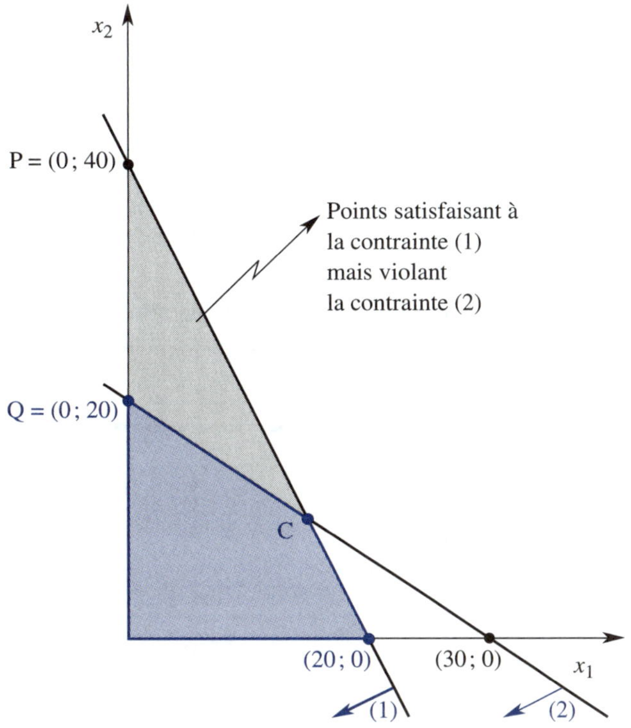

On considérera tour à tour les différentes contraintes, mettant ainsi en évidence l'effet successif de chacune sur l'ensemble des solutions admissibles. Cet ensemble va généralement rétrécir ; au mieux, il demeurera stable[1]. L'ensemble des points qui n'ont pas été éliminés après la prise en considération de toutes les contraintes constitue l'ensemble des points admissibles et est souvent appelé **région admissible**. Cet ensemble est parfois vide[2].

La contrainte (3) fixe 34 comme borne supérieure des valeurs admissibles de la variable x_1 ; cette borne traduit le fait que la production de tuyauterie de la semaine

1. Nous verrons un exemple de ce phénomène lorsque nous analyserons l'impact de la contrainte (3).
2. L'ensemble des points admissibles selon les 2 contraintes suivantes est vide : $x_1 \leq 4$ et $x_1 \geq 7$.

prochaine ne pourra excéder les commandes de 34 tonnes. La prise en considération graphique d'une contrainte de ce type se fait aisément : la droite associée est verticale ; de plus, (3) est satisfaite comme inéquation par tout point (x_1 ; x_2) tel que $x_1 < 34$. Le résultat est illustré à la figure 3.5.

La prise en considération de la contrainte (3), à ce stade-ci, n'occasionne pas l'élimination de nouveaux points. Tous les points qui ne vérifient pas cette contrainte ont déjà été déclarés inadmissibles lors de la prise en considération graphique des contraintes (1) et (2). On constate que le nombre d'heures disponibles pour l'ébarbage et la peinture de la tuyauterie et des gueuses est insuffisant pour satisfaire une demande de 34 tonnes de tuyauterie. La contrainte (3) est donc redondante en présence de (1) et de (2). La prise en considération d'une contrainte redondante ne réduit pas l'ensemble des solutions admissibles ; elle n'ajoute pas d'information dans un modèle linéaire, et s'en départir n'aurait pas de conséquence sur la solution optimale du modèle. Cependant, la présence d'une telle contrainte peut ajouter à l'intelligibilité du modèle, ou encore en garantir la robustesse dans le cas où des changements seraient apportés aux membres droits des autres contraintes.

La contrainte (4) fixe 14 comme borne supérieure des valeurs admissibles de la variable x_2. La prise en considération graphique de cette contrainte se fait par le tracé de la droite horizontale d'équation $x_2 = 14$ et par l'exclusion des points situés au-dessus de cette droite. La contrainte (4) n'est pas redondante : il serait possible, s'il s'avérait profitable de le faire, de fabriquer 14 tonnes de gueuses et ainsi de satisfaire la demande pour ce produit.

La prise en considération des 6 contraintes du modèle de la Fonderie Rivière-Bleue permet d'établir l'ensemble des solutions illustré à la figure 3.6.

FIGURE 3.5
FRB : prise en considération des 3 premières contraintes

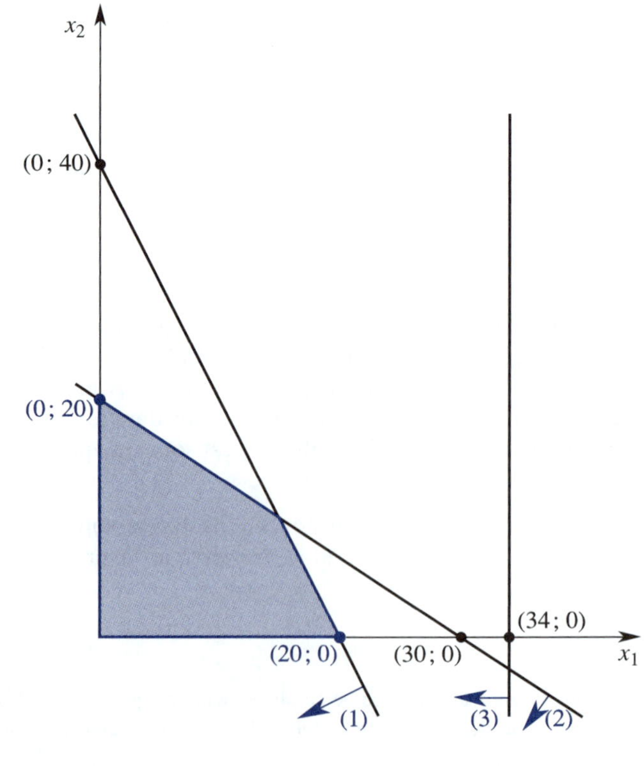

FIGURE 3.6
FRB : région admissible

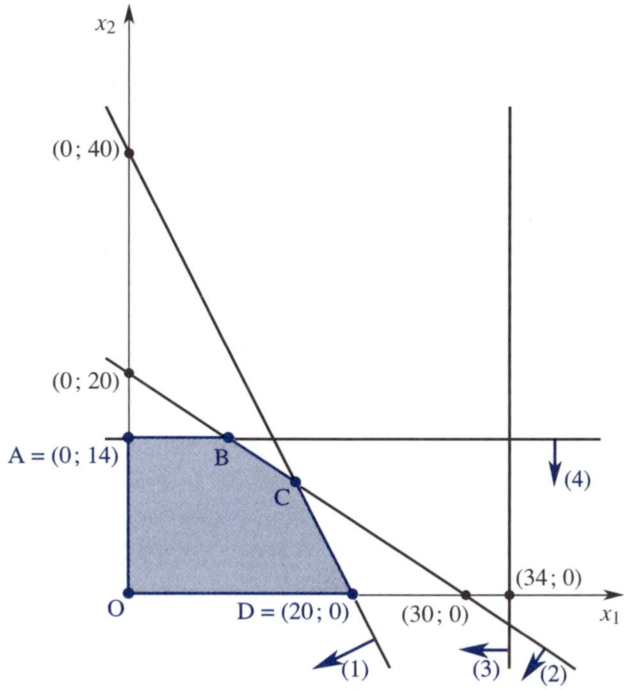

En résumé, le repérage graphique de l'ensemble des solutions admissibles d'un modèle linéaire comportant 2 variables de décision se fait par la prise en considération successive des contraintes. L'ensemble des points non éliminés lorsque ce processus prend fin constitue la **région admissible**, c'est-à-dire l'ensemble des points qui vérifient toutes les contraintes du modèle linéaire.

La construction de la région admissible est un premier pas vers l'obtention d'une solution optimale et permet souvent de faire des remarques pertinentes à propos du problème posé. Par exemple :

– Si Aurèle décidait de ne produire que de la tuyauterie, il pourrait en fabriquer au plus 20 tonnes ; la contribution aux coûts d'exploitation et au profit serait alors de 20 000 $ et les heures de main-d'œuvre disponibles dans l'atelier de peinture ne seraient pas toutes utilisées. En effet, dans l'ensemble des solutions admissibles, c'est le point (20 ; 0) qui admet la plus grande abscisse ; ce point ne se trouve pas sur la droite associée à (2) et satisfait cette contrainte comme inéquation.

– Si Aurèle décidait de fabriquer 14 tonnes de gueuses pour satisfaire la demande maximale pour ce produit, il resterait à l'atelier d'ébarbage des heures de main-d'œuvre inutilisées. En effet, aucun point du type $(x_1 ; 14)$ de l'ensemble des solutions admissibles n'appartient à la droite associée à la contrainte (1). La valeur maximale de x_1 dans l'ensemble des solutions admissibles selon $x_2 = 14$ est atteinte au point B. En ce point :

$$x_2 = 14 \quad \text{et} \quad 2\,x_1 + 3\,x_2 = 60\,,$$

d'où $x_1 = 9$. Si Aurèle voulait satisfaire la demande maximale pour des gueuses, il devrait aussi produire 9 tonnes de tuyauterie pour maximiser la contribution aux coûts d'exploitation et au profit. Cette contribution s'élèverait alors à 25 800 $:

$$(1\,000 \times 9) + (1\,200 \times 14) = 25\,800.$$

– Sous prétexte de forcer le personnel de la Fonderie à fournir un effort soutenu, Aurèle pourrait chercher un plan de production qui utilise toutes les heures disponibles dans les ateliers d'ébarbage et de peinture. Le graphique indique que C est le seul point admissible à remplir cette condition. Le point C appartient aux droites associées à (1) et à (2) : par conséquent, il satisfait ces contraintes comme équations et ses coordonnées, x_1 et x_2, constituent une solution du système suivant :

$$10\,x_1 + 5\,x_2 = 200$$
$$2\,x_1 + 3\,x_2 = 60.$$

On vérifie aisément que l'unique solution de ce système est : $x_1 = 15$ et $x_2 = 10$. Produire 15 tonnes de tuyaux et 10 tonnes de gueuses résulte en une contribution de 27 000 $ aux coûts d'exploitation et au profit.

Cette courte analyse a permis de trouver 3 points admissibles, soit les points D = (20 ; 0), B = (9 ; 14) et C = (15 ; 10), correspondant à des plans de production dont la contribution aux coûts d'exploitation et au profit est respectivement de 20 000 $, de 25 800 $ et de 27 000 $. Le plan de production correspondant au point C s'avère le plus rentable des 3. Est-il une solution optimale du problème ?

3.1.4 La recherche d'une solution optimale

Nous venons de construire la région admissible du modèle linéaire associé au problème de la Fonderie Rivière-Bleue. Cet ensemble contient un nombre infini de points. Nous indiquons maintenant comment repérer une solution optimale, c'est-à-dire un point $(x_1^*\,;\,x_2^*)$ vérifiant toutes les contraintes et permettant à $1\,000\,x_1^* + 1\,200\,x_2^*$ de prendre sa meilleure valeur dans ces circonstances.

En fixant z à une valeur p choisie arbitrairement, on obtient la droite

$$1\,000\,x_1 + 1\,200\,x_2 = p \qquad (11)$$

Cette droite est appelée **courbe de niveau** ou encore **courbe d'indifférence** de la fonction z. Elle représente les points du plan qui donnent à z la valeur p.

La figure 3.7[3] illustre les courbes de niveau obtenues lorsque l'on pose p égal à 6 000, puis égal à 12 000. Tous les points de la ligne pointillée de gauche donnent à z la valeur 6 000, mais seuls sont admissibles ceux qui appartiennent au segment [P ; P'], où P = (0 ; 5) et P' = (6 ; 0). De même, le segment [Q ; Q'], où Q = (0 ; 10) et Q' = (12 ; 0), représente l'ensemble des points admissibles pour lesquels z prend la valeur 12 000 : par exemple, si l'on adoptait le plan de production correspondant au point (6 ; 5) de ce segment, la contribution aux coûts d'exploitation et au profit s'élèverait à $(1\,000 \times 6) + (1\,200 \times 5) = 12\,000$ dollars.

Tracer une première courbe de niveau permet d'obtenir une illustration de la pente de z qui dépend du rapport des coefficients 1 000 et 1 200 de x_1 et x_2. En tracer une deuxième permet de déterminer la direction selon laquelle la valeur de z augmente. Ainsi, en augmentant petit à petit la valeur de p dans l'équation (11), on obtient des droites parallèles, chacune plus à droite et plus haute que les précédentes[4].

---

3. La contrainte redondante (3) a été omise dans la figure 3.7. Il en sera de même dans les autres figures décrivant la région admissible du problème de la Fonderie.

4. Ici, les courbes de niveau successives, correspondant à des valeurs croissantes de p, s'étagent de façon que la dernière tracée soit toujours au-dessus des précédentes. Ce phénomène exige que le quotient des coefficients de x_1 et de x_2 dans la fonction-objectif soit positif. Pour la fonction-objectif $z = 2\,x_1 - 3\,x_2$, cette condition n'est pas remplie et, par exemple, la courbe de niveau obtenue pour $p = 12$ est située sous celle obtenue pour $p = 6$.

FIGURE 3.7
FRB : courbes de niveau de la fonction-objectif

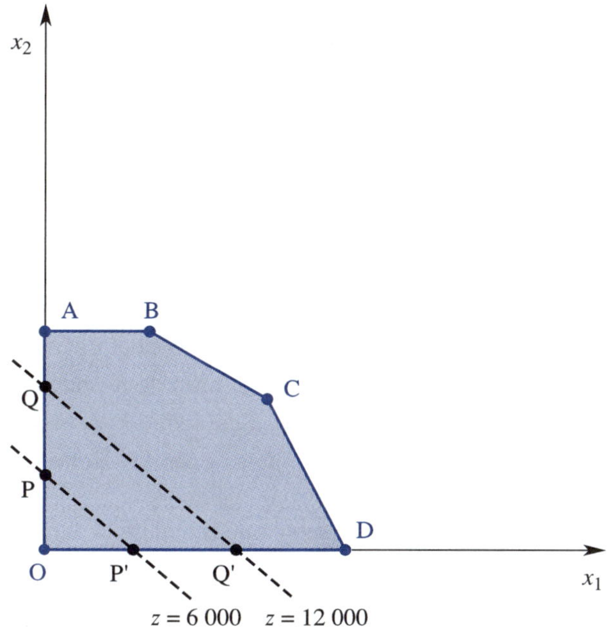

Comme on cherche ici à maximiser la fonction-objectif z, on détermine une solution optimale en cherchant la courbe de niveau la plus élevée qui comporte au moins un point de l'ensemble des points admissibles. Cette recherche donne le résultat illustré à la figure 3.8.

FIGURE 3.8
FRB : repérage graphique de la solution optimale

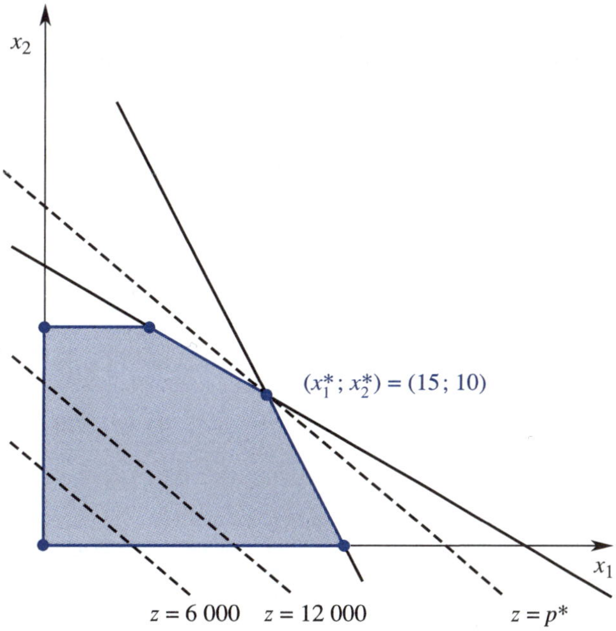

Il n'y a ici qu'une solution optimale : elle se trouve à l'intersection des droites associées aux contraintes (1) et (2). Par conséquent, ce point $(x_1^*\,;\,x_2^*)$ vérifie les équations de ces droites :

$$10\,x_1^* + 5\,x_2^* = 200$$
$$2\,x_1^* + 3\,x_2^* = 60\,.$$

Il s'ensuit que

$$x_1^* = 15 \quad \text{et} \quad x_2^* = 10\,.$$

En ce point, la fonction-objectif z prend la valeur 27 000 :

$$p^* = (1\,000 \times 15) + (1\,200 \times 10) = 27\,000\,.$$

La solution optimale du modèle de la Fonderie Rivière-Bleue vient d'être obtenue :

- Aurèle devrait produire 15 tonnes de tuyauterie et 10 tonnes de gueuses ;
- la contribution aux coûts d'exploitation et au profit serait de 27 000 $;
- toutes les heures disponibles dans les ateliers d'ébarbage et de peinture seraient utilisées ;
- il ne serait pas avantageux de satisfaire la demande maximale de tuyauterie ni celle des gueuses.

En résumé, une fois la région admissible construite, un point optimal s'obtient comme suit[5] :

- tracé de 2 courbes de niveau ;
- repérage visuel d'un point optimal ;
- calcul des coordonnées de ce point optimal ;
- calcul de la valeur prise par z en ce point.

3.2 LA RÉSOLUTION D'UN DEUXIÈME EXEMPLE

Ce second exemple diffère du premier sous 2 aspects : l'objectif propose la minimisation d'une fonction linéaire ; certaines contraintes technologiques sont de signe « ≥ » et l'origine O = (0 ; 0) du plan n'est pas une solution admissible.

$$\text{Min } z = 3\,x_1 + 4\,x_2 \qquad (12)$$

sous les contraintes :

$$x_1 + x_2 \geq 9 \qquad (13)$$
$$x_1 - x_2 \leq 9 \qquad (14)$$
$$x_1 + 3\,x_2 \geq 17 \qquad (15)$$
$$x_1 \geq 3 \qquad (16)$$
$$x_2 \leq 10 \qquad (17)$$
$$x_1 \geq 0 \text{ et } x_2 \geq 0$$

---

5. Cette méthode achoppe parfois sur le manque de soin apporté au tracé des courbes de niveau, plusieurs points pouvant alors sembler optimaux. Dans notre exemple, les points (20 ; 0) et (9 ; 14) risquent d'être déclarés optimaux si la courbe de niveau $z = p^*$ n'est pas tracée avec suffisamment de précision. Pour lever l'ambiguïté, il suffit de comparer les valeurs prises par z en chacun de ces points-candidats.

En un premier temps, nous construisons la région admissible. Les contraintes de non-négativité garantissent que les solutions admissibles appartiennent toutes au premier quadrant. L'analyse graphique peut donc se limiter à cette portion du plan. La figure 3.9 présente les droites associées aux différentes contraintes technologiques (13)-(17). Sur chacune est reportée une flèche indiquant de quel côté sont les points qui vérifient la contrainte correspondante.

Le polygone ABCDE, qui constitue la région admissible, est reproduit à la figure 3.10, accompagné des courbes de niveau $z = 56$ et $z = 31$. Comme l'objectif est de minimiser la fonction z, l'optimum s'atteint en cherchant la courbe de niveau la plus à gauche et la plus basse possible qui a un point commun avec la région admissible. Le graphique indique le sommet E = (5 ; 4) comme celui où s'obtient la solution optimale recherchée. On confirme ce résultat en évaluant la fonction-objectif en chacun des sommets adjacents à E :

en A = (3 ; 6)	$z = (3 \times 3) + (4 \times 6) = 33$
en E = (5 ; 4)	$z = (3 \times 5) + (4 \times 4) = 31$
en D = (11 ; 2)	$z = (3 \times 11) + (4 \times 2) = 41$

On notera que, si l'objectif (12) était remplacé par

$$\text{Min } z' = 3\,x_1 + 3\,x_2 \qquad (18)$$

la valeur minimale 27 serait atteinte aux sommets A = (3 ; 6) **et** E = (5 ; 4). De plus, tout point du segment [A ; E] donnerait à z' cette même valeur 27 et serait également optimal. Cette multiplicité des solutions optimales provient du fait que les courbes de niveau $3\,x_1 + 3\,x_2 = p$ sont parallèles à la droite associée à la contrainte (13).

FIGURE 3.9
Exemple 2 : construction de la région admissible

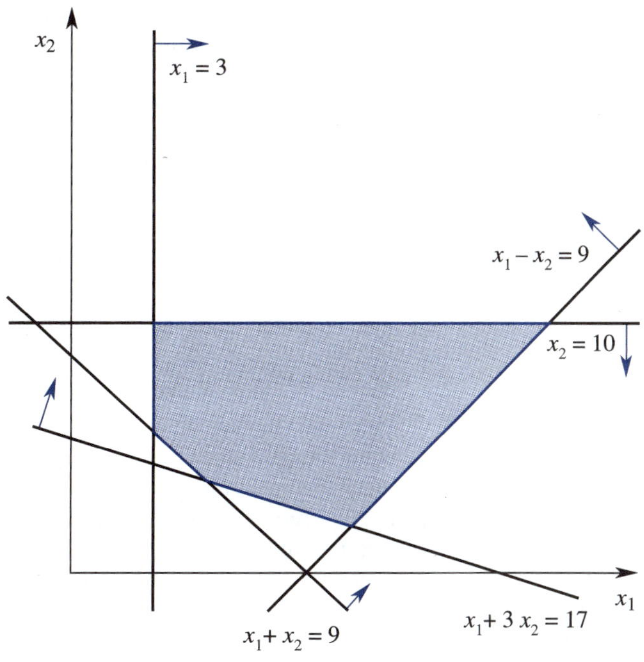

FIGURE 3.10
Exemple 2 : repérage graphique de la solution optimale

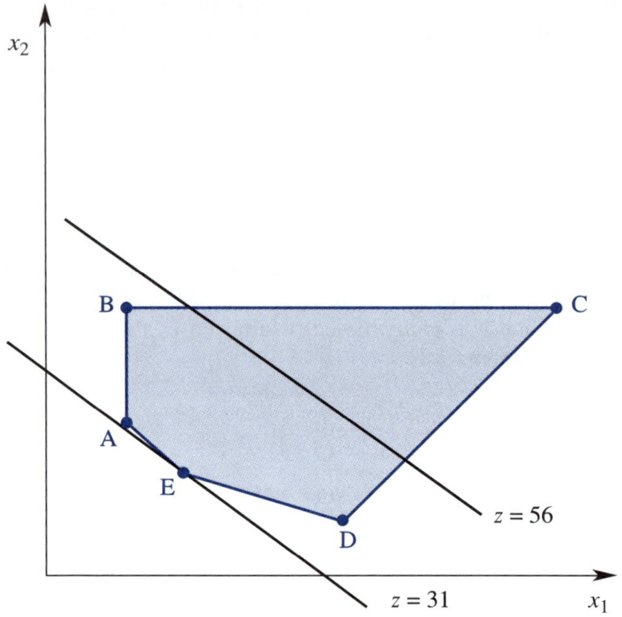

A = (3 ; 6)	C = (19 ; 10)	E = (5 ; 4)
B = (3 ; 10)	D = (11 ; 2)

3.3 LES CARACTÉRISTIQUES DE L'ENSEMBLE DES SOLUTIONS ADMISSIBLES

Nous indiquons maintenant comment caractériser l'ensemble des solutions admissibles de modèles linéaires continus dont les contraintes adoptent la forme générale :

$$\sum_{j=1}^{n} a_{ij}\, x_j \begin{pmatrix} \leq \\ \geq \\ = \end{pmatrix} b_i \qquad i = 1, \ldots, m \qquad (\alpha)$$

$$x_j \geq 0 \qquad j = 1, \ldots, n \qquad (\beta)$$

Les m contraintes technologiques (α) et les n contraintes de non-négativité (β) font intervenir n variables de décision $x_1, \ldots, x_n$. Les coefficients a_{ij} et b_i sont des nombres réels.

Les propriétés géométriques et mathématiques des ensembles de solutions admissibles des modèles linéaires comportant des contraintes de la forme (α) ou (β) ne feront pas l'objet d'un exposé rigoureux. Nous les expliquerons à l'aide de graphiques, nous cantonnant à des modèles mettant en jeu 2 ou 3 variables de décision pour illustrer des résultats qui restent valables pour les modèles linéaires comportant un nombre quelconque de variables de décision. Le modèle de la Fonderie Rivière-Bleue, modifié convenablement, servira à illustrer nos propos.

3.3.1 Une typologie des régions admissibles

Si un ensemble de contraintes n'admet pas de solution, on dit que l'ensemble des solutions admissibles est vide. Il y a plusieurs causes possibles de ce phénomène. Imaginons qu'Aurèle exige la production d'au moins 34 tonnes de tuyauterie et d'au moins 14 tonnes de gueuses, imposant par là des conditions irréalistes vis-à-vis des ressources disponibles de main-d'œuvre. Le nouvel ensemble de contraintes s'écrirait :

$$10\,x_1 + 5\,x_2 \leq 200 \qquad (1)$$

$$2\,x_1 + 3\,x_2 \leq 60 \qquad (2)$$

$$x_1 \geq 34 \qquad (3')$$

$$x_2 \geq 14 \qquad (4')$$

$$x_1 \geq 0 \qquad (5)$$

$$x_2 \geq 0 \qquad (6)$$

Il est évident qu'aucun point $(x_1 ; x_2)$ ne vérifie ces 6 contraintes. En effet, comme nous l'avons vu précédemment lors de la prise en considération de la contrainte (3) et comme l'illustre la figure 3.5, tout point $(x_1 ; x_2)$ dont les coordonnées sont non négatives et qui vérifie (1) et (2) satisfait (3) comme une inéquation, de sorte que sa première coordonnée x_1 est < 34, et non ≥ 34 comme l'exige (3').

Il y a d'autres cas où l'ensemble des points admissibles est vide : il arrive que le modèle linéaire proposé pour résoudre un problème de gestion traduise mal le problème posé. Par exemple, si les coefficients a_{ij} et b_i proviennent de banques de données fort volumineuses et que certaines de ces données sont erronées ou mal transmises, l'ensemble des solutions admissibles du modèle linéaire résultant peut s'avérer vide.

L'algorithme de résolution des modèles linéaires le plus fréquemment utilisé, la méthode (ou l'algorithme) du simplexe, sert parfois de sous-routine d'un autre algorithme où, paradoxalement, l'apparition de modèles linéaires sans solution admissible est souhaitée. Nous en donnerons des exemples au chapitre 6, lors de l'étude des méthodes d'énumération implicite pour la solution de modèles linéaires en nombres entiers.

L'ensemble des solutions admissibles, lorsqu'il n'est pas vide, détermine un polyèdre convexe. Nous définissons ci-dessous ces 2 termes. Mais auparavant, considérons la première contrainte du modèle de la Fonderie Rivière-Bleue :

$$10\,x_1 + 5\,x_2 \leq 200 \qquad (19)$$

La droite associée, d'équation $10\,x_1 + 5\,x_2 = 200$, divise le plan en 2 parties que l'on dénomme **demi-plans** ou, plus généralement, **demi-espaces**.

Un **demi-espace** est dit **fermé** ou **ouvert** selon que sa frontière en fait partie ou non. Par exemple, les demi-espaces V et W de la figure 3.11 sont fermés. Par contre, le demi-espace défini par

$$10\,x_1 + 5\,x_2 < 200 \qquad (20)$$

est ouvert, puisque les points de la droite-frontière $10\,x_1 + 5\,x_2 = 200$ ne vérifient pas cette inéquation stricte.

À chacune des contraintes (α) ou (β) de signe « ≤ » ou « ≥ » correspond un demi-espace fermé constitué de l'ensemble des points qui la vérifient. Une contrainte (α) de signe « = » peut être remplacée par la conjonction de deux inéquations, l'une de signe « ≤ », l'autre de signe « ≥ » ; l'ensemble des points qui satisfont à cette équation est donc l'intersection de deux demi-espaces fermés. Un point $(x_1 ; x_2)$ vérifiant toutes les

FIGURE 3.11
Demi-espaces associés à une inéquation

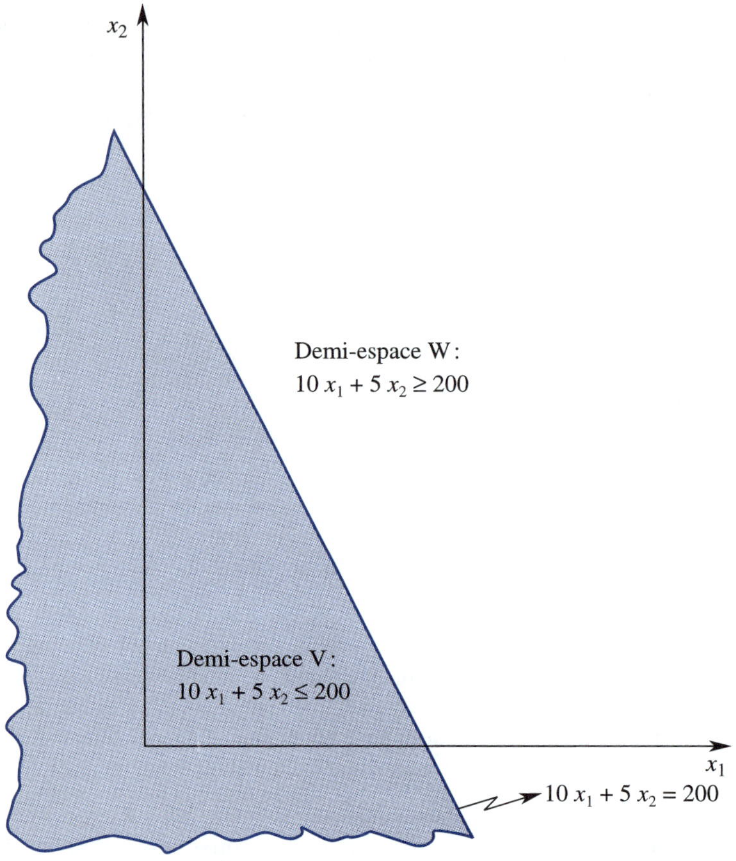

contraintes (α) et (β) appartient donc à l'intersection d'un certain nombre de demi-espaces fermés. Une telle **intersection d'un nombre fini de demi-espaces fermés** est appelée **polyèdre**.

Un **ensemble** V est dit **convexe** si tout segment de droite dont les extrémités appartiennent à V est inclus dans V. Considérons les 2 ensembles illustrés à la figure 3.12. L'ensemble W est non convexe, car les points P et P' sont les extrémités d'un segment dont au moins un point n'appartient pas à W. Par contre, l'ensemble V est convexe.

FIGURE 3.12
Définition graphique de la convexité

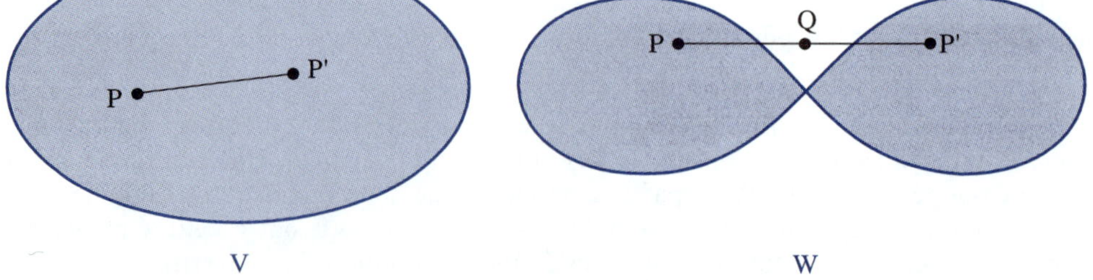

L'ensemble des solutions admissibles d'un modèle linéaire continu constitue toujours un ensemble convexe. La figure 3.13, qui reproduit la région admissible du modèle de la Fonderie Rivière-Bleue, illustre ce fait.

La convexité est à la fois une propriété importante de la région admissible de tout modèle linéaire continu et un concept utile pour en trouver une solution optimale. Imaginons qu'on n'ait pas encore tracé la région admissible du modèle de la Fonderie Rivière-Bleue, mais que l'on connaisse 2 plans de production admissibles, par exemple les plans Q et Q', qui correspondent aux points admissibles Q = (7 ; 12) et Q' = (13 ; 8). Chaque point du segment reliant Q et Q' peut s'écrire comme suit :

$$(7 + 6\,\lambda;\ 12 - 4\,\lambda) \text{ où } \lambda \in [0;\ 1] \qquad (21)$$

En particulier, on retrouve le point Q en posant $\lambda = 0$ et le point Q' en posant $\lambda = 1$; lorsque $\lambda = 1/2$, on obtient le point (10 ; 10), soit le milieu du segment. Comme l'ensemble des solutions admissibles est convexe, tous les points de la forme (21) sont des solutions admissibles. On vérifie aisément que, par exemple, le point-milieu (10 ; 10) satisfait à toutes les contraintes du modèle de la Fonderie Rivière-Bleue. Des commentaires qui précèdent, on tire facilement la conclusion suivante : **si l'ensemble des solutions admissibles d'un modèle linéaire continu contient 2 points distincts, il en contient une infinité !** Il suffit en effet de noter que le segment reliant 2 points distincts d'un ensemble convexe contient une infinité de points, qui tous appartiennent à cet ensemble.

Nous nous intéressons maintenant à une autre propriété partagée par la majorité des modèles linéaires rencontrés en pratique. Nous illustrons d'abord ce concept à l'aide de la Fonderie Rivière-Bleue. Aurèle dispose de 200 heures de main-d'œuvre pour l'ébarbage, et une tonne de tuyauterie requiert 10 heures de main-d'œuvre de cet atelier : la Fonderie pourrait donc traiter au plus 200/10 = 20 tonnes de tuyauterie dans l'atelier d'ébarbage. Un calcul du même genre montre qu'on pourrait ébarber au plus 200/5 = 40 tonnes de gueuses. L'ensemble des contraintes détermine, pour chacun des produits, une borne supérieure du tonnage qu'il est possible de produire. Le tableau 3.1 présente les résultats de cette analyse.

FIGURE 3.13
FRB : convexité de la région admissible

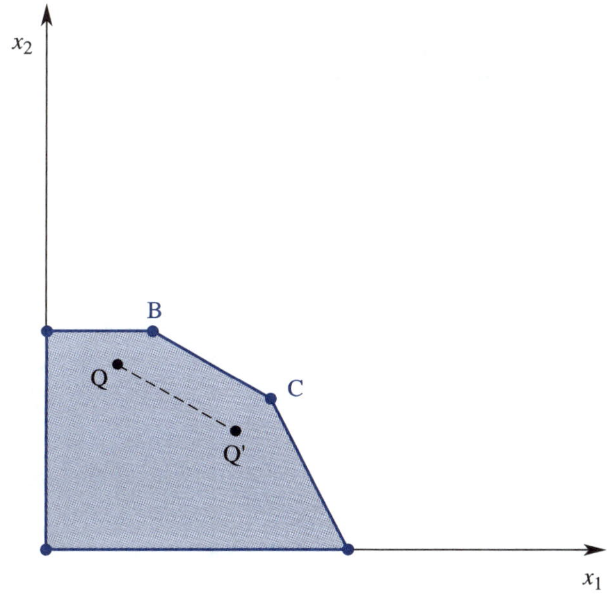

TABLEAU 3.1
FRB : bornes supérieures des variables de décision

Contrainte	Borne supérieure (en tonnes) x_1	x_2
Atelier d'ébarbage	20	40
Atelier de peinture	30	20
Demande de tuyauterie	34	–
Demande de gueuses	–	14
Plus petite borne supérieure	20	14

Ainsi, la Fonderie pourrait fabriquer au plus 20 tonnes de tuyauterie la semaine prochaine ; ce maximum exigerait que toutes les ressources de l'atelier d'ébarbage soient consacrées à la tuyauterie et que les gueuses soient sacrifiées. De même, la production de gueuses est limitée à 14 tonnes ; cette fois, le maximum provient de la demande, et il serait possible de jumeler une certaine production de tuyauterie au maximum de 14 tonnes de gueuses. La connaissance de telles bornes permet d'affirmer, sans que l'on ait besoin de consulter la représentation graphique (figure 3.14), que l'ensemble des solutions admissibles est inclus dans le rectangle défini par

$$0 \leq x_1 \leq 20 \quad \text{et} \quad 0 \leq x_2 \leq 14 \tag{22}$$

Considérons un modèle linéaire continu dont les contraintes s'écrivent sous la forme (α) et (β). La **région admissible** d'un modèle est dite **non bornée** si au moins une des variables de décision peut y prendre des valeurs de plus en plus grandes sans violer aucune des contraintes technologiques. Dans le cas contraire, on dit que la **région admissible** est **bornée**. Il existe alors des constantes s_1, s_2, …, s_n telles que toute solution admissible (x_1 ; x_2 ; … ; x_n) vérifie, outre les contraintes (α) et (β), les inéquations

$$x_j \leq s_j \qquad j = 1, \ldots, n \tag{23}$$

Pour la Fonderie Rivière-Bleue, $s_1 = 20$ et $s_2 = 14$ sont des valeurs possibles pour ces constantes.

FIGURE 3.14
FRB : rectangle enfermant la région admissible

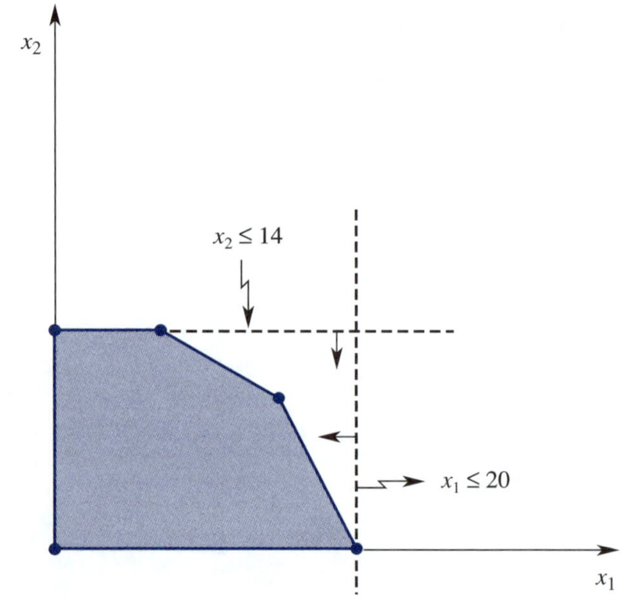

Un décideur s'intéresse souvent aux bornes supérieures des variables de décision. Aurèle, par exemple, sachant que $x_1 \leq 20$, peut prévenir ses clients que leurs commandes de tuyauterie ne pourront toutes être satisfaites et négocier des délais de livraison sans plus attendre ; il peut également prévoir le recours aux heures supplémentaires. Il évitera d'imposer la satisfaction des commandes de 34 tonnes de tuyauterie car, *ipso facto*, le modèle linéaire n'admettrait pas de solution admissible.

Il arrive qu'un ensemble de solutions admissibles soit non borné, comme l'illustre la figure 3.15. Selon cette figure, la variable x_1 peut prendre des valeurs de plus en plus grandes, qui appartiennent toutes à l'ensemble des solutions admissibles. Mais ce qui est possible mathématiquement ne l'est pas pratiquement. Comment imaginer que des profits ou des ressources soient infinis ? Il n'y a pas de problème de gestion réaliste qui puisse mener à un ensemble non borné de solutions admissibles.

Les notions présentées ci-dessus s'illustrent également à l'aide d'un cube de 5 mètres d'arête (figure 3.16), lequel constitue la région admissible d'un modèle linéaire comportant les contraintes suivantes :

$$0 \leq x_j \leq 5 \qquad j = 1, 2, 3 \quad (24)$$

FIGURE 3.15
Exemple de région admissible non bornée

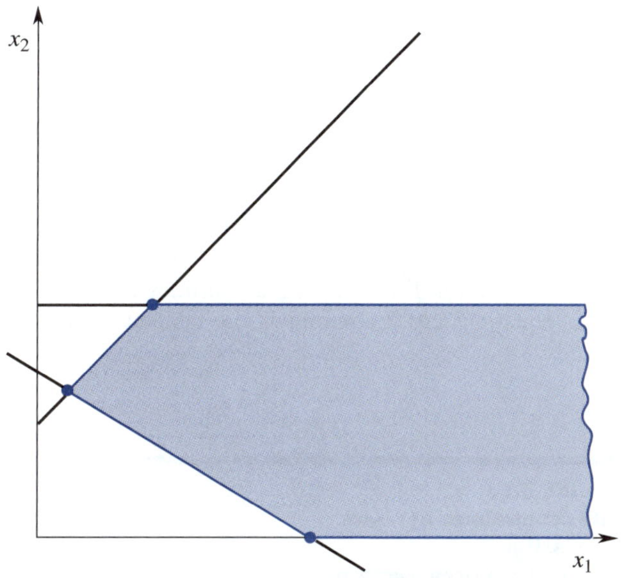

FIGURE 3.16
Cube de 5 mètres d'arête

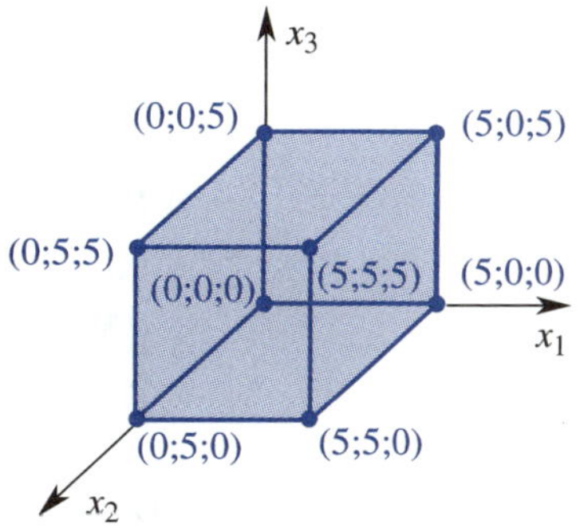

Le cube constitue, pour ce modèle linéaire, un ensemble de solutions admissibles non vide, convexe et borné. À chacune des contraintes (par exemple $x_1 \leq 5$) est associé un plan (ici $x_1 = 5$) qui divise l'espace en 2 demi-espaces disjoints, l'un fermé (ici $x_1 \leq 5$) contenant le cube, l'autre ouvert (ici $x_1 > 5$) ne comportant aucun point admissible.

En 2 dimensions, la frontière d'un demi-espace est une droite ; en 3 dimensions, cette frontière est un plan. En n dimensions, on parle d'un « hyperplan ».

3.3.2 Une typologie des solutions admissibles

Supposons non vide l'ensemble des solutions admissibles qui vérifient les contraintes (α) et (β). Et intéressons-nous aux points qui en font partie plutôt qu'à l'ensemble lui-même.

Nous appuierons nos propos sur l'exemple FRB et sur des intuitions résultant d'analogies géométriques dans le plan cartésien. L'ensemble des solutions admissibles du modèle de la Fonderie Rivière-Bleue est présenté à nouveau à la figure 3.17.

L'ensemble des solutions admissibles de ce modèle linéaire continu comprend 3 types de points : intérieurs, frontières et extrêmes.

- Les **points intérieurs**, tel E = (4 ; 4), ne satisfont comme équation aucune des contraintes du modèle. Dans le modèle de la Fonderie Rivière-Bleue, un point intérieur propose un plan de production qui sous-utiliserait les ressources et, partant, ne pourrait être optimal. Le plan de production (4 ; 4), par exemple, n'épuise le temps disponible ni dans l'atelier d'ébarbage ni dans celui de peinture.
- Les **points frontières** satisfont comme équation au moins 1 des contraintes du modèle linéaire. Le point F = (16 ; 8) satisfait comme équation la contrainte (1) d'ébarbage, puisque $(10 \times 16) + (5 \times 8) = 200$; et F est situé sur la droite associée à (1).
- Dans le modèle de la Fonderie Rivière-Bleue, les **points extrêmes** sont O, A, B, C et D. La figure 3.17 permet de vérifier que chaque point extrême de ce modèle se trouve à l'intersection des droites associées à 2 contraintes et satisfait comme équations ces 2 contraintes. Le tableau 3.2 illustre cette propriété.

FIGURE 3.17
FRB : contraintes et région admissible

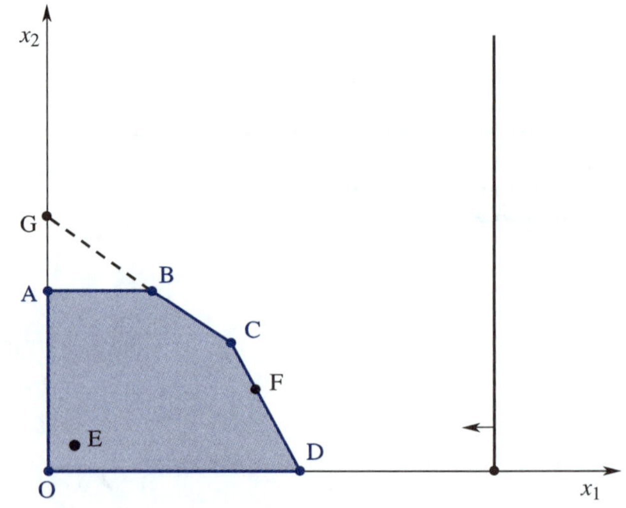

TABLEAU 3.2
Points extrêmes de FRB

Point	Coordonnées $(x_1 ; x_2)$	Contraintes satisfaites comme équations	
O	(0 ; 0)	(5)	(6)
A	(0 ; 14)	(5)	(4)
B	(9 ; 14)	(4)	(2)
C	(15 ; 10)	(2)	(1)
D	(20 ; 0)	(1)	(6)

Les points extrêmes ne sont pas les seuls points du plan à satisfaire comme équations 2 contraintes : le point G = (0 ; 20) appartient aux droites associées aux contraintes (2) et (5). Mais ce point n'est pas admissible, tandis que les points extrêmes le sont par définition.

Les points extrêmes sont des éléments clés de la programmation linéaire. Dans le modèle de la Fonderie, tout plan de production admissible s'exprime comme une somme pondérée des 5 plans de production correspondant aux points extrêmes, exécutés chacun dans une certaine proportion, la somme de ces proportions étant égale à 1. Ainsi, les plans de production E = (4 ; 4) et F = (16 ; 8) s'écrivent comme suit :

$$E = (4 ; 4) = \frac{2}{7}\,A + \frac{1}{5}\,D + \frac{18}{35}\,O \tag{25}$$

$$F = (16 ; 8) = \frac{4}{5}\,C + \frac{1}{5}\,D. \tag{26}$$

On remarquera que, dans (25) tout comme dans (26), les pondérations[6] des points extrêmes donnent la même somme, soit 1. Ces équations (25) et (26) sont des exemples de **combinaisons linéaires convexes**. De façon générale, lorsque la région admissible est bornée[7], toute solution admissible $(x_1 ; x_2 ; \ldots ; x_n)$ s'écrit comme combinaison linéaire convexe des points extrêmes.

En s'appuyant sur ce qui vient d'être dit, on peut donner une définition plus précise d'un point extrême. Un point $(x_1 ; x_2 ; \ldots ; x_n)$ appartenant à la région admissible d'un modèle linéaire continu est dit **point extrême** de cet ensemble si et seulement si on ne peut l'écrire comme une combinaison linéaire convexe de deux autres points de cet ensemble. Un point extrême satisfait au moins n contraintes comme équations[8]. Enfin, l'ensemble des solutions admissibles, s'il est non vide, contient au moins un point extrême.

La figure 3.16 illustre un ensemble des solutions admissibles qui adopte la forme d'un cube. Les points (1 ; 1 ; 1) et (5 ; 2 ; 4) sont des exemples, le premier d'un point intérieur, le second d'un point frontière. Les sommets du cube constituent les points extrêmes de l'ensemble ; le sommet (5 ; 0 ; 5) satisfait comme équations exactement

---

6. Les coefficients, ou pondérations, n'apparaissant pas dans (25) ou (26) sont nuls : par exemple,

$$E = \frac{2}{7}\,A + 0\,B + 0\,C + \frac{1}{5}\,D + \frac{18}{35}\,O.$$

Il est d'usage d'omettre les termes de coefficient nul, puisqu'ils n'affectent pas la somme.

7. Dans le cas contraire, les points extrêmes jouent encore un rôle important, mais ils n'engendrent pas à eux seuls l'ensemble des solutions admissibles.
8. Il arrive toutefois qu'un point extrême satisfasse plus de n contraintes comme équations. On dit alors qu'il s'agit d'un **point extrême dégénéré**. Par exemple, dans le modèle de la Fonderie, si la demande de tuyauterie était de 20 tonnes au lieu de 34, le point D appartiendrait à l'intersection de 3 droites et serait dégénéré.

3 contraintes de (24), soit $x_1 \leq 5$, $x_2 \geq 0$ et $x_3 \leq 5$. Tout point du cube, point intérieur et point extrême y compris, s'écrit comme combinaison linéaire convexe des sommets. Ainsi :

$$(1\,;1\,;1) = \frac{1}{5}\,(5\,;0\,;0) + \frac{1}{5}\,(0\,;5\,;0) + \frac{1}{5}\,(0\,;0\,;5) + \frac{2}{5}\,(0\,;0\,;0).$$

3.3.3 Les caractéristiques des solutions optimales

Nous nous proposons maintenant de justifier intuitivement un résultat appelé théorème fondamental de la programmation linéaire. Soit la fonction-objectif suivante soumise aux contraintes (α) et (β) :

$$\text{Max } z = \sum_{j=1}^{n} c_j x_j \qquad (27)$$

Le **théorème fondamental de la programmation linéaire** s'énonce comme suit :

Si un modèle linéaire continu admet au moins une solution optimale, l'une d'entre elles correspond à un point extrême.

La figure 3.18 illustre la région admissible et la courbe de niveau « z = 12 000 » du modèle linéaire proposé pour résoudre le problème de la Fonderie. Les courbes de niveau correspondant à des valeurs supérieures de z sont des droites parallèles à celle qui est tracée, s'étageant au-dessus et à sa droite. Celle qui correspond à la plus grande valeur que puisse prendre z dans l'ensemble des points admissibles passe par le point C : ainsi, C est une solution optimale. Et, conformément au théorème précédent, C est un point extrême.

FIGURE 3.18
FRB : région admissible et courbe de niveau de z

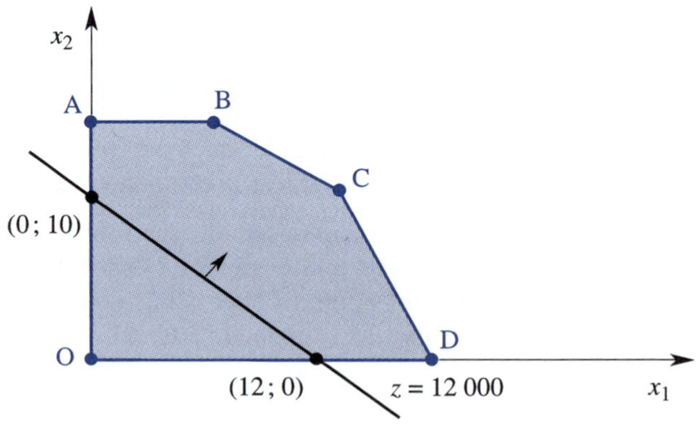

Pour tout modèle comprenant 2 variables de décision, la fonction-objectif s'écrit sous la forme suivante :

$$z = c_1 x_1 + c_2 x_2 \qquad (28)$$

Les valeurs prises par c_1 et par c_2 déterminent la pente des courbes de niveau. Modifier c_1 ou c_2 provoque une rotation des courbes de niveau. Nous illustrons ce phénomène à l'aide des fonctions z_1 à z_6 définies au tableau 3.3, la troisième coïncidant avec la fonction-objectif utilisée dans le modèle de la Fonderie Rivière-Bleue[9]. La colonne de droite de ce tableau indique en quel(s) point(s) du polygone OABCD chacune de ces fonctions atteint son maximum.

La figure 3.19 illustre la courbe de niveau, passant par le point (8 ; 6), qui est associée à chacune de ces fonctions-objectifs. Les flèches indiquent dans quel sens les courbes de niveau se déplacent lorsque la valeur prise par la fonction-objectif augmente. Comme l'illustrent les fonctions z_1 à z_4, augmenter petit à petit la contribution de la tuyauterie tout en laissant inchangée celle des gueuses imprime une rotation dans le sens horaire aux courbes de niveau correspondantes. Cette rotation se ferait dans le sens contraire si maintenant la seule contribution des gueuses était augmentée.

TABLEAU 3.3
FRB : fonctions-objectifs et solutions optimales

Fonction-objectif	Solution(s) optimale(s) dans OABCD
$z_1 = -600\,x_1 + 1\,200\,x_2$	A = (0 ; 14)
$z_2 = 600\,x_1 + 1\,200\,x_2$	B = (9 ; 14)
$z_3 = 1\,000\,x_1 + 1\,200\,x_2$	C = (15 ; 10)
$z_4 = 2\,400\,x_1 + 1\,200\,x_2$	Segment [C ; D]
$z_5 = 2\,500\,x_1 + 500\,x_2$	D = (20 ; 0)
$z_6 = -200\,x_1 - 1\,000\,x_2$	O = (0 ; 0)

FIGURE 3.19
FRB : fonctions-objectifs et courbes de niveau

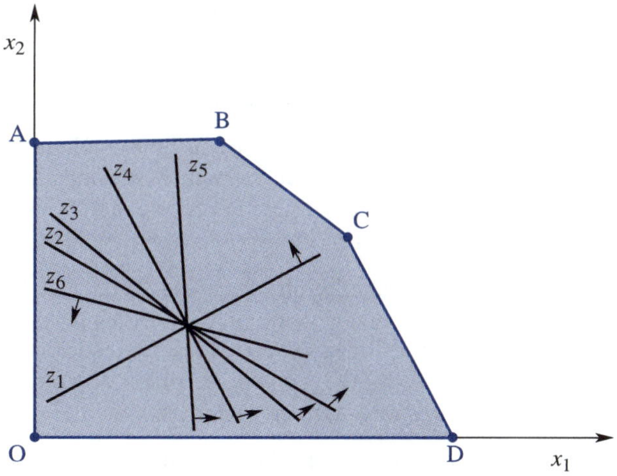

Les coordonnées des solutions optimales permettent de calculer la valeur maximale prise par chacune des fonctions-objectifs dans le polygone OABCD. Ainsi, le maximum que peut atteindre z_2 dans OABCD est 22 200 :

$$(600 \times 9) + (1\,200 \times 14) = 22\,200\,.$$

9. Les fonctions-objectifs z_1 et z_6, où apparaissent des contributions négatives aux coûts d'exploitation et au profit, correspondent à des situations où les coûts de production de l'un des 2 produits seraient trop élevés. Un plan optimal de production ne proposerait évidemment pas la fabrication de ce produit…

La fonction-objectif z_4 présente un cas particulier. Les points extrêmes C et D sont tous deux des solutions optimales :

$$\text{en C, } z_4 = (2\,400 \times 15) + (1\,200 \times 10) = 48\,000$$

$$\text{en D, } z_4 = (2\,400 \times 20) + (1\,200 \times 0) = 48\,000\,.$$

Considérons un point H du segment [C ; D] : H s'exprime sous la forme

$$H = \lambda_1\, C + \lambda_2\, D \tag{29}$$

où $\lambda_1 + \lambda_2 = 1$ et $\lambda_1, \lambda_2 \geq 0$. En posant $\lambda_1 = \lambda_2 = 0{,}5$ on obtient le point-milieu du segment [C ; D], de coordonnées (17,5 ; 5). Plus la valeur de λ_1 est voisine de 1, plus le point H se trouve près de C. Par contre, une petite valeur de λ_1 signifie que le point H est près de D. Le point H défini par (29) peut se réécrire :

$$H = \lambda_1\,(15\,;\,10) + \lambda_2\,(20\,;\,0)$$

c'est-à-dire

$$H = (15\,\lambda_1 + 20\,\lambda_2\,;\,10\,\lambda_1) \tag{30}$$

Puisque l'ensemble des solutions admissibles est convexe et que les points C et D sont admissibles, le point H est lui-même admissible. Calculons z_4 au point H : d'après (30),

$$z_4 = 2\,400\,(15\,\lambda_1 + 20\,\lambda_2) + 1\,200\,(10\,\lambda_1)\,;$$

puisque $\lambda_2 = 1 - \lambda_1$, on obtient

$$z_4 = 2\,400\,(\,15\,\lambda_1 + 20\,(1 - \lambda_1)\,) + 1\,200\,(10\,\lambda_1) = 48\,000.$$

La valeur de z_4 en H est encore égale à 48 000 : H est donc une solution optimale de z_4. Lorsque $0 < \lambda_1 < 1$, le point H est optimal sans être un point extrême. Le théorème fondamental n'interdit pas une telle situation ; il stipule seulement qu'au moins une des solutions optimales est un point extrême.

L'exemple de z_4 illustre le fait qu'un modèle linéaire continu admettant 2 solutions optimales distinctes en admet en réalité une infinité. Le décideur a alors le loisir de choisir, selon le critère qu'il juge approprié, celle des solutions optimales qui lui semble la plus intéressante.

L'ensemble des solutions optimales d'un modèle linéaire continu est toujours un ensemble convexe. Lorsque le modèle est borné, les points extrêmes optimaux engendrent, par des combinaisons linéaires convexes, toutes les autres solutions optimales. Le lecteur se reportera à la section 2.1.8, où les plans de coupe optimaux D, E et F de bobines-mères ont été engendrés de cette manière.

Considérons maintenant les contraintes suivantes :

$$-\,2\,x_1 + 3\,x_2 \leq 6 \tag{31}$$

$$x_2 \geq 1 \tag{32}$$

$$x_1 \geq 0 \tag{33}$$

$$x_2 \geq 0 \tag{34}$$

L'ensemble des solutions admissibles selon les contraintes (31) à (34) est représenté à la figure 3.20. On notera que cet ensemble n'est pas borné.

Soit la fonction-objectif :

$$\text{Max } z = x_1 + x_2 \tag{35}$$

La courbe de niveau $z = 12$, tracée à la figure 3.20, indique que z pourrait prendre une valeur aussi grande que voulue dans l'ensemble des solutions admissibles. Le calcul algébrique arrive à la même conclusion : il suffit de poser $x_2 = 1$ et de donner à x_1 une valeur aussi grande que voulue. On vérifie aisément que les contraintes (31) à (34) sont satisfaites par tous les points de la forme $(x_1 ; 1)$. Par contre, le point extrême $(0 ; 1)$ serait l'unique solution optimale si la fonction-objectif soumise aux mêmes contraintes était

$$\text{Max } z' = - x_1 - x_2 \tag{36}$$

On peut tirer deux leçons de ces remarques. D'abord, la fonction-objectif z d'un modèle linéaire dont la région admissible n'est pas bornée peut parfois – la formule (35) en est un exemple – prendre des valeurs aussi grandes que l'on veut. On dit alors que le **modèle linéaire** est **non borné**. Parfois, même si la région admissible n'est pas bornée, la valeur de la fonction-objectif z admet une borne, et le modèle possède une solution optimale. La formule (36) illustre ce fait. Enfin, on peut dégager de l'analyse précédente l'intuition nécessaire pour affirmer ce qui suit :

Tout modèle linéaire continu borné dont la région admissible n'est pas vide possède au moins une solution optimale.

FIGURE 3.20
Exemple de modèle dont la région admissible n'est pas bornée

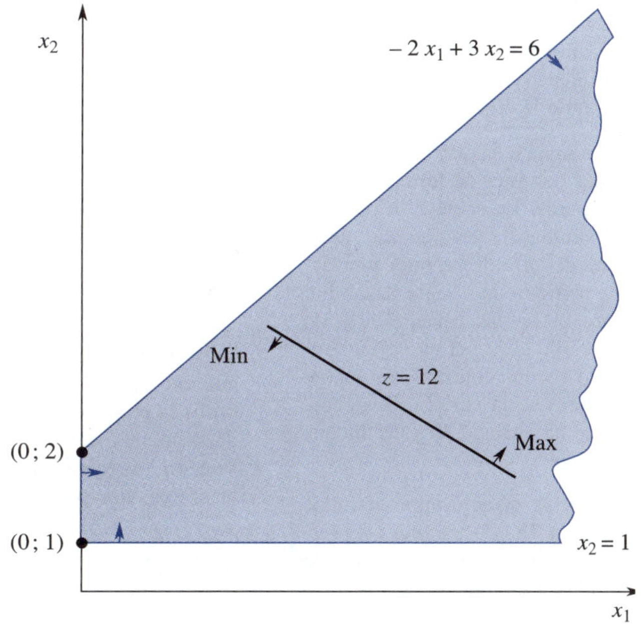

Les remarques de la section 3.3 permettent d'affirmer qu'il n'y a que 3 types de modèles linéaires continus :

- ceux qui admettent au moins une solution optimale correspondant à un point extrême ;
- ceux dont la région admissible est l'ensemble vide ;
- ceux qui ne sont pas bornés.

3.4 PROBLÈMES[10]

1. **Le Vison** La société Le Vison s'occupe d'élevage de visons qui serviront soit à la reproduction, soit à la pelleterie. On doit donner chaque jour au moins 400 g d'abats à un jeune vison destiné à la reproduction, et au moins 500 g de viande maigre à celui dont on entend vendre la peau comme pelleterie.

   La société dispose de 2 aliments préparés, qui reviennent l'un à 3 $ le kg et l'autre à 2,25 $ le kg. Dans le premier, on retrouve 60 % d'abats et 40 % de viande maigre ; le second contient 40 % d'abats et 60 % de viande maigre. Les aliments se présentent sous une forme homogénéisée, et il est impossible d'y séparer les abats de la viande maigre.

   La répartition des visons entre les 2 catégories ne s'effectue que lorsqu'ils ont atteint l'âge adulte. Il faut donc, entre-temps, les alimenter tous de la même façon. La société veut constituer, à partir des 2 aliments préparés dont elle dispose, un mélange qui permettrait de nourrir adéquatement les 2 catégories de visons. Comment doit-elle constituer ce mélange pour minimiser les coûts quotidiens d'alimentation des 2 000 jeunes visons qu'elle élève présentement ?

2. **Les pommes de terre** Une société de distribution d'aliments congelés transforme des pommes de terre en frites, en juliennes et en flocons à purée. La société se procure auprès de 2 fournisseurs les pommes de terre qu'elle transforme. Chaque kg de pommes de terre du premier fournisseur, constituées en majeure partie de la variété Katahdin, donne, après transformation, 200 g de frites, 200 g de juliennes, 300 g de flocons et 300 g de pertes irrécupérables. Chaque kg provenant du second fournisseur, qui ne produit que des pommes de terre de la variété Kennébec, donne 300 g de frites, 100 g de juliennes, 270 g de flocons et 330 g de pertes irrécupérables.

   Les besoins de la clientèle que la société approvisionne limitent la production de frites à 18 000 kg tout au plus, celle de juliennes à 12 000 kg tout au plus et celle de flocons à 24 000 kg tout au plus. Les fournisseurs ne pratiquent pas les mêmes prix, de sorte qu'un kg de pommes de terre acheté du premier producteur rapporte à la société, après transformation, un profit correspondant à 6/5 du profit provenant d'un kg de pommes de terre du second producteur.

   Comment la société doit-elle répartir ses approvisionnements pour maximiser son profit ?

3. **Les affiches de Vunéon** Vunéon produit, à la demande des publicitaires, de grandes affiches autocollantes destinées aux panneaux d'affichage. Chez Vunéon, on dispose hebdomadairement de 2 500 heures de main-d'œuvre pour effectuer les travaux de montage et d'imprimerie des affiches. Dans l'atelier où s'effectuent les travaux de séparation des couleurs, il n'y a que 800 heures disponibles par semaine. Le contrôle de la qualité est effectué par un technicien qui assure 40 heures de présence par semaine. Vunéon propose à sa clientèle 2 types d'affiches : la trois-couleurs et la sept-couleurs. Voici les données pertinentes à la production de ces affiches.

   Données relatives à la production d'une affiche

Type	Profit	Séparation des couleurs (en h)	Montage et imprimerie (en h)	Contrôle de la qualité (en h)
Trois-couleurs	50 $	1,0	0,5	0,04
Sept-couleurs	75 $	1,5	1,0	0,10
Heures disponibles		800	2 500	40

   Vunéon cherche à déterminer le meilleur plan de production hebdomadaire, c'est-à-dire celui qui assurera le profit le plus élevé. Construire un modèle linéaire qui traduise mathématiquement le problème de planification de Vunéon ; puis, résoudre graphiquement ce modèle, en ne tenant pas compte des contraintes d'intégrité.

4. **Les jouets** Un manufacturier a présenté au récent ToyFair de Hong-Kong 2 nouveaux jouets qui y ont connu un éclatant succès. L'engouement a été tel qu'il n'arrive pas à satisfaire à la demande et est en train de négocier avec d'autres ateliers pour leur proposer des ententes de sous-traitance. En attendant la conclusion de ces accords, il veut, au cours du mois qui vient, réaliser le plus de revenus possible avec les ressources de son usine. Le manufacturier réalise un profit de 4 $ pour chaque jouet A et de 3 $ pour chaque jouet B qu'il fabrique. Chacun de ces nouveaux jouets requiert les prestations des travailleurs de 2 ateliers : un jouet A requiert 4,5 minutes de travail en atelier 1, et 2,25 minutes en atelier 2 ; pour un jouet B, ces durées passent à 3,2 minutes en atelier 1, et à 3,3 minutes en atelier 2. Le manufacturier dispose pour le mois prochain de 725 heures de main-d'œuvre dans l'atelier 1, et de 610 heures dans l'atelier 2.

10. Les variables de décision des problèmes 3 à 8 doivent, selon les contextes, être entières. Cependant, dans tous ces exemples, les modèles linéaires, que l'on tienne compte ou non des contraintes d'intégrité, admettent la même solution optimale. L'approche graphique décrite dans ce chapitre peut donc s'appliquer à ces problèmes : il suffit de résoudre la **relaxation continue** obtenue en omettant les contraintes d'intégrité, puis de vérifier que la solution optimale est bien entière. Nous verrons au chapitre 6 comment résoudre les modèles en nombres entiers dont la solution optimale diffère de celle de la relaxation continue associée.

Combien de jouets de chaque sorte devra-t-il fabriquer le mois prochain pour utiliser au mieux les ressources de ces 2 ateliers, s'il s'est déjà engagé à livrer à la fin de ce mois 10 000 jouets B ?

5. **Les arbustes** Une agence de reboisement recrute des travailleurs pour assurer la plantation d'arbustes au rythme de 18 000 par jour. Son bassin de recrutement comprend à la fois des planteurs expérimentés et des étudiants, qu'elle attire par la voie des journaux. L'agence exige de chaque planteur expérimenté qu'il plante 70 arbustes à l'heure et qu'il obtienne un taux de reprise de 98 %. Les étudiants doivent chacun planter 40 arbustes à l'heure et obtenir un taux de reprise de 95 %. L'agence verse 8 $ l'heure aux planteurs d'expérience et 6 $ l'heure aux étudiants ; une journée comprend 10 heures de travail. Pour chaque arbuste qui ne reprend pas, l'agence doit remettre 2 $ au propriétaire de la plantation.

   L'agence a accès à un bassin de 16 planteurs expérimentés et de 30 étudiants. Combien de ces personnes l'agence doit-elle recruter si elle cherche à minimiser les coûts engagés pour assurer la plantation de 18 000 arbustes par jour ?

6. **Linblad Travels** Linblad Travels organise, pour une clientèle choisie, de longues croisières luxueuses autour du monde sur le *Linblad Explorer*. À chaque escale, les passagers sont invités à effectuer des excursions touristiques dans l'arrière-pays du port visité. C'est ainsi que les passagers peuvent effectuer des tours en hélicoptère au-dessus des terres désolées de l'Antarctique, visiter les petits villages des îles Lofoten, admirer des falaises du Cap Nord le soleil de minuit, jouer aux spéléologues dans les formations karstiques de Majunga…

   Le *Linblad Explorer* vient de faire escale à Mombasa. Les services d'un pourvoyeur spécialiste de safaris-photos dans le Masai Mara, le Tsavo et l'Amboseli ont été retenus pour organiser la visite de ces 3 parcs à l'intention d'une partie des passagers. Le pourvoyeur a affrété des avions de la compagnie Kenyanair pour transporter l'armada des 65 touristes et leurs 8 tonnes de bagages, d'équipement photographique et de ravitaillement. Kenyanair dispose de 9 petits appareils de type A qui peuvent accommoder chacun 10 passagers tout en mettant en soute 800 kg de fret chacun, et de 6 avions de type B pouvant transporter chacun 4 passagers et 400 kg de fret. Les appareils A se louent 11 000 $ chacun pour la durée du safari ; ceux de type B reviennent à 5 800 $ chacun.

   Combien d'appareils de chaque type le pourvoyeur devrait-il affréter pour assurer le transport des touristes tout en limitant le plus possible ses frais ?

7. **Les savons dégraissants de Mélanome** Parmi la gamme des nouveaux produits que lanceront le mois prochain Les laboratoires Mélanome, on retrouve 2 sortes de savons dégraissants pour mécaniciens : A et B. Le produit A se présentera sous forme de gel et, selon le service du marketing, la demande pourrait atteindre 1 500 contenants par mois. Le produit B sera vendu sous forme liquide ; la demande est évaluée à 750 bouteilles par mois. La préparation des dégraissants exige l'utilisation d'une machine spécialisée qui peut traiter soit 10 contenants de A à l'heure, soit 5 bouteilles de B à l'heure. Mélanome envisage, pour le mois prochain, d'affecter cette machine pendant 240 heures à la production des 2 nouveaux savons dégraissants. Les coûts de production reliés aux matières premières et à la main-d'œuvre sont de 3 $ pour un contenant de A et de 3,50 $ pour une bouteille de B. Les dégraissants A et B seront offerts aux prix de 6 $ le contenant et de 7 $ la bouteille respectivement.

   La direction de Mélanome est disposée à consacrer à cette production une somme forfaitaire de 2 700 $ ainsi qu'une partie des profits futurs provenant de la vente de ces dégraissants au cours du mois prochain. Plus précisément, aux 2 700 $ seront ajoutés 60 % des profits prévus pour A et 40 % des profits prévus pour B. On convient enfin de fabriquer exactement 2 fois plus de contenants de A que de bouteilles de B au cours de ce premier mois.

   Combien de dégraissants de chaque type devrait-on fabriquer si l'on désire maximiser le profit ?

8. **Le parc Mattawin** Le parc Mattawin admet en saison 2 types de visiteurs : les campeurs et les pique-niqueurs. Il faut le même espace viabilisé pour accueillir 2 pique-niqueurs ou pour abriter un campeur. Le personnel d'accueil sait que le temps quotidien qu'il lui faut consacrer à un pique-niqueur est le double du temps consacré à un campeur (une fois installé, un campeur reste quelques jours sur place et peut rapidement se débrouiller seul). S'il n'y avait pas de campeurs, les aires aménagées pour les visiteurs pourraient accueillir 800 pique-niqueurs. En l'absence de pique-niqueurs, le personnel ne pourrait s'occuper de plus de 700 campeurs par jour. Un campeur doit débourser 10 $ par jour pour s'installer dans le parc ; il en coûte 4 $ par jour à un pique-niqueur pour jouir des aménagements du parc.

   (*a*) Combien de visiteurs de chaque type devrait-on admettre quotidiennement si l'objectif de la direction du parc est de maximiser les revenus ?

   (*b*) La réponse serait-elle la même qu'en (*a*) si l'objectif était de maximiser le nombre quotidien de visiteurs ?

   (*c*) Si le tarif campeur est fixé à 10 $, à quelle fourchette doit appartenir le tarif pique-niqueur pour que les deux objectifs précédents mènent à la même solution optimale ?

9. **Région admissible** Soit le modèle linéaire suivant :

$$\text{Max } z = -x_1 + x_2$$

sous les contraintes :

$$x_1 + x_2 \leq 5$$
$$-x_1 + 3x_2 \geq 2$$
$$2x_1 - x_2 \leq 2$$
$$x_1, x_2 \geq 0$$

   (*a*) Tracer le graphique de la région admissible de ce modèle.

(*b*) Tracer les courbes de niveau de z pour les valeurs $z = -2, -1, 0, 1$ et 2.

(*c*) Trouver le(s) point(s) extrême(s) où z prend sa valeur maximale.

10. Recherche graphique d'un maximum Pour chacun des modèles linéaires continus suivants, tracer sur un graphique cartésien la région admissible et en énumérer les points extrêmes ; puis déterminer une solution optimale.

(*a*) Max $z = 8\,x_1 + 5\,x_2$

sous les contraintes :

$$\begin{aligned} 11\,x_1 + 5\,x_2 &\le 198 \\ -6\,x_1 + 9\,x_2 &\le 63 \\ x_2 &\le 11 \\ x_1, x_2 &\ge 0 \end{aligned}$$

(*b*) Max $z = -3\,x_1 + 6\,x_2$

sous les contraintes :

$$\begin{aligned} 4\,x_1 + x_2 &\ge 16 \\ 4\,x_1 + x_2 &\le 40 \\ 4\,x_1 - x_2 &\ge 8 \\ 4\,x_1 - x_2 &\le 32 \\ x_2 &\le 8 \\ x_1, x_2 &\ge 0 \end{aligned}$$

(*c*) Max $z = -3\,x_1 + 6\,x_2$

sous les contraintes :

$$\begin{aligned} 6\,x_1 + 2\,x_2 &\le 108 \\ -4\,x_1 + 12\,x_2 &\ge 48 \\ -3\,x_1 + 11\,x_2 &\ge 0 \\ 6\,x_1 - 2\,x_2 &\ge 24 \\ -5\,x_1 + 15\,x_2 &\le 60 \\ x_1, x_2 &\ge 0 \end{aligned}$$

(*d*) Max $z = 14\,x_1 + 3\,x_2$

sous les contraintes :

$$\begin{aligned} -6\,x_1 + 4\,x_2 &\le 4 \\ 16\,x_1 + 4\,x_2 &\le 224 \\ -6\,x_1 + 4\,x_2 &\le 48 \\ x_2 &\ge 6 \\ x_1, x_2 &\ge 0 \end{aligned}$$

11. Recherche graphique d'un minimum Pour chacun des modèles linéaires continus suivants, tracer sur un graphique cartésien la région admissible et en énumérer les points extrêmes ; puis déterminer une solution optimale.

(*a*) Min $z = 12\,x_1 + 18\,x_2$

sous les contraintes :

$$\begin{aligned} x_1 + x_2 &\ge 18 \\ -5\,x_1 + 10\,x_2 &\le 90 \\ x_1 &\le 14 \\ x_1, x_2 &\ge 0 \end{aligned}$$

(*b*) Min $z = -6\,x_1 + 13\,x_2$

sous les contraintes :

$$\begin{aligned} x_1 - x_2 &\ge 1 \\ 8\,x_1 - 4\,x_2 &\le 108 \\ -x_1 + 4\,x_2 &\le 32 \\ 6\,x_1 - 3\,x_2 &\le 81 \\ x_2 &\ge 5 \\ x_1, x_2 &\ge 0 \end{aligned}$$

(*c*) Min $z = -35\,x_1 + 15\,x_2$

sous les contraintes :

$$\begin{aligned} 3\,x_1 + 2\,x_2 &\ge 45 \\ x_1 + 2\,x_2 &\ge 26 \\ 7\,x_1 - 3\,x_2 &\le 92 \\ x_2 &\le 13 \\ x_1, x_2 &\ge 0 \end{aligned}$$

(*d*) Min $z = 32\,x_1 + 18\,x_2$

sous les contraintes :

$$\begin{aligned} 2\,x_1 - 3\,x_2 &\ge 3 \\ 9\,x_1 - 4\,x_2 &\ge 61 \\ 9\,x_1 - 4\,x_2 &\le 99 \\ -2\,x_1 + 3\,x_2 &\ge 16 \\ x_1, x_2 &\ge 0 \end{aligned}$$

12. Contraintes actives ou inactives Soit le modèle linéaire suivant :

Max $z = 2\,x_1 + x_2$

sous les contraintes :

$$\begin{aligned} x_1 + 3\,x_2 &\le 15 \\ x_1 + x_2 &\le 10 \\ x_2 &\le 4 \\ x_1 + x_2 &\ge 2 \\ x_1, x_2 &\ge 0 \end{aligned}$$

(*a*) Déterminer la région admissible et la solution optimale de ce modèle.

(*b*) Une **contrainte** d'un modèle linéaire admettant une solution optimale unique est dite **active à l'optimum** lorsque la solution optimale satisfait cette contrainte comme équation ; dans le cas contraire, elle est dite **inactive**.

Indiquer, grâce à une analyse graphique, celles des contraintes du modèle ci-dessus qui sont inactives à l'optimum.

(*c*) Réécrire ainsi la première contrainte : $x_1 + 3\,x_2 \le b$. Donner les valeurs de b pour lesquelles cette contrainte est inactive.

13. Condition d'optimalité sur un coefficient c_j Soit (P), le modèle linéaire continu suivant.

Max $z = c_1\,x_1 + 3\,x_2$

sous les contraintes :

$$x_1 - 2\,x_2 \leq 2$$
$$-2\,x_1 + x_2 \leq 2$$
$$x_1 + x_2 \geq 1$$
$$x_1, x_2 \geq 0$$

(a) Tracer la région admissible de (P) et donner les coordonnées des points extrêmes de cette région.

(b) Le modèle possède-t-il une solution optimale lorsque $c_1 = -1$? Si oui, en donner une ; sinon, expliquer pourquoi.

(c) Trouver une valeur de c_1 pour laquelle le point (0 ; 2) est un point optimal de (P).

14. Faisceau Soit le modèle linéaire suivant :

$$\text{Max } z = x_1 + x_2$$

sous les contraintes :

$$3\,x_1 + 5\,x_2 \leq 15$$
$$5\,x_1 + 3\,x_2 \leq 15$$
$$x_1, x_2 \geq 0$$

(a) Trouver la solution optimale de ce modèle linéaire.

(b) Si la fonction-objectif devenait $z = 2\,x_1 + x_2$, la solution optimale resterait-elle la même ?

(c) Serait-il possible, en ne jouant que sur le coefficient c_1 de x_1 dans la fonction-objectif, de faire en sorte que l'optimum s'obtienne en chacun des points extrêmes de la région admissible ?

15. Recherche de fonctions-objectifs Soit l'ensemble suivant de contraintes :

$$2\,x_1 + 4\,x_2 \leq 12$$
$$6\,x_1 + 4\,x_2 \leq 24$$
$$x_1, x_2 \geq 0$$

(a) Donner, pour chaque sommet de la région admissible, une fonction-objectif qui atteint sa valeur maximale en ce point.

(b) Donner, pour chaque sommet de la région admissible, une fonction-objectif qui atteint sa valeur minimale en ce point.

16. Un polygone OABCD Dans la figure ci-dessous, le polygone OABCD représente la région admissible d'un ensemble de 5 contraintes linéaires (3 technologiques et 2 de non-négativité) faisant intervenir 2 variables de décision, x_1 et x_2.

(a) Fournir la liste complète de ces contraintes.

(b) Déterminer une fonction-objectif de la forme $z = a\,x_1 + b\,x_2$ qui, avec les contraintes trouvées en (*a*), constitue un modèle linéaire admettant une infinité de solutions optimales.

(c) Déterminer une fonction-objectif de la forme $z = a\,x_1 + b\,x_2$ qui, sous les contraintes trouvées en (*a*), atteint sa valeur maximale en D.

(d) Est-il possible de trouver une fonction-objectif de la forme $z = a\,x_1 + b\,x_2$ qui, sous les contraintes trouvées en (*a*), prend sa valeur minimale en A ?

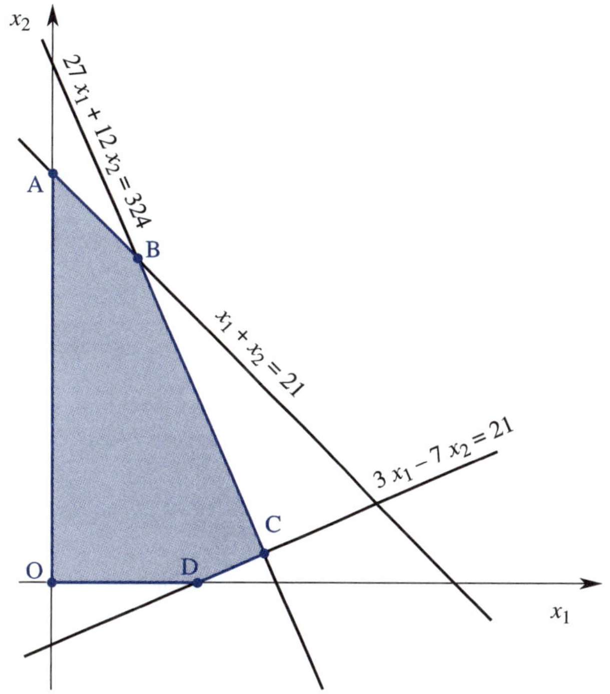

17. Analyse postoptimale graphique Considérons le modèle linéaire continu suivant.

$$\text{Max } z = 6\,x_1 + 2\,x_2$$

sous les contraintes :

$$2\,x_1 + x_2 \leq 9$$
$$4\,x_1 + 6\,x_2 \leq 20$$
$$x_1, x_2 \geq 0$$

(a) Résoudre graphiquement ce modèle linéaire.

La région admissible et la solution optimale changeraient-elles si la première contrainte était remplacée par l'inéquation suivante ?

(b) $2\,x_1 + x_2 \leq 10$

(c) $3\,x_1 + x_2 \leq 9$

(d) $2\,x_1 + 2\,x_2 \leq 9$

La région admissible et la solution optimale seraient-elles les mêmes qu'en (a) si la fonction-objectif s'écrivait comme suit ?

(e) $7\,x_1 + 2\,x_2$

(f) $7\,x_1 + 3\,x_2$

18. Sensibilité 1 Soit le modèle linéaire suivant où x_j représente le nombre d'unités de P_j qui seront fabriquées.

$$\text{Max } Profit = 3\,x_1 + 2\,x_2$$

soumis aux contraintes :

$$2\,x_1 + \quad x_2 \leq 151$$

$$2\,x_1 + 3\,x_2 \leq 301$$

$$x_1, x_2 \geq 0$$

(*a*) Tracer le graphique de la région admissible et donner toutes les solutions optimales de ce modèle.

(*b*) La solution optimale resterait-elle la même si le profit correspondant à la production et à la vente d'une unité de P_1 passait de 3 \$ à 4,50 \$?

(*c*) Que se passerait-il si la fonction-objectif devenait *Profit* $= 3\,x_1 + 3\,x_2$ dollars ?

19. Sensibilité 2 Soit le modèle linéaire suivant où x_j représente le nombre d'unités de P_j qui seront fabriquées.

$$\text{Max } \textit{Profit} = 4\,x_1 + 6\,x_2$$

soumis aux contraintes :

$$x_1 + 2\,x_2 \leq 8$$

$$6\,x_1 + 4\,x_2 \leq 24$$

$$x_1, x_2 \geq 0$$

(*a*) Tracer le graphique de la région admissible et donner toutes les solutions optimales de ce modèle.

(*b*) Supposons que la deuxième contrainte traduise l'exigence que le temps utilisé dans un atelier ne dépasse pas les 24 heures disponibles. La firme serait-elle intéressée par un ajout de 12 heures de disponibilité dans cet atelier en contrepartie d'un débours de 10 \$?

(*c*) Supposons que la première contrainte soit remplacée par l'inéquation : $x_1 + 3\,x_2 \leq 8$. Que deviendraient alors la région admissible et la solution optimale ?

20. Sensibilité 3 Soit le modèle linéaire suivant où x_j représente le nombre d'unités de P_j qui seront fabriquées.

$$\text{Max } \textit{Profit} = x_1 + x_2$$

soumis aux contraintes :

$$2\,x_1 + \quad x_2 \leq 99$$

$$x_1 + 2\,x_2 \leq 99$$

$$x_1, x_2 \geq 0$$

(*a*) Tracer le graphique de la région admissible et donner toutes les solutions optimales de ce modèle.

(*b*) Si le profit unitaire du produit P_1 passait de 1 \$ à 3 \$, la solution optimale demeurerait-elle la même ? la région admissible serait-elle modifiée ?

(*c*) Si le profit unitaire du produit P_1 revenait plus tard à 1,25 \$, la solution obtenue en (*b*) serait-elle encore optimale ?

(*d*) Supposons que la deuxième contrainte s'écrive comme suit : $x_1 + 3\,x_2 \leq 99$ et que la fonction-objectif originale soit reprise. Déterminer la solution optimale.

21. Intervalle de variation Voici les contraintes d'un modèle linéaire :

$$x_1 - x_2 \leq 6$$

$$2\,x_1 + x_2 \leq 24$$

$$x_2 \leq 20$$

$$x_1, x_2 \geq 0$$

(*a*) Tracer la région admissible.

(*b*) Donner les coordonnées des points extrêmes de cet ensemble.

(*c*) Soit le modèle linéaire consistant à maximiser :

$$z = 14\,x_1 + 7\,x_2$$

sous les contraintes précédentes. Déterminer une solution optimale de ce modèle qui soit située ailleurs qu'en un des points extrêmes déterminés en (*b*).

(*d*) La fonction-objectif $z = c_1\,x_1 + 2\,x_2$ atteint sa valeur maximale au point extrême (10 ; 4) quand $c_1 = 5$. À quel intervalle doit appartenir c_1, le coefficient de x_1 dans la fonction-objectif, pour que ce point reste solution maximale du modèle linéaire ?

(*e*) Déterminer le point extrême de la région admissible où la fonction-objectif $z = 12\,x_1 - 3\,x_2$ atteint sa valeur minimale.

22. Pathologies Quelles pathologies présentent les modèles linéaires suivants ?

(*a*) Max $z = x_1 + 2\,x_2$

sous les contraintes :

$$x_1 + x_2 \leq 5$$

$$-\,x_1 + x_2 \geq 8$$

$$x_1, x_2 \geq 0$$

(*b*) Max $z = 2\,x_1 + 2\,x_2$

sous les contraintes :

$$4\,x_1 + 3\,x_2 \geq 24$$

$$2\,x_1 + 3\,x_2 \geq -6$$

$$x_2 \geq 2$$

$$x_1, x_2 \geq 0$$

23. Sommet Existe-t-il un ensemble de 3 contraintes technologiques linéaires faisant intervenir 2 variables de décision tel que les fonctions-objectifs suivantes, sous ces 3 contraintes et les contraintes usuelles de non-négativité, prennent leur valeur maximale en un même sommet de l'ensemble des points admissibles ?

$$z_1 = 7\,x_1 + 10\,x_2$$

$$z_2 = 6\,x_1 + 4\,x_2$$

$$z_3 = -4\,x_1 + 7\,x_2$$

Si oui, en donner un exemple. Sinon, dire pourquoi.

L'algorithme du simplexe

CHAPITRE

4

L'algorithme du simplexe est la plus utilisée des méthodes de la recherche opérationnelle. C'est G.B. Dantzig qui, dans un article[1] paru en 1949, a décrit cet algorithme, qui constitue l'épine dorsale de la recherche opérationnelle. Depuis, cet algorithme a fait l'objet de centaines d'articles scientifiques et a servi à la résolution de nombreux modèles linéaires relatifs à des problèmes de gestion, de diététique, de transport, d'affectation... Aujourd'hui, grâce à la puissance des ordinateurs modernes et au perfectionnement des procédés de calculs utilisés par cet algorithme, on peut résoudre des modèles qui comportent des milliers de contraintes et des dizaines de milliers de variables.

---

1. Dantzig, G.B., « Programming in a Linear Structure », *Econometrica*, vol. 17, 1949.

L'algorithme du simplexe est très fréquemment employé comme sous-routine d'autres algorithmes, tel l'algorithme d'énumération implicite utilisé pour la résolution des modèles linéaires en nombres entiers (voir le chapitre 6). Les notions mathématiques rattachées à l'algorithme du simplexe ont permis d'attaquer et de résoudre plusieurs problèmes théoriques et de démontrer de nombreux résultats fondamentaux en recherche opérationnelle.

L'objectif de ce chapitre est double :

- présenter les concepts qui sous-tendent l'algorithme du simplexe ;
- décrire, à l'aide d'exemples numériques simples, comment résoudre un modèle linéaire par l'algorithme du simplexe.

La maîtrise des notions exposées dans ce chapitre est essentielle à la compréhension des concepts présentés dans les chapitres 5 à 7.

4.1 LES VARIABLES D'ÉCART ET LES VARIABLES D'EXCÉDENT

L'algorithme du simplexe permet d'optimiser des modèles linéaires continus dont les variables sont non négatives et dont les contraintes sont écrites sous forme d'équations. Beaucoup de problèmes pratiques, toutefois, se modélisent de telle façon que plusieurs contraintes s'écrivent sous forme d'inéquations. Afin de pouvoir utiliser l'algorithme du simplexe pour résoudre ces problèmes, nous indiquons comment transformer un modèle comportant des contraintes des signes « $\leq$ » ou « $\geq$ » en un modèle « équivalent » dont toutes les contraintes, sauf celles de non-négativité, sont de signe « = ». C'est par l'ajout de nouvelles variables non négatives que s'effectue cette transformation.

4.1.1 Les variables d'écart

Retournons au modèle FRB élaboré à la section 3.1 pour représenter le problème de production de la Fonderie Rivière-Bleue.

Nous indiquons maintenant comment remplacer l'inéquation (1) de FRB par une équation. Rappelons que cette contrainte (1) s'écrit

$$10\ x_1 + 5x_2 \leq 200 \tag{1}$$

Et introduisons une nouvelle variable e_1 définie ainsi :

$$e_1 = 200 - (10\ x_1 + 5\ x_2) \tag{2}$$

La variable e_1 est qualifiée de **variable d'écart**. Elle admet une interprétation contextuelle intéressante. Considérons un plan de production $(x_1\ ;\ x_2)$ admissible selon (1). Si ce plan de production est retenu par Aurèle, l'ébarbage nécessitera $(10\ x_1 + 5\ x_2)$ heures. La contrainte (1) exige que le temps utilisé pour ébarber ne dépasse pas les 200 heures disponibles. La variable e_1, qui selon (2) est définie comme l'écart entre le temps disponible (200 heures) et le temps utilisé $(10\ x_1 + 5\ x_2$ heures), représente donc le **temps inutilisé à l'atelier d'ébarbage** lorsque l'on retient le plan de production $(x_1\ ;\ x_2)$.

La contrainte (1) est équivalente à la formule (3) suivante :

$$e_1 = 200 - (10\ x_1 + 5\ x_2) \quad \text{et} \quad e_1 \geq 0 \tag{3}$$

Supposons, en effet, que la variable d'écart e_1 soit liée aux variables de décision x_1 et x_2 par la définition (2). Alors, les inéquations suivantes sont équivalentes :

$$10\ x_1 + 5\ x_2 \leq 200$$

$$0 \leq 200 - (10\ x_1 + 5\ x_2)$$

$$0 \leq e_1$$

Ainsi, en présence de la définition (2), la non-négativité de e_1 et l'inéquation (1) sont des contraintes équivalentes.

Il est facile de déterminer graphiquement si la variable e_1 est positive, nulle ou négative en un point $(x_1 ; x_2)$. Les points A, B et C de la figure 4.1 illustrent la façon de procéder :

– Si $(x_1 ; x_2)$ satisfait (1) comme inéquation, alors $e_1 > 0$. Par exemple, au point A = (5 ; 6), la variable e_1 prend la valeur 120 puisque $(10 \times 5) + (5 \times 6) + 120 = 200$.
– Si $(x_1 ; x_2)$ satisfait (1) comme équation, alors $e_1 = 0$. Le point B = (17 ; 6) illustre cette situation.
– Si $(x_1 ; x_2)$ viole la contrainte (1), alors $e_1 < 0$. Par exemple, en C = (30 ; 6), e_1 vaut – 130 puisque $(10 \times 30) + (5 \times 6) + (-130) = 200$.

En programmation linéaire, l'écriture des contraintes respecte généralement la convention suivante : les termes impliquant une variable sont tous placés à gauche du symbole relationnel (= , ≤ ou ≥) ; le terme constant est isolé à droite et est non négatif. Ainsi, l'équation (2) s'écrit le plus souvent sous la forme

$$(10\, x_1 + 5\, x_2) + e_1 = 200 \qquad (4)$$

et s'interprète comme suit :

Temps utilisé + Temps inutilisé = Temps disponible.

FIGURE 4.1
Variable d'écart

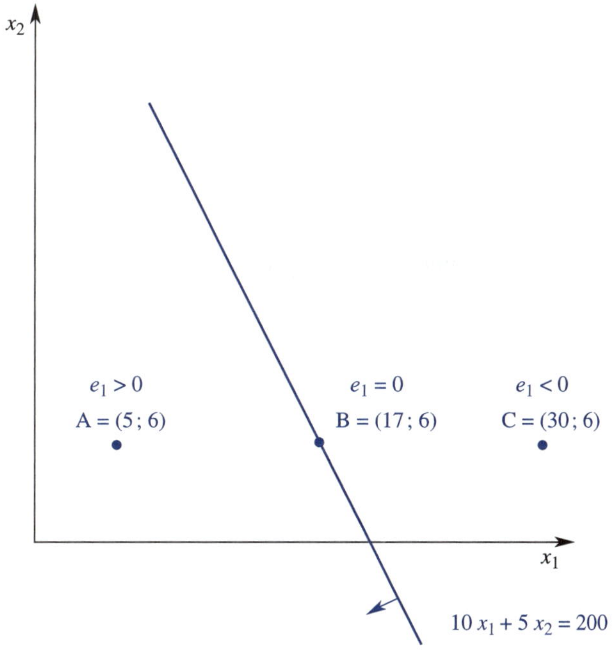

4.1.2 Les variables d'excédent

Les variables d'excédent servent à transformer en équations les contraintes de signe « ≥ ». Supposons qu'une entente entre la direction de la Fonderie Rivière-Bleue et les employés stipule que l'atelier d'ébarbage fonctionnera au moins 150 heures par semaine. Un plan de production $(x_1 ; x_2)$, pour être admissible, doit alors satisfaire l'inéquation

$$10\, x_1 + 5\, x_2 \geq 150 \qquad (5)$$

Introduisons une nouvelle variable e_5, dite **variable d'excédent**, qui est définie comme suit :

$$e_5 = (10\ x_1 + 5\ x_2) - 150 \qquad (6)$$

Il est facile de vérifier que $(x_1\ ;\ x_2)$ satisfait la contrainte (5) si et seulement si $e_5 \geq 0$. Considérons, à titre d'exemples, les points A, B et C de la figure 4.2 :

- A = (5 ; 6) viole la contrainte (5) et $e_5 = -70$.
- B = (12 ; 6) satisfait (5) comme équation et $e_5 = 0$.
- C = (30 ; 6) satisfait (5) comme inéquation et $e_5 = +180$.

En résumé, l'inéquation (5) est équivalente à (7), où

$$e_5 = (10\ x_1 + 5\ x_2) - 150 \quad \text{et} \quad e_5 \geq 0 \qquad (7)$$

Enfin, la définition (6) de la variable d'excédent se réécrit

$$(10\ x_1 + 5\ x_2) - e_5 = 150 \qquad (8)$$

et s'interprète comme suit :

Temps utilisé – Temps excédentaire = Temps minimal.

4.1.3 Le modèle (P=) associé à un modèle linéaire (P)

Soit le modèle linéaire (P) suivant :

$$\text{Max } z = 5\ x_1 - 2\ x_2 + 3\ x_3 + x_4$$

sous les contraintes :

$$(\text{P}) \qquad \begin{aligned} 3\ x_1 + 2\ x_2 + 3\ x_3 - 4\ x_4 &\leq 7 \\ 2\ x_1 + x_2 + 6\ x_3 + 2\ x_4 &= 9 \\ 3\ x_1 + 5\ x_2 - x_3 + 4\ x_4 &\geq 12 \\ x_1, x_2, x_3, x_4 &\geq 0 \end{aligned}$$

FIGURE 4.2
Variable d'excédent

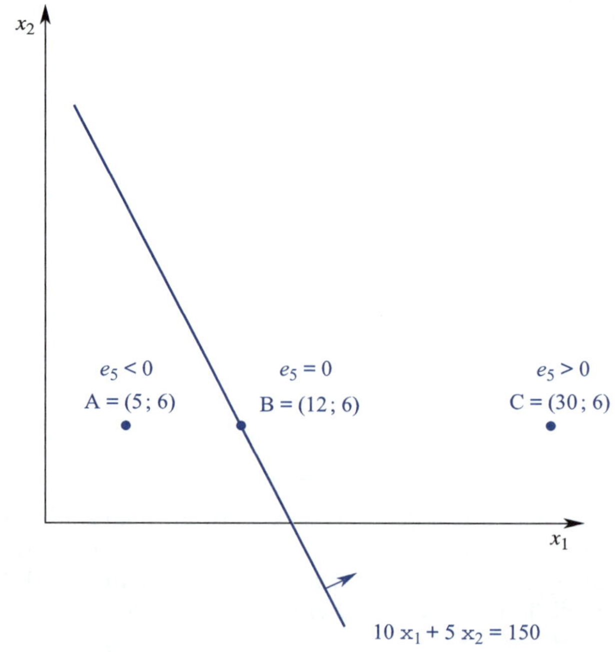

Ce modèle est équivalent au modèle (P=) suivant :

$$\text{Max } z = 5\,x_1 - 2\,x_2 + 3\,x_3 + x_4 + 0\,e_1 + 0\,e_3$$

sous les contraintes :

$$(\text{P=})\quad \begin{array}{l} 3\,x_1 + 2\,x_2 + 3\,x_3 - 4\,x_4 + e_1 = 7 \\ 2\,x_1 + x_2 + 6\,x_3 + 2\,x_4 = 9 \\ 3\,x_1 + 5\,x_2 - x_3 + 4\,x_4 - e_3 = 12 \\ x_1,\, x_2,\, x_3,\, x_4,\, e_1,\, e_3 \geq 0 \end{array}$$

À toute solution admissible $(x_1\,;\, x_2\,;\, x_3\,;\, x_4)$ de (P) correspond une et une seule solution admissible $(x_1\,;\, x_2\,;\, x_3\,;\, x_4\,;\, e_1\,;\, e_3)$ de (P=). Par exemple, à la solution admissible (3 ; 1 ; 0 ; 1) de (P) est associée la solution (3 ; 1 ; 0 ; 1 ; 0 ; 6) de (P=) puisque

$$e_1 = 7 - \{(3 \times 3) + (2 \times 1) + 0 - (4 \times 1)\} = 7 - 7 = 0$$

$$e_3 = \{(3 \times 3) + (5 \times 1) - 0 + (4 \times 1)\} - 12 = 18 - 12 = 6$$

4.2 LES SOLUTIONS DE BASE ADMISSIBLES

Le théorème fondamental de la programmation linéaire souligne l'importance des points extrêmes dans la recherche d'une solution optimale d'un modèle continu. Dans le plan cartésien, ces points sont faciles à repérer ; mais, dès que le nombre de variables de décision est supérieur à 3, il devient impossible de les déterminer graphiquement. Or, la plupart des modèles linéaires rencontrés dans la pratique mettent en jeu un grand nombre de variables. Il faut donc traduire en langage algébrique la notion géométrique de point extrême. La présente section est consacrée aux **solutions de base admissibles**, qui constituent la version algébrique des points extrêmes.

4.2.1 Les modèles linéaires sous forme (PLS)

Un **modèle linéaire sous forme (PLS)** est un modèle linéaire continu qui se présente sous la forme suivante :

$$\text{Max } z = c_1x_1 + c_2x_2 + \ldots + c_nx_n$$

sous les contraintes :

$$(\text{PLS})\quad \begin{array}{lcl} a_{11}x_1 + a_{12}x_2 + \ldots + a_{1n}x_n & \leq & b_1 \\ a_{21}x_1 + a_{22}x_2 + \ldots + a_{2n}x_n & \leq & b_2 \\ \vdots & & \vdots \\ a_{m1}x_1 + a_{m2}x_2 + \ldots + a_{mn}x_n & \leq & b_m \\ x_1,\, x_2,\, \ldots,\, x_n \geq 0 & & \end{array}$$

où les constantes b_i $(1 \leq i \leq m)$ sont non négatives. La solution $x_j = 0$ $(1 \leq j \leq n)$, qui correspond à l'origine O, est une solution admissible de tout modèle (PLS).

Le modèle (PLS) comporte n variables de décision et $(m + n)$ contraintes. Les n dernières sont des contraintes de non-négativité. Les m premières, dont le membre droit est noté b_i, sont, tel que mentionné en 2.1.1, qualifiées de **contraintes technologiques**.

Le modèle (PLS) est équivalent au modèle (PLS=) obtenu en ajoutant une variable d'écart à chaque contrainte technologique, selon le procédé décrit à la section 4.1 :

$$\text{Max } z = c_1x_1 + c_2x_2 + \ldots + c_nx_n$$

sous les contraintes :

$$(\text{PLS=})\quad \begin{array}{llllll} a_{11}x_1 + a_{12}x_2 + \ldots + a_{1n}x_n + e_1 & & & & = b_1 \\ a_{21}x_1 + a_{22}x_2 + \ldots + a_{2n}x_n & + e_2 & & & = b_2 \\ \quad\vdots & & \ddots & & \vdots \\ a_{m1}x_1 + a_{m2}x_2 + \ldots + a_{mn}x_n & & & + e_m & = b_m \\ x_1, x_2, \ldots, x_n, e_1, \ldots, e_m \geq 0 \end{array}$$

Le modèle (FRB) de la Fonderie Rivière-Bleue analysé au chapitre 3 est sous forme (PLS). Après l'ajout de variables d'écart, il se réécrit sous la forme équivalente suivante :

$$\text{Max } z = 1\,000\ x_1 + 1\,200\ x_2 \qquad (9)$$

sous les contraintes :

$$(\text{FRB=})\quad \begin{array}{lr} 10\ x_1 + 5\ x_2 + e_1 = 200 & (10) \\ 2\ x_1 + 3\ x_2 + e_2 = 60 & (11) \\ x_1 + e_3 = 34 & (12) \\ x_2 + e_4 = 14 & (13) \\ x_1, x_2, e_1, e_2, e_3, e_4 \geq 0 & (14) \end{array}$$

Les variables d'écart e_1 et e_2 s'interprètent ici comme le nombre d'heures inutilisées dans les ateliers d'ébarbage et de peinture respectivement ; e_3 et e_4, comme les quantités de tuyauterie et de gueuses produites en deçà de la demande maximale, c'est-à-dire comme la part de la demande qui ne serait pas satisfaite si l'on retenait le plan de production $(x_1 ; x_2)$.

La figure 4.3 représente les droites associées à chacune des contraintes technologiques de (FRB), ainsi que la région admissible OABCD.

4.2.2 La caractérisation algébrique des points extrêmes de (FRB)

Avant de chercher à caractériser algébriquement la notion géométrique de point extrême, nous considérons 2 exemples numériques où nous analysons les propriétés algébriques des solutions de (PLS=) correspondant aux sommets de (PLS).

Revenons au modèle (FRB=) mais ignorons pour l'instant les contraintes (14) de non-négativité. Le système (10)-(13) des 4 contraintes technologiques met en jeu 6 variables. Un tel système, dont le nombre de variables est supérieur au nombre d'équations, admet une infinité de solutions ou bien n'en admet aucune. Si, dans (FRB=), on donne à 2 des 6 variables la valeur 0, le système résultant, qui comportera 4 équations et 4 variables, ou bien admet une seule solution ou bien n'en admet aucune. Or, il existe $6 \times 5 / 2 = 15$ façons de choisir 2 variables parmi les 6 du modèle (FRB=). Le tableau 4.1 les énumère, donnant la solution du système résultant, lorsqu'il en existe une, ainsi que le point correspondant de la figure 4.3. Analysons plus en détail 2 de ces 15 cas.

FIGURE 4.3
Contraintes de (FRB)

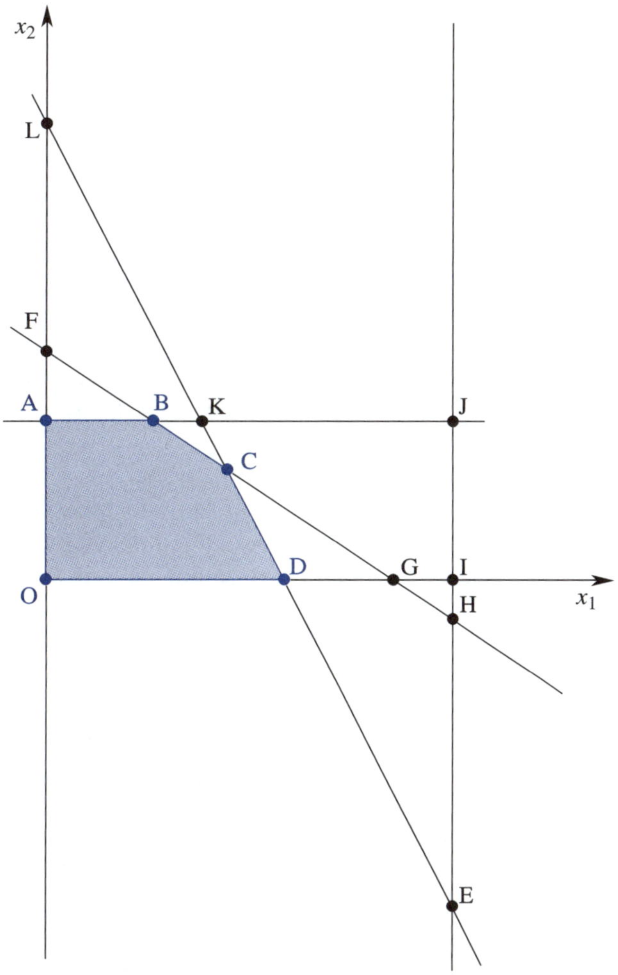

Nº	VHB*	Solution	Point	Remarque
1	x_1, x_2	(0 ; 0 ; 200 ; 60 ; 34 ; 14)	O	
2	x_1, e_1	(0 ; 40 ; 0 ; –60 ; 34 ; –26)	L	Inadmissible
3	x_1, e_2	(0 ; 20 ; 100 ; 0 ; 34 ; –6)	F	Inadmissible
4	x_1, e_3	---	---	Pas de solution
5	x_1, e_4	(0 ; 14 ; 130 ; 18 ; 34 ; 0)	A	
6	x_2, e_1	(20 ; 0 ; 0 ; 20 ; 14 ; 14)	D	
7	x_2, e_2	(30 ; 0 ; –100 ; 0 ; 4 ; 14)	G	Inadmissible
8	x_2, e_3	(34 ; 0 ; –140 ; –8 ; 0 ; 14)	I	Inadmissible
9	x_2, e_4	---	---	Pas de solution
10	e_1, e_2	(15 ; 10 ; 0 ; 0 ; 19 ; 4)	C	
11	e_1, e_3	(34 ; –28 ; 0 ; 76 ; 0 ; 42)	E	Inadmissible
12	e_1, e_4	(13 ; 14 ; 0 ; –8 ; 21 ; 0)	K	Inadmissible
13	e_2, e_3	(34 ; –8/3 ; –380/3 ; 0 ; 0 ; 50/3)	H	Inadmissible
14	e_2, e_4	(9 ; 14 ; 40 ; 0 ; 25 ; 0)	B	
15	e_3, e_4	(34 ; 14 ; –210 ; –50 ; 0 ; 0)	J	Inadmissible

TABLEAU 4.1
Intersections des droites associées aux contraintes de FRB

* La colonne VHB donne les 2 variables qui sont nulles dans la solution ; nous les qualifierons plus loin de **variables hors base**, ce qui explique le sigle « VHB ».

– Posons d'abord $e_2 = e_4 = 0$. Il en résulte le système suivant :

$$\begin{aligned} 10\,x_1 + 5\,x_2 + e_1 &= 200 \\ 2\,x_1 + 3\,x_2 &= 60 \\ x_1 + e_3 &= 34 \\ x_2 &= 14 \end{aligned}$$

dont la seule solution

$$x_1 = 9 \qquad x_2 = 14 \qquad e_1 = 40 \qquad e_3 = 25$$

correspond au point extrême B = (9 ; 14) de la figure 4.3.

– Posons maintenant $x_2 = e_3 = 0$. L'unique solution du système résultant

$$x_1 = 34 \qquad e_1 = -140 \qquad e_2 = -8 \qquad e_4 = 14$$

correspond au point I = (34 ; 0), lequel n'appartient pas au polygone OABCD des solutions admissibles du modèle (FRB). Notons que les variables d'écart e_1 et e_2 prennent des valeurs négatives.

Sauf exceptions[2], lorsque 2 variables sont posées égales à 0, il en résulte une solution $(x_1 ; x_2 ; e_1 ; e_2 ; e_3 ; e_4)$ de (FRB=) qui correspond à un point $(x_1 ; x_2)$ situé à l'intersection de 2 des droites associées aux contraintes (incluant les axes horizontal et vertical associés aux contraintes de non-négativité) : quand l'une des 2 variables ainsi annulées est e_i, le point $(x_1 ; x_2)$ est situé sur la droite associée à la contrainte technologique numéro i ; quand on annule l'une des variables de décision x_j, le point appartient à l'axe correspondant.

Analysons les résultats du tableau 4.1 pour tenter de dégager des propriétés algébriques qui caractérisent les points extrêmes de cet exemple. La région admissible du modèle (FRB) de la Fonderie est le polygone OABCD, qui compte 5 points extrêmes : O, A, B, C, et D. Sur les 5 lignes du tableau 4.1 correspondant à ces points, et sur elles seules, les 6 variables sont non négatives et 2 d'entre elles sont nulles. Ce qui suggère la caractérisation algébrique suivante des points extrêmes du modèle (FRB).

Soit $(x_1 ; x_2)$ un point du plan cartésien. Définissons e_i $(1 \leq i \leq 4)$ de façon que $(x_1 ; x_2 ; e_1 ; e_2 ; e_3 ; e_4)$ soit solution du système (10)-(13) : par exemple,

$$e_1 = 200 - (10\,x_1 + 5\,x_2).$$

Alors $(x_1 ; x_2)$ est un point extrême de la région admissible du modèle (FRB) si et seulement si la solution $(x_1 ; x_2 ; e_1 ; e_2 ; e_3 ; e_4)$ satisfait aux deux conditions suivantes :

– les 6 coordonnées de la solution sont non négatives ;
– au moins 2 d'entre elles sont nulles.

La première condition traduit le fait qu'un point extrême de (FRB) est admissible ; la seconde, qu'il appartient à l'intersection d'au moins 2 des droites associées aux contraintes (incluant les contraintes de non-négativité).

4.2.3 Un second exemple : les points extrêmes d'un cube

Nous avons vu en 3.3.1 (voir la figure 3.16) que la région admissible du système (C) ci-dessous est un cube d'arête 5.

$$\text{(C)} \qquad 0 \leq x_j \leq 5 \qquad j = 1, 2, 3.$$

---

2. Exceptions qui correspondent au fait que les droites associées sont parallèles (voir les lignes 4 et 9 du tableau 4.1).

Le système équivalent (C=) obtenu en ajoutant des variables d'écart s'écrit :

$$(C=)\quad \begin{cases} x_1 + e_1 = 5 & (15) \\ x_2 + e_2 = 5 & (16) \\ x_3 + e_3 = 5 & (17) \\ x_1, x_2, x_3, e_1, e_2, e_3 \geq 0 & (18) \end{cases}$$

Le système (15)-(17) comporte 3 équations et 6 variables. En posant 3 de ces 6 variables égales à 0, on crée un système de 3 équations mettant en jeu 3 variables. Lorsque les 2 variables d'une même équation sont ainsi annulées, le système n'admet aucune solution. Mais si l'on choisit une variable dans chaque équation pour la poser égale à 0, le système résultant admet une solution unique correspondant à un sommet du cube. Il existe $2 \times 2 \times 2 = 8$ façons d'effectuer un tel choix, chacune associée à l'un des 8 sommets du cube. La figure 4.4 illustre ces propos. De même, le tableau 4.2 indique, pour chacun des 8 sommets du cube, quelles variables y sont égales à 0 (les autres variables prennent la valeur 5).

Dans les 2 exemples précédents, tout point extrême de (PLS) correspond à une solution de (PLS=) dont *n* variables sont posées égales à 0 et dont les *m* autres variables sont positives. Il existe des modèles linéaires pour lesquels à un point extrême donné est associée une solution comportant plus de *n* coordonnées nulles. On parle alors de

FIGURE 4.4
Cube d'arête 5

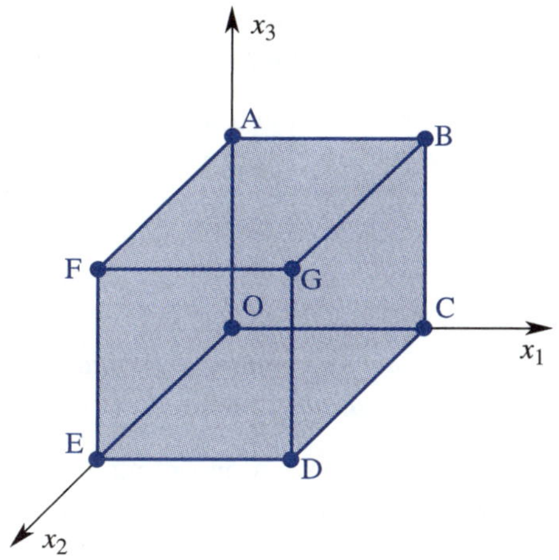

TABLEAU 4.2
Sommets du cube d'arête 5

Sommet	Variables nulles
O	x_1, x_2, x_3
A	x_1, x_2, e_3
B	x_2, e_1, e_3
C	x_2, x_3, e_1
D	x_3, e_1, e_2
E	x_1, x_3, e_2
F	x_1, e_2, e_3
G	e_1, e_2, e_3

dégénérescence, notion que nous définissons et étudions en 4.5.5. Cependant, toute solution correspondant à un point extrême comporte au moins n variables qui sont nulles. Il reviendrait au même de dire que le nombre de coordonnées nulles d'une solution associée à un sommet est toujours égal ou supérieur à **la différence entre le nombre total $m + n$ de variables apparaissant dans (PLS=) et le nombre m de contraintes technologiques**.

4.2.4 Les solutions de base

Considérons un modèle (PLS) quelconque; et notons $n' = m + n$ le nombre total de variables apparaissant dans (PLS=).

Soit $(x_1 ; \ldots ; x_n ; e_1 ; \ldots ; e_m)$ une solution vérifiant les m contraintes technologiques de (PLS=). On dira qu'il s'agit d'une **solution de base** de (PLS=) si au moins $(n' - m)$ de ses coordonnées sont égales à 0. Par exemple, les solutions de base de (FRB=) correspondent aux points O, A, B, ..., L du tableau 4.1 et comportent exactement $(6 - 4) = 2$ coordonnées égales à 0.

Une solution de base dont toutes les coordonnées sont non négatives est dite **solution de base admissible**. Comme l'illustrent les tableaux 4.1 et 4.2, une solution de base admissible correspond toujours à un point extrême. En effet, on peut démontrer que :

Théorème 1

Si $(x_1 ; \ldots ; x_n ; e_1 ; \ldots ; e_m)$ est solution de base admissible de (PLS=), alors $(x_1 ; \ldots ; x_n)$ est un point extrême de (PLS). De plus, tout point extrême de (PLS) s'obtient de cette façon d'une solution de base de (PLS=).

Cette caractérisation algébrique des points extrêmes permet de traduire en langage algébrique les résultats du chapitre 3, dont le théorème fondamental de la programmation linéaire :

Théorème 2

Si (PLS=) admet une solution optimale, il existe une solution de base admissible qui est solution optimale de (PLS=).

La recherche d'une solution optimale de (PLS) pourra, en vertu du théorème 2, se confiner à l'examen des solutions de base admissibles de (PLS=), dont le nombre ne peut excéder $\binom{m+n}{n}$. Malheureusement, la valeur de $\binom{m+n}{n}$ est souvent énorme dans les problèmes pratiques. L'algorithme du simplexe permet de déterminer si un modèle (PLS) admet une solution optimale et, le cas échéant, d'en trouver une, en examinant un nombre de solutions de base qui, sauf exceptions, est relativement petit.

4.2.5 Un exemple : le problème continu du sac alpin

Considérons un problème de planification de la production qui concerne n produits exigeant chacun l'utilisation de m ressources disponibles en quantités limitées. Et supposons que $m < n$. On est alors conduit à un modèle (PLS) comportant n variables de décision x_j et m contraintes de signe « ≤ ». L'ajout de variables d'écart transforme (PLS) en un modèle (PLS=) dont les solutions de base contiennent au plus m variables non nulles. Une solution optimale de (PLS), pourvu qu'elle corresponde à une solution de base admissible[3] de (PLS=), contient au plus m variables positives et propose un plan de production dans lequel au plus m des n produits seront fabriqués. Dans le cas où l'on considère 4 produits et 2 ressources, il sera proposé à l'optimum de produire tout au plus 2 des 4 produits.

Pour forcer à coup sûr la fabrication de chacun des n produits, il faut ajouter à (PLS) des contraintes de la forme :

$$x_j \geq s_j \qquad j = 1, \ldots, n \tag{19}$$

où s_j dénote une constante positive indiquant le seuil sous lequel il serait inintéressant de fabriquer le produit numéro j.

Un cas limite est celui où la production des produits proposés ne dépend que d'une seule ressource. Le modèle (PLS=) est alors de la forme :

$$\text{Max } z = c_1x_1 + \ldots + c_nx_n \tag{20}$$

sous les contraintes :

$$a_1x_1 + \ldots + a_nx_n + e_1 = b_1 \tag{21}$$

$$x_1, \ldots, x_n, e_1 \geq 0 \tag{22}$$

où b_1, les a_j et les c_j ($1 \leq j \leq n$) sont des constantes positives. Le théorème 2 stipule qu'à l'optimum une seule des $(n + 1)$ variables prend une valeur positive. Il ne peut s'agir de e_1, car la valeur optimale de z serait alors 0 ; or, il est possible de rendre z positif en posant $x_1 = b_1/a_1$ et en annulant toutes les autres variables. Par conséquent, à l'optimum, une et une seule des variables de décision, disons x_k, est positive. La variable d'écart e_1 de même que les autres variables de décision x_j $(j \neq k)$ sont alors nulles et, en vertu de (21), x_k prend la valeur b_1/a_k ; il en résulte que $z = c_k \times (b_1/a_k)$. En résumé :

> Pour résoudre le modèle (20)-(22), on procède en 2 étapes. Tout d'abord, on détermine k de façon à maximiser l'expression $c_k \times (b_1/a_k)$, c'est-à-dire de façon que la formule suivante soit satisfaite :
>
> $$c_k \times \frac{b_1}{a_k} = \max_{j = 1, \ldots, n} \left\{ c_j \times \frac{b_1}{a_j} \right\} \tag{23}$$
>
> La valeur optimale de la fonction-objectif (20) sous les contraintes (21)-(22) s'obtient ensuite en annulant toutes les variables, sauf x_k qui prendra la valeur b_1/a_k.

Le modèle linéaire constitué des expressions (20) à (22) a reçu une appellation en recherche opérationnelle : **c'est le problème continu du sac alpin**[4]. Voici l'origine de cette expression. Un alpiniste, qui prépare une ascension, ne peut se charger que d'un sac : il peut y fourrer, en quantités diverses, des objets de n types ; un objet du type j a une utilité unitaire de c_j et un poids unitaire de a_j. L'alpiniste, compte tenu de la difficulté de l'ascension envisagée, estime que le poids de son sac ne peut excéder b_1. Pour

3. Il en est ainsi le plus souvent. Mais, comme nous le verrons à la section 4.5.1, certains modèles linéaires admettent une infinité de solutions optimales, au moins l'une d'entre elles correspondant à une solution de base admissible. Dans un tel cas, il existe des solutions optimales qui ne correspondent pas à une solution de base et dont le nombre de variables nulles est inférieur à n.

4. Le problème classique du sac alpin est réservé aux contextes où les variables sont entières. Nous en considérons ici une extension où les variables sont réelles et non négatives.

déterminer la quantité d'objets de chacun des types à y placer, tout en maximisant l'utilité totale des objets emportés, l'alpiniste doit résoudre le modèle linéaire décrit en (20), (21) et (22). La solution optimale de ce modèle propose de remplir le sac d'objets d'un seul type, celui dont le rapport utilité–poids est le plus élevé. Une piètre suggestion, que même un pique-niqueur du dimanche refuserait de suivre[5]...

4.3 LA RÉSOLUTION DES MODÈLES SOUS FORME (PLS)

Le nombre de contraintes et le nombre de variables d'un modèle linéaire sous la forme (PLS) permettent de déduire le nombre minimal de variables qui prendront la valeur 0 en un point extrême. Il ne reste qu'à déterminer lesquelles des variables prendront la valeur 0 au point extrême qui s'avérera optimal. Ce choix n'est pas facile, du moins au premier abord, comme le suggère l'exemple suivant. Soit un modèle linéaire de la forme (PLS) comportant $n = 50$ variables de décision et $m = 20$ contraintes. Le modèle (PLS=) associé comportera $50 + 20 = 70$ variables et il faudrait considérer

$$\binom{70}{50} = 161\,884\,603\,662\,657\,876 \doteq 1{,}62 \times 10^{17}$$

cas. L'énumération des solutions de base admissibles dans le but de trouver celle ou celles qui sont optimales serait une tâche de Sisyphe. Or, un modèle linéaire de cette taille, ou d'une taille plus grande, est tout à fait courant en pratique.

Appliqué aux modèles linéaires de la forme (PLS=), l'algorithme du simplexe évite le plus souvent l'énumération exhaustive des solutions de base admissibles. De cet ensemble souvent énorme, il examinera un nombre généralement très petit de cas, chacun étant choisi de façon à améliorer la solution précédente autant qu'il semble possible à cette étape-là.

4.3.1 Un résumé de l'algorithme du simplexe

L'algorithme du simplexe choisit d'abord un sommet initial, puis effectue une opération itérative, dite **pivotage**, qui habituellement[6] correspond à passer d'un sommet à un sommet adjacent plus « rentable ». En un premier temps, nous nous limitons aux modèles de la forme (PLS) dont la structure spéciale fournit le point de départ évident qu'est l'origine $O = (0\,;\,\ldots\,;\,0)$. Puis, à la section 4.4, nous décrivons comment adapter l'algorithme du simplexe à un modèle linéaire continu quelconque. Enfin, à la section 4.5, nous traitons brièvement de divers cas particuliers ou pathologiques.

Nous décrirons le fonctionnement de l'algorithme du simplexe en l'appliquant au modèle (FRB) de la Fonderie Rivière-Bleue. Rappelons qu'après l'ajout d'une variable d'écart dans chaque contrainte technologique, (FRB) se réécrit sous la forme équivalente (FRB=) :

---

5. Dans le modèle classique où les variables sont forcées de prendre des valeurs entières, l'alpiniste pourrait être amené à retenir plus d'un type d'objets. Nous verrons au chapitre 6 comment déterminer une solution optimale d'un tel modèle dont les variables sont soumises à des contraintes d'intégrité.

6. Il existe des situations où l'algorithme peut rester au même sommet pendant plus d'une itération. Cela survient lorsque l'algorithme rencontre des solutions de base dites dégénérées. Nous définissons et étudions cette notion à la section 4.5.5.

$$\text{Max } z = 1\,000\, x_1 + 1\,200\, x_2 \qquad (24)$$

sous les contraintes :

(FRB=)

$$\begin{aligned} 10\,x_1 + 5\,x_2 + e_1 \qquad\qquad &= 200 && (25)\\ 2\,x_1 + 3\,x_2 \quad + e_2 \qquad &= \ 60 && (26)\\ x_1 \qquad\qquad + e_3 \quad &= \ 34 && (27)\\ x_2 \qquad\qquad + e_4 &= \ 14 && (28)\\ x_1, x_2, e_1, e_2, e_3, e_4 \geq 0 & && (29) \end{aligned}$$

La figure 4.5 illustre l'ensemble des solutions admissibles de (FRB).

Montrons comment résoudre (FRB=), et de ce fait (FRB), par des arguments purement algébriques qui épouseront les étapes indiquées à la figure 4.6. Le graphique de la figure 4.5 servira à illustrer et à commenter géométriquement la démarche algébrique commandée par l'algorithme du simplexe.

4.3.2 Étape A : la mise en évidence d'une solution de base admissible initiale

Comme on l'a vu précédemment, les points extrêmes de (FRB) correspondent aux solutions de base admissibles de (FRB=). Celles-ci sont obtenues en annulant 2 des 6 variables x_1, x_2, e_1, e_2, e_3 et e_4 apparaissant dans (FRB=). Par exemple, poser $x_1 = x_2 = 0$ conduit à un système d'équations trivial à résoudre, notamment :

$$e_1 = 200 \qquad (30)$$

$$e_2 = 60 \qquad (31)$$

$$e_3 = 34 \qquad (32)$$

$$e_4 = 14 \qquad (33)$$

FIGURE 4.5
Région admissible de (FRB)

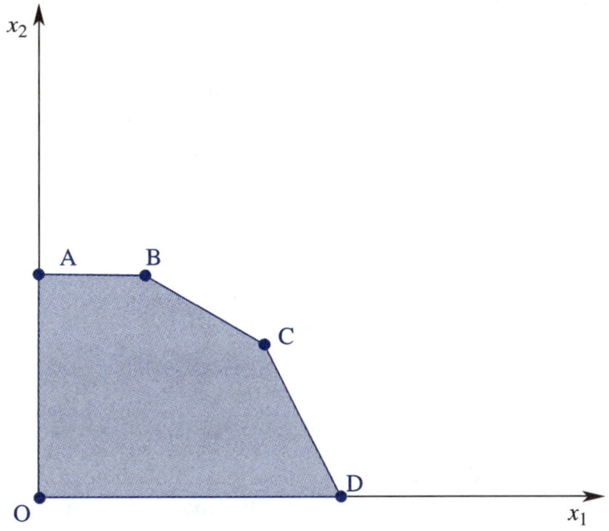

FIGURE 4.6
Organigramme de l'algorithme du simplexe dans le cas (PLS)

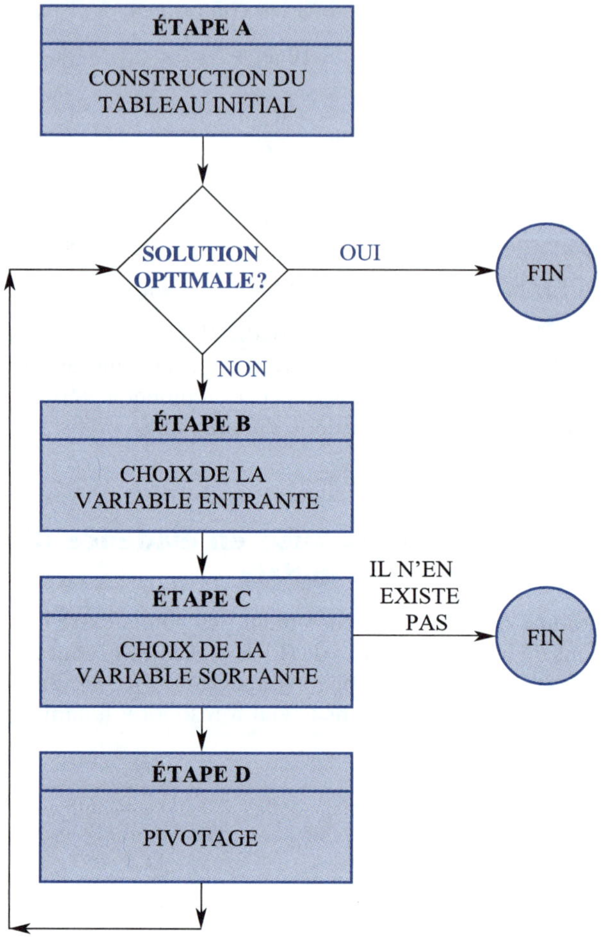

La solution

$$(x_1\,;\,x_2\,;\,e_1\,;\,e_2\,;\,e_3\,;\,e_4) = (0\,;\,0\,;\,200\,;\,60\,;\,34\,;\,14) \qquad (34)$$

satisfait de façon immédiate aux 4 contraintes technologiques de (FRB) et, puisque toutes les variables y prennent une valeur non négative, constitue de ce fait une solution de base admissible. Graphiquement, cette solution correspond au sommet O de la figure 4.5 puisque $x_1 = x_2 = 0$. Toute autre paire de variables posées égales à 0 conduit à un système d'équations qui est plus difficile à résoudre que (30)-(33). À titre d'exemple, si on posait $e_2 = e_3 = 0$, il viendrait

$$10\,x_1 + 5\,x_2 + e_1 = 200 \qquad (35)$$

$$2\,x_1 + 3\,x_2 = 60 \qquad (36)$$

$$x_1 = 34 \qquad (37)$$

$$x_2 + e_4 = 14 \qquad (38)$$

un système dont la solution n'est pas immédiate. D'ailleurs, la solution de base telle que $e_2 = e_3 = 0$ correspond, d'après le tableau 4.1, au point H et n'est pas admissible.

En général, la solution de base admissible initiale de (PLS=) s'obtient en posant $x_1 = x_2 = \ldots = x_n = 0$: le système d'équations qui en résulte se résout immédiatement puisqu'il s'écrit

$$e_i = b_i \qquad i = 1, \ldots, m \quad (39)$$

On voit ici la nécessité de supposer que les membres droits b_i de (PLS=) sont non négatifs : cette hypothèse garantit que, lorsque les variables originales (les x_j) sont posées égales à 0, les e_i sont non négatives et la solution $(x_1 ; \ldots ; x_n ; e_1 ; \ldots ; e_m)$ est admissible. Choisir au hasard n variables pour ensuite leur donner la valeur 0 peut conduire, comme on l'a vu précédemment, à une solution de base où certaines variables prennent une valeur négative.

En bref, pour trouver une solution de base admissible de (PLS=), ou de (PLS), il suffit de poser les variables originales égales à 0 et de donner à chacune des variables d'écart la valeur du membre droit de l'équation où on la retrouve.

4.3.3 Étape A : la construction du tableau initial

On sait, à partir de l'analyse géométrique effectuée au chapitre 3, que le sommet O n'est pas solution optimale de (FRB). D'ailleurs, la solution de base initiale obtenue en posant $x_1 = x_2 = 0$ donne à z la valeur 0, ce qui ne constitue pas un profit bien élevé ! Il faut donc modifier cette solution initiale de façon à augmenter la valeur prise par la fonction-objectif z. L'algorithme du simplexe procède par **itérations**, chacune correspondant au passage d'un sommet de la région admissible à un sommet adjacent de cette région. L'exemple (FRB) exigera 3 itérations : on passera successivement de O à A, puis de A à B, et enfin de B à C où l'on s'arrêtera, puisque C est l'optimum de (FRB).

Les calculs nécessités par l'algorithme du simplexe s'effectuent plus facilement et plus rapidement lorsque le modèle linéaire est disposé sous forme de **tableau du simplexe**. Un tel tableau présente, de façon visuelle et structurée, les variables et les coefficients du modèle. De plus, chaque tableau met en évidence une solution de base particulière du modèle linéaire, dite **solution de base associée**, ou encore **solution canonique associée**.

Le tableau 4.3 constitue le tableau du simplexe associé au modèle (FRB=) et à la solution de base initiale (0 ; 0 ; 200 ; 60 ; 34 ; 14). Les parties tramées contiennent des informations communes à tous les tableaux reliés à (FRB=) ; les autres comportent des données propres à la solution de base (0 ; 0 ; 200 ; 60 ; 34 ; 14). Les parties tramées seront reproduites sans modifications dans chacun des tableaux successifs nécessaires à l'examen de la séquence de points extrêmes qui mènent à la solution optimale correspondant à C.

Ce tableau est divisé verticalement en 3 sections : celle de gauche contient les informations placées sous le titre « Base » ; celle de droite, la colonne « Valeur ». Dans la section centrale se retrouvent les coefficients de la fonction-objectif et des contraintes

TABLEAU 4.3 Modèle (FRB) : tableau initial du simplexe

Tableau nº 0 — **Sommet O**

Base		1000	1200	0	0	0	0	
Coeff.	**Var.**	x_1	x_2	e_1	e_2	e_3	e_4	**Valeur**
0	e_1	10	5	1	0	0	0	200
0	e_2	2	3	0	1	0	0	60
0	e_3	1	0	0	0	1	0	34
0	e_4	0	1	0	0	0	1	14
z_j		0	0	0	0	0	0	
$c_j - z_j$		1000	1200	0	0	0	0	0

technologiques de (FRB=) placés de manière à ce que les symboles x_1 , x_2 , e_1, ..., e_4 apparaissent une fois pour toutes en haut du tableau comme titres des colonnes. On convient de numéroter de gauche à droite les colonnes de la section centrale : ainsi, la 3e colonne est celle de la variable e_1.

Le tableau est également divisé horizontalement en 3 sections. On convient de numéroter de haut en bas les lignes de la partie centrale : ainsi, dans le tableau 4.3, la 2e ligne correspond à la variable de base e_2.

Chaque tableau du simplexe partitionne les variables en 2 groupes : les variables de base et les variables hors base. Dans un tableau de (FRB=), les **variables de base** sont les 4 variables apparaissant dans la section gauche, et les **variables hors base** sont les 2 autres. Par exemple, les variables hors base du tableau nº 0 ci-dessus sont x_1 et x_2. Or, en posant $x_1 = x_2 = 0$, on obtient, rappelons-le, un système de 4 équations à 4 variables dont la solution est $e_1 = 200$, $e_2 = 60$, $e_3 = 34$ et $e_4 = 14$. Ce sont précisément les renseignements que l'on retrouve dans les colonnes « Var. » et « Valeur ». De façon générale, la **solution de base associée** à un tableau de (FRB=) s'obtient en posant égales à 0 les deux variables hors base et en donnant à chacune des variables de base la « valeur » apparaissant sur la même ligne. En effet, chacune des 4 lignes de la section centrale représente une équation dont le signe d'égalité serait placé entre la dernière colonne e_4 de la section centrale et la colonne « Valeur ». Par exemple, la 1re ligne représente l'équation (25) :

$$10\, x_1 + 5\, x_2 + 1\, e_1 + 0\, e_2 + 0\, e_3 + 0\, e_4 = 200\,.$$

Les lignes notées z_j et $c_j - z_j$ seront commentées lors de l'étude des tableaux subséquents, leur interprétation dans le tableau nº 0 présentant peu d'intérêt. Notons pour l'instant que la ligne $c_j - z_j$, en accord avec sa notation, résulte de la soustraction de chaque nombre de la ligne des c_j (haut du tableau) de son vis-à-vis de la ligne des z_j. La ligne $c_j - z_j$ représente une équation : pour la lire, il faut imaginer que l'expression $c_j - z_j$ est remplacée par $z =$. Par exemple, la ligne $c_j - z_j$ du tableau ci-dessus correspond à l'équation

$$z = 1\,000\, x_1 + 1\,200\, x_2 + 0\, e_1 + 0\, e_2 + 0\, e_3 + 0\, e_4 + 0\,.$$

Un tableau du simplexe contient une foule d'informations : il faut y voir plus qu'un simple alignement de nombres, car on y retrouve l'essentiel des données reliées au problème de la Fonderie. Par contre, un tableau ne réfère nulle part à la non-négativité des variables : comme celles-ci doivent toutes être non négatives, il n'est pas nécessaire d'en faire mention explicitement. (Cependant, l'algorithme du simplexe en tient compte lors du test d'optimalité et lors de l'étape C.) La structure du tableau va déterminer, comme nous le verrons par la suite, le cheminement de l'algorithme du simplexe.

4.3.4 Étape B : le choix de la variable entrante

La solution de base initiale suggère de ne fabriquer ni tuyauterie ni gueuses. Ce plan de production, qui assure à Aurèle un profit nul, n'est probablement pas optimal. Mais comment s'en convaincre par des arguments strictement algébriques ? S'il n'est pas optimal de donner la valeur 0 simultanément à x_1 et à x_2, il faut augmenter la valeur de l'une ou l'autre de ces 2 variables. Laquelle ou lesquelles choisir ? Laissons-nous guider par l'intuition : puisqu'une tonne de gueuses rapporte plus qu'une tonne de tuyauterie, analysons d'abord ce qui arrive si x_2 augmente. Et, afin de simplifier l'analyse, supposons que x_1 garde pour le moment la valeur 0 : le modèle obtenu de (24)-(29) en posant $x_1 = 0$ s'écrit :

$$\text{Max } z = 1\,200\, x_2 \qquad (40)$$

sous les contraintes :

$$
\begin{array}{lll}
5\,x_2 + e_1 & = 200 & (41)\\
3\,x_2 \quad + e_2 & = \ \ 60 & (42)\\
\qquad\qquad e_3 & = \ \ 34 & (43)\\
x_2 \qquad\qquad + e_4 & = \ \ 14 & (44)\\
x_2, e_1, e_2, e_3, e_4 \geq 0 & & (45)
\end{array}
$$

La fonction-objectif (40) indique que la fabrication d'une certaine quantité de gueuses permet d'augmenter le profit. Par exemple, si on pose $x_2 = 1$, il résulte de (40)-(44) que $z = 1\,200$, $e_1 = 195$, $e_2 = 57$, $e_3 = 34$ et $e_4 = 13$. Ainsi, (0 ; 1 ; 195 ; 57 ; 34 ; 13) est une solution admissible de (FRB) et s'avère plus profitable que la solution initiale mise en évidence à l'étape A. Derechef, une conclusion s'impose : le plan de production initial, où $x_1 = 0$ et $x_2 = 0$, n'est pas optimal.

Pour vérifier que la solution initiale n'était pas optimale, il a donc suffi de mettre en parallèle les 2 observations suivantes :

- la dernière ligne, qui correspond à l'équation

$$z = 1\,000\, x_1 + 1\,200\, x_2 + 0\,,$$

  contient au moins un coefficient positif, par exemple celui de la colonne x_2 ;
- la variable hors base x_2 peut être augmentée pour donner une solution admissible (par exemple en posant $x_2 = 1$).

De la première observation, il résulte que z augmente quand, à la fois, x_2 augmente marginalement et que x_1 reste nulle ; de la deuxième, qu'il existe une solution admissible où $x_2 > 0$ et $x_1 = 0$.

De façon générale, les nombres de la ligne $c_j - z_j$ permettent de déterminer si l'algorithme du simplexe s'arrêtera avec le tableau courant ou s'il continuera : lorsque **au moins l'un des coûts marginaux $c_j - z_j$ est positif** et que l'objectif consiste à maximiser z, le tableau courant est considéré comme non optimal[7] et un autre tableau sera construit par pivotage (étape D). Ce futur tableau sera obtenu en tentant de rendre positive l'une des variables hors base dont le coefficient positif sur la ligne $c_j - z_j$ révèle une possibilité d'amélioration de la fonction-objectif. Laquelle choisir quand plusieurs s'offrent ? Pour le présent exemple, x_2 a semblé la candidate la plus intéressante a priori : en effet, le profit z croît au rythme de 1 200 \$/tonne quand x_2 augmente, et au rythme de seulement 1 000 \$/tonne quand c'est x_1 qui augmente. Nous conviendrons[8] donc que, **dans un problème de maximisation, c'est la variable hors base dont le coefficient $c_j - z_j$ est le plus grand qui sera choisie**. La terminologie de l'algorithme du simplexe veut que cette variable soit choisie pour entrer dans la base. On place parfois une flèche ↑ sous sa colonne pour mettre en évidence la **variable entrante**.

---

7. Sauf exceptions, la solution de base associée à un tel tableau n'est pas optimale et celle proposée par le tableau subséquent donnera à z une meilleure valeur (une valeur plus grande dans un problème de maximisation). L'exception survient seulement quand la solution de base courante est **dégénérée**. Nous définissons et étudions cette notion en 4.5.5.

8. On parlera du **critère du meilleur coût marginal** (MCM), l'expression coût marginal étant le nom traditionnel (voir 4.3.9) des coefficients $c_j - z_j$.

4.3.5 Étape C : le choix de la variable sortante

C'est décidé : la variable x_2 entrera dans la base et x_1 restera nulle. Puisque z augmente lorsque x_2 augmente, il est naturel de chercher une solution de base où x_2 prend la plus grande valeur positive permise. Mais jusqu'où peut augmenter la valeur de x_2 ? La figure 4.5 montre que le point (0 ; x_2) n'est plus admissible dès que $x_2 > 14$. Nous indiquons maintenant comment déterminer cette borne 14 à partir de considérations purement algébriques. **Puisque les variables de base du tableau initial doivent être non négatives**, il résulte de (41)-(44) que

par (41) : $e_1 = 200 - 5\,x_2 \geq 0$ d'où $x_2 \leq 200/5 = 40$

par (42) : $e_2 = 60 - 3\,x_2 \geq 0$ d'où $x_2 \leq 60/3 = 20$

par (43) : $e_3 = 34 - 0\,x_2 \geq 0$ d'où x_2 n'est pas limitée par (43)

par (44) : $e_4 = 14 - 1\,x_2 \geq 0$ d'où $x_2 \leq 14$

La variable x_2 ne peut dépasser la plus petite de ces bornes supérieures ; et comme il est rentable d'augmenter la valeur de x_2 le plus possible, il est naturel de poser : $x_2 = 14$. La variable de base e_4 prendra alors la valeur 0 et sera dite **variable sortante**. Noter que **la variable sortante e_4 est la variable de base correspondant à la plus petite limite**.

De (41)-(44), il résulte que (x_1 ; x_2 ; e_1 ; e_2 ; e_3 ; e_4) = (0 ; 14 ; 130 ; 18 ; 34 ; 0) quand $x_2 = 14$. Par exemple, la valeur de e_1 s'obtient de (41) en y remplaçant x_2 par sa nouvelle valeur 14 :

$$e_1 = 200 - (5 \times 14) = 130\,.$$

La solution (0; 14; 130; 18; 34; 0) est admissible et donne à z la valeur 16 800. Elle correspond au point extrême A et au plan de production suivant : on ne fabrique pas de tuyauterie ($x_1 = 0$), orientant toutes les ressources de la Fonderie vers la fabrication de 14 tonnes de gueuses ($x_2 = 14$) ; 130 heures resteront inutilisées à l'atelier d'ébarbage ($e_1 = 130$), et 18 heures à l'atelier de peinture ($e_2 = 18$) ; la demande non satisfaite de tuyauterie s'élève à 34 tonnes ($e_3 = 34$), mais celle des gueuses est entièrement satisfaite ($e_4 = 0$) ; le profit est de 16 800 $.

L'étape B a montré qu'il serait profitable d'augmenter la valeur de x_2 tout en maintenant x_1 à 0. L'étape C a permis de trouver la valeur maximale que pouvait prendre x_2 tout en respectant les contraintes technologiques et celles de non-négativité. En portant la valeur de x_2 de 0 à 14 et en ajustant la valeur des autres variables pour respecter les contraintes technologiques du modèle linéaire, une des variables, soit e_4, prend la valeur 0. Le nombre de variables nulles est donc resté le même. Et la nouvelle solution est également solution de base. La grande idée de l'algorithme du simplexe est cet examen en cascade de solutions de base, qui correspond au passage d'un point extrême à un point extrême **adjacent** de la région admissible, mais où chaque passage améliore, ou du moins ne dégrade pas, la valeur prise par la fonction-objectif.

4.3.6 Les tableaux ou les modèles sous forme canonique

Jusqu'ici nous avons su effectuer, sans trop d'efforts, les opérations consistant :

- à mettre en évidence, par simple examen du modèle (24)-(29) ou du tableau initial, une **solution** de base admissible (0; 0; 200; 60; 34; 14), qui est dite **initiale** et porte le numéro 0 ;
- à vérifier la non-optimalité de cette solution initiale par inspection des coefficients des variables dans l'écriture (24) proposée pour z, ou encore par inspection des coefficients de la ligne $c_j - z_j$ du tableau ;

– à calculer une autre solution de base admissible (0 ; 14 ; 130 ; 18 ; 34 ; 0) plus profitable que la précédente ; cette nouvelle solution porte le n° 1.

Selon l'organigramme de la figure 4.6, il faut maintenant tester l'optimalité de la solution 1 : si elle ne s'avère pas optimale, ce sera le retour à l'étape B, puis à l'étape C pour trouver un plan de production plus rentable. Mais ni le tableau n° 0 ni le modèle (24)-(29) ne sont écrits sous une forme adéquate pour parcourir ce circuit avec la solution 1.

Le tableau n° 0 présente en effet 3 caractéristiques qui ont facilité le passage de la solution 0 à la solution 1 :

(*a*) à chacune des lignes de la section centrale est associée une variable de base dont le coefficient est 1 dans cette ligne et 0 dans les autres lignes de la section centrale[9] ;

(*b*) les coefficients des variables de base sont nuls dans la ligne $c_j - z_j$;

(*c*) toutes les « valeurs » de la section centrale sont non négatives.

On dit d'un tableau, ou d'un modèle linéaire, possédant ces 3 caractéristiques qu'il est écrit sous **forme canonique**. Traduisons ces conditions dans le langage des modèles linéaires : un modèle écrit sous forme canonique présente les caractéristiques suivantes :

(*ab*) dans chaque contrainte technologique, on retrouve une variable de coefficient 1 dont les coefficients sont nuls dans les autres contraintes technologiques et dans la fonction-objectif ;

(*c*) les membres droits des contraintes technologiques sont tous non négatifs.

4.3.7 Étape D : le pivotage

Avant de tester l'optimalité de la solution n° 1, il faut construire un tableau n° 1, écrit sous forme canonique, dont la solution de base associée sera la solution n° 1. Dans ce nouveau tableau, la variable sortante e_4 sera nulle et hors base, tandis que la variable entrante x_2 sera positive et fera partie de la base. En fait, x_2 prendra la place de e_4 et sera variable de base associée à la 4e ligne. Le tableau n° 1 à construire prendra donc la forme du tableau 4.4.

On remarquera que, pour une variable de base, le coefficient $c_j - z_j$ est nul et que sa colonne comporte, dans la section centrale, des 0 sur toutes les lignes, sauf sur celle où elle est inscrite comme variable de base et où son coefficient est 1.

Les calculs à effectuer font intervenir comme nombre clé l'élément du tableau initial situé à l'intersection de la 4e ligne, où se trouvait la variable sortante et de la colonne x_2 de la variable entrante. On dit que cet élément est le **pivot** du passage du tableau n° 0 au tableau n° 1. Les calculs se regroupent en 3 opérations.

– La première opération vise à inscrire le nombre 1 à la position du pivot. Elle ne prescrit aucun calcul dans le cas présent, parce que le pivot est égal à 1. La situation sera différente lors des itérations subséquentes et nous décrirons alors comment procéder.

9. En langage mathématique, la caractéristique (a) signifie que les colonnes associées aux variables de base constituent les colonnes d'une matrice unité. Rappelons qu'une **matrice unité** est une matrice carrée $[a_{ij}]$ dont l'élément a_{ij} est 1 quand $i = j$ et est 0 quand $i \neq j$; autrement dit, il s'agit d'une matrice carrée dont les éléments sont nuls, sauf ceux de la diagonale principale qui sont tous égaux à 1. Le nom retenu réfère au fait qu'une telle matrice joue dans le calcul matriciel un rôle analogue à celui du nombre 1 dans l'arithmétique élémentaire.

TABLEAU 4.4
Entrée de x_2 dans la base

Base		1000	1200	0	0	0	0	
Coeff.	**Var.**	x_1	x_2	e_1	e_2	e_3	e_4	**Valeur**
0	e_1		0	1	0	0		
0	e_2		0	0	1	0		
0	e_3		0	0	0	1		
1200	x_2		1	0	0	0		14
z_j								
$c_j - z_j$			0	0	0	0		

– La deuxième opération consiste à modifier les autres lignes de la section centrale de façon à pouvoir inscrire le nombre 0 dans la colonne x_2 du pivot, tout en laissant inchangé l'ensemble des solutions admissibles. Notons d'abord que l'équation (28) signifie que

$$x_2 = 14 - e_4 \qquad (46)$$

Il nous est donc loisible d'éliminer la variable x_2 des contraintes technologiques autres que (28). On réécrit d'abord (25) sous les formes équivalentes suivantes :

$$10\ x_1 + 5(14 - e_4) + e_1 = 200$$

$$10\ x_1 + e_1 - 5\ e_4 = 200 - (5 \times 14) = 130 \qquad (47)$$

De même, (26) se réécrit :

$$2\ x_1 + e_2 - 3\ e_4 = 60 - (3 \times 14) = 18 \qquad (48)$$

Enfin, (27) n'a pas à être modifiée puisqu'elle est déjà dotée du coefficient 0 dans la colonne x_2.

– La troisième opération est analogue à la deuxième, mais elle concerne la ligne $c_j - z_j$. Dans le tableau initial, z est exprimée en fonction des variables hors base x_1 et x_2 de ce tableau. On veut maintenant réécrire z sous une forme équivalente qui ne fasse intervenir directement que les variables hors base x_1 et e_4 du tableau nº 1. Il suffit d'utiliser la dernière ligne du tableau nº 0 et d'effectuer la substitution « $x_2 = 14 - e_4$ » comme précédemment :

$$z = 1\,000\ x_1 + 1\,200\ x_2 + 0 = 1\,000\ x_1 + 1\,200\,(14 - e_4) + 0$$

$$z = 1\,000\ x_1 - 1\,200\ e_4 + 16\ 800$$

Noter que cette dernière équation est une réécriture de la fonction-objectif z : elle est équivalente à l'écriture originale (24) pour toute solution admissible de (FRB=). Elle met en lumière l'impact sur la valeur de z des variables x_1 et e_4, tandis que (24) illustre celui de x_1 et de x_2 ; les contraintes technologiques de (FRB=) lient ces différentes variables de façon que les 2 écritures donnent à z la même valeur pour toute solution admissible.

Ces calculs complétés, on obtient le modèle linéaire suivant, qui équivaut au modèle initial (24)-(29) :

$$\text{Max } z = 1\,000\ x_1 - 1\,200\ e_4 + 16\,800 \qquad (49)$$

sous les contraintes :

$$(\text{FRB}_1)\quad \begin{array}{llllllll} 10\,x_1 & & +\,e_1 & & & -\,5\,e_4 & = 130 & (50)\\ 2\,x_1 & & & +\,e_2 & & -\,3\,e_4 & = 18 & (51)\\ x_1 & & & & +\,e_3 & & = 34 & (52)\\ & x_2 & & & & +\,e_4 & = 14 & (53)\\ \multicolumn{6}{l}{x_1,\, x_2,\, e_1,\, e_2,\, e_3,\, e_4 \geq 0} & & (54) \end{array}$$

Nous voudrons parfois parler de la forme particulière adoptée par le modèle (FRB=) lors d'une itération donnée : nous noterons (FRB_h) la version du modèle associée à l'itération numéro h. Par exemple, (FRB_0) désigne la version (24)-(29), tandis que (FRB_1) renvoie à (49)-(54). Ce dernier modèle se réécrit sous la forme présentée au tableau 4.5.

TABLEAU 4.5 Modèle (FRB) : tableau du simplexe après 1 itération

Tableau n° 1								**Sommet A**	
Base		1000	1200	0	0	0	0	
Coeff.	**Var.**	x_1	x_2	e_1	e_2	e_3	e_4	**Valeur**
0	e_1	10	0	1	0	0	– 5	130
0	e_2	2	0	0	1	0	– 3	18
0	e_3	1	0	0	0	1	0	34
1200	x_2	0	1	0	0	0	1	14
z_j		0	1200	0	0	0	1200	
$c_j - z_j$		1000	0	0	0	0	– 1200	16 800

Le tableau n° 1 est évidemment sous forme canonique. La solution (0 ; 14 ; 130 ; 18 ; 34 ; 0), dite solution de base associée, s'obtient en déclarant nulles a priori les variables hors base x_1 et e_4 puis en posant chaque variable de base égale à la « valeur » apparaissant à droite, sur sa ligne. Cette solution correspond au sommet A de la région admissible. La construction du tableau n° 1 complète la première itération.

4.3.8 La deuxième itération

Test et étape B La solution de base associée au tableau n° 1 n'est pas optimale puisque l'un des coefficients $c_j - z_j$ est positif. En effet, la ligne $c_j - z_j$ de ce tableau résume l'équation (49) :

$$\text{Max } z = 1\,000\; x_1 - 1\,200\; e_4 + 16\,800\,.$$

Il résulte immédiatement de cette équation que z augmente lorsqu'on fait croître x_1 tout en maintenant e_4 égale à 0. Ainsi, x_1 sera la variable entrante.

Étape C Il faut déterminer jusqu'où l'on peut faire croître x_1. Le modèle (FRB_1), ou encore le tableau n° 1, indiquent l'effet sur les variables de base d'une augmentation de x_1 jumelée au maintien de e_4 à la valeur 0. La non-négativité de ces variables de base implique que la croissance de x_1 est limitée par les bornes suivantes :

par (50) :	$e_1 = 130 - 10\,x_1 \geq 0$	d'où $x_1 \leq 130/10 = 13$
par (51) :	$e_2 = 18 - 2\,x_1 \geq 0$	d'où $x_1 \leq 18/2 = 9$
par (52) :	$e_3 = 34 - 1\,x_1 \geq 0$	d'où $x_1 \leq 34/1 = 34$
par (53) :	$x_2 = 14 - 0\,x_1 \geq 0$	d'où x_1 n'est pas limitée par (53)

La valeur maximale de x_1 est donc 9. Et, pour cette valeur, e_2 devient nulle. Par conséquent, e_2 sera la variable sortante. En posant $x_1 = 9$, on obtient la solution nº 2 suivante :

$$(x_1 ; x_2 ; e_1 ; e_2 ; e_3 ; e_4) = (9 ; 14 ; 40 ; 0 ; 25 ; 0).$$

Les calculs précédents permettent de conclure, premièrement, que le point B = (9 ; 14) est un point extrême, et deuxièmement, qu'il améliore la valeur de la fonction-objectif z. L'opération de pivotage qui suit sert à construire un tableau admettant B comme solution de base associée.

Étape D : le pivotage Il reste à déduire du tableau nº 1 un tableau nº 2 écrit sous forme canonique, dont la solution associée est la solution nº 2 tout juste calculée. Dans ce tableau nº 2, x_1 remplacera e_2 comme variable de base de la 2e ligne. Le pivot, cette fois, est le coefficient 2 situé à l'intersection de la colonne x_1 et de la 2e ligne. Les opérations à effectuer sont les suivantes.

– Diviser par le pivot tous les éléments de la section centrale qui sont situés sur la 2e ligne, ainsi que la « valeur » de cette même 2e ligne. Rappelons que la 2e ligne résume l'équation (51) :

$$2\ x_1 + e_2 - 3\ e_4 = 18.$$

En divisant les 2 membres par le pivot 2, on obtient que :

$$1\ x_1 + 0{,}5\ e_2 - 1{,}5\ e_4 = 9 \qquad (55)$$

Pourquoi prendre la peine de substituer à (51) l'équation équivalente (55) ? Tout simplement parce que le tableau nº 2 en construction devra contenir le nombre 1 à l'intersection de la colonne x_1 et de la 2e ligne, car on veut que x_1 joue le rôle de variable de base sur cette ligne.

– Modifier les autres lignes de la section centrale de façon à pouvoir y inscrire le nombre 0 dans la colonne x_1 du pivot tout en laissant inchangé l'ensemble des solutions admissibles. Il suffit d'isoler x_1 dans (55) :

$$x_1 = 9 - 0{,}5\ e_2 + 1{,}5\ e_4 \qquad (56)$$

puis de substituer à x_1 cette valeur dans les équations (50), (52) et (53). Le même résultat s'obtient en soustrayant de chacune de ces équations un multiple approprié de (55), la ligne du pivot modifiée :

pour la 1re ligne, on calcule **(50)** – 10 × **(55)** :

$$\begin{array}{rrrrrl} (50) : & 10\ x_1 & + 1\ e_1 & + 0\ e_2 & - 5\ e_4 & = 130 \\ -10 \times (55) : & -10\ x_1 & + 0\ e_1 & - 5\ e_2 & + 15\ e_4 & = -90 \\ \hline (57) : & 0\ x_1 & + e_1 & - 5\ e_2 & + 10\ e_4 & = 40 \end{array}$$

de même, pour la 2e ligne, on calcule **(52)** – 1 × **(55)** :

$$\begin{array}{rrrrrl} (52) : & 1\ x_1 & + 0\ e_2 & + 1\ e_3 & + 0\ e_4 & = 34 \\ -1 \times (55) : & -1\ x_1 & - 0{,}5\ e_2 & + 0\ e_3 & + 1{,}5\ e_4 & = -9 \\ \hline (58) : & 0\ x_1 & - 0{,}5\ e_2 & + 1\ e_3 & + 1{,}5\ e_4 & = 25 \end{array}$$

Noter que **(53)** est déjà dotée d'un coefficient nul dans la colonne x_1 et que, par conséquent, elle peut rester inchangée.

– Modifier la ligne $c_j - z_j$ de façon à pouvoir y inscrire le nombre 0 dans la colonne x_1 du pivot. Il suffit de réécrire (49) en remplaçant x_1 par la valeur donnée en (56) :

$$z = 1\ 000\ (9 - 0{,}5\ e_2 + 1{,}5\ e_4) - 1\ 200\ e_4 + 16\ 800$$

$$z = -\ 500\ e_2 + 300\ e_4 + 25\ 800 \qquad (59)$$

En rassemblant la fonction-objectif (59), les contraintes (55), (57), (58) et (52) ainsi que les contraintes de non-négativité, on obtient le modèle linéaire (FRB_2) qui est équivalent aux modèles (FRB_0) et (FRB_1) :

$$\text{Max } z = -500\, e_2 + 300\, e_4 + 25\,800 \quad (60)$$

sous les contraintes :

$$(FRB_2) \quad \begin{aligned} e_1 - 5\, e_2 + 10\, e_4 &= 40 & (61)\\ x_1 + 0{,}5\, e_2 - 1{,}5\, e_4 &= 9 & (62)\\ -0{,}5\, e_2 + e_3 + 1{,}5\, e_4 &= 25 & (63)\\ x_2 + 1\, e_4 &= 14 & (64)\\ x_1, x_2, e_1, e_2, e_3, e_4 &\geq 0 & (65)\end{aligned}$$

Le modèle (FRB_2) se réécrit sous la forme du tableau n° 2 ci-dessous (tableau 4.6). La solution de base associée s'obtient en déclarant nulles a priori les variables hors base e_2 et e_4 et en posant chaque variable de base égale à la « valeur » apparaissant à droite, sur sa ligne : cette solution est (9 ; 14 ; 40 ; 0 ; 25 ; 0) et correspond au sommet B de la région admissible.

Tableau n° 2 — **Sommet B**

Base		1000	1200	0	0	0	0	
Coeff.	**Var.**	x_1	x_2	e_1	e_2	e_3	e_4	**Valeur**
0	e_1	0	0	1	– 5,0	0	10,0	40
1000	x_1	1	0	0	0,5	0	– 1,5	9
0	e_3	0	0	0	– 0,5	1	1,5	25
1200	x_2	0	1	0	0,0	0	1,0	14
z_j		1000	1200	0	500	0	– 300	
$c_j - z_j$		0	0	0	– 500	0	300	25 800

TABLEAU 4.6
Modèle (FRB) : tableau du simplexe après 2 itérations

4.3.9 Le calcul des coûts marginaux

Le calcul des éléments de la ligne $c_j - z_j$ d'un tableau peut s'effectuer directement à partir des valeurs numériques de la section centrale de ce tableau, sans recourir au tableau précédent ni aux équations.

Nous décrivons la méthode à l'aide de 2 exemples tirés du tableau n° 2. La valeur 25 800 de la fonction-objectif z s'obtient comme la somme des produits des « coefficients de base » à gauche et des « valeurs » correspondantes. Le tableau 4.7 reproduit ces calculs.

Le résultat 25 800 représente bien le profit découlant du plan de production proposé par le tableau 2. La solution de base associée recommande en effet de fabriquer 9 tonnes de tuyauterie, qui rapportent 1 000 $ chacune, et 14 tonnes de gueuses, qui rapportent 1 200 $ chacune. Le profit total est donc de 25 800 $:

$$z = (9 \times 1\,000) + (14 \times 1\,200) = 25\,800\,.$$

Les variables d'écart e_1 et e_3 n'ayant pas de valeur économique dans l'exemple (FRB), leurs valeurs dans la solution de base sont multipliées par 0.

TABLEAU 4.7
Calcul, à l'aide d'un tableau du simplexe, de la valeur de la fonction-objectif

Base					
Var.	Coeff.		Valeur		Produit
e_1	0	×	40	=	0
x_1	1000	×	9	=	9 000
e_3	0	×	25	=	0
x_2	1200	×	14	=	16 800
Valeur					25 800

Nous traitons maintenant le calcul des coefficients z_j. Il est utile de définir d'abord le **coefficient de base** de la ligne i comme le coefficient de la variable x_k dans la fonction-objectif originale (24), où x_k est la variable de base de la ligne i dans le tableau courant. Par exemple, le coefficient de base de la 2e ligne du tableau nº 2 est le coefficient 1 000 de la variable x_1 dans « $z = 1\,000\,x_1 + 1\,200\,x_2$ ». Noter que l'on doit réajuster les coefficients de base à chaque tableau, car l'ensemble des variables de base est modifié lors de chaque itération.

Le calcul du coefficient z_j de la colonne e_4 du tableau nº 2 s'effectue (voir tableau 4.8) en multipliant chaque coefficient de base par le coefficient correspondant de la colonne e_4, puis en additionnant les produits. Enfin, le coefficient $c_j - z_j$ s'obtient en retranchant le z_j ainsi calculé du coefficient de e_4 dans la ligne supérieure du tableau :

$$c_j - z_j = 0 - (-300) = +300\,.$$

Les coefficients $c_j - z_j$ des variables de base sont tous nuls en vertu de la condition (*b*) de la définition de forme canonique d'un tableau. Ceux des variables hors base s'interprètent de façon intéressante. À titre d'exemple, considérons celui de e_4 dans le tableau nº 2. Le modèle (FRB_2), ou encore le tableau nº 2, décrivent l'évolution des variables de base et de la fonction-objectif lorsque les variables hors base e_2 et e_4 sont modifiées. Posons d'abord $e_2 = e_4 = 0$; pour obtenir les valeurs des variables de base et de z, il suffit de lire les « valeurs » de la colonne de droite :

$$e_1 = 40 \qquad x_1 = 9 \qquad e_3 = 25 \qquad x_2 = 14 \qquad z = 25\,800 \tag{66}$$

Si l'on maintient e_2 à 0 mais que l'on augmente e_4 d'une unité, alors l'effet sur les 5 variables apparaissant dans (66) est indiqué par les coefficients de la colonne e_4 :

$$e_1 = 40 - 10{,}0\;e_4 = 40 - (10 \times 1) = 30 \quad : \text{ d'où } e_1 \downarrow 10$$

$$x_1 = 9 + 1{,}5\;e_4 = 9 + (1{,}5 \times 1) = 10{,}5 \quad : \text{ d'où } x_1 \uparrow 1{,}5$$

$$e_3 = 25 - 1{,}5\;e_4 = 25 - (1{,}5 \times 1) = 23{,}5 \quad : \text{ d'où } e_3 \downarrow 1{,}5$$

$$x_2 = 14 - 1{,}0\;e_4 = 14 - (1 \times 1) = 13 \quad : \text{ d'où } x_2 \downarrow 1$$

$$z = 300\;e_4 + 25\,800 = (300 \times 1) + 25\,800 = 26\,100 \quad : \text{ d'où } z \uparrow 300$$

TABLEAU 4.8
Calcul, à l'aide d'un tableau du simplexe, du coefficient z_j d'une variable

Base					
Var.	Coeff.		e_4		Produit
e_1	0	×	10,0	=	0
x_1	1 000	×	– 1,5	=	– 1500
e_3	0	×	1,5	=	0
x_2	1 200	×	1,0	=	1200
z_j de e_4					– 300

Une augmentation unitaire de e_4, jumelée à une valeur constante et nulle de e_2, se traduit donc par une production de 1,5 tonne de tuyauterie de plus et de 1 tonne de gueuses de moins. L'effet global sur z des variations observées des 4 variables de base se calcule en multipliant chacune de ces variations par le coefficient de la variable correspondante dans la fonction-objectif et en additionnant les produits :

$$\text{Variation de } z = (-10 \times 0) + (1{,}5 \times 1\,000) + (-1{,}5 \times 0) + (-1 \times 1\,200) = 300\,.$$

Noter que le membre droit de cette équation coïncide, au signe près, avec le calcul de z_j effectué dans le tableau 4.8. Ainsi, $-z_j$ synthétise les impacts sur z découlant des variations subies par les différentes variables de base lorsque x_j passe de 0 à 1 et que les autres variables hors base sont maintenues à 0. Le coefficient $c_j - z_j$ s'interprète donc comme l'**effet net sur la fonction-objectif z résultant d'un changement unitaire de x_j associé à une invariance des autres variables hors base**. C'est pourquoi on convient souvent de le nommer **coût marginal**.

Nous donnerons au chapitre 5 plusieurs exemples qui illustreront cette interprétation du coefficient $c_j - z_j$ comme un coût marginal.

4.3.10 La troisième itération

Test et étape B Revenons au tableau n° 2 (tableau 4.6) : comme le coût marginal de e_4 est positif, la solution de base associée n'est pas optimale. En effet, la dernière ligne correspond à l'équation :

$$z = -\,250\, e_2 + 300\, e_4 + 25\,800\,.$$

Il est donc rentable pour la Fonderie de faire croître e_4, qui sera la variable entrante.

Étape C Quelle sera la variable sortante cette fois ? La non-négativité des différentes variables de base limitera la croissance de e_4 :

$e_1 \geq 0$: d'où $e_4 \leq 40/10 = 4$ (67)

e_4 n'est pas limitée par la non-négativité de x_1 (voir ci-dessous) (68)

$e_3 \geq 0$: d'où $e_4 \leq 25/1{,}5 = 16{,}667$ (69)

$x_2 \geq 0$: d'où $e_4 \leq 14/1 = 14$ (70)

Le cas (68) illustre un phénomène que nous n'avions pas rencontré jusqu'ici et qui mérite quelques commentaires. La 2e ligne du tableau n° 2 représente l'équation (62) :

$$x_1 + 0{,}5\, e_2 - 1{,}5\, e_4 = 9\,.$$

Si l'on maintient e_2 égale à 0, cette équation devient :

$$x_1 = 9 + 1{,}5\, e_4\,.$$

Ainsi, lorsque e_2 est maintenue nulle et que e_4 augmente, x_1 augmente également, de sorte que la croissance de e_4 n'est pas limitée par l'équation associée à la 2e ligne. De façon générale, la croissance d'une variable entrante x_j n'est pas limitée par l'équation associée à une ligne dont l'entrée dans la colonne x_j est nulle ou négative.

Les conditions (67)-(70) indiquent que la valeur maximale de e_4 est 4 ; que e_1 devient nulle quand $e_4 = 4$. Par conséquent, e_1 sera la variable sortante.

Étape D : le pivotage Cette fois, le pivot est le nombre 10 situé à l'intersection de la colonne e_4 et de la 1re ligne. Nous sommes maintenant prêts à construire le tableau n° 3. Commençons par placer les éléments qui découlent des décisions déjà prises et n'exigent aucun calcul : nous obtenons un tableau incomplet (tableau 4.9).

TABLEAU 4.9 Construction du tableau n° 3 : coefficients associés aux variables de base

Tableau n° 3*a* — Sommet C

Base		1000	1200	0	0	0	0	
Coeff.	Var.	x_1	x_2	e_1	e_2	e_3	e_4	Valeur
0	e_4	0	0			0	1	4
1000	x_1	1	0			0	0	
0	e_3	0	0			1	0	
1200	x_2	0	1			0	0	
z_j								
$c_j - z_j$		0	0			0	0	

Nous complétons le tableau n° 3*a* en 3 « opérations ». En un premier temps, nous déterminons les éléments manquants de la ligne du pivot. Il suffit de diviser les anciens coefficients par 10, le pivot :

$$0{,}1\ e_1 - 0{,}5\ e_1 + e_4 = 4 \tag{71}$$

On notera que le membre droit de cette équation coïncide avec la valeur maximale, calculée précédemment, de la variable entrante e_4.

La deuxième opération consiste à calculer les éléments manquants de la section centrale en additionnant un multiple approprié de la ligne du pivot modifiée à chacune des autres lignes du tableau n° 2 (voir tableau 4.6). Par exemple, pour la 2e ligne, on calcule **(62)** + 1,5 × **(71)** :

$$\begin{aligned} (62):\ & 1\,x_1 + 0\ \ e_1 + 0{,}50\ e_2 - 1{,}5\ e_4 = 9 \\ +\,1{,}5 \times (71):\ & 0\,x_1 + 0{,}15\ e_1 - 0{,}75\ e_2 + 1{,}5\ e_4 = 6 \\ \hline (74):\ & 1\,x_1 + 0{,}15\ e_1 - 0{,}25\ e_2 + 0\ \ e_4 = 15 \end{aligned}$$

Les résultats apparaissent au tableau n° 3*b* (voir tableau 4.10).

Il reste à déterminer les éléments de la section du bas du tableau. L'approche, décrite et illustrée en 4.3.9, utilise les éléments du tableau courant, ici ceux du tableau n° 3*b*. Le coefficient z_j de e_1 se calcule en multipliant, ligne par ligne, les éléments de la colonne « coefficient de base » par ceux de la colonne e_1, puis en additionnant les produits obtenus :

$$z_j = (0 \times 0{,}10) + (1\,000 \times 0{,}15) + (0 \times -0{,}15) + (1\,200 \times -0{,}10) = 30\,.$$

TABLEAU 4.10 Construction du tableau n° 3 : complétion des lignes des variables de base

Tableau n° 3*b* — Sommet C

Base		1000	1200	0	0	0	0	
Coeff.	Var.	x_1	x_2	e_1	e_2	e_3	e_4	Valeur
0	e_4	0	0	0,10	– 0,50	0	1	4
1000	x_1	1	0	0,15	– 0,25	0	0	15
0	e_3	0	0	– 0,15	0,25	1	0	19
1200	x_2	0	1	– 0,10	0,50	0	0	10
z_j								
$c_j - z_j$		0	0			0	0	

Le coût marginal de e_1 s'obtient en retranchant cette valeur de z_j de 0, le coefficient de e_1 dans la fonction-objectif originale :

$$c_j - z_j \;=\; 0 - 30 \;=\; -30.$$

Le coût marginal de e_2 se calcule de façon analogue. Quant à la valeur de z, il suffit de multiplier, ligne par ligne, les coefficients des colonnes « coefficient de base » et « valeur », puis d'additionner les produits obtenus :

$$\text{Valeur de } z = (0 \times 4) + (1\,000 \times 15) + (0 \times 19) + (1\,200 \times 10) = 27\,000.$$

Le résultat de ces calculs est reproduit à la portion 3 du tableau 4.11. La solution de base associée s'obtient en déclarant nulles les variables hors base e_1 et e_2 et en posant chaque variable de base égale à la « valeur » apparaissant à droite, sur sa ligne : cette solution n° 3 est (15 ; 10 ; 0 ; 0 ; 19 ; 4) et correspond au sommet C de la région admissible.

TABLEAU 4.11
Modèle (FRB) : séquence des tableaux du simplexe

	Base		1000	1200	0	0	0	0		
N°	Coeff.	Var.	x_1	x_2	e_1	e_2	e_3	e_4	Valeur	Limite
0	0	e_1	10	5	1	0	0	0	200	200/5
	0	e_2	2	3	0	1	0	0	60	60/3
	0	e_3	1	0	0	0	1	0	34	*
O	0	$\leftarrow e_4$	0	**1**	0	0	0	1	14	14/1
	z_j		0	0	0	0	0	0		
	$c_j - z_j$		1000	1200 ↑	0	0	0	0	0	
1	0	e_1	10	0	1	0	0	– 5	130	130/10
	0	$\leftarrow e_2$	**2**	0	0	1	0	– 3	18	18/2
	0	e_3	1	0	0	0	1	0	34	34/1
A	1200	x_2	0	1	0	0	0	1	14	*
	z_j		0	1200	0	0	0	1200		
	$c_j - z_j$		1000 ↑	0	0	0	0	– 1200	16 800	
2	0	$\leftarrow e_1$	0	0	1	– 5,0	0	**10,0**	40	40/10
	1000	x_1	1	0	0	0,5	0	– 1,5	9	*
	0	e_3	0	0	0	– 0,5	1	1,5	25	25/1,5
B	1200	x_2	0	1	0	0,0	0	1,0	14	14/1
	z_j		1000	1200	0	500	0	– 300		
	$c_j - z_j$		0	0	0	– 500	0	300 ↑	25 800	
3	0	e_4	0	0	0,10	– 0,50	0	1	4	
	1000	x_1	1	0	0,15	– 0,25	0	0	15	
	0	e_3	0	0	– 0,15	0,25	1	0	19	
C	1200	x_2	0	1	– 0,10	0,50	0	0	10	
	z_j		1000	1200	30	350	0	0		
	$c_j - z_j$		0	0	– 30	– 350	0	0	27 000	

4.3.11 La solution optimale de (FRB)

Les coûts marginaux des variables hors base e_1 et e_2 sont négatifs : par conséquent, tout accroissement donné à e_1 ou à e_2 ne peut que diminuer z. La solution de base associée au tableau n° 3 est optimale puisque les variables hors base e_1 et e_2 y prennent leur valeur minimale 0 et que tout changement que l'on voudrait leur apporter résulterait en un accroissement de l'une ou l'autre de ces variables et, partant, en une diminution de z.

Le plan optimal pour la Fonderie propose la production de 15 tonnes de tuyauterie et de 10 tonnes de gueuses. Le profit que la Fonderie en retirera est de 27 000 dollars. Les 2 ateliers seront utilisés à pleine capacité ($e_1 = e_2 = 0$). La demande non satisfaite s'élèvera à 19 tonnes de tuyauterie et à 4 tonnes de gueuses.

Le tableau nº 3 représente, rappelons-le, un modèle linéaire équivalent à (FRB_0), qui, conformément à la convention introduite précédemment, sera noté (FRB_3) :

$$\text{Max } z = -30\, e_1 - 350\, e_2 + 27\,000 \tag{72}$$

sous les contraintes :

$$(FRB_3) \quad \begin{cases} +0{,}10\, e_1 - 0{,}50\, e_2 + e_4 = 4 & (73) \\ x_1 + 0{,}15\, e_1 - 0{,}25\, e_2 = 15 & (74) \\ -0{,}15\, e_1 + 0{,}25\, e_2 + e_3 = 19 & (75) \\ x_2 - 0{,}10\, e_1 + 0{,}50\, e_2 = 10 & (76) \\ x_1, x_2, e_1, e_2, e_3, e_4 \geq 0 & (77) \end{cases}$$

Remarquons que chacun des tableaux successifs, ou encore chacun des modèles linéaires (FRB_h), permet de calculer les valeurs de z et des variables d'écart, une fois connues celles des variables de décision x_1 et x_2. On obtient la même valeur de z, que l'on utilise la fonction-objectif sous la version (24), (49), (60) ou encore (72) :

$$z = 1\,000\, x_1 + 1\,200\, x_2 = (1\,000 \times 15) + (1\,200 \times 10) = 27\,000$$

$$z = 1\,000\, x_1 - 1\,200\, e_4 + 16\,800 = (1\,000 \times 15) - (1\,200 \times 4) + 16\,800 = 27\,000$$

$$z = -500\, e_2 + 300\, e_4 + 25\,800 = (-500 \times 0) + (300 \times 4) + 25\,800 = 27\,000$$

$$z = -30\, e_1 - 350\, e_2 + 27\,000 = (-30 \times 0) - (350 \times 0) + 27\,000 = 27\,000$$

Les 4 équations de (FRB_0) sont satisfaites par les solutions de base associées aux différents tableaux, et en particulier par la solution optimale. Considérons, à titre d'exemple, la solution optimale et la contrainte (25) qui renvoie au temps utilisé et disponible à l'atelier d'ébarbage :

$$10\, x_1 + 5\, x_2 + e_1 = (10 \times 15) + (5 \times 10) + 0 = 200\,.$$

4.3.12 La séquence des solutions de base de l'exemple (FRB)

Le tableau 4.12 décrit la séquence des solutions de base rencontrées lors des différentes itérations. Les flèches indiquent les variables entrantes et sortantes.

TABLEAU 4.12 Modèle (FRB) : séquence des solutions de base

Numéro	Variables de base				Variables hors base		Sommet	z
0	e_1	e_2	e_3	$e_4 \rightarrow$	x_1	$\leftarrow x_2$	O	0
1	e_1	$e_2 \rightarrow$	e_3	x_2	$\leftarrow x_1$	e_4	A	16 800
2	$e_1 \rightarrow$	x_1	e_3	x_2	e_2	$\leftarrow e_4$	B	25 800
3	e_4	x_1	e_3	x_2	e_1	e_2	C	27 000

La valeur de z a augmenté lors de chaque pivotage. Mais il n'en est pas toujours ainsi : comme nous le verrons à la section 4.5, la valeur de z stagne parfois pendant 2 ou plusieurs itérations successives. Toutefois, dans un contexte de maximisation, la valeur de z ne peut diminuer lors d'une itération.

Il a fallu visiter 4 des 5 points extrêmes de la région admissible avant d'aboutir à l'optimum C. Il s'agit d'un fort pourcentage et on serait tenté de croire que cela n'augure rien de bon quant au nombre de pivotages à effectuer pour résoudre un problème comportant des centaines de variables et de contraintes où, forcément, le nombre de points extrêmes est astronomique. Pourtant, l'expérience a montré que l'algorithme du simplexe ne visite habituellement qu'un très faible pourcentage des solutions de base.

Un phénomène intéressant s'est produit lors de l'application de l'algorithme au modèle (FRB) : la variable e_4 est sortie de la base lors de la première itération, mais elle est réapparue dans la base du tableau nº 3. Aurait-on pu abréger la cascade des pivotages puisqu'au bout du compte, e_4 se retrouve dans la base du tableau optimal ? Certes, mais il faut dire pour la défense de la méthode du simplexe qu'elle ignore au départ ce que sera la liste des variables de base du tableau optimal. Par conséquent, il y aura quelquefois de ces pivotages « inefficaces » induits par la courte vue d'un algorithme qui tente, de façon patiente et systématique, d'améliorer la valeur de z à chaque pivotage selon la direction qui, momentanément, assure la croissance la plus rapide. Il arrive même qu'une variable entre dans la base pour en sortir immédiatement au tableau subséquent.

*4.3.13 Le calcul des coefficients de la section centrale : la méthode du rectangle[10]

L'opération de pivotage s'effectue en divisant la ligne du pivot par la valeur du pivot, puis en remplaçant la variable entrante par une expression algébrique équivalente déduite de la ligne du pivot. Il est parfois commode de calculer les nouveaux coefficients de la section centrale directement à partir du tableau du simplexe, sans passer par l'intermédiaire des équations. Les nouveaux coefficients se calculent comme suit :

- ceux de la ligne où se trouve le pivot s'obtiennent en divisant les anciens par le pivot ;
- pour ceux des autres lignes de la section centrale, on utilise la formule suivante :

$$a' = a - \frac{b \times c}{pivot}$$

où (voir la figure 4.7)

a' est la valeur modifiée du coefficient a qui est considéré

b est l'élément situé sur la même ligne que a, mais dans la colonne du pivot

c est l'élément situé dans la même colonne que a, mais sur la ligne du pivot.

Dans le tableau à modifier, le pivot et les coefficients a, b et c forment les coins d'un rectangle. D'où le nom de la méthode.

10. Les parties du texte marquées d'un astérisque peuvent être omises, sans nuire à la continuité.

FIGURE 4.7
Méthode du rectangle

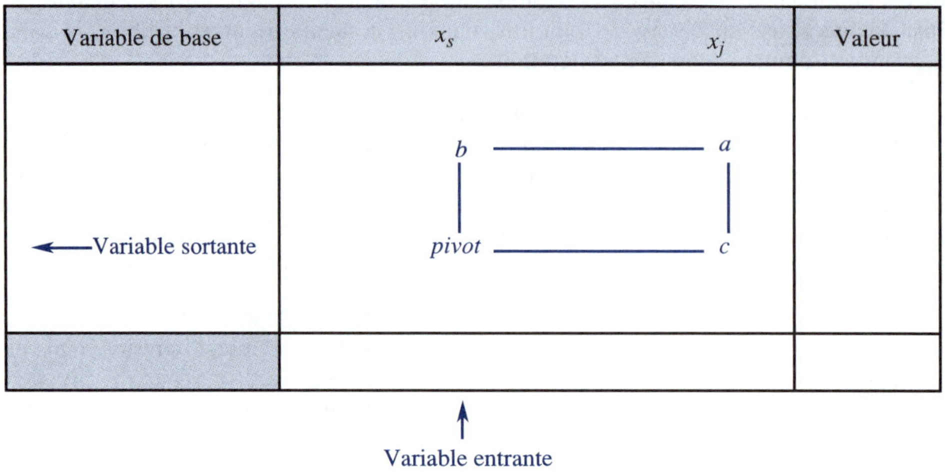

Illustrons cette méthode à l'aide de 2 exemples tirés du passage du tableau nº 1 au tableau nº 2.

– Considérons d'abord l'élément à l'intersection de la 1re ligne et de la colonne e_4. Ici

$$pivot = 2 \qquad a = -5 \qquad b = 10 \qquad c = -3$$

$$a' = (-5) - \frac{10 \times (-3)}{2} = -5 + 15 = 10$$

– L'élément dans la colonne « Valeur » de la 1re ligne se calcule comme suit :

$$a' = 130 - \frac{10 \times 18}{2} = 130 - 90 = 40 \ .$$

La **méthode du rectangle** ne fait que systématiser les calculs de l'étape de pivotage. Rappelons, en effet, que l'équation (61) correspondant à la 1re ligne du tableau nº 2 a été obtenue comme suit :

$$\mathbf{(61)} = \mathbf{(57)} = \mathbf{(50)} - 10 \times \mathbf{(55)} = \mathbf{(50)} - 10 \times (1/2) \times \mathbf{(51)} \, .$$

Pour modifier le coefficient a d'une variable x_j, il suffit donc de lui retrancher le coefficient correspondant de la ligne du pivot préalablement multiplié par $10 \times (1/2)$:

$$a' = a - 10 \times (1/2) \times c$$

où, conformément aux conventions introduites à la figure 4.7, c dénote le coefficient de la variable x_j qui est situé sur la ligne du pivot. Puisque les nombres 10 et 2 sont, dans le présent exemple, les valeurs du paramètre b et du pivot, l'équation ci-dessus se réécrit

$$a' = a - b \times (1/pivot) \times c = a - \frac{b \times c}{pivot},$$

ce qui est la formule utilisée dans la méthode du rectangle.

4.3.14 Description de l'algorithme du simplexe

L'algorithme du simplexe comporte, nous l'avons vu, 4 étapes, dont les 3 dernières sont répétées à chaque itération.

Étape A

La construction du tableau initial Dans le cas d'un modèle (PLS), on récrit d'abord le modèle sous forme équivalente (PLS=), puis on choisit la variable d'écart e_i comme variable de base de l'équation (ou ligne) numéro i; dans la solution de base associée, les variables de décision x_j $(1 \leq j \leq n)$ sont nulles et chaque variable d'écart e_i est égale au membre droit b_i correspondant. On indique en section 4.4 comment construire le tableau initial dans le cas d'un modèle linéaire continu quelconque.

Le critère d'optimalité

La solution de base associée au tableau courant est optimale quand les coûts marginaux des variables hors base sont tous ≤ 0 dans le cas d'un modèle de maximisation, et tous ≥ 0 dans un cas de minimisation. L'algorithme prend alors fin. Tant que l'un des coûts marginaux ne respecte pas la condition précédente, on passe à l'étape B.

Étape B

Le choix de la variable entrante Le critère MCM (meilleur coût marginal)[11] recommande de sélectionner la variable entrante de façon à améliorer z au rythme le plus rapide possible : ainsi, dans le cas d'un modèle de maximisation, la variable entrante est telle que son coût marginal est positif et maximal. En cas d'égalité, on choisit, au hasard ou selon tout critère jugé approprié, parmi les variables qui partagent le meilleur coût marginal.

Étape C

Le choix de la variable sortante Notons x_p la variable entrante ; $\overline{a}_{ip}$ le coefficient qui, dans le tableau courant, est situé à l'intersection de la ligne i et de la colonne x_p ; et $\overline{b}_i$ la valeur de la ligne i dans le tableau courant. On calcule d'abord, pour chaque variable de base x_i dont le coefficient $\overline{a}_{ip}$ est positif, le quotient $\overline{b}_i / \overline{a}_{ip}$. La variable sortante est celle qui minimise ces quotients[12]. En cas d'égalité, on en choisit une, au hasard ou selon tout critère jugé approprié, parmi celles qui à la fois admettent en colonne x_p un coefficient positif et minimisent les quotients.

Notons x_k la variable sortante. On remplace, dans la section gauche du tableau, la variable x_k et son coefficient de base par la variable entrante x_p et le coefficient c_p de cette variable dans la fonction-objectif originale (ce coefficient apparaît dans la colonne x_p, au-dessus du nom de la variable).

---

11. Il existe plusieurs autres critères. Dans certaines situations, on retient comme variable entrante la variable de plus petit indice qui permet d'améliorer z : s'il s'agit d'un modèle (PLS=) où l'on a convenu de noter x_{n+i} $(i = 1, ..., m)$ les variables d'écart, entre alors dans la base la variable x_j d'indice j minimal dont le coût marginal $c_j - z_j$ est positif.

12. S'il n'existe aucune variable de base x_i dont le coefficient en colonne x_p est positif, l'augmentation de la variable entrante x_p n'est pas limitée et la fonction-objectif peut prendre des valeurs arbitrairement grandes. On dit alors que le **modèle est non borné**. Ce cas particulier est traité à la section 4.5.3.

Étape D

Le pivotage Cette étape comprend 3 opérations. La première consiste à diviser par le pivot les éléments de la ligne où se trouve le pivot. La deuxième vise à récrire chacune des autres lignes de la section centrale sous une forme équivalente de façon à y inscrire le nombre 0 dans la colonne du pivot ; la nouvelle version s'obtient de l'ancienne en lui additionnant un multiple approprié de la ligne du pivot. (La méthode du rectangle donne une formule de calcul de ces nouveaux coefficients.)

Enfin, pour déterminer le coût marginal de la variable x_j, on procède ainsi : on calcule d'abord un coefficient z_j en multipliant, ligne par ligne, les coefficients de base et les éléments de la colonne x_j, puis en additionnant les m produits obtenus ; le coût marginal est égal à la différence $c_j - z_j$.

Une fois le pivotage complété, on revient au critère d'optimalité.

4.4 LA RÉSOLUTION D'UN MODÈLE (PLC)

4.4.1 Le modèle linéaire continu général (PLC)

Les modèles linéaires étudiés jusqu'ici dans ce chapitre sont de la forme (PLS) : les contraintes technologiques sont des inéquations de signe « $\leq$ » et les membres droits b_i sont tous non négatifs. L'étape A de l'algorithme du simplexe, consacrée à la construction d'un tableau initial, s'exécute aisément dans un tel cas : à la contrainte technologique numéro i, on ajoute une variable d'écart e_i qui en sera la variable de base ; puis on inscrit dans le tableau les coefficients des différentes contraintes technologiques ; les coefficients z_j seront tous nuls, de même que la valeur de la fonction-objectif z. La solution de base associée à ce tableau sera la solution admissible initiale.

Abordons la résolution de modèles linéaires continus où apparaissent, avant l'introduction des variables d'écart ou d'excédent appropriées, des contraintes de signe « $\geq$ » ou « $=$ ». Ces modèles (ou problèmes) se présentent sous la forme générale suivante.

$$\text{Max (Min) } z = c_1x_1 + c_2x_2 + \ldots + c_nx_n$$

sous les contraintes :

$$(\text{PLC}) \quad \begin{array}{lcl} a_{11}x_1 + a_{12}x_2 + \ldots + a_{1n}x_n & \begin{pmatrix} \leq \\ \geq \\ = \end{pmatrix} & b_1 \\ a_{21}x_1 + a_{22}x_2 + \ldots + a_{2n}x_n & \begin{pmatrix} \leq \\ \geq \\ = \end{pmatrix} & b_2 \\ \vdots & & \vdots \\ a_{m1}x_1 + a_{m2}x_2 + \ldots + a_{mn}x_n & \begin{pmatrix} \leq \\ \geq \\ = \end{pmatrix} & b_m \end{array}$$

$$x_1, x_2, \ldots, x_n \geq 0$$

Chacune des contraintes technologiques de (PLC) comporte l'un des symboles relationnels suivants : soit $\leq$, soit $\geq$, soit $=$. Sans perte de généralité, on tient pour acquis que les membres droits b_i sont tous non négatifs. Si une contrainte admettait un b_i négatif, on en multiplierait chaque membre par -1, sans oublier de changer le sens de l'inégalité dans le cas d'une inéquation. Par exemple, si (PLC) comportait la contrainte

$$- x_1 + 2\ x_2 + 4\ x_3 \leq - 9,$$

on la récrirait sous la forme équivalente suivante :

$$x_1 - 2\ x_2 - 4\ x_3 \geq 9.$$

Pour trouver un modèle linéaire équivalent à (PLC), noté (PLC=), où chaque contrainte technologique se présente sous forme d'équation, il suffit d'ajouter à chaque contrainte de signe « $\leq$ » une variable d'écart, et à chaque contrainte de signe « $\geq$ » une variable d'excédent. Quant aux contraintes comportant le signe « = », leur écriture n'est pas modifiée pour l'instant. Généralement[13] toutefois, dès que (PLC) contient des contraintes de signe « $\geq$ » ou « = », le modèle linéaire (PLC=) correspondant n'est pas sous forme canonique. En effet, une contrainte de la forme

$$a_1x_1 + a_2x_2 + \ldots + a_nx_n \geq b \tag{78}$$

où b est > 0, s'écrira comme suit dans (PLC =) :

$$a_1x_1 + a_2x_2 + \ldots + a_nx_n - e = b \tag{79}$$

Le signe négatif qui affecte la variable e l'empêche de jouer le rôle d'une variable de base. Et si l'on multipliait par -1, serait-on tenté de suggérer, chacun des 2 membres de la contrainte (78) pour obtenir :

$$- a_1x_1 - a_2x_2 + \ldots - a_nx_n \leq - b \tag{80}$$

il semblerait suffisant d'ajouter une variable d'écart dans le membre gauche de (80) pour obtenir le coefficient +1 désiré ; le « hic » de cette suggestion, c'est que le membre droit $-b$ est alors négatif. De même, une contrainte de la forme

$$a_1x_1 + a_2x_2 + \ldots + a_nx_n = b \tag{81}$$

garde la même écriture dans (PLC=) et, généralement, ne comporte pas de variable qui, tout en étant absente des autres contraintes, admet dans cette contrainte le coefficient +1.

Que (PLC=) ne soit pas sous forme canonique rend difficile la construction du tableau initial et la recherche d'une solution de base admissible initiale. En particulier, dès que $b > 0$, la contrainte (78) rend non admissible la solution où $x_1 = x_2 = \ldots = x_n = 0$. Par exemple, l'origine O = (0 ; 0) du plan cartésien n'est pas admissible selon l'inéquation « $3\ x_1 + 2\ x_2 \geq 7$ ».

4.4.2 La construction du tableau initial

L'étape A de construction du tableau initial, aisément franchie dans le cas d'un modèle linéaire sous forme (PLS), ne s'avère pas aussi simple dans le cas du modèle général (PLC). Il est toutefois possible, en changeant la fonction-objectif, de recourir à l'algorithme du simplexe pour déterminer une solution admissible et construire un tableau initial. Nous indiquons maintenant comment procéder à l'aide d'un exemple numérique basé sur une version modifiée du problème de la Fonderie Rivière-Bleue.

---

13. À moins d'une structure particulière des coefficients technologiques de (PLC).

Aurèle a décidé de modifier quelque peu son approche de la planification de la production de la semaine prochaine pour tenir compte des avis de ses employés et de certains clients :

- Les employés de l'atelier de peinture souhaitent travailler le plus d'heures possible au cours de la semaine prochaine, et Aurèle a convenu avec eux que le nombre d'heures utilisées dans leur atelier sera porté la semaine prochaine au maximum des heures disponibles, soit 60.
- Aurèle a révisé à la baisse la demande maximale de tuyauterie, pour la fixer à 12 tonnes.
- La Fonderie fabriquera au moins 6 tonnes de gueuses, et aucune borne supérieure ne sera imposée à la production de gueuses.

Le modèle suivant tient compte de ces modifications et décrit la situation telle que la perçoit maintenant Aurèle :

$$\text{Max } z = 1\,000\, x_1 + 1\,200\, x_2$$

sous les contraintes :

$$10\, x_1 + 5\, x_2 \leq 200 \quad (82)$$

$$2\, x_1 + 3\, x_2 = 60 \quad (83)$$

$$\text{(PMF)} \qquad x_1 \leq 12 \quad (84)$$

$$x_2 \geq 6 \quad (85)$$

$$x_1, x_2 \geq 0 \quad (86)$$

L'ajout de variables d'écart ou d'excédent transforme (PMF) en un modèle (PMF=) dont les contraintes technologiques s'écrivent sous forme d'équations :

$$\text{Max } z = 1\,000\, x_1 + 1\,200\, x_2 \quad (87)$$

sous les contraintes :

$$10\, x_1 + 5\, x_2 + e_1 = 200 \quad (88)$$

$$2\, x_1 + 3\, x_2 = 60 \quad (89)$$

$$\text{(PMF=)} \qquad x_1 + e_3 = 12 \quad (90)$$

$$x_2 - e_4 = 6 \quad (91)$$

$$x_1, x_2, e_1, e_3, e_4 \geq 0 \quad (92)$$

Les modèles (PMF) et (PMF=) sont équivalents, en ce sens qu'à toute solution admissible (optimale) de l'un correspond une et une seule solution admissible (optimale) de l'autre.

La région admissible de (PMF) apparaît à la figure 4.8 : elle se réduit au segment d'extrémités F et P et comprend 2 points extrêmes seulement, soit F et P. Il résulte du théorème fondamental de la programmation linéaire que l'optimum de (PMF) est atteint soit en F, soit en P. Or :

$$\text{en F} = (0\,;\, 20) : \quad z = (1\,000 \times 0) + (1\,200 \times 20) = 24\,000$$

$$\text{en P} = (12\,;\, 12) : \quad z = (1\,000 \times 12) + (1\,200 \times 12) = 26\,400\,.$$

L'optimum est donc atteint en P = (12 ; 12).

FIGURE 4.8
Région admissible de (PMF)

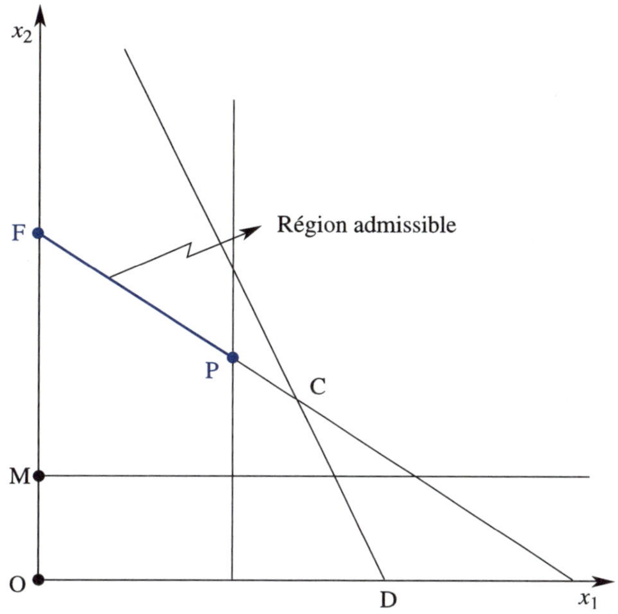

4.4.3 La méthode en deux phases

L'approche géométrique utilisée ci-dessus pour trouver l'optimum de (PMF) s'applique seulement aux modèles comportant 2 ou, au maximum, 3 variables de décision. La plupart des modèles rencontrés en pratique ne satisfont pas à cette condition. Il existe une autre façon de procéder, de nature algébrique, qui utilise astucieusement l'algorithme du simplexe et permet de résoudre des modèles de taille quelconque. La voici. D'abord, aux équations de (PMF=) qui proviennent de contraintes technologiques de signe «≥» ou «=», c'est-à-dire à (89) et à (91), on ajoute des **variables**, dites **artificielles**, qui initialement serviront de variables de base. Et on exige de ces nouvelles variables, comme des autres déjà présentes dans (PMF=), qu'elles soient non négatives. Le modèle linéaire obtenu prend la forme suivante :

$$\text{Max } z = 1\,000\, x_1 + 1\,200\, x_2 \qquad (93)$$

sous les contraintes :

$$10\, x_1 + 5\, x_2 + e_1 = 200 \qquad (94)$$

$$2\, x_1 + 3\, x_2 + a_2 = 60 \qquad (95)$$

$$x_1 + e_3 = 12 \qquad (96)$$

$$x_2 - e_4 + a_4 = 6 \qquad (97)$$

$$x_1, x_2, e_1, e_3, e_4, a_2, a_4 \geq 0 \qquad (98)$$

Le modèle (93)-(98) n'est équivalent à (PMF=), et par conséquent à (PMF), que si les variables artificielles a_2 et a_4 sont nulles toutes deux. Par exemple, si l'on pose $a_2 = 3$, alors l'équation (95) devient

$$2\, x_1 + 3\, x_2 = 60 - 3 = 57$$

et le point $(x_1\,;\,x_2)$ ne satisfait pas la contrainte « $2\,x_1 + 3\,x_2 = 60$ ». Pour obtenir un modèle équivalent à (PMF=), il faudrait ajouter à (93)-(98) la double contrainte suivante :

$$a_2 = a_4 = 0 \tag{99}$$

ce qui nous ramènerait à la situation de départ !

Le truc consiste à ne pas inclure (99) dans le modèle, mais à utiliser une fonction-objectif qui pénalise le fait que les variables artificielles prennent des valeurs positives. On considérera ici le modèle (PMF_A) obtenu du modèle (93)-(98) en substituant à (93) l'objectif suivant :

$$\text{Min } z_\text{A} = a_2 + a_4 \tag{100}$$

Toute solution admissible $(x_1\,;\,x_2)$ de (PMF) détermine une et une seule solution admissible $(x_1\,;\,x_2\,;\,e_1\,;\,e_3\,;\,e_4\,;\,a_2\,;\,a_4)$ de (PMF_A) où $a_2 = a_4 = 0$. Prenons le point admissible (6 ; 16) : la solution admissible correspondante de (PMF_A) est (6 ; 16 ; 60 ; 6 ; 10 ; 0 ; 0) puisque, par exemple,

$$e_1 = 200 - 10\,x_1 - 5\,x_2 = 200 - (10 \times 6) - (5 \times 16) = 60$$

$$-\,e_4 = 6 - x_2 - a_4 = 6 - 16 - 0 = -\,10\,.$$

Le modèle linéaire (PMF_A) permet de trouver une solution admissible de (PMF), s'il en existe. Supposons en effet que la valeur minimale de z_A soit 0 ; et considérons une solution de base optimale $(x_1\,;\,x_2\,;\,e_1\,;\,e_3\,;\,e_4\,;\,a_2\,;\,a_4)$ de (PMF_A). Alors

$$a_2 + a_4 = 0\,.$$

Or, la somme de variables non négatives est nulle seulement si chacune de ces variables est nulle : il résulte donc de l'équation précédente que

$$a_2 = a_4 = 0\,.$$

Par conséquent, $(x_1\,;\,x_2)$ est solution admissible de (PMF).

La résolution du modèle général (PMF) comporte 2 phases :

– La première vise à trouver une solution admissible initiale et à construire un tableau initial : pratiquement, il s'agit de résoudre (PMF_A), c'est-à-dire de minimiser la fonction-objectif artificielle z_A sous les contraintes technologiques (94)–(97) et les contraintes (98) de non-négativité.
– La seconde, qui reprend l'objectif original de maximiser z, vise à obtenir une solution optimale.

4.4.4 La résolution de (PMF) : phase I

Le modèle (PMF_A) n'est pas tout à fait sous forme canonique : comme les variables artificielles a_2 et a_4 seront dans la base du tableau nº 0, leurs coefficients dans z_A devraient être nuls. L'écriture de (100) ne satisfait pas à cette condition. Mais il est possible de trouver une réécriture équivalente de z_A, où les coefficients de a_2 et de a_4 sont nuls. Il suffit d'isoler a_2 dans (95) et a_4 dans (97) en fonction des variables hors base, puis de remplacer ces 2 variables dans (100) par les expressions obtenues :

$$z_\text{A} = (60 - 2\,x_1 - 3\,x_2) + (6 - x_2 + e_4)$$

$$z_\text{A} = -\,2\,x_1 - 4\,x_2 + e_4 + 66 \tag{101}$$

Les coefficients de cette dernière équation s'obtiennent également par l'intermédiaire du calcul des z_j selon la méthode décrite en 4.3.9. Le tableau nº 0 de la phase I prend donc la forme du tableau 4.13. (Les flèches et la colonne « Limite » à la droite du tableau serviront lors de la première itération et leur rôle sera expliqué à ce moment-là.)

TABLEAU 4.13 Modèle (PMF) : tableau initial de la phase I

Phase I : Tableau n° 0 **Point O**

Base		0	0	0	0	0	1	1		
Coeff.	**Var.**	x_1	x_2	e_1	e_3	e_4	a_2	a_4	**Valeur**	**Limite**
0	e_1	10	5	1	0	0	0	0	200	40
1	a_2	2	3	0	0	0	1	0	60	20
0	e_3	1	0	0	1	0	0	0	12	*
1	$\leftarrow a_4$	0	1	0	0	-1	0	1	6	6
z_j		2	4	0	0	-1	1	1		
$c_j - z_j$		-2	-4	0	0	1	0	0	66	
			↑							

La solution de base associée à ce tableau s'obtient en déclarant nulles les variables hors base et en posant chaque variable de base égale à la « valeur » apparaissant à droite, sur sa ligne :

$$x_1 = x_2 = e_4 = 0 \qquad e_1 = 200 \qquad a_2 = 60 \qquad e_3 = 12 \qquad a_4 = 6.$$

Cette solution correspond à l'origine O = (0 ; 0) et n'appartient pas à la région admissible du modèle (PMF=). D'ailleurs, les variables artificielles a_2 et a_4 sont positives, ce qui signifie que la solution canonique ne satisfait ni à l'équation (83) ni à l'inéquation (85).

Étape B : le choix de la variable entrante Puisque l'objectif proposé en phase I en est un de minimisation, les variables susceptibles d'entrer dans la base sont celles dont le coût marginal est négatif. Nous disposons de 2 variables candidates, soit x_1 et x_2 :

- le terme « $-2\ x_1$ » de (101) indique que la fonction-objectif artificielle z_A décroît lorsque x_1 entre dans la base et passe de 0 à une valeur positive ;
- de même, le terme « $-4\ x_2$ » implique une diminution de z_A lorsque x_2 entre dans la base et devient positive.

Le taux auquel z_A décroît est de 2 quand x_1 est augmentée, et de 4 quand c'est x_2 qui est augmentée. Il semble donc plus efficace, du moins dans une perspective à courte vue, de choisir x_2 comme variable entrante. La flèche ↑ sous la colonne x_2 du tableau indique le choix exercé.

Étape C : le choix de la variable sortante La colonne supplémentaire, à la droite du tableau, donne les limites à l'accroissement de x_2 découlant de la non-négativité des différentes variables de base ; par exemple, la limite de la 1re ligne est égale au quotient 200/5, où 200 et 5 sont respectivement la valeur et l'élément de la colonne x_2 situés sur cette 1re ligne. Aucune limite n'apparaît à la 3e ligne, car le coefficient situé à l'intersection de la 3e ligne et de la colonne x_2 est nul. En effet, il résulte de la contrainte (96) associée à cette 3e ligne que la valeur de la variable de base e_3 demeure inchangée lorsque x_2 augmente et que les autres variables hors base, dont x_1, sont maintenues à 0.

La borne 6 de la 4e ligne est la plus petite : ce sera la valeur que prendra la variable entrante x_2 dans le prochain tableau. Et la variable a_4, qui était variable de base de cette 4e ligne dans le tableau n° 0, deviendra nulle et hors base dans le tableau n° 1. La flèche ← inscrite à côté de a_4 repère la variable sortante a_4.

Étape D : le pivotage Le pivot est ici le nombre 1 situé à l'intersection de la colonne x_2 et de la 4e ligne. La première opération, qui consiste à diviser par le pivot les éléments de la ligne où se trouve celui-ci, ne commande ici aucun calcul. Le tableau du simplexe résultant de ce pivotage est reproduit dans la section « I 1 » du tableau 4.14.

TABLEAU 4.14
Modèle (PMF) : séquence des tableaux du simplexe

N°	Coeff.	Var.	x_1	x_2	e_1	e_3	e_4	a_2	a_4	Valeur	Limite
	Base		0	0	0	0	0	1	1		
I 0	0	e_1	10	5	1	0	0	0	0	200	40
	1	a_2	2	3	0	0	0	1	0	60	20
	0	e_3	1	0	0	1	0	0	0	12	*
O	1	$\leftarrow a_4$	0	**1**	0	0	– 1	0	1	6	6
	z_j		2	4	0	0	– 1	1	1		
	$c_j - z_j$		– 2	– 4 ↑	0	0	1	0	0	66	
I 1	0	e_1	10	0	1	0	5	0	– 5	170	34
	1	$\leftarrow a_2$	2	0	0	0	**3**	1	– 3	42	14
	0	e_3	1	0	0	1	0	0	0	12	*
M	0	x_2	0	1	0	0	– 1	0	1	6	*
	z_j		2	0	0	0	3	1	– 3		
	$c_j - z_j$		– 2	0	0	0	– 3 ↑	0	4	42	
I 2	0	e_1	6,67	0	1	0	0	– 1,67	0	100	
	0	e_4	0,67	0	0	0	1	0,33	– 1	14	
	0	e_3	1,00	0	0	1	0	0,00	0	12	
F	0	x_2	0,67	1	0	0	0	0,33	0	20	
	z_j		0	0	0	0	0	0	0		
	$c_j - z_j$		0	0	0	0	0	1	1	0	
			1000	1200	0	0	0				
II 0	0	e_1	6,67	0	1	0	0			100	15
	0	e_4	0,67	0	0	0	1			14	21
	0	$\leftarrow e_3$	**1,00**	0	0	1	0			12	12
F	1200	x_2	0,67	1	0	0	0			20	30
	z_j		800	1200	0	0	0				
	$c_j - z_j$		200 ↑	0	0	0	0			24 000	
II 1	0	e_1	0	0	1	– 6,67	0			20	
	0	e_4	0	0	0	– 0,67	1			6	
	1000	x_1	1	0	0	1,00	0			12	
P	1200	x_2	0	1	0	– 0,67	0			12	
	z_j		1000	1200	0	200	0				
	$c_j - z_j$		0	0	0	– 200	0			26 400	

La solution de base associée à ce tableau n° 1

$$x_1 = e_4 = a_4 = 0 \qquad e_1 = 170 \qquad a_2 = 42 \qquad e_3 = 12 \qquad x_2 = 6$$

correspond au point M = (0 ; 6) de la figure 4.8. Ce point M n'est pas situé sur le segment [F ; P] et n'appartient pas à la région admissible de (PMF). De même, la solution de base n° 1 ne satisfait pas à la contrainte (83) du modèle original (PMF), car la variable artificielle a_2 est positive. Mais la fonction-objectif z_A a diminué, passant de 66 à 42 : l'écart de 24 entre les valeurs de z_A dans les tableaux n°s 0 et 1 s'obtient aussi comme le produit 4 × 6, où 4 est le coût marginal, dans le tableau n° 0, de la variable entrante x_2 et où 6 est la valeur de cette même variable x_2 dans le tableau n° 1.

Itération 2 La présence de coûts marginaux négatifs dans le tableau nº 1 indique que z_A n'a pas encore atteint sa valeur minimale. Cette fois, la variable entrante est e_4. La plus petite « limite », 14, est celle obtenue à la 2e ligne : la variable de base de cette 2e ligne sortira donc de la base. Le pivot est le nombre 3 situé à l'intersection de la 2e ligne et de la colonne e_4. Le tableau nº 2 résultant du pivotage est donné dans la section « I 2 » du tableau 4.14.

La solution de base associée à ce tableau nº 2

$$x_1 = a_2 = a_4 = 0 \qquad e_1 = 100 \qquad e_4 = 14 \qquad e_3 = 12 \qquad x_2 = 20$$

correspond au point F = (0 ; 20) de la figure 4.8. Les coûts marginaux des variables hors base sont tous ≥ 0, ce qui signifie que l'on a atteint un minimum de la fonction-objectif artificielle z_A. D'ailleurs, les variables artificielles a_2 et a_4 sont hors base et, par conséquent, nulles : le point F appartient donc à la région admissible du modèle (PMF) et peut servir de solution initiale à la phase II.

4.4.5 La résolution de (PMF) : phase II

La phase II reprend l'objectif original qui était de maximiser $z = 1\,000\,x_1 + 1\,200\,x_2$. Le tableau nº 0 de la phase II s'obtient en modifiant le dernier tableau de la première phase de la façon suivante :

– les colonnes associées aux variables artificielles sont biffées[14] ;
– la ligne supérieure et la colonne « Coefficients de base » sont réécrites en utilisant les coefficients c_j de la fonction-objectif z ;
– les lignes z_j et $c_j - z_j$ sont recalculées à partir des nouveaux coefficients de base.

Le coût marginal de x_1 étant positif, il est possible d'augmenter la valeur de z en entrant x_1 dans la base. La plus petite « limite » se trouve à la 3e ligne : c'est donc la variable e_3 qui sortira de la base. Le pivot est le nombre 1 situé à l'intersection de la colonne x_1 et de la 3e ligne. Le tableau du simplexe obtenu après pivotage est reproduit au tableau 4.14, dans la section « II 1 ».

La solution de base associée à ce tableau

$$e_3 = 0 \qquad e_1 = 20 \qquad e_4 = 6 \qquad x_1 = 12 \qquad x_2 = 12$$

correspond au point P = (12 ; 12) de la figure 4.8. Le coût marginal de l'unique variable hors base est négatif : il n'est plus possible d'augmenter la valeur de la fonction-objectif z. Le point P est donc l'optimum du modèle (PMF).

Interprétons en langage géométrique l'approche en 2 phases utilisée pour résoudre (PMF=). Ajouter des variables artificielles pour se doter d'un premier tableau revient à commencer les calculs à l'origine, qui est alors située à l'extérieur de la région admissible. Par la suite, les itérations de la phase I, qui visent à minimiser la somme des variables artificielles, permettent d'approcher la région admissible et de l'aborder en un de ses points extrêmes (le point F = (0 ; 20) dans notre exemple). À ce point correspondent une solution de base optimale de (PMF_A) et, après élimination des colonnes associées aux variables artificielles, une solution de base admissible de (PMF=).

---

14. Les variables artificielles ne reviendront jamais dans la base car, dans la phase II, on cherche à passer d'une solution **admissible** de base à une autre solution **admissible** de base qui améliore z, ou tout au moins ne la détériore pas. La phase II ne s'écartera pas de la région admissible.

*4.4.6 La transition entre les phases I et II[15]

Supposons que, lors de la phase I d'un modèle de type (PLC), on ait effectué un certain nombre d'itérations et que les coûts marginaux du dernier tableau obtenu soient tous non négatifs. On a alors atteint un minimum de z_A. Si, dans ce tableau, toutes les variables artificielles sont hors base, il suffit de biffer les colonnes associées aux variables artificielles pour obtenir une solution de base admissible de (PLC=). Avant d'entreprendre la première itération de la phase II, il faudra inscrire les coefficients c_j de la fonction-objectif originale z à la place de ceux de z_A, puis recalculer les coûts marginaux.

Il arrive que la phase I se termine par un tableau dont la base contient une ou plusieurs variables artificielles. Si l'une de ces variables artificielles de base prend une valeur positive, la valeur minimale de z_A est positive et, par conséquent, le problème initial (PLC) n'a pas de solution admissible. Cette situation est commentée plus en détail à la section 4.5.

Par contre, si toutes les variables artificielles de base ont une valeur nulle, on tentera de les sortir de la base, afin d'écrire le problème initial sous forme canonique. En effet, le dernier tableau de la phase I donne alors une solution admissible de (PLC=), sans plus. Or, le but de la phase I est d'obtenir une solution de base. Considérons une variable artificielle de base a_s qui est variable de base (sur la ligne i) dans le tableau final de la phase I. Deux cas peuvent survenir, qui tous deux sont illustrés au problème n° 26.

- Certains éléments de la ligne i de ce tableau, autres que le coefficient 1 de la variable de base a_s, sont non nuls. On peut alors chasser a_s de la base en pivotant par rapport à l'un des éléments non nuls de la ligne i. (Dans un tel cas, on acceptera même un pivot négatif.)
- Tous les éléments de la ligne i sont nuls, à l'exception du coefficient de a_s. Cette situation se rencontre en particulier dans les problèmes de transport équilibrés, tel le modèle linéaire de Sporcau traité à la section 7.4.1. L'équation de la ligne i du tableau final de la phase I se lit alors

$$a_s = 0 \tag{102}$$

  On peut, dans ce cas, démarrer la phase II même si la variable artificielle a_s est toujours dans la base : en effet, l'équation (102) ne sera pas modifiée lors des itérations ultérieures et sera toujours satisfaite ; par conséquent, les solutions de base obtenues seront toutes admissibles.

*4.4.7 La méthode du grand M

On peut résoudre les modèles de type (PLC) par une autre **méthode**, dite du **grand M**. On commence ici encore par ajouter une variable artificielle dans chaque contrainte technologique de signe « = » ou « ≥ ». Mais, plutôt que de scinder la résolution en 2 phases dont la première est consacrée à minimiser la somme des variables artificielles, on adjoint à la fonction-objectif z un terme de pénalité pour chaque variable artificielle et on procède en une phase unique.

Illustrons la méthode par l'exemple (PMF). Une fois les variables artificielles ajoutées, le modèle à résoudre est constitué, comme dans la méthode en 2 phases, des équations (94)-(97) et de la contrainte (98) de non-négativité. Mais l'objectif (93) est ici remplacé par le suivant :

$$\text{Max } z_M = 1\,000\ x_1 + 1\,200\ x_2 - \text{M}\,a_2 - \text{M}\,a_4 \tag{103}$$

15. Les parties du texte marquées d'un astérisque peuvent être omises, sans nuire à la continuité.

où M est une constante positive, dont la valeur, sans être précisée, dépasse largement tous les autres nombres présents dans le modèle. Les termes «$-\mathrm{M}a_2$» et «$-\mathrm{M}a_4$» entraînent des pénalités élevées dès que l'une ou l'autre des variables artificielles sont non nulles. Il en résulte que toute solution admissible de (94)-(98) où $a_2 = a_4 = 0$ donne à z_M une valeur plus grande que toute autre solution admissible où $a_2 + a_4 > 0$. Si l'on désire maximiser z_M, il faudra en premier lieu sortir a_2 et a_4 de la base. Et une fois toutes les variables artificielles sorties de la base, la fonction-objectif (103) devient équivalente à celle du modèle (PMF) original.

Les calculs s'effectuent avec le symbole M, dont la valeur n'est jamais précisée. Il serait possible de donner à M une valeur précise, à condition de l'adapter à chaque situation[16]. Nous optons pour l'approche traditionnelle, qui consiste à considérer M comme un paramètre supposé beaucoup plus grand en valeur absolue que tous les autres nombres apparaissant dans le modèle.

Dans notre exemple, la séquence des tableaux est la même que dans la méthode en deux phases[17]: lors de chaque itération, les variables entrante et sortante ainsi que le pivot coïncident. De plus, les sections centrales de chaque tableau sont identiques. Les différences se trouvent dans les coûts c_j, les z_j et les coûts marginaux. Nous donnons ci-dessous le tableau initial du simplexe (tableau 4.15), puis les coûts marginaux (tableau 4.16) des différents tableaux du simplexe rencontrés dans cette séquence.

La présence du paramètre M dans certains coûts marginaux des tableaux n°s 0 et 1 en rend l'interprétation impossible. Ce qui importe, c'est que la valeur de z_M diminue d'un tableau à l'autre. Lorsque toutes les variables artificielles seront sorties de la base et auront pris la valeur 0, les coûts marginaux s'interpréteront dans le contexte du problème, comme d'habitude.

Avec la méthode du grand M, ou bien toutes les variables artificielles prennent la valeur 0 à l'optimum et l'on obtient une solution admissible et optimale, ou bien certaines d'entre elles prennent une valeur positive et alors le modèle linéaire (PLC) n'a pas de solution admissible.

TABLEAU 4.15
Modèle (PMF) et méthode du grand M : tableau initial

Tableau n° 0 — **Point O = (0 ; 0)**

Base		1000	1200	0	0	0	− M	− M		
Coeff.	Var.	x_1	x_2	e_1	e_3	e_4	a_2	a_4	Valeur	Limite
0	e_1	10	5	1	0	0	0	0	200	40
− M	a_2	2	3	0	0	0	1	0	60	20
0	e_3	1	0	0	1	0	0	0	12	*
− M	← a_4	0	1	0	0	− 1	0	1	6	6
z_j		− 2M	− 4M	0	0	M	− M	− M		
$c_j - z_j$		2M+1000	4M+1200	0	0	− M	0	0	− 66M	
			↑							

16. Dans l'exemple considéré ici, la valeur M = 10 000 suffirait pour forcer a_2 et a_4 à être nulles à l'optimum. Mais si l'objectif avait été de maximiser $z = -200\,000\,x_1 - 300\,000\,x_2$, cette valeur n'aurait pas assuré l'admissibilité de la solution optimale puisque, dans la fonction-objectif $z_\mathrm{M} = -200\,000\,x_1 - 300\,000\,x_2 - 10\,000\,a_2 - 10\,000\,a_4$, les pénalités associées aux variables de décision x_1 et x_2 auraient été supérieures à celles qui sont associées aux variables artificielles a_2 et a_4.

17. La transition entre les 2 phases est inexistante ici. Le tableau final de la phase I coïncide donc avec le tableau initial de la phase II.

TABLEAU 4.16 Modèle (PMF) et méthode du grand M : séquence des coûts marginaux

Tableau	x_1	x_2	e_1	e_3	e_4	a_2	a_4	Valeur
0	2M + 1000	4M + 1200 ↑	0	0	− M	0	0	− 66M
1	2M + 1000	0	0	0	3M + 1200 ↑	0	− 4M − 1200	− 42M + 7200
2	200 ↑	0	0	0	0	− M − 400	− M	24 000
3	0	0	0	− 200	0	− M − 400	− M	26 400

Dans un modèle où il s'agit de minimiser une fonction-objectif z, les variables artificielles reçoivent dans z_M le coefficient + M : ainsi, toute valeur positive prise par l'une ou l'autre d'entre elles entraîne une augmentation considérable de z_M, ce qui rend la solution fort peu intéressante. Considérons, à titre d'exemple, un modèle linéaire où l'on cherche à minimiser $z = -7\,x_1 + 2\,x_2 + 4\,x_3$ sous diverses contraintes et supposons qu'il ait fallu adjoindre des variables artificielles a_1, a_3 et a_5 ; la fonction-objectif z_M s'écrit alors

$$\text{Min } z_M = -\,7\,x_1 + 2\,x_2 + 4\,x_3 + \text{M}\,a_1 + \text{M}\,a_3 + \text{M}\,a_5.$$

4.5 LES CAS PARTICULIERS OU PATHOLOGIQUES

Dans les 2 dernières sections, nous avons utilisé l'algorithme du simplexe pour résoudre des modèles écrits sous forme (PLS) ou (PLC). Les exemples numériques traités ont été choisis de façon à illustrer simplement la démarche à suivre et les difficultés rencontrées dans un problème pratique typique. Mais ces exemples ne couvrent pas en entier le spectre des cas possibles. Divers cas particuliers ou pathologiques sont présentés dans cette section, regroupés en 2 catégories.

Catégorie A : la forme du tableau final

En conclusion de la section 3.3, nous avons affirmé qu'il existe 3 types de modèles linéaires continus :

1. ceux qui possèdent au moins une solution optimale ;
2. ceux qui ne possèdent aucune solution admissible ;
3. ceux dont la valeur de la fonction-objectif peut croître sans limite dans le cas d'une maximisation (ou décroître sans limite dans le cas d'une minimisation).

Jusqu'ici, l'algorithme du simplexe a été appliqué à des modèles qui appartiennent tous au premier type. Mais comment l'algorithme détecte-t-il qu'un modèle linéaire est du 2e ou du 3e type ? Et comment l'indique-t-il ? Pour emprunter le langage des biologistes, quels sont les marqueurs algébriques qui permettent d'établir le type d'un modèle linéaire à partir du dernier tableau produit par l'algorithme du simplexe ?

Chacun des 3 types est illustré ci-après par un exemple numérique comportant 2 variables de décision : l'exemple est traité d'abord géométriquement, puis algébriquement, de façon à mettre en évidence les liens entre la représentation graphique du chapitre 3 et l'algorithme du simplexe.

Catégorie B : les choix multiples lors d'une itération

Dans les exemples (FRB) et (PMF), le choix des variables entrantes et sortantes découlait sans ambiguïté des critères utilisés. Mais que faire quand plus d'une variable répond de façon équivalente au critère de sélection ? Nous considérons successivement 2 cas où se présente un dilemme :

4. choix de la variable entrante : plusieurs variables hors base admettent le coût marginal maximal ;

5. choix de la variable sortante : plusieurs variables de base correspondent à la plus petite limite.

Nous traitons ces 5 cas tour à tour, illustrant chacun par un exemple numérique simple comportant 2 variables de décision.

4.5.1 Les modèles admettant une solution optimale (unique ou multiple)

Le modèle (FRB) considéré aux sections 3.1 et 4.3 admet une solution optimale unique : le point C = (15 ; 10). L'algorithme du simplexe se termine par un tableau « optimal » (tableau 4.11, nº 3), dont la dernière ligne est reproduite ci-dessous.

Variable	x_1	x_2	VHB e_1	VHB e_2	e_3	e_4	Valeur
$c_j - z_j$	0	0	– 30	– 350	0	0	27 000

Note : Le sigle VHB signifie variable hors base.

Que les coûts marginaux des différentes variables hors base soient tous ≤ 0 permet de conclure que la solution de base associée au tableau nº 3 est optimale. Qu'en plus ces coûts marginaux soient non nuls garantit l'unicité de la solution optimale. En effet, la fonction-objectif de (FRB) s'écrit, selon le tableau nº 3, sous la forme suivante :

$$z = -30\ e_1 - 350\ e_2 + 27\,000 \qquad (104)$$

La solution de base (15 ; 10 ; 0 ; 0 ; 19 ; 4) associée au tableau nº 3 correspond au sommet C. Elle donne à z la valeur 27 000, puisque les variables hors base e_1 et e_2 y sont nulles :

$$z = -(30 \times 0) - (350 \times 0) + 27\,000 = 27\,000\,.$$

En toute autre solution admissible (x_1 ; x_2 ; e_1 ; e_2 ; e_3 ; e_4), au moins l'une des variables hors base diffère de 0 : elle ne peut être que positive en vertu des contraintes de non-négativité. Le terme correspondant du second membre de (104) est alors négatif. Par conséquent, la valeur de z est nécessairement inférieure à 27 000 en une telle solution, ce qui montre l'unicité de la solution optimale de (FRB).

Il existe des modèles linéaires qui possèdent plus d'une solution optimale. Illustrons ce phénomène à l'aide du modèle (PMult) suivant, obtenu de (FRB) en modifiant la fonction-objectif :

$$
\text{(PMult)} \quad
\begin{aligned}
&\text{Max } z = 1\,000\, x_1 + 1\,500\, x_2 \\
&\text{sous les contraintes :} \\
&\quad 10\, x_1 + 5\, x_2 \leq 200 \\
&\quad 2\, x_1 + 3\, x_2 \leq 60 \\
&\quad x_1 \leq 34 \\
&\quad x_2 \leq 14 \\
&\quad x_1, x_2 \geq 0
\end{aligned}
$$

La figure 4.9 donne la région admissible de (PMult), ainsi que quelques courbes de niveau de la fonction-objectif. Celles-ci sont parallèles au segment [B ; C] de la droite associée à la 2e contrainte.

Le maximum de z s'obtient en recherchant la courbe de niveau le plus à droite possible qui a au moins un point en commun avec la région admissible. Il s'agit de la courbe de niveau z = 30 000 passant par les points B et C. Ainsi, les sommets B = (9 ; 14) et C = (15 ; 10) constituent 2 solutions optimales de (PMult). Il existe une infinité de solutions optimales, car les autres points du segment [B ; C] donnent à z la même valeur de 30 000. Rappelons que tout point P du segment [B ; C] s'écrit sous la forme suivante :

$$P = \lambda B + (1 - \lambda)\, C \qquad \text{où } \lambda \in [0\,;\,1] \tag{105}$$

ou encore

$$P = (15 - 6\lambda\,;\, 10 + 4\lambda) \text{ où } \lambda \in [0\,;\,1] \tag{106}$$

FIGURE 4.9
Région admissible de (PMult)

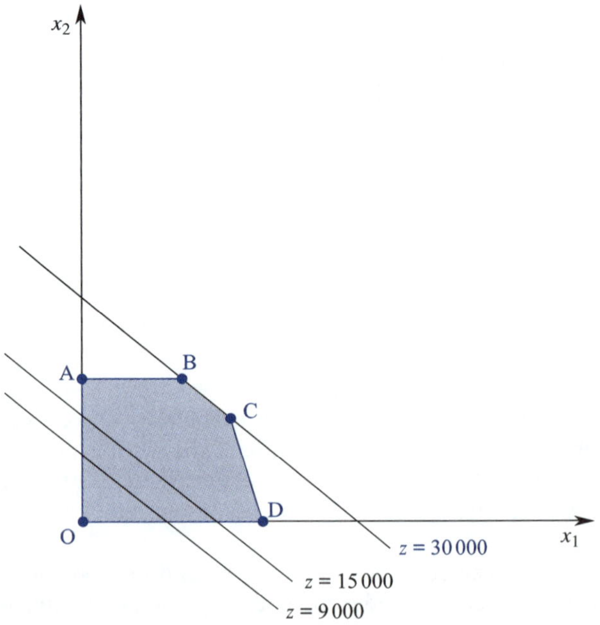

Les extrémités B et C du segment correspondent respectivement aux valeurs 1 et 0 du paramètre λ ; toute valeur appartenant à l'intervalle[18] ouvert]0 ; 1[donne un point P situé entre C et D. La fonction-objectif z vaut bien 30 000 en tout point P défini par (106) puisque

$$z = 1\,000\,(15 - 6\lambda) + 1\,500\,(10 + 4\lambda) = 30\,000\,.$$

Comment cette multiplicité de solutions optimales se traduit-elle en langage algébrique ? Analysons ce qui arrive quand l'algorithme du simplexe est appliqué au modèle (PMult) : lors des 2 premières itérations, x_1, puis x_2 entrent dans la base ; la solution de base associée au tableau n° 1 correspond au sommet A = (0 ; 14), celle associée au tableau n° 2, au sommet B = (9 ; 14) ; les sections centrales des tableaux n°s 1 et 2 coïncident avec celles des tableaux correspondants de (FRB) ; les z_j et les coûts marginaux diffèrent cependant. Voici la dernière ligne du tableau n° 2.

Variable	x_1	x_2	e_1	VHB e_2	e_3	VHB e_4	Valeur
$c_j - z_j$	0	0	0	– 500	0	0	30 000

Les coûts marginaux des variables hors base e_2 et e_4 sont tous ≤ 0, ce qui confirme l'optimalité de la solution canonique associée au tableau n° 2. Mais celui de e_4 est nul : si e_4 entre dans la base et prend des valeurs positives, la valeur de z demeure inchangée. En autant que e_4 n'augmente pas au-delà de la limite découlant de la non-négativité des variables de base, toute valeur donnée à e_4 mène à une nouvelle solution optimale. Si e_4 entre dans la base pour y prendre la valeur limite 4, le pivotage reprend les calculs effectués lors de la 3e itération de (FRB), sauf ceux qui se rapportent aux coûts marginaux : la solution de base associée correspond encore au sommet C = (15 ; 10), mais les coûts marginaux prennent les valeurs suivantes.

Variable	x_1	x_2	VHB e_1	VHB e_2	e_3	e_4	Valeur
$c_j - z_j$	0	0	0	– 500	0	0	30 000

À nouveau, les coûts marginaux sont tous ≤ 0 et l'un d'eux est nul. La solution de base 3 aussi est optimale. Comme les solutions de base 2 et 3 correspondent aux sommets B et C respectivement, nous venons de retrouver algébriquement les résultats obtenus précédemment à partir de considérations géométriques.

Toute valeur de e_4 comprise entre 0 et la limite 4 donne une solution optimale de (PMult), l'autre variable hors base e_2 étant maintenue à 0 et les variables de base étant calculées à partir des 4 équations associées aux lignes de la section centrale du tableau n° 2. Par exemple, si l'on pose $e_4 = 3$:

$$\begin{aligned}
e_1 &= 40 - 10{,}0\ e_4 = 40 - (10{,}0 \times 3) = 10 \\
x_1 &= 9 + 1{,}5\ e_4 = 9 + (1{,}5 \times 3) = 13{,}5 \\
e_3 &= 25 - 1{,}5\ e_4 = 25 - (1{,}5 \times 3) = 20{,}5 \\
x_2 &= 14 - 1{,}0\ e_4 = 14 - (1{,}0 \times 3) = 11{,}0
\end{aligned}$$

18. La notation]0 ; 1[désigne l'intervalle comprenant les nombres réels entre 0 et 1, à l'exclusion des extrémités 0 et 1.

La solution (13,5 ; 11 ; 10 ; 0 ; 20,5 ; 3) correspond au point P du segment [B ; C] où le paramètre λ satisfait la condition suivante :

$$1 - \lambda = e_4 \,/\, \mathit{Limite} = 3 \,/\, 4 = 0{,}75 .$$

En substituant 0,25 à λ dans l'équation (106), on obtient le point P = (13,5 ; 11). Noter que (13,5 ; 11) n'est pas un point extrême, de même que le vecteur correspondant (13,5 ; 11 ; 10 ; 0 ; 20,5 ; 3) n'est pas une solution de base.

Un modèle linéaire (PLC) admet **au moins une solution optimale** lorsqu'il existe un tableau du simplexe vérifiant les 2 conditions suivantes :

(*a*) dans la solution de base associée, les variables artificielles sont toutes nulles (la solution de base est admissible) ;

(*b*) les coûts marginaux des variables hors base sont tous ≤ 0 dans le cas d'un modèle de maximisation, et tous ≥ 0 dans un cas de minimisation (la solution de base est optimale).

Cette **solution optimale** est **unique** si, de plus, le tableau vérifie la condition suivante :

(*c*) les coûts marginaux des variables hors base sont tous différents de 0.

Enfin, le modèle (PLC) admet une **infinité de solutions optimales** si le tableau vérifie les conditions (*a*), (*b*) et (*d*), où

(*d*) l'une des variables hors base (non artificielles) admet un coût marginal 0 et sa valeur limite en tant que variable entrante potentielle est positive ou infinie[19].

Le nombre de tableaux optimaux peut être très grand et le calcul de toutes les solutions optimales est un problème difficile à résoudre en général. L'obtention de plusieurs solutions optimales permet d'en choisir une qui répond à des critères qualitatifs ou qui satisfait à des exigences non incorporées comme contraintes dans le modèle.

4.5.2 Les modèles sans solution admissible

Reprenons à nouveau le problème de la Fonderie, mais supposons cette fois qu'Aurèle se donne comme contrainte d'exécuter les commandes déjà reçues : les quantités de 34 tonnes de tuyauterie et de 14 tonnes de gueuses seront considérées non plus comme des bornes supérieures à ne pas dépasser, mais plutôt comme des minima à atteindre. Le modèle prend alors la forme suivante :

$$\text{Max } z = 1\,000\, x_1 + 1\,200\, x_2$$

sous les contraintes :

$$(\text{P}) \qquad \begin{aligned} 10\, x_1 + 5\, x_2 &\leq 200 \\ 2\, x_1 + 3\, x_2 &\leq 60 \\ x_1 \qquad &\geq 34 \\ x_2 &\geq 14 \\ x_1, x_2 &\geq 0 \end{aligned}$$

19. Une variable hors base dont le coût marginal est 0 et dont la limite est nulle donnerait un tableau optimal dégénéré (cette notion sera définie en 4.5.5) : lors d'un pivotage pour entrer cette variable dans la base, aucune des variables ne verrait sa valeur modifiée, et on se retrouverait avec la même solution optimale.

Il n'existe aucun plan de production (x_1 ; x_2) qui satisfasse à toutes les contraintes de (P). Par exemple, si $x_1 \geq 34$ et $x_2 \geq 0$, alors la 1re contrainte n'est pas satisfaite puisque

$$10\,x_1 + 5\,x_2 \;\geq\; 10\,x_1 \;\geq\; 10 \times 34 \;>\; 200\,.$$

Mais comment l'algorithme du simplexe indiquera-t-il que le modèle (P) ne possède aucune solution admissible ? Le dernier tableau du simplexe de (P), reproduit ci-après (tableau 4.17), appartient à la phase I. Sa dernière ligne signifie que la fonction-objectif $z_A = a_3 + a_4$ s'écrit sous la forme équivalente suivante :

$$z_A = 0{,}05\,e_1 + 0{,}25\,e_2 + e_3 + e_4 + 23\,.$$

TABLEAU 4.17
Modèle (P) : dernier tableau du simplexe

Phase I : Tableau nº 2 — **Point C**

Base		0	0	0	0	0	0	1	1	
Coeff.	**Var.**	x_1	x_2	e_1	e_2	e_3	e_4	a_3	a_4	**Valeur**
0	x_1	1	0	0,15	−0,25	0	0	0	0	15
0	x_2	0	1	−0,10	0,50	0	0	0	0	10
1	a_3	0	0	−0,15	0,25	−1	0	1	0	19
1	a_4	0	0	0,10	−0,50	0	−1	0	1	4
z_j		0	0	−0,05	−0,25	−1	−1	1	1	
$c_j - z_j$		0	0	0,05	0,25	1	1	0	0	23

Le terme 23 du second membre représente la valeur minimale que peut prendre z_A : toute valeur positive donnée à l'une ou l'autre des variables hors base fait augmenter la valeur de z_A au-delà de 23. Il est donc impossible de rendre nulle la fonction-objectif $z_A = a_3 + a_4$. Il en résulte qu'il n'existe aucune solution admissible de (P) car, s'il en existait une, la solution correspondante de (P_A) donnerait à z_A la valeur 0.

Un modèle linéaire ne possède pas de solution admissible si, dans le dernier tableau de la phase I, une ou plusieurs variables artificielles prennent des valeurs positives.

4.5.3 Les modèles non bornés

Nous avons déjà donné, à la section 3.3, un exemple de modèle linéaire non borné. Nous considérons ici un exemple similaire, qui diffère de celui de la section 3.3 en deux points : la fonction-objectif est modifiée et une troisième contrainte technologique est ajoutée.

$$\text{Max } z = x_1 + 2\,x_2$$

sous les contraintes :

$$-\,2\,x_1 + 3\,x_2 \leq 6$$

$$x_2 \geq 1$$

$$6\,x_1 - 9\,x_2 \leq 18$$

$$x_1,\, x_2 \geq 0$$

La figure 4.10, qui reflète ce modèle, indique clairement que le modèle n'est pas borné. Mais comment détecter ce phénomène à partir des tableaux du simplexe ? Le tableau 4.18 constitue le dernier tableau obtenu lorsqu'on applique l'algorithme du simplexe à ce modèle. Le coût marginal de x_1 est positif et il semble approprié de faire

TABLEAU 4.18
Modèle non borné : dernier tableau du simplexe

Phase II : Tableau n° 1 — Point (0 ; 2)

Base		1	2	0	0	0		
Coeff.	Var.	x_1	x_2	e_1	e_2	e_3	Valeur	Limite
0	e_2	−1,33	0	0,67	1	0	1	*
2	x_2	−0,67	1	0,33	0	0	2	*
0	e_3	0	0	3,00	0	1	36	*
z_j		−1,33	2	0,67	0	0		
$c_j - z_j$		2,33	0	−0,67	0	0	4	
		↑						

entrer cette variable x_1 dans la base. La croissance de x_1 n'est pas limitée puisqu'aucun coefficient de la colonne x_1 n'est positif dans la section centrale. En effet, si on augmente x_1 tout en maintenant nulle l'autre variable hors base e_1, le système d'équations représenté par la section centrale s'écrit :

$$e_2 = 1 + 1{,}33\ x_1$$

$$x_2 = 2 + 0{,}67\ x_1$$

$$e_3 = 36$$

Lorsque x_1 augmente, il en est de même des variables de base e_2 et x_2 : la non-négativité des variables de base n'impose ici aucune borne à la croissance de x_1. Ce qui implique que la fonction-objectif $z = x_1 + 2\,x_2$ peut croître de façon illimitée.

La figure 4.10 confirme ce résultat. Augmenter x_1 tout en maintenant e_1 égale à 0 revient à se déplacer, à partir de (0 ; 2), en diagonale du bas vers le haut tout en restant sur la droite-frontière « $-2\ x_1 + 3\ x_2 = 6$ ». La région admissible n'étant pas bornée à droite, ce déplacement pourra se poursuivre indéfiniment.

FIGURE 4.10
Région admissible d'un modèle non borné

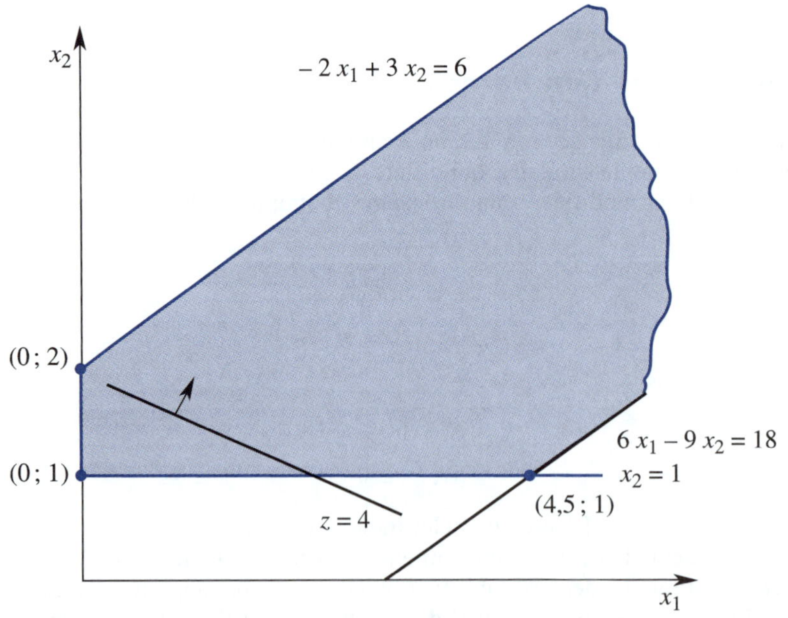

Un modèle linéaire où l'on se propose de maximiser z est non borné lorsque, dans un tableau de la phase II, une variable hors base admet un coût marginal positif et qu'aucun de ses coefficients dans la partie centrale du tableau n'est positif. Cette variable et, par conséquent, la fonction-objectif z peuvent être augmentées sans limite.

4.5.4 Le cas où plus d'une variable peut entrer dans la base

Revenons au problème original de la Fonderie, mais supposons que la marge unitaire soit de 1 000 $ la tonne pour la tuyauterie **et** pour les gueuses. Le modèle linéaire (F') qui traduit cette nouvelle situation est le modèle (FRB), dont la fonction-objectif est modifiée ainsi :

$$\text{Max } z = 1\,000\ x_1 + 1\,000\ x_2 \qquad (107)$$

Puisque les contraintes sont les mêmes, (F') et (FRB) partagent la même région admissible, soit le polygone OABCD. On vérifie aisément que le maximum de la fonction-objectif (107) est atteint au sommet C = (15 ; 10).

Le tableau 4.19 constitue le tableau initial de (F'). Jusqu'ici, on a toujours retenu comme variable entrante celle dont le coût marginal est le plus élevé. Mais, dans le tableau initial de (F'), le maximum de la ligne $c_j - z_j$ se retrouve dans 2 colonnes, soit celles des variables hors base x_1 et x_2. Laquelle choisir comme variable entrante ? On pourrait retenir **au hasard** l'une de ces variables. Ce qui importe, c'est d'augmenter la valeur de z. Mais le choix peut aussi se faire de façon plus subtile, en calculant la limite d'augmentation pour chacune des variables en ballottage.

Si x_1 entrait dans la base, la non-négativité des variables de base limiterait sa valeur : celle-ci ne pourrait dépasser le plus petit des quotients 200/10, 60/2 et 34/1. Ainsi, x_1 pourrait aller jusqu'à 20, le minimum de ces 3 limites, et la valeur de z augmenterait de 1 000 × 20 = 20 000. De même, si x_2 entrait dans la base, la valeur de x_2 ne pourrait dépasser 14 et z augmenterait de 1 000 × 14 = 14 000. Même si les taux d'augmentation de z associés à x_1 et à x_2 sont tous deux égaux à 1 000, il est préférable, dans l'immédiat, d'entrer x_1 dans la base, car il est possible d'augmenter la valeur de x_1 plus que celle de x_2.

Si l'on adopte ce nouveau critère qui tient compte à la fois du coût marginal et de la limite imposée à la croissance de la variable candidate, on retient x_1 pour entrer dans la base, ce qui entraîne que e_1 en sort. La solution de base associée au tableau résultant

Phase I : Tableau nº 0 — **Sommet O**

Base		1000	1000	0	0	0	0		Limite	
Coeff.	**Var.**	x_1	x_2	e_1	e_2	e_3	e_4	**Valeur**	$x_1 \uparrow$	$x_2 \uparrow$
0	e_1	10	5	1	0	0	0	200	20	40
0	e_2	2	3	0	1	0	0	60	30	20
0	e_3	1	0	0	0	1	0	34	34	*
0	e_4	0	1	0	0	0	1	14	*	14
z_j		0	0	0	0	0	0			
$c_j - z_j$		1000	1000	0	0	0	0	0		
		↑	↑							

TABLEAU 4.19
Modèle (F') : tableau initial

de ce pivotage correspond au sommet D = (20 ; 0). Lors de l'itération subséquente, x_2 est la variable entrante ; la solution de base correspond à C = (15 ; 10) et est optimale.

En entrant x_1 dans la base lors du premier pivotage, la séquence des points extrêmes visités est la suivante : O, D, C. Il faut 2 pivotages. Par contre, en choisissant x_2 comme variable entrante lors de la première itération, c'est la séquence O, A, B, C qui mène à l'optimum C. Il faut alors 3 pivotages.

Le nouveau critère n'est pas toujours efficace. En effet, choisir, lorsque le coût marginal maximal est commun à plusieurs variables hors base, celle[20] qui fait le plus augmenter la valeur de z, ne garantit pas l'obtention d'un tableau optimal en un nombre minimal de pivotages. Et il faut de plus calculer la limite pour chaque variable candidate. De fait, il n'existe pas de critère unique qui soit le plus efficace dans tous les cas.

Certains logiciels utilisent — ou offrent comme option — le critère consistant à choisir, parmi les variables dont le coût marginal est positif, celle ou l'une de celles qui maximisent le produit $| c_j - z_j | \times \textit{Limite}$.

4.5.5 Le cas où plus d'une variable peut sortir de la base : la dégénérescence

Il arrive que plus d'une variable de base corresponde à la plus petite limite ; on a alors l'embarras du choix pour la variable sortante. Illustrons ce phénomène en modifiant le problème (FRB) de la Fonderie de la façon suivante. Aurèle croit avoir détecté une demande accrue pour les gueuses : il lui semblerait plus réaliste de fixer à 20 tonnes, plutôt qu'à 14 tonnes, le marché potentiel des gueuses. Cela revient à remplacer, dans (FRB), la contrainte « $x_2 \leq 14$ » par « $x_2 \leq 20$ ». Le modèle obtenu, que nous noterons (PDég), s'écrit sous la forme suivante :

$$\text{Max } z = 1\,000\, x_1 + 1\,200\, x_2$$

sous les contraintes :

$$\text{(PDég)} \qquad \begin{aligned} 10\,x_1 + 5\,x_2 &\leq 200 \\ 2\,x_1 + 3\,x_2 &\leq 60 \\ x_1 \qquad &\leq 34 \\ x_2 &\leq 20 \\ x_1, x_2 &\geq 0 \end{aligned}$$

La région admissible du modèle (PDég) est donnée à la figure 4.11. Elle comporte 4 points extrêmes :

O = (0 ; 0) F = (0 ; 20) C = (15 ; 10) D = (20 ; 0).

On vérifie facilement que l'optimum de (PDég) est atteint en C.

Le point extrême F présente une particularité que nous n'avions pas rencontrée jusqu'ici. Nous avons affirmé en 4.2.4 qu'une solution de base d'un programme écrit sous forme (PLS) comporte **au moins** n coordonnées nulles, où n est le nombre de variables de décision x_j ; qu'à toute solution de base admissible de (PLS=) correspond un point

20. S'il y avait encore égalité, il faudrait choisir au hasard (à moins qu'on puisse sortir de la base une variable artificielle).

FIGURE 4.11
Région admissible de (PDég)

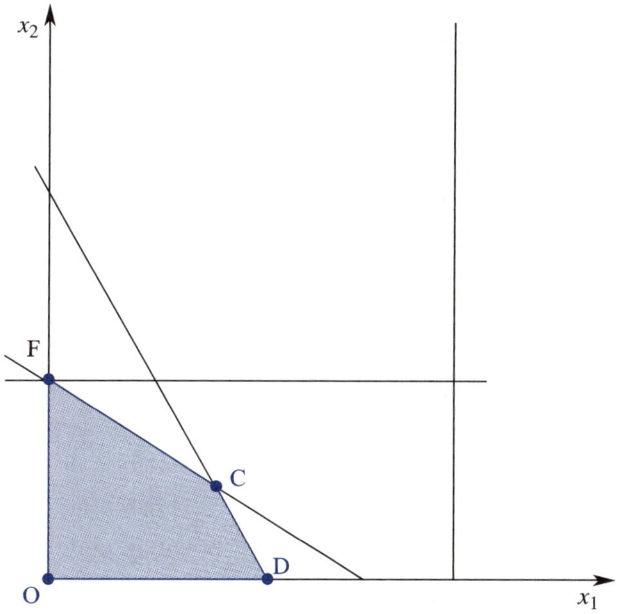

extrême de (PLS). Dans les exemples numériques traités jusqu'ici, chaque solution de base admet **exactement** n coordonnées nulles : ainsi, (FRB) utilise 2 variables de décision et les différentes solutions de base énumérées au tableau 4.1 comportent 2 valeurs nulles. Comme mentionné à la section 4.2, ces solutions de base correspondent à l'intersection de 2 des droites associées aux contraintes (en incluant celles de non-négativité).

Le modèle (PDég) comporte lui aussi $n = 2$ variables de décision. Mais le point F est situé à l'intersection de 3 des droites associées aux contraintes. Traduit en langage algébrique : la solution correspondant à F vérifie comme égalités 3 des contraintes ; ou encore, en F, 3 des 6 variables du modèle (PDég =) obtenu en ajoutant les variables d'écart requises sont nulles :

$$\text{en F} = (0\,;\,20) : \quad x_1 = e_2 = e_4 = 0 \quad \text{et} \quad x_2 = 20 \quad \text{et} \quad e_1 = 100 \quad \text{et} \quad e_3 = 34\,.$$

L'existence d'une coordonnée nulle supplémentaire entraîne parfois des difficultés lors de l'exécution de l'algorithme du simplexe. Considérons le tableau n° 0 de (PDég) (tableau 4.20). Puisque le coût marginal maximal est atteint à la colonne x_2, cette variable sera retenue pour entrer dans la base. Mais — et ceci est nouveau — 2 variables de base, e_2 et e_4, correspondent à la plus petite limite : on choisit, au hasard ou selon tout autre critère jugé pertinent[21], l'une ou l'autre de ces 2 variables pour sortir de la base. Convenons que c'est e_4 qui sortira.

Le tableau du simplexe résultant du pivotage (tableau 4.20, n° 1) correspond au sommet F. L'une de ses variables de base est nulle. On parle alors de **solution de base dégénérée**. Ce phénomène de dégénérescence survient lorsque, dans le tableau précédent, plus d'une variable de base correspond à la plus petite limite : dans le tableau obtenu

21. Si certaines des variables candidates sont artificielles, il est habituellement avantageux de choisir l'une d'entre elles.

après pivotage, une seule d'entre elles sort de la base et les autres, restant dans la base, prennent forcément la valeur 0.

L'itération subséquente fait entrer x_1 dans la base, à la place de e_2. Mais la solution de base associée au tableau nº 2 (tableau 4.20) correspond encore au sommet F : x_1, qui était hors base et nulle, est entrée dans la base pour y prendre la valeur 0 ; aucune variable n'a changé de valeur entre les tableaux nºs 1 et 2. Géométriquement il ne s'est rien passé, les tableaux nºs 1 et 2 étant tous deux associés au point F = (0 ; 20) : le dernier pivotage a donc permis de passer du point F au ... point F ! Ainsi, plusieurs solutions de base correspondent au même point extrême F[22].

Un tableau du simplexe de (PDég=) exige 4 variables de base et 2 variables hors base, ces dernières étant nécessairement nulles. En F, 3 des 6 variables de (PDég=) prennent la valeur 0 : x_1, e_2 et e_4. On peut considérer, pour définir une solution de base, 2 quelconques de ces 3 variables nulles comme variables hors base. Il existe $\binom{3}{2} = 3$ façons d'effectuer un tel choix et, par conséquent, 3 solutions de base et 3 tableaux du simplexe associés à F :

1. Variables hors base : x_1 et e_4 Variables de base : x_2, e_1, e_2 et e_3
2. Variables hors base : e_2 et e_4 Variables de base : x_1, x_2, e_1 et e_3
3. Variables hors base : x_1 et e_2 Variables de base : x_2, e_1, e_3 et e_4

Les choix 1 et 2 correspondent aux tableaux nºs 1 et 2 respectivement. Dans notre exemple, l'autre tableau possible n'apparaît pas dans la séquence découlant de l'application de l'algorithme du simplexe. Dans le choix 1, on considère que F est défini comme le sommet situé à l'intersection des droites associées aux contraintes « $x_1 \geq 0$ » et « $x_2 \leq 20$ » ; que la valeur nulle de e_2, ou encore l'appartenance de F à la droite associée à « $2\,x_1 + 3\,x_2 \leq 60$ », sont anecdotiques. Dans le choix 2, ce qui est considéré anecdotique, c'est le fait que F soit situé sur l'axe vertical et que x_1 prenne la valeur 0.

Dans les tableaux nºs 1 et 2, les valeurs des variables sont identiques, mais les équations sous-jacentes, bien qu'équivalentes, diffèrent et les coûts marginaux aussi. Lors de la première itération, nous avons opté pour e_4 comme variable sortante. Si e_2 avait été retenue, le pivotage aurait conduit au choix 3. Puis la variable entrante x_1 aurait dans ce cas admis une limite de 15, et le pivotage subséquent aurait mené au sommet C, qui, comme on le sait, est l'optimum. On aurait donc économisé une itération en retenant e_2 au lieu de e_4 comme variable sortante dans le tableau nº 0. Malheureusement, il est difficile, sinon impossible, de donner un truc simple qui permettrait, en cas de dégénérescence, de choisir celle des variables candidates qui conduit à l'optimum par le plus petit nombre d'itérations.

Dans l'exemple (PDég) traité ici, les tableaux nºs 1 et 2 correspondent au même sommet F et la valeur de z reste inchangée lorsqu'on passe de l'un à l'autre. Mais, lors de la 3e itération, on quitte F (adieu F !) et z augmente. En théorie, on ne pouvait être sûr, avec les critères d'entrée et de sortie utilisés, de ne pas rester indéfiniment en F : il était a priori possible que, après les tableaux nºs 1 et 2 correspondant aux choix 1 et 2, l'algorithme du simplexe produise un tableau nº 3 correspondant au choix 3, puis un tableau 4 identique au premier, puis un tableau 5 identique au deuxième... Et s'amorcerait un phénomène de cyclage répété à l'infini sans que jamais la solution optimale soit atteinte. La seule garantie de l'absence de cyclage est l'augmentation[23], d'un tableau à

22. Mais, comme mentionné dans le théorème 1 de la section 4.2.4, à une solution de base admissible donnée correspond un seul point extrême.

23. Ou diminution dans le cas d'un modèle de minimisation.

TABLEAU 4.20
Exemple (PDég) : séquence des tableaux

	Base		1000	1200	0	0	0	0		
N°	Coeff.	Var.	x_1	x_2	e_1	e_2	e_3	e_4	Valeur	Limite
0	0	e_1	10	5	1	0	0	0	200	40
	0	e_2	2	3	0	1	0	0	60	20
	0	e_3	1	0	0	0	1	0	34	*
O	0	$\leftarrow e_4$	0	**1**	0	0	0	1	20	20
	z_j		0	0	0	0	0	0		
	$c_j - z_j$		1000	1200 ↑	0	0	0	0	0	
1	0	e_1	10	0	1	0	0	− 5	100	10
	0	$\leftarrow e_2$	**2**	0	0	1	0	− 3	0	0
	0	e_3	1	0	0	0	1	0	34	34
F	1200	x_2	0	1	0	0	0	1	20	*
	z_j		0	1200	0	0	0	1200		
	$c_j - z_j$		1000 ↑	0	0	0	0	− 1200	24 000	
2	0	$\leftarrow e_1$	0	0	1	− 5,0	0	**10,0**	100	10
	1000	x_1	1	0	0	0,5	0	− 1,5	0	*
	0	e_3	0	0	0	− 0,5	1	1,5	34	22,7
F	1200	x_2	0	1	0	0,0	0	1,0	20	20
	z_j		1000	1200	0	500	0	− 300		
	$c_j - z_j$		0	0	0	− 500	0	300 ↑	24 000	
3	0	e_4	0	0	0,10	− 0,50	0	1	10	
	1000	x_1	1	0	0,15	− 0,25	0	0	15	
	0	e_3	0	0	− 0,15	0,25	1	0	19	
C	1200	x_2	0	1	− 0,10	0,50	0	0	10	
	z_j		1000	1200	30	350	0	0		
	$c_j - z_j$		0	0	− 30	− 350	0	0	27 000	

l'autre, de la valeur de z : il serait alors impossible que les pivotages ramènent à un tableau déjà obtenu car, la deuxième fois, la valeur de z ne serait plus la même.

La dégénérescence d'un modèle linéaire a donc le potentiel d'engager l'algorithme du simplexe dans un cyclage sans fin, bien que ce problème ait pu être évité dans l'exemple précédent. En fait, le phénomène de cyclage est peu fréquent et semble se rencontrer surtout dans les modèles de grande taille très dégénérés. Il s'est avéré difficile d'inventer des « petits » modèles où le phénomène de cyclage se présente. Un des premiers à avoir réussi cet « exploit » est Beale[24]. Nous donnons ici un exemple construit par Chvátal[25] :

$$\text{Max } z = 10\, x_1 - 57\, x_2 - 9\, x_3 - 24\, x_4$$

24. Beale, E.M.L., « Cycling in the Dual Simplex Algorithm », *Naval Research Logistics Quarterly*, vol. 2, 1955, p. 269-276.
25. Chvátal, V., *Linear Programming*, Freeman, 1983, p. 31 et 32.

sous les contraintes :

$$\begin{aligned} 0{,}5\,x_1 - 5{,}5\,x_2 - 2{,}5\,x_3 + 9\,x_4 &\leq 0 \\ 0{,}5\,x_1 - 1{,}5\,x_2 - 0{,}5\,x_3 + x_4 &\leq 0 \\ x_1 &\leq 1 \\ x_1, x_2, x_3, x_4 &\geq 0 \end{aligned}$$

Ce modèle linéaire est dégénéré d'entrée de jeu, car le second membre des 2 premières contraintes est égal à 0. Il est possible d'amener l'algorithme du simplexe à cycler si on s'en tient aux règles suivantes d'entrée dans la base et de sortie de la base :

- la variable qui entre dans la base est celle dont le coût marginal est le plus élevé ;
- lorsque plusieurs variables peuvent sortir de la base, on choisit celle dont l'**indice** est le plus bas.

Selon ces règles, le 7e tableau sera identique au 1er, et l'algorithme du simplexe cyclera.

Comme le phénomène de cyclage est peu fréquent, la plupart des logiciels de programmation linéaire n'en tiennent même pas compte. Diverses astuces ont été mises au point, telles que les techniques de perturbation des seconds membres des contraintes ou encore le choix lexicographique de la variable à sortir. Le lecteur intéressé consultera les ouvrages spécialisés[26] Terminons en citant les travaux de R.G. Bland[27] qui a montré que, lors de la résolution d'un problème de maximisation, l'algorithme du simplexe ne peut cycler si :

- pour entrer dans la base, on choisit celle, parmi les variables dont le coût marginal est non négatif, qui est dotée du plus petit indice ;
- pour sortir de la base, on choisit celle des variables candidates dont l'indice est le plus petit.

4.6 L'EFFICACITÉ DE L'ALGORITHME DU SIMPLEXE

Après plus de 40 ans d'utilisation, l'algorithme du simplexe a fait ses preuves. Il peut résoudre, même sur micro-ordinateur, des modèles comportant des milliers de variables et de contraintes. Au fil des ans, l'implantation de cet algorithme s'est raffinée. Citons, entre autres, le traitement de l'imprécision numérique et la mise en mémoire, de façon économique, d'éléments essentiels aux calculs, comme la matrice inverse. Il existe présentement de multiples versions de l'algorithme du simplexe, dont la méthode révisée, l'algorithme primal-dual, la méthode duale simplexe, etc. Chacune a son champ d'application propre, où elle s'avère plus efficace que les autres.

Le comportement général de l'algorithme du simplexe a été abondamment étudié. Le nombre d'opérations arithmétiques qu'il requiert dans la résolution d'un modèle linéaire continu dépend à la fois de la taille du modèle et du nombre d'itérations nécessaires pour parvenir à une solution optimale, ce nombre d'itérations étant lui-même lié à la taille. La taille d'un modèle est mesurée par le nombre de données nécessaires pour le définir : en pratique, on utilise généralement comme mesures le nombre n de variables ainsi que le nombre m de contraintes technologiques dans l'écriture sous forme (PLC).

---

26. Schrijver, A., *Theory of Linear and Integer Programming*, Wiley, 1986.
27. Bland, R.G., « New Finite Pivoting Rules for the Simplex Method », *Mathematics of Operations Research*, vol. 2, 1977, p. 103-107.

Deux approches s'offrent à qui veut décrire le nombre d'itérations de l'algorithme du simplexe pour atteindre une solution optimale d'un modèle linéaire de taille donnée : ou bien établir le nombre espéré d'itérations pour atteindre cette solution optimale, ou bien compter le nombre d'itérations requises dans le cas le plus intraitable. Cette seconde approche mène au résultat suivant : il existe des modèles linéaires pour lesquels l'obtention d'une solution optimale requiert autant de tableaux, chacun comptant pour une itération, que l'ensemble convexe des solutions admissibles comporte de points extrêmes. Certes, de tels modèles ont été conçus spécialement à cet effet, et l'expérience montre qu'on ne les rencontre pas dans la pratique. En fait, la seule borne supérieure que l'on a pu donner au nombre d'itérations est $\binom{m+n}{m}$, où, comme mentionné au paragraphe précédent, m dénote le nombre de contraintes technologiques, et n, le nombre de variables de décision.

Quant au **nombre espéré d'itérations** requises pour obtenir une solution optimale d'un modèle linéaire d'une taille donnée, un résultat récent dû à Borgwardt indique que ce nombre admet comme borne supérieure

$$C \times n^2 \times (n+1)^2 \times m,$$

où C est une constante.

Il y a toutefois une règle de pratique, certes empirique mais qui s'appuie sur une expérience longue de 40 ans : le nombre d'itérations nécessaires pour obtenir un tableau optimal d'un modèle provenant d'un problème pratique est habituellement compris entre 1,5 m et 2 m, où m est le nombre de contraintes technologiques.

4.7 PROBLÈMES[28]

1. Modèle à 2 dimensions et variables d'écart Soit le modèle linéaire suivant.

$$\text{Max } z = 3\,x_1 + 7\,x_2$$

sous les contraintes :

$$\begin{aligned} -x_1 + x_2 &\le 3 \\ x_2 &\le 8 \\ 2\,x_1 + x_2 &\le 28 \\ x_1, x_2 &\ge 0 \end{aligned}$$

(*a*) Résoudre le modèle graphiquement.

(*b*) Écrire le modèle sous forme (PLS=). Puis calculer les valeurs que prennent les variables d'écart en chacun des points suivants : P = (6 ; 4), Q = (6 ; 10), R = (13 ; 4) et S = (8 ; 13).

(*c*) Résoudre le modèle à l'aide de l'algorithme du simplexe.

28. Dans les problèmes qui suivent, on choisira la variable entrante selon le critère du meilleur coût marginal.

2. Sommets de la région admissible et pivotages Soit le système de contraintes linéaires suivant.

$$2\,x_1 - 3\,x_2 \le 6 \qquad (1)$$

$$-3\,x_1 + 3\,x_2 \le 9 \qquad (2)$$

$$x_2 \le 4 \qquad (3)$$

$$7\,x_1 + 9\,x_2 \le 63 \qquad (4)$$

$$x_1 \ge 0 \qquad (5)$$

$$x_2 \ge 0 \qquad (6)$$

La figure de la page suivante indique les droites associées aux diverses inéquations (1)-(6).

(*a*) Associer chacune des droites a, b, …, f à l'une des contraintes (1)-(6).

(*b*) Déterminer, sur le graphique, l'ensemble des solutions admissibles du système (1)-(6). Combien de solutions de base cet ensemble contient-il ? Calculer les coordonnées x_1 et x_2 de chacune de ces solutions de base.

(*c*) Écrire les contraintes (1)-(4) sous forme d'équations à l'aide de variables d'écart. Calculer les valeurs prises par les variables d'écart au point (6 ; 1).

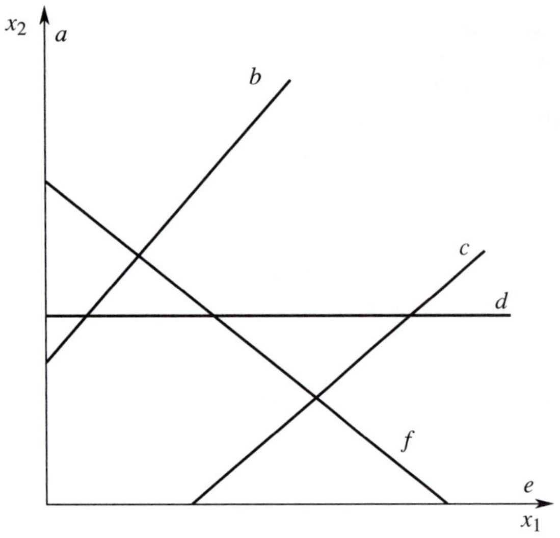

(*d*) Soit le modèle linéaire (P) proposant de maximiser la fonction-objectif

$$z = 4\,x_1 + 12\,x_2$$

sous les contraintes (1)-(6). Déterminer graphiquement la solution optimale de (P).

(*e*) Supposons que l'on veuille suivre sur le graphique le déroulement de l'algorithme du simplexe lors de la résolution algébrique de (P). Déterminer, pour chaque tableau du simplexe, le point correspondant à la solution de base, la variable entrante ainsi que la variable sortante. (Il n'est pas nécessaire d'effectuer les calculs relatifs aux pivotages ; on présumera que la variable entrante est choisie selon le critère du meilleur coût marginal.)

3. Modèles (PLS) et algorithme du simplexe Résoudre chacun des modèles suivants par l'algorithme du simplexe.

(*a*) Max $z = 8\,x_1 + 12\,x_2 + 8\,x_3$

sous les contraintes :

$$3\,x_1 + 3\,x_2 + 1\,x_3 \leq 96$$
$$3\,x_1 + 1\,x_2 + 3\,x_3 \leq 72$$
$$x_1 + 3\,x_2 + 3\,x_3 \leq 144$$
$$x_1, x_2, x_3 \geq 0$$

(*b*) Max $z = 2\,x_1 + 3\,x_2 + 4\,x_3 + 5\,x_4$

sous les contraintes :

$$x_1 + 2\,x_2 + 3\,x_3 + 4\,x_4 \leq 256$$
$$x_1 + 2\,x_2 + 2\,x_3 + 3\,x_4 \leq 128$$
$$x_1 + 2\,x_2 + 1\,x_3 + 2\,x_4 \leq 96$$
$$x_1, x_2, x_3, x_4 \geq 0$$

4. Solutions optimales multiples Trouver 3 solutions optimales du modèle linéaire suivant.

Max $z = x_1 + 3\,x_2 + 5\,x_3$

sous les contraintes :

$$3\,x_1 + x_2 + x_3 \leq 6$$
$$6\,x_1 + 3\,x_2 + 5\,x_3 \leq 15$$
$$x_1, x_2, x_3 \geq 0$$

5. La gamme de produits associée à une solution optimale Un manufacturier, dont la gamme comprend 10 produits différents, est à planifier la prochaine période. La fabrication de chacun des 10 produits requiert une opération dans les 4 ateliers de son usine. Même si tout le temps disponible dans les ateliers était consacré à un seul produit, toutes les unités fabriquées pourraient être écoulées.

Le manufacturier, qui utilise un modèle linéaire continu pour planifier sa production de façon à maximiser ses profits, prétend optimiser l'utilisation de ses ressources en fabriquant 5 des 10 produits. Commenter.

6. Vrai ou faux ?

(*a*) À chaque point extrême de l'ensemble des points admissibles correspond au moins un tableau du simplexe.

(*b*) À chaque point extrême de l'ensemble des points admissibles correspond un et un seul tableau du simplexe.

(*c*) À un point extrême de l'ensemble des points admissibles pourraient correspondre 3 tableaux du simplexe.

(*d*) Il peut arriver qu'une variable x_j, qui a quitté l'ensemble des variables de base lors d'une itération de l'algorithme du simplexe, réintègre l'ensemble des variables de base lors d'une itération subséquente.

7. Un tableau du simplexe avec paramètres à déterminer Voici un tableau du simplexe rencontré lors de la résolution d'un modèle linéaire qui comporte 3 contraintes technologiques de signe « ≤ » et où il est question de maximiser la fonction-objectif $z = 2\,x_1 + 3\,x_2 + 4\,x_3$.

	a	*b*	*c*	*d*	*e*	*f*	
	x_1	x_2	x_3	e_1	e_2	e_3	**Valeur**
x_3	*g*	– 4/9	*k*	1/3	*n*	*r*	*s*
e_2	*h*	– 5/9	0	4/3	1	– 10/9	175
x_1	*i*	*j*	*m*	0	*p*	1/3	25
$c_j - z_j$	0	– 1/9	0	– 4/3	*q*	– 2/9	150

Déterminer la valeur de chacun des paramètres *a*, …, *k*, *m*, *n*, *p*, *q*, *r* et *s*.

8. Deux tableaux avec paramètres d'un même modèle Voici 2 tableaux du simplexe d'un même modèle linéaire, **le premier** étant le tableau initial. On demande de déterminer la valeur de chacun des paramètres qui apparaissent dans ces tableaux

	a	1	– 3	0	0	
	x_1	x_2	x_3	e_1	e_2	**Valeur**
e_1	b	c	d	1	0	6
e_2	– 1	2	e	0	1	1
$c_j - z_j$						

	a	1	– 3	0	0	
	x_1	x_2	x_3	e_1	e_2	**Valeur**
x_1	g	2/3	2/3	1/3	0	f
e_2	h	i	– 1/3	1/3	1	3
$c_j - z_j$	0	1/3	j	k	m	2

9. Résolutions graphique et algébrique Soit le modèle linéaire suivant.

$$\text{Max } z = 2\,x_1 + 3\,x_2$$

sous les contraintes :

$$x_1 + x_2 \le 4$$
$$x_1 + 2\,x_2 \le 5$$
$$4\,x_1 - x_2 \ge 2$$
$$x_1, x_2 \ge 0$$

(*a*) Résoudre graphiquement ce modèle linéaire.

(*b*) Résoudre ce modèle linéaire à l'aide de l'algorithme du simplexe.

10. Résolution graphique et tableaux du simplexe Soit (P), le modèle linéaire continu suivant.

$$\text{Max } z = 4\,x_1 + 3\,x_2$$

sous les contraintes :

$$x_1 - 2\,x_2 \le 1$$
$$x_1 - 5\,x_2 \ge -8$$
$$2\,x_1 + x_2 \le 20$$
$$x_1, x_2 \ge 0$$

(*a*) Déterminer graphiquement l'ensemble des solutions admissibles de (P) : tracer la région admissible de (P) et donner les coordonnées des points extrêmes de cette région.

(*b*) Résoudre graphiquement le modèle (P) : donner les coordonnées d'une solution optimale et la valeur de z en ce point. Existe-t-il une seule ou plusieurs solutions optimales ? (S'il en existe plusieurs, donner les coordonnées de deux autres solutions optimales.)

(*c*) Construire le tableau du simplexe initial pour le modèle linéaire (P).

(*d*) Lors de la première itération de l'algorithme du simplexe, quelle variable entre en base et laquelle en sort ? Toujours lors de cette première itération, à quel point extrême aboutira l'algorithme ?

(*e*) Combien d'itérations en tout seront nécessaires pour atteindre la solution optimale ?

(*f*) Quelles seront les variables de base dans le tableau final du simplexe ? Donner les valeurs de ces variables de base.

(*g*) Considérons la fonction-objectif $z' = 3\,x_1 + 3\,x_2$. La solution optimale trouvée à la question (b) est-elle optimale pour z' ? Quelle est la valeur optimale de z' ?

11. Algorithme du simplexe Résoudre chacun des modèles suivants par l'algorithme du simplexe.

(*a*) $\text{Max } z = 2\,x_1 + 3\,x_2 + 4\,x_3$

sous les contraintes :

$$x_1 + x_2 + x_3 \le 22$$
$$2\,x_1 - x_3 \ge 8$$
$$2\,x_1 - x_2 \ge 20$$
$$4\,x_1 + x_2 \le 40$$
$$x_1, x_2, x_3 \ge 0$$

(*b*) $\text{Max } z = 12\,x_1 + 15\,x_2 + 18\,x_3$

sous les contraintes :

$$2\,x_1 + 4\,x_2 + 4\,x_3 \ge 300$$
$$3\,x_1 + 5\,x_2 - 8\,x_3 \ge 600$$
$$2\,x_1 + 8\,x_2 + 5\,x_3 \le 800$$
$$2\,x_1 - x_2 + x_3 \ge 300$$
$$x_1, x_2, x_3 \ge 0$$

12. Le jeu de société Un manufacturier détient la licence de fabrication d'un nouveau jeu de société. Il pense en fabriquer 3 versions qui ne différeraient que par la qualité des matériaux utilisés. Il songe à une version « Mordus », dont il tirerait des profits de 4 $ par unité vendue, à une version « Amateurs », qui lui rapporterait 3 $ l'unité et à une version « Grand public », qui lui donnerait 2 $ pour chaque unité vendue. Une étude de marché prédit une grande vogue pour ce nouveau jeu de société. Durant les premiers mois, il n'aura pas de peine à écouler toute la production qu'il pourra assurer. La fabrication d'une unité du jeu requiert, toutes versions confondues, le concours de 3 ateliers. Au cours du mois prochain, il compte se servir des heures de main-d'œuvre disponibles dans ces ateliers pour maximiser ses profits. Voici, pour chaque atelier, le nombre de minutes requises pour fabriquer une unité de chaque version.

	Nombre de minutes requises pour la fabrication d'une unité		
Version	**Atelier 1**	**Atelier 2**	**Atelier 3**
Mordus	3	4	2
Amateurs	4	3	3
Grand public	2	2	2
Heures disponibles	300	300	200

Le manufacturier tient à fabriquer, du moins le premier mois, au moins 1 000 unités de la version Grand public. Et il se demande combien d'unités de chaque version il devrait fabriquer au cours de ce premier mois pour maximiser ses profits.

(*a*) Écrire un modèle linéaire continu qui traduise le problème du manufacturier.

(*b*) Construire le tableau initial du simplexe associé à ce modèle linéaire.

(*c*) Résoudre le modèle linéaire à l'aide de l'algorithme du simplexe.

13. Combinaisons linéaires convexes Soit le modèle linéaire suivant.

$$\text{Max } z = 2\,x_1 + x_2$$

sous les contraintes :

$$2\,x_1 + 4\,x_2 \geq 48$$
$$2\,x_1 + x_2 \geq 15$$
$$4\,x_1 + 2\,x_2 \leq 60$$
$$x_1, x_2 \geq 0$$

(*a*) Trouver les 2 tableaux optimaux de ce modèle.

(*b*) Trouver une expression algébrique qui permette de calculer toutes les solutions optimales de ce modèle linéaire.

14. Une solution optimale qui n'est pas solution de base Donner, pour chacun des modèles linéaires suivants, une solution optimale qui ne soit pas une solution de base.

(*a*) Min $z = -3\,x_1 + 15\,x_2$

sous les contraintes :

$$-x_1 + 5\,x_2 \geq 40$$
$$x_1 + x_2 \geq 20$$
$$x_1 + 6\,x_2 \geq 4$$
$$x_1, x_2 \geq 0$$

(*b*) Max $z = -x_1 + x_2 + 3\,x_3 + 11\,x_4 + 4\,x_5 + 2\,x_6$

sous les contraintes :

$$-2\,x_1 + 4\,x_3 + 10\,x_4 + 2\,x_5 + 2\,x_6 = 24$$
$$6\,x_1 + 2\,x_2 - 10\,x_3 - 28\,x_4 - 6\,x_6 = 4$$
$$-x_1 + x_3 + 4\,x_4 + x_6 \leq 5$$
$$x_1 + x_3 + 6\,x_4 + x_6 \leq 6$$
$$x_1, x_2, x_3, x_4, x_5, x_6 \geq 0$$

***15. Une solution de base voisine de l'optimum** Soit le modèle linéaire suivant.

$$\text{Max } z = 2\,x_1 + 3\,x_2 + 4\,x_3$$

sous les contraintes :

$$x_1 + 3\,x_2 + x_3 \leq 100$$
$$x_1 - 2\,x_2 \leq 3$$
$$3\,x_1 - x_2 + x_3 \geq 7$$
$$x_1, x_2, x_3 \geq 0$$

En voici le tableau final.

	2 x_1	3 x_2	4 x_3	0 e_1	0 e_2	0 e_3	**Valeur**
x_3	1	3	1	1	0	0	100
e_2	1	−2	0	0	1	0	3
e_3	−2	4	0	1	0	1	93
$c_j - z_j$	−2	−9	0	−4	0	0	400

On demande de trouver, parmi les solutions de base non optimales, celle où z prend la valeur la plus voisine de 400.

16. Classement selon le type de solution optimale Résoudre chacun des modèles suivants par l'algorithme du simplexe. Puis, les classer en déterminant laquelle des conditions suivantes est satisfaite :

– le modèle présente une solution optimale unique ;

– le modèle n'admet aucune solution admissible ;

– le modèle n'est pas borné ;

– le modèle présente au moins 2 solutions optimales.

(*a*) Max $z = x_1 + x_2$

sous les contraintes :

$$6\,x_1 + 8\,x_2 \geq 24$$
$$6\,x_1 + 4\,x_2 \geq -12$$
$$2\,x_1 \geq 4$$
$$x_1, x_2 \geq 0$$

(*b*) Min $z = 3\,x_1 + 3\,x_2$

sous les contraintes :

$$x_1 + 4\,x_2 \geq 20$$
$$2\,x_2 \geq 4$$
$$4\,x_1 + 4\,x_2 \geq 32$$
$$x_1, x_2 \geq 0$$

(*c*) Max $z = 8\,x_1 + 4\,x_2$

sous les contraintes :

$$x_1 - x_2 \geq 8$$
$$2\,x_1 + 2\,x_2 \leq 10$$
$$x_1, x_2 \geq 0$$

(*d*) Min $z = 5\,x_1 + 5\,x_2 - 4\,x_3$

sous les contraintes :

$$2\,x_1 - 4\,x_3 \geq 2$$
$$x_1 + x_2 - 4\,x_3 \geq 1$$
$$x_1 \leq -1$$
$$x_1, x_2, x_3 \geq 0$$

(*e*) Max $z = 4\,x_1 + 2\,x_2$

sous les contraintes :

$0{,}5\,x_1 + x_2 \leq 10$

$x_1 + x_2 = 12$

$1{,}5\,x_1 + x_2 \leq 18$

$x_1, x_2 \geq 0$

(*f*) Max $z = x_1 + x_2 + 2\,x_3$

sous les contraintes :

$2\,x_1 + 2\,x_2 + 4\,x_3 \geq 4$

$4\,x_2 + 2\,x_3 \leq 20$

$2\,x_1 + 8\,x_2 + 4\,x_3 \leq 16$

$x_1, x_2, x_3 \geq 0$

17. Solutions optimales dégénérées Pour chacun des modèles du problème précédent, indiquer si la solution de base associée au dernier tableau du simplexe est dégénérée.

18. Points extrêmes et solutions de base Soit (P), le modèle linéaire suivant.

Min $z = 17\,x_1 + 2\,x_2$

sous les contraintes :

$5\,x_1 + x_2 \geq 32$ (1)

$-2\,x_1 + 5\,x_2 \leq 25$ (2)

$-7\,x_1 + 11\,x_2 \geq 11$ (3)

$3\,x_1 - 11\,x_2 \leq 33$ (4)

$x_2 \leq 8$ (5)

$x_1, x_2 \geq 0$

(*a*) Tracer, sur un graphique cartésien, la région admissible de ce modèle linéaire. Calculer les coordonnées de chaque point extrême.

(*b*) Déterminer la solution optimale de (P) et évaluer la fonction-objectif z en ce point.

(*c*) Réécrire la quatrième contrainte sous la forme : $3\,x_1 - 11\,x_2 \leq b$. Donner une valeur de b pour laquelle la solution optimale obtenue à la question précédente est dégénérée.

(*d*) Donner le tableau initial du simplexe associé au modèle linéaire (P).

(*e*) Déterminer la variable entrante, la variable sortante et le pivot de la première itération du simplexe, soit celle dont le tableau de départ est celui construit à la question précédente.

(*f*) Donner la solution de base associée au tableau du simplexe résultant de la première itération. Cette solution est-elle admissible ?

(*g*) Donner la solution de base associée au sommet optimal déterminé à la question (*b*).

19. Paramètres dans un tableau du simplexe et cas pathologiques Voici un tableau du simplexe obtenu en minimisant une fonction-objectif z soumise à 3 contraintes technologiques.

	a x_1	d x_2	0 e_1	0 e_2	0 e_3	Valeur
	− 2/3	0	f	0	1/6	46
	− 18	0	0	1	5/2	k
	b	1	g	i	− 1/6	4
$c_j - z_j$	c	e	h	j	1/2	m

(*a*) Donner les variables de base de ce tableau.

(*b*) La structure même du tableau force certains des paramètres à prendre une valeur unique et précise. Indiquer quels sont ces paramètres et déterminer leurs valeurs.

(*c*) À quelles conditions doivent répondre les paramètres pour que la solution de base associée à ce tableau soit dégénérée ?

(*d*) À quelles conditions doivent répondre les paramètres pour que la solution de base associée à ce tableau soit l'unique solution optimale du modèle linéaire ?

(*e*) À quelles conditions doivent répondre les paramètres pour que le tableau soit optimal et que le modèle admette une infinité de solutions optimales ?

(*f*) À quelles conditions doivent répondre les paramètres pour que le modèle linéaire ne soit pas borné ?

20. L'ajout de contraintes Soit le modèle linéaire suivant.

Max $z = 2\,x_1 + 3\,x_2 + 4\,x_3$

sous les contraintes :

$x_1 + x_2 + x_3 \leq 20$

$2\,x_1 + 5\,x_2 \geq 35$

$x_1, x_2, x_3 \geq 0$

(*a*) Ajouter à ce modèle une contrainte redondante.

(*b*) Ajouter une contrainte telle que la solution optimale du nouveau modèle soit dégénérée.

(*c*) Ajouter une contrainte telle que le nouveau modèle n'admette pas de solution optimale.

(*d*) Pourquoi n'est-il pas possible d'ajouter une contrainte telle que le nouveau modèle ne soit pas borné ?

21. Un tableau intermédiaire Voici un des tableaux obtenus au cours de la résolution d'un modèle linéaire.

	5 x_1	4 x_2	3 x_3	0 e_1	0 e_2	0 e_3	Valeur
e_1	0	3,5	4	1	0	− 2,5	75
e_2	0	2	3	0	1	− 2	49
x_1	1	0,5	0	0	0	0,5	9
$c_j - z_j$	0	1,5	3	0	0	− 2,5	***

(*a*) Déterminer la solution de base associée et la valeur de la fonction-objectif.

(*b*) Quel était le modèle linéaire donné au départ ? Indiquer, en particulier, s'il s'agissait d'un problème de minimisation ou de maximisation.

(*c*) Poursuivre les pivotages jusqu'à l'obtention d'une solution optimale.

22. L'analyste décrypteur Un analyste promu lors de la mise à pied de son prédécesseur, brillant mais congédié pour son refus de documenter correctement les modèles et les travaux dont on lui confiait l'exécution, se retrouve devant un tableau légué par son prédécesseur, qu'il a correctement reconnu comme provenant de l'algorithme du simplexe.

	0,75 x_1	– 20 x_2	0,5 x_3	– 6 x_4	0 e_1	0 e_2	0 e_3	Valeur
e_1	0	– 2	0	7,5	1	– 0,5	0,75	0,7
x_1	1	– 24	0	6	0	2	1	1
x_3	0	0	1	0	0	0	1	1
$c_j - z_j$	0	– 2	0	–10,5	0	– 1,5	–1,25	***

L'analyste aimerait savoir :

(*a*) s'il s'agit d'un tableau final ;

(*b*) quelle est la solution de base associée à ce tableau et quelle est la valeur correspondante de z ;

(*c*) combien de contraintes comporte le modèle linéaire initial ;

(*d*) comment s'écrit le modèle initial.

23. Un modèle pathologique Peut-on trouver une solution optimale du modèle linéaire suivant grâce à l'algorithme du simplexe ? Pourquoi pas ?

$$\text{Max } z = 3\,x_1 + 6\,x_2$$

sous les contraintes :

$$-2\,x_1 + 2\,x_2 \le 2$$
$$x_1 - \quad x_2 \le 1$$
$$2\,x_1 + 3\,x_2 \ge 12$$
$$x_1,\, x_2 \ge 0$$

24. Modèles dont tous les sommets sont visités

(*a*) Trouver graphiquement la solution optimale du modèle linéaire suivant.

$$\text{Max } z = 30\,x_1 + 2\,x_2$$

sous les contraintes :

$$x_1 \le 2$$
$$50\,x_1 + x_2 \le 200$$
$$x_1,\, x_2 \ge 0$$

(*b*) Résoudre ce modèle par l'algorithme du simplexe et montrer que le critère MCM amènera ici à visiter chacun des points extrêmes avant d'atteindre le point optimal.

*(*c*) Construire un modèle linéaire à 3 variables de décision qui présentera cette même caractéristique.

25. Une situation d'exception Existe-t-il un modèle linéaire continu qui admette une infinité de solutions optimales tout en n'ayant qu'un seul tableau final ? Si oui, écrire un tel modèle et le résoudre.

26. La transition entre les phases I et II *Ce problème a pour but d'illustrer deux situations pathologiques qui surviennent parfois lors de la transition entre les phases I et II, lesquelles sont mentionnées en 4.4.6.*

(*a*) Soit le modèle linéaire continu (P) suivant.

$$\text{Max } z = 2\,x_1 + x_2$$

sous les contraintes :

$$x_1 - 2\,x_2 = 2$$
$$x_1 - 3\,x_2 \ge 1$$
$$x_1 - \quad x_2 = 3$$
$$x_1,\, x_2 \ge 0$$

Vérifier d'abord que la région admissible de (P) se réduit au point (4 ; 1). Montrer ensuite que la phase I de l'algorithme du simplexe donne, après 2 itérations, le tableau suivant lorsqu'on applique le critère MCM.

Base		0	0	0	1	1	1	
Coeff.	**Var.**	x_1	x_2	e_2	a_1	a_2	a_3	**Valeur**
0	x_2	0	1	1	1	– 1	0	1
0	x_1	1	0	2	3	– 2	0	4
1	a_3	0	0	– 1	– 2	1	1	0
z_j		0	0	– 1	– 2	1	1	
$c_j - z_j$		0	0	1	3	0	0	0

Ce tableau minimise la fonction-objectif z_A, mais sa base contient une variable artificielle. Clore la phase I sur ce tableau et biffer les colonnes associées aux variables artificielles donneraient un tableau initial de la phase II qui ne serait pas écrit sous forme canonique, puisque la 3e ligne serait sans variable de base. Il conviendrait donc que la variable artificielle a_3 soit sortie de la base.

Effectuer une itération du simplexe en prenant comme pivot le nombre –1 situé à l'intersection de la colonne e_2 et de la 3e ligne ; à partir du tableau résultant, construire le tableau initial de la phase II et vérifier qu'il s'agit d'un tableau optimal.

(*b*) Soit le modèle linéaire continu (P) suivant, qui est associé à un problème équilibré de transport comportant 2 origines et 2 destinations (voir section 7.4).

$$\text{Max } z = 6\,x_{11} + 5\,x_{12} + 7\,x_{21} + 4\,x_{22}$$

sous les contraintes :

$$x_{11} + x_{12} = 20$$

$$x_{21} + x_{22} = 10$$

$$x_{11} + x_{21} = 13$$

$$x_{12} + x_{22} = 17$$

$$x_{11}, x_{12}, x_{21}, x_{22} \geq 0$$

Construire le tableau initial de la phase I, puis effectuer 3 itérations en prenant comme variables entrantes successivement x_{11}, puis x_{12} et enfin x_{21} (prendre a_2 comme variable sortante). La solution de base associée au tableau résultant est admissible, mais la variable de base de la dernière ligne est la variable artificielle a_4.

Procéder à la transition entre les phases I et II en biffant les colonnes associées aux variables artificielles autres que a_4, en prenant comme c_j et comme coefficients de base les coefficients de la fonction-objectif z, et en recalculant les z_j et les c_j-z_j à l'aide des nouveaux coefficients de base. Effectuer une itération du simplexe de la phase II et noter que la dernière ligne reste inchangée.

L'analyse postoptimale

CHAPITRE

5

Lorsque, au tout début de la construction d'un modèle quantitatif, l'on y incorpore des coûts, des taux, des quantités de ressources disponibles, on néglige dans ce premier effort d'y introduire les variations éventuelles de ces paramètres qui seraient causées par la difficulté des approvisionnements en matériaux, par la présence des aléas de la productivité, par la possibilité de pannes et tutti quanti. Et pourtant, il faudrait en tenir compte pour avoir une image complète et réaliste du problème traité. Bien que la zone grise plus ou moins diffuse dans laquelle baigne chaque nombre n'ait pas à être circonscrite au départ, on s'attend à ce que les nombres utilisés soient éventuellement pris avec un grain de sel, comme on prendrait en considération une vision politicienne du réel, c'est-à-dire en apportant des nuances, en dégonflant peu ou prou les prévisions, en atténuant ou en accentuant les valeurs annoncées. Et comme chaque donnée peut en fait osciller autour de la valeur déclarée, on comprendra que ces divers mouvements puissent se conjuguer de façon complexe – les petites causes n'entraînent-elles pas souvent de grands effets ? – pour modifier la valeur des variables de décision obtenues dans une solution optimale. Il arrive même qu'une fois les imprécisions sur les données levées dans un sens ou dans l'autre, les variables de base de la nouvelle solution optimale forment un groupe qui présente peu de points communs avec celui obtenu des données initiales.

On comprend qu'il faille investiguer sur la sensibilité des solutions optimales aux changements envisageables dans la valeur des paramètres a_{ij}, c_j et b_i. Cette analyse à laquelle nous soumettrons les modèles porte le nom d'**analyse postoptimale**, pour la bonne raison que cette analyse s'intéresse aux mouvements de la solution optimale induits par des changements apportés aux valeurs des paramètres.

Nous ne donnerions qu'en partie raison à qui prétendrait qu'il vaut mieux, pour tenir compte de chaque fournée de ces variations, reprendre chaque fois le chemin des pivotages plutôt que s'astreindre à en prévoir les effets sur la solution optimale d'origine. En effet, suivre cette recette de facilité, c'est se priver de la vision intimiste, que fournit l'analyse postoptimale, du degré de stabilité de la solution optimale. L'analyse postoptimale permet en effet de détecter les paramètres dont une faible oscillation suffit à chambarder la solution optimale proposée par le tableau final. Elle fournit au décideur averti des diagnostics prémonitoires qui l'inciteront à recourir à de meilleures estimations des paramètres les plus sensibles du modèle ou à mettre en place des mécanismes de surveillance de ces paramètres déclencheurs de changements par leurs moindres glissements.

L'objectif de ce chapitre est de décrire l'impact sur la solution optimale de changements apportés à l'un ou l'autre des paramètres du modèle. Afin d'éviter de longs et fastidieux calculs, nous limiterons cette analyse aux cas qui satisfont aux conditions suivantes :

– le modèle modifié doit être une variante obtenue du modèle original en y changeant un ou plusieurs c_j, ou encore un ou plusieurs b_i ;
– le tableau final du modèle original doit permettre de calculer, sans pivotage supplémentaire, une solution optimale du modèle modifié.

Lorsque l'une ou l'autre de ces conditions ne sont pas satisfaites, il peut être préférable d'appliquer[1] l'algorithme du simplexe à la variante du modèle.

Notre étude de l'analyse postoptimale comportera 5 parties. Dans la première, qui regroupe les sections 1 à 4, le problème de la Fonderie Rivière-Bleue, déjà traité aux chapitres 3 et 4, fera l'objet d'une analyse postoptimale pour en présenter, dans ce contexte familier, les principes directeurs. Nous verrons d'abord comment déterminer géométriquement (section 1) puis algébriquement (section 2) l'impact sur la solution optimale de changements apportés à l'un des coefficients de la fonction-objectif. Ensuite, nous décrirons géométriquement (section 3) puis algébriquement (section 4) les effets qu'induisent sur la région admissible et sur la solution optimale les modifications apportées au membre droit d'une contrainte technologique.

Dans la deuxième partie (section 5), nous indiquerons l'interprétation à donner aux « intervalles de variation », ou « intervalles de sensibilité », que calculent la plupart des logiciels de programmation linéaire. Nous traiterons en troisième partie (section 6) un problème classique de production conçu pour illustrer, dans un nouveau contexte, l'impact

1. Il existe des versions de l'algorithme du simplexe qui, utilisant comme point de départ le tableau final du modèle original, conduisent à un optimum du modèle modifié. Repartir à neuf, sans tenir compte de l'information déjà acquise lors de la résolution du modèle original, exige habituellement un plus grand nombre de pivotages.

provoqué sur l'optimum par une modification apportée soit au coefficient d'une variable de la fonction-objectif, soit au second membre d'une contrainte, et nous indiquerons comment calculer un intervalle de variation. Dans la quatrième partie (sections 7 et 8), nous illustrerons les questions usuelles auxquelles l'analyse postoptimale permet de répondre, surtout en ce qui a trait à la modification simultanée de plusieurs membres droits des contraintes ou de plusieurs coefficients de la fonction-objectif.

Enfin, dans la cinquième partie (section 9), nous introduirons le « dual » d'un modèle linéaire.

5.1 LA MODIFICATION D'UN COEFFICIENT c_j : L'APPROCHE GÉOMÉTRIQUE

Revenons à la Fonderie Rivière-Bleue : Aurèle cherchait à résoudre le modèle (P) suivant :

$$\text{Max } z = 1\,000\, x_1 + 1\,200\, x_2$$

sous les contraintes :

Ébarbage :	$10\, x_1 + 5\, x_2 \leq 200$	(1)
Peinture :	$2\, x_1 + 3\, x_2 \leq 60$	(2)
Demande de tuyauterie :	$x_1 \leq 34$	(3)
Demande de gueuses :	$x_2 \leq 14$	(4)
Non-négativité :	$x_1, x_2 \geq 0$	(5)

Nous avons vu, aux chapitres 3 et 4, que la solution optimale de (P) correspond au point C = (15 ; 10) et propose de produire 15 tonnes de tuyauterie et 10 tonnes de gueuses. Aurèle songe cependant à hausser le prix de la tuyauterie et il aimerait savoir si ce plan de production resterait optimal. Pour l'instant, il commence seulement à explorer cette option et il n'est pas encore en mesure d'évaluer l'impact d'une hausse de prix sur la demande : il considère donc, en première analyse, que celle-ci ne sera pas modifiée. Ainsi, Aurèle devra utiliser le modèle (P') consistant à maximiser

$$z' = k\, x_1 + 1\,200\, x_2$$

sous les mêmes contraintes (1) à (5). Les valeurs de k qui intéressent Aurèle sont supérieures à 1 000. Toutefois, afin de mieux illustrer la technique de résolution, nous permettrons à k de prendre également des valeurs inférieures à 1 000.

Nous déterminerons pour quelles valeurs de k le point C = (15 ; 10) constitue une solution optimale de (P'). Notre approche sera d'abord géométrique.

Pour une valeur fixée de k, les courbes de niveau de z' sont des droites de pente[2] $-k / 1\,200$, parallèles entre elles. Lorsque k augmente, ces droites adoptent des pentes qui sont, en valeur absolue, de plus en plus grandes. Si k dépasse légèrement 1 000 (voir le

---

2. Considérons une courbe de niveau particulière $z' = k\, x_1 + 1200\, x_2 = c$. Et isolons la variable x_2 associée à l'axe vertical :

$$1200\, x_2 = -k\, x_1 + c$$
$$x_2 = (-k / 1200)\, x_1 + (c / 1200).$$

La pente de la droite « $z' = c$ » est égale au coefficient de x_1 dans cette dernière équation, soit $-k / 1200$.

FIGURE 5.1 Influence de *k* sur les courbes de niveau de *z'*

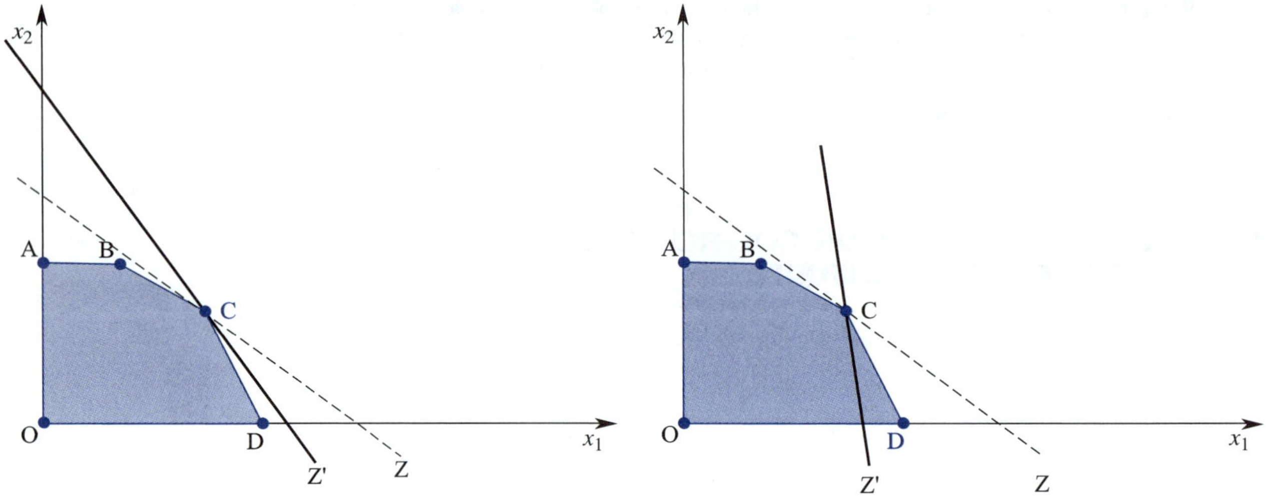

graphique de gauche de la figure 5.1), la courbe de niveau Z' passant par le point C = (15 ; 10) se situe dans l'angle formé par la droite Z associée à la fonction-objectif originale z et par la droite CD associée à la contrainte (1). Par contre, si k est suffisamment élevé (voir la figure 5.1, graphique de droite), la courbe de niveau Z' passant par C coupe l'intérieur du polygone OABCD, et c'est au sommet D = (20 ; 0) que se situe alors l'optimum de (P'). Le cas limite au delà duquel le sommet C cesse d'être optimal est atteint lorsque les droites de niveau de z' deviennent parallèles à la droite CD associée à la contrainte (1). Et k vaut alors 2 400 puisque

$$-k / 1\,200 = \text{pente de Z'} = \text{pente de la droite CD} = -10/5$$

$$k = (10/5) \times 1\,200 = 2\,400.$$

De même, si k est légèrement inférieur à 1 000, la droite Z' est dans l'angle formé par Z et par la droite BC associée à la contrainte (2). En diminuant, k fait de Z' une droite de plus en plus horizontale et, au delà d'une certaine valeur limite, C cesse d'être le sommet optimal et voit B le supplanter dans ce rôle. Le cas limite correspond à la valeur $k = 800$ qui rend Z' parallèle à la droite BC.

En résumé :

- si k est compris entre 800 et 2 400, le sommet C est l'unique solution optimale de (P') ;
- si $k = 2\,400$, tous les points du segment [C ; D] sont des solutions optimales ;
- si $k > 2\,400$, le sommet D est l'unique solution optimale ;
- si $k = 800$, tous les points du segment [B ; C] sont des solutions optimales ;
- si $0 \leq k < 800$, le sommet B est l'unique solution optimale.

Note : Dans le présent exemple, lorsque le paramètre c_1 dépasse la borne 2 400, l'optimum passe du sommet C au sommet adjacent D et y reste, quelles que soient les augmentations ultérieures données à c_1. Cette stabilité ne s'obtient pas aussi rapidement dans tous les modèles : il existe souvent une suite de bornes qui, chacune, déclenchent le passage de l'optimum en un nouveau sommet[3].

5.2 LA MODIFICATION D'UN COEFFICIENT c_j : L'APPROCHE ALGÉBRIQUE

Dans un modèle lilliputien à 2 variables de décision, il est facile de déterminer géométriquement, grâce à la figure illustrant l'ensemble des solutions admissibles, l'intervalle de variation d'un paramètre c_j pour lequel un sommet donné reste optimal. Il faut bien sûr abandonner cette approche graphique lorsque le nombre de variables de décision augmente. Il est alors nécessaire de recourir à une approche algébrique, que nous allons maintenant exposer à l'aide du modèle de la Fonderie Rivière-Bleue.

Écrivons la fonction-objectif z' du modèle (P') sous la forme

$$z' = (1\,000 + \Delta)\,x_1 + 1\,200\,x_2 = z + \Delta\,x_1 .$$

Et considérons le tableau 5.1, qui reproduit le tableau final de la Fonderie Rivière-Bleue modifié de la façon suivante : $1\,000 + \Delta$ a été substitué au coefficient de x_1 dans la fonction-objectif ; deux lignes ont été ajoutées, où sont inscrits les z_j' et les coûts marginaux de la fonction-objectif z'.

La solution de base associée au tableau 5.1 est optimale pour z' si et seulement si, sur la dernière ligne, les coûts marginaux des variables hors base sont tous ≤ 0, c'est-à-dire

si et seulement si $-30 - 0{,}15\Delta \leq 0$ et $-350 + 0{,}25\Delta \leq 0$

si et seulement si $\Delta \geq -30 \,/\, 0{,}15$ et $\Delta \leq 350 \,/\, 0{,}25$

si et seulement si $-200 \leq \Delta \leq 1\,400$

si et seulement si $800 \leq 1\,000 + \Delta \leq 2\,400$.

TABLEAU 5.1
Tableau final de (P')

Base		$1000 + \Delta$	1200	0	0	0	0	
Coeff.	**Var.**	x_1	x_2	e_1	e_2	e_3	e_4	**Valeur**
0	e_4	0	0	0,10	– 0,50	0	1	4
$1000+\Delta$	x_1	1	0	0,15	– 0,25	0	0	15
0	e_3	0	0	– 0,15	0,25	1	0	19
1200	x_2	0	1	– 0,10	0,50	0	0	10
z_j		1000	1200	30	350	0	0	
$c_j - z_j$		0	0	– 30	– 350	0	0	27 000
z_j'		$1000 + \Delta$	1200	$30 + 0{,}15\Delta$	$350 - 0{,}25\Delta$	0	0	
$c_j' - z_j'$		0	0	$-30 - 0{,}15\Delta$	$-350 + 0{,}25\Delta$	0	0	$27\,000 + 15\Delta$

3. Certains logiciels décrivent, sous le nom d'**analyse paramétrique**, l'évolution de l'optimum pour toutes les valeurs possibles d'un paramètre donné.

Ainsi, on retrouve algébriquement le résultat obtenu géométriquement à la section précédente : le plan de production (15 ; 10) reste optimal pourvu que le coefficient de x_1 dans la fonction-objectif soit compris entre 800 et 2 400. Mais la méthode algébrique utilisée ici s'adapte à tout modèle linéaire continu, quel que soit le nombre de variables de décision qui s'y trouvent.

Le lecteur vérifiera facilement que le maximum de $z' = 1\,000\, x_1 + (1\,200 + \Delta)\, x_2$ sous les contraintes (1) à (5) est atteint au point C si et seulement si $-700 \leq \Delta \leq 300$.

5.3 LA MODIFICATION D'UN COEFFICIENT b_i : L'APPROCHE GÉOMÉTRIQUE

Supposons maintenant qu'Aurèle cherche à maximiser la fonction-objectif originale z tout en ne sachant pas précisément de combien d'heures il disposera à l'atelier d'ébarbage la semaine prochaine. C'est dire qu'Aurèle cherche à résoudre le modèle (P") qui consiste à maximiser z sous les contraintes (1"), (2), (3), (4) et (5), où

$$10\, x_1 + 5\, x_2 \leq k \qquad (1")$$

La figure 5.2 indique l'effet sur l'ensemble des solutions admissibles d'une augmentation du membre droit de la contrainte (1). Le graphique de gauche correspond à la valeur $k = 250$: la région admissible de (P"), représentée par le polygone OABC"D", conserve la forme de la région admissible OABCD du modèle originel (P), c'est-à-dire celle d'un polygone convexe de 5 sommets. L'optimum de (P") est atteint au sommet C" = (22,5 ; 5), intersection des droites associées aux contraintes (1") et (2), tout comme l'optimum de (P) est le sommet C commun aux droites associées à (1) et à (2).

FIGURE 5.2 Effet d'une augmentation du membre droit de (1) sur la région admissible

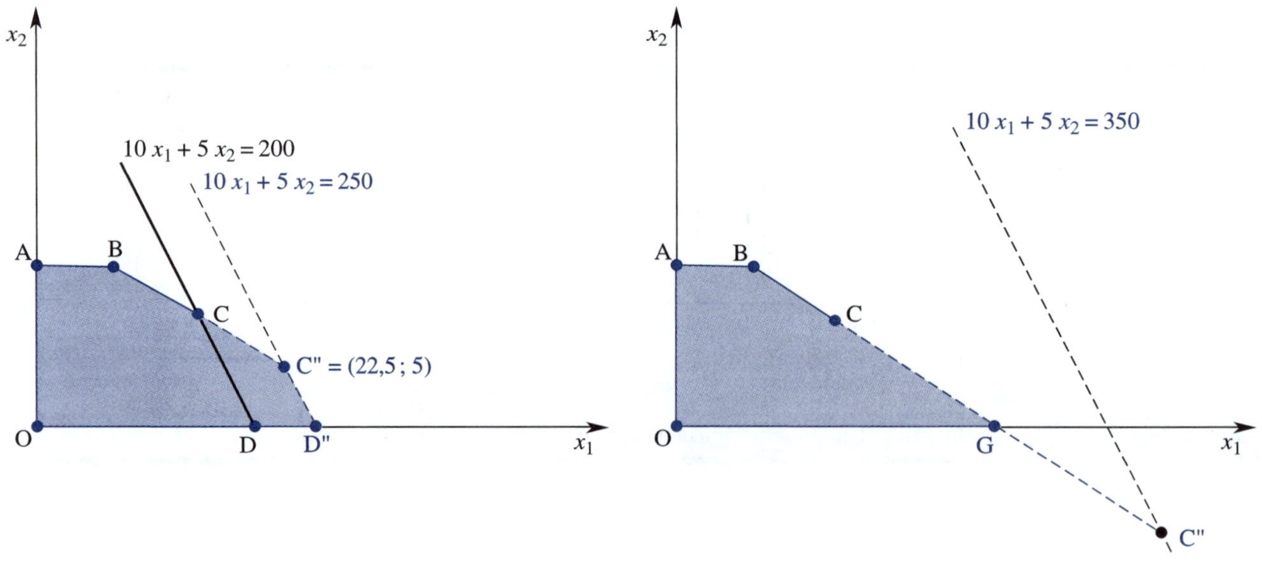

FIGURE 5.3 Effet d'une diminution du membre droit de (1) sur la région admissible

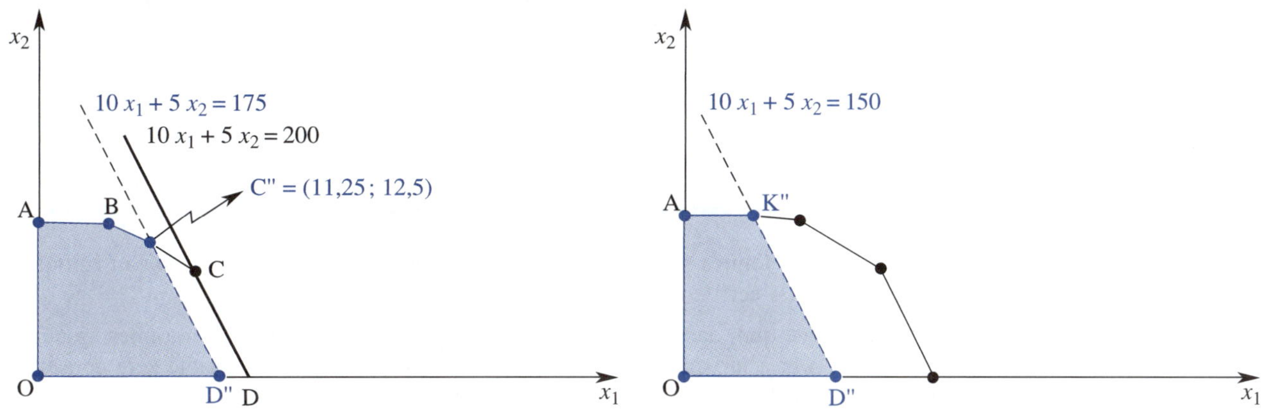

La solution optimale de (P") coïncide avec l'intersection des droites associées à (1") et à (2) tant et aussi longtemps que k est compris[4] entre 200 et 300. Lorsque $k = 300$, l'axe horizontal et les droites associées aux contraintes (1") et (2) ont un point commun, G = (30 ; 0), solution optimale[5] de (P"). Dès que $k > 300$, les droites associées à (1") et à (2) se rencontrent en un point C" situé sous l'axe horizontal et (1") est redondante ; la région admissible prend alors la forme d'un quadrilatère convexe (voir le graphique de droite de la figure 5.2) et l'optimum de (P") est atteint au point G = (30 ; 0), intersection de l'axe horizontal et de la droite associée à (2).

Quand k diminue tout en prenant des valeurs inférieures à 200, la région admissible va s'amenuisant. Le graphique de gauche de la figure 5.3 représente le cas où $k = 175$: les droites associées aux contraintes (1") et (1) sont parallèles puisqu'elles ne diffèrent que par leur membre droit ; la région admissible se réduit au polygone OABC"D" mais conserve la forme d'un polygone convexe de 5 sommets, comme la région admissible OABCD du modèle (P). Le sommet C = (15 ; 10), optimum de (P), n'est pas une solution admissible du modèle (P") puisqu'il n'appartient pas au polygone OABC"D". Le maximum de la fonction-objectif dans la région admissible OABC"D" est atteint en C" = (11,25 ; 12,5).

Pourvu que k reste compris[6] entre 160 et 200, la solution optimale de (P") est C", intersection des droites associées aux contraintes (1") et (2). Pour $k < 160$, la contrainte (2) est redondante. Le graphique de droite de la figure 5.3 représente le cas où $k = 150$: la région admissible se réduit alors au quadrilatère OAK"D" et l'optimum est atteint en K" = (8 ; 14), intersection des droites associées à (1") et à (4).

5.4 LA MODIFICATION D'UN COEFFICIENT b_i : L'APPROCHE ALGÉBRIQUE

Pour retrouver algébriquement les résultats tout juste obtenus, il convient de procéder comme suit. Le nombre d'heures disponibles dans l'atelier d'ébarbage peut s'écrire sous la forme $200 + \Delta$. Le paramètre Δ représente l'écart entre les heures réellement disponibles

---

4. Pour déterminer la valeur $k = 300$, on détermine d'abord les coordonnées de l'intersection G = (30 ; 0) de l'axe horizontal et de la droite associée à (2), puis l'on pose : $k = (10 \times 30) + (5 \times 0)$.
5. Le sommet G = (30 ; 0) est alors une solution dégénérée.
6. La borne inférieure correspond au cas où C" coïncide avec le sommet B. Et alors $k = (10 \times 9) + (5 \times 14) = 160$.

TABLEAU 5.2
Tableau initial de (P'')

Base		1000	1200	0	0	0	0		
Coeff.	Var.	x_1	x_2	e_1	e_2	e_3	e_4	Valeur	Δ
0	e_1	10	5	1	0	0	0	200	1
0	e_2	2	3	0	1	0	0	60	0
0	e_3	1	0	0	0	1	0	34	0
0	e_4	0	1	0	0	0	1	14	0
Coût marginal		1000	1200	0	0	0	0	0	0

et les 200 heures tenues pour acquises dans le modèle d'origine. Le tableau initial du simplexe de (P'') s'écrit sous la forme du tableau 5.2.

On observe que, dans la partie centrale de ce tableau initial, les colonnes associées au paramètre Δ et à la variable d'écart e_1 sont identiques. Cette propriété sera conservée d'une itération à l'autre[7]. Par conséquent, le tableau final sera de la forme décrite au tableau 5.3.

La solution de base associée au tableau 5.3 sera optimale pourvu qu'elle soit admissible. Et elle sera admissible pourvu que chacune des 4 variables de base soit non négative, c'est-à-dire pourvu que soient vérifiées les 4 conditions ci-dessous :

$e_4 = 4 + 0{,}10\ \Delta \geq 0$ c'est-à-dire $\Delta \geq -\ 4\ /\ 0{,}10 = -40$

$x_1 = 15 + 0{,}15\ \Delta \geq 0$ c'est-à-dire $\Delta \geq -\ 15\ /\ 0{,}15 = -100$

$e_3 = 19 - 0{,}15\ \Delta \geq 0$ c'est-à-dire $\Delta \leq +\ 19\ /\ 0{,}15 = +126{,}67$

$x_2 = 10 - 0{,}10\ \Delta \geq 0$ c'est-à-dire $\Delta \leq +\ 10\ /\ 0{,}10 = +100$

En résumé : la solution de base associée au tableau 5.3 est admissible (et optimale) pourvu que

$$-40 \leq \Delta \leq 100 \qquad (6)$$

Cette conclusion correspond bien aux résultats obtenus géométriquement à la section précédente, car la formule (6) signifie que le membre droit $k = 200 + \Delta$ de (1'') satisfait à

$$200 - 40 \leq 200 + \Delta \leq 200 + 100$$

$$160 \leq 200 + \Delta \leq 300.$$

La colonne associée à la variable d'écart e_1 dans le tableau final peut être considérée comme le vecteur des changements dans la solution optimale découlant d'une augmentation unitaire

TABLEAU 5.3
Tableau final de (P'')

Base		1000	1200	0	0	0	0		
Coeff.	Var.	x_1	x_2	e_1	e_2	e_3	e_4	Valeur	Δ
0	e_4	0	0	0,10	−0,50	0	1	4	0,10
1000	x_1	1	0	0,15	−0,25	0	0	15	0,15
0	e_3	0	0	−0,15	0,25	1	0	19	−0,15
1200	x_2	0	1	−0,10	0,50	0	0	10	−0,10
z_j		1000	1200	30	350	0	0		
$c_j - z_j$		0	0	−30	−350	0	0	27 000	+30

7. Il suffit de considérer tour à tour les 3 opérations (voir 4.3.14) de l'étape de pivotage. La première, par exemple, consiste à diviser par le pivot les éléments de la ligne où se trouve le pivot : si 2 éléments de cette ligne sont égaux, ils resteront égaux après cette division…

du membre droit de la seule contrainte (1). En effet, accroître d'une heure le temps disponible au service d'ébarbage implique que la production x_1 de tuyauterie augmentera de 0,15 tonne, que la production x_2 de gueuses diminuera de 0,10 tonne et que les variables d'écart e_3 et e_4 varieront comme x_1 et x_2 respectivement, mais en sens opposé ; l'effet net de tous ces changements sera d'augmenter de 30 $ la valeur optimale de la fonction-objectif.

5.5 L'ANALYSE POSTOPTIMALE ET LES LOGICIELS

La plupart des logiciels complètent la description de « la » solution optimale par divers renseignements, dont une analyse postoptimale ; ils donnent, pour chaque c_j et pour chaque b_i, un « intervalle de variation » ou « intervalle de sensibilité » : tant que le paramètre appartient à cet intervalle, il est possible de déduire la nouvelle solution optimale de l'ancienne, sans avoir à reprendre ou à poursuivre les opérations de pivotage. Ajoutons quelques commentaires sur l'interprétation de ces intervalles.

– Une modification d'un coefficient c_j de la fonction-objectif n'entraîne aucune modification du polyèdre des solutions admissibles. Tant que la variation Δ du coefficient est suffisamment faible, l'optimum reste au même sommet et la valeur optimale de la fonction-objectif augmente ou diminue de $(x_j^* \times \Delta)$, où x_j est la variable de coefficient c_j et où x_j^* dénote la valeur prise par x_j dans la solution optimale.

  Dans l'exemple de la Fonderie Rivière-Bleue et dans le cas où l'on modifie le coefficient de x_1, le sommet C = (15 ; 10) reste optimal tant que Δ est compris entre – 200 et 1 400 ; la valeur optimale de la fonction-objectif augmente ou diminue alors de $(15 \times \Delta)$.

– Lorsqu'on modifie le membre droit b_i d'une contrainte non redondante, le polyèdre des solutions admissibles voit se modifier l'une de ses frontières. Mais, tant que la variation Δ de ce paramètre est suffisamment faible, l'optimum reste au sommet situé à l'intersection des droites associées aux mêmes contraintes, bien que ce sommet n'admette plus les mêmes coordonnées. Le tableau final du modèle original permet de déterminer, sans autre itération, la solution optimale du modèle modifié ; de plus, la valeur optimale de la fonction-objectif augmente ou diminue alors de $| z_i^* \times \Delta |$, où z_i^* est, au signe près, le coût marginal dans le tableau final de la variable supplémentaire e_i associée à la contrainte numéro i.

  Dans l'exemple de la Fonderie Rivière-Bleue et dans le cas où l'on modifie le membre droit b_1 de la première contrainte, l'optimum est atteint au sommet C", intersection des droites associées aux contraintes (1") et (2), tant que Δ est compris entre –40 et 100 ; la valeur optimale de la fonction-objectif augmente ou diminue alors de $| 30 \times \Delta |$.

– Les intervalles de variation fournis par les logiciels s'interprètent isolément. Dans l'exemple de la Fonderie Rivière-Bleue, le sommet C = (15 ; 10) reste optimal

$$\text{pourvu que } 800 \leq c_1 \leq 2\,400 \text{ et que } c_2 = 1\,200 \text{ reste inchangé}$$

  ou encore

$$\text{pourvu que } c_1 = 1\,000 \text{ reste inchangé et que } 500 \leq c_2 \leq 1\,500.$$

  Mais C n'est plus le sommet optimal si à la fois $c_1 = 2\,400$ et $c_2 = 500$. Lorsqu'on veut modifier simultanément plusieurs c_j, ou encore plusieurs b_i, il ne suffit pas de vérifier que les nouveaux coefficients appartiennent tous aux intervalles de variation correspondants donnés par les logiciels. Il faut plutôt soit effectuer une analyse postoptimale conjointe (voir les exemples des sections 5.7 et 5.8), soit reprendre le chemin des pivotages.

– Si l'on modifie simultanément un c_j et un b_i, chacun dans les limites indiquées par leurs intervalles de variation respectifs, la solution optimale s'obtient en traitant les 2 changements séparément, car ceux-ci ont des effets indépendants. Par exemple, si on pose $c_2 = 1\,000$ et $b_1 = 250$, l'optimum est atteint au sommet C" = (22,5 ; 5) : en effet, puisque la valeur 1 000 appartient à l'intervalle de variation de c_2, ce premier changement ne modifie ni la région admissible, ni la valeur optimale ; il reste à prendre en considération la nouvelle valeur de b_1, ce qui se fait exactement comme en 5.3 et donne le même optimum C".

5.6 L'ANALYSE POSTOPTIMALE DES PROBLÈMES DE PRODUCTION : UN EXEMPLE CLASSIQUE

5.6.1 Expro : le contexte et le modèle mathématique

Expro fabrique quatre produits, dénotés P_1, P_2, P_3 et P_4, et les met sur le marché dans la région où son usine est installée. La fabrication de chacun de ces produits requiert les 3 ateliers de l'usine. Le tableau 5.4 présente les marges de profit unitaires, la durée (en heures) du traitement dans les ateliers d'une unité de chaque produit, ainsi que le nombre d'heures disponibles le mois prochain dans chaque atelier.

Expro a élaboré, pour planifier la production du mois prochain, le modèle linéaire continu (P) dont les variables de décision sont x_1, x_2, x_3 et x_4, où x_j représente le nombre d'unités du produit j à fabriquer le mois prochain.

$$\text{Max } z = 10\,x_1 + 6\,x_2 + 6\,x_3 + 8\,x_4$$

sous les contraintes :

$$1\,x_1 + 1\,x_2 + 1\,x_3 + 1\,x_4 \leq 200 \quad (1)$$

$$2\,x_1 + 4\,x_2 + 6\,x_3 + 3\,x_4 \leq 360 \quad (2)$$

$$2\,x_1 + 5\,x_2 + 4\,x_3 + 3\,x_4 \leq 450 \quad (3)$$

$$2\,x_1 + 5\,x_2 + 4\,x_3 + 3\,x_4 \geq 300 \quad (4)$$

$$x_2 \geq 30 \quad (5)$$

$$x_1 \geq 20 \quad (6)$$

$$x_1 \leq 170 \quad (7)$$

$$x_1,\, x_2,\, x_3,\, x_4 \geq 0 \quad (8)$$

Les variables x_j seront regroupées par la suite sous le vocable de **variables originales** du modèle (P).

TABLEAU 5.4
Expro : données de production

	P_1	P_2	P_3	P_4	Heures disponibles
Profit (en $)	10	6	6	8	
Atelier 1	1	1	1	1	200
Atelier 2	2	4	6	3	360
Atelier 3	2	5	4	3	450

5.6.2 Les préparatifs à l'analyse postoptimale

Avant d'entreprendre l'analyse postoptimale d'un modèle, il est utile d'interpréter les contraintes de ce modèle et de trouver la signification contextuelle des différentes variables associées au modèle, qu'elles soient originales, d'écart ou d'excédent.

Dans les contraintes (1) à (4), le membre gauche indique combien d'heures utiliser dans chaque atelier, tandis que le membre droit donne soit le nombre maximal d'heures disponibles (contraintes 1, 2, 3), soit le nombre minimal d'heures à utiliser (contrainte 4). Les 3 dernières contraintes technologiques fixent la quantité minimale à fabriquer des produits P_2 (contrainte 5) ou P_1 (contrainte 6), ou encore la production maximale de P_1 (contrainte 7).

Pour résoudre (P) par l'algorithme du simplexe, on le transforme en un modèle équivalent (P=) où chaque contrainte technologique est écrite comme une équation grâce à l'ajout approprié d'une variable d'écart ou d'excédent. Précisons la signification de certaines de ces variables ajoutées : la variable d'écart e_3 représente le nombre d'heures de l'atelier 3 qui ne seront pas consacrées à la production ; la variable d'excédent e_5 donne le nombre d'unités de P_2 à produire en sus du minimum exigé.

Par la suite, les coefficients dans la fonction-objectif des variables originales seront appelés c_j. Par exemple, c_1 vaut 10 et c_2 vaut 6. Les membres droits des contraintes technologiques sont regroupés sous le vocable de b_i. Ainsi, $b_2 = 360$. Les coefficients des variables originales dans les contraintes technologiques reçoivent l'appellation générique de a_{ij} ; ainsi, le coefficient de x_3 dans la contrainte (2) est dénoté par a_{23} ; il est égal à 6.

Le tableau optimal de (P=) est représenté au tableau 5.5. Comme préalable à l'analyse postoptimale, assurons-nous d'une juste interprétation de certaines informations fournies par le tableau optimal et résumées dans le tableau 5.6. Les valeurs prises par les variables originales déterminent le plan de production optimal : il faudra fabriquer le minimum requis d'unités de P_2, soit 30, puis allouer le reste des ressources à la fabrication d'unités de P_1. Le plan optimal suggère d'en fabriquer 120. Expro dégagera ainsi un profit de 1 380 dollars.

TABLEAU 5.5
Le tableau optimal d'Expro

Base		10	6	6	8	0	0	0	0	0	0	0	
c_j	Var.	x_1	x_2	x_3	x_4	e_1	e_2	e_3	e_4	e_5	e_6	e_7	Valeur
0	e_1	0	0	−2	−0,5	1	−0,5	0	0	−1	0	0	50
10	x_1	1	0	3	1,5	0	0,5	0	0	2	0	0	120
0	e_3	0	0	−2	0	0	−1	1	0	1	0	0	60
0	e_4	0	0	2	0	0	1	0	1	−1	0	0	90
6	x_2	0	1	0	0	0	0	0	0	−1	0	0	30
0	e_6	0	0	3	1,5	0	0,5	0	0	2	1	0	100
0	e_7	0	0	−3	−1,5	0	−0,5	0	0	−2	0	1	50
z_j		10	6	30	15	0	5	0	0	14	0	0	
$c_j - z_j$		0	0	−24	−7	0	−5	0	0	−14	0	0	1380

TABLEAU 5.6
Expro : valeurs des variables à l'optimum

	Variables de base	Variables hors base
Variables originales	$x_1 = 120$ $x_2 = 30$	$x_3 = x_4 = 0$
Variables d'écart ou d'excédent	$e_1 = 50$ $e_3 = 60$ $e_4 = 90$ $e_6 = 100$ $e_7 = 50$	$e_2 = e_5 = 0$

5.6.3 Le champ de l'analyse postoptimale proposée

L'amorce d'analyse postoptimale à laquelle nous nous restreindrons dans ce premier exemple s'intéressera à l'impact sur la solution optimale des modifications apportées à la valeur d'un seul b_i ou d'un seul c_j du modèle (P). Convenons d'une notation pour les modifications envisagées :

> Écrire $c_j' = c_j + \Delta$ (ou $b_i' = b_i + \Delta$), c'est convenir d'ajouter à la valeur de c_j (ou de b_i) utilisée dans le modèle une correction égale à Δ exprimée dans les mêmes unités de mesure que c_j (ou que b_i). La valeur modifiée est notée c_j' (ou b_i'). Remarquer que Δ peut être positif ou négatif.

Modifier un c_j ou un b_i dans un modèle entraîne la création d'un nouveau modèle dont la solution optimale, la base optimale ou le tableau optimal risquent d'être différents de ceux du modèle de départ. Nous allons ici nous en tenir à des modifications de c_j ou de b_i qui n'exigent pas de remanier l'ensemble des variables de base du tableau optimal original. Toutefois, certaines valeurs du nouveau tableau pourront différer des valeurs correspondantes du tableau original.

5.6.4 La modification du c_j d'une variable originale hors base

Considérons le cas de la variable x_3 dont le $c_j = 6$. La solution optimale recommande de ne produire aucune unité de P_3. Diverses raisons expliquent habituellement ce type de recommandation : P_3 est trop gourmand en temps de traitement dans les ateliers, ou le profit de P_3 est trop faible. Il pourrait bien aussi s'agir d'une combinaison de ces deux raisons : une consommation excessive de ressources pour le profit attendu. Un gestionnaire curieux cherchera les raisons exactes de cette recommandation. Il voudra connaître les modifications à apporter aux paramètres associés à P_3 pour entreprendre d'en fabriquer. En termes techniques, il se demandera quelles modifications apporter aux c_j et aux b_i pour que x_3 entre dans la base optimale.

Nous allons satisfaire, de façon à peine détournée, la curiosité du gestionnaire en déterminant l'intervalle auquel le coefficient c_3 doit appartenir pour éviter de devoir remanier la base optimale du modèle original. Commençons par remplacer c_3 par $c_3' = c_3 + \Delta = 6 + \Delta$. Les conséquences de cette modification sur l'écriture du tableau final sont consignées dans le tableau 5.7.

La modification apportée à c_3 affecte une seule autre entrée du tableau, le coût marginal $c_j - z_j$ de la variable x_3, qui devient $-24 + \Delta$. Pour que le tableau 5.7 soit optimal, il faudra que

$$-24 + \Delta \leq 0, \text{ c'est-à-dire } \Delta \leq 24.$$

TABLEAU 5.7 Impact de la modification du c_j de x_3

Base		10	6	6 + Δ	8	0	0	0	0	0	0	0	
c_j	Var.	x_1	x_2	x_3	x_4	e_1	e_2	e_3	e_4	e_5	e_6	e_7	Valeur
0	e_1	0	0	−2	−0,5	1	−0,5	0	0	−1	0	0	50
10	x_1	1	0	3	1,5	0	0,5	0	0	2	0	0	120
0	e_3	0	0	−2	0	0	−1	1	0	1	0	0	60
0	e_4	0	0	2	0	0	1	0	1	−1	0	0	90
6	x_2	0	1	0	0	0	0	0	0	−1	0	0	30
0	e_6	0	0	3	1,5	0	0,5	0	0	2	1	0	100
0	e_7	0	0	−3	−1,5	0	−0,5	0	0	−2	0	1	50
	z_j'	10	6	30	15	0	5	0	0	14	0	0	
	$c_j' - z_j'$	0	0	−24 + Δ	−7	0	−5	0	0	−14	0	0	1380

Le profit unitaire c_3 de P_3 est présentement trop faible : il faudrait l'augmenter d'au moins 24 dollars pour qu'il soit rentable d'enclencher la production de P_3. Autrement dit, le coefficient modifié $c_3' = 6 + \Delta$ de la variable x_3 doit appartenir à l'intervalle $]-\infty\,;\, 30]$ si la solution de base associée au tableau final doit rester optimale. Cet intervalle est appelé **intervalle de variation** de c_3.

On montre de façon similaire que l'intervalle de variation de c_4 est $]-\infty\,;\, 15]$.

5.6.5 La modification du c_j d'une variable de base originale

Considérons le c_j de x_1 qui est égal à 10 dans le modèle original. La présence de x_1 dans la base optimale montre que le profit associé à la vente d'une unité de P_1 est suffisamment élevé pour en assurer une production de 120 unités, malgré la concurrence qu'exercent les autres produits sur le partage des ressources de l'usine. Mais, si on modifiait c_1 à la baisse, arriverait-il un moment où il ne serait plus rentable de fabriquer des unités de P_1 ? Autrement dit, est-il possible qu'une modification de c_1 entraîne une nouvelle solution optimale où x_1 ne serait plus variable de base ? On peut répondre carrément non à cette question puisque la contrainte (6) exige la fabrication, même à perte, d'au moins 20 unités de P_1. Mais, certes, un moment viendrait, si le profit associé à la production de P_1 se mettait à diminuer, où la production excédentaire aux 20 unités obligatoires serait abandonnée. Le gestionnaire curieux se demandera dans quel intervalle doit se situer c_1 pour que le plan de production optimal original, qui implique la production d'unités de P_1 excédentaires à 20, soit conservé. Pour le savoir, remplaçons c_1 par $c_1 + \Delta = 10 + \Delta$ dans le tableau optimal. On obtient le tableau 5.8.

Une modification de la valeur de c_1 entraîne la modification de tous les $c_j - z_j$ des variables hors base. Pourquoi ? On sait que le terme z_j s'interprète comme le coût associé à la production d'une unité du produit j. Ainsi, par exemple, fabriquer une unité de P_3 (en posant $x_3 = 1$) force à diminuer la production de P_1 ou de P_2, puisque toutes les ressources de l'atelier 2 sont consommées par le plan optimal actuel de production. Le coefficient 3 situé dans le tableau 5.8 à l'intersection de la colonne x_3 et de la 2e ligne (celle où x_1 est variable de base) indique une chute de 3 unités dans la production de P_1 si $x_3 = 1$. Cette chute de production provoquerait une chute de profit égale à 3×10 dollars lorsque le profit associé à P_1 est de 10 dollars. Mais cette chute atteindra $3 \times (10 + \Delta)$ dollars puisque c_1 subit une modification égale à Δ. Le terme 3Δ doit être pris en considération dans le calcul des nouvelles valeurs du z_j et, partant, du $c_j - z_j$ de x_3. Le même genre de commentaire vaut pour les autres variables hors base, bien que le fait de porter de 0 à 1 la valeur d'une variable d'écart ou d'excédent hors base n'ait pas la même interprétation que le fait de forcer une variable originale hors base à prendre la valeur 1.

TABLEAU 5.8 Impact de la modification du c_j de x_1

Base		$10 + \Delta$	6	6	8	0	0	0	0	0	0	0	
c_j	Var.	x_1	x_2	x_3	x_4	e_1	e_2	e_3	e_4	e_5	e_6	e_7	Valeur
0	e_1	0	0	−2	−0,5	1	−0,5	0	0	−1	0	0	50
$10 + \Delta$	x_1	1	0	3	1,5	0	0,5	0	0	2	0	0	120
0	e_3	0	0	−2	0	0	−1	1	0	1	0	0	60
0	e_4	0	0	2	0	0	1	0	1	−1	0	0	90
6	x_2	0	1	0	0	0	0	0	0	−1	0	0	30
0	e_6	0	0	3	1,5	0	0,5	0	0	2	1	0	100
0	e_7	0	0	−3	−1,5	0	−0,5	0	0	−2	0	1	50
z_j'		$10 + \Delta$	6	$30 + 3\Delta$	$15 + 1{,}5\Delta$	0	$5 + 0{,}5\Delta$	0	0	$14 + 2\Delta$	0	0	
$c_j' - z_j'$		0	0	$-24 - 3\Delta$	$-7 - 1{,}5\Delta$	0	$-5 - 0{,}5\Delta$	0	0	$-14 - 2\Delta$	0	0	$1380 + 120\Delta$

En conclusion, une modification du c_j d'une variable de base peut entraîner la modification des z_j et des $c_j - z_j$ associés aux variables **hors base**.

Pour que le tableau précédent soit un tableau optimal, il faut que tous les coûts marginaux associés aux variables hors base soient non positifs. Autrement dit, il faut que

$-24 - 3\Delta \leq 0$ c'est-à-dire $\Delta \geq -8$

$-7 - 1{,}5\Delta \leq 0$ c'est-à-dire $\Delta \geq -4{,}67$

$-5 - 0{,}5\Delta \leq 0$ c'est-à-dire $\Delta \geq -10$

$-14 - 2\Delta \leq 0$ c'est-à-dire $\Delta \geq -7$

En résumé, tous les $c_j - z_j$ sont non positifs

pourvu que $\Delta \geq -4{,}67$

pourvu que $c_j' = c_j + \Delta \geq 10 - 4{,}67 = 5{,}33$.

L'intervalle de variation de c_1 est donc $[5{,}33\,;\,\infty[$. Si le profit initial associé à la vente d'une unité de P_1 chute de plus de 4,67 dollars, aucune unité de P_1 excédentaire aux 20 unités obligatoires ne sera fabriquée.

On montre de même que l'intervalle de variation de c_2 est $]-\infty\,;\,20]$. Étant donné qu'une contrainte interdit à x_2 de prendre une valeur inférieure à 30, le fait que c_2 sorte de l'intervalle indiqué ne forcerait pas x_2 à devenir une variable hors base.

5.6.6 La modification d'un b_i

Le signe d'inéquation d'une contrainte technologique et le classement de la variable d'écart ou d'excédent associée comme variable de base ou hors base dans le tableau optimal sont les deux facteurs principaux à considérer dans l'analyse postoptimale d'une modification apportée à un b_i.

(a) Contrainte de signe « ≤ » et variable e_i hors base

La variable d'écart e_2 associée à la contrainte (2) est hors base dans le tableau optimal. Analysons l'impact qu'a, sur la solution optimale, le remplacement de b_2 par $b_2' = b_2 + \Delta$. Soit (P′=) le modèle obtenu en remplaçant b_2 par b_2' dans (P=):

$$2\,x_1 + 4\,x_2 + 6\,x_3 + 3\,x_4 + e_2 = 360 + \Delta \qquad (9)$$

Le tableau 5.9 donne le tableau initial de (P′=) lorsque Δ est traité comme une variable spéciale.

On constate que, dans le tableau 5.9, les colonnes associées à e_2 et à Δ sont identiques. Les pivotages qui mèneront au tableau final provoqueront dans ces deux

TABLEAU 5.9 Impact de la modification de b_2 dans le tableau initial

Base	x_1	x_2	x_3	x_4	...	e_2	...	Valeur	Δ
e_1	1	1	1	1	...	0	...	200	0
e_2	2	4	6	3	...	1	...	360	1
e_3	2	5	4	3	...	0	...	450	0
a_4	2	5	4	3	...	0	...	300	0
a_5	0	1	0	0	...	0	...	30	0
a_6	1	0	0	0	...	0	...	20	0
e_7	1	0	0	0	...	0	...	170	0

colonnes les mêmes opérations arithmétiques. On les retrouvera donc identiques l'une à l'autre dans chacun des tableaux intermédiaires et dans le tableau final. Le tableau 5.10 donne le tableau final du simplexe.

Les modifications apportées à un membre droit n'affectent pas les coûts marginaux. Toutefois, les valeurs de certaines variables de base pourront changer. En donnant aux variables hors base leur valeur 0, les lignes du tableau 5.10 correspondent aux équations suivantes :

$$e_1 = 50 - 0{,}5\Delta \quad (10)$$

$$x_1 = 120 + 0{,}5\Delta \quad (11)$$

$$e_3 = 60 - \Delta \quad (12)$$

$$e_4 = 90 + \Delta \quad (13)$$

$$x_2 = 30 \quad (14)$$

$$e_6 = 100 + 0{,}5\Delta \quad (15)$$

$$e_7 = 50 - 0{,}5\Delta \quad (16)$$

Les équations (10) – (16) sont dénommées **équations d'ajustement**. Elles permettent de recalculer la valeur des variables de base à la suite de la modification d'un b_i par l'ajout de Δ. Illustrons comment. Augmentons de 10 les heures disponibles dans l'atelier 2 en posant $\Delta = 10$ à l'endroit approprié. Et supposons qu'il n'y ait pas de coûts supplémentaires à engager pour cette augmentation de la disponibilité, outre ceux imposés pour acquérir les heures additionnelles. La production actuelle restera certes admissible. Mais sera-t-elle encore optimale ? Pourquoi ne pas tenter d'utiliser au moins quelques-unes de ces heures ajoutées pour augmenter le profit ? Mais quelle est la façon optimale de s'y prendre ? Le plan de production optimal original prescrivait de fabriquer un nombre d'unités de P_2 tout juste suffisant pour en satisfaire la demande minimale, puis de consacrer les ressources restantes à la fabrication d'unités de P_1. Doit-on consacrer les 10 heures ajoutées dans l'atelier 2 à la fabrication d'unités de P_1 ? Les équations d'ajustement permettent de répondre à ces questions. Selon (11) et (14), les 10 heures ajoutées dans l'atelier 2 vont être consacrées à augmenter de 5 unités la production de P_1 sans augmenter celle de P_2. Selon (10), le budget des heures inutilisées dans l'atelier 1 chutera de 5 heures ; selon (12), celui des heures inutilisées dans l'atelier 3 chutera de 10 heures. Le nombre d'heures utilisées dans l'atelier 3 **en sus du minimum exigé de 300 heures** augmentera de 10, selon (13). Le nombre d'unités de P_1 produites en excédent du minimum exigé change selon (15). Le nombre d'unités de P_1 en deçà du maximum possible est ajusté selon (16).

TABLEAU 5.10 Impact de la modification de b_2 dans le tableau final

Base	x_1	x_2	x_3	x_4	...	e_2	...	Valeur	Δ
e_1	0	0	–2	–0,5	...	–0,5	...	50	–0,5
x_1	1	0	3	1,5	...	0,5	...	120	0,5
e_3	0	0	–2	0	...	–1	...	60	–1
e_4	0	0	2	0	...	1	...	90	1
x_2	0	1	0	0	...	0	...	30	0
e_6	0	0	3	1,5	...	0,5	...	100	0,5
e_7	0	0	–3	–1,5	...	–0,5	...	50	–0,5
z_j	10	6	30	15	...	5	...		
$c_j - z_j$	0	0	–24	–7	...	–5	...	1380	5

Les équations d'ajustement (10) à (16) ne peuvent servir à toutes les sauces, comme nous allons le voir maintenant. Dotons l'atelier 2 de 120 heures supplémentaires en posant à l'endroit adéquat $\Delta = 120$. L'équation (11) suggère de porter à 180 unités la production de P_1. La contrainte (7) est alors violée puisqu'elle limite cette production à 170 unités ; la contrainte de non-négativité $e_7 \geq 0$ est violée car, selon (16), e_7 prend la valeur -10. L'utilisation des équations d'ajustement doit donc se cantonner dans un intervalle de valeurs de Δ, approprié à chaque contrainte. En dehors de cet intervalle, une variable de base, tout au moins, serait forcée de prendre une valeur négative. On calcule les bornes de cet intervalle en vérifiant la non-négativité des variables de base dans la solution optimale :

$e_1 = 50 - 0{,}5\Delta \geq 0$	c'est-à-dire	$\Delta \leq 100$	(17)
$x_1 = 120 + 0{,}5\Delta \geq 0$	c'est-à-dire	$\Delta \geq -240$	(18)
$e_3 = 60 - \Delta \geq 0$	c'est-à-dire	$\Delta \leq 60$	(19)
$e_4 = 90 + \Delta \geq 0$	c'est-à-dire	$\Delta \geq -90$	(20)
$x_2 = 30$	aucune restriction		(21)
$e_6 = 100 + 0{,}5\Delta \geq 0$	c'est-à-dire	$\Delta \geq -200$	(22)
$e_7 = 50 - 0{,}5\Delta \geq 0$	c'est-à-dire	$\Delta \leq 100$	(23)

On tire des inéquations (17) – (23) que Δ doit appartenir à [–90 ; 60] pour que les valeurs des variables de base données par (10) – (16) restent non négatives. Comme les valeurs des $c_j - z_j$ sont indifférentes à toute modification acceptable d'un b_i, les variables de base adoptent des valeurs optimales chaque fois que Δ appartient à [–90 ; 60]. L'intervalle de variation de b_2 est par conséquent [270 ; 420].

Considérons l'impact sur le profit d'Expro de la modification d'un b_i. Supposons que le nombre d'heures disponibles dans l'atelier 2 soit porté à 380 en posant $\Delta = 20$. Selon (11) et (14), il vient $x_1 = 130$ et $x_2 = 30$. Les variables x_3 et x_4 restent hors base. Cette nouvelle production engendre un profit de $(10 \times 130) + (6 \times 30) = 1\,480$ dollars, ce qui représente une hausse de $(1\,480 - 1\,380) = 100$ dollars attribuable aux 20 heures ajoutées dans l'atelier 2. Chacune de ces heures rapporte donc 100/20 = 5 dollars à Expro. Ce 5 fait pendant à celui qui apparaît dans la colonne de Δ à la ligne des $c_j - z_j$ du tableau 5.10. Cette ligne se lit en effet comme suit :

$$z = 1\,380 + 5\Delta \qquad (24)$$

Le calcul du profit supplémentaire induit par l'ajout, au tarif courant, de 20 heures dans l'atelier 2 pourrait donc ne pas recourir au calcul de la nouvelle production : il suffirait de faire appel à l'équation (24). Le coefficient 5 de Δ dans cette équation est appelé la **valeur ou coût marginal de la ressource 2**. C'est ce que vaut, selon l'objectif poursuivi par Expro, la première heure ajoutée à celles qui sont disponibles dans l'atelier 2. En poursuivant ce raisonnement à la marge, la première heure soustraite au budget des heures disponibles dans l'atelier 2 impliquerait une **chute** du profit de 5 dollars. Expro ne devrait donc pas débourser plus de 5 dollars, en sus des coûts déjà imputés dans le calcul des marges unitaires c_j, pour ajouter 1 heure aux 360 heures disponibles dans l'atelier 2 ou céder pour moins de 5 dollars la 360e heure de l'atelier 2.

Comme on doit s'y attendre, la valeur marginale d'une ressource dépend de la production à laquelle elle est dédiée. On peut soupçonner que la première heure de l'atelier 2 avait une valeur différente de 5 dollars. De même, si Expro avait disposé d'emblée de 20 000 heures dans l'atelier 2, la valeur d'une 20 001e heure aurait été de 0 dollar. En effet, la valeur marginale actuelle de 5 dollars dépend d'équations d'ajustement qui ne sont valides que dans l'intervalle de variation de b_2. Si b_2 sortait de cet intervalle, il faudrait se servir d'équations d'ajustement associées au nouveau tableau optimal pour déterminer la valeur marginale de chaque ressource et en particulier celle d'une heure marginale à l'atelier 2.

(b) Contrainte de signe « ≤ » et variable e_i dans la base

Pour analyser l'impact sur la solution optimale du remplacement de b_1 par $b'_1 = b_1 + \Delta$, établissons les équations d'ajustement relatives à la colonne de la variable e_1 du tableau 5.5. On obtient :

$$e_1 = 50 + \Delta \qquad (25)$$

Le fait que $e_1 \geq 0$ lorsque $\Delta \geq -50$ entraîne que l'intervalle de variation de b_1 est [150 ; ∞[. Autrement dit, si les disponibilités indiquées au membre droit de la contrainte (1) sont réduites d'au plus 50 heures, la base optimale et la solution qui lui est associée restent inchangées. En effet, le plan de production actuel exige l'utilisation de 150 heures dans l'atelier 1. Le plan demeure admissible tant qu'on dispose d'au moins 150 heures dans cet atelier ; et il demeure optimal puisque aucun $c_j - z_j$ ne change de signe.

On vérifie aisément que l'intervalle de variation de b_3 est [390 ; ∞[et que celui de b_7 est [120 ; ∞[.

(c) Contrainte de signe « ≥ » et variable e_i hors base

Pour analyser l'impact d'une modification de Δ au membre droit b_i d'une contrainte de signe « ≥ », on serait porté à remplacer b_i par $b'_i = b_i + \Delta$, puis à poursuivre comme en (a). On ferait face alors à une petite difficulté. La colonne Δ contient bien, comme en (a), les mêmes valeurs que la colonne e_i, mais les signes des deux colonnes sont inversés : en effet, à une contrainte de signe « ≥ » on associe une variable d'excédent e_i qui apparaît dans le tableau initial affectée du signe « moins ».

Il est possible d'adapter l'approche utilisée en (a) : il suffit de remarquer que la relation entre les colonnes Δ et e_i sera préservée d'une itération à l'autre et que, dans le tableau final, les colonnes Δ et e_i contiendront les mêmes valeurs, mais les signes en seront inversés...

Il existe une autre approche, que nous préférerons. Considérons, à titre d'exemple, la contrainte (5) ; et supposons que l'on veuille donner à b_5 la valeur 22. On écrira :

$$b'_i = b_i - \Delta, \text{ où } \Delta = 8 \qquad (26)$$

Dénotons par (P′) le modèle obtenu en modifiant le membre droit de la contrainte (5) de (P) comme suit :

$$x_2 \geq 30 - \Delta$$

Le tableau initial de (P′) est donné au tableau 5.11.

TABLEAU 5.11
Impact, dans le tableau initial, d'une modification de b_5

Base	x_1	x_2	x_3	x_4	...	e_5	...	Valeur	Δ
e_1	1	1	1	1	...	0	...	200	0
e_2	2	4	6	3	...	0	...	360	0
e_3	2	5	4	3	...	0	...	450	0
a_4	2	5	4	3	...	0	...	300	0
a_5	0	1	0	0	...	−1	...	30	−1
a_6	1	0	0	0	...	0	...	20	0
e_7	1	0	0	0	...	0	...	170	0

On constate que les colonnes Δ et e_i sont identiques dans le tableau initial. Elles le seront également dans le tableau final. Les équations d'ajustement s'établiront donc de façon semblable au cas (a). Et les bornes sur Δ seront obtenues en exigeant que les valeurs des variables de base restent non négatives. Dans le présent exemple, on obtient le système suivant.

$$e_1 = 50 - \Delta \geq 0 \quad \Rightarrow \quad \Delta \leq 50 \tag{27}$$
$$x_1 = 120 + 2\Delta \geq 0 \quad \Rightarrow \quad \Delta \geq -60 \tag{28}$$
$$e_3 = 60 + \Delta \geq 0 \quad \Rightarrow \quad \Delta \geq -60 \tag{29}$$
$$e_4 = 90 - \Delta \geq 0 \quad \Rightarrow \quad \Delta \leq 90 \tag{30}$$
$$x_2 = 30 - \Delta \geq 0 \quad \Rightarrow \quad \Delta \leq 30 \tag{31}$$
$$e_6 = 100 + 2\Delta \geq 0 \quad \Rightarrow \quad \Delta \geq -50 \tag{32}$$
$$e_7 = 50 - 2\Delta \geq 0 \quad \Rightarrow \quad \Delta \leq 25 \tag{33}$$

En résumé, les nouvelles valeurs des variables de base sont non négatives et constituent une solution optimale de (P′)

pourvu que $-50 \leq \Delta \leq 25$

pourvu que $30 - (-50) \geq 30 - \Delta \geq 30 - 25$

pourvu que $5 \leq 30 - \Delta \leq 80$

L'intervalle de variation[8] de b_5 est donc [5 ; 80].

Si l'on augmente de 12 unités la quantité minimale de P_2 à produire, le nouveau plan optimal de production est obtenu en posant $\Delta = -12$:

$$x_1 = 96 \quad \text{et} \quad x_2 = 42 \quad \text{et} \quad x_3 = x_4 = 0.$$

Le profit réalisé par Expro baisse alors de 12 × 14 = 168 dollars. Intuitivement, le plan optimal suggère de produire exactement le minimum requis pour P_2 ; augmenter ce minimum occasionne une baisse de profit, car on détourne vers P_2 des ressources qui pourraient être utilisées de façon plus profitable pour P_1.

(d) Contrainte de signe « ≥ » et variable e_i dans la base

Intuitivement, le fait d'augmenter légèrement le membre droit de (6) permet de gruger l'excédent de P_1 proposé par la solution optimale. Comme cet excédent est égal à 100, on peut augmenter le membre droit jusqu'à 20 + 100 = 120. Formellement, il s'agit de remplacer b_6 par $b_6' = b_6 - \Delta$, le recours au signe «−» s'expliquant comme en (c). Les équations d'ajustement, sauf celle associée à e_6, disent simplement que la valeur de la variable de base est inchangée, ce qui implique évidemment qu'elle reste non négative. L'équation d'ajustement associée à la colonne de e_6 s'écrit :

$$e_6 = 100 + \Delta \tag{34}$$

Par conséquent, la valeur de la variable de base e_6 demeure non négative

pourvu que $100 + \Delta \geq 0$

pourvu que $-\Delta \leq 100$

pourvu que $20 - \Delta \leq 20 + 100 = 120$

L'intervalle de variation de b_6 est donc]−∞ ; 120]. En pratique, on peut considérer que cet intervalle est [0 ; 120] car la production minimale de P_1 ne peut être un nombre négatif.

De façon similaire, on obtient que l'intervalle de variation de b_4 est]−∞ ; 390].

---

8. On remarquera que l'on a soustrait, en les croisant, les valeurs limites de Δ pour obtenir les bornes de l'intervalle de variation.

5.7 EXEMPLE 2 : LES ROUBACHKI DE LA MAISON KALININE

La maison Kalinine vient de lancer un article de confection qui a toute la faveur des amateurs de jeans et de rock ; ils se l'arrachent littéralement. Il s'agit de la fameuse roubachka russe, sorte de chemise à col Mao avant la lettre, qui s'enfile comme un pull grâce aux quelques boutons qui permettent d'en élargir le collet et qui s'orne de broderies rouges tout en mirlitons. La roubachka a été popularisée en Occident par les groupes rock russes qui ont déferlé sur nos scènes. La maison Kalinine en confectionne 4 modèles, qui se distinguent les uns des autres par la finesse du tissu utilisé, l'élaboration du travail de broderie, la qualité des coutures et la beauté de l'emballage.

Les données relatives à la confection de ces roubachki (pluriel de roubachka) sont présentées aux tableaux 5.12 et 5.13.

La demande pour chacun des 4 modèles est jusqu'à présent supérieure à la capacité de production de Kalinine. Le carnet de commandes forcera Kalinine à fabriquer le mois prochain au moins 1 000 roubachki L'Ukrainienne et au moins 1 300 roubachki La Slavonne.

Afin de déterminer combien de roubachki elle devrait confectionner le mois prochain pour maximiser ses profits, la maison Kalinine utilise un modèle linéaire continu, dont les variables de décision se définissent ainsi :

x_J : nombre de roubachki du modèle J fabriquées et vendues le mois prochain,

où J = C (La Cosaque), U (L'Ukrainienne), S (La Slavonne) et T (La Tatare). L'objectif de Kalinine est de maximiser la fonction z, où

$$z = 20\ x_{\mathrm{C}} + 24\ x_{\mathrm{U}} + 24\ x_{\mathrm{S}} + 30\ x_{\mathrm{T}}$$

TABLEAU 5.12 Kalinine : confection des roubachki

	Durée (en minutes) des opérations de fabrication			
	Modèle			
Atelier	**La Cosaque**	**L'Ukrainienne**	**La Slavonne**	**La Tatare**
Coupe	5	8	6	8
Couture	10	8	7	6
Broderie	20	15	10	25
Emballage	5	6	5	4
	Coûts de fabrication et prix de vente unitaires			
Main-d'œuvre et fournitures	7,50 \$	8,00 \$	6,50 \$	8,00 \$
Tissu	15,00 \$	12,00 \$	8,00 \$	10,00 \$
Emballage	2,00 \$	1,50 \$	1,00 \$	1,50 \$
Prix de vente	44,50 \$	45,50 \$	39,50 \$	49,50 \$

TABLEAU 5.13 Kalinine : Main-d'œuvre disponible (en minutes) dans chaque atelier le mois prochain

Atelier	Coupe	Couture	Broderie	Emballage
Disponibilité	21 000	33 000	50 000	25 000

sous les contraintes technologiques suivantes :

Disp. coupe :	$5\ x_C + \ 8\ x_U + \ 6\ x_S + \ 8\ x_T \leq 21\,000$	(1)
Disp. couture :	$10\ x_C + \ 8\ x_U + \ 7\ x_S + \ 6\ x_T \leq 33\,000$	(2)
Disp. broderie :	$20\ x_C + 15\ x_U + 10\ x_S + 25\ x_T \leq 50\,000$	(3)
Disp. emballage :	$5\ x_C + \ 6\ x_U + \ 5\ x_S + \ 4\ x_T \leq 25\,000$	(4)
Carnet Ukraine :	$x_U \geq 1\,000$	(5)
Carnet Slavonne :	$x_S \geq 1\,300$	(6)

Dans le modèle utilisé par Kalinine, les variables x_J sont soumises à des contraintes de non-négativité, mais on ne tient pas compte des contraintes d'intégrité. Le tableau 5.14 constitue un tableau final de ce modèle.

Question 1 *Quel est le profit optimal que Kalinine peut espérer retirer de la production des roubachki le mois prochain ? Décrire un plan de production qui assurera à l'entreprise ce revenu net. Existe-t-il d'autres plans de production qui engendrent ce même revenu net ?*

Le profit optimal est de 76 000 dollars et peut s'obtenir en fabriquant 1 040 La Cosaque, 1 000 L'Ukrainienne, 1 300 La Slavonne et aucune La Tatare. Il existe d'autres plans de production optimaux puisque le coût marginal de la variable hors base e_6 est nul et que sa valeur limite 1040/1,2 = 866,7 est positive : il suffit de donner à e_6 une valeur positive inférieure à 866,7 puis de calculer les valeurs des variables de base à l'aide du tableau final. Par exemple, lorsque $e_6 = 100$,

$$x_C = 1\,040 - (1{,}2 \times 100) = 920$$

$$x_U = 1\,000 - (0 \times 100) = 1\,000$$

$$x_S = 1\,300 + (1 \times 100) = 1\,400$$

$$x_T = 0$$

Question 2 *Quels seront les ateliers utilisés à pleine capacité si l'on implante le plan de production optimal associé au tableau final ?*

Seul l'atelier de coupe sera alors utilisé à pleine capacité : la variable d'écart associée à la contrainte (1) est hors base dans le tableau final et prend donc la valeur 0. Les 3 autres ateliers ne seront que partiellement utilisés : 5 500, 1 200 et 7 300 minutes respectivement resteront inutilisées dans les ateliers de couture, de broderie et d'emballage.

TABLEAU 5.14
Kalinine : tableau final

	20	24	24	30	0	0	0	0	0	0	
Base	x_C	x_U	x_S	x_T	e_1	e_2	e_3	e_4	e_5	e_6	**Valeur**
x_C	1	0	0	1,6	0,2	0	0	0	1,6	1,2	1 040
e_2	0	0	0	− 10	− 2	1	0	0	− 8	− 5	5 500
e_3	0	0	0	− 7	− 4	0	1	0	− 17	− 14	1 200
e_4	0	0	0	− 4	− 1	0	0	1	− 2	− 1	7 300
x_U	0	1	0	0	0	0	0	0	− 1	0	1 000
x_S	0	0	1	0	0	0	0	0	0	− 1	1 300
z_j	20	24	24	32	4	0	0	0	8	0	
$c_j - z_j$	0	0	0	− 2	− 4	0	0	0	− 8	0	76 000

Question 3 *La direction de Kalinine songe à augmenter de 2 $ le prix de vente de L'Ukrainienne. Quel sera alors le plan de production optimal ? Quel profit l'entreprise en retirera-t-elle ?*

La fonction-objectif devient

$$z' = 20\ x_C + 26\ x_U + 24\ x_S + 30\ x_T = z + 2\ x_U.$$

La solution de base associée au tableau final est optimale pour z' également puisque les coûts marginaux des variables hors base demeurent tous non positifs : ceux des variables x_T, e_1 et e_6 restent inchangés car, dans le tableau final, on retrouve un coefficient 0 à l'intersection de la ligne x_U et des colonnes x_T, e_1 et e_6 ; de plus le nouveau coût marginal de e_5 est $-(8 - 1 \times 2) = -6 < 0$.

Le plan optimal consistera toujours à fabriquer 1 040 La Cosaque, 1 000 L'Ukrainienne, 1 300 La Slavonne et aucune La Tatare. Le profit optimal augmentera de $2 \times 1\ 000 =$ 2 000 dollars, pour s'établir à 78 000 $.

Question 4 *Le plan de production associé au tableau final propose de ne fabriquer aucune roubachka La Tatare. À partir de quel prix de vente deviendrait-il rentable pour Kalinine de produire ce modèle ?*

La variable x_T est hors base dans le tableau final et prend donc la valeur 0 dans la solution de base associée. Son coût marginal $c_j - z_j = -2$ indique l'effet sur z quand on force x_T à prendre la valeur 1 : fabriquer une roubachka La Tatare entraînerait, aux prix actuels, un manque à gagner de 2 $. Il deviendrait rentable pour Kalinine de produire ce modèle si le coefficient de x_T dans la fonction-objectif augmentait de 2 ou plus, autrement dit si le prix de vente de La Tatare était porté à 51,50 $ ou plus.

Question 5 *La main-d'œuvre de l'atelier de coupe n'est pas suffisante pour permettre l'exploitation complète des ressources disponibles dans les autres ateliers. Kalinine décide de louer du temps de coupe chez un concurrent. Combien devrait-elle en louer ? Quel taux maximal serait-elle prête à payer pour ces minutes supplémentaires ?*

Louer des minutes de coupe revient à remplacer la contrainte (1) par

$$5\ x_C + 8\ x_U + 6\ x_S + 8\ x_T \leq 21\ 000 + \Delta,$$

où $\Delta \geq 0$ représente le nombre de minutes louées chez le concurrent. Le tableau initial se verra donc adjoindre une colonne Δ identique à celle associée à la variable d'écart e_1. Il en sera de même dans le tableau final : les répercussions de ce changement sur le tableau final sont données au tableau 5.15.

TABLEAU 5.15
Question 5 de Kalinine : changements aux valeurs des variables de base

Base	Valeur	Δ
x_C	1 040	0,2
e_2	5 500	− 2
e_3	1 200	− 4
e_4	7 300	− 1
x_U	1 000	0
x_S	1 300	0
Coût marginal	76 000	4

Il faut choisir Δ de façon que chaque variable de base reste non négative :

$$x_C = 1\,040 + 0{,}2\ \Delta \geq 0 \qquad \text{toujours vraie, car } \Delta \geq 0$$

$$e_2 = 5\,500 - 2\ \ \Delta \geq 0 \qquad \text{donc : } \Delta \leq\ 2\,750$$

$$e_3 = 1\,200 - 4\ \ \Delta \geq 0 \qquad \text{donc : } \Delta \leq\ 300$$

$$e_4 = 7\,300 - 1\ \ \Delta \geq 0 \qquad \text{donc : } \Delta \leq\ 7\,300$$

Les variables x_U et x_S ne sont pas affectées par la location de temps de coupe. C'est la variable e_3 qui limite le temps de location : Kalinine devrait louer au plus 300 minutes, soit 5 heures. (Ces heures permettraient d'augmenter de $0{,}2 \times 300 = 60$ unités la production des roubachki La Cosaque ; la production des 3 autres modèles resterait inchangée ; l'atelier de broderie serait utilisé à pleine capacité.)

Le taux maximal à payer pour la location de temps de coupe est 4 dollars la minute, en sus des coûts actuels de main-d'œuvre dans cet atelier.

Question 6 *L'un des détaillants qui écoulent les roubachki de Kalinine vient de noter une erreur dans sa dernière commande : il a demandé 100 roubachki L'Ukrainienne, alors qu'en fait c'est le modèle La Slavonne qu'il voulait recevoir. La maison Kalinine doit donc modifier son carnet de commandes fermes, révisant de 100 unités à la baisse la demande de L'Ukrainienne et de 100 unités à la hausse celle de La Slavonne. Quel est l'impact d'une telle révision sur le plan de production et sur le profit optimaux ?*

À la suite de cette révision, les contraintes (5) et (6) prennent la forme suivante :

$$x_U \geq 1\ 000 - \Delta_5$$

$$x_S \geq 1\ 300 \qquad - \Delta_6$$

où $\Delta_5 = 100$ et $\Delta_6 = -100$. (Nous utilisons le signe négatif devant Δ_5 et Δ_6 parce que, dans le tableau initial, les variables d'excédent e_5 et e_6 sont affectées du coefficient -1.) Le tableau initial se verra donc adjoindre des colonnes Δ_5 et Δ_6 identiques aux colonnes associées aux variables e_5 et e_6. Il en sera de même pour le tableau final : l'impact de la révision sur le plan de production optimal peut donc être décrit par le tableau 5.16, où $\Delta_5 = 100$ et $\Delta_6 = -100$.

Il est facile de constater que chaque variable de base reste non négative. Par exemple :

$$x_C = 1\ 040 + (1{,}6 \times 100) + 1{,}2 \times (-100) = 1\ 080$$

$$e_2 = 5\ 500 - (8 \times 100) - 5 \times (-100) = 5\ 200\,.$$

L'impact demandé peut s'analyser à partir du tableau final, sans qu'il soit nécessaire d'effectuer d'itération supplémentaire : aucune roubachka La Tatare ne sera fabriquée ; la production de La Cosaque augmentera de 40 unités ; pour les 2 autres modèles, Kalinine

TABLEAU 5.16
Question 6 de Kalinine : changements aux valeurs des variables de base

Base	Valeur	Δ_5	Δ_6
x_C	1 040	1,6	1,2
e_2	5 500	− 8	− 5
e_3	1 200	− 17	− 14
e_4	7 300	− 2	− 1
x_U	1 000	− 1	0
x_S	1 300	0	− 1
Coût marginal	76 000	8	0

ne fera que répondre aux commandes de son carnet. La révision entraînera une hausse de profit de 800 $:

$$z' = z + (8 \times 100) + 0 \times (-100) = z + 800.$$

Question 7 *La mise à pied d'ouvriers chez un concurrent permettrait à Kalinine d'augmenter le personnel de l'atelier d'emballage. Quel serait le nouveau plan de production si le temps disponible le mois prochain dans l'atelier d'emballage augmentait de 9 600 minutes ?*

Il resterait exactement le même, puisque le temps disponible dans l'atelier d'emballage était déjà sous-utilisé.

Question 8 *Kalinine se voit proposer, en contrepartie d'une somme de 21 000 $ payable au moment de la livraison, une commande de 500 roubachki d'un modèle spécial à fabriquer au cours du mois prochain.*

La fabrication d'une roubachka de ce modèle spécial exigerait 5 minutes à l'atelier de coupe, 9 minutes à l'atelier de couture, 12 minutes à l'atelier de broderie et 5 minutes à l'atelier d'emballage. De plus, les coûts variables unitaires seraient de 8 $ pour la main-d'œuvre et les fournitures, de 11 $ pour le tissu et de 1 $ pour l'emballage.

Kalinine devrait-elle accepter la commande ? Si oui, que deviendrait le plan de production des 4 modèles réguliers pour le mois prochain ?

Notre approche pour répondre à cette question consiste à ajouter au modèle original une variable x_0 qui représente le nombre de roubachki spéciales à fabriquer le mois prochain.

Le tableau initial (tableau 5.17) comporte alors une colonne supplémentaire $[x_0]$, liée aux colonnes $[e_i]$ des variables d'écart par l'équation suivante :

$$[x_0] = 5\,[e_1] + 9\,[e_2] + 12\,[e_3] + 5\,[e_4].$$

Var. de base	…	x_T	x_0	e_1	e_2	e_3	e_4	…	Valeur
e_1			5	1	0	0	0		21 000
e_2			9	0	1	0	0		33 000
e_3			12	0	0	1	0		50 000
e_4			5	0	0	0	1		25 000
a_5			0	0	0	0	0		1 000
a_6			0	0	0	0	0		1 300

TABLEAU 5.17
Kalinine : ajout d'une variable de décision – tableau initial

Base			30	c	0	0	0	0		
Coeff.	**Var.**	…	x_T	x_0	e_1	e_2	e_3	e_4	…	**Valeur**
20	x_C			1	0,2	0	0	0		1 040
0	e_2			− 1	− 2	1	0	0		5 500
0	e_3			− 8	− 4	0	1	0		1 200
0	e_4			0	− 1	0	0	1		7 300
24	x_U			0	0	0	0	0		1 000
24	x_S			0	0	0	0	0		1 300
Coût marginal				$c - 20$	− 4	0	0	0		76 000

TABLEAU 5.18
Kalinine : ajout d'une variable de décision – tableau final

La même relation relie les colonnes du même nom dans le tableau final (tableau 5.18). Le paramètre c dénote la marge unitaire associée à la production de roubachki spéciales :

$$c = (21\,000 / 500) - 8 - 11 - 1 = 22.$$

Il est rentable pour Kalinine de fabriquer le modèle spécial seulement si le coût marginal de la variable x_0 est positif, c'est-à-dire seulement si $c > 20$.

Puisque $c = 22$ et que la valeur limite de x_0 en tant que variable entrante dépasse 500, Kalinine a intérêt à accepter la commande. Le plan de production devient alors

$$x_C = 1\,040 - 1\;x_0 = 1\,040 - 500 = 540$$
$$x_U = 1\,000 + 0\;x_0 = 1\,000$$
$$x_S = 1\,300 + 0\;x_0 = 1\,300$$
$$x_T = 0$$
$$x_0 = 500.$$

Note. Une autre façon de répondre à la même question serait d'ajouter aux membres droits des contraintes (1) à (4) des termes « $+\,\Delta_i$ », où

$$\Delta_1 = -5\Delta \quad \text{et} \quad \Delta_2 = -9\Delta \quad \text{et} \quad \Delta_3 = -12\Delta \quad \text{et} \quad \Delta_4 = -5\Delta \quad \text{et} \quad \Delta = 500\,.$$

On vérifie alors, en procédant comme aux questions 5 et 6, que les variables de base demeurent toutes non négatives. Les coûts marginaux des variables d'écart e_i, où $1 \leq i \leq 4$, permettent alors de calculer que Kalinine, en acceptant la commande, encourra un manque à gagner de 10 000 \$. Comme Kalinine devra également débourser 500 × (8 + 11 + 1) = 10 000 dollars en frais variables, elle a intérêt à accepter la commande, qui lui rapporte 21 000 \$.

Question 9 *La direction de Kalinine envisage de fabriquer 1 200 roubachki L'Ukrainienne (soit 200 de plus que ce qui est exigé par le carnet de commandes) et de compenser le manque à gagner découlant de cette décision par une augmentation du prix de vente de La Cosaque. Calculer le nouveau prix de vente unitaire de La Cosaque qui permettrait de maintenir le profit total à 76 000 \$ tout en fabriquant 1 200 L'Ukrainienne.*

Accroître à 1 200 la production du modèle L'Ukrainienne revient à écrire la contrainte (5) sous la forme

$$x_U \geq 1\,000 - \Delta,$$

où $\Delta = -200$. On vérifie facilement que chaque variable de base reste non négative. La production des roubachki La Cosaque diminue alors à $1\,040 + 1{,}6 \times (-200) = 720$ unités. Aux prix courants, ce changement entraîne une baisse de profit de $8 \times 200 = 1\,600$ dollars.

Notons x l'augmentation du prix unitaire du modèle La Cosaque qui compensera exactement ce manque à gagner. Il s'agit donc de résoudre

$$720\,x = 1\,600\,.$$

Il vient que $x \doteq 2{,}22$. Le nouveau prix de vente unitaire sera $44{,}50 + 2{,}22 = 46{,}72$ dollars. Le plan de production modifié est optimal pour z' puisque les coûts marginaux des variables hors base restent tous non positifs : de fait, les nouveaux coûts marginaux des variables x_T, e_1, e_5 et e_6 seront $-5{,}552$, $-4{,}444$, $-11{,}552$ et $-2{,}664$ respectivement.

5.8 EXEMPLE 3 : CINÉFAM

Une jeune entreprise, CinéFam, s'approvisionne en téléviseurs de deux types, A et B, auprès d'un grand manufacturier d'appareils électroniques. CinéFam lui verse 500 $ par appareil de type A et 575 $ par appareil de type B.

Les téléviseurs, qui sont destinés au cinéma familial, sont modifiés dans les ateliers de CinéFam, où ils sont dotés d'un transformateur et de deux enceintes acoustiques, avant d'être revendus sous la marque CINÉ. Dans le commerce, les pièces d'un transformateur coûtent 100 $ à CinéFam, alors que celles d'une enceinte acoustique lui reviennent à 60 $. Un des fournisseurs du manufacturier peut lui fournir des transformateurs déjà montés pour 110 $ chacun et des enceintes acoustiques déjà montées pour 70 $ chacune. Mais le manufacturier exerce des pressions sur le fournisseur pour restreindre ce genre de transactions qui favorisent, selon lui, le démarrage intempestif de petits concurrents. CinéFam sait que le fournisseur, soucieux de garder de bonnes relations avec le manufacturier, refusera de lui vendre plus de 100 transformateurs et plus de 200 enceintes pour la prochaine rafale.

Modifier un téléviseur chez CinéFam requiert 120 unités de production dans le cas d'un appareil de type A, et 140 unités dans le cas d'un appareil de type B. CinéFam, qui doit également compter 10 unités de production pour assembler un transformateur et 10 unités pour assembler une enceinte acoustique, dispose de 28 000 unités de production pour la prochaine rafale.

CinéFam s'est engagée à livrer à ses détaillants au moins 180 CINÉ. De plus, il a été entendu que les appareils de type A compteraient pour au plus 80 % de la production de CINÉ de type B.

CinéFam éprouve présentement de sérieux problèmes de liquidités. Son propriétaire, qui souhaite minimiser le capital à investir dans la prochaine rafale, a construit un modèle linéaire continu pour analyser la situation. Voici les variables de décision utilisées :

TVj = nombre de téléviseurs de type j achetés $\qquad j = \text{A, B}$

TA = nombre de transformateurs assemblés par CinéFam

TF = nombre de transformateurs achetés du fournisseur

EA = nombre d'enceintes assemblées par CinéFam

EF = nombre d'enceintes achetées du fournisseur.

Le modèle s'écrit :

Min z = 500 TVA + 575 TVB + 100 TA + 110 TF + 60 EA + 70 EF

sous les contraintes :

Disp Prod	120 TVA + 140 TVB + 10 TA + 10 EA $\leq$ 28 000
Max TF	TF $\leq$ 100
Max EF	EF $\leq$ 200
Lien TV-T	TVA + TVB − TA − TF $\leq$ 0
Lien TV-E	2 TVA + 2 TVB − EA − EF $\leq$ 0
Demande	TVA + TVB $\geq$ 180
Max A/B	TVA − 0,8 TVB $\leq$ 0
	TVA, TVB, TA, TF, EA, EF $\geq$ 0

TABLEAU 5.19 Un tableau optimal du modèle de CinéFam

Base	500 TVA	575 TVB	100 TA	110 TF	60 EA	70 EF	0 e_1	0 e_2	0 e_3	0 e_4	0 e_5	0 e_6	0 e_7	Valeur
TVB	0	1	0	0	0	0	0,0	0	0	0	0	−0,556	−0,556	100
e_2	0	0	0	1	0	0	0,0	1	0	0	0	0,000	0,000	100
e_3	0	0	0	−1	0	0	0,1	0	1	1	1	16,111	1,111	100
TVA	1	0	0	0	0	0	0,0	0	0	0	0	−0,444	0,556	80
EF	0	0	0	1	0	1	−0,1	0	0	−1	−1	−16,111	−1,111	100
TA	0	0	1	1	0	0	0,0	0	0	−1	0	−1,000	0,000	180
EA	0	0	0	−1	1	0	0,1	0	0	1	0	14,111	1,111	260
z_j	500	575	100	110	60	70	−1,0	0	0	−110	−70	−922,778	−52,778	
$c_j - z_j$	0	0	0	0	0	0	1,0	0	0	110	70	922,778	52,778	138 100

TABLEAU 5.20 CinéFam : intervalles de variation

Intervalles de variation des c_j				Intervalles de variation des b_i				
	Valeur					Valeur		
Variable	présente	minimale	maximale	Contrainte		présente	minimale	maximale
TVA	500	−1576,25	595	1 Disp Prod	≤	28 000	27 000	29 000
TVB	575	480	Infini	2 Max TF	≤	100	0	Infini
TA	100	***	***	3 Max EF	≤	200	100	Infini
TF	110	110	Infini	4 Lien TV-T	≤	0	−100	100
EA	60	60	70	5 Lien TV-E	≤	0	−100	100
EF	70	60	70	6 Demande	≥	180	173,8	186,2
				7 Max A/B	≤	0	−90	90

Les tableaux 5.19 et 5.20 donnent un tableau final de ce modèle, ainsi que les intervalles de variation des différents c_j et b_i. La solution optimale de base associée au tableau final recommande d'acheter 80 appareils de type A et 100 de type B, de se procurer auprès du fournisseur 100 enceintes mais aucun transformateur, et d'assembler dans ses ateliers 180 transformateurs ainsi que 260 enceintes. Le capital à investir par CinéFam dans la prochaine rafale s'élève à 138 100 dollars.

Question 1 *Déterminer l'intervalle de variation du coefficient c_3 de la variable TA dans la fonction-objectif.*

Il suffit de considérer l'effet d'une variation de c_3 sur les coûts marginaux des variables hors base. Le tableau 5.21 donne ces coût marginaux quand le coefficient de x_3 dans la fonction-objectif est augmenté de Δ.

On cherche donc les valeurs de Δ telles que les coûts marginaux du tableau 5.21 soient tous non négatifs. Il faut que les inéquations suivantes soient satisfaites :

$$-\Delta \geq 0 \qquad \text{c'est-à-dire} \qquad \Delta \leq 0$$

$$110 + \Delta \geq 0 \qquad \text{c'est-à-dire} \qquad \Delta \geq -110$$

$$922{,}8 + \Delta \geq 0 \qquad \text{c'est-à-dire} \qquad \Delta \geq -922{,}8$$

TABLEAU 5.21
CinéFam : coûts marginaux des variables hors base quand $c_3' = 100 + \Delta$

Base		110 TF	0 e_1	0 e_4	0 e_5	0 e_6	0 e_7
	⋮						
$100 + \Delta$	TA	1	0	−1	0	−1	0
	⋮						
z_j'		$110 + \Delta$	−1	$-110 - \Delta$	−70	$-922{,}8 - \Delta$	−52,8
$c_j' - z_j'$		$-\Delta$	1	$110 + \Delta$	70	$922{,}8 + \Delta$	52,8

En résumé :

$$-110 \leq \Delta \leq 0$$

$$100 - 110 \leq c_3 + \Delta \leq 100 + 0$$

L'intervalle de variation de c_3 est donc [−10 ; 100].

Question 2 *Le coût de certaines pièces vient d'augmenter et les pièces d'une enceinte reviendront dorénavant à 65 \$. CinéFam doit-elle réviser le plan de production de la prochaine rafale ? Le capital à investir augmente-t-il ou diminue-t-il ?*

La nouvelle valeur $c_5' = 65$ appartient à l'intervalle de variation de c_5. La solution de base associée au tableau 5.19 reste donc optimale pour la nouvelle fonction-objectif z' et CinéFam n'a pas à réviser le plan de production de la prochaine rafale. Par contre, le capital à investir augmentera de 1 300 dollars :

$$z' = z + \Delta \text{ EA} = z + (65 - 60) \times 260 = z + 1\,300\,.$$

Question 3 *À la suite d'un bris mécanique, la capacité de production de CinéFam pour la prochaine rafale chutera à 27 500 unités. Quel est le nouveau plan optimal de production et combien CinéFam devra-t-elle investir ?*

La première contrainte technologique s'écrit alors :

$$\ldots \leq 28\,000 + \Delta \qquad \text{où } \Delta = -500.$$

Puisque le nouveau membre droit 27 500 appartient à l'intervalle de variation de b_1, la nouvelle solution optimale se calcule à partir du tableau 5.19. La variable TF restera donc hors base et nulle. Les valeurs des autres variables originales se calculent, comme l'indique le tableau 5.22, à partir des lignes correspondantes du tableau 5.19.

TABLEAU 5.22
CinéFam : valeurs des variables originales quand $b_1' = b_1 + \Delta$

Base	…	e_1	…	Valeur	Δ
TVB		0		100	0
⋮					
TVA		0		80	0
EF		−0,1		100	−0,1
TA		0		180	0
EA		0,1		260	0,1
z_j		−1			
$c_j - z_j$		1		138 100	−1

Le plan optimal consiste donc à acheter 80 appareils de type A et 100 de type B, à se procurer 150 enceintes auprès du fournisseur mais aucun transformateur, et à assembler 180 transformateurs ainsi que 210 enceintes. (Ce nouveau plan optimal coïncide avec l'ancien, sauf dans la répartition entre achat et assemblage des 360 enceintes requises.) Le capital à investir s'élèvera maintenant à 138 600 dollars :

$$z' = z + (-1) \times \Delta = 138\,100 + (-1) \times (-500) = 138\,600\,.$$

Question 4 *Il semblerait que le manufacturier, soumis à une rude concurrence, songe à abaisser de 8 % le prix de ses appareils. Cette rumeur, si elle était confirmée, affecterait-elle le plan optimal pour la prochaine rafale ?*

La fonction-objectif s'écrivait :

$$z' = z - 0{,}08\ (500\ \text{TVA} + 575\ \text{TVB}) = z - 40\ \text{TVA} - 46\ \text{TVB}.$$

Le tableau 5.23 illustre l'effet de ces changements sur les coûts marginaux des variables hors base ; les z_j' des variables hors base e_6 et e_7 ont été obtenus de la façon suivante.

$$(z_j' \text{ de } e_6) = -922{,}778 + (-46)\ (-0{,}556) + (-40)\ (-0{,}444) = -922{,}778 + 43{,}333$$

$$(z_j' \text{ de } e_7) = -52{,}778 + (-46)\ (-0{,}556) + (-40)\ (0{,}556) = -52{,}778 + 3{,}333$$

TABLEAU 5.23
CinéFam : coûts marginaux des variables hors base pour z' (question 4)

Base		110 TF	0 e_1	0 e_4	0 e_5	0 e_6	0 e_7
… –46	TVB	0	0	0	0	–0,556	–0,556
	⋮						
… –40	TVA	0	0	0	0	–0,444	0,556
	⋮						
z_j'		110	–1	–110	–70	–879,4	–49,4
$c_j' - z_j'$		0	1	110	70	879,4	49,4

Puisque les coûts marginaux pour z' des variables hors base sont tous non négatifs, la solution de base associée au tableau 5.19 serait optimale pour z' et le plan optimal pour la prochaine rafale n'aurait pas à être changé si la rumeur s'avérait fondée.

Question 5 *Une mauvaise nouvelle vient de tomber : le fournisseur limitera ses livraisons pour la prochaine rafale à 75 transformateurs et 150 enceintes. Quel est l'impact de cette nouvelle sur le plan optimal et sur le capital à investir par CinéFam ?*

Les 2e et 3e contraintes technologiques s'écriraient

$$\text{TF} \leq 75 \quad \text{et} \quad \text{EF} \leq 150\,.$$

Or, dans la solution de base associée au tableau 5.19, TF = 0 et EF = 100. Cette solution de base satisfait donc aux deux contraintes modifiées : la nouvelle n'aurait donc aucun impact sur le plan de production optimal ni sur le capital à investir. (Par contre, les valeurs des variables d'écart e_2 et e_3 chuteraient à 75 et à 50 respectivement.)

Question 6 *Le propriétaire de CinéFam considère qu'il importe de maintenir ses « droits acquis » de s'approvisionner auprès du fournisseur en transformateurs et en enceintes acoustiques. Il craint que, s'il n'achète aucun transformateur pour la prochaine rafale,* *le fournisseur soit encore plus réticent à lui en livrer à l'avenir. Il croit donc préférable de commander des transformateurs et des enceintes lors de la prochaine rafale. Peut-il atteindre cet objectif secondaire sans sacrifier son objectif principal qui est de minimiser le capital à investir ? Autrement dit, existe-t-il une solution optimale dans laquelle les variables TF et EF sont toutes deux non nulles ?*

Comme le coût marginal de TF est nul, CinéFam pourrait, sans affecter le capital à investir, donner à TF une valeur ne dépassant pas la valeur limite 100. Si l'on pousse TF à cette valeur limite, la variable EF chutera à 0 et on n'atteindra pas l'objectif secondaire. Cependant, il est possible d'obtenir une solution optimale (qui n'est pas une solution de base) dans laquelle TF et EF sont toutes deux non nulles : il suffit, par exemple, de poser TF = 50 et de calculer les valeurs des autres variables originales à l'aide du tableau 5.19 :

$$\begin{aligned} \text{TVB} &= 100 - (50 \times 0) = 100 \\ \text{TVA} &= 80 - (50 \times 0) = 80 \\ \text{EF} &= 100 - (50 \times 1) = 50 \\ \text{TA} &= 180 - (50 \times 1) = 130 \\ \text{EA} &= 260 - 50 \times (-1) = 310 \end{aligned}$$

*5.9 LA DUALITÉ ET L'ANALYSE POSTOPTIMALE

5.9.1 La construction et l'interprétation du modèle dual

Reprenons le modèle de la Fonderie Rivière-Bleue décrit au chapitre 3, que nous dénoterons (P).

$$\text{Max } z = 1\,000\, x_1 + 1\,200\, x_2$$

sous les contraintes :

$$\begin{aligned} 10\, x_1 + 5\, x_2 &\leq 200 && (1) \\ 2\, x_1 + 3\, x_2 &\leq 60 && (2) \\ x_1 &\leq 34 && (3) \\ x_2 &\leq 14 && (4) \\ x_1, x_2 &\geq 0 && (5) \end{aligned}$$

Nous avons montré à la section 5.4 comment accorder, à partir du tableau final, une valeur à l'unité marginale de chaque ressource. La valeur d'une heure marginale de l'atelier d'ébarbage a été établie à 30 dollars, celle d'une heure marginale de l'atelier de peinture à 350 dollars, tandis que s'établissait à 0 dollar la valeur d'une unité marginale de part de marché tant pour la tuyauterie que pour les gueuses.

Henri, propriétaire d'une fonderie concurrente de la ville voisine, se propose de racheter les ressources de la Fonderie Rivière-Bleue. Henri connaît bien les paramètres du modèle (P), qu'il sait formuler mais sans savoir le résoudre. Il offre à Aurèle de lui racheter les ressources de la Fonderie Rivière-Bleue à des prix unitaires qu'il reste à fixer. Aurèle se montre intéressé, à condition d'y trouver son compte.

Les prix p_1 dollars et p_2 dollars sont les montants unitaires qu'Henri proposera à Aurèle pour s'approprier chaque heure de production des ateliers 1 et 2 respectivement. Henri offrira une compensation de p_3 dollars la tonne en échange du droit de vendre de la tuyauterie à la clientèle acquise à la Fonderie Rivière-Bleue. En contrepartie du droit de vendre des gueuses à cette clientèle, il offrira p_4 dollars la tonne.

Henri ne jette pas son argent par les fenêtres. Comme il veut débourser le moins possible pour l'achat de la totalité des quatre ressources d'Aurèle, il cherche donc à minimiser :

$$w = 200\,p_1 + 60\,p_2 + 34\,p_3 + 14\,p_4$$

tout en proposant à Aurèle une offre équitable.

Quand Aurèle vend une tonne de tuyauterie, il empoche 1 000 dollars. Mais pour vendre une tonne de tuyauterie, il lui faut consacrer à sa production et à sa vente 10 heures des ressources de l'atelier 1, 2 heures de celles de l'atelier 2 et 1 unité de sa part de marché pour ce produit. Henri estime, à juste titre, qu'Aurèle n'acceptera pas de céder ce paquet de ressources pour moins de 1 000 dollars. Henri devra donc fixer les prix offerts pour les ressources d'Aurèle de façon à ce que

$$10\,p_1 + 2\,p_2 + 1\,p_3 \geq 1\,000.$$

Une démarche similaire à propos de l'autre produit l'amène à écrire que

$$5\,p_1 + 3\,p_2 + 1\,p_4 \geq 1\,200.$$

Et il est raisonnable de penser que

$$p_1, p_2, p_3, p_4 \geq 0.$$

Pour déterminer les prix unitaires minimaux qu'il proposera à Aurèle, Henri devrait résoudre le modèle linéaire suivant :

$$\text{Min } w = 200\,p_1 + 60\,p_2 + 34\,p_3 + 14\,p_4 \qquad (6)$$

sous les contraintes :

$$10\,p_1 + 2\,p_2 + 1\,p_3 \geq 1\,000 \qquad (7)$$

$$5\,p_1 + 3\,p_2 + 1\,p_4 \geq 1\,200 \qquad (8)$$

$$p_1, p_2, p_3, p_4 \geq 0 \qquad (9)$$

Le modèle précédent, que nous dénoterons (D), s'appelle le **dual** de (P). La création du modèle dual (D) a une action en retour : (P) reçoit le nom de **modèle primal**. Les liens de parenté qu'entretiennent le modèle primal et le modèle dual correspondant sont illustrés à la figure 5.4.

Mais revenons à Henri, qui ne sait pas résoudre le modèle (D) mais décide d'en cerner le mieux possible la solution optimale en jonglant avec les chiffres dont il dispose.

Les premières jongleries d'Henri

La contrainte (3) du modèle (P) montre qu'Aurèle ne peut s'attendre à réaliser plus de 1 000 × 34 = 34 000 dollars en vendant une quantité de tuyauterie qui saturerait la demande. La contrainte (4) du même modèle montre que la part de marché d'Aurèle pour les gueuses lui permettrait au mieux des gains de 1 200 × 14 = 16 800 dollars. Aurèle ne peut donc gagner plus de 50 800 dollars à l'aide de sa fonderie. Henri, qui dénote par z^* la valeur maximale de la fonction-objectif de (P), conclut donc que $z^* \leq 50\,800$.

Les deuxièmes jongleries d'Henri

Henri décide de revenir sur ses premières jongleries et d'en formaliser les méandres. Il est arrivé à la conclusion qu'Aurèle ne pouvait prétendre à plus de 50 800 dollars en faisant les opérations suivantes :

– multiplication des deux membres de la contrainte (3) par 1 000 :

$$1\,000\,x_1 \leq 34\,000 \qquad (10)$$

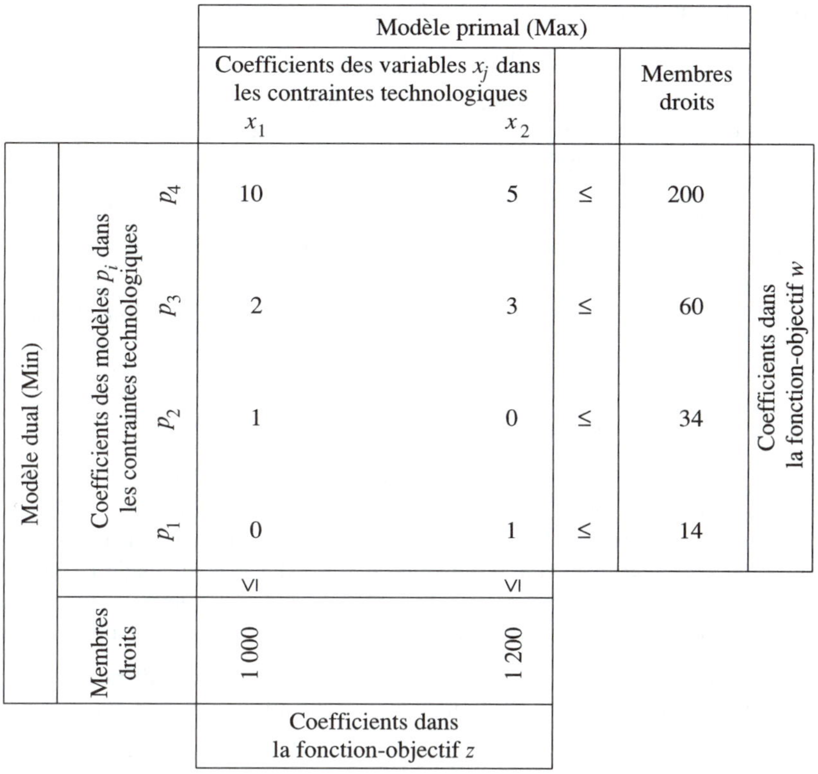

FIGURE 5.4
Structure comparée des modèles primal et dual

– multiplication des deux membres de la contrainte (4) par 1 200 :

$$1\,200\, x_2 \leq 16\,800 \tag{11}$$

– addition membre à membre des contraintes (10) et (11) :

$$1\,000\, x_1 + 1\,200\, x_2 \leq 50\,800 \tag{12}$$

Comme le membre gauche de (12) est égal à z, Henri a conclu que $z^* \leq 50\,800$. Henri comprend mieux maintenant où son intuition le guidait. Il suffit de multiplier les contraintes de (P) par des constantes non négatives telles qu'en additionnant les contraintes obtenues, on en obtienne une nouvelle qui permette de borner la valeur de z. Supposons que cette contrainte prenne la forme suivante :

$$v_1 x_1 + v_2 x_2 \leq z_0 \tag{13}$$

Puisque les variables x_1 et x_2 doivent être non négatives, on pourra affirmer que $z^* \leq z_0$ si

$$v_1 \geq 1\,000 \quad \text{et} \quad v_2 \geq 1\,200 \tag{14}$$

Résumons l'état de la question. Soit p_i la constante non négative par laquelle ont été multipliés les deux membres de la contrainte numéro i de (P). Dans ses premières jongleries, Henri a utilisé comme multiplicateurs le jeu de constantes suivantes pour obtenir la borne supérieure de 50 800 pour z^* :

$$\text{Jeu I} : p_1 = 0\,;\ p_2 = 0\,;\ p_3 = 1\,000\,;\ p_4 = 1\,200 \Rightarrow z^* \leq 50\,800\,.$$

Henri sent d'instinct que le montant de 50 800 dollars est irréaliste : les heures disponibles dans les 2 ateliers ne permettraient pas de produire toutes les tonnes de tuyauterie et de gueuses qu'allouent les parts de marché de la fonderie. Comment trouver une borne supérieure plus réaliste ?

Henri recommence son analyse en multipliant par 500 les deux membres de la contrainte (2). Il obtient :

$$1\,000\,x_1 + 1\,500\,x_2 \leq 30\,000 \tag{15}$$

Et il remarque que le coefficient dans (15) de chaque variable x_j est plus grand ou égal au coefficient correspondant dans la fonction-objectif. Il en conclut que $z^* \leq 30\,000$. Le deuxième jeu de multiplicateurs utilisé par Henri est donc :

$$\text{Jeu II} : p_1 = 0\,;\, p_2 = 500\,;\, p_3 = 0\,;\, p_4 = 0 \Rightarrow z^* \leq 30\,000\,.$$

Enfin, Henri, pris au jeu, constate que multiplier les 2 membres de la contrainte (1) par 240 donne à z^* une borne supérieure qui a le défaut d'être plus grande que celle obtenue par le jeu II de multiplicateurs. Il se félicite de son flair, qu'il attribue à son sens des affaires.

Les troisièmes jongleries d'Henri

Henri cherche à diminuer encore la borne supérieure de z^* qui a été ramenée à 30 000 dollars par ses deuxièmes jongleries. Il réalise que les ressources des 2 ateliers limitent plus la production de la fonderie que les ressources que constituent les parts de marché. Il conclut qu'Aurèle serait prêt à accepter une proposition d'achat des ressources de la fonderie où p_3 et p_4 seraient nuls, en autant que p_1 et p_2 soient suffisamment élevés pour compenser le profit qu'Aurèle retire des ressources cruciales que sont les heures des ateliers 1 et 2.

Pour déterminer des prix planchers, Henri se dit qu'il lui suffirait de résoudre le système obtenu en posant $p_3 = p_4 = 0$ et en assumant que les contraintes (7) et (8) sont satisfaites comme équations :

$$10\,p_1 + 2\,p_2 = 1\,000 \tag{16}$$

$$5\,p_1 + 3\,p_2 = 1\,200 \tag{17}$$

Il obtient aisément que $p_1 = 30$ et $p_2 = 350$. Ici, p_1 et p_2 représentent les prix unitaires minimaux qu'il pourrait équitablement proposer à Aurèle pour le rachat des ressources des 2 ateliers.

Pourquoi, se dit Henri, ne pas multiplier la contrainte (1) par 30 et la contrainte (2) par 350, juste pour voir... Aussitôt dit, aussitôt fait. Après addition membre à membre des 2 contraintes résultantes, il obtient :

$$1\,000\,x_1 + 1\,200\,x_2 \leq 27\,000 \tag{18}$$

Henri vient encore de réduire la borne supérieure de z^*. Voici le troisième jeu de multiplicateurs qu'il a utilisé :

$$\text{Jeu III} : p_1 = 30\,;\, p_2 = 350\,;\, p_3 = 0\,;\, p_4 = 0 \Rightarrow z^* \leq 27\,000\,.$$

Mais un doute tenaille Henri : pourrait-il encore réduire cette nouvelle borne supérieure ?

Venons à son aide : multiplions les 2 membres des contraintes (1) à (4) de (P) par p_1 jusqu'à p_4, sans donner pour le moment de valeurs précises à ces multiplicateurs non négatifs. L'addition des inéquations ainsi obtenues, suivie du regroupement des coefficients de x_1 et x_2, donne :

$$(10\,p_1 + 2\,p_2 + p_3)\,x_1 + (5\,p_1 + 3\,p_2 + p_4)\,x_2 \leq 200\,p_1 + 60\,p_2 + 34\,p_3 + 14\,p_4 \tag{19}$$

Pour que (14) soit satisfaite, il faut que

$$10\,p_1 + 2\,p_2 + p_3 \geq 1\,000 \tag{20}$$

$$5\,p_1 + 3\,p_2 + p_4 \geq 1\,200 \tag{21}$$

Ainsi, pour autant que (20) et (21) sont satisfaites par les multiplicateurs, le membre droit de (19) est une borne supérieure de z. Le lecteur vérifiera que les 3 jeux de multiplicateurs trouvés par Henri satisfont (20) et (21). Comme Henri veut minimiser la borne supérieure de z, la fonction-objectif suivante s'impose :

$$\text{Min } w = 200\,p_1 + 60\,p_2 + 34\,p_3 + 14\,p_4 \qquad (22)$$

En regroupant dans un même modèle les contraintes (20) – (22) et l'exigence de non-négativité des multiplicateurs, on retrouve le modèle (D). La démarche suivie au cours des dernières jongleries fournit donc une seconde interprétation du modèle dual.

5.9.2 Les relations entre le primal et le dual

Il y a plusieurs résultats mathématiques concernant les relations entre un modèle primal et son dual. Nous allons en indiquer quelques-uns. Bien que ces résultats puissent s'énoncer de façon générale, nous nous contenterons de les illustrer en mettant en scène les modèles (P) et (D) décrits précédemment.

Le théorème de la dualité faible

Si $(x_1^0\,;\,x_2^0)$ *et* $(p_1^0\,;\,p_2^0\,;\,p_3^0\,;\,p_4^0)$ *sont des solutions admissibles de (P) et (D) respectivement, alors*

$$1\,000\,x_1^0 + 1\,200\,x_2^0 \leq 200\,p_1^0 + 60\,p_2^0 + 34\,p_3^0 + 14\,p_4^0 \qquad (23)$$

En d'autres mots, **toute** solution admissible du primal donne à la fonction-objectif z une valeur inférieure ou égale à la valeur que prend la fonction-objectif w du dual en n'importe laquelle de ses solutions admissibles. La deuxième interprétation du modèle dual dans la section précédente retrace la preuve de ce théorème. Le théorème de la dualité faible est illustré au tableau 5.24. Les solutions admissibles de (P) sont tirées du chapitre 4. Les trois jeux de multiplicateurs fournissent les solutions admissibles de (D) présentées dans le tableau.

TABLEAU 5.24 Illustration du théorème de la dualité faible

Solution admissible de (P)	Valeur de z	Solution admissible de (D)	Valeur de w
(0 ; 0)	0	(0 ; 0 ; 1000 ; 1200)	50 800
(0 ; 14)	16 800	(0 ; 500 ; 0 ; 0)	30 000
(9 ; 14)	25 800	(30 ; 350 ; 0 ; 0)	27 000*
(15 ; 10)	27 000*		

* Solution optimale.

Un corollaire de ce théorème s'énonce comme suit :

Si une solution admissible du problème primal et une solution admissible du problème dual donnent à leur fonction-objectif respective la même valeur, alors elles sont toutes deux optimales.

Ainsi, on pourrait conclure, sans devoir résoudre par la méthode du simplexe ni (P) ni (D), que (15 ; 10) et (30 ; 350 ; 0 ; 0) sont des solutions optimales, la première de (P), la seconde de (D). Un second corollaire s'énonce comme suit :

Si le problème primal est non borné, *alors le problème dual n'a pas de solution admissible.*

Illustrons ce corollaire. Supposons, pour un instant, qu'Aurèle dispose de ressources illimitées dans chacun de ses 2 ateliers et de parts de marché correspondantes pour la tuyauterie et les gueuses. Henri n'arriverait jamais à proposer à Aurèle des prix suffisamment élevés pour racheter équitablement les ressources de la fonderie. L'ensemble des points admissibles du modèle (D) serait donc l'ensemble vide.

Le théorème de la dualité forte

Si le problème primal possède une solution optimale, alors le problème dual en possède une aussi ; de plus, les valeurs optimales des 2 modèles sont égales.

Ce théorème est plus « fort » que le précédent, car seule l'existence d'une solution optimale du modèle primal est supposée. Ainsi, en sachant que le plan de production (15 ;10), qui assure un profit de 27 000 $, est optimal pour (P), on sait que (D) admet forcément une solution optimale pour laquelle la fonction-objectif w de (D) prend la valeur 27 000. On peut même aller plus loin, comme l'illustre le tableau 5.25 : une solution optimale de (D) peut se déduire d'un tableau optimal de (P) en posant chaque variable duale p_i ($i = 1, ..., 4$) égale au z_j de la variable d'écart e_i correspondante :

$$p_1 = (z_j \text{ de } e_1) = 30 \qquad p_2 = 350 \qquad p_3 = p_4 = 0\,.$$

Associons 2 variables à chaque contrainte (i) du modèle (P) : une variable d'écart e_i et une variable duale p_i. De même, à chaque contrainte (j) du modèle (D), associons une variable d'excédent s_j et une variable duale[9] x_j.

Soient $\boldsymbol{x}^0 = (x_1^0;\ x_2^0)$ une solution admissible du modèle primal (P) ; et $\boldsymbol{e}^0 = (e_1^0;\ e_2^0;\ e_3^0;\ e_4^0)$ les valeurs des variables d'écart associées à $\boldsymbol{x}^0$. Soient également $\boldsymbol{p}^0 = (p_1^0;\ p_2^0;\ p_3^0;\ p_4^0)$ une solution admissible du modèle dual (D) ; et $\boldsymbol{s}^0 = (s_1^0;\ s_2^0)$ les valeurs des variables d'excédent associées à $\boldsymbol{p}^0$.

Le théorème des écarts complémentaires

Les solutions admissibles x^0 *et* p^0 *sont optimales si et seulement si*

$$e_i^0 \times p_i^0 = 0 \qquad \text{pour } i = 1, 2, 3, 4 \qquad (24)$$

$$s_j^0 \times x_j^0 = 0 \qquad \text{pour } j = 1, 2 \qquad (25)$$

TABLEAU 5.25
Les valeurs optimales des variables duales dans le tableau optimal du primal

Base		1000	1200	0	0	0	0	
Coeff.	Var.	x_1	x_2	e_1	e_2	e_3	e_4	Valeur
0	e_4	0	0	0,10	– 0,50	0	1	4
1000	x_1	1	0	0,15	– 0,25	0	0	15
0	e_3	0	0	– 0,15	0,25	1	0	19
1200	x_2	0	1	– 0,10	0,50	0	0	10
z_j		1000	1200	30	350	0	0	
$c_j - z_j$		0	0	– 30	– 350	0	0	27 000

9. Puisque le dual du modèle dual est le modèle primal, il est naturel de dénoter par x_j la variable duale associée à la contrainte numéro j de (D).

TABLEAU 5.26
Illustration du théorème des écarts complémentaires

	Modèle (P)		Modèle (D)	
Contrainte n°	e_i^0	p_i^0	s_j^0	x_j^0
1	0	30	0	15
2	0	350	0	10
3	19	0		
4	14	0		

On peut expliquer (24) de la façon suivante : p_i^0 est le prix unitaire à payer pour la ressource i ; si la contrainte (i) associée à cette ressource n'est pas satisfaite comme équation, en d'autres mots si $e_i^0 > 0$, alors la quantité disponible de la ressource i est inutilement élevée et son prix marginal est nul : $p_i^0 = 0$. L'expression (25) s'interprète de façon similaire. Deux **variables**, la première provenant du modèle (P) et la seconde du modèle (D), sont dites **complémentaires** si leur produit est nul. Le tableau 5.26 illustre le théorème.

Mais le théorème de la dualité faible permettait déjà d'écrire que x^0 et p^0 sont des solutions optimales de leur modèle respectif. Quelle est donc l'utilité réelle du théorème des écarts complémentaires ? Il est souvent utilisé pour développer des algorithmes dits primal-dual pour la résolution des programmes linéaires. Dans ce type d'algorithmes, on recourt concomitamment au modèle primal et au modèle dual au cours de la recherche d'une solution optimale du problème primal. En particulier, connaissant une solution admissible du modèle primal, on cherche une solution du modèle dual qui satisferait les conditions (24) et (25). Et aussitôt que les 2 solutions admissibles satisfont ces équations, ces solutions sont déclarées optimales, la première du modèle primal, la seconde du modèle dual.

5.10 PROBLÈMES

1. **La planification de la production dans une manufacture** Une manufacture, qui fabrique 3 produits, utilise 3 ressources pour cette production : services techniques (S.T.), main-d'œuvre (M.O.) et services administratifs (S.A.). Le tableau suivant indique le nombre d'heures requises pour produire une unité de chacun des produits; la dernière colonne donne le profit (en $/unité) associé aux différents produits; quant à la dernière ligne, elle précise combien d'heures de chacune des ressources sont disponibles.

	Ressources requises (en h/u)			Profit
Produit	**S.T.**	**M.O.**	**S.A.**	**(en $/u)**
P1	1	10	2	10
P2	1	4	2	6
P3	1	5	6	4
Disp. (en h)	100	600	300	

L'entreprise utilise le modèle linéaire continu suivant pour planifier la production.

$$\text{Max } z = 10\,x_1 + 6\,x_2 + 4\,x_3$$

sous les contraintes :

$$x_1 + x_2 + x_3 \leq 100$$

$$10\,x_1 + 4\,x_2 + 5\,x_3 \leq 600$$

$$2\,x_1 + 2\,x_2 + 6\,x_3 \leq 300$$

$$x_1, x_2, x_3 \geq 0$$

Voici un tableau optimal de ce modèle.

Base	10 x_1	6 x_2	4 x_3	0 e_1	0 e_2	0 e_3	Valeur
x_2	0	1	0,833	1,667	–0,167	0	66,667
x_1	1	0	0,167	–0,667	0,167	0	33,333
e_3	0	0	4	–2	0	1	100
CM*	0	0	–2,667	–3,333	–0,667	0	733,333

* CM est l'abréviation de « Coût marginal ».

(*a*) Décrire le plan de production optimal correspondant à ce tableau. Existe-t-il un autre plan de production assurant le même profit ?

(*b*) On décide de produire 10 unités du produit P3. Déterminer le nouveau plan de production et le profit total associé.

(*c*) Quel prix maximal l'entreprise serait-elle prête à payer pour obtenir 1 heure supplémentaire de main-d'œuvre ? 1 heure supplémentaire de services administratifs ?

(*d*) Deux employés des services administratifs prendront bientôt leurs vacances annuelles. Pour la prochaine période de planification, les services administratifs disposeront de 230 heures seulement. Indiquer comment modifier le plan optimal de production pour tenir compte de ce changement.

(*e*) On croit que le temps disponible dans les services techniques n'a pas été correctement mesuré. Dans quel intervalle le nombre d'heures disponibles dans ces services doit-il se trouver pour que la solution optimale puisse se calculer directement à partir du tableau final précédent, sans pivotage supplémentaire ?

(*f*) On conteste également la valeur $c_1 = 10$ utilisée présentement comme profit unitaire de P1. Indiquer pour quelles valeurs de c_1 la solution proposée par le tableau précédent reste optimale.

(*g*) De combien devrait-on augmenter le prix de vente unitaire de P3 pour qu'il devienne rentable d'en produire ?

(*h*) On songe à créer un service de contrôle de la qualité. Cette décision se traduirait par l'ajout au modèle de la contrainte

$$0{,}5\ x_1 + 0{,}5\ x_2 + x_3 \leq 55.$$

De quelle façon le plan optimal serait-il modifié ?

2. Les engrais de BRR La compagnie BRR fabrique 2 types d'engrais, S1 et S2, qui doivent faire l'objet de 3 traitements dans autant d'ateliers qui constituent l'usine de BRR. Le tableau suivant affiche les données pertinentes au problème de production du mois prochain (par exemple, une tonne de l'engrais S1 requiert 4 heures à l'atelier A1, 2 heures en A2 et 3 heures en A3).

Durée du traitement (en h/tonne)			
Atelier	**S1**	**S2**	**Temps disponible (en h)**
A1	4	6	250
A2	2	5	180
A3	3	3	180
Profit (en $/tonne)	4 000	6 500	

Dans le but de maximiser la contribution totale au profit retirée de la vente de ses engrais, BRR utilise le modèle suivant, dont les variables de décision s'interprètent aisément.

$$\text{Max } z = 4\ x_1 + 6{,}5\ x_2$$

sous les contraintes :

$$4\ x_1 + 6\ x_2 \leq 250$$

$$2\ x_1 + 5\ x_2 \leq 180$$

$$3\ x_1 + 3\ x_2 \leq 180$$

$$x_1,\ x_2 \geq 0$$

Voici le tableau optimal de ce modèle linéaire.

Base	**4** x_1	**6,5** x_2	**0** e_1	**0** e_2	**0** e_3	**Valeur**
x_1	1	0	0,625	–0,75	0	21,25
x_2	0	1	–0,250	0,50	0	27,50
e_3	0	0	–1,125	0,75	1	33,75
CM	0	0	–0,875	–0,25	0	***

(*a*) Décrire le plan de production optimal. Si ce plan est implanté, quelle sera la contribution totale au profit de la production des engrais et quels ateliers seront utilisés durant toutes les heures où ils sont disponibles ?

(*b*) Résoudre graphiquement le modèle linéaire : construire le polygone des solutions admissibles, tracer une ou plusieurs courbes de niveau de la fonction-objectif z, puis repérer le sommet correspondant à la solution optimale.

(*c*) Supposons que la contribution au profit de l'engrais S1 soit portée à 4 200 $ la tonne. Déterminer, à partir du tableau du simplexe ci-dessus, de quelle façon on devrait modifier le plan de production proposé et à combien s'élèverait alors la contribution totale au profit de la production des engrais.

(*d*) Analyser graphiquement l'impact du changement considéré à la question précédente : supposer que le coefficient de la variable x_1 dans la fonction-objectif soit fixé à 4,2 plutôt qu'à 4 ; tracer la courbe de niveau de la nouvelle fonction-objectif z' qui passe par le sommet optimal trouvé en réponse à la question (*b*), puis indiquer pourquoi ce sommet reste optimal pour z'.

(*e*) Si la direction de BRR décidait d'augmenter de 20 heures le temps disponible dans le deuxième atelier, quel en serait l'effet sur le plan optimal proposé ? Répondre à l'aide du tableau du simplexe ci-dessus.

(*f*) Analyser graphiquement l'impact du changement considéré à la question précédente : supposer que le membre droit b_2 de la deuxième contrainte soit fixé à 200 plutôt qu'à 180 ; construire la région admissible, puis repérer le sommet optimal du modèle modifié.

3. L'usine d'automobiles Une usine produit des voitures sport et des modèles sedan. On y retrouve 3 ateliers, où la production des voitures des 2 types s'effectue en parallèle.

– **Atelier 1 : montage des moteurs.** Monter un moteur requiert 3,5 heures de main-d'œuvre dans le cas d'un sedan et 4 heures dans le cas d'une voiture sport. Cet atelier dispose chaque mois de 1 500 heures de main-d'œuvre.

- **Atelier 2 : carrosserie.** Une carrosserie de sedan requiert 2 heures de main-d'œuvre ; pour la carrosserie d'une voiture sport, il faut prévoir 1 heure de plus. Cet atelier dispose de 2 000 heures par mois.
- **Atelier 3 : assemblage.** Pour assembler un sedan, il faut compter 1,5 heure ; pour assembler une voiture sport, il faut une demi-heure de plus. Cet atelier peut assembler tout ce que produisent les ateliers 1 et 2.

Si l'on ne tient pas compte des coûts de main-d'œuvre, un sedan rapporte 2 345 $ et une voiture sport, 3 456 $. Les heures de main-d'œuvre reviennent à 16 $ chacune dans l'atelier 1, à 15 $ chacune dans l'atelier 2 et à 12 $ chacune dans l'atelier 3. Enfin, il faut produire au moins 120 sedans mensuellement.

Le modèle linéaire suivant, qui ne tient pas compte des contraintes d'intégrité, est utilisé pour planifier la production mensuelle des sedans et des voitures sport.

$$\text{Max } z = 2\,241\ x_1 + 3\,323\ x_2$$

sous les contraintes :

$$3{,}5\ x_1 + 4\ x_2 \leq 1\,500$$
$$2\ x_1 + 3\ x_2 \leq 2\,000$$
$$x_1 \geq 120$$
$$x_1,\ x_2 \geq 0$$

Voici le tableau optimal de ce modèle.

Base	2241 x_1	3323 x_2	0 e_1	0 e_2	0 e_3	Valeur
x_2	0	1	0,25	0	0,875	270
e_2	0	0	−0,75	1	−0,625	950
x_1	1	0	0	0	−1	120
CM	0	0	−830,75	0	−666,625	1 166 130

(a) Définir les variables de décision x_1 et x_2. Décrire comment ont été obtenus les coefficients de la fonction-objectif.

(b) Décrire le plan de production optimal. Dans quelles proportions les heures disponibles dans les ateliers 1 et 2 sont-elles utilisées ?

(c) Supposons que l'on veuille porter à 128 le nombre de sedans produits sans modifier les disponibilités de main-d'œuvre dans les ateliers 1 et 2. De combien d'unités doit-on diminuer la production de voitures sport ?

(d) La direction voudrait produire 50 voitures sport de plus sans modifier le nombre de sedans produits. Un analyste affirme qu'il suffirait d'augmenter de 200 heures le temps disponible dans l'atelier 1. Commenter.

(e) On pourrait disposer, en sus du temps déjà prévu, de 500 heures à répartir entre les ateliers 1 et 2 ; un complément d'heures serait accordé à l'atelier 3 pour assembler la production supplémentaire des 2 premiers ateliers. Indiquer comment répartir les 500 heures additionnelles. Que deviendrait le plan de production optimal et de combien augmenterait le profit optimal ?

4. Planification hebdomadaire de la production Un directeur de la production est à planifier les opérations de la prochaine semaine, qui seront consacrées aux produits P_1, P_2, P_3, P_4 et P_5. Il n'est toutefois pas tenu de fabriquer chacun des 5 produits de la gamme. Il doit seulement respecter les contraintes suivantes :

- il ne peut excéder le temps disponible dans les divers ateliers ;
- le produit P_1 entre dans la composition de P_2 et il lui faut fabriquer au moins autant d'unités de P_1 que de P_2 ;
- une commande importante le force à fabriquer la semaine prochaine au moins 15 unités de P_4.

Le tableau suivant résume les informations pertinentes à l'exercice de planification auquel se consacre le directeur.

Atelier	Temps (en h) requis pour traiter 1 unité					Temps disp. (en h)
	P_1	P_2	P_3	P_4	P_5	
1	2	6	2	2	4	250
2	1	1	1	3	1	144
3	2	2	4	4	2	160
4	3	3	11	1	2	175
Profit (en $/u)	420	610	380	550	180	

Pour sa planification, le directeur utilise un modèle linéaire continu, dont les variables de décision x_j $(1 \leq j \leq 5)$ sont définies ainsi :

x_j = nombre d'unités de P_j fabriquées durant la semaine.

Voici le modèle.

$$\text{Max } z = 420\ x_1 + 610\ x_2 + 380\ x_3 + 550\ x_4 + 180\ x_5$$

sous les contraintes technologiques suivantes :

$$\begin{array}{lll}
\text{Atelier 1} & : & 2\ x_1 + 6\ x_2 + 2\ x_3 + 2\ x_4 + 4\ x_5 \leq 250 \\
\text{Atelier 2} & : & 1\ x_1 + 1\ x_2 + 1\ x_3 + 3\ x_4 + 1\ x_5 \leq 144 \\
\text{Atelier 3} & : & 2\ x_1 + 2\ x_2 + 4\ x_3 + 4\ x_4 + 2\ x_5 \leq 160 \\
\text{Atelier 4} & : & 3\ x_1 + 3\ x_2 + 11\ x_3 + 1\ x_4 + 2\ x_5 \leq 175 \\
\text{P1 } vs \text{ P2} & : & x_1 - x_2 \geq 0 \\
\text{Min P4} & : & x_4 \geq 15
\end{array}$$

Et voici un tableau final du simplexe (pour alléger, seules les colonnes des variables hors base sont données).

Base	380 x_3	180 x_5	0 e_3	0 e_5	0 e_6	Valeur
e_1	−6	0	−2	−2	−6	20
e_2	−1	0	−0,50	0	1	49
x_2	1	0,5	0,25	0,5	1	25
e_4	5	−1	−1,50	0	−5	10
x_1	1	0,5	0,25	−0,5	1	25
x_4	0	0	0	0	−1	15
CM	−650	−335	−257,5	−95	−480	34 000

(*a*) Décrire le plan optimal de production associé au tableau du simplexe. Existe-t-il d'autres plans optimaux ? Si oui, en fournir un autre ; sinon, expliquer brièvement pourquoi.

(*b*) Lesquels des quatre ateliers seront utilisés à pleine capacité si le plan optimal de production associé au tableau final est implanté ?

(*c*) Si la marge unitaire de P_3 passait de 380 $ à 480 $, le plan optimal de la prochaine semaine en serait-il affecté ? Si oui, donner le nouveau plan optimal ; sinon, indiquer brièvement pourquoi. Dans les deux cas, donner le profit associé au plan optimal.

(*d*) Si la marge unitaire de P_1 passait de 420 $ à 480 $, le plan optimal de la prochaine semaine en serait-il affecté ? Si oui, donner le nouveau plan optimal ; sinon, indiquer brièvement pourquoi. Dans les deux cas, donner le profit associé au plan optimal.

(*e*) Que deviendraient le plan optimal et le profit z associé si le temps disponible à l'atelier 3 diminuait de 20 heures ?

(*f*) Que deviendraient le plan optimal et le profit z associé si une commande exigeait que 10 unités de P_1 soient livrées directement à un client, sans entrer dans la fabrication d'unités de P_2 ?

5. Les pommes de terre Reprenons le contexte du problème 2 du chapitre 3, intitulé « Les pommes de terre ». Ce problème se modélise de la façon suivante.

$$\text{Max } z = 6\,x_1 + 5\,x_2$$

sous les contraintes :

$$0{,}20\,x_1 + 0{,}30\,x_2 \leq 18\,000$$

$$0{,}20\,x_1 + 0{,}10\,x_2 \leq 12\,000$$

$$0{,}30\,x_1 + 0{,}27\,x_2 \leq 24\,000$$

$$x_1,\, x_2 \geq 0$$

Voici le tableau optimal de ce modèle linéaire.

Base	6 x_1	5 x_2	0 e_1	0 e_2	0 e_3	Valeur
x_2	0	1	5	−5	0	30 000
x_1	1	0	−2,5	7,5	0	45 000
e_3	0	0	−0,6	−0,9	1	2 400
CM	0	0	−10	−20	0	420 000

(*a*) Si la société retirait de chaque kg de pommes de terre acheté du second fournisseur 6/5 des profits qu'elle retire d'un kg de pommes de terre provenant du premier fournisseur, en quoi le plan optimal de production serait-il modifié ?

(*b*) Que deviendrait le plan optimal si la demande de frites augmentait de 2 000 kg ?

(*c*) Quelles dépenses de publicité la société serait-elle prête à engager pour augmenter sa part de marché de 10 % pour chacun des 3 produits qu'elle commercialise (frites, juliennes et flocons) ? Combien de kg de pommes de terre lui faudrait-il se procurer chez chacun de ses fournisseurs ?

(*d*) L'acheteur de la société aimerait connaître quelles augmentations de la demande en frites, en juliennes et en flocons entraîneraient à l'optimum l'achat de respectivement 45 000 kg et 31 000 kg de pommes de terre chez les 2 producteurs.

6. Un micro-atelier Un petit atelier, qui utilise 2 machines-outils, se spécialise dans la fabrication de pièces de 2 types : A et B. Une pièce A rapporte 5 $ et une pièce B, 7 $. Chaque pièce doit être usinée sur chacune des 2 machines-outils. Le tableau suivant décrit les temps unitaires d'usinage.

Durée de l'usinage (en min/pièce)		
Machine	**Pièce A**	**Pièce B**
1	3	6
2	4	4

Les machines-outils nécessitent 1 opérateur chacune. Les opérateurs travaillent en paires, par quart de 8 heures. Les pièces dont l'usinage sur une machine est effectué durant un quart donné doivent être complétées durant ce même quart, ce qui amène parfois l'un des opérateurs à cesser le travail avant la fin de son quart. Afin de limiter autant que possible les frictions entre coéquipiers, on convient que l'écart entre les durées de travail des 2 opérateurs d'une même paire ne doit pas dépasser 20 minutes.

Dans le but de maximiser la contribution totale au profit retirée des pièces A et B, on utilise le modèle suivant, qui ne tient pas compte des contraintes d'intégrité.

$$\text{Max } z = 5\,x_A + 7\,x_B$$

sous les contraintes :

$$3\,x_A + 6\,x_B \leq 480$$

$$4\,x_A + 4\,x_B \leq 480$$

$$-x_A + 2\,x_B \leq 20$$

$$x_A - 2\,x_B \leq 20$$

$$x_A,\, x_B \geq 0$$

Voici le tableau optimal de ce modèle linéaire.

Base	5 x_A	7 x_B	0 e_1	0 e_2	0 e_3	0 e_4	Valeur
x_A	1	0	−0,333	0,50	0	0	80
e_4	0	0	1	−1	0	1	20
e_3	0	0	−1	1	1	0	20
x_B	0	1	0,333	−0,25	0	0	40
CM	0	0	−0,667	−0,75	0	0	680

(*a*) Indiquer comment a été obtenue la 3e contrainte.

(*b*) Décrire la solution optimale. Interpréter, dans ce contexte, le fait que la variable e_3 prend la valeur 20 à l'optimum.

(*c*) Interpréter les coûts marginaux des variables d'écart e_1 et e_2.

(*d*) Résoudre graphiquement le modèle linéaire : construire le polygone des solutions admissibles, tracer une courbe de niveau de la fonction-objectif z puis repérer le sommet correspondant à la solution optimale.

(*e*) Les opérateurs ont demandé que la durée de travail de chacun soit diminuée de 24 minutes par quart, mais que l'écart maximal entre les 2 opérateurs d'un même quart soit maintenu à 20 minutes. Que deviendrait le plan de production optimal si cette demande était agréée par la direction ?

(*f*) Si l'écart maximal entre les durées de travail des 2 opérateurs d'un même quart passait de 20 à 19 minutes, que deviendrait le plan de production optimal ?

(*g*) Un jour, l'opérateur de la machine 1 arriva à son poste 9 minutes après le début de son quart de travail. Quelles furent les conséquences de ce retard ? Quel fut l'écart entre les durées de travail des 2 opérateurs ?

7. Les lampes Un manufacturier assemble 3 sortes de lampes dans 3 ateliers. Le tableau suivant résume les données quantitatives pertinentes à cette production.

Atelier	Temps d'assemblage (en min/lampe) L1	L2	L3	Temps disponible (en min)
A1	1	2	1	500
A2	3	0	2	460
A3	2	8	0	840
Profit (en $/lampe)	6	2	8	

L'entreprise utilise le modèle suivant, qui ne tient pas compte des contraintes d'intégrité.

$$\text{Max } z = 6\,x_1 + 2\,x_2 + 8\,x_3$$

sous les contraintes :

$$x_1 + 2\,x_2 + x_3 \le 500$$
$$3\,x_1 + 2\,x_3 \le 460$$
$$2\,x_1 + 8\,x_2 \le 840$$
$$x_1, x_2, x_3 \ge 0$$

(*a*) Voici le tableau final de ce modèle. Calculer les données manquantes.

Base	6 x_1	2 x_2	8 x_3	0 e_1	0 e_2	0 e_3	Valeur
e_1	−1	***	***	1	−0,5	−0,250	60
x_3	1,5	***	***	0	***	***	230
x_2	***	***	***	0	0	0,125	105
CM	−6,5	***	***	***	−4	−0,250	***

(*b*) Indiquer, en termes du contexte, ce que représente chacune des variables d'écart de ce tableau.

(*c*) Si le manufacturier disposait de 1 heure supplémentaire dans l'atelier A1, comment devrait-il l'utiliser ?

(*d*) Comment devrait-on modifier le plan de production optimal si le temps disponible en A3 chutait de 80 minutes ?

(*e*) De quelle façon seraient modifiés le plan de production optimal et le profit associé si la marge bénéficiaire unitaire de la lampe L1 était augmentée de 5 $?

(*f*) S'il était possible de répartir les minutes inutilisées de A1 entre les ateliers A2 et A3, comment devrait-on le faire ?

(*g*) Le manufacturier pourrait vendre 100 lampes d'un nouveau modèle. L'assemblage de chacune de ces dernières requerrait 2 minutes de chacun des 3 ateliers. Le profit qu'il pourrait tirer de chaque lampe est de 9 $. Devrait-il lancer la production de ce nouveau modèle ? Si oui, que deviendraient le plan de production optimal et le profit associé ?

8. Le marchand de fruits Reprenons le contexte du problème 3 du chapitre 2, intitulé « Le marchand de fruits ». Ce problème, si l'on ne tient pas compte des contraintes d'intégrité, se modélise de la façon suivante.

$$\text{Max } z = 6\,x_O + 5\,x_P + 10\,x_T$$

sous les contraintes :

$$x_O \ge 200$$
$$x_P \ge 100$$
$$x_T \le 200$$
$$0{,}75\,x_O + 1{,}50\,x_P + x_T \le 800$$
$$x_O, x_P, x_T \ge 0$$

Voici le tableau optimal de ce modèle linéaire (pour alléger, seules les colonnes des variables hors base sont données).

Base	0 e_2	0 e_3	0 e_4	Valeur
e_1	2	−1,333	1,333	400
x_P	−1	0	0	100
x_T	0	1	0	200
x_O	2	−1,333	1,333	600
CM	−7	−2	−8	6 100

(*a*) Supposons que le marchand révise à la baisse la demande estimée de tangerines et réduise de 9 caisses la quantité maximale de tangerines qu'il pense pouvoir écouler. Par quoi les remplacera-t-il ? Y gagnera-t-il ou y perdra-t-il ? Combien ?

(*b*) Si le carnet de commandes imposait au marchand de rapporter au moins 108 caisses de pamplemousses, comment ferait-il de la place à ces caisses ? Y gagnerait-il ?

(*c*) Si le marchand disposait d'un camion pouvant contenir 1 100 caisses de tangerines, comment répartirait-il sa charge ? Quel serait alors son profit ?

(*d*) Quel profit devrait rapporter une caisse de pamplemousses pour que le marchand envisage d'en ramener plus de 100 caisses ?

(*e*) Supposons qu'au cours de sa remontée de Floride, le marchand apprenne que, vu l'abondance des fruits sur le marché montréalais, ses marges de profit chuteront de 60 % par rapport à ses prévisions. Regrettera-t-il de ne pas avoir réparti sa charge autrement ?

(*f*) De quel pourcentage le profit d'une caisse d'oranges devrait-il chuter pour provoquer une réorganisation de la charge ?

(*g*) Interpréter, dans ce contexte, le fait de donner à e_4 la valeur 1.

(*h*) Pourquoi n'ajoute-t-on pas, dans la fonction-objectif, un terme « $+6\ e_1$ » ? En effet, la variable d'excédent e_1 représente le nombre de caisses d'oranges en sus du minimum de 200, et ces caisses rapporteront un profit de 6 $ chacune.

9. L'usine Joubec de Trois-Rivières Joubec inc. fabrique, dans son usine de Trois-Rivières, des tricycles, des camions et des poupées. Le carnet de commandes impose la production, le mois prochain, d'au moins 1 300 tricycles, 1 250 camions et 4 000 poupées.

Le directeur de l'usine s'est fixé comme premier objectif d'atteindre le point mort. Il définit la contribution au profit d'un jouet fabriqué dans son usine comme la différence entre le prix de vente et le coût de production (à l'exclusion des frais d'exploitation). L'usine atteint donc le point mort aussitôt que la contribution totale au profit est égale aux frais d'exploitation, lesquels s'élèvent à 41 000 $ par mois.

Voici les coûts de production et la contribution au profit de chaque jouet.

Jouet	Coût de production	Contribution au profit
Tricycle	15 $	4,00 $
Camion	5 $	1,50 $
Poupée	4 $	1,00 $

Le directeur cherche donc à déterminer combien de jouets de chaque sorte produire le mois prochain de façon à atteindre le point mort tout en minimisant les coûts de production. Il utilise à cette fin le modèle linéaire suivant, qui ne tient pas compte des contraintes d'intégrité.

$$\text{Min } z = 15\ x_T + 5\ x_C + 4\ x_P$$

sous les contraintes :

$$4\ x_T + 1{,}5\ x_C + x_P \geq 41\ 000$$

$$x_T \geq 1\ 300$$

$$x_C \geq 1\ 250$$

$$x_P \geq 4\ 000$$

Voici le tableau final de ce modèle linéaire (pour alléger, seules les colonnes des variables hors base sont données).

Base	0 e_1	0 e_2	0 e_4	Valeur
x_C	−0,667	2,667	0,667	21 200
x_T	0	−1	0	1 300
e_3	−0,667	2,667	0,667	19 950
x_P	0	0	−1	4 000
CM	3,333	1,667	0,667	141 500

(*a*) Si le carnet de commandes n'exigeait que la fabrication de 1 000 tricycles, que deviendrait le plan de production optimal ? Et quels seraient alors les coûts de production ?

(*b*) Quel serait le plan de production optimal si les commandes de tricycles et de poupées diminuaient chacune de 12 % ? Et quels seraient alors les coûts de production ?

(*c*) Si les coûts de production augmentaient de 4 % et que les prix de vente des 3 jouets étaient ajustés de façon à maintenir les mêmes contributions unitaires au profit, que deviendrait le plan de production optimal ? Et quels seraient alors les coûts de production ?

(*d*) Répondre à la question précédente en supposant cette fois que seuls les tricycles sont touchés par les augmentations des coûts de production et du prix de vente.

(*e*) Si les frais d'exploitation chutent de 1 200 $ et que le directeur maintienne son objectif d'atteindre le point mort tout en minimisant les coûts, que deviendra le plan de production optimal ? Et quels seront alors les coûts de production ?

*(*f*) Joubec envisage d'augmenter légèrement ses prix de vente au début du prochain trimestre. À l'usine de Trois-Rivières, cette augmentation se traduirait, pour chaque jouet, par une majoration de 4 % de la contribution unitaire au profit. Le directeur cherche à analyser l'impact de cette décision sur les activités de son usine : il évalue à 41 600 $ les frais d'exploitation mensuels pendant le trimestre prochain et tient pour acquis que son usine devra fabriquer mensuellement au moins 1 300 tricycles, 1 250 camions et 4 000 poupées. Que deviendrait alors le plan de production optimal si le directeur maintenait son objectif d'atteindre le point mort tout en minimisant les coûts ? Et quels seraient alors les coûts de production ?

10. La tourbière de Rivière-du-Loup La firme Aurora gère depuis de nombreuses années plusieurs tourbières du Québec, dont la tourbière de Rivière-du-Loup. Elle y utilise une technologie traditionnelle pour produire de la tourbe, cette matière légère et poreuse faite d'un feutrage de fibres et de fragments végétaux noirs ou bruns, plus ou moins carbonisés par les bactéries.

Aurora met en marché 3 qualités de tourbe : la Qualité 3, utilisée comme litière dans les étables en raison de son pouvoir absorbant ; la Qualité 2, qui sert de support aux engrais fournis aux plantes maraîchères ; et la Qualité 1, destinée à l'empotage des plantes d'intérieur ou à la culture des fleurs de serre. La tourbe de Qualité 3 se commercialise en ballots de 25 kg, celle de Qualité 2 en sacs de plastique de 20 kg et celle de Qualité 1 en sachets de 5 kg.

La tourbe s'extrait au printemps sous la forme de gros parpaings que l'on empile sur le bord des fosses, où ils sont laissés à sécher au cours de l'été : 1 kg de tourbe extraite donne 100 g de tourbe séchée. La machinerie de la tourbière de Rivière-du-Loup ne permet pas d'extraire plus de 4 500 000 kg de parpaings chaque printemps. Aurora peut fixer aisément la quantité de chaque qualité de tourbe extraite : il lui suffit de choisir les emplacements adéquats et la profondeur des extractions à y pratiquer.

La tourbe séchée est défibrée à l'automne, puis emballée et conservée jusqu'à la fin de l'hiver, période à laquelle s'effectuent les livraisons. L'entrepôt permet de stocker 20 000 m³ de tourbe sèche emballée, un emballage requérant 1 m³, 0,75 m³ ou 0,20 m³ d'espace pour son entreposage selon qu'il s'agisse d'un ballot de Qualité 3, d'un sac de Qualité 2 ou d'un sachet de Qualité 1. Les défibreuses mettent 5 minutes pour préparer un ballot de tourbe de Qualité 3 ; il faut compter 8 minutes pour un sac de Qualité 2 et 3 minutes pour un sachet de Qualité 1. On dispose de 2 000 heures de défibrage pendant la période propice.

Le service du marketing impose la fabrication maximale de 15 000 ballots de Qualité 3, dont un grossiste retient, année après année, 10 000 ballots. Le même grossiste requiert 3 000 sacs de Qualité 2.

Les profits que retire Aurora de la vente de ces produits s'élèvent à 9 \$ le ballot de Qualité 3, à 12 \$ le sac de Qualité 2 et à 2 \$ le sachet de Qualité 1.

Le modèle retenu par Aurora pour maximiser les profits est le suivant.

$$\text{Max } z = 9\,x_3 + 12\,x_2 + 2\,x_1$$

sous les contraintes :

$$25\,x_3 + 20\,x_2 + 5\,x_1 \leq 450\,000$$

$$x_3 + 0{,}75\,x_2 + 0{,}2\,x_1 \leq 20\,000$$

$$5\,x_3 + 8\,x_2 + 3\,x_1 \leq 120\,000$$

$$x_3 \leq 15\,000$$

$$x_3 \geq 10\,000$$

$$x_2 \geq 3\,000$$

$$x_j \geq 0 \qquad \text{où } j = 1, 2, 3$$

Voici le tableau optimal de ce modèle linéaire (pour alléger, seules les colonnes des variables hors base sont données) ainsi que les intervalles de variation.

(a) Justifier, dans le contexte du problème, la 1re contrainte du modèle.

Base	2 x_1	0 e_1	0 e_3	Valeur
x_2	0,5	–0,05	0,25	7 500
e_2	0,025	–0,0425	0,0125	2 375
e_6	0,5	–0,05	0,25	4 500
e_4	0,2	–0,08	0,20	3 000
e_5	–0,2	0,08	–0,20	2 000
x_3	–0,2	0,08	–0,20	12 000
CM	–2,2	–0,12	–1,20	198 000

Intervalles de variation des c_j et des b_i

Paramètre associé à	Valeur		
	présente	minimale	maximale
x_3	9	7,50	15
x_2	12	7,60	14,40
x_1	2	–Infini	4,20
1 Disp Extr ≤	450 000	425 000	487 500
2 Disp Entr ≤	20 000	17 625	Infini
3 Disp Défib ≤	120 000	105 000	130 000
4 Max Q3 ≤	15 000	12 000	Infini
5 Min Q3 ≥	10 000	–Infini	12 000
6 Min Q2 ≥	3 000	–Infini	7 500

(b) Dans la solution de base associée au tableau final, les variables x_1 et e_3 sont hors base et, par conséquent, prennent la valeur 0. Décrire de façon détaillée ce qu'il adviendrait au plan de production et au profit si l'on forçait l'une de ces variables à prendre la valeur 1 : déterminer les valeurs de z et des variables originales x_j quand $x_1 = 1$ et $e_3 = 0$, puis quand $x_1 = 0$ et $e_3 = 1$.

(c) Quel devrait être le profit minimal associé à la mise en marché d'un sachet de tourbe de Qualité 1 pour qu'Aurora s'intéresse à en produire à la tourbière de Rivière-du-Loup ?

(d) Combien Aurora serait-elle prête à dépenser au maximum pour porter de 4 500 000 kg à 4 750 000 kg la capacité printanière d'extraction des parpaings de tourbe ? Que deviendrait le plan de production optimal à la suite de cet investissement ?

(e) De quelle façon la production de la tourbière sera-t-elle modifiée si la capacité de défibrage diminue de 200 heures et que la capacité d'entreposage chute de 1 000 m³ ?

(f) Si le profit unitaire associé à un emballage passait de 9 \$ à 11 \$ dans le cas des ballots de Qualité 3, et de 12 \$ à 10 \$ dans le cas des sacs de Qualité 2, le plan de production optimal resterait-il le même ? Si oui, le profit optimal serait-il augmenté ou diminué ? de combien ? et pourquoi ?

(g) S'il était possible d'augmenter de 100 heures le temps disponible pour le défibrage, quelle somme maximale Aurora serait-elle prête à verser pour ces 100 heures ?

(h) De quel pourcentage uniforme Aurora devrait-elle augmenter les profits unitaires des 3 produits si elle désirait maintenir à 198 000 \$ les profits retirés de la tourbière de Rivière-du-Loup au cours d'une année où auraient diminué de 5 % les heures normalement disponibles pour le défibrage ?

(i) La solution optimale proposée par le tableau final exige toutes les ressources d'extraction de parpaings et de défibrage disponibles. La direction d'Aurora en conclut que, si l'on désirait accroître le profit par une augmentation des ressources, la seule façon de procéder serait d'augmenter simultanément ces 2 ressources. Commenter.

(j) Si le profit unitaire de la tourbe de Qualité 1 passait de 2 \$ à 4,20 \$, serait-il rentable pour Aurora d'en produire 1 000 sachets à la tourbière de Rivière-du-Loup ?

(k) Que devrait faire Aurora s'il lui était possible de se procurer des heures supplémentaires de défibreuse aux tarifs suivants ?

- De 1 à 20 heures : 60 \$/h en sus des frais variables déjà imputés.
- De 20 à 50 heures : 75 \$/h en sus des frais variables déjà imputés.

11. Les cidres Cidrosec détient une formule secrète d'élaboration de cidres mousseux. Elle en fabrique 2 types, le Sukoe et le Polisukoe, qu'elle commercialise auprès des traiteurs, des épiceries fines et des grands restaurants. Il s'agit de produits haut de gamme qui requièrent plusieurs variétés de pommes différentes dont certaines, importées, sont cueillies avant leur pleine maturité et conservées au froid jusqu'à ce qu'elles aient perdu une bonne part de leur eau. Le moût obtenu est fermenté en présence de levures normalement associées à la pourriture noble de certains grands vins français. Pour des raisons techniques, le Sukoe doit compter pour au moins 25 % de la production annuelle de Cidrosec, mais sans dépasser la barre des 75 %. Cidrosec ne commercialise que des bouteilles qui ont au plus 1 an d'âge.

La demande annuelle, si elle n'était pas stimulée par la publicité, s'établirait comme suit : 20 000 bouteilles de Sukoe et 15 000 de Polisukoe. La publicité de Cidrosec cible tour à tour chacun de ses 2 produits ; de plus, chaque dollar investi dans la publicité d'un cidre augmente de 1 bouteille la demande de ce cidre, sans influer sur la demande de l'autre. Le Sukoe se vend 10 \$ la bouteille, le Polisukoe 11,25 \$. Les coûts reliés à la production et à la distribution s'élèvent à 5 \$ la bouteille pour le Sukoe et à 4 \$ pour le Polisukoe. Le budget qu'entend investir cette année Cidrosec dans la production, la distribution et la publicité de son cidre est limité à 295 000 \$.

Afin de maximiser la contribution totale au profit retirée de la vente de ses cidres, la société utilise le modèle suivant, qui ne tient pas compte des contraintes d'intégrité.

$$\text{Max } z = 5\,x_S + 7{,}25\,x_P - y_S - y_P$$

sous les contraintes :

$$0{,}75\,x_S - 0{,}25\,x_P \geq 0$$

$$0{,}25\,x_S - 0{,}75\,x_P \leq 0$$

$$x_S - y_S \leq 20\,000$$

$$x_P - y_P \leq 15\,000$$

$$5\,x_S + 4\,x_P + y_S + y_P \leq 295\,000$$

$$x_S,\, x_P,\, y_S,\, y_P \geq 0$$

Voici le tableau optimal de ce modèle linéaire (pour alléger, seules les colonnes des variables hors base sont données) ainsi que les intervalles de variation.

Base	−1 y_S	0 e_1	0 e_4	0 e_5	Valeur
x_S	0,05	−1	0,05	0,05	15 500
e_2	0,10	1	0,10	0,10	31 000
e_3	−1,05	1	−0,05	−0,05	4 500
x_P	0,15	1	0,15	0,15	46 500
y_P	0,15	1	−0,85	0,15	31 500
CM	−2,1875	−1,25	−2,1875	−1,1875	383 125

Intervalles de variation des c_j et des b_i

Paramètre associé à	Valeur présente	Valeur minimale	Valeur maximale
x_S	5	−18,75	6,2500
x_P	7,25	6,00	Infini
y_S	−1	−Infini	1,1875
y_P	−1	−2,25	1,5735
1 Prop Min S ≥	0	−15 500	4 550
2 Prop Max S ≤	0	−31 000	Infini
3 Demande S ≤	20 000	15 500	Infini
4 Demande P ≤	15 000	−295 000	52 058,82
5 Budget ≤	295 000	85 000	385 000

(a) Définir les variables de décision et décrire le plan optimal de production et de publicité.

(b) Quel serait le plan optimal de production et de publicité si le prix de vente du cidre Sukoe était augmenté de 1 \$ la bouteille ? (L'impact sur la demande de cette augmentation du prix de vente n'étant pas connu, on présumera en première analyse que la demande resterait inchangée à 20 000 bouteilles par année.)

(c) Si on soustrayait 1 000 \$ au budget annuel, de combien faudrait-il augmenter le prix de la bouteille de Sukoe pour compenser les pertes encourues ? (Ici encore, on présumera en première analyse que la demande resterait inchangée à 20 000 bouteilles par année.)

(d) Si la demande, en l'absence de tout investissement en publicité, s'élevait plutôt à 16 000 bouteilles de Sukoe et à 16 000 bouteilles de Polisukoe, que deviendrait le plan de production optimal ?

(e) Un gestionnaire, auquel on expliquait le sens des coûts marginaux $c_j - z_j$, se dit surpris que celui de la variable y_S dépasse 1 en valeur absolue : selon lui, « si Cidrosec investissait 1 \$ en publicité pour le Sukoe, au pire ce dollar serait inutile et Cidrosec perdrait 1 \$ ». Commenter.

(f) Le même gestionnaire a remarqué qu'il y a une différence de 1 entre les coûts marginaux des variables e_4 et e_5. Expliquer pourquoi il en est ainsi.

(g) Les coûts marginaux des variables y_S et e_4 sont égaux. S'agit-il d'une coïncidence ?

12. Les textiles DNS La compagnie DNS gère plusieurs usines textiles, dont celle de Shawinigan destinée à la transformation de toile de Nîmes brute en denim fini. Cette transformation emprunte la filière suivante : tout d'abord désencoller la toile de coton brute, c'est-à-dire la débarrasser de l'encollage dont on enduit les fils avant leur tissage, ensuite la blanchir, puis, selon le type de produit final désiré, l'imprimer ou la teindre, et finalement la calandrer, c'est-à-dire en assurer à la calandre le lissage et le lustrage. Chacune de ces 5 opérations fait l'objet, au sein de l'usine, des activités d'un atelier spécialisé. La production de l'usine de Shawinigan comporte 4 types de denim : le Délavé, l'Imprimé, le Rouge et le Bleu. DNS, grâce aux bonnes relations tissées avec ses fournisseurs sud-américains de toile brute, ne risque pas de pénurie de matière première. Les capacités hebdomadaires de traitement des ateliers de désencollage, de blanchiment, d'impression, de teinture et de calandrage, et la durée en heures de chaque traitement nécessaire pour transformer 1 000 m² de toile en chacun des 4 denims sont données au tableau suivant.

Atelier	Durée des traitements de transformation (en heures par 1 000 m² de toile)				Capacité hebdomadaire de traitement (en heures)
	Délavé	Imprimé	Rouge	Bleu	
Désencollage	8	10	8	8	1 800
Blanchiment	99	90	80	72	19 200
Impression	–	36	–	–	5 400
Teinture	–	–	3,2	2,7	720
Calandrage	2,4	3,2	2,8	2,8	660

DNS exige de l'usine de Shawinigan une production hebdomadaire d'au moins 40 000 m² de Délavé et d'au moins 20 000 m² d'Imprimé. L'Imprimé est tellement en vogue que DNS n'aurait pas de difficulté à écouler toute la production que pourrait en faire l'usine de Shawinigan. Les autres denims sont moins recherchés : les quantités maximales de Délavé, de Rouge et de Bleu produites à l'usine de Shawinigan ne doivent pas excéder 100 000 m², 120 000 m² et 125 000 m² respectivement.

La contribution unitaire aux profits de chaque m² de denim écoulé se chiffre à 0,66 $ pour le Délavé, à 0,81 $ pour l'Imprimé, à 0,68 $ pour le Rouge et à 0,75 $ pour le Bleu.

DNS a utilisé le modèle linéaire suivant pour établir le plan de production hebdomadaire de l'usine de Shawinigan.

Max $z = 0{,}66\ x_1 + 0{,}81\ x_2 + 0{,}68\ x_3 + 0{,}75\ x_4$

sous les contraintes :

1 Désencollage : $8\ x_1 + 10\ x_2 + 8\ x_3 + 8\ x_4 \le 1\ 800$

2 Blanchiment : $99\ x_1 + 90\ x_2 + 80\ x_3 + 72\ x_4 \le 19\ 200$

3 Impression : $36\ x_2 \le 5\ 400$

4 Teinture : $3{,}2\ x_3 + 2{,}7\ x_4 \le 720$

5 Calandrage : $2{,}4\ x_1 + 3{,}2\ x_2 + 2{,}8\ x_3 + 2{,}8\ x_4 \le 660$

6 Minimum 1 : $x_1 \ge 40$

7 Minimum 2 : $x_2 \ge 20$

8 Demande 1 : $x_1 \le 100$

9 Demande 3 : $x_3 \le 120$

10 Demande 4 : $x_4 \le 125$

Non-négativité : $x_1, x_2, x_3, x_4 \ge 0$

Voici un tableau optimal de ce modèle linéaire (pour alléger, seules les colonnes des variables hors base sont données) ainsi que les intervalles de variation associés.

Base	0 e_1	0 e_6	0 e_7	0 e_{10}	Valeur
x_3	0,125	1	1,25	–1	35
e_2	–10	19	–10	8	1640
e_3	0	0	36	0	4680
e_4	–0,400	–3,2	–4	0,5	270,5
e_5	–0,350	–0,4	–0,3	0	52
x_1	0	–1	0	0	40
x_2	0	0	–1	0	20
e_8	0	1	0	0	60
e_9	–0,125	–1	–1,25	1	85
x_4	0	0	0	1	125
CM	–0,085	–0,02	–0,04	–0,07	*****

Intervalles de variation des c_j et des b_i

Paramètre associé à	Valeur		
	présente	minimale	maximale
x_1	0,66	–Infini	0,68
x_2	0,81	–Infini	0,85
x_3	0,68	0,66	0,75
x_4	0,75	0,68	Infini
1 Désencollage ≤	1 800	1 520	1 948,571
2 Blanchiment ≤	19 200	17 560	Infini
3 Impression ≤	5 400	720	Infini
4 Teinture ≤	720	449,5	Infini
5 Calandrage ≤	660	608	Infini
6 Minimum 1 ≥	40	0	75
7 Minimum 2 ≥	20	0	48
8 Demande 1 ≤	100	40	Infini
9 Demande 3 ≤	120	35	Infini
10 Demande 4 ≤	125	40	160

(a) Préciser l'unité de mesure utilisée dans la formulation de la fonction-objectif. Définir précisément les 4 variables de décision.

(*b*) Décrire de façon succincte le plan de production optimal et calculer le profit hebdomadaire correspondant.

(*c*) Pour lequel ou lesquels des 4 denims produits à l'usine de Shawinigan DNS pourrait-elle s'intéresser, dans une optique de maximisation des profits, à stimuler la demande ? Expliquer.

(*d*) DNS pense à augmenter les ressources hebdomadaires de certains des ateliers de l'usine de Shawinigan. Indiquer l'atelier à choisir en priorité et les motifs de ce choix.

(*e*) Une étude récente a démontré que si l'on abaissait de 10 $ le prix de vente du 1 000 m^2 de Bleu, la demande pour ce denim augmenterait de 25 000 m^2 pour plafonner à 150 000 m^2. Quels seraient les effets combinés, sur le profit hebdomadaire, de la modification de prix proposée par l'étude et de la modification de la demande qui en résulterait ? Devrait-on effectuer cette modification de prix ? Si oui, que deviendrait alors le plan de production hebdomadaire ?

(*f*) DNS aurait-elle avantage à ne plus exiger que l'usine de Shawinigan produise chaque semaine au moins 40 000 m^2 de Délavé et au moins 20 000 m^2 d'Imprimé ? Déterminer le plan de production et les profits hebdomadaires si DNS n'avait pas ces exigences de production minimale.

(*g*) De quelle façon faudrait-il réécrire la fonction-objectif du modèle proposé si, sous les mêmes contraintes, l'objectif de DNS était la maximisation de la quantité hebdomadaire totale de denim produite dans son usine de Shawinigan ? Le plan de production hebdomadaire actuel devrait-il être modifié ? Expliquer.

13. La firme Lemmi Certains pays de la CEE, dont la Grande-Bretagne, accordent en priorité des licences d'importation aux marchands dont les activités commerciales dans le pays engendrent de l'emploi chez les ouvriers du même secteur ou de secteurs connexes à ceux où ils exercent leurs activités d'import-export. Ainsi, un importateur anglais de vêtements fabriqués au Pakistan, à Hong-Kong ou en Thaïlande se verra accorder des licences d'autant plus libéralement qu'il traitera, parfois même à perte, avec des ateliers anglais pour lancer des confections. En retour de son recours aux ateliers locaux, l'importateur obtient des bons de travail qu'il échange contre l'aval du ministère du Commerce pour les licences d'importation qu'il requiert.

C'est pour des raisons similaires que la firme Lemmi a outillé à Bournemouth une usine de montage de tondeuses dont les pièces sont importées. Le fabricant pakistanais préférerait monter les tondeuses à Karachi et il ne consent qu'à regret à approvisionner l'usine de montage anglaise. Il limite, sous toutes sortes de prétextes, l'envoi de certaines pièces communes aux 3 modèles de tondeuses qui intéressent le marché européen : les pistons, les roues et les cylindres sur le pourtour desquels sont montées les lames hélicoïdales. Le tableau suivant indique combien de pièces sont requises pour chaque modèle et combien le fabricant pakistanais s'est engagé à en livrer pour la prochaine rafale chez Lemmi.

Nombre de pièces requises pour chaque modèle de tondeuses

Modèle	Pistons	Roues	Cylindres
1	2	4	1
2	3	5	2
3	4	6	3
Nombre de pièces promises	3 400	8 000	2 000

On dispose chez Lemmi d'assez de pièces de toutes les autres sortes pour ne pas se sentir contraint par des pénuries éventuelles au cours de la prochaine rafale. L'expérience indique qu'il faut fabriquer au moins autant d'unités du modèle 1 que des 2 autres modèles ensemble, et que le nombre de tondeuses du modèle 2 doit être au moins le double du nombre de tondeuses de modèle 3.

Dans le but de maximiser la contribution totale aux frais d'exploitation et au profit retirée de la vente des tondeuses montées au cours de la prochaine rafale, on utilise chez Lemmi le modèle linéaire suivant, qui ne tient pas compte des contraintes d'intégrité.

$$\text{Max } z = 12\,x_1 + 20\,x_2 + 30\,x_3$$

sous les contraintes :

$$2\,x_1 + 3\,x_2 + 4\,x_3 \leq 3\,400$$
$$4\,x_1 + 5\,x_2 + 6\,x_3 \leq 8\,000$$
$$x_1 + 2\,x_2 + 3\,x_3 \leq 2\,000$$
$$x_1 - x_2 - x_3 \geq 0$$
$$x_2 - 2\,x_3 \geq 0$$
$$x_1, x_2, x_3 \geq 0$$

Voici le tableau optimal de ce modèle linéaire (pour alléger, seules les colonnes des variables hors base sont données) ainsi que les intervalles de variation associés.

Base	0 e_1	0 e_3	0 e_5	Valeur
x_2	−0,50	1	−0,50	300
e_2	−3	2	0	1 800
x_3	−0,25	0,5	0,25	150
e_4	2,50	−4	0,50	500
x_1	1,75	−2,5	0,25	950
CM	−3,50	−5	−0,50	21 900

(*a*) Calculer l'intervalle de variation du coefficient c_1 de la variable x_1 dans la fonction-objectif.

Intervalles de variation des c_j et des b_i				
Paramètre associé à		Valeur		
		présente	minimale	maximale
x_1		12	***	***
x_2		20	15	21
x_3		30	28	44
1 Pistons	≤	3 400	3 200	4 000
2 Roues 2	≤	8 000	6 200	Infini
3 Cylindres	≤	2 000	1 700	2 125
4 Condition 1	≥	0	–Infini	500
5 Condition 2	≥	0	–600	600

(b) Le fabricant pakistanais a expédié 1 900 cylindres au lieu des 2 000 promis. Lemmi aimerait compenser le manque à gagner en augmentant le prix de vente du modèle 3. Quelle augmentation du coefficient c_3 de la variable x_3 dans la fonction-objectif permettrait à Lemmi de réaliser la contribution attendue de 21 900 £ ?

(c) Revenons au problème des 100 cylindres manquants. Lemmi envisage d'augmenter d'un même montant les prix de vente des modèles 2 et 3 pour compenser le manque à gagner. Déterminer ce montant.

(d) Un atelier de Bournemouth a offert à Lemmi un lot de 600 pistons, à un prix unitaire supérieur de 2 £ à celui exigé par le fabricant pakistanais. Lemmi devrait-elle accepter cette offre ? Expliquer brièvement.

(e) Que deviendraient le plan de montage optimal et la contribution totale associée si le fabricant pakistanais n'expédiait à Lemmi que 90 % des pistons, 90 % des roues et 90 % des cylindres promis ?

(f) Quelle est l'augmentation minimale du prix de vente du modèle 2 qui rendrait rentable le montage de plus de 300 tondeuses de ce modèle ?

(g) Interpréter, dans le contexte, le coefficient –4 du tableau final situé à l'intersection de la 4e ligne et de la colonne associée à la variable e_3.

14. La firme Corie Corie fabrique, dans son usine de Laval, des pièces de 4 types : C, D, E, F. L'usinage d'une pièce requiert une opération dans chacun des 4 ateliers A1, A2, A3 et A4. Le tableau suivant donne diverses données pertinentes à la planification de la production hebdomadaire de Corie, dont la durée de l'usinage d'une pièce selon le type et selon l'atelier. La dernière ligne donne le temps disponible (en h/sem.) dans chaque atelier.

Pièce	Durée des opérations (en h/unité)				Profit (en $/u)	Production minimale (en u/sem.)
	A1	A2	A3	A4		
C	0,5	2	0,5	3	8	100
D	1	1	0,5	1	7	600
E	1	1	1	2	6	500
F	0,5	1	1	3	6,5	400
Temps	1 800	2 800	1 960	5 600		

Le marché est suffisamment porteur pour absorber toutes les pièces C, D, E et F que Corie pourrait produire. Corie utilise, pour planifier sa production hebdomadaire, le modèle linéaire suivant.

$$\text{Max } z = 8\,C + 7\,D + 6\,E + 6{,}5\,F$$

sous les contraintes :

$$0{,}5\,C + D + E + 0{,}5\,F \leq 1\,800$$
$$2\,C + D + E + F \leq 2\,800$$
$$0{,}5\,C + 0{,}5\,D + E + F \leq 1\,960$$
$$3\,C + D + 2\,E + 3\,F \leq 5\,600$$
$$C \geq 100$$
$$D \geq 600$$
$$E \geq 500$$
$$F \geq 400$$

Voici un tableau final de ce modèle linéaire (pour alléger, seules les colonnes des variables hors base sont données).

Base	0 e_1	0 e_2	0 e_3	0 e_7	Valeur
D	1,5	–0,25	–0,5	0,75	645
F	–0,5	–0,25	1,5	0,75	965
e_8	–0,5	–0,25	1,5	0,75	565
e_4	1,5	–1,25	–2,5	–0,25	25
e_5	–0,5	0,75	–0,5	–0,25	245
e_6	1,5	–0,25	–0,5	0,75	45
E	0	0	0	–1	500
C	–0,5	0,75	–0,5	–0,25	345
CM	–3,25	–2,625	–2,25	–2,125	16 547,5

(a) Donner, pour chaque atelier, le bilan à l'optimum des heures utilisées et des heures non utilisées.

(b) La solution optimale recommande de fabriquer 500 pièces E, soit la quantité minimale requise. La direction de Corie vient de recevoir une commande de 40 pièces E, ce qui a pour effet de hausser le seuil minimal de ces pièces à 540 unités et de modifier en conséquence la 7e contrainte technologique du modèle. Quel prix minimal devrait demander Corie, sachant qu'une pièce E se vend normalement 72 $?

(c) Que deviendrait le plan de production optimal si Corie acceptait la commande de 40 pièces E mentionnée à la question précédente ?

(d) Un client auquel Corie s'est engagée à livrer 100 pièces E utilise ces pièces comme composantes. Un technicien de Corie a constaté que, chez ce client, la pièce E pourrait être remplacée par une pièce D et que la durée de vie des assemblages ainsi obtenus serait prolongée de façon notable. Le technicien prétend que cette substitution rapporte à Corie 100 $ de profit supplémentaire. A-t-il raison ?

(e) La direction de Corie envisage de porter de 1 800 à 1 820 heures le temps disponible dans l'atelier A1 : chaque heure additionnelle coûterait 1,50 $ de plus que la valeur imputée utilisée par les comptables dans le calcul des marges bénéficiaires du tableau des données. Que deviendraient le plan de production optimal et le profit associé si cet ajout de 20 heures était implanté ?

(f) Une autre option s'offre à Corie : porter de 2 800 à 2 820 heures le temps disponible dans l'atelier A2 ; chaque heure additionnelle coûterait 1 $ de plus que la valeur imputée qui a été utilisée dans le calcul des marges bénéficiaires du tableau des données. Que deviendraient le plan de production optimal et le profit associé si cet ajout de 20 heures était implanté ?

(g) La direction de Corie envisage de répartir entre les ateliers A1 et A2 les 20 heures additionnelles. Quelle répartition sera la plus intéressante si les coûts de ces heures sont ceux indiqués précédemment aux questions (*e*) et (*f*) ?

(h) Si la production minimale de la pièce E était fixée à seulement 420 unités par semaine, de combien augmenterait le profit optimal ? Est-ce qu'on fabriquerait alors exactement 420 pièces de E par semaine ?

(i) Si le prix de vente unitaire de F augmentait de 1,50 $, que deviendraient le plan optimal et le profit associé ?

15. Les crayons de Bleistift À Hasselt, dans le Limbourg belge, la compagnie Bleistift fabrique des crayons jaunes. C'est la couleur traditionnelle depuis le début du XXe siècle : le graphite de grande qualité utilisé alors pour fabriquer la mine des meilleurs crayons provenait du sous-sol de Chine, où le jaune symbolisait la royauté et l'excellence.

Bleistift fabrique des crayons à mine fine ou à grosse mine. Les mines sont obtenues en mélangeant graphite et argile en des proportions variant selon la dureté désirée et l'intensité souhaitée pour le trait. Les crayons de Bleistift qui sont destinés au marché nord-américain sont munis d'une gomme à effacer ; les autres, écoulés sur le marché européen, sont sans gomme.

Pour le bois de ses crayons, Bleistift recourt au cèdre, à l'érable, au jelutong et à l'ozigo. Ces quatre essences forestières se prêtent particulièrement bien au sciage en minces lamelles, à l'usinage et aux taillages. Le fournisseur de Bleistift lui garantit une quantité suffisante d'érable et de cèdre en échange d'une commande minimale à chaque rafale de production. Le jelutong provient de l'Indonésie et l'ozigo, de l'Afrique. Ce dernier donne des crayons lourds d'allure luxueuse. Tous ces bois sont avares d'échardes et adhèrent fortement aux mines.

Bleistift se procure son bois déjà apprêté en longs blocs équarris. Les blocs sont sciés de façon précise en fines lamelles plates, lesquelles sont plongées dans un bain où elles macèrent pour s'imprégner de teinture émolliente. L'une des faces des lamelles est ensuite rayée sur sa longueur de cannelures à profil arrondi. Des cylindres de mine sont déposés dans les cannelures, la face rayée des lamelles est encollée, puis deux lamelles encollées sont placées face à face de façon à enchasser les mines. Les lamelles doubles sont taillées, à l'aide d'une fraiseuse, en longues baguettes, qui sont alors coupées en crayons de longueur standard. Ceux-ci sont polis, peints en jaune et mis à sécher. Les crayons destinés au marché nord-américain sont ensuite munis à l'une de leurs extrémités d'une virole collée puis poinçonnée, prête à recevoir une gomme maintenue en place par gaufrage de la virole. Finalement, les crayons sont emballés par étuis de 20 crayons et placés dans des cartons de 50 étuis. Toutes ces opérations sont automatisées.

Bleistift commercialise donc ses produits en cartons de 1 000 crayons. Pour la prochaine rafale, Bleistift doit choisir dans la gamme des produits suivants : crayons en cèdre à mine fine (CF) ou à grosse mine (CG), crayons en jelutong à grosse mine (JG), crayons en jelutong destinés au marché européen et donc sans gomme (JS), crayons en ozigo à grosse mine (OG), crayons en érable à mine fine (EF) et crayons en érable sans gomme destinés au marché européen (ES). Les écologistes croient que l'industrie du crayon incite des forestiers indonésiens irresponsables à pratiquer des coupes sauvages de jelutong sans se préoccuper du renouvellement de la ressource : Bleistift veut donc limiter sa production de crayons en jelutong à un maximum de 400 cartons pour cette rafale.

L'usine de Bleistift peut se voir comme une suite d'ateliers disposant chacun d'un potentiel d'unités de production. Ces ateliers sont : sciage-cannelure, mine-encollage, fraisage-polissage, peinture-séchage, gomme-virole, emballage. Le tableau suivant résume les données techniques correspondant à la fabrication des crayons. Les profits unitaires sont exprimés en francs belges par carton.

Atelier	CF	CG	JG	JS	OG	EF	ES	Potentiel
Sciag-Cann	1	3,5	2,5	2,5	4,5	4	4	22 670
Mine-Encol	1,5	2	2	2	3,5	2	3	16 000
Frais-Poli	2	2,5	2	2	3,5	2,5	3	18 000
Peint-Séch	1	1	1	1	1,5	1	1	8 000
Gomme-Viro	1	1	1	–	2	2	–	7 000
Emballage	2	2	2	2	3	2	2	13 300
Profit	126	185	218	141	330	224	186	

Bleistift doit commander érable et cèdre pour assurer la production d'au moins 1 million de crayons de chacune de ces 2 essences. Sa part du marché nord-américain lui impose de fabriquer au moins 2 000 cartons de crayons à mine fine et au plus 1 500 cartons de crayons à grosse mine.

Le modèle linéaire utilisé, un tableau optimal ainsi que les intervalles de variation associés sont donnés à la page suivante.

Répondre aux questions suivantes, qui sont indépendantes les unes des autres, sauf la question (k) qui est reliée à la question (j).

(a) Définir la variable x_{JS} du modèle utilisé par Bleistift.

(b) Expliquer la construction de la contrainte ÉRABLE ; en particulier, indiquer ce que représente son membre droit.

(c) La sciure de jelutong et de cèdre peut servir de litière pour chevaux. Les éleveurs en offrent 75 FB le sac de 50 kg. Sachant que la production d'un carton de crayons de l'une ou l'autre de ces essences donne 2 kg de sciure, quelles modifications devrait-on apporter au modèle linéaire utilisé par Bleistift ?

Le modèle de Bleistift

Max $z = 126\ x_{CF} + 185\ x_{CG} + 218\ x_{JG} + 141\ x_{JS} + 330\ x_{OG} + 224\ x_{EF} + 186\ x_{ES}$
sous les contraintes :

Sciag-Cann	$x_{CF} + 3{,}5\ x_{CG} + 2{,}5\ x_{JG} + 2{,}5\ x_{JS} + 4{,}5\ x_{OG} + 4\ x_{EF} + 4\ x_{ES} \leq 22\ 670$	(1)
Mine-Encol	$1{,}5\ x_{CF} + 2\ x_{CG} + 2\ x_{JG} + 2\ x_{JS} + 3{,}5\ x_{OG} + 2\ x_{EF} + 3\ x_{ES} \leq 16\ 000$	(2)
Frais-Poli	$2\ x_{CF} + 2{,}5\ x_{CG} + 2\ x_{JG} + 2\ x_{JS} + 3{,}5\ x_{OG} + 2{,}5\ x_{EF} + 3\ x_{ES} \leq 18\ 000$	(3)
Peint-Séch	$x_{CF} + x_{CG} + x_{JG} + x_{JS} + 1{,}5\ x_{OG} + x_{EF} + x_{ES} \leq 8\ 000$	(4)
Gomme-Viro	$x_{CF} + x_{CG} + x_{JG} + 2\ x_{OG} + 2\ x_{EF} \leq 7\ 000$	(5)
Emballage	$2\ x_{CF} + 2\ x_{CG} + 2\ x_{JG} + 2\ x_{JS} + 3\ x_{OG} + 2\ x_{EF} + 2\ x_{ES} \leq 13\ 300$	(6)
Mine-Gros	$x_{CG} + x_{JG} + x_{OG} \leq 1\ 500$	(7)
Mine-Fine	$x_{CF} + x_{EF} \geq 2\ 000$	(8)
Érable	$x_{EF} + x_{ES} \geq 1\ 000$	(9)
Cèdre	$x_{CF} + x_{CG} \geq 1\ 000$	(10)
Jelutong	$x_{JG} + x_{JS} \leq 400$	(11)
	toutes les variables sont non négatives	

Tableau optimal (pour alléger, seules les colonnes des variables hors base sont données)

Base	141 x_{JS}	0 e_1	0 e_5	0 e_6	0 e_7	0 e_{10}	0 e_{11}	Valeur
x_{ES}	0,8125	0,1250	–0,50	0,25	–0,3125	0,1250	0	2 065
e_2	–0,3125	–0,1250	0,50	–1,25	–0,1875	–0,6250	0,50	585
e_3	–0,3750	–0,2500	0,25	–1	0,1250	0	0,25	1 070
e_4	0	0	0	–0,50	0	0	0	1 350
x_{CG}	–0,3750	0,2500	0	–0,50	0,3750	–0,7500	0	330
x_{OG}	–0,6250	–0,2500	0	0,50	0,6250	0,7500	–1	770
x_{CF}	0,3750	–0,2500	0	0,50	–0,3750	–0,2500	0	670
e_8	0,5000	0	0,50	0	–1	–0,5000	0,50	700
e_9	0,9375	0,3750	0	–0,25	–0,9375	–0,1250	0,50	3 095
x_{EF}	0,1250	0,2500	0,50	–0,50	–0,6250	–0,2500	0,50	2 030
x_{JG}	1	0	0	0	0	0	1	400
CM	–27,75	–11,50	–19	–70	–30,25	–44,50	0	1 325 580

Intervalles de variation des c_j				Intervalles de variation des b_i				
Variable	Valeur présente	Valeur minimale	Valeur maximale	Contrainte		Valeur présente	Valeur minimale	Valeur maximale
x_{CF}	126	52	172	1 Sciag-Cann	≤	22 670	21 350	25 350
x_{CG}	185	139	244,33	2 Mine-Encol	≤	16 000	15 415	Infini
x_{JG}	218	218	Infini	3 Frais-Poli	≤	18 000	16 930	Infini
x_{JS}	141	–Infini	168,75	4 Peint-Séch	≤	8 000	6 650	Infini
x_{OG}	330	281,60	330	5 Gomme-Viro	≤	7 000	5 830	11 130
x_{EF}	224	224	272,40	6 Emballage	≤	13 300	11 960	13 768
x_{ES}	186	151,85	224	7 Mine-Gros	≤	1 500	620	2 200
				8 Mine-Fine	≥	2 000	–Infini	2 700
				9 Érable	≥	1 000	–Infini	4 095
				10 Cèdre	≥	1 000	560	2 026,67
				11 Jelutong	≤	400	0	1 170

(*d*) De combien, au minimum, devrait-on augmenter le prix de vente d'un étui de crayons JS pour qu'il soit rentable d'en envisager la production ?

(*e*) Bleistift peut-elle, sans encourir un manque à gagner, accéder carrément aux souhaits des écologistes et supprimer complètement l'utilisation du jelutong ? Si oui, indiquer la gamme des produits à fabriquer et le nombre de cartons de chacun ; sinon, dire pourquoi.

(*f*) Bleistift pourrait augmenter le potentiel de production de l'atelier de gomme-virole de 2 000 unités, à un coût de 15 FB l'unité de plus que le coût imputé actuellement utilisé dans le calcul des marges bénéficiaires. À combien s'élèveraient les profits découlant de la prochaine rafale si Bleistift ajoutait ainsi 2 000 unités à l'atelier de gomme-virole ? Et quel serait l'impact de cet ajout sur la production des crayons EF et OG ?

(*g*) Selon le plan de production associé au tableau optimal donné à la page précédente, l'atelier de sciage-cannelure est utilisé à 100 % de sa capacité. À un gestionnaire qui suggérait d'exiger des employés de cet atelier de fournir un certain nombre d'heures supplémentaires, le contremaître de l'atelier rétorqua que ce serait inutile puisque, de toute façon, d'autres ateliers sont utilisés à pleine capacité. Indiquer lesquels des 6 ateliers sont utilisés au maximum de leur disponibilité selon la solution associée au tableau final de la page précédente. Puis, commenter l'affirmation du contremaître.

(*h*) Supposons que la production minimale de crayons en cèdre passe de 1 000 à 800 cartons. Décrire le nouveau plan optimal ; et indiquer de combien le profit optimal sera augmenté ou diminué.

(*i*) Bleistift songe à augmenter le prix des crayons en jelutong sans gomme (JS), de sorte que la marge unitaire de ce produit s'établirait à 168,75 FB le carton. À ce prix, serait-il rentable pour Bleistift de produire les 7 sortes de crayons ? Commenter brièvement.

(*j*) Un petit atelier du Limbourg a offert à Bleistift du temps d'emballage. L'offre représente un bloc de 400 unités additionnelles de production à l'atelier d'emballage et reviendrait à 26 000 FB de plus que les frais imputés à l'emballage dans le calcul des marges de profit utilisées dans le modèle. Bleistift devrait-elle accepter l'offre ? Si oui, quel serait le nouveau plan optimal de production et à combien s'élèverait le profit net ? Sinon, pourquoi l'offre n'est-elle pas avantageuse ?

(*k*) Bleistift a renégocié avec le propriétaire du petit atelier et celui-ci a consenti à augmenter son offre à 500 unités de production. Il en coûterait à Bleistift 30 000 FB de plus que les frais imputés à l'emballage dans le calcul des marges de profit utilisées dans le modèle. Cette offre est-elle plus ou moins intéressante que la précédente ? Commenter brièvement.

16. Les crevettes d'élevage de El Rosario L'arbre généalogique de la crevette est vaste : on trouve dans cette dynastie 9 familles principales qui comprennent 344 espèces à valeur commerciale. Certaines vivent en eau douce, mais la plupart, celles que préfèrent les consommateurs, passent leur vie en eau salée. Les seuls points communs entre tous ces crustacés à la carapace souple sont leurs cinq paires de pattes et leurs deux longues antennes ; pour le reste, comme dans chaque dynastie, on cousine sans forcément se ressembler. Les crevettes mesurent en effet de 4 à 30 cm et certaines d'entre elles ont une existence bien singulière puisqu'elles naissent mâles, atteignent la maturité sexuelle et deviennent femelles deux ans après.

De toute évidence, la crevette est transformiste, jusque dans son marketing. Si la version nature, entière et précuite est celle que l'on trouve encore à l'étal du poissonnier, sur son lit de glace et de goémon, la crevette ne fait toutefois plus forcément équipe avec le rince-doigts, car désormais on l'achète fréquemment en version décortiquée, sans queue ni tête. Dans ce cas, c'est le plus souvent au rayon libre-service des épiceries qu'elle est vendue.

Emballées soigneusement dans des barquettes sous atmosphère contrôlée, ces crevettes se conservent pendant 23 jours, soit quatre fois plus longtemps que celles que l'on trouve aux étals des poissonniers. Le plus important fournisseur de crevettes du Marché commun est le néerlandais Heiploeg, qui fut l'initiateur européen en 1993 de ces fameuses crevettes décortiquées et emballées. Longtemps auparavant, le marché américain – plus soucieux d'apparence que de goût – les avait proposées décortiquées et surgelées en blocs.

La crevette d'élevage est-elle aussi bonne que la crevette sauvage ? Il est impossible qu'elle le soit, car la crevette sauvage arrive à maturité en quatre à six ans, alors que la crevette d'élevage, qui est nourrie à la farine de poisson et aux algues, est prête à consommer plus tôt. On peut compter jusqu'à trois récoltes par année dans les fermes crevettières situées à moins de 10 degrés de latitude. Aujourd'hui, on estime que 40 % de la production mondiale – qui est de 3 millions de tonnes – provient de l'élevage. En raison de la surpêche des crevettes sauvages et de la superficie toujours croissante des fermes aquacoles, on s'attend à ce que ce pourcentage augmente.

La culture de la crevette de l'espèce Kuruma démarra timidement au Japon au début des années 1930. Bien que le climat japonais soit très rude et que le succès ait été relatif, les efforts de recherche ont pu être menés à bien grâce au prix fort élevé que les Japonais consentaient à payer pour se procurer de la crevette toute fraîche. On en élève aujourd'hui dans plus de 50 pays. L'Équateur est le plus grand producteur de notre hémisphère, avec un revenu de 800 millions de dollars US par année. À l'Est, c'est la Thaïlande qui domine, avec un revenu annuel de plus de 1 milliard de dollars. Mais cet élevage demeure risqué : des virus du type Taura peuvent ravager en un rien de temps une récolte qui s'annonçait prometteuse et causer la faillite de l'éleveur. Typhons et orages intensifs provoquent des afflux d'eau douce dans les bassins d'élevage, causant ainsi de sévères hécatombes.

Audacieuses, des entreprises américaines ont créé en 1983 la crevette reconstituée. Quand la crevette n'est pas suffisamment présentable pour être vendue telle quelle, on hache sa chair, on l'injecte à haute pression dans des moules et on chauffe. On s'interdit encore de reconstituer de grosses crevettes : les consommateurs regimberaient. C'est de l'une de ces audacieuses sociétés américaines dont nous allons maintenant traiter.

La crevetterie El Rosario récoltera la semaine prochaine, dans ses installations de la province d'Esmeraldas en Équateur, 500 tonnes métriques de crevettes d'élevage. De ce tonnage, elle estime qu'il lui faudra en reconstituer au moins 20 % pour en permettre la commercialisation. Voici la liste des produits que El Rosario met en marché ainsi que les caractéristiques rattachées à chacun.

Crevettes	Perte de poids moyenne (en %)	Prix de gros (en $/kg)
Entières fraîches	0	14,00
Sans tête surgelées	25	7,50
Décortiquées fraîches	50*	20,00
Décortiquées surgelées	60	13,50
Reconstituées petites	60	8,50
Reconstituées moyennes	60	8,00

* La perte de poids relativement faible due au décorticage de la crevette vendue fraîche vient du fait que ce sont de grosses crevettes qui constituent l'essentiel de cette production.

Pour décortiquer un kilo de crevettes qui seront vendues fraîches ou surgelées, il faut à une ouvrière 6 minutes. S'il s'agit de crevettes destinées à la reconstitution, on se contente d'un travail peu soigné et 4,8 minutes par kilo suffisent. Enfin, un simple étêtage ne requiert que 1,2 minute par kilo.

À part le décorticage, on compte 8 secondes-machines pour reconstituer 1 kilo de chair en petites crevettes ; pour 1 kilo de chair reconstituée sous la forme de crevettes moyennes, il faut 4 secondes-machines.

L'emballage de crevettes entières fraîches se fait au rythme de 5 kilos la minute. Pour les crevettes vendues étêtées et surgelées, pour celles vendues décortiquées et fraîches et pour celles vendues reconstituées moyennes, l'emballage se fait à la vitesse de 4 kilos la minute. Les crevettes décortiquées surgelées sont emballées à raison de 10 kilos la minute, et 1 kilo de crevettes vendues reconstituées petites ne requièrent que 24 secondes.

Le marché dicte ses règles chez El Rosario, qui anticipe que le marché ne pourra absorber plus de 100 tonnes métriques de crevettes fraîches de la prochaine récolte. La chaîne de restaurants Poséidon a réservé, au prix du marché, 45 tonnes de crevettes décortiquées surgelées pour son festival cajun annuel.

À chaque récolte, le poids des crevettes vendues surgelées, qu'elles soient décortiquées ou simplement étêtées, doit atteindre au moins 4 fois le poids des crevettes reconstituées mises en marché, sinon El Rosario serait rapidement assimilée à une simple crevetterie de reconstitution.

El Rosario disposera de 29 500 heures de main-d'œuvre spécialisée pour le décorticage et l'étêtage, et de 68 850 minutes pour l'emballage. Les autres opérations seront exécutées par les ouvriers qui sont maintenus en permanence dans l'équipe de production. Pour la reconstitution, 90 heures-machines seront disponibles.

On trouvera en annexe, à la page suivante, le modèle linéaire utilisé par El Rosario pour planifier l'utilisation de la récolte de la semaine prochaine, ainsi que les résultats numériques produits par *STORM*. Les variables de décision de ce modèle se définissent ainsi :

x_{JJ} = quantité (en kg) de crevettes qui sera prélevée de la récolte pour être transformée en produit *JJ*

y_{JJ} = nombre de kg du produit *JJ* qui seront vendus

où *JJ* = EF (entières fraîches), TS (sans tête surgelées), DF (décortiquées fraîches), DS (décortiquées surgelées), RP (reconstituées petites) et RM (reconstituées moyennes).

Les questions suivantes sont indépendantes les unes des autres.

(a) Justifier la contrainte (2) en termes du contexte.

(b) Décrire, en termes du contexte, la solution optimale de base associée au tableau final de l'annexe. Quelles contraintes technologiques sont actives dans cette solution ?

(c) Calculer le coût marginal $c_j - z_j$ de la variable d'écart e_{10} associée à la contrainte (10).

(d) Si le marché de la crevette fraîche pouvait absorber 25 % de la récolte prévue de 500 tonnes, quel serait le revenu optimal de El Rosario ?

(e) La chaîne Poséidon aimerait augmenter à 52 tonnes sa commande de crevettes décortiquées surgelées. Elle est prête à payer 13,75 $/kg les 7 tonnes additionnelles. El Rosario devrait-elle accepter ce changement de commande ?

(f) La demande pour la crevette entière fraîche s'est resserrée récemment et le prix de ce produit tend à faiblir depuis quelques semaines. Que deviendraient le plan de production optimal et le revenu total associé si El Rosario obtenait la semaine prochaine seulement 13,17 $/kg pour ses crevettes entières fraîches ?

(g) L'arrivée d'un concurrent sur le marché des crevettes reconstituées obligera El Rosario à baisser ses prix pour quelque temps. Que deviendraient le plan de production optimal et le revenu associé si les crevettes reconstituées se vendaient la semaine prochaine 7,90 $/kg pour les petites et 7,40 $/kg pour les moyennes ?

(h) Certains employés pourraient être réaffectés, sans perte de productivité, du décorticage à l'emballage. El Rosario disposerait ainsi de 30 heures additionnelles pour l'emballage et de 30 heures de moins pour le décorticage et l'étêtage. Que deviendraient le plan de production optimal ainsi que le revenu associé ?

(i) Si l'importance de la récolte ne pouvait être estimée qu'à 0,5 % près et que l'on ait choisi la valeur centrale de la fourchette pour écrire le modèle, quelles seraient les conséquences possibles de cette imprécision ? Si la marge d'erreur atteignait 2 %, les conséquences possibles seraient-elles les mêmes ?

Annexe. Les crevettes d'élevage de El Rosario : le modèle, le tableau final et les intervalles de variation

Max $z = 14\ x_{EF} + 7{,}5\ y_{TS} + 20\ y_{DF} + 13{,}5\ y_{DS} + 8{,}5\ y_{RP} + 8\ y_{RM}$

sous les contraintes technologiques suivantes :

Récolte	$x_{EF} + x_{TS} + x_{DF} + x_{DS} + x_{RP} + x_{RM} \leq 500\ 000$	(1)
Reconst Min	$-\ 0{,}2\ x_{EF} - 0{,}2\ x_{TS} - 0{,}2\ x_{DF} - 0{,}2\ x_{DS} + 0{,}8\ x_{RP} + 0{,}8\ x_{RM} \geq 0$	(2)
Décort & É	$0{,}02\ x_{TS} + 0{,}1\ x_{DF} + 0{,}1\ x_{DS} + 0{,}08\ x_{RP} + 0{,}08\ x_{RM} \leq 29\ 500$	(3)
Perte TS	$-\ 0{,}75\ x_{TS} + y_{TS} = 0$	(4)
Perte DF	$-\ 0{,}5\ x_{DF} + y_{DF} = 0$	(5)
Perte DS	$-\ 0{,}4\ x_{DS} + y_{DS} = 0$	(6)
Perte RP	$-\ 0{,}4\ x_{RP} + y_{RP} = 0$	(7)
Perte RM	$-\ 0{,}4\ x_{RM} + y_{RM} = 0$	(8)
Temps-Mach	$8\ y_{RP} + 4\ y_{RM} \leq 324\ 000$	(9)
Emballage	$0{,}2\ x_{EF} + 0{,}25\ y_{TS} + 0{,}25\ y_{DF} + 0{,}1\ y_{DS} + 0{,}4\ y_{RP} + 0{,}25\ y_{RM} \leq 68\ 850$	(10)
Marché : Fr	$x_{EF} + y_{DF} \leq 100\ 000$	(11)
Poséidon	$y_{DS} \geq 45\ 000$	(12)
Reconst Max	$1\ y_{TS} + 1\ y_{DS} - 4\ y_{RP} - 4\ y_{RM} \geq 0$	(13)

Base	e_1	e_2	e_{10}	e_{11}	e_{12}	e_{13}	Valeur
y_{RP}	−0,7911	2,2889	6,6667	−1,0	−1,3889	1,2222	25 944,4
x_{RM}	2,1778	−6,7222	−16,6667	2,5	3,4722	−3,0556	35 138,9
e_3	−0,0992	−0,5040	0	0,2	−0,0100	−0,2400	350
y_{TS}	0,3200	−1,6000	0	0,0	1,0000	−1,0000	115 000
y_{DF}	0,3733	3,1333	0	−1,0	1,1667	1,3333	34 166,7
x_{DS}	0,0000	0,0000	0	0,0	−2,5000	0,0000	112 500
x_{TS}	0,4267	−2,1333	0	0,0	1,3333	−1,3333	153 333,3
y_{RM}	0,8711	−2,6889	−6,6667	1,0	1,3889	−1,2222	14 055,6
e_9	2,8444	−7,5556	−26,6667	4,0	5,5556	−4,8889	60 222,2
x_{DF}	0,7467	6,2667	0	−2,0	2,3333	2,6667	68 333,3
x_{EF}	−0,3733	−3,1333	0	2,0	−1,1667	−1,3333	65 833,3
y_{DS}	0,0000	0,0000	0	0,0	−1,0000	0,0000	45 000
x_{RP}	−1,9778	5,7222	16,6667	−2,5	−3,4722	3,0556	64 861,1
CM	−4,8844	−4,7444	*******	−7,5	−0,3056	−1,1111	3 407 972

Intervalles de variation des c_j				Intervalles de variation des b_i				
Variable	Valeur			Contrainte		Valeur		
	présente	minimale	maximale			présente	minimale	maximale
x_{EF}	14,0	10,2500	14,2619	1 Récolte	≤	500 000	483 864,8	503 528,2
x_{TS}	0,0	−0,2292	0,8333	2 Reconst Min	≥	0	−694,4	10 904,3
x_{DF}	0,0	−0,1310	3,7500	3 Décort & É	≤	29 500	29 150,0	Infini
x_{DS}	0,0	−Infini	0,1222	4 Perte TS	=	0	−25 625,0	1 458,3
x_{RP}	0,0	−0,2000	0,0880	5 Perte DF	=	0	−17 083,3	1 750,0
x_{RM}	0,0	−0,0880	0,2000	6 Perte DS	=	0	−13 666,7	1 400,0
y_{TS}	7,5	7,1944	8,6111	7 Perte RP	=	0	−364,6	3 433,8
y_{DF}	20,0	19,7381	27,5000	8 Perte RM	=	0	−364,6	3 957,6
y_{DS}	13,5	−Infini	13,8056	9 Temps-Mach	≤	324 000	263 777,8	Infini
y_{RP}	8,5	8,0000	8,7200	10 Emballage	≤	68 850	64 958,3	70 958,3
y_{RM}	8,0	7,7800	8,5000	11 Marché : Fr	≤	100 000	98 250,0	125 944,4
				12 Poséidon	≥	45 000	26 320,0	55 120,0
				13 Reconst Max	≥	0	−1 458,3	21 227,3

17. La Toison d'Or Jusqu'à la fin du XIXe siècle, la bourre des chèvres angora de Mongolie, du Tibet et de l'Afghanistan transitait jusqu'aux tisserands du Cachemire, qui, en retour, lui conférèrent nom et renommée. Dès le XVe siècle, plus de 50 000 personnes de ce territoire, disputé aujourd'hui par leurs voisins indiens et pakistanais, tiraient de ce mohair, qu'ils épilaient fastidieusement à la main, des vêtements et des tapis destinés aux gens fortunés. L'impératrice Eugénie, épouse de Napoléon III, s'enorgueillissait de posséder un foulard de cachemire si fin qu'elle s'amusait à le glisser dans son anneau de mariage.

Au début du XXe siècle, un industriel écossais, installé en Angleterre, automatisa un procédé pour soustraire de la bourre les poils rebelles au filage. La production du fil de cachemire émigra aussitôt vers les filatures anglaises. Celles-ci s'approvisionnèrent cependant en Orient, car la bourre des chèvres anglaises n'égala jamais, malgré les croisements pratiqués par les éleveurs, celle de l'Himalaya, où le climat est beaucoup plus froid, plus venteux et plus sec.

Pour recueillir la bourre des chèvres, on leur brosse longuement la fourrure au printemps, à l'époque de la mue. Une chèvre donne au plus 125 grammes de cachemire par année, de sorte qu'il lui faudrait au moins dix ans pour fournir la laine d'un petit manteau. La production annuelle mondiale de cachemire ne dépasse pas 8 000 tonnes métriques. Sur les marchés orientaux, la bourre brute coûte souvent plus de 75 $ le kilo ; et le fil revient à plus de 900 $ le kilo dans le commerce. Étant donné la plus-value apportée par les tisserands, il faut compter 1 500 $ pour se procurer un pull en pur cachemire.

La filature Lainex est dirigée par un visionnaire du marketing convaincu que la demande de cachemire va bientôt s'envoler. Il est prêt à investir une forte somme pendant les 3 prochaines années pour se tailler une large part de ce marché de luxe prometteur.

Lainex achètera de la bourre brute d'un négociant d'Ulan Bator qui en regroupe des ballots auprès des éleveurs des régions montagneuses entourant le désert de Gobi. Lainex en tirera des bobines de fil qu'elle proposera sous le nom de Toison d'Or à un regroupement de grossistes qui approvisionnent les tisserands. La filature de Lainex pourra produire durant la première année au plus 5 000 kilos de fil ; la production annuelle maximale sera portée à 6 000 kilos à partir de la deuxième année. Si la capacité de la filature s'avérait insuffisante et que le traitement d'une partie de la bourre achetée devait être reporté à l'année suivante, Lainex a prévu l'entreposage sous congélation intense, au coût annuel de 5 $ le kilo, de la bourre excédentaire.

Pour assurer son approvisionnement en bourre et l'écoulement de son fil, Lainex a conclu des ententes commerciales qui fixent pour les 3 prochaines années les prix accordés au fournisseur et ceux consentis au regroupement de grossistes. L'entente conclue avec le négociant d'Ulan Bator prévoit l'achat d'au moins 15 000 kilos de bourre la première année, et d'au moins 10 000 kilos pour chacune des deux années suivantes. S'il ne s'avérait pas rentable de traiter ou d'entreposer en début d'année toute la bourre qu'elle a promis d'acheter, Lainex prévoit mettre le surplus au rebut pour éviter de ternir l'image de son produit. Le regroupement de grossistes a convenu d'acheter chaque année toute la production de fil de Lainex. Le tableau suivant résume les ententes commerciales conclues par Lainex.

	Bourre achetée		Fil vendu
Année	Minimum (en kg)	Prix (en $/kg)	Prix (en $/kg)
1	15 000	60	960
2	10 000	70	970
3	10 000	80	1 080

Pour obtenir le fil, Lainex doit dégraisser la bourre brute importée, la débarrasser de ses poils, blanchir le duvet résiduel, le carder sans en casser les fibres, puis le filer. Ces opérations sont délicates et onéreuses. Elles sont délicates parce que les fibres de duvet sont trois fois plus fines qu'un cheveu, et que les écourter diminue la qualité et, partant, la valeur d'un fil dont il faut 20 km pour tisser un pull. Elles sont onéreuses parce que les procédés de dégraissage, de blanchissage, de cardage et de filage du cachemire sont brevetés et nécessitent le recours à des machines et à des produits industriels très coûteux. Lainex évalue à 125 $ la transformation en fil d'un kilo de bourre, qui ne donne que 0,5 kilo de fil.

Au début de la première année, Lainex dispose d'un capital de 2 millions de dollars, dont elle se propose de maximiser la valeur d'ici trois ans. Le capital non engagé dans la production de fil sera investi au taux annuel de 10 %. Il faudra payer annuellement des impôts de 50 % sur les revenus nets. Lainex a adopté les règles comptables suivantes pour simplifier la planification de ses activités :

- les débours relatifs à l'achat, à l'entreposage et au traitement de la bourre se font en début d'année ;
- l'encaissement des ventes de fil se fait en fin d'année ;
- les capitaux non engagés s'investissent en début d'année ;
- les impôts se paient à la fin de chaque année.

Le PDG de Lainex a discuté, lors d'une rencontre familiale, de son projet de la Toison d'Or avec une nièce, récemment diplômée d'une grande école de gestion de calibre international, qui s'est fait fort d'analyser quantitativement le projet de son oncle. Quelques jours plus tard, elle lui a expédié par télécopie l'annexe ci-jointe (voir page suivante), qui résume, écrivait-elle sur la feuille frontispice, les résultats numériques provenant d'un modèle linéaire continu dont les variables de décision doivent être interprétées de la façon suivante :

Aj = quantité (en kg) de bourre achetée au début de l'an j

Pj = quantité (en kg) de fil produite au cours de l'an j

Ej = quantité (en kg) de bourre entreposée au début de l'an j

Cj = investissement (en $) au début de l'an j au taux de 10 %.

Annexe. La Toison d'Or: le modèle, le tableau final et les intervalles de variation

Max z = 40 A3 + 665 P3 + 1,05 C3

sous les contraintes technologiques suivantes :

Disp-1	$-$ A1 + 2 P1 + E1 $\leq$ 0	(1)
Budget-1	60 A1 + 250 P1 + 5 E1 + C1 $\leq$ 2 000 000	(2)
Achats-1	A1 $\geq$ 15 000	(3)
ProdMx-1	P1 $\leq$ 5 000	(4)
Disp-2	$-$ E1 $-$ A2 + 2 P2 + E2 $\leq$ 0	(5)
Budget-2	$-$ 30 A1 $-$ 605 P1 $-$ 2,5 E1 $-$ 1,05 C1 + 70 A2 + 250 P2 + 5 E2 + C2 = 0	(6)
Achats-2	A2 $\geq$ 10 000	(7)
ProdMx-2	P2 $\leq$ 6 000	(8)
Disp-3	$-$ E2 $-$ A3 + 2 P3 $\leq$ 0	(9)
Budget-3	$-$ 35 A2 $-$ 610 P2 $-$ 2,5 E2 $-$ 1,05 C2 + 80 A3 + 250 P3 + C3 = 0	(10)
Achats-3	A3 $\geq$ 10 000	(11)
ProdMx-3	P3 $\leq$ 6 000	(12)

Base	0 C1	0 e_2	0 e_3	0 e_5	0 e_7	0 e_8	0 e_9	0 e_{11}	0 e_{12}	Valeur
e_1	−0,008	−0,008	−1,48	0,96	−0,96	−1,92	0,96	−0,96	−1,92	2 360
P1	0,004	0,004	0,24	0,02	−0,02	−0,04	0,02	−0,02	−0,04	4 320
A1	0	0	−1,00	0	0	0	0	0	0	15 000
e_4	−0,004	−0,004	−0,24	−0,02	0,02	0,04	−0,02	0,02	0,04	680
E1	0	0	0	−1,00	1,00	2,00	−1,00	1,00	2,00	4 000
C2	1,370	2,420	115,20	9,60	60,40	−269,20	14,60	−14,60	−29,20	863 600
A2	0	0	0	0	−1,00	0	0	0	0	10 000
P2	0	0	0	0	0	1,00	0	0	0	6 000
E2	0	0	0	0	0	0	−1,00	1,00	2,00	2 000
C3	1,439	2,541	120,96	10,08	28,42	327,34	12,83	67,17	−275,66	2 621 780
A3	0	0	0	0	0	0	0	−1,00	0	10 000
P3	0	0	0	0	0	0	0	0	1,00	6 000
CM	−1,510	−2,668	−127	−10,58	−29,841	−343,71	−13,47	−30,53	−375,56	7 142 869

Intervalles de variation des c_j				**Intervalles de variation des b_i**				
	Valeur					**Valeur**		
Variable	**présente**	**minimale**	**maximale**	**Contrainte**		**présente**	**minimale**	**maximale**
A1	0	−Infini	127,00	1 Disp-1	$\leq$	0	−2 360	Infini
P1	0	−377,61	1 492,05	2 Budget-1	$\leq$	2 000 000	1 643 140	2 170 000
E1	0	−29,84	10,58	3 Achats-1	$\geq$	15 000	13 405	22 497
C1	0	−Infini	1,51	4 ProdMx-1	$\leq$	5 000	4 320	Infini
A2	0	−Infini	29,84	5 Disp-2	$\leq$	0	−2 458	4 000
P2	0	−343,71	Infini	6 Budget-2	=	0	−863 600	9 523 800
E2	0	−30,53	13,47	7 Achats-2	$\geq$	10 000	7 542	14 000
C2	0	−0,49	1,28	8 ProdMx-2	$\leq$	6 000	4 000	7 229
A3	40	−Infini	70,53	9 Disp-3	$\leq$	0	−2 458	2 000
P3	665	289,44	Infini	10 Budget-3	=	0	−2 621 800	Infini
C3	1,05	0,60	2,41	11 Achats-3	$\geq$	10 000	7 542	12 000
				12 ProdMx-3	$\leq$	6 000	5 000	7 229

Une autre rencontre familiale met en présence la nièce et l'oncle. Ce dernier, intrigué par le travail de la jeune « experte », lui demande de lui expliquer la portée de son modèle quantitatif. Celle-ci, interrogée à brûle-pourpoint et privée de son ordinateur portable, qui pourtant ne la quitte presque jamais, tente de répondre aux questions de son oncle. Voici les questions posées par le PDG.

(*a*) Décrire, en termes du contexte, l'objectif poursuivi par le modèle linéaire. Quelles sont les unités de la fonction-objectif z ? Expliquer brièvement pourquoi les variables P2 et C2 n'apparaissent pas dans la fonction-objectif.

(*b*) Justifier, en termes du contexte, la contrainte « Budget-2 » du modèle.

(*c*) Si la solution de base associée au tableau optimal est implantée, combien de bourre Lainex mettra-t-elle au rebut pendant les trois prochaines années ?

(*d*) Lainex s'est engagée à acheter durant la première année au moins 15 000 kilos de bourre auprès du négociant d'Ulan Bator. Celui-ci a trouvé un autre client et pourrait accepter de réviser à la baisse ce minimum de 15 000 kilos. Cependant, le négociant considérerait perdre la face s'il n'obtenait pas de Lainex une compensation substantielle pour cette « concession ». Déterminer le montant maximal que Lainex pourrait offrir au négociant pour ramener de 15 000 à 14 000 kilos la quantité minimale de bourre qu'il achètera durant la première année.

(*e*) Que deviendraient le plan optimal et la valeur de z associée si le capital non engagé dans la production de fil était investi au début de la troisième année au taux annuel de 12 % ?

(*f*) Que deviendraient le plan optimal et la valeur de z associée si Lainex baissait à 1 000 $ le kilo le prix du fil vendu à la fin de la troisième année ?

(*g*) Que deviendraient le plan optimal et la valeur de z associée si Lainex était prête à investir jusqu'à 2 100 000 $ dans le projet de la Toison d'Or ?

(*h*) Lainex aimerait retarder les travaux d'expansion de sa filature ; la capacité de production serait alors portée à 6 000 kilos de fil seulement au début de la troisième année, la filature pouvant produire un maximum de 5 000 kilos de fil au cours de chacune des 2 premières années. Quelle serait la nouvelle valeur de la fonction-objectif ?

(*i*) Le négociant d'Ulan Bator serait prêt à envisager le report de l'an 1 à l'an 2 d'une partie des commandes de Lainex ; plus précisément, il consentirait à ce que Lainex achète seulement 13 000 kilos de bourre en l'an 1 à la condition que Lainex augmente à 12 000 kilos ses achats en l'an 2. Lainex cherche à déterminer l'impact financier de ces changements. Le tableau final de l'annexe permet-il de mesurer cet impact ? Si oui, indiquer quelle serait la nouvelle valeur de la fonction-objectif ; sinon, expliquer pourquoi.

(*j*) Lainex a l'intention de porter à 6 000 kilos la capacité annuelle de production de la filature dès le début de la deuxième année. Mais elle a également envisagé d'augmenter cette capacité à 6 500, ou encore à 7 000 kilos de fil. La nièce du PDG se dit capable de calculer à la main le plan optimal modifié et la valeur de z associée dans le premier cas, mais dans le second, elle aurait besoin de son ordinateur. Justifier sa réponse : déterminer ce que deviendraient z et le plan optimal si, à partir du début de la deuxième année, la capacité annuelle de la filature s'élevait à 6 500 kilos de fil ; indiquer également pourquoi on ne pourrait pas calculer le nouveau plan optimal à partir du tableau final de l'annexe si Lainex portait la capacité à 7 000 kilos de fil, et ce même si le nouveau membre droit 7 000 appartient aux intervalles de variation pertinents.

18. Temps régulier et heures supplémentaires Une firme fabrique 2 produits, A et B, qui doivent être traités dans les 2 ateliers de son usine. Voici un tableau des heures requises dans chaque atelier pour la fabrication d'une unité de chacun des produits.

	Produit A	Produit B
Atelier 1	8	5
Atelier 2	12	10

La main-d'œuvre disponible représente 1 200 heures en temps régulier, qui reviennent à 8 $ chacune, et 500 heures supplémentaires, qui s'élèvent à 10 $ chacune dans l'atelier 1 et 11 $ chacune dans l'atelier 2. Ces heures peuvent être réparties, en tout ou en partie, entre les 2 ateliers selon la manière qui convient le mieux à la firme.

Les produits A et B se vendent 200 $ l'unité et 180 $ l'unité respectivement. Le carnet de commandes indique qu'il faut fabriquer au moins 22 unités de chacun des produits. La demande pour le produit B n'excédera toutefois pas 80 unités.

La direction utilise le modèle linéaire suivant pour déterminer de quelle façon doit se faire l'allocation des heures de main-d'œuvre disponibles.

Les variables de décision sont x_A, x_B, y_1, y_2, s_1 et s_2, où

x_J = nombre d'unités du produit J que la firme fabriquera et vendra

y_h = nombre d'heures de main-d'œuvre en temps régulier utilisées dans l'atelier h

s_h = nombre d'heures supplémentaires requises dans l'atelier h.

Le modèle s'écrit

$$\text{Max } z = 200\, x_A + 180\, x_B - 8\, y_1 - 10\, s_1 - 8\, y_2 - 11\, s_2$$

sous les contraintes :

$$8\, x_A + 5\, x_B - y_1 - s_1 \leq 0$$
$$12\, x_A + 10\, x_B - y_2 - s_2 \leq 0$$
$$y_1 + y_2 \leq 1\,200$$
$$s_1 + s_2 \leq 500$$
$$x_A \geq 22$$
$$x_B \geq 22$$
$$x_B \leq 80$$

toutes les variables sont non négatives

Base	200 x_A	180 x_B	−8 y_1	−10 s_1	−8 y_2	−11 s_2	0 e_1	0 e_2	0 e_3	0 e_4	0 e_5	0 e_6	0 e_7	Valeur
s_1	0	0	0	1	0	1	−1	−1	−1	0	−20	0	15	440
y_2	0	0	0	0	1	1	0	−1	0	0	−12	0	10	1064
y_1	0	0	1	0	0	−1	0	1	1	0	12	0	−10	136
e_4	0	0	0	0	0	0	1	1	1	1	20	0	−15	60
x_A	1	0	0	0	0	0	0	0	0	0	−1	0	0	22
e_6	0	0	0	0	0	0	0	0	0	0	0	1	1	58
x_B	0	1	0	0	0	0	0	0	0	0	0	0	1	80
CM	0	0	0	0	0	−1	−10	−10	−2	0	0	0	−30	4800

Base	200 x_A	180 x_B	−8 y_1	−10 s_1	−8 y_2	−11 s_2	0 e_1	0 e_2	0 e_3	0 e_4	0 e_5	0 e_6	0 e_7	Valeur
x_A	1	0	0	0	0	0	0,05	0,05	0,05	0,05	0	0	−0,75	25
y_2	0	0	0	0	1	1	0,60	−0,40	0,60	0,60	0	0	1,00	1100
y_1	0	0	1	0	0	−1	−0,60	0,40	0,40	−0,60	0	0	−1,00	100
s_1	0	0	0	1	0	1	0	0	0	1,00	0	0	0	500
e_5	0	0	0	0	0	0	0,05	0,05	0,05	0,05	1	0	−0,75	3
e_6	0	0	0	0	0	0	0	0	0	0	0	1	1	58
x_B	0	1	0	0	0	0	0	0	0	0	0	0	1	80
CM	0	0	0	0	0	−1	−10	−10	−2	0	0	0	−30	4800

Ce modèle admet 2 tableaux optimaux, lesquels sont reproduits au haut de cette page.

(*a*) Trouver un plan de production optimal qui propose la fabrication de 24 unités du produit A.

(*b*) Les solutions associées aux 2 tableaux proposent la fabrication de 80 unités du produit B, soit le maximum permis par la 7e et dernière contrainte technologique. Ces solutions diffèrent cependant quant au nombre d'unités de A qu'il est suggéré de produire : le premier tableau propose 22 unités, tandis que le deuxième en propose 25.

Chacune des 3 unités additionnelles exigera 8 heures à l'atelier 1, qui reviendront à 10 $ chacune, le tarif des heures supplémentaires. À l'atelier 2, cette unité additionnelle sera exécutée en temps régulier puisque la variable s_2 est hors base et nulle dans les solutions associées aux deux tableaux ; les 12 heures requises pour sa fabrication reviendront à 8 $ chacune. Ainsi chaque unité additionnelle de A coûtera 176 $ de main-d'œuvre :

$$(8 \times 10) + (12 \times 8) = 176.$$

Comme elle se vendra 200 $, elle rapportera net 24 $. La solution de base associée au 2e tableau, qui propose de fabriquer 3 unités additionnelles de A, devrait donc assurer un profit plus élevé de 3 × 24 = 72 dollars. Or, les plans de production associés aux deux tableaux génèrent le même profit, soit 4 800 $! Commenter.

Répondre aux questions suivantes en utilisant tour à tour chacun des tableaux optimaux. Comparer les résultats obtenus.

(*c*) Le patron de l'entreprise a décidé de consacrer, dans chaque atelier, 10 heures de main-d'œuvre au « grand ménage » des ateliers. Quelles sont les conséquences de cette décision sur le plan de production et sur le profit ?

(*d*) Que deviendrait le plan de production optimal s'il fallait fabriquer au moins 30 unités du produit A et que la demande maximale de B soit révisée à la baisse, à 72 unités seulement ?

(*e*) Supposons que les prix de vente unitaires de A et de B soient tous deux fixés à 190 $. Quelles seraient les conséquences de ce réajustement des prix ?

(*f*) La firme décide de recruter de nouveaux employés pour supprimer la pratique des heures supplémentaires. Elle convertit ainsi les 500 heures supplémentaires en heures régulières. Combien épargnera-t-elle selon ce nouveau plan ? Le plan de production sera-t-il perturbé par ce changement ?

(*g*) Le syndicat des employés aimerait connaître les conséquences monétaires d'une répartition mieux équilibrée des heures supplémentaires entre les 2 ateliers. On demande d'indiquer ce que deviendraient les plans de production optimaux proposés par les 2 tableaux si l'on forçait la variable hors base s_2 à prendre la valeur 250. Commenter.

(*h*) Un analyste prétend que, dans la situation décrite, il est impossible que les heures supplémentaires soient partagées entre les 2 ateliers, quelle que soit la structure de coût de ces heures. Que penser de cette affirmation ?

19. Le lancement d'un nouveau produit Reprenons le contexte du problème 7 du chapitre 2 intitulé « Le lancement d'un nouveau produit ». Ce problème se modélise de la façon suivante, si l'on ne tient pas compte des contraintes d'intégrité.

$$\text{Max } z = 67{,}50\ x_{SA} + 73\ x_{SB} + 65\ x_{SC} + 65\ x_{LB} + 34\ x_{LC}$$

sous les contraintes :

$$5\ x_{SA} \leq 2\ 000$$

$4\ x_{SB} + 5\ x_{LB} \leq 8\ 000$

$5\ x_{SC} + 8\ x_{LC} \leq 4\ 000$

$x_{SA} + x_{SB} + x_{SC} \leq 2\ 500$

$x_{LB} + x_{LC} \leq 1\ 000$

toutes les variables sont non négatives

Voici un tableau optimal de ce modèle linéaire (pour alléger, seules les colonnes des variables hors base sont données) ainsi que les intervalles de variation associés.

Base	34 x_{LC}	0 e_1	0 e_2	0 e_3	0 e_4	Valeur
x_{SA}	0	0,20	0	0	0	400
x_{LB}	1,28	0,16	0,2	0,16	−0,8	560
x_{SC}	1,60	0	0	0,20	0	800
x_{SB}	−1,60	−0,20	0	−0,20	1	1 300
e_5	−0,28	−0,16	−0,2	−0,16	0,8	440
CM	−36,4	−9,3	−13	−8,8	−21	210 300

Intervalles de variation des c_j et des b_i

Paramètre associé à		Valeur présente	Valeur minimale	Valeur maximale
x_{SA}		67,5	21	Infini
x_{SB}		73	52	95,75
x_{SC}		65	42,25	Infini
x_{LB}		65	36,5625	91,25
x_{LC}		34	−Infini	70,40
1 Atelier A	≤	2 000	0	4 750
2 Atelier B	≤	8 000	5 200	10 200
3 Atelier C	≤	4 000	500	6 750
4 Demande S	≤	2 500	1 950	3 200
5 Demande L	≤	1 000	560	Infini

(*a*) Décrire le plan optimal de production. Combien d'unités de chaque modèle seront fabriquées si XYZ implante ce plan optimal ?

(*b*) Quel est l'atelier où une variation d'une heure dans le temps disponible aurait la plus grande répercussion sur les profits ?

(*c*) Quel est le premier produit dont le service de marketing de XYZ devrait essayer de promouvoir la demande ?

(*d*) Quelle devrait être l'augmentation minimale du prix de vente du modèle de luxe pour que XYZ ait intérêt à en augmenter la production au-delà des 560 unités prévues par la solution associée au tableau optimal ?

(*e*) Un petit atelier indépendant, qui dispose d'un équipement similaire à celui de l'atelier A, offre à XYZ un certain nombre d'heures. La direction de XYZ est intéressée à sous-traiter en partie les opérations de A, mais voudrait, du moins pour la production de la première période de planification, respecter la répartition des modèles dans les ateliers proposée par la solution optimale courante. (Plus techniquement, on voudrait garder les mêmes variables de base à l'optimum, c'est-à-dire produire le modèle standard dans les 3 ateliers de XYZ et réserver la fabrication du modèle de luxe à l'atelier B.) Combien d'heures retiendrait-on si l'efficacité de l'atelier indépendant est moindre de moitié de celle de XYZ ? Et à quel taux horaire maximal ? De combien d'unités du modèle standard lui confierait-on la fabrication ?

(*f*) XYZ reçoit la proposition de manufacturer dans ses ateliers 100 unités d'un produit concurrent, dont la fabrication pourrait être effectuée par l'un ou l'autre des 3 ateliers de l'usine. Pour des raisons d'efficacité, XYZ tient à confier l'ensemble de ce contrat à un même atelier. La durée de fabrication variera selon l'atelier qui s'en chargera.

Atelier	Durée de fabrication (en h/unité)	Coût de la main-d'œuvre (en $/unité)
A	4	46,00
B	3,5	44,50
C	4	48,00

Le coût des matériaux et les dépenses autres que celles engagées pour la main-d'œuvre s'élèveraient à 20 $ par unité. Pour quel prix unitaire minimal XYZ accepterait-elle la proposition ? Dans quel atelier serait fabriqué le produit concurrent ?

(*g*) Le problème de planification de production de XYZ admet un autre modèle qui utilise, outre les 5 variables de décision du modèle précédent, 2 variables d'étape x_S et x_L qui représentent le nombre d'articles d'un modèle donné fabriqués et vendus :

x_S : modèle standard

x_L : modèle de luxe.

Ce nouveau modèle linéaire consiste à maximiser z, où :

$$z = 125x_S + 130x_L - 57{,}5x_{SA} - 52x_{SB} - 60x_{SC} - 65x_{LB} - 96x_{LC}$$

sous les contraintes :

$x_S - x_{SA} - x_{SB} - x_{SC} = 0$

$x_L - x_{LB} - x_{LC} = 0$

$5\ x_{SA} \leq 2\ 000$

$4\ x_{SB} + 5\ x_{LB} \leq 8\ 000$

$5\ x_{SC} + 8\ x_{LC} \leq 4\ 000$

$x_S \leq 2\ 500$

$x_L \leq 1\ 000$

toutes les variables sont non négatives

Répondre aux questions (*c*) à (*f*) en utilisant le tableau optimal de ce dernier modèle qui est donné ci-dessous (pour alléger, seules les colonnes des variables hors base sont données). Comparer les résultats obtenus de l'un et l'autre des modèles.

Base	−96 x_{LC}	0 e_3	0 e_4	0 e_5	0 e_6	Valeur
x_{SB}	−1,60	−0,20	0	−0,20	1	1 300
x_L	0,28	0,16	0,2	0,16	−0,8	560
x_{SA}	0	0,20	0	0	0	400
x_{LB}	1,28	0,16	0,2	0,16	−0,8	560
x_{SC}	1,60	0	0	0,20	0	800
x_S	0	0	0	0	1	2 500
e_7	−0,28	−0,16	−0,2	−0,16	0,8	440
CM	−36,4	−9,3	−13	−8,8	−21	210 300

(*h*) Comment expliquer que, dans le tableau optimal du 2e modèle, le coefficient $\bar{a}_{27}$ situé à l'intersection de la 2e ligne et de la colonne associée à la variable x_{LC} prenne la valeur 0,28? N'y a-t-il pas un paradoxe dans le fait que, selon ce tableau, $x_L = 560 - 0{,}28\ x_{LC}$ si les autres variables hors base sont maintenues nulles et que, selon la deuxième contrainte du modèle, $x_L = x_{LB} + x_{LC}$? Cette dernière égalité semble impliquer que le fait de fabriquer 1 unité de luxe dans l'atelier C devrait faire progresser x_L de 1 unité, ce qui inciterait à croire que $\bar{a}_{27} = -1$. Qu'en penser ?

La programmation linéaire en nombres entiers

CHAPITRE 6

6.1 INTRODUCTION, DÉFINITIONS ET NOTATIONS

Qu'un plan de production optimal propose la fabrication de 12 011,78 chaises n'entachera pas la pertinence d'un modèle linéaire aux yeux de l'utilisateur averti. Celui-ci arrondira à 12 012 chaises – peut-être même à 12 000 – conscient qu'en pratique les coefficients apparaissant dans les contraintes technologiques ne sont pas toujours connus précisément et que le fait d'arrondir ne rendra probablement pas le plan de production irréalisable. Certains contextes n'offrent cependant pas la même latitude au gestionnaire. Un promoteur immobilier, face à une solution optimale dictant l'érection de 2,8 immeubles d'habitation et de 7,9 maisons individuelles, ne pourra probablement pas arrondir ces chiffres à 3 et à 8 sans violer une ou plusieurs contraintes ;

et il n'est pas évident, a priori, qu'il atteindrait le profit optimal en érigeant seulement 2 immeubles d'habitation et 7 maisons individuelles.

Dans les modèles considérés au chapitre 2, les contraintes sont de 3 types : technologiques, de non-négativité et d'intégrité[1]. L'algorithme du simplexe permet de résoudre les modèles linéaires où interviennent des contraintes des 2 premiers types seulement. Dans ce chapitre, nous indiquons comment tenir compte des contraintes du troisième type et étudions les modèles linéaires dont au moins une variable est confinée aux valeurs entières. Ces derniers sont dénommés modèles, ou encore problèmes, linéaires en nombres entiers et notés PLE.

Un modèle linéaire comportant n variables de décision x_j ($j = 1, \ldots, n$) s'écrit sous la forme générale suivante :

$$\text{Max(Min)}\, z = \sum_{j=1}^{n} c_j\, x_j \qquad (1)$$

sous les contraintes:

$$\text{(PL)} \quad \sum_{j=1}^{n} a_{ij}\, x_j \begin{pmatrix} \leq \\ \geq \\ = \end{pmatrix} b_i \qquad i = 1, \ldots, m \quad (2)$$

$$x_j \geq 0 \qquad j = 1, \ldots, n \quad (3)$$

$$x_j \text{ entier} \qquad j \in E \quad (4)$$

où l'ensemble E regroupe les indices des variables qui doivent être entières. Les modèles de programmation linéaire (PL) sont classés selon une typologie basée sur cet ensemble E :

- **Modèles linéaires continus**, notés PLC : quand $E = \varnothing$, où $\varnothing$ dénote l'ensemble vide.
- **Modèles linéaires en nombres entiers**, notés PLE : quand $E \neq \varnothing$.

  Les modèles PLE sont dits **totalement en nombres entiers** (PLTE) quand $E = \{1 ; \ldots ; n\}$ et **mixtes** (PLM) quand $E \neq \{1 ; \ldots ; n\}$.

Dans un modèle PLTE, chaque variable est restreinte aux valeurs entières. Et, dans un PLM, certaines variables sont astreintes à prendre des valeurs entières, tandis que d'autres sont continues en ce sens qu'elles peuvent prendre des valeurs réelles non entières. Le modèle suivant est écrit sous la forme d'un PLE :

$$\text{Max } z = 2\, x_1 + 4\, x_2 + x_3 + 5\, x_4$$

sous les contraintes :

$$3\, x_1 + 4\, x_2 + 2\, x_3 + x_4 \leq 24$$

$$2\, x_1 + x_2 + x_3 + 5\, x_4 = 16$$

$$x_1, x_2, x_3, x_4 \geq 0$$

$$x_2, x_4 \text{ entiers}$$

Pour qu'une solution de ce modèle soit admissible, il faut que les variables x_2 et x_4 prennent une valeur entière. Ici, $E = \{2 ; 4\}$. Puisque les variables x_1 et x_3 ne sont pas astreintes à des contraintes d'intégrité, le modèle est mixte.

1. Une contrainte du type « $v = 0$ ou 1 » peut être considérée comme une combinaison de contraintes des 3 types énumérés. Nous reviendrons sur ce sujet, plus loin dans cette section.

Les variables binaires peuvent se voir comme des variables entières soumises à la contrainte d'appartenir à l'intervalle [0 ; 1]. En effet, la contrainte

$$x_j = 0 \text{ ou } 1$$

est évidemment équivalente à

$$x_j \geq 0 \quad \text{et} \quad x_j \leq 1 \quad \text{et} \quad x_j \text{ entier.}$$

Les modèles linéaires comportant des variables binaires sont donc, en un sens, des PLE particuliers. Lorsque toutes les variables sont binaires, on parlera de **modèle linéaire en variables binaires** PLB : ainsi, un PLB est un PLTE dont chaque variable est astreinte à prendre soit la valeur 0 soit la valeur 1.

Le chapitre 2 présente plusieurs exemples de modèles linéaires en nombres entiers. Citons entre autres :

- **Modèles PLTE :** les chaises de M. Eugène (section 2.1.1) ; le problème de comptabilité de gestion (section 2.1.2) ; l'horaire des standardistes (section 2.1.7) ; la coupe de bobines-mères (section 2.1.8) ; le parcours des éboueurs (section 2.4.1).
- **Modèles PLB :** les problèmes de recouvrement minimal (section 2.2.1) et d'affectation (section 2.2.2) ; l'équipe d'arpenteurs-géomètres (section 2.2.4).
- **Modèles PLM :** Électro (section 2.3.1) ; le problème de diète où au moins 2 des 3 contraintes technologiques doivent être satisfaites (section 2.3.5); les escomptes sur quantité (section 2.3.6) .

Les chercheurs en recherche opérationnelle ont consacré, comme en témoignent les centaines d'articles parus depuis 1960 dans les revues scientifiques, beaucoup d'efforts à l'étude et à la résolution des modèles PLE. Ces modèles, en effet, sont importants en pratique et souvent fort difficiles à résoudre. Ce chapitre se veut une initiation à la résolution des modèles PLE et ne traite que de leurs principales propriétés. Une méthode générale de résolution des PLE, appelée méthode de séparation et d'évaluation progressive (SÉP), sera décrite succinctement, d'abord de façon géométrique, puis algébriquement.

6.2 L'AJOUT DE CONTRAINTES D'INTÉGRITÉ ET LEUR REPRÉSENTATION GRAPHIQUE

6.2.1 Exemple 1 : le modèle continu (P_0) associé

Voici un premier modèle PLTE ne comportant que 2 variables de décision, ce qui permettra d'illustrer géométriquement nos propos.

$$\text{Max } z = 10\,x_1 + 50\,x_2 \tag{5}$$

sous les contraintes :

$$-x_1 + 2\,x_2 \leq 5 \tag{6}$$

$$x_1 + 2\,x_2 \leq 14 \tag{7}$$

$$x_1 \leq 8 \tag{8}$$

$$x_1,\, x_2 \geq 0 \tag{9}$$

$$x_1,\, x_2 \text{ entiers} \tag{10}$$

Convenons de noter (P) ce modèle, et (P_0) le modèle continu obtenu de (P) en omettant les contraintes d'intégrité (10). Au départ, nous analysons (P_0) graphiquement. Par la suite, les contraintes d'intégrité seront ajoutées une à une, ce qui nous donnera l'occasion de commenter l'impact de chacune sur l'ensemble des solutions admissibles et sur la valeur optimale de z.

La figure 6.1 indique la région admissible de (P_0), ses points extrêmes ainsi que le point optimal B = (4,5 ; 4,75).

6.2.2 Exemple 1 : l'ajout d'une contrainte d'intégrité

Ajoutons à (P_0) la contrainte « x_1 entier » et notons (Px_1) le modèle obtenu. On dira que (Px_1) est une **restriction** de (P_0), ou encore que (P_0) est une **relaxation**[2] de (Px_1).

Les solutions admissibles du modèle mixte (Px_1) sont les points de la région admissible de (P_0) dont la première coordonnée x_1 prend une valeur entière. Elles sont représentées à la figure 6.2. Chaque point des segments *a, b, ..., i* est une solution admissible de (Px_1). Le tracé de courbes de niveau permet le repérage du point optimal de (Px_1) : il s'agit du point E = (5 ; 4,5).

Quelques remarques s'imposent. L'optimum E n'est pas un point extrême de la région admissible de (P_0) et ne pourrait même pas être considéré par l'algorithme du simplexe : en effet, dans sa recherche d'un optimum, cet algorithme considère seulement les solutions de base associées à des tableaux du simplexe, lesquelles correspondent aux sommets de la région admissible. De plus, après l'ajout de la contrainte « x_1 entier », l'ensemble des solutions admissibles n'est plus convexe.

FIGURE 6.1
Résolution graphique du modèle continu (P_0)

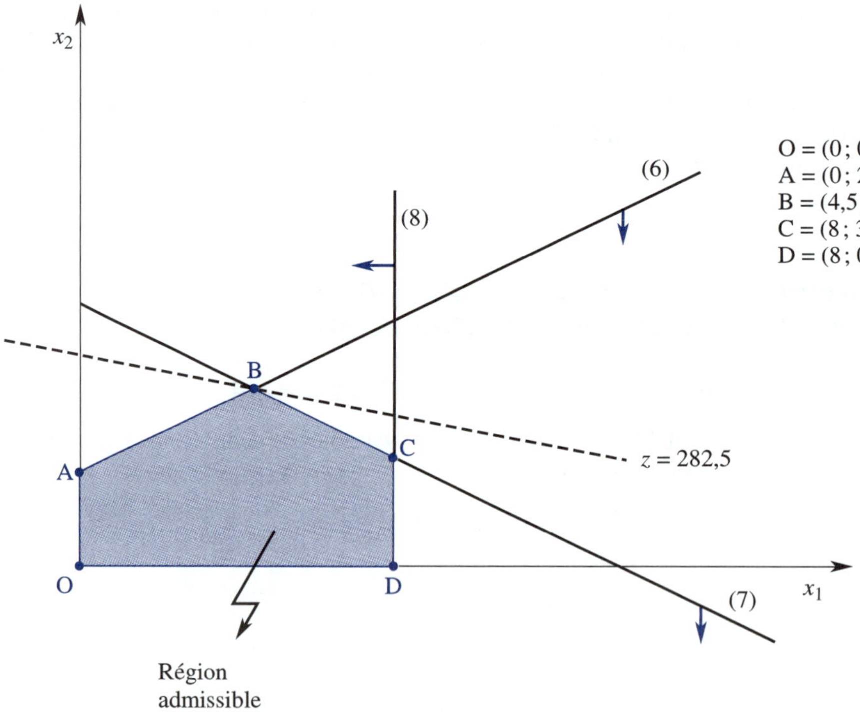

2. La notion de relaxation n'est pas définie ici dans toute sa généralité. (Le lecteur intéressé consultera *Integer and Combinatorial Optimization*, G.L. Nemhauser et L.A. Wolsey, Wiley-Intersciences, 1988.) Dans ce chapitre, les seules relaxations considérées sont celles obtenues en omettant, comme dans l'exemple 1, une ou plusieurs contraintes d'intégrité.

FIGURE 6.2
Résolution de (Px_1)

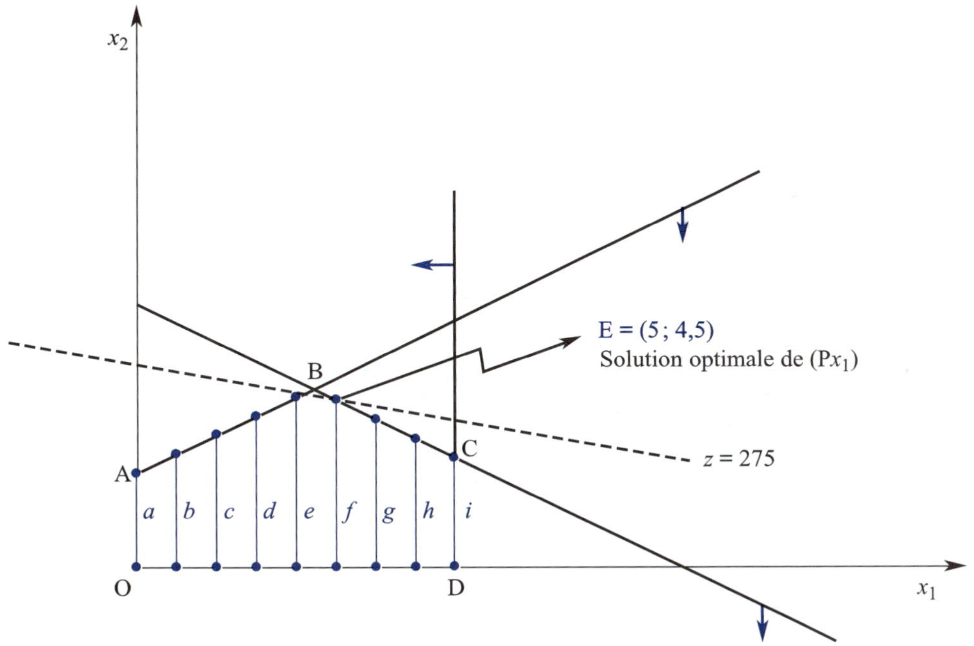

Notons enfin que le maximum $z_1 = 275$ du modèle mixte (Px_1) est inférieur au maximum $z_0 = 282{,}5$ de la relaxation continue (P_0). Cette relation était prévisible : en fait, on aurait pu, sans résoudre ni (Px_1) ni (P_0), affirmer que

$$z_1 \leq z_0 \tag{11}$$

En effet, toute solution admissible de (Px_1) vérifie les contraintes de (P_0). La valeur prise par z en une telle solution est donc nécessairement inférieure ou égale au maximum z_0 de (P_0). En particulier, la valeur z_1 prise par z en une solution optimale de (Px_1) est inférieure ou égale à z_0.

En général, lorsqu'on ajoute des contraintes à un modèle de maximisation, la valeur optimale du nouveau modèle est inférieure ou égale[3] à celle du modèle original. Cette propriété est un élément important de la méthode de séparation et d'évaluation progressive que nous présentons à la section 6.3.

Ajoutons maintenant à (P_0) la contrainte « x_2 entier » et notons (Px_2) le nouveau modèle. Pour déterminer une solution optimale de (Px_2), on procède comme précédemment :

- sélection, dans l'ensemble des solutions admissibles de (P_0), de ces solutions qui vérifient la contrainte supplémentaire « x_2 entier » ;
- repérage d'une solution optimale par le tracé de courbes de niveau.

La figure 6.3 illustre ces étapes. L'ensemble des solutions admissibles de (Px_2) est formé des segments *p, q, ..., t*. Cet ensemble n'est pas convexe. La solution optimale de (Px_2) est le point F = (6 ; 4) où $z = 260$.

3. Supérieure ou égale s'il s'agit d'un modèle de minimisation.

FIGURE 6.3
Résolution de (Px_2)

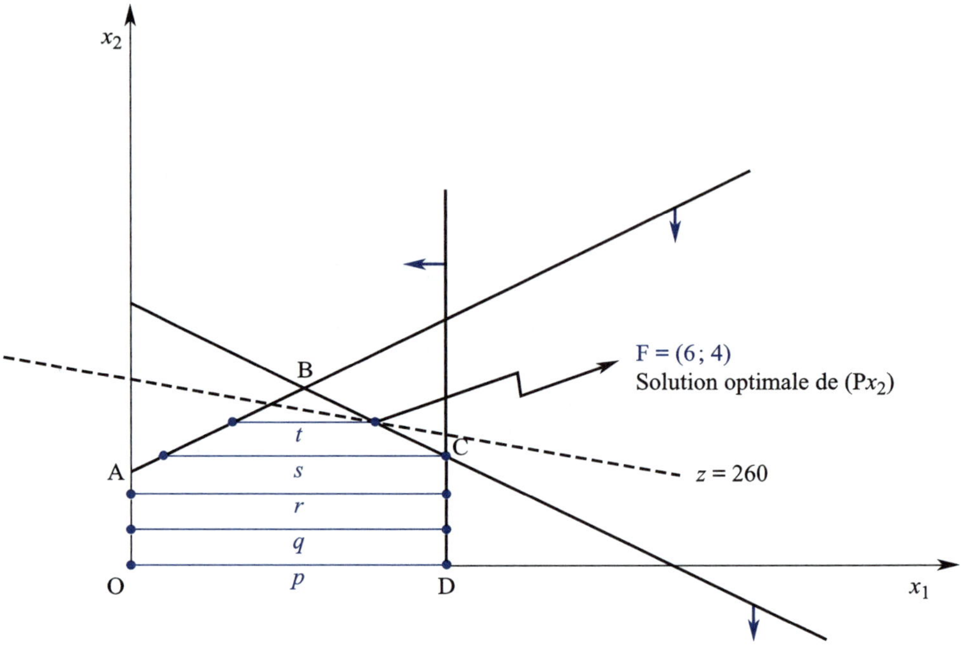

Qui cherche une solution optimale d'un modèle linéaire partiellement ou totalement en nombres entiers pourrait être tenté d'appliquer l'algorithme du simplexe à la relaxation continue, puis d'arrondir la solution associée au dernier tableau. Cette approche est dangereuse et l'exemple 1 constitue une illustration des difficultés qu'elle entraîne : (x_1 ; x_2) = (4,5 ; 4,75) est l'optimum de (P_0) ; arrondir cette solution, c'est normalement poser $x_2 = 5$ et donner à x_1 soit la valeur 4, soit la valeur 5 ; mais ni (4 ; 5) ni (5 ; 5) ne sont admissibles. De fait, il n'existe aucune solution admissible de (P_0) dont la seconde coordonnée x_2 soit égale à 5.

6.2.3 Exemple 1 : le modèle totalement en nombres entiers

L'ajout à (P_0) des contraintes « x_1 entier » et « x_2 entier » donne un modèle linéaire totalement en nombres entiers, que nous notons (Px_1x_2) ou encore (P). L'ensemble de ses solutions admissibles est illustré à la figure 6.4.

On constate que le point F = (6 ; 4) est la solution optimale de (Px_1x_2). Mais il n'était pas nécessaire de résoudre directement ce dernier modèle pour obtenir cette conclusion. En effet, le fait que la solution optimale F de (Px_2) vérifie la contrainte additionnelle d'intégrité « x_1 entier » suffit à garantir que F est également solution optimale de (Px_1x_2). Notons z_2 et z^* respectivement les valeurs maximales de z dans l'ensemble des solutions admissibles de (Px_2) et de (Px_1x_2). Puisque (Px_2) est une relaxation de (Px_1x_2), le même principe qui a donné l'inégalité (11) garantit ici que

$$z^* \leq z_2 \tag{12}$$

Par ailleurs, le point F = (6 ; 4) est solution admissible de (Px_1x_2), et la valeur de z en ce point ne peut dépasser la valeur maximale de (Px_1x_2) :

$$z_2 \leq z^* \tag{13}$$

FIGURE 6.4
Résolution de (Px_1x_2)

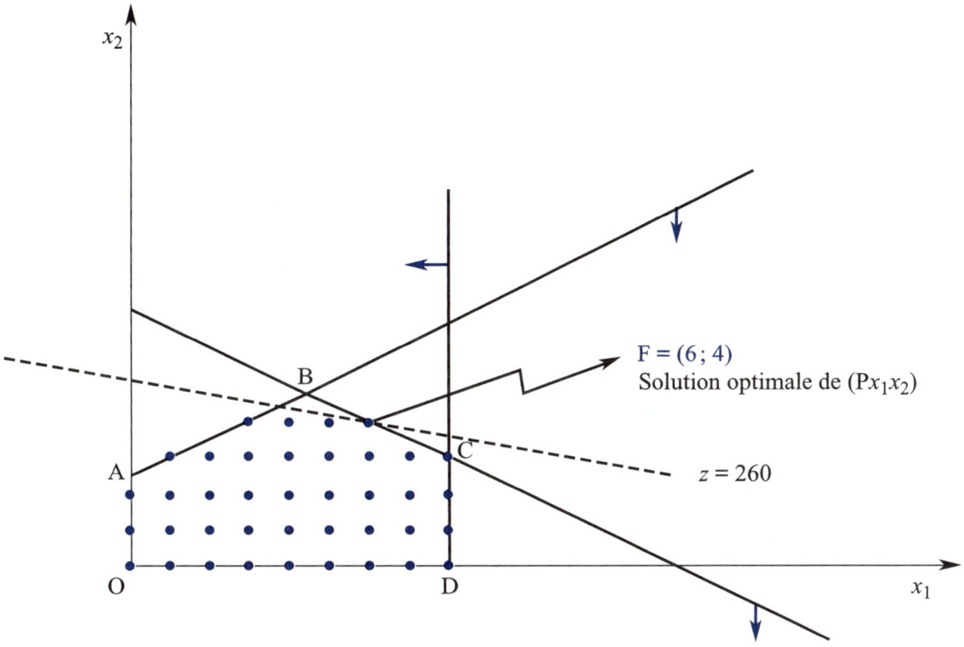

Il résulte de (12) et (13) que $z_2 = z^*$. L'exemple 1 traité ici illustre un principe général important, que nous qualifierons de **principe de relaxation** :

> *Soient (P+) et (P–) des modèles dont le second est obtenu du premier en omettant certaines contraintes. Toute solution optimale de (P–) qui, de plus, vérifie les contraintes de (P+) omises dans (P–), est optimale également pour (P+).*

6.2.4 Exemple 2

L'exemple 1 suggère la conclusion suivante : ajouter des contraintes d'intégrité à un modèle linéaire de type PLC peut en modifier la structure et la ou les solutions optimales. Mais il existe des modèles linéaires où l'ajout de contraintes d'intégrité n'a aucun impact sur l'optimalité d'une solution. En voici un exemple.

$$\text{Max } z = c_1\, x_1 + c_2\, x_2 \tag{14}$$

sous les contraintes :

$$-3\, x_1 + 4\, x_2 \leq 8 \tag{15}$$

$$x_1 + 4\, x_2 \leq 24 \tag{16}$$

$$x_1 + x_2 \leq 12 \tag{17}$$

$$x_1,\, x_2 \geq 0 \tag{18}$$

La figure 6.5 illustre la région admissible de ce modèle. On notera que les coordonnées de tous les points extrêmes sont entières. Il en résulte que l'ajout d'une contrainte d'intégrité pour x_1 ou pour x_2 n'aurait aucun impact sur l'optimalité d'une solution. En effet, quelles que soient les valeurs données à c_1 et à c_2 dans la fonction-objectif (14), l'algorithme du simplexe aboutira toujours à une solution de base correspondant à un point

FIGURE 6.5
Région admissible de l'exemple 2

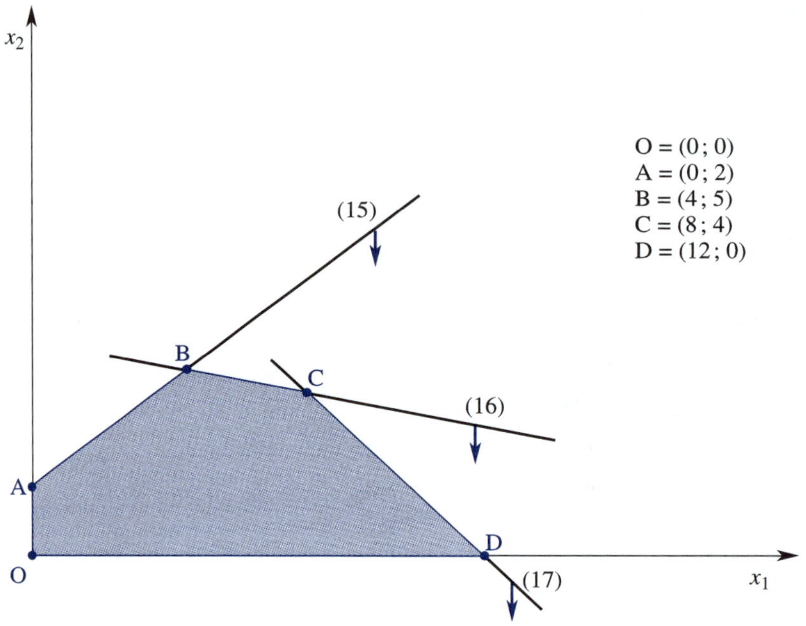

extrême, donc à une solution dont les coordonnées sont entières. En vertu du principe de relaxation, cette solution de base sera également solution optimale du PLE où il est de plus exigé que les variables x_1 et x_2 soient entières.

Ces PLE dont les points extrêmes de la relaxation continue ont tous des coordonnées entières ne sont pas aussi rares que cette remarquable propriété semble le suggérer, même dans ces cas où le nombre de variables de décision est très élevé et où, par conséquent, les points extrêmes sont en quantité astronomique. Il existe des PLE, dits **totalement unimodulaires**, qui possèdent cette caractéristique. Citons, à titre d'exemples, les problèmes de réseau considérés au chapitre 7.

6.2.5 Exemple 3 : un modèle sans solution admissible entière

Ajouter des contraintes d'intégrité à un modèle linéaire continu entraîne parfois des conséquences étonnantes. Considérons l'exemple suivant.

$$\text{Max } z = x_1 + x_2$$

sous les contraintes :

$$\text{(P3)} \qquad \begin{aligned} 4\,x_1 - 4\,x_2 &\geq 1 \\ 4\,x_1 + 2\,x_2 &\leq 3 \\ x_1, x_2 &\geq 0 \end{aligned}$$

Le modèle (P3) admet comme solution optimale :

$$x_1 = 7/12 \quad x_2 = 1/3 \quad z = 11/12.$$

Si (P3) était transformé en un PLTE par l'ajout des contraintes

$$x_1, x_2 \text{ entiers,}$$

l'ensemble des solutions admissibles de ce modèle PLTE serait vide ! L'ajout de contraintes d'intégrité a donc modifié fondamentalement (P3), le modèle linéaire originel.

6.3 LA MÉTHODE DE SÉPARATION ET D'ÉVALUATION PROGRESSIVE

Il existe une méthode générale pour résoudre de façon exacte les modèles linéaires en nombres entiers : il s'agit de la méthode de séparation et d'évaluation progressive[4], appelée méthode SÉP. Nous décrivons ici cette méthode à l'aide de 2 exemples. Le premier ne comporte que 2 variables de décision et servira à illustrer géométriquement la méthode SÉP. Le deuxième montre le fonctionnement de la méthode SÉP sur un PLE de plus grande taille. Un aspect particulier de la méthode SÉP, soit la réoptimisation après l'ajout d'une contrainte, sera approfondi à la section suivante.

6.3.1 La méthode SÉP : présentation dans le cadre d'un exemple à 2 variables

L'exemple 1 de la section précédente est un modèle linéaire totalement en nombres entiers, dénoté (P). Comme ce modèle ne comporte que 2 variables de décision, son optimum a pu être déterminé à l'aide d'arguments géométriques. Nous montrons maintenant comment résoudre ce même modèle de façon algébrique.

La première étape dans l'application de la méthode SÉP au modèle (P) consiste à enlever les contraintes d'intégrité (10), puis à résoudre la relaxation continue (P_0) ainsi obtenue[5].

Souvent, dans un contexte où l'on recourt à la méthode SÉP, plusieurs modèles linéaires continus différents devront être résolus pour obtenir une solution optimale du PLE considéré. Il est pratique, pour résumer les calculs intermédiaires, de décrire la solution optimale proposée d'un modèle particulier sous le format suivant, où n'apparaissent que la valeur de z et celles des variables non nulles.

Nœud générique P_h

$P_h : z_h$ = valeur optimale
Valeurs des variables non nulles

Par exemple, voici comment serait décrite la solution optimale de (P_0).

Nœud P_0

$P_0 : z_0 = 282{,}5$
$x_1 = 4{,}50$
$x_2 = 4{,}75$

La solution optimale de (P_0) viole les contraintes d'intégrité associées aux variables x_1 et x_2. Résoudre (P_0) n'est cependant pas sans intérêt : puisque (P_0) est une relaxation de (P), il en résulte que les valeurs maximales z^* de (P) et z_0 de (P_0) sont liées par l'inégalité suivante :

$$z^* \leq z_0 = 282{,}5 \tag{19}$$

Cela conclut la première étape. Débute maintenant la deuxième, dite **étape de séparation** : la région admissible de (P) sera séparée en sous-régions dont aucune ne

4. En anglais : *branch-and-bound method.*
5. Lorsque (P) contient des variables binaires, on doit remplacer toute contrainte du type « $v = 0$ ou 1 » par la condition équivalente « $v \geq 0$ et $v \leq 1$ et v entier » avant de procéder au retrait des contraintes d'intégrité. Ainsi, la relaxation (P_0) contient, outre la contrainte usuelle de non-négativité, une inéquation du type « $v \leq 1$ » pour toute variable binaire v de (P).

devra contenir la solution optimale de (P_0). Cette séparation nécessite le choix d'une variable, dite **variable de séparation**, qui ne respecte pas la contrainte d'intégrité qui lui est imposée dans (P).

Dans la solution optimale de (P_0), 2 variables prennent une valeur non entière, alors qu'elles sont soumises à une contrainte d'intégrité dans le modèle (P). L'une d'entre elles servira de variable de séparation. Laquelle ? Il nous faut un critère pour effectuer ce choix. La littérature scientifique en propose quelques-uns, allant des très élémentaires aux très sophistiqués. L'étude approfondie de ces critères dépasse le cadre de ce manuel. Nous en présentons deux des plus simples dans cette section.

- **Critère de la variable la plus distante** : selon ce critère, la variable de séparation est celle dont la valeur s'écarte le plus de l'entier le plus près.
- **Critère du meilleur c_j** : selon ce critère, la variable de séparation est celle dont le coefficient dans la fonction-objectif est le plus élevé s'il s'agit d'une maximisation, et le moins élevé s'il s'agit d'une minimisation.

Quand plusieurs variables sont jugées également intéressantes par le critère adopté, on applique l'autre critère à l'ensemble de ces variables.

6.3.2 L'exemple 1 et le critère de la variable la plus distante

La solution optimale de (P_0) contient des variables qui ne vérifient pas les contraintes d'intégrité. On passe donc à l'étape de séparation. L'écart entre la valeur de x_1 et l'entier le plus près est 0,5 ; dans le cas de x_2, cet écart s'établit à 0,25. La variable de séparation suggérée par le critère de la variable la plus distante est donc x_1. Le modèle linéaire courant, ici (P_0), est « divisé » en deux restrictions, ou sous-modèles, définies de la façon suivante[6] :

(P_1) : (P_0) auquel on adjoint la contrainte « $x_1 \leq 4$ »

(P_2) : (P_0) auquel on adjoint la contrainte « $x_1 \geq 5$ ».

Cette **séparation** du modèle (P) est **exhaustive**, en ce sens que toute solution admissible de (P) vérifie au moins l'une des contraintes additionnelles. En effet, dans toute solution admissible de (P), la variable x_1 prend une valeur entière et vérifie donc soit l'inéquation « $x_1 \leq 4$ » de (P_1), soit l'inéquation « $x_1 \geq 5$ » de (P_2). Ainsi, aucune solution admissible de (P) ne sera écartée lors de la séparation. Mais la solution optimale de (P_0) le sera, puisqu'elle ne sera admissible ni selon (P_1), ni selon (P_2).

La figure 6.6 illustre graphiquement les régions admissibles des modèles (P_1) et (P_2). La section tramée représente la partie de la région admissible de (P_0) qui est retranchée lors de la séparation. Noter que cette section contient la solution optimale B = (4,5 ; 4,75) de (P_0), qui sera donc écartée conformément aux commentaires du paragraphe précédent.

Les modèles continus (P_1) et (P_2) sont résolus[7] à l'aide de l'algorithme du simplexe. Les résultats obtenus sont résumés à la figure 6.7, qualifiée d'**arbre d'énumération**. Le modèle (P_0) est dit le **nœud-père** ; (P_1) et (P_2) sont appelés **nœuds-fils**. On dira également que (P_0) est de niveau 0 ; que (P_1) et (P_2) sont de niveau 1.

---

6. Ce n'est pas la seule séparation possible. Une des premières à avoir été étudiée dans la littérature prescrivait la création de 3 restrictions. Dans le présent exemple, cette approche ajouterait au modèle (P_0) tour à tour chacune des 3 contraintes suivantes : $x_1 = 4$; $x_1 \leq 3$; $x_1 \geq 5$.
7. Dans certaines versions de la méthodes SÉP, on ne résout dans un premier temps qu'un seul des modèles (P_1) ou (P_2). L'autre sera résolu ultérieurement, si nécessaire.

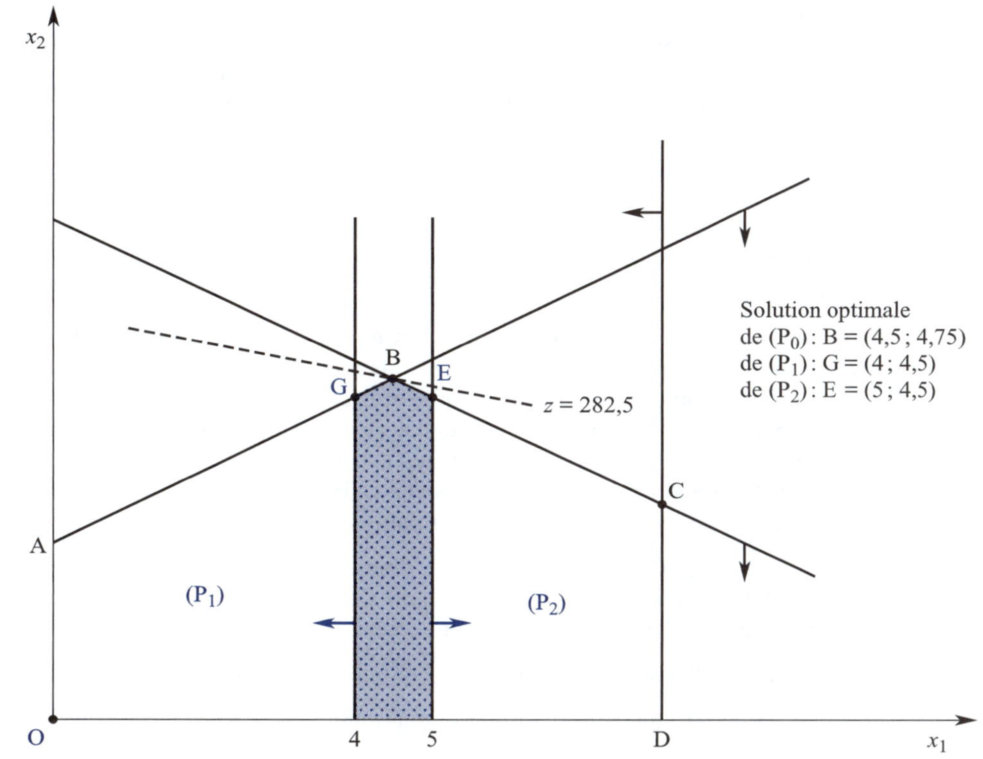

FIGURE 6.6
Exemple 1 : interprétation graphique de la séparation selon x_1

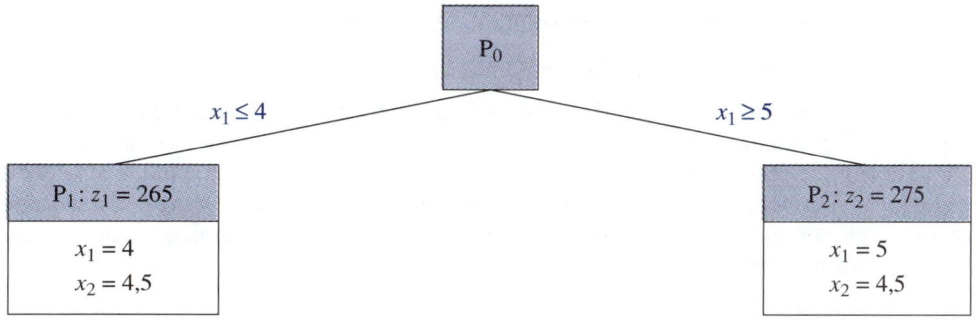

FIGURE 6.7
Exemple 1 : arbre d'énumération après la première séparation

Chacun des modèles (P_1) et (P_2) se construit en ajoutant une contrainte à (P_0) : par conséquent,

$$z_1 \leq z_0 \quad \text{et} \quad z_2 \leq z_0 \qquad (20)$$

où z_1 et z_2 dénotent la valeur optimale de la fonction-objectif z dans l'ensemble des solutions admissibles de (P_1) et de (P_2) respectivement. De plus, la contrainte supplémentaire adjointe à (P_0) pour obtenir (P_1) n'est pas redondante dans l'ensemble des contraintes du nœud-père (P_0) puisqu'elle n'est pas satisfaite par la solution optimale de (P_0). Il en est de même pour celle utilisée dans (P_2).

L'exhaustivité de la séparation tout juste effectuée permet d'améliorer la borne supérieure de z^* trouvée en (19). En effet, comme nous l'avons remarqué précédemment, toute solution admissible de (P) est admissible soit selon (P_1), soit selon (P_2). Il en est ainsi en particulier de toute solution optimale $\boldsymbol{x}^*$ de (P). Dans le cas où $\boldsymbol{x}^*$ est admissible selon (P_1), la valeur z^* de la fonction-objectif en ce point $\boldsymbol{x}^*$ est nécessairement inférieure ou égale à la valeur maximale z_1 de (P_1) ; dans l'autre cas, on peut conclure de même que $z^* \leq z_2$. En résumé :

$$z^* \leq \max\{z_1 \,;\, z_2\} = 275 \tag{21}$$

Comme les solutions optimales de (P_1) et de (P_2) sont non entières, la méthode SÉP prescrit une nouvelle séparation. Doit-on commencer par (P_1) ou par (P_2) ? C'est ici que démarre l'**étape d'évaluation**.

Il nous faut un **critère pour choisir un nœud à partir duquel effectuer la prochaine séparation**. Dans notre exemple, puisque la valeur optimale de (P_2) est plus élevée que celle de (P_1), on « évalue » que l'on a de meilleures chances de trouver une solution optimale de (P) parmi les solutions admissibles de (P_2) que parmi celles de (P_1). On convient donc d'effectuer la séparation à partir de (P_2). De façon générale[8], on **retient le nœud qui possède la valeur optimale la plus élevée lorsqu'il s'agit d'une maximisation**, et la moins élevée lorsqu'il s'agit d'une minimisation.

Venons-en à la séparation à partir de (P_2). Comme seule x_2 prend une valeur non entière dans la solution optimale de (P_2), il s'agira nécessairement de la variable de séparation. À partir de (P_2), deux nœuds-fils sont créés :

(P_3) : (P_2) auquel on adjoint la contrainte « $x_2 \leq 4$ »

(P_4) : (P_2) auquel on adjoint la contrainte « $x_2 \geq 5$ ».

La région admissible et la solution optimale de (P_3) sont illustrées à la figure 6.8. La section qui est retranchée cette fois est le triangle EJH. De la figure 6.8 on peut déduire que :

- la solution optimale de (P_3) est le point H = (6 ; 4) qui donne à z la valeur 260 ;
- le modèle (P_4) n'admet aucune solution admissible.

Ces résultats sont résumés dans l'arbre d'énumération de la figure 6.9.

Le « × » en dessous du nœud (P_4) signifie qu'il n'est pas nécessaire d'effectuer une séparation à partir de ce dernier : un sous-problème de (P_4) n'admettra aucune solution admissible et ne pourra fournir une solution optimale de (P). On dit que le nœud (P_4) est « éliminé ». De même, le nœud (P_3) est éliminé, mais pour une autre raison : la solution optimale proposée en (P_3) est entière et dominera toute solution admissible de (P) que l'on pourrait trouver en effectuant des séparations à partir de (P_3).

Puisque la solution optimale de (P_3) est admissible selon (P), on conclut aussitôt que $z^* \geq z_3 = 260$. Combinée avec (21), cette inégalité signifie que

$$260 \leq z^* \leq 275 \tag{22}$$

Puisque $z_1 > 260$, il se pourrait qu'une solution optimale de (P) puisse être trouvée en séparant à partir du nœud (P_1). Ce que l'on s'empresse de faire. La variable de séparation est x_2 et l'on crée les 2 nœuds-fils suivants :

(P_5) : (P_1) auquel on adjoint la contrainte « $x_2 \leq 4$ »

(P_6) : (P_1) auquel on adjoint la contrainte « $x_2 \geq 5$ ».

8. Le nœud à partir duquel on effectuera la prochaine séparation peut être choisi selon d'autres critères.

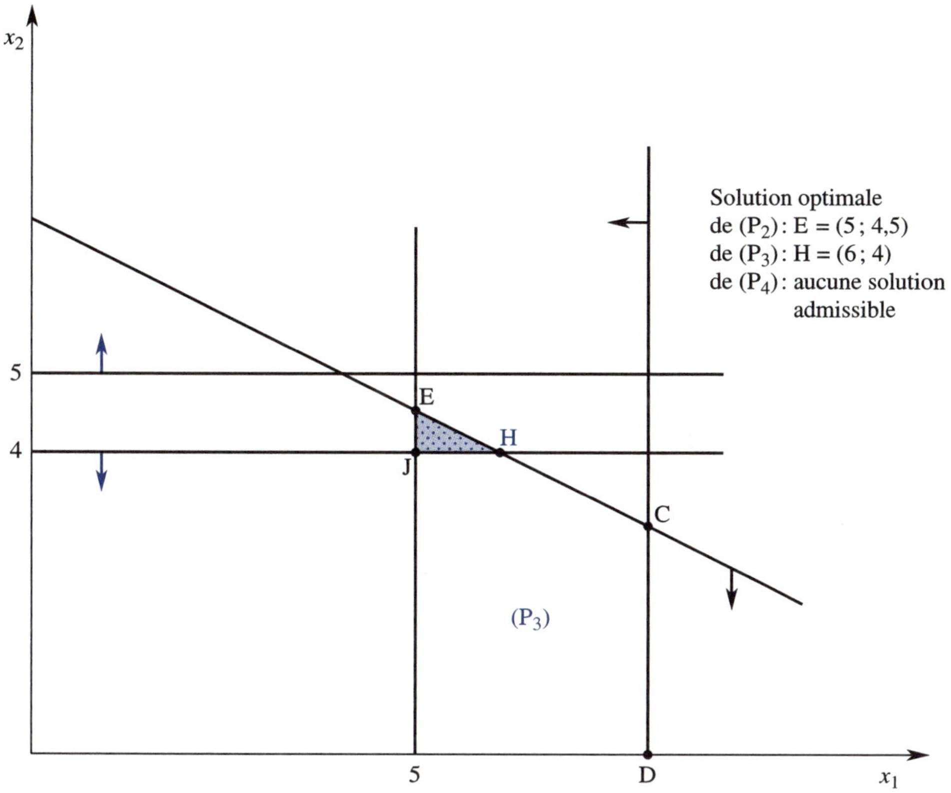

FIGURE 6.8
Exemple 1 : interprétation graphique de la séparation à partir de (P_2)

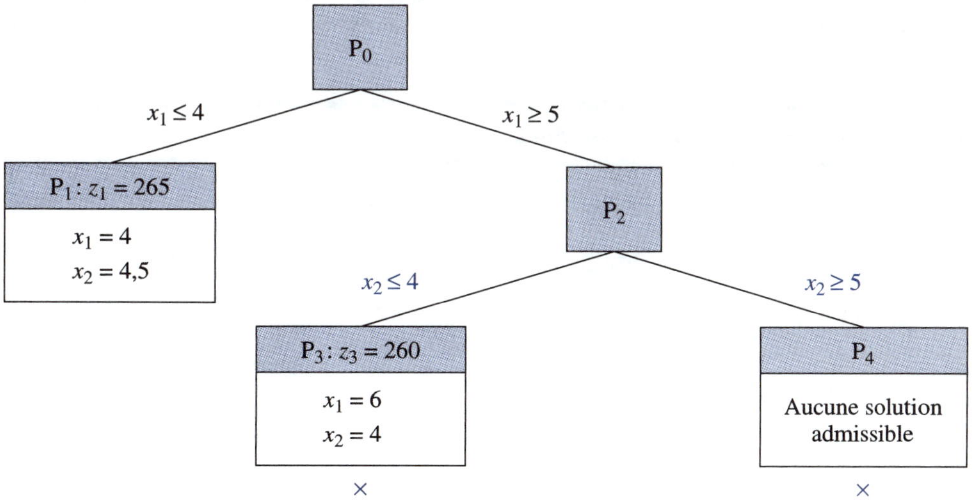

FIGURE 6.9
Exemple 1 : arbre d'énumération après 2 séparations

Les modèles (P_5) et (P_6) sont résolus graphiquement à la figure 6.10. Cette fois, la section retranchée est le triangle MKG. De cette figure, on déduit que :

– la solution optimale de (P_5) est le point K = (4 ; 4) qui donne à z la valeur 240 ;
– le modèle (P_6) n'admet aucune solution admissible.

FIGURE 6.10 Exemple 1 : interprétation graphique de la séparation à partir de (P_1)

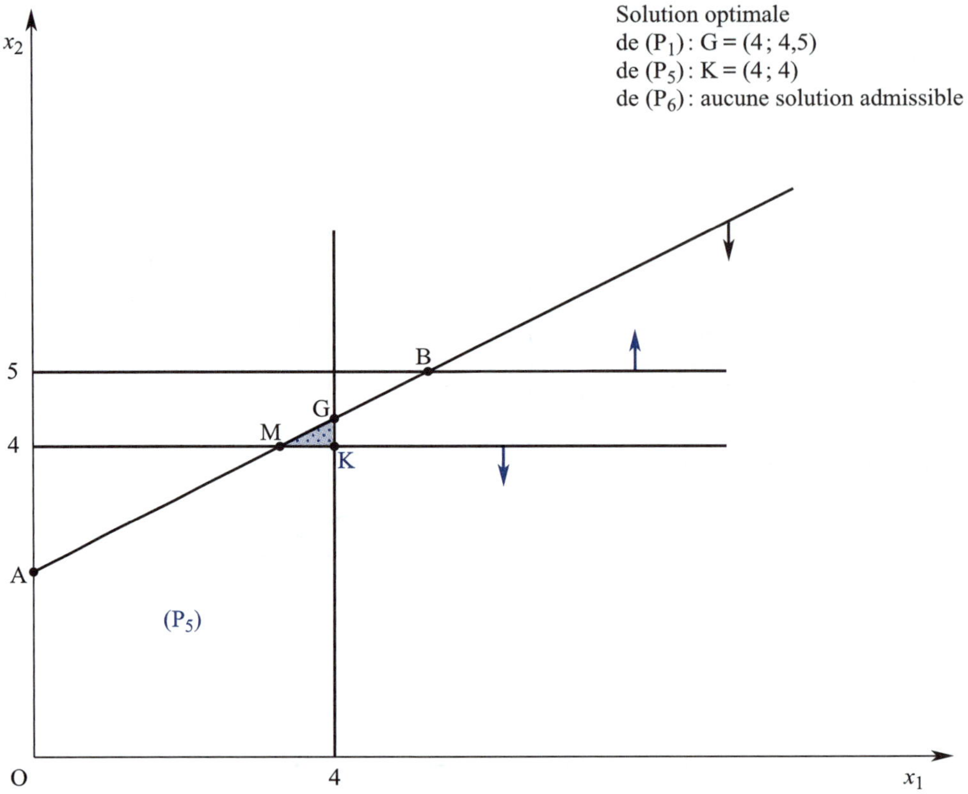

L'arbre d'énumération prend maintenant la forme décrite à la figure 6.11. Les nœuds (P_5) et (P_6) sont eux aussi éliminés : le premier parce que sa solution optimale est entière, et le deuxième parce qu'il n'admet aucune solution admissible. **Quand il n'existe aucun**

FIGURE 6.11 Exemple 1 : arbre d'énumération après 3 séparations

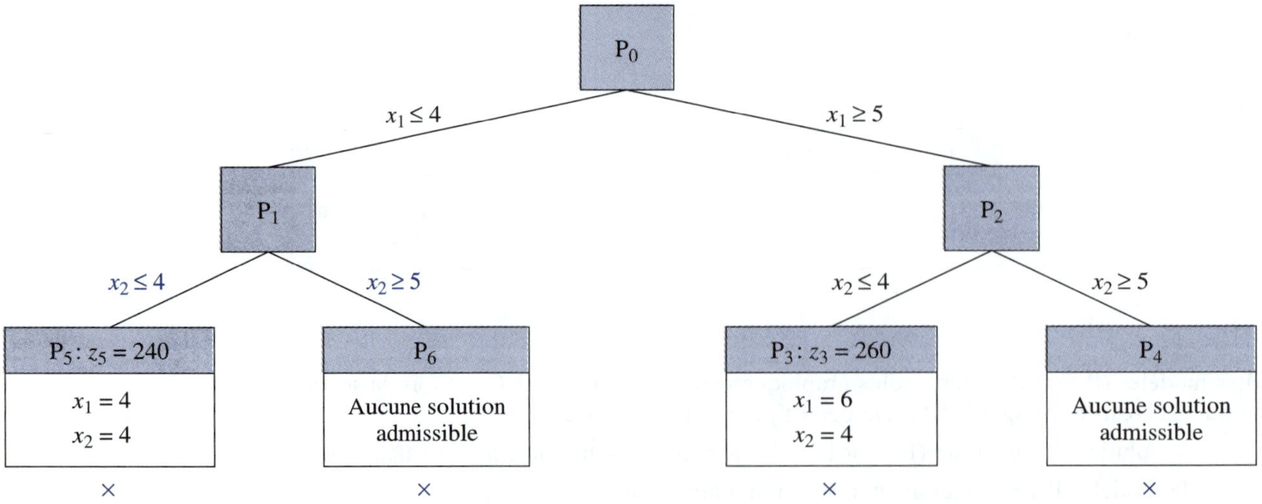

nœud dans l'arbre d'énumération à partir duquel effectuer une séparation, la méthode SÉP se termine.

Une solution optimale du PLE à résoudre est fournie dans le nœud de l'arbre d'énumération possédant la meilleure solution entière. Comme l'objectif ici est de maximiser z, on cherche, dans la figure 6.11, la solution entière qui donne à z la valeur la plus élevée. C'est au nœud (P_3) qu'on la trouve : ainsi, le point (6 ; 4) est une solution optimale de (P) et la valeur optimale z^* est 260.

Pour résoudre (P), un modèle ne contenant que 2 variables soumises à des contraintes d'intégrité, il a fallu résoudre 7 modèles continus. Cet exemple illustre clairement le fait que la résolution d'un PLE est souvent beaucoup plus ardue que celle d'un modèle linéaire continu. Nous reviendrons plus tard sur l'efficacité de la méthode SÉP.

6.3.3 L'exemple 1 et le critère du meilleur c_j

Reprenons la méthode SÉP à son début, immédiatement après la résolution de (P_0). Si l'on adopte le critère du meilleur c_j, la variable de séparation est x_2. On crée donc, à partir du nœud (P_0), les 2 nœuds-fils suivants :

(P_1) : (P_0) auquel on adjoint la contrainte « $x_2 \leq 4$ »

(P_2) : (P_0) auquel on adjoint la contrainte « $x_2 \geq 5$ ».

Ces 2 problèmes sont résolus graphiquement à la figure 6.12. Le triangle tramé BPH est retranché lors de cette séparation. La solution optimale de (P_1) est le point H = (6 ; 4). Le problème (P_2) n'admet aucune solution admissible. On obtient l'arbre d'énumération présenté à la figure 6.13.

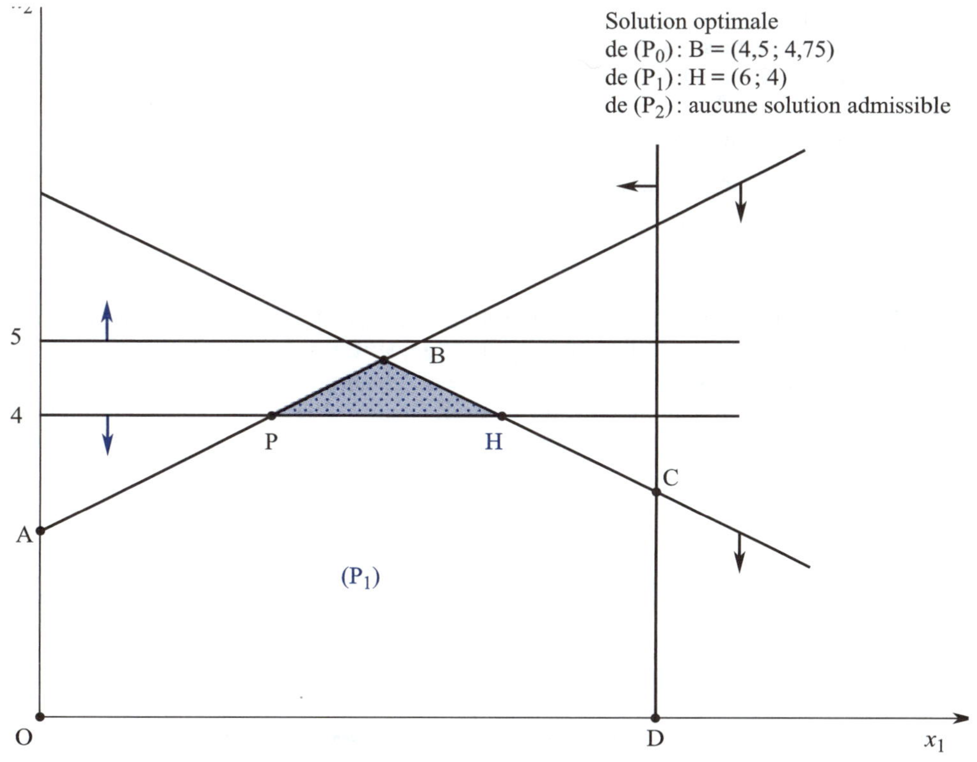

FIGURE 6.12 Exemple 1 : le critère du meilleur c_j

FIGURE 6.13
Arbre d'énumération pour le critère du meilleur c_j

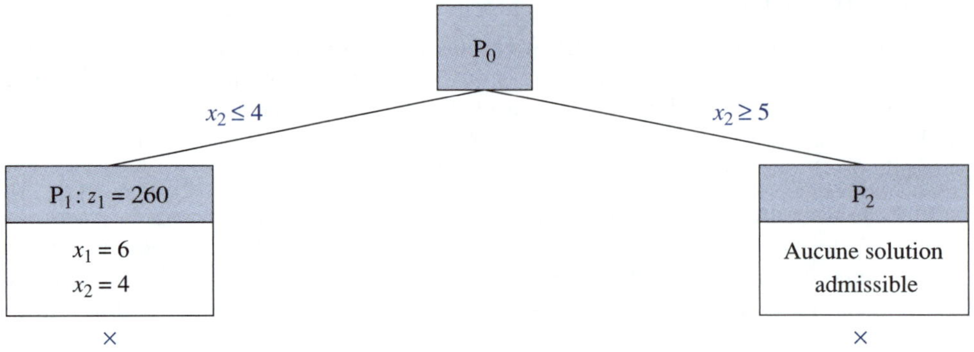

La méthode SÉP se termine cette fois dès le niveau 1, car il n'est évidemment plus utile de séparer ni à partir de (P_1) ni à partir de (P_2). On trouve la même solution optimale (6 ; 4) que précédemment.

On observe ici que la quantité de calculs effectués dans la méthode SÉP, en particulier le nombre de modèles continus résolus, dépend fortement du critère adopté pour effectuer le choix de la variable de séparation. Retenir le meilleur critère n'est pas toujours facile ; ce choix relève souvent de l'art, du flair et de l'expérimentation.

6.3.4 Exemple 4 : le plan de production pour des appareils électroniques

Certains modèles linéaires ont pour objet l'établissement d'un plan de production optimal dans un contexte de ressources limitées. Supposons, pour fixer les idées, que l'on planifie la fabrication de 7 produits électroniques coûteux, qui font appel à des ressources de 3 sortes. Le tableau 6.1 précise les données de ce problème. Les paramètres utilisés s'interprètent de la façon suivante :

c_j : profit unitaire associé au produit j

a_{ij} : quantité de la ressource i utilisée pour chaque unité du produit j

b_i : quantité disponible de la ressource i.

Pour modéliser ce problème, on introduit des variables x_1, …, x_7, où x_j représente le nombre d'unités du produit j à fabriquer. L'objectif est de maximiser le profit total sans utiliser plus de ressources qu'il n'y en a de disponibles. Nous exigerons que les variables de décision soient entières, un appareil électronique devant être entier pour être vendu et engendrer le profit c_j mentionné dans le tableau des données. Le modèle mathématique correspondant à cet exemple s'écrit ainsi :

TABLEAU 6.1
Données de production des appareils électroniques

N°	1	2	3	4	5	6	7	b_i
c_j	14	4	13	12	3	20	4	
a_{1j}	8	9	4	2	6	6	9	200
a_{2j}	5	1	3	5	0	2	1	150
a_{3j}	5	4	6	4	1	4	2	175

$$(\text{P4E}) \begin{cases} \text{Max } z = \sum_{j=1}^{7} c_j x_j & (23) \\ \text{sous les contraintes:} & \\ \sum_{j=1}^{7} a_{ij} x_j \le b_i & i = 1, 2, 3 \quad (24) \\ x_j \ge 0 & j = 1, \ldots, 7 \quad (25) \\ x_j \text{ entier} & j = 1, \ldots, 7 \quad (26) \end{cases}$$

Le modèle (P4E) est totalement en nombres entiers. En l'absence des contraintes d'intégrité (26), le problème se ramène à un modèle continu (P4C) que l'on sait résoudre par l'algorithme du simplexe. Le tableau 6.2 présente une solution optimale de (P4C).

x_1	x_2	x_3	x_4	x_5	x_6	x_7	z
0	0	0	15,625	0	28,125	0	750

TABLEAU 6.2 Solution optimale de (P4C)

Cette solution n'est pas admissible selon (P4E) car 2 des 7 variables prennent des valeurs non entières. Malgré tout, elle fournit une borne supérieure $\bar{z} = 750$ à la valeur maximale z^* prise par z dans l'ensemble des solutions admissibles de (P4E), puisque (P4C) est une relaxation de (P4E).

Si on arrondit à la baisse les variables du tableau 6.2 en posant

$$x_4 = 15 \quad \text{et} \quad x_6 = 28 \quad \text{et} \quad \text{(les autres variables sont nulles)} \tag{27}$$

on obtient une solution entière qui est encore admissible selon (P4E) car, en produisant moins, on ne peut qu'utiliser moins de ressources. Ainsi, (27) décrit une solution admissible de (P4E) qui donne à z la valeur $\underline{z} = 740$. Il résulte de ce qui précède que

$$740 = \underline{z} \le z^* \le \bar{z} = 750 \tag{28}$$

On pourrait être tenté d'arrondir chaque variable non entière à l'entier le plus près. Mais, si l'on pose $x_4 = 16$ et $x_6 = 28$, la troisième contrainte n'est plus satisfaite puisque

$$(4 \times 16) + (4 \times 28) = 176 > 175.$$

Dans un modèle de production comportant un grand nombre de variables et de contraintes, les bornes $\underline{z}$ et $\bar{z}$ de la formule $\underline{z} \le z^* \le \bar{z}$ analogue à (28) risquent d'être éloignées l'une de l'autre. Tenter de resserrer l'intervalle $[\underline{z}\,;\bar{z}]$ en arrondissant tantôt à la baisse, tantôt à la hausse, peut causer des difficultés, comme nous venons de l'illustrer, et conduire à des ajustements fastidieux, voire difficiles. De plus, si les profits unitaires c_j étaient exprimés en millions de dollars, l'écart 750 − 740 = 10 indiquerait qu'une solution optimale de (P4E) pourrait rapporter jusqu'à 10 millions de dollars de plus que la solution heuristique (27) trouvée en arrondissant à la baisse. Dans un tel cas, il serait tout à fait justifié d'utiliser la méthode SÉP pour trouver le véritable optimum.

La méthode SÉP présentée ici construit un arbre d'énumération à partir du nœud (P_0) associé à la relaxation continue du modèle (P). Après chaque séparation, on met à jour les bornes (28), ainsi que la liste des **nœuds en attente.** Cette liste démarre avec (P_0) comme unique nœud. Un nœud, une fois séparé, est évidemment retiré de la liste des nœuds en attente, mais les deux nœuds-fils lui sont ajoutés. Un **nœud** (P_h) peut être **éliminé** de cette liste, sans être séparé, pour l'une ou l'autre des trois raisons suivantes.

1. Le modèle (P_h) n'admet aucune solution admissible. Le nœud (P_4) de la figure 6.9 constitue un exemple de ce cas.

2. La solution optimale de (P_h) satisfait à toutes les contraintes d'intégrité du modèle (P). Le nœud (P_3) de la figure 6.9 constitue un exemple de ce cas.

3. La valeur optimale z_h de (P_h) n'est pas plus intéressante que la valeur de z pour une solution admissible de (P) déjà connue. Le nœud (P_3), qui apparaît dans la liste des nœuds en attente de la figure 6.15, est ainsi éliminé de la liste de la figure 6.16 après que l'on ait trouvé la solution optimale de (P_{11}), dont la valeur z_{11} = 741 coïncide avec celle de (P_3).

6.3.5 L'exemple 4 et le critère de la variable la plus distante

Le modèle (P4C) constitue le nœud (P_0) de l'arbre d'énumération. Si on utilise le critère de la variable la plus distante, c'est x_4 qui servira de variable de séparation au niveau 0 de l'arbre. La figure 6.14 illustre l'arbre d'énumération après 2 séparations. La deuxième séparation a été effectuée à partir du nœud (P_2), car z_2 est plus élevé que z_1. Elle s'est faite selon x_6, puisque c'est la seule variable non entière dans la solution optimale de (P_2). Le nœud (P_4) est ensuite éliminé parce qu'il ne possède aucune solution admissible.

La prochaine séparation s'effectue à partir de (P_1), car $z_1 > z_3$, et selon x_6. Après la création des nœuds (P_5) et (P_6), les décisions suivantes mènent à la figure 6.15 :

- (P_6) est éliminé, car sa solution est entière. Noter que celle-ci ne peut être une solution optimale de (P4E), car on connaît déjà une solution admissible de (P4E) assurant un profit de 740.

- Les nœuds en attente sont alors (P_3) et (P_5). La séparation se fait à partir de (P_5), car $z_5 > z_3$, et selon x_3.

FIGURE 6.14
Exemple 4 : arbre après 2 séparations

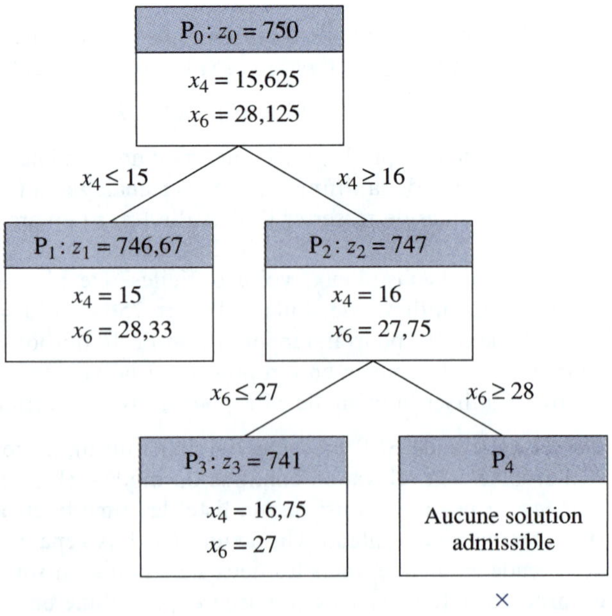

FIGURE 6.15 Exemple 4 : arbre après 4 séparations

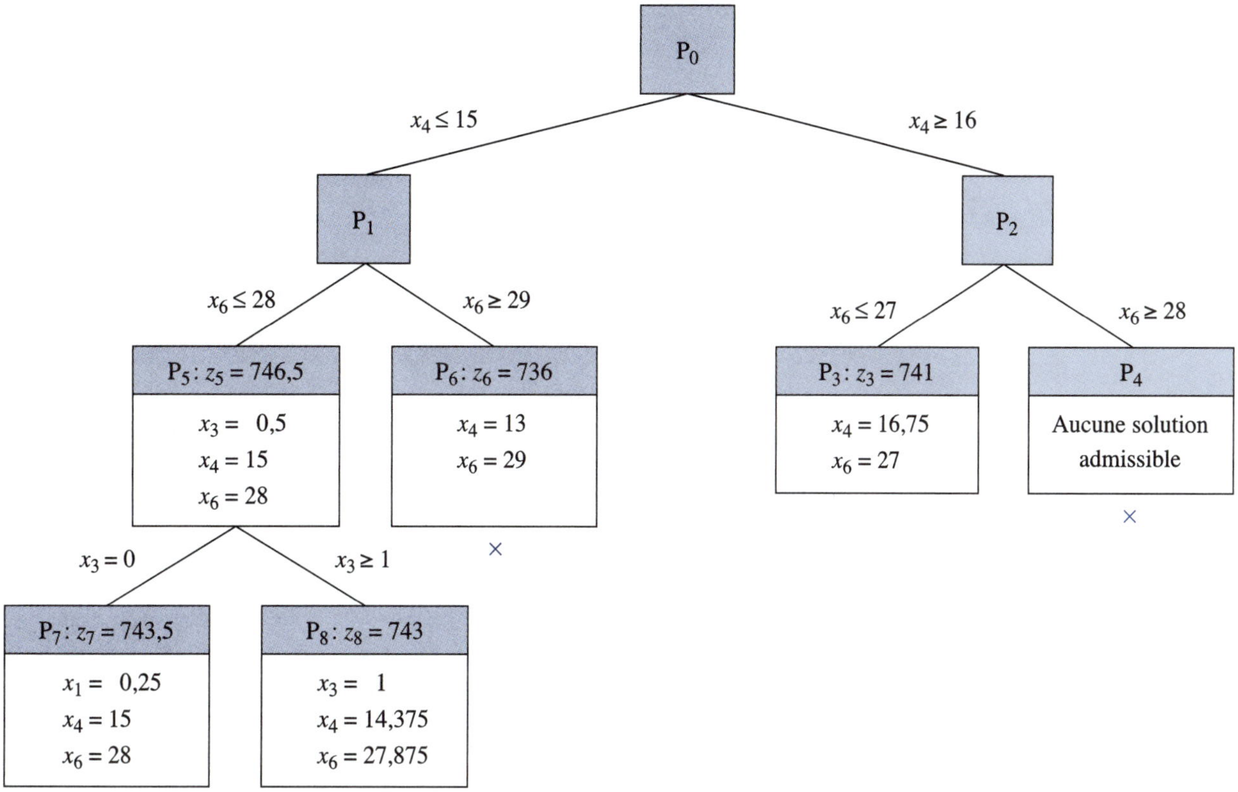

La figure 6.15 contient 3 nœuds en attente : (P_3), (P_7) et (P_8). Puisque $z_7 > z_3$ et que $z_7 > z_8$, la prochaine séparation s'effectue à partir de (P_7). Par la suite, le nœud le plus prometteur est (P_8) et l'on sépare selon x_4. On obtient ainsi l'arbre de la figure 6.16. La solution optimale de (P_{11}) est entière. Puisque $z_{11} = 741$ est supérieure ou égale à la valeur z_h de tous les nœuds (P_h) encore en attente, la méthode SÉP se termine. Une solution optimale de (P4E) est la solution entière associée à la valeur z_h la plus élevée. Ici, on la trouve au nœud (P_{11}) :

$$x_3 = 1\,; \quad x_4 = 14\,; \quad x_6 = 28\,; \quad \text{(les autres variables sont nulles)} \tag{29}$$

Pour trouver une solution optimale de (P4E), il a fallu résoudre 13 modèles continus. Les ordinateurs exécutent rapidement les calculs nécessaires à la construction de la figure 6.16. Dans cet exemple et avec le critère utilisé, l'énumération a été efficace. En effet, la majorité des solutions admissibles de (P4E) ont été éliminées implicitement : les nœuds à partir desquels aucune séparation n'a été effectuée contenaient plusieurs solutions admissibles selon (P4E), mais le jeu des bornes inférieures et supérieures a permis d'affirmer que celles-ci ne pouvaient être optimales pour (P4E).

Le niveau maximal atteint dans un arbre d'énumération est corrélé au temps pris par la méthode SÉP pour arriver à une solution optimale. Les spécialistes classent les PLE comme des problèmes plus complexes que les PLC.

FIGURE 6.16 Exemple 4 : arbre après 6 séparations

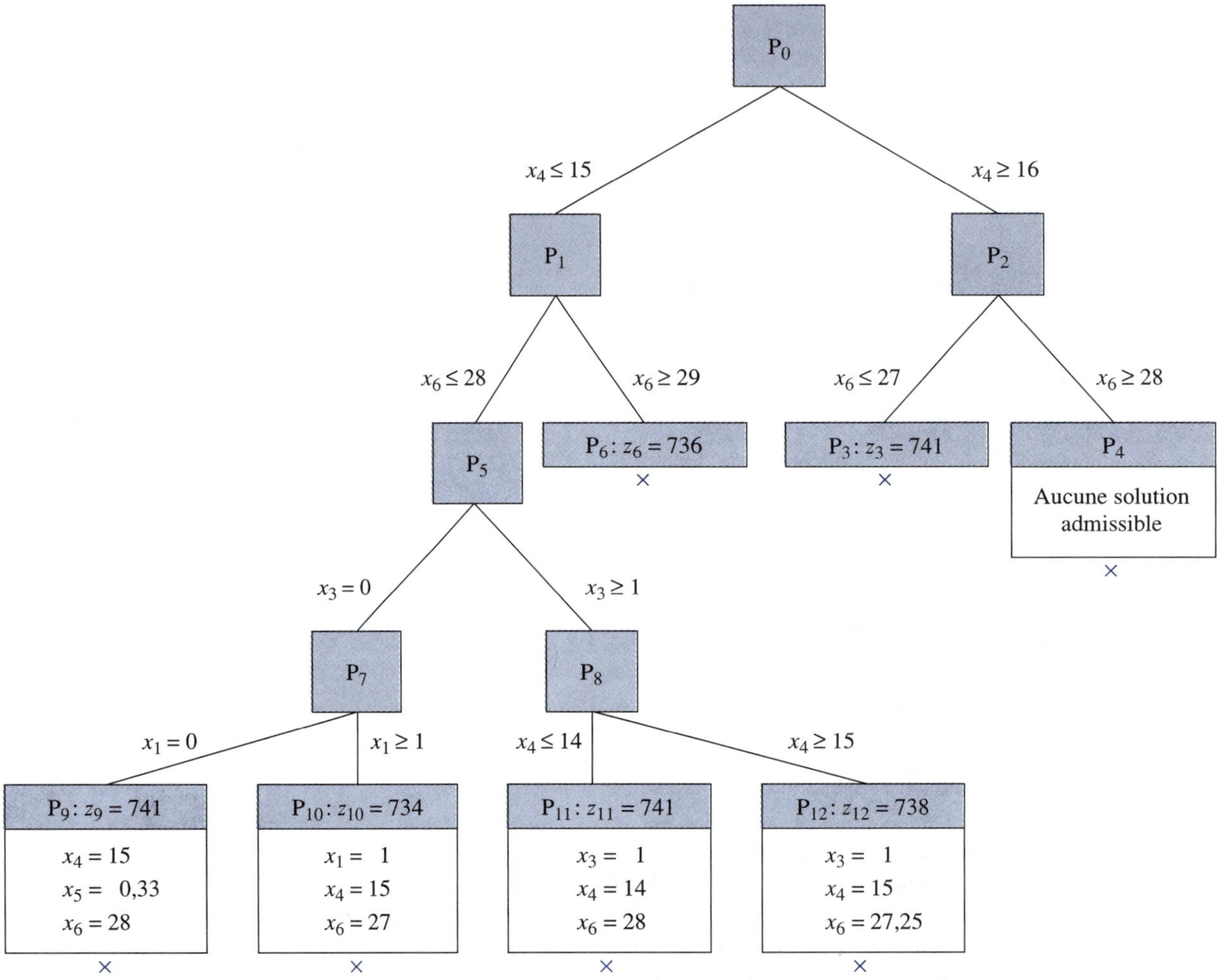

6.3.6 L'exemple 4 et le critère du meilleur c_j

La figure 6.17 illustre l'arbre d'énumération obtenu lors de la résolution de l'exemple 4 par la méthode SÉP selon le critère du meilleur c_j. Les indices de nœuds indiquent l'ordre selon lequel se sont effectuées les séparations.

- Le nœud (P_2) peut être éliminé immédiatement après la première séparation, car sa solution est entière. Cette solution ne peut être optimale pour (P4E) : en effet, elle donne à z la valeur 736 et l'on connaît déjà une solution entière, soit la solution (27), qui assure un profit s'élevant à 740.
- Après la deuxième séparation, les nœuds en attente sont (P_3) et (P_4) ; on effectue la séparation suivante à partir de (P_4), car $z_4 > z_3$, ce qui entraîne la création des nœuds (P_5) et (P_6).
- Le nœud (P_6) est immédiatement éliminé, car il n'admet aucune solution admissible. Mais (P_5) ne pourra être éliminé qu'après que (P_{12}) aura été résolu.

FIGURE 6.17 Exemple 4 : arbre pour le critère du meilleur c_j

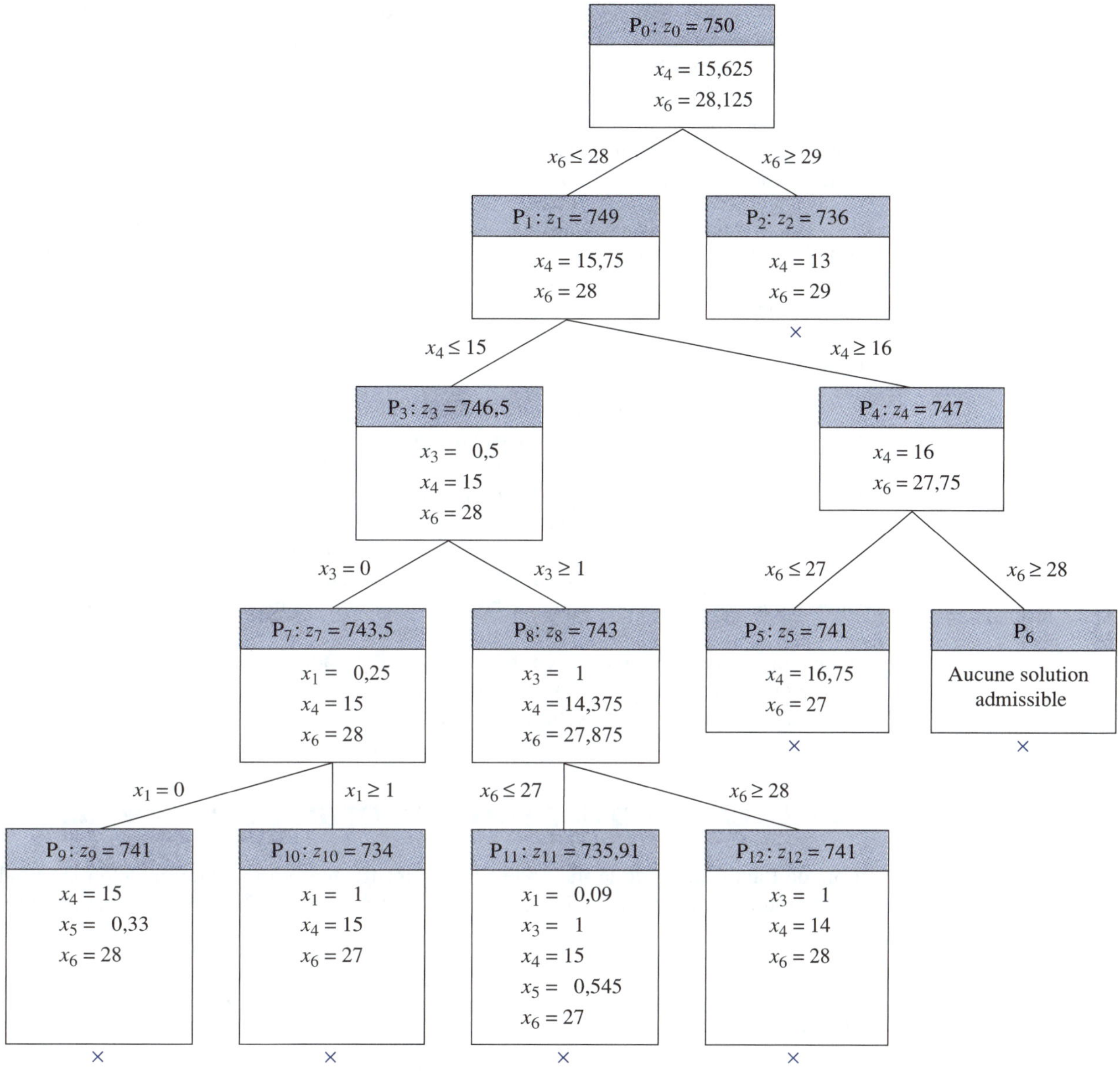

– Après avoir construit (P_5) et (P_6), on sépare à partir de (P_3) pour obtenir (P_7) et (P_8), qui, tous deux, admettent une solution optimale non entière. La prochaine séparation s'effectue à partir de (P_7), car $z_7 > z_8$. On obtient (P_9) et (P_{10}). Ce dernier nœud peut aussitôt être éliminé.

– Les derniers nœuds créés sont (P_{11}) et (P_{12}). La solution proposée en (P_{12}) est entière et la valeur z_{12} est supérieure ou égale aux valeurs z_h de tous les nœuds (P_h) encore en attente. Il en résulte que ces nœuds peuvent être maintenant éliminés et que la solution proposée en (P_{12}) est optimale pour (P4E).

Les 2 critères de choix d'une variable de séparation se sont avérés aussi efficaces l'un que l'autre dans la résolution de (P4E). Mais ce n'est pas toujours le cas, comme on l'a constaté dans l'exemple 1.

L'utilisation de la méthode SÉP a permis de trouver une solution optimale de (P4E) assurant un profit de 741 $. En arrondissant à la baisse, on avait pu déterminer facilement une solution admissible de (P4E) qui donnait à z la valeur 740. L'écart entre les 2 solutions n'est que de 1 $, ce qui pourrait suggérer que les calculs supplémentaires exigés par la méthode SÉP ne valaient pas la peine d'être exécutés. Toutefois, si les profits unitaires c_j étaient exprimés en millions de dollars, l'effort de calcul additionnel serait clairement justifié, car il permettrait d'améliorer le profit de 1 million de dollars.

Le grand nombre de variables de décision rend parfois très onéreux le calcul d'une solution optimale en nombres entiers. Le problème de la coupe de bobines-mères en fournit un exemple ; de plus, la solution optimale en nombres entiers, souvent longue à obtenir, devrait être révisée chaque fois que de nouvelles commandes de rouleaux sont reçues. On préférera dans un tel cas arrondir les solutions optimales de la relaxation continue.

La méthode de séparation et d'évaluation progressive s'articule autour de deux idées principales. La première consiste à séparer la relaxation continue en sous-modèles ou restrictions. La deuxième repose sur une évaluation du potentiel qu'a chacune des restrictions de posséder dans sa région admissible une solution optimale du modèle PLE original. La méthode SÉP, quand tout va bien, énumère implicitement la majorité des solutions entières admissibles. Par exemple, bien que le modèle (P4E) admette des milliers de solutions admissibles entières, il a suffi de résoudre 13 modèles continus et de considérer quelques solutions entières pour obtenir une solution entière dont on sait avec certitude qu'elle est optimale. L'évaluation des restrictions a mené en effet à conclure qu'aucune branche ne pouvait contenir une solution admissible entière qui donnerait à z une valeur supérieure à $z^* = 741$. Et cette conclusion s'obtient sans que l'on ait à calculer les coordonnées des autres solutions entières.

*6.4 LE CALCUL D'UNE SOLUTION OPTIMALE D'UN NŒUD-FILS

Lors de l'application de la méthode SÉP, pour effectuer une séparation selon la variable x, on ajoute aux contraintes du nœud-père (P), sur l'une des branches, une contrainte de la forme

$$x \leq \lfloor \bar{x} \rfloor$$

et, sur l'autre, une contrainte de la forme

$$x \geq \lfloor \bar{x} \rfloor + 1,$$

où $\bar{x}$ dénote la valeur de x dans la solution optimale proposée de (P) et où $\lfloor r \rfloor$ dénote le plus grand entier qui est $\leq r$. (Par exemple, $\lfloor 3{,}2 \rfloor = 3$ et $\lfloor 4 \rfloor = 4$.). Les modèles linéaires continus associés aux nœuds-fils (P') et (P'') diffèrent chacun de celui associé à (P) par une seule contrainte, que viole d'ailleurs la solution optimale proposée de (P). S'il fallait reprendre toutes les itérations de l'algorithme du simplexe pour trouver une solution optimale de (P'), puis faire de même pour déterminer une solution optimale de (P''), l'évolution de la méthode SÉP dans la suite des séparations à effectuer serait fort ralentie. Heureusement, il est possible d'utiliser le tableau optimal du nœud-père pour démarrer les calculs d'une solution optimale d'un nœud-fils. Illustrons comment procéder à l'aide de l'exemple suivant.

$$\text{Max } z = 4\,x_1 + 5\,x_2 + 9\,x_3 + 11\,x_4 \qquad (30)$$

sous les contraintes :

$$\text{(P5)} \quad \begin{array}{ll} x_1 + x_2 + x_3 + x_4 + e_1 = 15 & (31) \\ 7\,x_1 + 5\,x_2 + 3\,x_3 + 2\,x_4 + e_2 = 120 & (32) \\ 3\,x_1 + 5\,x_2 + 10\,x_3 + 15\,x_4 + e_3 = 100 & (33) \\ x_1, ..., x_4, e_1, ..., e_3 \geq 0 & (34) \\ x_1, ..., x_4, e_1, ..., e_3 \text{ entiers} & (35) \end{array}$$

Le modèle (30)-(34) est la relaxation continue de (P5) et sera dénoté, comme d'habitude, (P_0). Le tableau 6.3 en donne le tableau optimal.

Comme la solution optimale de (P_0) n'est pas entière, la méthode SÉP se poursuivra par une séparation. Si le critère du plus grand c_j est retenu, la séparation s'effectuera selon x_3, créant 2 modèles continus :

(P_1) : (P_0) auquel on adjoint la contrainte « $x_3 \leq 7$ »

(P_2) : (P_0) auquel on adjoint la contrainte « $x_3 \geq 8$ ».

L'inéquation « $x_3 \leq 7$ » est équivalente à l'ensemble des 2 contraintes suivantes :

$$x_3 + e_4 = 7 \qquad (36)$$

$$e_4 \geq 0 \qquad (37)$$

où e_4 est une variable d'écart. L'équation (36) devra être adjointe aux contraintes technologiques de (P_0) et donnera lieu à une ligne supplémentaire du tableau du simplexe. Quant à l'inéquation (37), elle restera implicite dans le tableau, comme c'est l'habitude pour les contraintes de non-négativité. Avant d'ajouter (36) au tableau 6.3, il faudra la transformer : en effet, si (36) était inscrite sous son écriture actuelle comme 4e ligne du tableau, la colonne de x_3 s'écrirait :

	x_3
x_1	0
e_2	0
x_3	1
e_4	1

et x_3 ne pourrait plus être utilisée comme variable de base associée à la 3e ligne. Toutefois, cette ligne permet d'écrire :

$$x_3 = \frac{55}{7} - \frac{2}{7}\,x_2 - \frac{12}{7}\,x_4 + \frac{3}{7}\,e_1 - \frac{1}{7}\,e_3 \qquad (38)$$

Base		4	5	9	11	0	0	0	
Coeff.	Var.	x_1	x_2	x_3	x_4	e_1	e_2	e_3	Valeur
4	x_1	1	5/7	0	– 5/7	10/7	0	– 1/7	50/7
0	e_2	0	– 6/7	0	13/7	– 61/7	1	4/7	325/7
9	x_3	0	2/7	1	12/7	– 3/7	0	1/7	55/7
z_j		4	38/7	9	88/7	13/7	0	5/7	
$c_j - z_j$		0	– 3/7	0	– 11/7	– 13/7	0	– 5/7	695/7

TABLEAU 6.3
Tableau optimal de la relaxation (P_0) de (P5)

En remplaçant, dans (36), x_3 par le second membre de (38), on obtient

$$\left(\frac{55}{7} - \frac{2}{7} x_2 - \frac{12}{7} x_4 + \frac{3}{7} e_1 - \frac{1}{7} e_3 \right) + e_4 \;=\; 7$$

$$- \frac{2}{7} x_2 - \frac{12}{7} x_4 + \frac{3}{7} e_1 - \frac{1}{7} e_3 + e_4 \;=\; - \frac{6}{7} \qquad (39)$$

Le tableau 6.3, si on y insérait l'égalité (39), resterait sous forme canonique et e_4 serait la variable de base associée à la ligne supplémentaire. Toutefois, puisque le second membre de (39) est négatif, procéder ainsi équivaudrait à poser $e_4 = - 6/7$, ce qui viole la contrainte (37) de non-négativité. Pour contrer cette difficulté, les 2 membres de (39) sont multipliés par – 1 :

$$\frac{2}{7} x_2 + \frac{12}{7} x_4 - \frac{3}{7} e_1 + \frac{1}{7} e_3 - e_4 \;=\; \frac{6}{7} \qquad (40)$$

Cette dernière opération n'a pas vraiment amélioré la situation, car e_4 ne peut plus maintenant servir de variable de base, vu son coefficient – 1. Que faire ? La notion de variable artificielle vient à notre rescousse. Ajoutons à (40) une variable artificielle a_4 :

$$\frac{2}{7} x_2 + \frac{12}{7} x_4 - \frac{3}{7} e_1 + \frac{1}{7} e_3 - e_4 + a_4 \;=\; \frac{6}{7} \qquad (41)$$

On voudra que (41) soit équivalente à la contrainte « $x_3 \leq 7$ » adjointe à (P_0) pour définir le sous-modèle (P_1). Il suffira que a_4 prenne la valeur 0 et que e_4 soit non négative. Une façon d'y arriver, c'est d'insérer (41) au bas de la partie centrale du tableau 6.3 et d'effectuer une phase I de la méthode du simplexe où la fonction-objectif utilisée est :

$$\text{Min } z_A = a_4 \qquad (42)$$

Le tableau initial de cette phase I est présenté au tableau 6.4.

Puisqu'il s'agit ici de minimiser z_A, x_4 entre dans la base et alors a_4 en sort. On effectue l'opération de pivotage, puis, comme la seule variable artificielle est sortie de la base, on restaure la fonction-objectif initiale pour obtenir le tableau 6.5. Ce tableau donne la solution optimale de (P_1). Pour l'obtenir, il a suffi essentiellement d'effectuer un pivotage à partir du tableau optimal du nœud-père. Ce ne sera pas toujours aussi rapide, car la variable à sortir en premier de la base ne sera pas toujours la variable artificielle que l'on vient d'ajouter. En règle générale toutefois, pour calculer une solution optimale d'un nœud-fils, il sera plus rapide de procéder ainsi plutôt que de reprendre les calculs de l'algorithme du simplexe à partir de leur début.

TABLEAU 6.4
Tableau initial de la phase I

Base		0	0	0	0	0	0	0	0	1	
Coeff.	**Var.**	x_1	x_2	x_3	x_4	e_1	e_2	e_3	e_4	a_4	**Valeur**
0	x_1	1	5/7	0	–5/7	10/7	0	–1/7	0	0	50/7
0	e_2	0	–6/7	0	13/7	–61/7	1	4/7	0	0	325/7
0	x_3	0	2/7	1	12/7	–3/7	0	1/7	0	0	55/7
1	←a_4	0	2/7	0	**12/7**	–3/7	0	1/7	–1	1	6/7
z_j		0	2/7	0	12/7	–3/7	0	1/7	–1	1	
$c_j - z_j$		0	–2/7	0	–12/7	3/7	0	–1/7	1	0	6/7
					↑						

Base		4	5	9	11	0	0	0	0	
Coeff.	Var.	x_1	x_2	x_3	x_4	e_1	e_2	e_3	e_4	Valeur
4	x_1	1	5/6	0	0	5/4	0	–1/12	–5/12	7,5
0	e_2	0	–7/6	0	0	–33/4	1	5/12	13/12	45,5
9	x_3	0	0	1	0	0	0	0	1	7
11	x_4	0	1/6	0	1	–1/4	0	1/12	–7/12	0,5
z_j		4	31/6	9	11	9/4	0	7/12	11/12	
$c_j - z_j$		0	–1/6	0	0	–9/4	0	–7/12	–11/12	98,5

TABLEAU 6.5
Tableau initial et final de la phase II

La solution optimale de (P_2) se trouve de façon analogue. La contrainte

$$x_3 \geq 8 \tag{43}$$

se réécrit :

$$x_3 - e_4 = 8 \quad \text{et} \quad e_4 \geq 0 \tag{44}$$

Après quelques manipulations algébriques, on obtient :

$$-\frac{2}{7} x_2 - \frac{12}{7} x_4 + \frac{3}{7} e_1 - \frac{1}{7} e_3 - e_4 + a_4 = \frac{1}{7} \tag{45}$$

où a_4 est une variable artificielle. On procède alors comme précédemment. La solution optimale de (P_2) s'obtient cette fois encore en un seul pivotage.

6.5 PROBLÈMES

1. **Un modèle à 2 dimensions** Soit (P) le modèle linéaire suivant.

$$\text{Max } z = 8\,x_1 + 16\,x_2$$

sous les contraintes :

$$-2\,x_1 + 4\,x_2 \leq 8 \tag{1}$$
$$2\,x_1 + 3\,x_2 \geq 18 \tag{2}$$
$$11\,x_1 + 6\,x_2 \leq 132 \tag{3}$$
$$x_1, x_2 \geq 0 \tag{4}$$

Soient également (Px_i) le modèle obtenu en ajoutant à (P) la contrainte « x_i entier » ; et z_i la valeur optimale de (Px_i).

(a) Représenter sur un graphique cartésien la région admissible du modèle continu (P). Trouver une solution optimale de (P) ainsi que sa valeur optimale z_0.

(b) Trouver une solution optimale et la valeur optimale du modèle (Px_1).

(c) Trouver une solution optimale et la valeur optimale du modèle (Px_2).

(d) Soit z^* la valeur optimale du modèle PLTE (Px_1x_2) obtenu en adjoignant à (P) les contraintes « x_1 entier » et « x_2 entier ». Indiquer, à l'aide des quantités z_0, z_1 et z_2, une borne inférieure ou une borne supérieure de z^*.

(e) Résoudre géométriquement (Px_1x_2), puis vérifier la ou les inégalités établies en (*d*).

(f) Résoudre (Px_1x_2) par la méthode SÉP selon le critère du meilleur c_j et donner l'arbre d'énumération. Représenter géométriquement les séparations effectuées.

2. **Un modèle de minimisation à 2 dimensions** Répondre aux questions du problème précédent, mais en prenant cette fois pour (P) le modèle suivant.

$$\text{Min } z = 12\,x_1 + 5\,x_2$$

sous les contraintes :

$$x_1 - x_2 \geq 0 \tag{1}$$
$$5\,x_1 + 4\,x_2 \geq 40 \tag{2}$$
$$11\,x_1 + 5\,x_2 \leq 176 \tag{3}$$
$$x_1 \leq 13 \tag{4}$$
$$x_1, x_2 \geq 0 \tag{5}$$

3. **Un modèle à 2 dimensions et le critère de la variable la plus distante** Résoudre le modèle (Px_1x_2) du problème 1 par la méthode SÉP, en prenant comme variable de séparation celle dont la valeur s'écarte le plus de l'entier le plus près.

4. La solution arrondie et la solution optimale Soit (P) le modèle linéaire totalement en nombres entiers suivant.

Max $z = 270\ x_1 + 280\ x_2$

sous les contraintes :

$5\ x_1 + 6\ x_2 \leq 84$ (1)

$6\ x_1 + 5\ x_2 \leq 80$ (2)

$x_1 + x_2 \leq 16$ (3)

$x_1, x_2 \geq 0$ et entiers (4)

(a) Résoudre la relaxation continue (P_0) de ce modèle.

(b) Arrondir correctement la solution optimale de (P_0) pour obtenir une solution admissible de (P).

(c) Résoudre le modèle (P) par la méthode SÉP.

(d) Comparer les résultats obtenus en (b) et en (c). Commenter à l'aide d'un graphique.

5. La solution continue qui ne peut être arrondie Soit (P) le modèle PLTE suivant.

Max $z = 2\ x_1 + 2\ x_2$

sous les contraintes :

$42\ x_1 - 29\ x_2 \leq 147$ (1)

$-2\ x_1 + 5\ x_2 \leq 7$ (2)

$7\ x_1 - 5\ x_2 \geq 21$ (3)

$x_1, x_2 \geq 0$ et entiers (4)

(a) Résoudre la relaxation continue (P_0) de ce modèle.

(b) Vérifier qu'aucune des solutions entières obtenues en arrondissant la solution optimale de (P_0) n'est admissible selon (P). Commenter à l'aide d'un graphique.

(c) Résoudre le modèle (P) par la méthode SÉP et donner l'arbre d'énumération.

6. La méthode SÉP et le critère du meilleur c_j Résoudre les modèles suivants par la méthode SÉP selon le critère du meilleur c_j.

(a) Min $z = 5\ x_1 + 2\ x_2 + 3\ x_3 + 8\ x_4 + 9\ x_5 + 4\ x_6$

sous les contraintes :

$-2\ x_1 + 3\ x_2 + 5\ x_3 + 4\ x_4 + 6\ x_5 + 2\ x_6 \geq 7$ (1)

$3\ x_1 - 4\ x_2 + 2\ x_3 + 1\ x_4 + 1\ x_5 + 6\ x_6 \geq 13$ (2)

$3\ x_1 - 3\ x_2 - 5\ x_3 - 2\ x_4 + 2\ x_5 + 9\ x_6 \leq 11$ (3)

$x_j \geq 0$ et entier (4)

(b) Max $z = 10\ x_1 + 12\ x_2 + 7\ x_3 + 9\ x_4$

sous les contraintes :

$3\ x_1 + 2\ x_2 + 4\ x_3 + 5\ x_4 \leq 8$ (1)

$2\ x_1 + 4\ x_2 + 1\ x_3 + 6\ x_4 \leq 5$ (2)

$x_j \geq 0$ et entier (3)

(c) Max $z = 2\ x_1 + 3\ x_2 + 5\ x_3 + 8\ x_4 + 12\ x_5$

sous les contraintes :

$12\ x_1 + 8\ x_2 + 5\ x_3 + 3\ x_4 + 2\ x_5 \leq 39$ (1)

$x_1 - x_2 + x_3 - x_4 + 5\ x_5 \leq 48$ (2)

$-x_1 - x_2 + x_4 + x_5 \leq 0$ (3)

$x_j \geq 0$ et entier (4)

(d) Max $z = 4\ x_1 + 5\ x_2 + 8\ x_3 + 3\ x_4$

sous les contraintes :

$1\ x_1 + 2\ x_2 + 1\ x_3 + 1\ x_4 \leq 22$ (1)

$2\ x_1 + 5\ x_2 - 3\ x_3 + 4\ x_4 \geq 15$ (2)

$-2\ x_1 - 2\ x_2 + 1\ x_3 + 4\ x_4 \geq 0$ (3)

$3\ x_1 + 5\ x_2 + 1\ x_3 + 7\ x_4 \leq 32$ (4)

$x_1, x_2, x_3, x_4 \geq 0$ (5)

x_1 et x_2 entiers (6)

(e) Min $z = 3\ x_1 + 1\ x_2 + 2\ x_3 + 4\ x_4 + 3\ x_5$

sous les contraintes :

$x_1 + x_2 + x_3 \leq 2$ (1)

$x_1 + x_3 + x_5 \geq 1$ (2)

$-x_2 - x_3 + 2\ x_5 \geq 0$ (3)

$x_1 - x_2 - x_3 + x_4 \leq 0$ (4)

$x_j \geq 0$ et entier (5)

(f) Max $z = 4\ x_1 + 7{,}5\ x_2 + 4\ x_3 - 500\ v_1 - 650\ v_2 - 600\ v_3$

sous les contraintes :

$x_1 - 10\ 000\ v_1 \leq 0$ (1)

$x_2 - 10\ 000\ v_2 \leq 0$ (2)

$x_3 - 10\ 000\ v_3 \leq 0$ (3)

$x_1 + x_2 + x_3 \leq 8\ 500$ (4)

$2\ x_1 + 4\ x_2 + 2\ x_3 \leq 24\ 000$ (5)

$3\ x_1 + 2\ x_2 + 4\ x_3 \leq 26\ 000$ (6)

$x_j \geq 0$ et entier (7)

$v_j = 0$ ou 1 (8)

7. La méthode SÉP et le critère de la variable la plus distante Résoudre les modèles du problème précédent par la méthode SÉP en prenant comme variable de séparation celle dont la valeur s'écarte le plus de l'entier le plus près.

8. L'impact des contraintes d'intégrité sur la solution optimale Soit (P) le modèle PLTE suivant.

Max $z = 2\ x_1 + 2\ x_2$

sous les contraintes :

$-2\ x_1 + 3\ x_2 \geq 1$ (1)

$-13\ x_1 + 21\ x_2 \leq 13$ (2)

$x_1, x_2 \geq 0$ et entiers (3)

Indiquer pourquoi les solutions optimales de (P) et de sa relaxation continue (P_0) diffèrent à ce point.

9. Un problème d'affectation Un contremaître doit affecter 4 employés, A, B, C et D, à 4 machines, « a », « b », « c » et « d ». Chacun d'entre eux peut faire fonctionner chacune des machines, mais avec des taux d'erreurs différents. Le tableau suivant donne le nombre de pièces défectueuses produites durant un quart de travail lorsqu'un employé donné est affecté à l'une ou l'autre des machines.

Employé	Machine			
	a	b	c	d
A	9	10	5	11
B	12	17	11	13
C	12	9	10	15
D	8	15	20	10

À cause de contraintes syndicales liées à l'ancienneté, si A se voit attribuer la machine « c », alors C devra être affecté à la machine « a » et B à la machine « d ».

(a) Formuler un modèle linéaire PLB qui traduit ce problème d'affectation.

(b) Résoudre ce modèle par la méthode SÉP selon le critère du meilleur c_j et donner l'arbre d'énumération.

10. La planification de la production Le directeur d'une usine doit déterminer quels produits fabriquer le mois prochain et en quelles quantités, de façon à maximiser la contribution de son usine aux profits et aux frais généraux de l'entreprise dont il dépend. L'usine comprend 3 ateliers, et le directeur peut choisir parmi une gamme de 9 produits. Le tableau ci-dessous précise les données quantitatives pertinentes.

Nº	1	2	3	4	5	6	7	8	9	b_i
c_j	10	15	12	33	22	21	19	16	11	
a_{1j}	5	4	6	3	2	5	2	1	7	200
a_{2j}	3	2	9	8	6	3	5	7	2	150
a_{3j}	4	7	3	9	8	6	2	7	2	175

c_j : profit (en $/unité) associé au produit numéro j

a_{ij} : temps requis (en h/unité) à l'atelier i pour fabriquer une unité du produit j

b_i : temps disponible (en heures) à l'atelier i

Le marché peut absorber toute la production de l'usine même si cette dernière consacre toutes ses ressources à un seul produit. Par ailleurs, le directeur peut ignorer certains produits s'il le juge à propos, car l'entreprise peut en confier la production à une autre usine ou à des sous-traitants.

(a) Formuler un modèle linéaire PLTE qui traduit le problème de planification du directeur.

(b) Soient (P) le modèle proposé en (*a*) ; et z^* sa valeur optimale. Résoudre la relaxation continue (P_0) de (P). Déterminer une borne supérieure de z^*.

(c) Arrondir la solution optimale de (P_0) pour obtenir une solution admissible de (P). Déterminer une borne inférieure de z^*.

(d) Résoudre le modèle (P) par la méthode SÉP selon le critère du meilleur c_j et donner l'arbre d'énumération.

11. Un problème d'embauche CIGER vient de se voir confirmer un important contrat de fournitures pour le ministère des Postes. Elle doit livrer d'ici un mois 8 000 unités de A et 12 000 unités de B. La firme ne dispose présentement d'aucun ouvrier qu'elle puisse affecter à ces productions et elle n'a pas de stock de ces produits. CIGER devra donc recourir à l'embauche de personnel de 2 spécialités si elle veut livrer les productions requises dans le délai imparti. Les ouvriers de chacune des spécialités peuvent être affectés à l'une ou l'autre des productions, bien que la productivité des ouvriers de la spécialité 1 soit meilleure lorsqu'ils sont affectés à la production du produit A, tout comme la productivité des ouvriers de la spécialité 2 est plus élevée lorsqu'ils sont affectés à la production du produit B. Le tableau suivant indique le nombre d'unités de A ou de B produites quotidiennement par un employé de chacune des spécialités qui ne serait affecté qu'à la production de l'un des produits.

Nombre d'unités produites en un jour si l'affectation est exclusive		
Spécialité	A	B
1	60	48
2	48	64

Si, par exemple, un employé de la spécialité 1 partage également sa journée de travail entre la production de A et celle de B, il produit 30 unités de A et 24 unités de B.

CIGER a exploré le marché de l'embauche où elle n'a pu dénicher que quelques candidats intéressés à postuler. Le tableau suivant donne des informations sur ces candidats. Aussitôt les productions requises assurées, les ouvriers seront mis à pied.

Spécialité	Nombre de candidats	Frais d'embauche	Nombre maximal de jours par candidat	Salaire (en $/jour)
1	12	150 $	20	200
2	8	200 $	25	210

(a) Formuler un modèle linéaire pour déterminer combien d'employés de chaque spécialité CIGER devra recruter pour minimiser ses coûts de production et comment elle devra les répartir.

(b) Résoudre le modèle par la méthode SÉP et donner l'arbre d'énumération.

12. Les panneaux de bois Dans une usine de meubles, 3 équipes se répartissent la production des feuilles de placage et des feuilles de fixation utilisées pour fabriquer des panneaux de bois.

Une feuille se fabrique en pulvérisant sur des gabarits un mélange de résine et de particules d'okoumé. Les feuilles de placage s'obtiennent en polissant la meilleure face des feuilles les mieux réussies. Les autres feuilles deviennent des feuilles de fixation. Un autre atelier transforme ces feuilles en panneaux de bois : un panneau est assemblé à partir d'une feuille de fixation placée en sandwich et collée entre 2 feuilles de placage.

On dispose pour la prochaine période de production de 40 000 kg de particules d'okoumé et de 16 000 kg de résine. Ces ressources doivent être réparties entre les trois équipes de façon à maximiser le nombre total de panneaux produits par l'usine. Les équipes fabriquent les panneaux par rafale et chacune utilise sa propre recette de production. Le tableau suivant résume quelques données concernant ces recettes.

	Matériaux requis (en kg/rafale)		Nombre de feuilles par rafale	
Équipe	**Particules**	**Résine**	**Placage**	**Fixation**
A	40	20	16	6
B	60	24	12	9
C	40	22	12	9

On ajoute aux particules d'okoumé de la sciure d'essences moins nobles, de façon à s'assurer que toutes les feuilles aient le même poids. Les feuilles de placage ou de fixation excédentaires que l'on ne peut incorporer aux panneaux produits sont entreposées en attente d'une prochaine période de production de panneaux.

Il faut confier à l'équipe B au moins autant de rafales que l'on en confiera au total aux équipes A et C. De plus, le nombre de rafales confiées à l'équipe A ne peut excéder de plus de 20 le nombre de rafales confiées à l'équipe C.

Combien de rafales faudra-t-il confier à chacune des équipes pour maximiser le nombre de panneaux que l'on pourra produire avec les ressources disponibles si l'on possède 2 500 feuilles de placage en stock ?

(a) Formuler un modèle linéaire PLTE qui indique à l'entreprise comment répartir la production entre les 3 équipes pour maximiser le nombre total de panneaux.

(b) Résoudre le modèle par la méthode SÉP et donner l'arbre d'énumération.

13. Les bennes d'asphalte Une entreprise de bitumage a vu ses opérations compromises par une grève des employés de son usine d'asphalte. Elle mène présentement des travaux sur l'autoroute de l'Ouest et tout dépassement de la date d'achèvement promise entraînerait une lourde amende. L'entreprise, qui a un urgent besoin de 1 050 bennes d'asphalte, a négocié avec 3 concurrents. Chacun d'entre eux réclame, en sus des tarifs normaux, un forfait à verser avant la livraison de la première benne. Le tableau suivant résume les données pertinentes à la situation.

Concurrent	Forfait	Nombre maximal de bennes	Prix (en $/benne)
A	5 000 $	500	500
B	4 000 $	900	450
C	6 000 $	400	435

(a) Formuler un modèle linéaire PLTE qui indique à l'entreprise combien de bennes elle devrait acheter de chacun des concurrents pour minimiser les coûts d'acquisition des bennes requises.

(b) Résoudre le modèle par la méthode SÉP selon le critère du meilleur c_j et donner l'arbre d'énumération.

(c) L'entreprise, qui a besoin de 1 050 bennes, devra recourir à 2 concurrents au moins. On pourrait donc ajouter au modèle considéré en (*a*) une contrainte qui traduise cette exigence « évidente ». Résoudre le modèle augmenté à l'aide de la méthode SÉP. Pourquoi moins de séparations sont-elles nécessaires lorsque la contrainte additionnelle est présente ?

14. Les pâtisseries de Mille-Feuilles Mille-Feuilles envisage de construire une pâtisserie dans une ou plusieurs des 3 villes suivantes : Edmonston, Frédéricton et Saint John. Les coûts de construction sont évalués à 2 300 000 $, à 2 750 000 $ et à 2 500 000 $ respectivement. Les pâtisseries construites auraient une capacité annuelle de 400 000 mini-gâteaux chacune et approvisionneraient 3 grandes chaînes, dénotées A, B et C. Mille-Feuilles considère que les pâtisseries auront une durée de vie de 25 ans et que les demandes annuelles des chaînes A, B et C, constantes pendant cette période, seront respectivement de 300 000, de 200 000 et de 100 000 mini-gâteaux. Le tableau suivant indique les coûts afférents à la production d'un mini-gâteau dans chacune des pâtisseries potentielles et à son expédition jusqu'à l'entrepôt de chacune des 3 chaînes.

Coûts unitaires de production et d'expédition				
N°	**Ville**	**Chaîne A**	**Chaîne B**	**Chaîne C**
1	Edmonston	28 ¢	32 ¢	27 ¢
2	Frédéricton	36 ¢	28 ¢	33 ¢
3	Saint John	39 ¢	36 ¢	22 ¢

Mille-Feuilles utilise le modèle linéaire (P) suivant pour analyser ce problème.

Min $z = Constr + ProdExp$

sous les contraintes :

$$x_{1A} + x_{1B} + x_{1C} - 400\,000\ v_1 \leq 0 \qquad (1)$$

$$x_{2A} + x_{2B} + x_{2C} - 400\,000\ v_2 \leq 0 \qquad (2)$$

$$x_{3A} + x_{3B} + x_{3C} - 400\,000\ v_3 \leq 0 \qquad (3)$$

$$x_{1A} + x_{2A} + x_{3A} = 300\ 000 \qquad (4)$$

$$x_{1B} + x_{2B} + x_{3B} = 200\ 000 \qquad (5)$$

$$x_{1C} + x_{2C} + x_{3C} = 100\ 000 \qquad (6)$$

$$x_{iJ} \geq 0 \text{ et entier} \qquad (7)$$

$$v_1, v_2, v_3 = 0 \text{ ou } 1 \qquad (8)$$

où

$$Constr = 2\ 300\ 000\ v_1 + 2\ 750\ 000\ v_2 + 2\ 500\ 000\ v_3$$

représente les coûts de construction et où *ProdExp* représente les coûts totaux actualisés de production et d'expédition. Mille-Feuilles considère que la demande annuelle des chaînes sera constante pendant la période de 25 ans utilisée pour cet exercice de planification ; et que le plan de production et d'expédition demeurera le même d'une année à l'autre. Par conséquent, les dépenses futures sont actualisées au taux annuel de 12 % : les coûts totaux actualisés de production et d'expédition s'obtiennent en multipliant les coûts annuels par la valeur actuelle $V = 7{,}843$ d'une annuité de fin de période de 25 versements annuels de 1 $. Par conséquent,

$$ProdExp = V\,(0{,}28\,x_{1A} + 0{,}32\,x_{1B} + 0{,}27\,x_{1C} + 0{,}36\,x_{2A} + \ldots + 0{,}22\,x_{3C})$$

$$= 2{,}196\,x_{1A} + 2{,}510\,x_{1B} + 2{,}118\,x_{1C} + 2{,}823\,x_{2A} + \ldots + 1{,}725\,x_{3C}$$

(a) Résoudre la relaxation continue de (P).

(b) Résoudre (P) par la méthode SÉP en séparant seulement[9] selon les variables binaires v_i et en utilisant le critère du meilleur c_i. Donner l'arbre d'énumération.

(c) Il est immédiat que la demande totale de mini-gâteaux requiert la construction d'au moins 2 des 3 pâtisseries, ce qui implique que la contrainte suivante sera satisfaite par toute solution admissible de (P) :

$$v_1 + v_2 + v_3 \geq 2 \qquad (9)$$

Résoudre par la méthode SÉP le modèle (P') obtenu en adjoignant à (P) la contrainte (9); et donner l'arbre d'énumération. Pourquoi est-il beaucoup plus rapide de résoudre (P') que (P) ?

9. On peut montrer que les variables x_{iJ} sont entières dans une solution de base optimale dès que les variables binaires v_i sont elles-mêmes entières : en effet, fixer à 0 ou à 1 la valeur des variables v_i transforme (P) en un modèle de transport où les capacités des pâtisseries et les demandes des chaînes sont entières ; or, toute solution de base optimale d'un tel modèle est nécessairement entière, comme nous le verrons au chapitre 7.

Les problèmes de réseaux

CHAPITRE

7

Depuis la Seconde Guerre mondiale, les problèmes reliés aux réseaux de transport n'ont cessé d'alimenter la RO en applications et de susciter le développement de nouvelles approches pour leur résolution. La mondialisation des marchés et la création de zones de libre-échange ont eu pour effet de favoriser la circulation des personnes, des biens et des capitaux. Et plus cette circulation est foisonnante, plus l'organisation rationnelle des transports devient importante.

Les premiers problèmes et modèles de transport considérés étaient de structure simple : il s'agissait tout simplement d'acheminer des biens directement entre des origines et des destinations en tenant compte des seuls coûts de transport. Ces problèmes ont été regroupés sous la rubrique **problème de transport classique**. Nous traitons ce cas à la section 7.4, où nous présentons un algorithme spécialisé qui permet de le résoudre.

Au fil des ans se sont imposées de nouvelles structures, apparentées certes au problème de transport classique mais comportant des points additionnels qui correspondent à des points de transbordement. Les spécialistes de la RO ont mis au point plusieurs algorithmes efficaces pour résoudre ces problèmes regroupés sous le nom de **problèmes de réseaux**. Dans ce chapitre, nous expliquons la place que ces problèmes occupent en RO et en présentons quelques applications importantes. D'autres problèmes, dits apparentés, sont aussi objets d'étude. Le thème commun qui relie tous les problèmes de ce chapitre est la **modélisation graphique**, une approche moderne dont les applications débordent largement les problèmes liés strictement au transport physique des biens. Comme nous le verrons, la modélisation graphique possède cette vertu, là où elle est pertinente, de suggérer naturellement les modèles linéaires à partir desquels s'obtiennent les solutions optimales.

Un premier exemple, traité à la section 7.1, nous donne l'occasion de définir l'importante classe des problèmes de réseaux, puis d'introduire la terminologie et la technique de la modélisation graphique. D'autres exemples, de plus en plus élaborés, permettent de poursuivre, à la section 7.2, l'apprentissage des habiletés de modélisation graphique. La section 7.3 illustre quelques cas particuliers importants. La section 7.4 est consacrée au problème classique de transport. La section 7.5 présente quelques exemples de problèmes apparentés pour lesquels la modélisation graphique s'avère très utile, même si ces problèmes ne respectent pas intégralement la structure des problèmes de réseaux.

7.1 UN PREMIER EXEMPLE : LA COMPAGNIE NITROBEC

7.1.1 L'énoncé du problème de Nitrobec

La compagnie Nitrobec fabrique, à partir de nitrocellulose, un explosif industriel utilisé dans les travaux de génie civil. Le procédé de Nitrobec requiert des solvants très inflammables, et les explosifs obtenus doivent se manipuler avec grand soin. Le souci de réduire les risques a amené Nitrobec à répartir sa production entre 2 petites usines, T et U, installées dans la région portneuvoise à l'écart des habitations et accessibles par des routes dédiées. Nitrobec s'approvisionne en nitrocellulose auprès de 2 fournisseurs, F et G, qui lui consentent des prix que justifie l'importance de ses commandes. Nitrobec vient d'acheter 450 tonnes de nitrocellulose du premier fournisseur et 495 tonnes du second.

Le tableau 7.1 donne les coûts de transport pour acheminer la nitrocellulose des fournisseurs aux usines. Ces coûts sont assumés par Nitrobec. La capacité de production de chacune des usines est amplement suffisante pour traiter toute la nitrocellulose achetée.

TABLEAU 7.1
Coûts de transport de la nitrocellulose (en $/t)

Fournisseur	Usine T	Usine U
F	9	10
G	8	11

Nitrobec considère qu'une tonne de nitrocellulose donne une tonne d'explosifs : la perte de poids subie par la nitrocellulose lors des traitements en usine est à peu près compensée par le poids des produits chimiques ajoutés pour l'obtention des explosifs. La compagnie écoule ses explosifs à partir de trois arsenaux, A, B et C. Ces arsenaux requerront respectivement, 350, 200 et 395 tonnes d'explosifs pour satisfaire la demande de leur clientèle au cours du prochain mois. Les coûts de transport des usines aux arsenaux, également assumés par Nitrobec, sont donnés au tableau 7.2.

TABLEAU 7.2
Coûts de transport des explosifs (en $/t)

Usine	Arsenal A	Arsenal B	Arsenal C
T	14	5	6
U	17	6	5

Nitrobec a dû limiter les tonnages d'explosifs qui empruntent chaque mois les routes menant des usines aux arsenaux. Ces limites, qui sont données au tableau 7.3, résultent moins de la condition des routes que des ententes conclues avec des riverains inquiets quant aux mesures prises pour assurer le transport sécuritaire des explosifs. Nitrobec envisage d'organiser subrepticement des transports d'explosifs entre certains arsenaux en empruntant des routes dont les riverains n'ont pas encore manifesté leur opposition au transit d'explosifs. On pourrait ainsi, croit-on chez Nitrobec, diminuer le total des coûts de transport. Le tableau 7.4 donne les coûts de transport pour les trajets interarsenaux envisagés. Ces coûts de transport sont symétriques ; en effet, le transport d'une tonne d'explosifs est aussi coûteux à effectuer de l'arsenal *i* à l'arsenal *j* que de l'arsenal *j* à l'arsenal *i*.

TABLEAU 7.3
Limites de poids (en t/mois)

Usine	Arsenal A	Arsenal B	Arsenal C
T	170	180	190
U	200	150	250

TABLEAU 7.4
Coûts de transport interarsenaux (en $/t)

Arsenal	A	B	C
A	–	3	–
B	3	–	2
C	–	2	–

Nitrobec doit organiser, au moindre coût, le transport de la nitrocellulose et des explosifs tout en respectant les contrats avec les fournisseurs, en n'excédant pas les limites de poids prescrites sur les routes et en satisfaisant la demande d'explosifs.

7.1.2 La construction du réseau de Nitrobec

Pour résoudre le problème de Nitrobec, on pourrait modéliser sous forme linéaire la fonction-objectif et les contraintes de Nitrobec, puis résoudre le modèle linéaire obtenu à l'aide de l'algorithme du simplexe.

Toutefois, la définition des variables de décision pertinentes puis l'écriture de la fonction-objectif et des contraintes seront grandement facilitées si l'on trace d'entrée de jeu une illustration du réseau de transport de la nitrocellulose et des explosifs. La description du problème de Nitrobec suggère tout naturellement la configuration sommaire présentée à la figure 7.1. Cette figure permet de visualiser les possibilités de cheminement de la nitrocellulose puis des explosifs. En fait, comme nous allons le montrer en 7.1.4, cette figure déclenche à elle seule l'écriture du modèle linéaire. Constatons d'abord que :

- Le réseau de la figure 7.1 est constitué de cercles et de liens. Un lien représente un trajet direct servant à l'acheminement de nitrocellulose ou d'explosifs. Dans le cas du lien type présenté à la figure 7.2, on parlera de l'**arc (*i* ; *j*)**, de **sommet initial *i*** et de **sommet terminal *j***. Les sommets se désignent aussi sous le nom de nœuds. On dit de l'arc (*i* ; *j*) qu'il **émerge** du sommet *i* et qu'il **est incident** au sommet *j*.
- Pour décrire un plan de transport, il suffit de préciser, pour chaque arc (*i* ; *j*), le nombre x_{ij} de tonnes de nitrocellulose ou d'explosifs qui sont acheminées par cet arc. L'expression « **flot sur l'arc (*i* ; *j*)** » renvoie à la valeur prise par la variable x_{ij}.

FIGURE 7.1
Réseau sommaire de Nitrobec

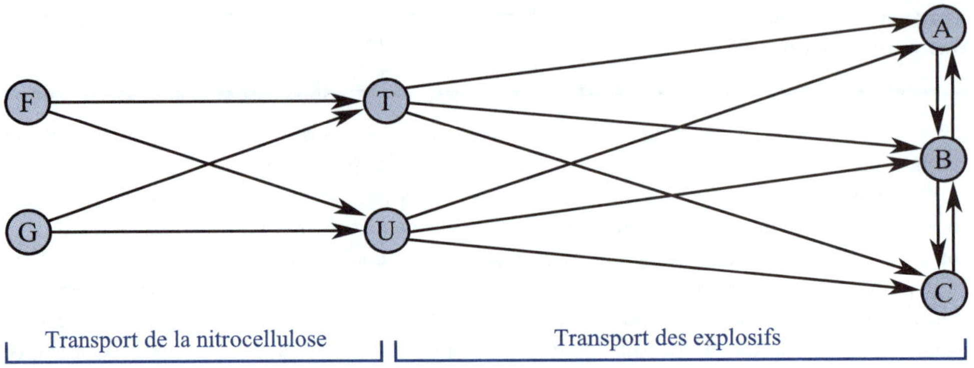

FIGURE 7.2
Arc générique d'un réseau

La facilité de la modélisation graphique d'un problème de réseau dépend du choix de ce qui constitue le flot. Dans le problème de Nitrobec, il est naturel de convenir que le flot est formé de nitrocellulose ou d'explosifs.

Il faut reporter, sur la figure du réseau qui s'élabore, toutes les données pertinentes au flot, telles que son coût unitaire et les limites inférieures et supérieures à respecter sur certains arcs. La figure 7.3 résultante constitue la **modélisation graphique** du problème de Nitrobec. On notera la présence, aux deux extrémités du réseau 7.3, d'arcs « virtuels » qui indiquent les sommets qui « émettent » ou « reçoivent » un certain nombre d'unités de flot. Le rôle de ces sommets particuliers et des arcs virtuels sera décrit à la section suivante.

7.1.3 Les conventions graphiques des réseaux

Les restrictions imposées à l'écoulement du flot sont indiquées sur les arcs de la figure 7.3. Expliquons les conventions du code graphique utilisé. Ce code, repris dans tous les exemples de ce chapitre, constitue le vocabulaire de la modélisation graphique.

FIGURE 7.3 Réseau de Nitrobec

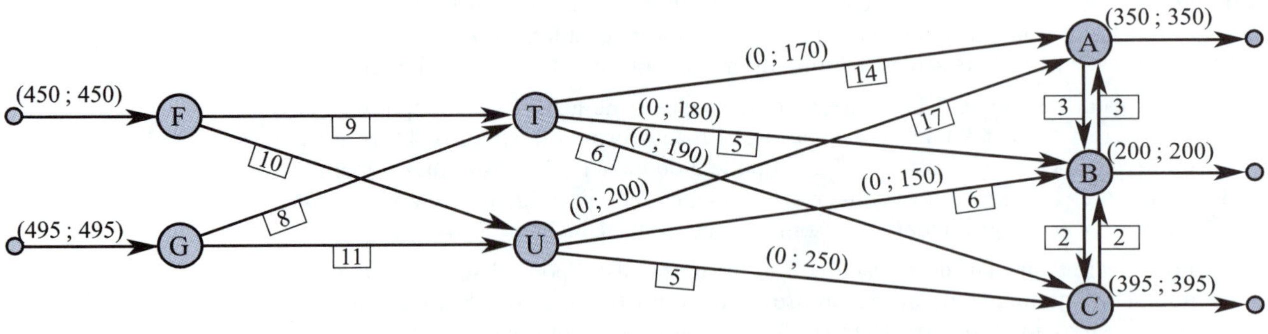

Le flot sur les arcs

La figure 7.4 indique que, par la route qui mène de l'usine T à l'arsenal A, on devra expédier entre 0 et 170 tonnes d'explosifs, au coût de 14 $ la tonne. Les bornes inférieure et supérieure du flot sur un tel arc seront dénotées m_{TA} et M_{TA} ; le coût unitaire de transport sera noté c_{TA}. Selon ces conventions, l'arc (T; A) de Nitrobec se présentera sous la forme générale illustrée à la figure 7.5. Cette figure indique à la fois que la valeur x_{TA} du flot sur l'arc (T; A) doit respecter la double contrainte $m_{TA} \leq x_{TA} \leq M_{TA}$ et qu'il en coûtera $(c_{TA} \times x_{TA})$ dollars pour l'« écoulement » de ce flot.

FIGURE 7.4
Arc (T ; A) de Nitrobec

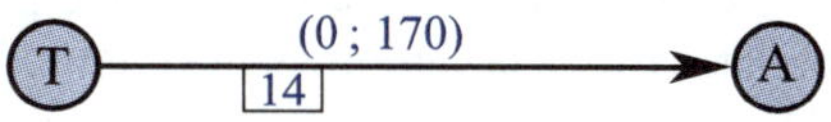

FIGURE 7.5
Arc (T ; A) de Nitrobec (notation algébrique)

Sur l'arc (F ; T) de la figure 7.3, aucune borne n'est inscrite. Cela signifie que le contexte n'impose aucune restriction à la valeur x_{FT} du flot entre F et T, autre que d'être non négative.

Le flot net émergeant d'un sommet et le flot net incident à un sommet

Les notions de **flot net émergeant d'un sommet** et de **flot net incident à un sommet** jouent un rôle central dans les réseaux. Pour un sommet i du réseau, ces flots nets seront notés FNE(i) et FNI(i) ; ils se définissent comme suit :

FNE(i) = (Flot total émergeant du sommet i) – (Flot total incident au sommet i)

FNI(i) = (Flot total incident au sommet i) – (Flot total émergeant du sommet i).

Pour le sommet T de la figure 7.3,

$$\text{FNE(T)} = (x_{TA} + x_{TB} + x_{TC}) - (x_{FT} + x_{GT})$$

$$\text{FNI(T)} = (x_{FT} + x_{GT}) - (x_{TA} + x_{TB} + x_{TC}).$$

De ces définitions, il résulte immédiatement que

$$\text{FNE}(i) = -\,\text{FNI}(i) \qquad (1)$$

Les sommets de transbordement

Selon l'énoncé du problème de Nitrobec, la nitrocellulose acheminée vers une usine en ressortira, après traitement, sous forme d'explosifs dont le poids sera égal à celui de la nitrocellulose utilisée : ainsi, en chacune des usines T et U, le flot émergeant total est égal au flot incident total. Autrement dit, les flots nets des sommets T et U sont nuls :

$$\text{FNE(T)} = \text{FNI(T)} = 0 \quad \text{et} \quad \text{FNE(U)} = \text{FNI(U)} = 0\,.$$

De tels sommets sont qualifiés de **sommets de transbordement**, ou de sommets de transit, ou encore de sommets intermédiaires. On dit qu'il y a conservation du flot aux sommets de transbordement T et U.

Les sommets émetteurs

Les fournisseurs agissent dans le réseau comme des sources engendrant le flot. On dira que les sommets associés sont des **sommets émetteurs**. La figure 7.6 indique comment est représentée l'entrée dans le réseau des explosifs produits par le fournisseur F – on parlera d'émission de flot par le sommet F. L'arc (• ; F), en quelque sorte virtuel, est inclus dans le réseau pour des raisons de compatibilité avec le module du progiciel *STORM* qui traite des réseaux. Cette convention a été adoptée par de nombreux spécialistes. Il ne s'écoule pas de flot par l'arc de la figure 7.6 ; cet arc indique seulement qu'une certaine quantité de nitrocellulose devra émerger de F, sans avoir transité par ce sommet. Comme les bornes inférieure et supérieure sont toutes deux égales à 450, c'est nécessairement 450 tonnes de nitrocellulose qui seront émises par F, autrement dit qui seront achetées du fournisseur F.

FIGURE 7.6
Émission de flot

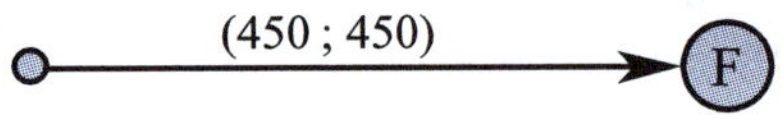

Les sommets récepteurs

Les arsenaux agissent dans le réseau comme des destinations finales des biens acheminés. On dira que les sommets associés sont des **sommets récepteurs**. La figure 7.7 représente le fait qu'à l'arsenal A, des explosifs sortent du réseau ; on parlera de réception de flot par le sommet A. L'arc (A ; •) également est virtuel. Il précise que l'arsenal A doit recevoir exactement 350 tonnes d'explosifs. Souvent, la quantité de flot qui parviendra en un sommet n'est pas fixée a priori et est déterminée lors de la résolution du modèle ; dans un tel cas, les bornes diffèrent.

FIGURE 7.7
Réception de flot

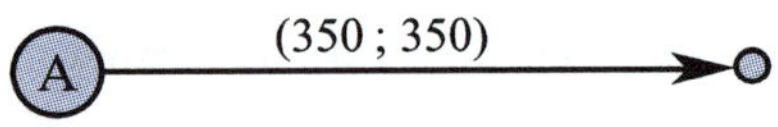

Nitrobec et la terminologie des réseaux : un résumé

- Les sommets F et G émettront un total de 945 unités de flot destinées aux sommets récepteurs A, B et C. Ces unités transiteront par l'un ou l'autre des sommets de transbordement T et U.
- Le flot[1] sera acheminé par les arcs $(i\,;j)$ du réseau. Sur chaque arc où c'est approprié sont reportés les coûts inhérents à l'écoulement unitaire du flot et l'intervalle des valeurs qui lui sont permises.

1. Le terme « flot » sert à désigner soit le flot total qui circule dans le réseau, soit le flot qui emprunte un arc.

– La quantité de flot incidente en un sommet de transbordement est toujours égale à celle qui en émerge ; puisque 945 unités de flot sont émises de F et G, alors, forcément, les sommets récepteurs A, B et C recevront au total 945 unités de flot. On dit que le **flot** est **conservé**.

7.1.4 Le modèle linéaire associé au réseau de Nitrobec

Les variables de décision

À chaque arc non virtuel $(i\,;j)$ du réseau est associée une variable de décision x_{ij} qui donne la valeur du flot sur l'arc $(i\,;j)$. Dans le problème de Nitrobec, x_{FT} par exemple dénote le nombre de tonnes de nitrocellulose achetées du fournisseur F et livrées à l'usine T :

$$x_{\text{FT}} = \text{nombre d'unités de flot transportées du sommet F au sommet T.}$$

L'écriture de la fonction-objectif

L'objectif de Nitrobec est de minimiser le coût total du transport de la nitrocellulose et des explosifs. Ce coût total z s'obtient en calculant les produits $c_{ij} \times x_{ij}$ pour tous les arcs $(i\,;\,j)$ du réseau, puis en effectuant la somme de ces produits. L'objectif du modèle linéaire s'écrit donc :

$$\text{Min } z = 9\,x_{\text{FT}} + 10\,x_{\text{FU}} + \ldots + 14\,x_{\text{TA}} + 5\,x_{\text{TB}} + \ldots + 3\,x_{\text{BA}} + 2\,x_{\text{BC}} + 2\,x_{\text{CB}}\,.$$

Les contraintes associées aux sommets

Le flot émis par un sommet émetteur doit respecter les bornes indiquées. De façon générale, pour le sommet émetteur de la figure 7.8, on exige que $m_k \leq \text{FNE}(k) \leq M_k$. Dans le cas de Nitrobec, les bornes inférieure et supérieure sont égales pour tous les sommets émetteurs : la double inéquation générale est donc remplacée par une équation.

– Pour F : FNE(F) = 450, ce qui équivaut à

$$x_{\text{FT}} + x_{\text{FU}} = 450\,.$$

– Pour G : FNE(G) = 495, ce qui équivaut à

$$x_{\text{GT}} + x_{\text{GU}} = 495\,.$$

FIGURE 7.8
Sommet émetteur générique

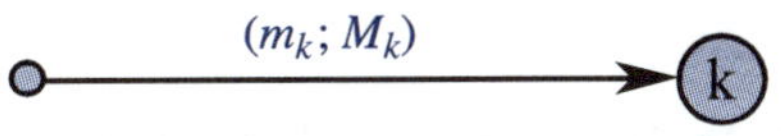

Le flot incident à tout sommet récepteur doit respecter les bornes indiquées. De façon générale, pour le sommet de la figure 7.9, on exige que $m_k \leq \text{FNI}(k) \leq M_k$. Dans le cas de Nitrobec, les bornes inférieure et supérieure sont égales pour tous les sommets récepteurs : la double inéquation générale est donc remplacée par une équation. Par exemple, l'arsenal A donne lieu à la contrainte FNI(A) = 350, ce qui se réécrit de la façon suivante :

$$x_{\text{TA}} + x_{\text{UA}} + x_{\text{BA}} - x_{\text{AB}} = 350\,.$$

Aux deux autres arsenaux, B et C, sont associées des contraintes analogues.

FIGURE 7.9
Sommet récepteur générique

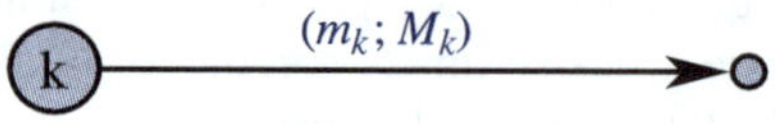

On exigera enfin que FNE(k) = 0 pour tout sommet de transbordement. Le réseau de Nitrobec contient 2 sommets de transbordement, T et U. Les contraintes associées s'écrivent

$$x_{TA} + x_{TB} + x_{TC} - x_{FT} - x_{GT} = 0$$

$$x_{UA} + x_{UB} + x_{UC} - x_{FU} - x_{GU} = 0$$

Ces contraintes sont souvent appelées **contraintes de conservation du flot**.

Le sommet A sert aussi de sommet de transbordement pour certaines des tonnes d'explosifs destinées à B. Toutefois, comme le flot net incident à ce sommet est positif, A est classé non pas parmi les sommets de transbordement, mais parmi les sommets récepteurs.

Les contraintes associées aux arcs

Il faut d'abord exiger que, sur tout arc, le flot x_{ij} soit non négatif. De plus, chaque fois qu'on reporte sur un arc une limite inférieure ou une limite supérieure pour le flot qui peut l'emprunter, il faut traduire ces bornes par les contraintes appropriées. En général, pour un arc de la forme présentée à la figure 7.10, on doit adjoindre au modèle les contraintes

$$x_{ij} \geq m_{ij} \quad \text{et} \quad x_{ij} \leq M_{ij} \tag{2}$$

FIGURE 7.10
Bornes d'un arc générique

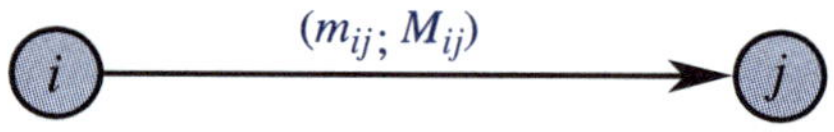

Ces inéquations prennent la forme suivante dans le cas de l'arc (T; A) de Nitrobec :

$$0 \leq x_{TA} \leq 170\,.$$

Le modèle linéaire de Nitrobec : un résumé

Le modèle (R) associé au problème de Nitrobec s'écrit

$$\text{Min } z = 9\, x_{FT} + 10\, x_{FU} + \ldots + 14\, x_{TA} + 5\, x_{TB} + \ldots + 3\, x_{BA} + 2\, x_{BC} + 2\, x_{CB}$$

sous les contraintes :

$$x_{FT} + x_{FU} = 450$$

$$x_{GT} + x_{GU} = 495$$

$$x_{TA} + x_{TB} + x_{TC} - x_{FT} - x_{GT} = 0$$

$$x_{UA} + x_{UB} + x_{UC} - x_{FU} - x_{GU} = 0$$

$$- x_{AB} + x_{TA} + x_{UA} + x_{BA} = 350$$

$$- x_{BA} - x_{BC} + x_{TB} + x_{UB} + x_{AB} + x_{CB} = 200$$
$$- x_{CB} + x_{TC} + x_{UC} + x_{BC} = 395$$
$$x_{TA} \leq 170$$
$$x_{TB} \leq 180$$
$$x_{TC} \leq 190$$
$$x_{UA} \leq 200$$
$$x_{UB} \leq 150$$
$$x_{UC} \leq 250$$
$$x_{ij} \geq 0 \text{ pour tous les arcs du réseau}$$

7.1.5 La solution optimale de Nitrobec

La solution optimale de Nitrobec, dont le coût total s'élève à 15 685 $, a été reportée sur le réseau de la figure 7.11. De cette figure, on déduit aisément la valeur des variables de décision x_{ij} :

$$x_{FT} = 45 \quad \ldots \quad x_{UA} = 5 \quad \ldots \quad x_{BA} = 175 \ \ldots$$

On constate que 450 et 495 tonnes de nitrocellulose partiront de F et de G respectivement :

$$\text{FNE(F)} = 45 + 405 = 450 \quad \text{et} \quad \text{FNE(G)} = 495\,.$$

Il y aura 45 + 495 = 540 tonnes de nitrocellulose qui entreront à l'usine T, où seront produites 540 tonnes d'explosifs. Ces 540 tonnes d'explosifs seront acheminées de T vers A, B et C. On vérifie que FNE(T) = 0. Il en va de même pour U. Le flot net incident au sommet B satisfait la contrainte imposée :

$$- x_{BA} - x_{BC} + x_{TB} + x_{UB} + x_{AB} + x_{CB} = - 175 - 0 + 180 + 150 + 0 + 45 = 200\,.$$

En fait, 375 tonnes d'explosifs arriveront en B ; 200 tonnes y resteront pour satisfaire la demande locale et 175 tonnes repartiront vers A, où elles seront entreposées avant d'être vendues. On vérifie facilement qu'il y a un intérêt économique à utiliser B comme point de transit pour expédier des explosifs en A : en effet, le transport d'une tonne d'explosifs de T vers A via B coûte 5 + 3 = 8 dollars, tandis que le transport d'une tonne d'explosifs envoyée directement de T à A coûte 14 dollars.

FIGURE 7.11 Solution optimale de Nitrobec

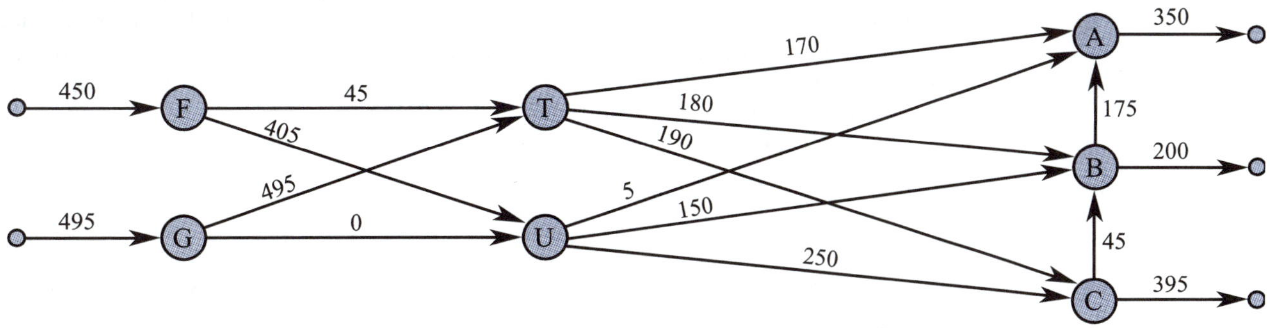

7.1.6 Le modèle général de réseau

Soit un réseau comportant :

- e sommets émetteurs, dénotés E_1, E_2, ..., E_e, tels que $m(E_i) \leq FNE(E_i) \leq M(E_i)$;
- r sommets récepteurs, dénotés R_1, R_2, ..., R_r, tels que $m(R_i) \leq FNI(R_i) \leq M(R_i)$;
- t sommets de transbordement, dénotés T_1, T_2, ..., T_t, tels que $FNE(T_i) = FNI(T_i) = 0$;
- des arcs[2] de transmission ou d'écoulement du flot tels que $m_{ij} \leq x_{ij} \leq M_{ij}$, où x_{ij} dénote le flot passant par l'arc $(i\,;j)$.

Le modèle général de réseau, noté (RG), s'écrit

$$\text{Min } z = \sum_{\text{arc}(i\,;\,j)} c_{ij}\, x_{ij}$$

sous les contraintes :

$$\text{(RG)} \quad \begin{array}{ll} m(E_i) \leq FNE(E_i) \leq M(E_i) & i = 1, \ldots, e \\ m(R_i) \leq FNI(R_i) \leq M(R_i) & i = 1, \ldots, r \\ FNE(T_i) = 0 & i = 1, \ldots, t \\ m_{ij} \leq x_{ij} \leq M_{ij} & \text{pour chaque arc du réseau} \end{array}$$

En pratique, le contexte ne fournit pas toujours de borne inférieure ou supérieure pour chaque FNE(k), pour chaque FNI(k) ou pour chaque x_{ij}. Une borne inférieure manquante est implicitement fixée à 0.

Les contraintes d'intégrité sont redondantes dans un modèle (RG) dont toutes les bornes sont entières. On peut montrer en effet qu'un tel modèle, s'il possède au moins une solution admissible, possède une solution optimale dans laquelle toutes les variables de décision prennent des valeurs entières. (Toutefois, il peut exister d'autres solutions optimales non entières.) Cette propriété des modèles de réseaux est appelée **unimodularité**.

Les modèles du type (RG) sont des modèles linéaires continus et, à ce titre, se résolvent par l'algorithme du simplexe. Cependant, la structure particulière adoptée par les coefficients des contraintes a permis la formulation d'algorithmes plus rapides, qui résolvent des modèles de réseaux comportant des dizaines de milliers de sommets et des centaines de milliers d'arcs. Le progiciel *STORM*, dans le sous-module « *Transshipment* » du module nommé « *Flow Networks* », met en œuvre l'un de ces algorithmes spécialisés dans la résolution des modèles du type (RG). Montrons comment se servir de ce sous-module.

Le tableau 7.5 illustre le chiffrier correspondant aux données du problème de Nitrobec. Il suffit de retenir la traduction française de certains termes pour se tirer d'affaire. Un **NODE** est un sommet. *STORM* laisse de côté, dans le décompte des sommets d'un réseau, ceux qui sont indiqués sur le modèle graphique par un point (•) ; par contre, les arcs qui émergent de ces points ou qui y sont incidents sont inclus dans le décompte des arcs. Notons que *STORM* utilise soit le vocable **ROW** soit le vocable **ARC** pour désigner un arc. **LOWR BOUND** désigne une borne inférieure et **UPPR BOUND**, une borne supérieure.

---

2. Le modèle général (RG) permet la présence de plusieurs arcs distincts entre les 2 mêmes sommets. Lorsque c'est le cas, les notations x_{ij}, m_{ij} et M_{ij} doivent être adaptées. Plusieurs options s'offrent, dont l'intérêt relatif dépend du contexte. Nous donnons à la figure 7.28 un exemple de réseau où plusieurs arcs partagent même sommet initial et même sommet terminal.

TABLEAU 7.5
Chiffrier STORM pour Nitrobec

ROW LABEL	FROM NODE	TO NODE	UNIT COST	LOWR BOUND	UPPR BOUND
ARC 1	.	F	0	450	450
ARC 2	.	G	0	495	495
ARC 3	F	T	9	0	.
ARC 4	F	U	10	0	.
ARC 5	G	T	8	0	.
ARC 6	G	U	11	0	.
ARC 7	T	A	14	0	170
ARC 8	T	B	5	0	180
ARC 9	T	C	6	0	190
ARC 10	U	A	17	0	200
ARC 11	U	B	6	0	150
ARC 12	U	C	5	0	250
ARC 13	A	B	3	0	.
ARC 14	B	A	3	0	.
ARC 15	B	C	2	0	.
ARC 16	C	B	2	0	.
ARC 17	A	.	0	350	350
ARC 18	B	.	0	200	200
ARC 19	C	.	0	395	395

STORM cherche à minimiser la fonction-objectif z, qui représente le coût total de l'écoulement des flots x_{ij} sur les différents arcs. Les revenus et les profits qui sont associés à certains arcs seront traduits dans le fichier de *STORM* comme des coûts négatifs. En présence de coûts négatifs, *STORM*, pour éviter toute possibilité de solution non bornée, exige une borne supérieure pour les arcs virtuels associés aux sommets émetteurs. Si le contexte ne fournit pas de bornes, on utilise une valeur qui ne risque pas d'être excédée dans une solution optimale.

7.2 QUELQUES EXEMPLES SUPPLÉMENTAIRES DE PROBLÈMES DE RÉSEAUX

Nous présentons maintenant quelques applications qui se modélisent comme des modèles de réseaux. Notre but est d'indiquer l'ampleur du champ d'application de ces modèles et d'en illustrer la versatilité.

7.2.1 Une nouvelle version du problème de Nitrobec

Description du contexte modifié

La récession économique qui se prolonge a forcé Nitrobec à rationaliser l'ensemble de ses activités. La direction en est venue à la décision de vendre ses 3 arsenaux à un investisseur intéressé par le marché des explosifs. Le nouveau propriétaire et Nitrobec ont convenu, pour le mois prochain, des approvisionnements décrits au tableau 7.6, aux tarifs indiqués dans le tableau. Par exemple, l'arsenal A devra recevoir entre 100 et 400 tonnes d'explosifs, qui seront payés à Nitrobec 350 $ la tonne.

TABLEAU 7.6
Approvisionnements convenus pour les arsenaux

Arsenal	A	B	C
(Min ; Max)	(100 ; 400)	(0 ; 300)	(150 ; 400)
Prix (en $/t)	350	360	355

Nitrobec a décidé en outre de réviser les quantités de nitrocellulose qu'elle achètera de ses fournisseurs F et G. Le tableau 7.7 donne les nouvelles quantités que Nitrobec entend acheter. Par exemple, Nitrobec devra acheter de G entre 150 et 495 tonnes de nitrocellulose au prix de 235 $ la tonne.

TABLEAU 7.7 Nouvelles données pour les fournisseurs

Fournisseur	F	G
(Min ; Max)	(100 ; 450)	(150 ; 495)
Prix d'achat (en $/t)	220	235

La direction de Nitrobec a fait réaliser une étude des coûts de production des explosifs dans chacune de ses deux usines et il s'est avéré que ces coûts diffèrent : produire une tonne d'explosifs revient à 22 $ en T et à 25 $ en U. Pour éviter le grippage des appareils, il faut produire une certaine quantité d'explosifs dans chaque usine : on évalue à 100 tonnes d'explosifs par mois la production minimale de T et à 200 tonnes celle de U. De plus, le départ de certains ouvriers spécialisés a réduit la capacité des deux usines ; la capacité de traitement de T n'est plus que de 400 tonnes de nitrocellulose et celle de U a chuté à 420 tonnes. L'étude de Nitrobec a montré la justesse des coûts de transport des fournisseurs vers les usines, puis des usines aux arsenaux, des capacités des arcs entres les usines et les arsenaux, et des coûts de transport entre les arsenaux.

Il s'agit de construire un modèle mathématique qui permette à Nitrobec de **maximiser** le revenu net total à tirer de la vente des explosifs aux arsenaux A, B et C tout en respectant les contraintes concernant l'achat de la nitrocellulose chez les fournisseurs, la production des explosifs dans les 2 usines, la demande des arsenaux et les arcs du réseau.

Le réseau

Les composantes du réseau ressemblent à celles de la version originelle de Nitrobec. Un sommet est d'abord associé à chacun des fournisseurs F et G, à chacune des usines T et U et à chacun des arsenaux A, B et C. Les arcs sont à peu près les mêmes que ceux de la figure 7.3. Il y a toutefois une nouveauté : la quantité de nitrocellulose traitée par chaque usine est assujettie à une borne inférieure et à une borne supérieure. Ainsi, les sommets T et U sont encore des sommets de transbordement, mais il faut contrôler les tonnages qui y transitent. Comment s'y prendre pour tenir compte d'une telle situation ? La figure 7.12 illustre la façon usuelle de procéder. Les sommets associés à T et à U sont dédoublés. Tout le flot qui arrive en T devra se rendre en T' en respectant les bornes indiquées sur l'unique arc émergeant de T. Il en va de même pour U. Les arcs (T ; T') et (U ; U') représentent le cheminement de la nitrocellulose, lors de sa transformation en explosifs, **à l'intérieur** des murs des usines.

FIGURE 7.12 Sommets de transbordement soumis à des bornes : dédoublement

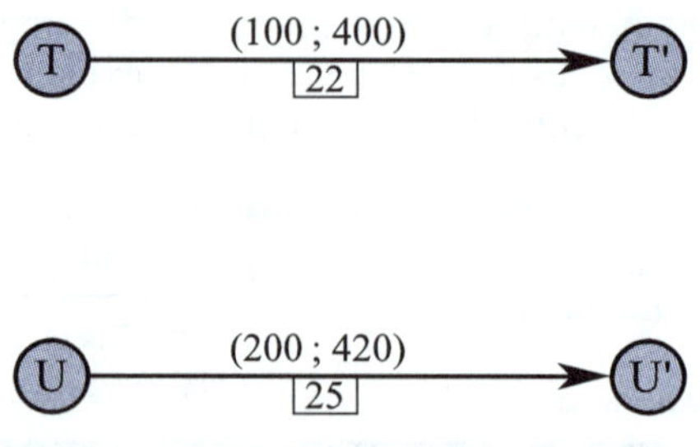

FIGURE 7.13 Réseau du problème modifié de Nitrobec

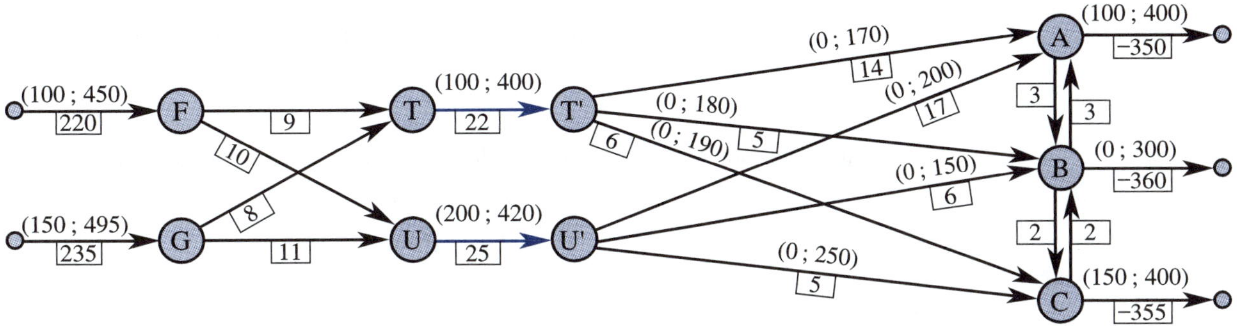

La figure 7.13 donne le modèle graphique associé aux nouvelles données du problème de Nitrobec. Aux « arcs » émergeant de A, de B et de C sont associés des coûts négatifs, car il s'agit de revenus unitaires réalisés par Nitrobec.

Le modèle mathématique

Le modèle mathématique correspondant à la nouvelle situation de Nitrobec se déduit aisément de la figure 7.13, à condition de tenir compte des remarques de la section 7.1. Il y a toutefois deux nouveautés qu'il convient de traiter avec prudence. Premièrement, à chaque unité de flot qui émerge des sommets émetteurs, F et G, est associé un coût d'achat. Ce coût diffère d'un coût de transmission du flot le long d'un arc. On pourrait reporter ce coût sur les arcs en prenant comme coût sur les arcs (F ; T), (F ; U), (G ; T) et (G ; U) la somme des coûts d'achat et des coûts de transport ; par exemple, on poserait

$$c'_{FT} = 220 + c_{FT} = 220 + 9 = 229\,.$$

On peut aussi, et c'est l'approche que nous recommandons, définir pour chaque sommet émetteur une variable d'étape associée au flot net émergeant et ajouter un terme impliquant cette variable dans la fonction-objectif. Ainsi, on pose

$$x_F = \text{FNE(F)} = x_{FT} + x_{FU}$$
$$x_G = \text{FNE(G)} = x_{GT} + x_{GU}\,.$$

Les termes $220\,x_F + 235\,x_G$ permettent de tenir compte du coût d'achat de la nitrocellulose chez les fournisseurs.

La deuxième nouveauté provient du fait qu'au flot incident aux sommets récepteurs est associé un profit à comptabiliser dans la fonction-objectif. Cette fois, on associe une variable de décision au flot net incident à tout sommet récepteur : par exemple,

$$x_A = \text{FNI(A)} = x_{T'A} + x_{U'A} + x_{BA} - x_{AB}\,.$$

On ajoute les termes $-\,350\,x_A - 360\,x_B - 355\,x_C$ dans la fonction-objectif. L'objectif du modèle linéaire associé à la nouvelle situation de Nitrobec consiste à minimiser la fonction-objectif z' où

$$z' = 220\,x_F + \ldots - 355\,x_C + 9\,x_{FT} + \ldots + 22\,x_{TT'} + 25\,x_{UU'} + 14\,x_{T'A} + \ldots + 2\,x_{CB}\,.$$

Les contraintes se regroupent en 5 catégories :

– contraintes définissant les variables d'étape x_F, x_G, x_A, x_B et x_C ; par exemple,

$$x_F = x_{FT} + x_{FU}$$

- inéquations astreignant chaque variable d'étape à prendre une valeur dans l'intervalle spécifié dans l'énoncé ; par exemple,

$$100 \leq x_F \leq 450$$

- contraintes exigeant que le flot net soit nul en tout sommet de transbordement ; par exemple,

$$x_{UU'} - x_{FU} - x_{GU} = 0$$

- inéquations forçant le flot à respecter les limites indiquées sur les arcs ; par exemple,

$$100 \leq x_{TT'} \leq 400$$

$$0 \leq x_{T'A} \leq 170$$

- contraintes de non-négativité.

Une solution optimale

La figure 7.14 représente une solution optimale du problème modifié de Nitrobec. La compagnie réalisera 74 080 $ de profit. Les valeurs des variables de décision ont été reportées sur la figure. Par exemple,

$x_F = 450 \quad x_G = 370 \quad x_{FT} = 30 \quad \ldots \quad x_{TT'} = 400 \quad \ldots \quad x_{T'B} = 180 \quad \ldots \quad x_B = 300 \quad x_C = 400.$

Cet exemple illustre deux notions utiles pour la modélisation graphique.

- Lorsque la quantité de flot qui transite par un sommet de transbordement est assujettie à une borne inférieure ou à une borne supérieure, on dédouble le sommet de transbordement et on crée un arc entre les 2 sommets obtenus. Cet arc portera l'indication de la borne inférieure ou de la borne supérieure.
- Lorsqu'un coût est associé au flot net émis ou reçu par un sommet, il convient d'en définir la quantité par une variable de décision.

Le tableau 7.8 reproduit le chiffrier de données du progiciel *STORM* associé au problème modifié de Nitrobec. Les sommets T' et U' sont notés TP et UP respectivement dans ce chiffrier.

FIGURE 7.14 Solution optimale de Nitrobec modifié

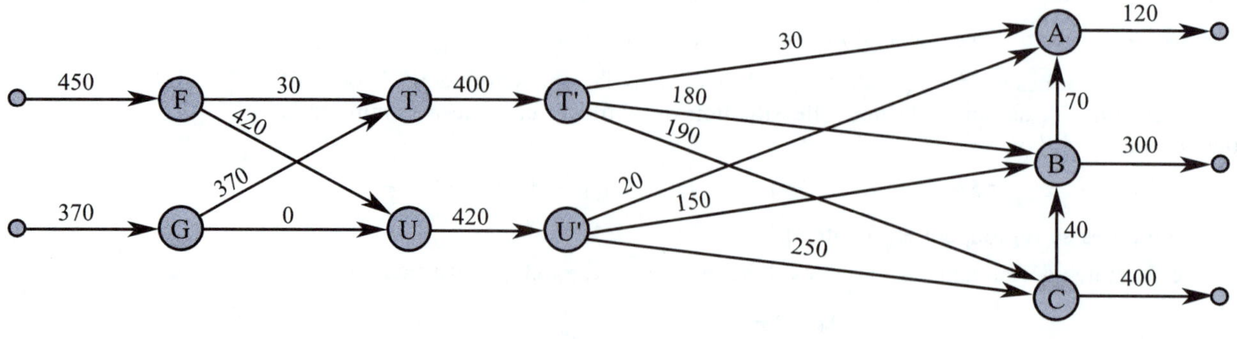

ROW LABEL	FROM NODE	TO NODE	UNIT COST	LOWR BOUND	UPPR BOUND
ARC 1	.	F	220	100	450
ARC 2	.	G	235	150	495
ARC 3	F	T	9	0	.
ARC 4	F	U	10	0	.
ARC 5	G	T	8	0	.
ARC 6	G	U	11	0	.
ARC 7	TP	A	14	0	170
ARC 8	TP	B	5	0	180
ARC 9	TP	C	6	0	190
ARC 10	UP	A	17	0	200
ARC 11	UP	B	6	0	150
ARC 12	UP	C	5	0	250
ARC 13	A	B	3	0	.
ARC 14	B	A	3	0	.
ARC 15	B	C	2	0	.
ARC 16	C	B	2	0	.
ARC 17	A	.	–350	100	400
ARC 18	B	.	–360	0	300
ARC 19	C	.	–355	150	400
ARC 20	T	TP	22	100	400
ARC 21	U	UP	25	200	420

TABLEAU 7.8
Chiffrier des données pour Nitrobec modifié

7.2.2 La maison Cordon Bleu

Description du problème

Depuis près de 90 ans, la maison Cordon Bleu assure à Paris, 7 jours par semaine, des cours de cuisine gastronomique destinés à une clientèle de stagiaires en provenance des cinq continents. On peut s'y inscrire pour la journée, la semaine, le mois ou le semestre. En fait, la plupart des stagiaires ne s'inscrivent chez Cordon Bleu que pour un ou deux jours, question de prétendre avoir côtoyé les grands de la cuisine française. La Maison fournit l'équipement culinaire et les ingrédients nécessaires à la confection des plats et des pièces montées. Les stagiaires peuvent consommer sur place le fruit de leurs efforts. La Maison permet à chaque stagiaire de porter la toque de chef: Cordon Bleu, comme l'assure la publicité, est une école qui ne manque pas de panache !

Chaque stagiaire, après les activités de la journée, remet sa toque au responsable de la lingerie. Les toques défraîchies sont confiées chaque soir à une communauté religieuse de la proche banlieue, qui les renvoie chez Cordon Bleu à temps pour qu'elles puissent servir aux stagiaires inscrits le matin du 3e jour qui suit celui de leur précédente utilisation.

Profitant des vacances annuelles de la Maison, le responsable de la lingerie a confié plus de 500 toques défraîchies à une ravaudeuse pour que cette dernière les reprise et les rapièce. Malheureusement, le moment pour faire effectuer cette tâche, que la ravaudeuse ne pourra mener à bien que 8 jours après le redémarrage des cours, s'est avéré mal choisi. Un nombre inattendu de stagiaires se sont inscrits à la dernière minute pour les premiers jours de la rentrée, et le responsable ne peut compter que sur les 100 toques qu'il tenait en réserve pour la rentrée. Le responsable a donc envisagé de toute urgence des façons de pallier cette difficulté : tout d'abord, il pourra confier chaque soir une partie des toques sales au service de buanderie de la Maison, qui ne pourra par contre traiter plus de 25 toques rendues disponibles aux stagiaires dès le lendemain matin. De plus, un dégraisseur spécialisé du quartier pourra aussi dépanner le responsable, qui disposera donc des

3 options de traitement indiquées au tableau 7.9. Cordon Bleu peut également se procurer des toques neuves à 90 F pièce. Mais le directeur financier a recommandé d'en acheter le moins possible, car les toques sont normalement en nombre suffisant et le problème actuel découle du trop grand nombre de toques confiées en même temps à la ravaudeuse. Le tableau 7.10 donne les besoins en toques au cours des 8 prochains jours.

TABLEAU 7.9
Toques : options de traitement

Traitement	Sale le soir du jour	Prête à servir le matin du jour	Coût/toque
1. Sur place	I	I + 1	5 F
2. Dégraisseur	I	I + 2	3 F
3. Communauté	I	I + 3	2 F

TABLEAU 7.10
Toques : besoins pour les 8 prochains jours

Jour	1	2	3	4	5	6	7	8
Besoins	80	60	75	80	45	70	35	65

Si la maison Cordon Bleu veut minimiser les dépenses supplémentaires engagées pour faire face à la situation tout en disposant de suffisamment de toques chaque matin en attendant le retour de celles qui ont été confiées à la ravaudeuse, comment le responsable doit-il s'y prendre ? On supposera que toutes les toques doivent être propres et prêtes à une utilisation future au plus tard le matin du 11e jour.

Les composantes du réseau

Quel lien y a-t-il entre le problème de la maison Cordon Bleu et un problème de réseau ? Pour créer ce lien, il suffit d'associer toques sales à nettoyer ou toques propres à un flot à transmettre par des arcs dont les extrémités sont soit les matins, soit les soirs des premiers jours après le retour des vacances. Dans un réseau, c'est aux sommets que le débit du flot peut se modifier. En effet, le flot incident peut y être absorbé ou dirigé vers d'autres sommets. Le nombre des toques propres et celui des toques non disponibles changent matin et soir : des toques propres ou fraîchement lavées sont disponibles en lingerie chaque matin ; les toques salies durant une journée s'ajoutent le soir aux toques non disponibles. À chaque matin et à chaque soir correspondra donc un sommet du réseau.

Pour fixer les idées, schématisons ce qui arrive aux toques d'une journée à l'autre. La figure 7.15 représente le flot des toques lors de la 4e journée. Les sommets M_i et S_j représentent le matin i et le soir j. Le stock de toques propres le 4e matin est constitué :

- de toques propres non portées lors de la 3e journée ; on représente ces toques par le flot sur l'arc $(M_3 ; M_4)$, de coût nul ;
- de toques sales le soir S_1 et lavées dans la communauté religieuse au coût de 2 F la pièce ; ces toques, redevenues disponibles au matin M_4, sont représentées par le flot sur l'arc $(S_1 ; M_4)$, de coût unitaire 2 ;
- de toques sales le soir S_2 qui ont été confiées au dégraisseur au coût unitaire de 3 F ; ces toques constituent le flot sur l'arc $(S_2 ; M_4)$, de coût unitaire 3 ;
- de toques sales le soir S_3 lavées sur place ; on leur associe le flot sur l'arc $(S_3 ; M_4)$, de coût unitaire 5. Ce flot est borné supérieurement par 25.

FIGURE 7.15
Schéma du flot de toques le jour 4

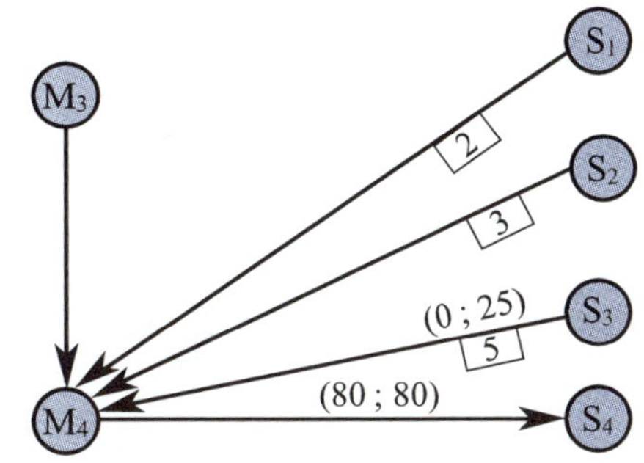

De ces toques propres le matin M_4, exactement 80 seront utilisées au cours de la 4e journée. On traduit cela par le flot qui emprunte l'arc (M_4 ; S_4) ; une borne inférieure et une borne supérieure, égales toutes deux à 80, assureront le flot de 80 toques requis sur cet arc.

Le premier matin, la Maison dispose de 100 toques propres, dont 80 serviront au cours de la première journée et 20 resteront disponibles pour le deuxième matin. Des 80 toques sales le premier soir, 25 tout au plus pourront être rendues disponibles pour le deuxième matin. Si on n'achetait pas de toques neuves, il n'y aurait que 45 toques disponibles pour la deuxième journée d'activité, qui en requiert 60. Combien de nouvelles toques doit-on acheter pour en avoir suffisamment tout au long des 8 premiers jours ?

On répondra à cette question en faisant jouer à M_1 le rôle de sommet émetteur. De plus, afin de distinguer entre les 100 toques propres déjà disponibles et les toques neuves que la maison Cordon Bleu devra acheter, deux arcs virtuels distincts seront incidents au sommet M_1, comme l'indique la figure 7.16. Les anciennes toques emprunteront l'arc vertical (• ; M_1) dont le coût est nul et dont les bornes sont (0 ; 100). L'arc horizontal (• ; M_1) achemine les toques neuves qui, rappelons-le, reviennent à 90 F chacune.

FIGURE 7.16
Toques : le matin 1

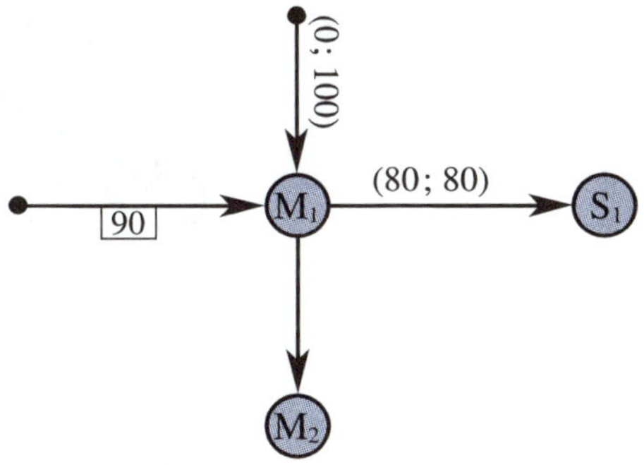

La modélisation graphique

La figure 7.17 illustre le réseau associé au problème de la maison Cordon Bleu. Les coûts de certains arcs, qui étaient nuls, ont été omis. Le sommet M_{11} est le seul sommet récepteur du réseau. (Le flot sur chacun des arcs (S_8 ; M_9) et (S_8 ; M_{10}) est nécessairement nul à l'optimum ; on aurait donc pu se dispenser d'indiquer ces arcs sur la figure.)

Une solution optimale

La maison Cordon Bleu devra débourser 4 135 F pour faire face à la situation d'urgence. Elle achètera 30 toques. Un plan optimal d'entretien est décrit au tableau 7.11.

FIGURE 7.17
Toques : le réseau

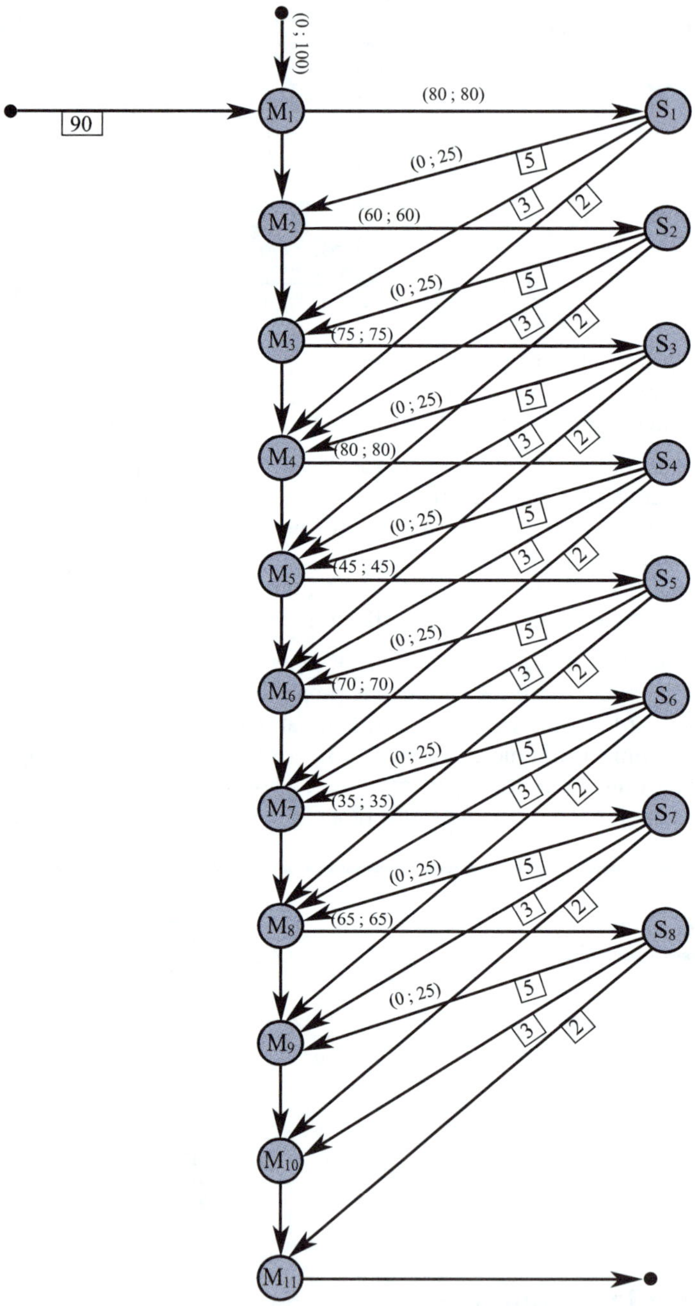

Jour ou soir	1	2	3	4	5	6	7	8	Total
Utilisées pendant le jour	80	60	75	80	45	70	35	65	510
Traitées sur place	10	5	25	–	–	–	–	–	40
Confiées au dégraisseur	70	55	45	65	20	40	–	–	295
Confiées à la communauté	–	–	5	15	25	30	35	65	175

TABLEAU 7.11
Toques : plan optimal d'entretien

7.2.3 Modèles multipériodes et livraisons anticipées ou en retard

Le modèle multipériode de Pastissimo

À la section 2.1.9, nous avons considéré un problème multipériode de planification de la production de spaghettis chez Pastissimo. Ce problème se traite également comme un problème de réseau[3]. Convenons, en effet, de représenter chacune des 6 périodes d'un mois considérées par 2 sommets, D_j (début de la période numéro j) et F_j (fin de la même période). La figure 7.18 illustre le sous-réseau qui traite de la situation au mois 1. Le sommet D_1 émet du flot – du blé dur en fait – provenant de deux sources : l'entrepôt fournit exactement 2 tonnes de blé ; de plus, Pastissimo achète de son fournisseur de 4 à 6 tonnes de blé au coût unitaire de 1 000 $ la tonne. Le blé ainsi disponible au sommet D_1 prend l'une ou l'autre des deux directions suivantes : un maximum de 6 tonnes est transformé en spaghettis et emprunte l'arc $D_1 \rightarrow F_1$, dont le coût unitaire correspond au coût unitaire de production durant le mois 1 ; ce qui reste est conservé en entrepôt pour usage ultérieur et emprunte l'arc $D_1 \rightarrow D_2$, dont les bornes et le coût unitaire reflètent les conditions d'entreposage chez Pastissimo. Enfin, à la fin du mois 1, le spaghetti obtenu au sommet F_1 est soit mis immédiatement à la disposition de Hyper-Halli, soit conservé dans le magasin de Pastissimo. L'arc virtuel $F_1 \rightarrow \bullet$ correspond au premier cas, l'arc $F_1 \rightarrow F_2$, au second.

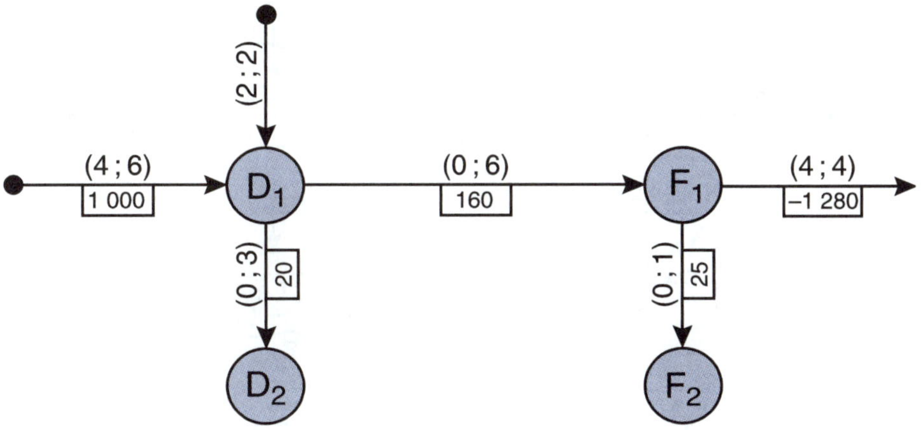

FIGURE 7.18
Pastissimo : structure du réseau (mois 1)

En répétant, *mutatis mutandis*, la cellule du mois 1 pour les autres mois, on obtient la figure 7.19, qui décrit le problème de planification de la production de spaghettis chez Pastissimo. Le modèle linéaire associé à ce réseau est en fait – à une nuance près – le modèle linéaire multipériode construit à la section 2.1.9. En effet, les variables de décision de la section 2.1.9 se redéfinissent comme le nombre d'unités de flot qui transitent par les différents arcs non virtuels du réseau :

a_j : flot sur l'arc $\bullet \rightarrow D_j$

x_j : flot sur l'arc $D_j \rightarrow F_j$

3. Cette représentation sous forme de réseau est possible parce que les contraintes de production se résument à des inéquations de la forme « $x_j \leq p_j$ », où p_j est une constante donnant la capacité globale de production de Pastissimo durant le mois j. Dans les modèles multipériodes plus complexes, tels ceux dont il est question à la fin de la section 2.1.9, il est le plus souvent impossible de traiter le problème de planification de la production comme un problème de réseau.

e_j : flot sur l'arc $D_j \rightarrow D_{j+1}$

s_j : flot sur l'arc $F_j \rightarrow F_{j+1}$

Le modèle de la section 2.1.9 ne traitait que des coûts engagés par Pastissimo, tandis que le réseau tient compte explicitement des revenus que retirera Pastissimo de la vente des spaghettis à Hyper-Halli. La fonction-objectif du modèle de réseau représente donc le profit net de Pastissimo.

Les bornes (2 ; 2) sur les arcs • → D_1 et D_6 → • garantissent que Pastissimo détiendra exactement 2 tonnes de blé dur en entrepôt tant au début qu'à la fin de la tranche de 6 mois considérée. Les bornes sur les autres arcs traduisent dans le langage des réseaux les contraintes de bornes qui constituent les quatre premiers groupes de contraintes technologiques de ce modèle multipériode. Quant aux équations des 5e et 6e groupes de contraintes du modèle de la section 2.1.9, elles correspondent aux contraintes de conservation de flot associées aux sommets D_j et F_j.

FIGURE 7.19 Le modèle multipériode de Pastissimo : le réseau

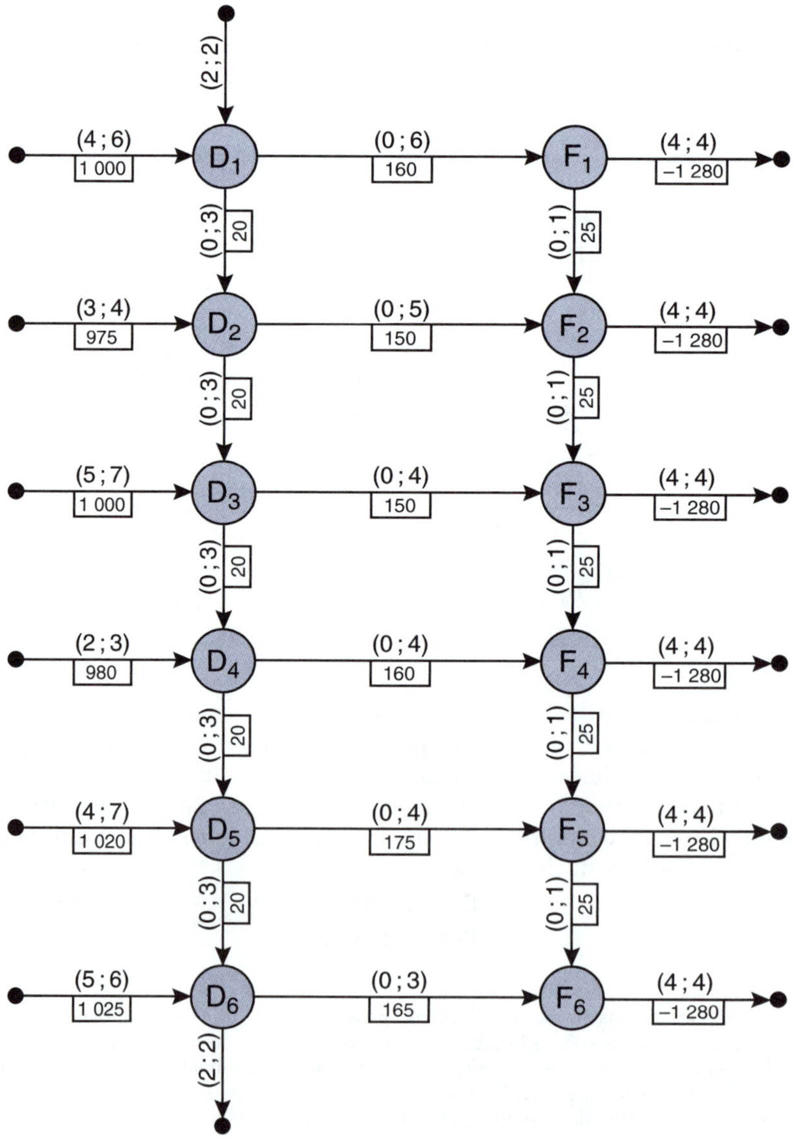

Un problème de planification avec livraisons anticipées ou en retard

Dans certaines situations commerciales, il est possible d'expédier au client un certain nombre d'unités en dehors de la période où il les requiert. Ainsi, on livre parfois à l'avance, transférant le poids de conserver les stocks au client, lequel évidemment exigera alors une compensation monétaire. De même, certaines entreprises se permettent de livrer en retard : par exemple, les unités requises à la période j seront reçues par le client à la période $j + 1$, le fabricant lui accordant une compensation appelée « coût de pénurie ». Considérons l'exemple suivant, où apparaissent de telles livraisons hors période.

La perte de poids est une préoccupation sociale majeure dans les pays occidentaux, car la surcharge pondérale présente un risque démontré pour la santé. Mais c'est surtout le préjudice esthétique qui incite à entreprendre des régimes amaigrissants qui s'appuient sur la réduction des apports caloriques et sur l'augmentation des dépenses énergétiques. Ces régimes entraînent une sensation permanente de faim qui donne naissance à des boulimies soudaines. La diminution abrupte des apports caloriques aboutit, croit-on, après une perte de poids éphémère, à une modification du rendement énergétique de l'organisme. Après l'arrêt du régime ou au moindre écart, la reprise de poids est fulgurante et se traduit par une surcharge supérieure à celle qui préexistait. C'est l'effet de rebond, appelé aussi effet yoyo.

La méthode Montignac, qui a voulu rompre avec ce cercle vicieux, a connu de nombreux imitateurs. Récemment, une équipe de pharmacologues français a cru détecter un coupe-faim naturel dans le raifort, cette plante condimentaire qui ne fait que de timides apparitions à la carte des chefs. Le raifort a un apport de 70 calories par 100 grammes. On l'emploie comme légume dans des potées où on ajoute choux et navets ; coupé en tranches, c'est un hors-d'œuvre qui se substitue au radis. Le raifort sert aussi de plante médicinale : il est employé comme stimulant antiscorbutique, comme diurétique et anti-goutteux ; appliqué sur la peau, il la rubéfie à la façon d'un sinapisme ; mélangé à du vinaigre, il atténue les taches de son qui désespèrent tant les jeunes filles.

En Alsace toutefois et en Allemagne surtout, sans parler des régions des États-Unis où l'ascendance allemande est récente, cette racine blanche hachée industriellement tient souvent lieu de moutarde. Le peuple s'en délecte ; il le mange seul, à la croque au sel, étalé sur du pain.

L'huile volatile sulfurée que contient la racine de la plante lui donne sa saveur piquante, mais elle a un pouvoir lacrymogène si intense qu'après un premier épluchage mécanique on doit laisser reposer le raifort une journée avant que les ouvrières puissent parfaire au couteau de cuisine le travail de l'éplucheuse.

Les Allemands ont 1 000 hectares de raifort en culture, les Américains, 500 et la France, quelque 20 hectares. On récolte 6 tonnes à l'hectare dans les conditions habituelles. L'épluchage soutire 18 % du poids récolté. Chez Fauchon – le traiteur de luxe et le spécialiste de l'épicerie fine du coin de la Place de la Madeleine à Paris –, le raifort haché se vend 3,50 euros le contenant de 150 grammes ; chez Auchan[4], on le paie 2 euros le pot de 150 grammes et chez Casino, il faut débourser 2,25 euros pour le même poids de raifort haché.

L'équipe de pharmacologues, convaincue comme Montignac que l'obésité est le résultat d'une réaction en chaîne qui prend sa source dans le choix des aliments, a publié à Paris, à la rentrée de septembre, des recettes à base de raifort haché. Immédiat a été l'engouement

---

4. Auchan et Casino sont des équivalents français du Wal-Mart nord-américain.

pour le nouveau régime et soudaine la rupture des stocks de raifort haché. Meerrettich S.A., une entreprise agro-alimentaire alsacienne, a flairé la bonne affaire et vient de retenir à l'avance une grande partie de la production d'un agriculteur de la région. Il s'agit de faire vite : la clientèle réclame le raifort haché nouveau, et la prise des parts de marché portera d'autant plus à conséquence que les trois distributeurs, Fauchon, Auchan et Casino, font affaire avec le grossiste qui achètera les pots de raifort de Meerrettich.

La récolte débutera le 21 novembre et, dès le début de décembre, Meerrettich S.A. recevra les premières livraisons de raifort épluché. Le tableau 7.12 donne les prix (en euros la tonne) convenus entre l'agriculteur et Meerrettich. L'augmentation des prix s'explique par les frais d'entreposage chez l'agriculteur et par les pertes habituelles attribuables au vieillissement des tubercules.

Le tableau 7.13 résume l'entente conclue entre le grossiste et Meerrettich pour des livraisons fermes en fin de mois.

TABLEAU 7.12
Achats de raifort épluché

Début	Tonnage maximal retenu	Prix garanti (en euros/tonne)
1. Décembre	20	10 000
2. Janvier	15	10 500
3. Février	15	10 800
4. Mars	20	11 000
5. Avril	25	11 800
6. Mai	20	12 400

TABLEAU 7.13
Livraisons de pots de raifort

Fin	Tonnage (en raifort haché)	Prix (en euros/tonne)
1. Décembre	12	20 000
2. Janvier	19	22 500
3. Février	15	23 500
4. Mars	20	24 000
5. Avril	25	25 000
6. Mai	10	26 000

Des clauses du contrat d'approvisionnement liant Meerrettich et le grossiste prévoient que :

– Meerrettich peut anticiper les livraisons de 1 ou 2 mois.

  Meerrettich souhaitait cette clause parce que son espace d'entreposage ne lui permet pas de stocker plus de 10 tonnes de tubercules épluchés. Dans le cas d'une livraison anticipée de 1 mois, Meerrettich accordera au grossiste un remboursement de 30 euros par tonne de raifort haché ; ce remboursement augmentera à 50 euros la tonne dans le cas d'une livraison anticipée de 2 mois.

– Le grossiste consent des livraisons en retard de 1 mois pour compléter les commandes qu'il a passées chez Meerrettich, mais il recevra en contrepartie un rabais de 20 euros la tonne pour le raifort livré en retard.

  Cette clause découle du quasi-monopole temporaire de Meerrettich dans le domaine du raifort. Le grossiste voudra sans doute la renégocier à la fin des 6 mois en abolissant la possibilité de livrer en retard ou en augmentant significativement la pénalité.

Meerrettich prévoit que la conjoncture continuera d'être favorable pour le raifort après la fin mai et souhaite avoir en stock à ce moment-là 8 tonnes de tubercules épluchés.

Si Meerrettich se voit forcée d'entreposer du raifort épluché, elle le fera à un coût mensuel de 200 euros la tonne.

La préparation du raifort comporte plusieurs étapes : hachage, ajout de vinaigre, macération, mise en pot, pose des étiquettes, etc. Meerrettich connaît sa capacité de traitement, laquelle est comprise dans une fourchette allant de 14 à 18 tonnes par mois. Les coûts de traitement (en euros la tonne de tubercules épluchés) s'élèvent à 1 300 euros pour chacun des deux premiers mois ; ils grimpent à 1 500 euros pour les deux mois suivants (les congés scolaires imposent le recours à des ouvriers de la liste de rappel), puis reviennent à 1 300 euros au cours des derniers mois.

Meerrettich est à la recherche d'une politique optimale d'achat, de stockage, de production et de livraison. Ce problème est représenté à la figure 7.20. À chacun des 6 mois considérés sont associés 3 sommets, D_j (début), F_j (fin) et L_j (livraison). Les arcs de la forme $F_j \rightarrow L_{j+1}$ ou $F_j \rightarrow L_{j+2}$ représentent les livraisons anticipées ; les arcs de la forme $F_j \rightarrow L_{j-1}$, les livraisons en retard. Une politique optimale, qui assure à Meerrettich un profit de 1 035 880 euros, est décrite au tableau 7.14.

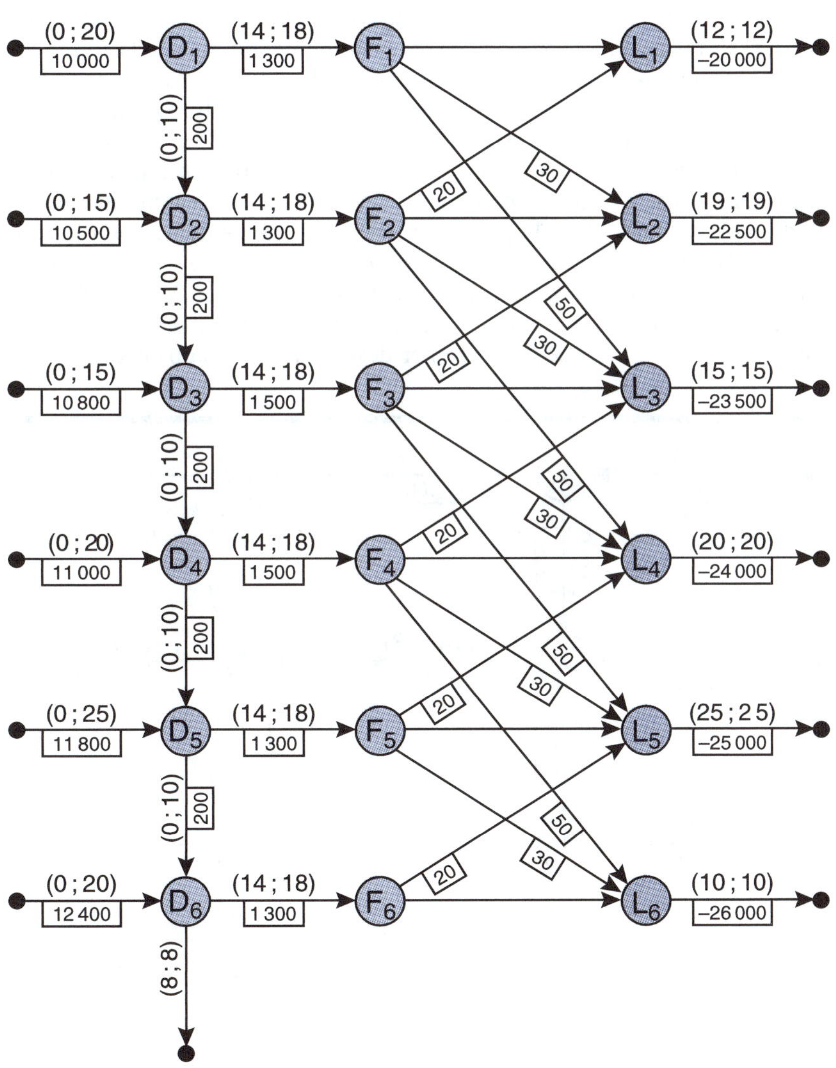

FIGURE 7.20
Meerrettich : le réseau

TABLEAU 7.14
Meerrettich : une solution optimale

Mois j		1	2	3	4	5	6
Achats	$\bullet \to D_j$	20	15	15	20	25	14
Production	$D_j \to F_j$	18	17	15	18	18	15
Entrepôt	$D_j \to D_{j+1}$	2	0	0	2	9	8
Livraison en période	$F_j \to L_j$	12	15	13	18	18	10
Livraison anticipée	$F_j \to L_{j+1}$	4	0	0	0	0	–
Livraison anticipée	$F_j \to L_{j+2}$	2	2	2	0	–	–
Livraison en retard	$F_j \to L_{j-1}$	–	0	0	0	0	5

Certains pourraient être tentés de traduire les livraisons anticipées par des arcs de la forme $F_j \to F_{j+1}$ ou $F_j \to F_{j+2}$, et les livraisons en retard par des arcs de la forme $F_j \to F_{j-1}$. Les sommets L_j deviendraient alors inutiles, le réseau résultant comporterait seulement deux sortes de sommets et prendrait la forme du réseau de la figure 7.21. Mais cette approche est incorrecte. En effet, rien n'empêche une même unité de flot de transiter par les arcs $F_3 \to F_2$ et $F_2 \to F_1$, ce qui correspond à une livraison accusant un retard de 2 mois, une possibilité interdite par le contexte. De même, des livraisons anticipées de 3 mois ou plus s'obtiendraient en concaténant suffisamment d'arcs de la forme $F_j \to F_{j+1}$: par exemple, la suite $F_1 \to F_2 \to F_3 \to F_4$ autoriserait des livraisons anticipées de 3 mois... Enfin, le réseau de la figure 7.21 confond les unités de flot qui transitent par l'arc unique $F_1 \to F_3$ et celles qui empruntent la suite $F_1 \to F_2 \to F_3$; or, le premier cas traduit une livraison anticipée de 2 mois, alors que le second consisterait en quelque sorte à livrer 1 mois à l'avance puis, à la fin de ce mois, à déclarer que cette unité est réaffectée à la demande du mois suivant. Dans le présent exemple, le problème est théorique, car l'arc $F_1 \to F_3$, de coût unitaire 50, sera choisi de préférence à la suite $F_1 \to F_2 \to F_3$, dont le coût unitaire est 30 + 30 = 60. Mais, dans d'autres contextes où le coût de l'arc unique est plus élevé que celui de la suite, la solution à coût minimal d'un réseau du type considéré à la figure 7.21 risque de présenter des éléments paradoxaux.

FIGURE 7.21
Livraisons anticipées ou en retard : un réseau erroné

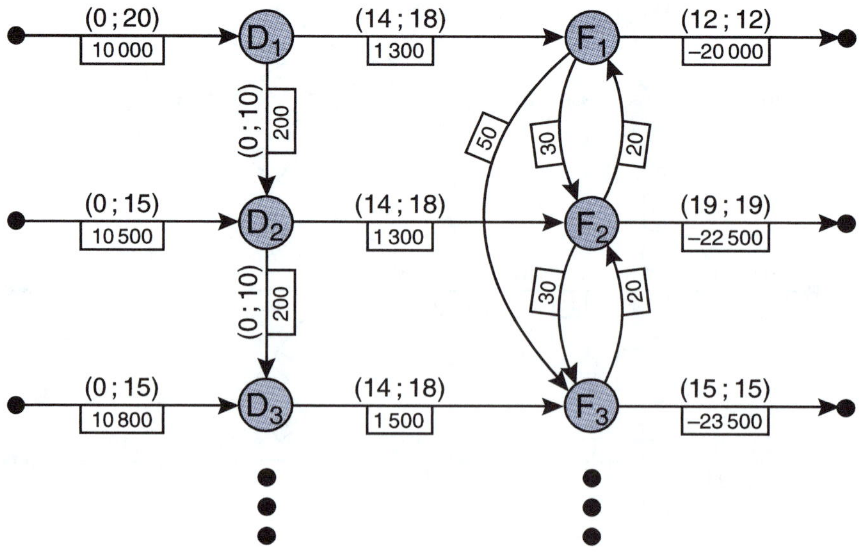

7.2.4 La société Air Taxi

Description du problème

Une société aérienne exploite un service de taxi aérien qui dessert les villages de la Basse Côte-Nord. Aujourd'hui, l'avion visitera, dans l'ordre, les localités A, B, C, D, E et F. L'ordre inverse sera suivi demain. Les tableaux 7.15 et 7.16 donnent, l'un la grille des tarifs entre les diverses localités, l'autre le nombre de voyageurs munis d'un billet qui souhaitent s'envoler aujourd'hui.

La capacité de l'appareil est de 12 passagers. Air Taxi n'honorera donc pas tous les billets vendus. Lorsqu'un voyageur muni d'un billet se voit refuser l'accès à l'avion, Air Taxi lui verse un dédit de 10 $. Combien de voyageurs de chaque localité devraient monter aujourd'hui dans l'appareil de façon à maximiser les revenus d'Air Taxi ?

TABLEAU 7.15
Prix des billets (en $)

	Destination				
Départ	**B**	**C**	**D**	**E**	**F**
A	115	225	380	410	505
B	–	160	310	355	410
C	–	–	180	230	305
D	–	–	–	100	155
E	–	–	–	–	105

TABLEAU 7.16
Nombre de billets vendus

	Destination				
Départ	**B**	**C**	**D**	**E**	**F**
A	2	4	0	5	3
B	–	1	3	0	4
C	–	–	0	5	3
D	–	–	–	4	0
E	–	–	–	–	2
Total	2	5	3	14	12

Les composantes du réseau

L'avion visite dans l'ordre les villes A, B, C, D, E et F. Une première partie du réseau (figure 7.22) s'impose tout naturellement. Le flot sur l'arc (I ; J), de borne supérieure égale à 12, correspond au nombre de passagers du vol entre les villes I et J.

À chaque escale, des passagers montent dans l'appareil ou en descendent. Il faut des arcs qui permettent au flot (de passagers) de transiter entre les aéroports de départ et d'arrivée. Commençons par l'aéroport de la localité A : les passagers du premier vol reliant A à B, représentés par le flot qui emprunte l'arc (A ; B), ne se rendent pas tous au même endroit. La figure 7.23, qui illustre cet aspect du problème, ne tient toutefois pas compte de tous les aspects du problème. Qu'advient-il des détenteurs de billets qui n'ont pu monter dans l'appareil ? Comment va-t-on comptabiliser les dédits que la société Air Taxi devra payer à ces derniers ?

FIGURE 7.22
Réseau partiel du problème d'Air Taxi

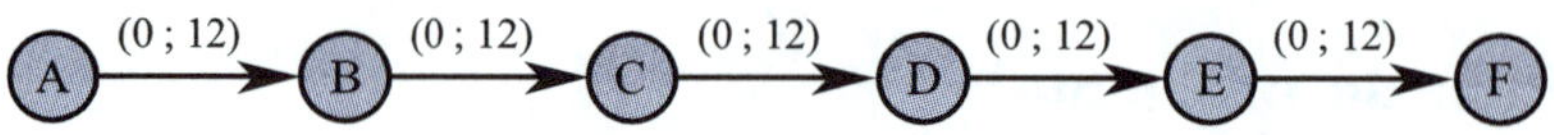

FIGURE 7.23
Air Taxi : l'aéroport A

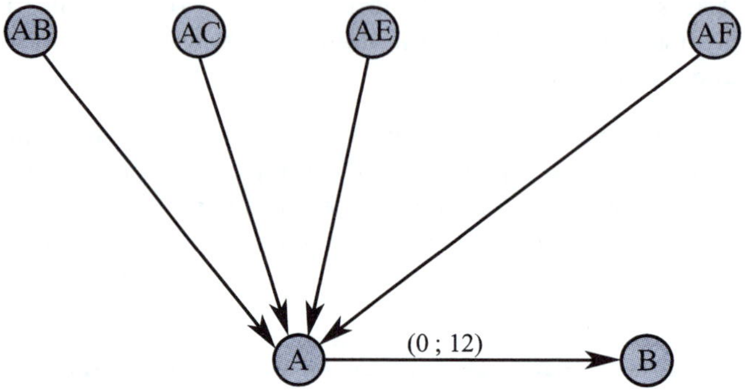

FIGURE 7.24
Le contrôle des dédits

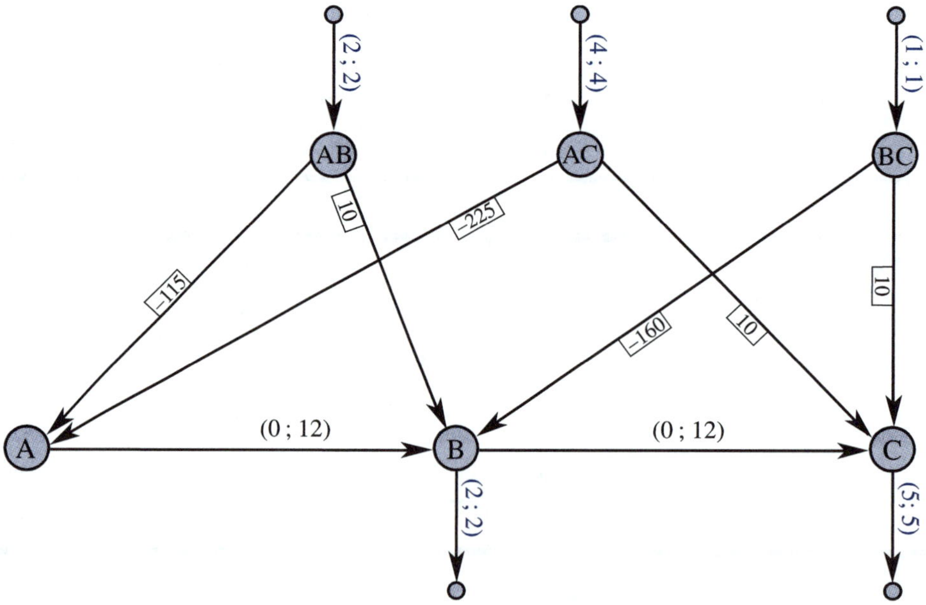

Pour indiquer ce qu'il advient des voyageurs munis d'un billet, on doit retrouver une structure analogue à celle de la figure 7.24. L'arc (AB ; A) sera emprunté par les passagers qui désirent se rendre de A à B et qui pourront effectivement monter dans l'avion. Mais quel est le sommet terminal du second arc à émerger de AB ? Il ne peut s'agir du sommet A. Les 2 voyageurs qui souhaitent se rendre de A à B doivent soit être admis à monter dans l'appareil en A, soit se voir payer un dédit. Pour imposer une telle répartition dans le réseau, il suffit d'amener au sommet B tous les voyageurs qui désiraient s'y rendre soit en leur permettant l'accès à l'appareil, soit en les y déplaçant de façon virtuelle par le biais d'un dédit de 10 $. Selon la figure 7.24, toute unité de flot qui emprunte l'arc (AB ; A) rapporte un profit de 115 $, toute unité de flot qui emprunte l'arc (AB ; B) coûte 10 $ et indique qu'un voyageur muni d'un billet lui permettant de voler de A à B n'a pu monter dans l'avion. Comme le sommet AB émet

2 unités de flot et que le sommet B doit recevoir un flot net de 2 unités, les 2 voyageurs se retrouveront en B, soit réellement s'ils ont pris l'avion, soit virtuellement s'ils ont reçu le dédit de 10 $. Tout semble baigner dans l'huile.

On procède de la même manière pour tenir compte des voyageurs qui désirent se rendre en C. L'arc (A ; B) convoie, entre autres, les voyageurs qui voleront de A à C en faisant escale à B. Rien dans le réseau ne distingue, sur l'arc (A ; B), une unité de flot dont la destination finale est B et une unité dont la destination finale est C. Mais comme le sommet B exige un flot net de 2 unités, les 2 voyageurs qui voulaient se rendre à B devront sortir du réseau en B, qu'ils y soient parvenus réellement ou virtuellement. Les passagers dont la destination finale est autre que B et qui empruntent l'arc (A; B) continueront forcément leur route en empruntant l'arc (B ; C). De la même façon, l'exigence de flot net incident en C forcera les 5 voyageurs dont la destination finale est C à sortir du réseau au sommet C, qu'ils y soient parvenus réellement ou virtuellement...

La modélisation graphique

La figure 7.25 illustre le réseau associé au problème de la société Air Taxi. Noter qu'il n'est pas nécessaire d'imposer de borne supérieure au flot qui emprunte les arcs (*IJ* ; *L*) : les bornes sur le flot émergeant des sommets émetteurs y suppléent. Le chiffrier des données nécessaires à *STORM* apparaît au tableau 7.17.

Une solution optimale

Une solution optimale du problème de la société Air Taxi recommande de verser 130 $ en dédits : 3 des 5 voyageurs munis d'un billet entre A et E se verront refuser l'accès à l'avion ; Air Taxi versera également 1 dédit sur la liaison BC, 4 sur la liaison BF, 4 sur la liaison CE et 1 sur la liaison DE.

7.2.5 Nevera Nieve

Description du problème

Nevera Nieve est titulaire d'un contrat de déneigement des rues d'un quartier du centre-sud de Montréal qui l'oblige à lancer une opération neige[5] quand il tombe plus de 12 cm de neige en 24 heures. Une opération neige comporte plusieurs étapes. Les premières visent à assurer aux automobilistes et aux piétons des conditions de déplacement qui ne sont pas trop hasardeuses : déneigement et déglaçage des trottoirs par des chenillettes munies d'une lame inclinable, déblaiement sommaire des rues par des chasse-neige munis d'étraves, épandage d'un mélange de chlorure de calcium et d'abrasifs. Puis, quand le ciel se dégage, une lutte est entreprise contre les congères qui rétrécissent les rues, privent les automobilistes de leurs places de stationnement et obligent les piétons à bien des détours. Après affichage d'une interdiction de stationnement sur les artères visées, puis remorquage des véhicules des récalcitrants, la neige est rabattue par des niveleuses et répartie en un ou deux andains, selon la largeur de la rue, puis projetée dans un camion par un chasse-neige à turbofraise[6]. Les camions se succèdent à côté du chasse-neige de façon à en assurer l'activité quasi continue.

---

5. C'est ainsi que l'on désigne, à Montréal, l'ensemble des travaux de déneigement exécutés lors d'une averse de neige.
6. Appelé communément « souffleuse ».

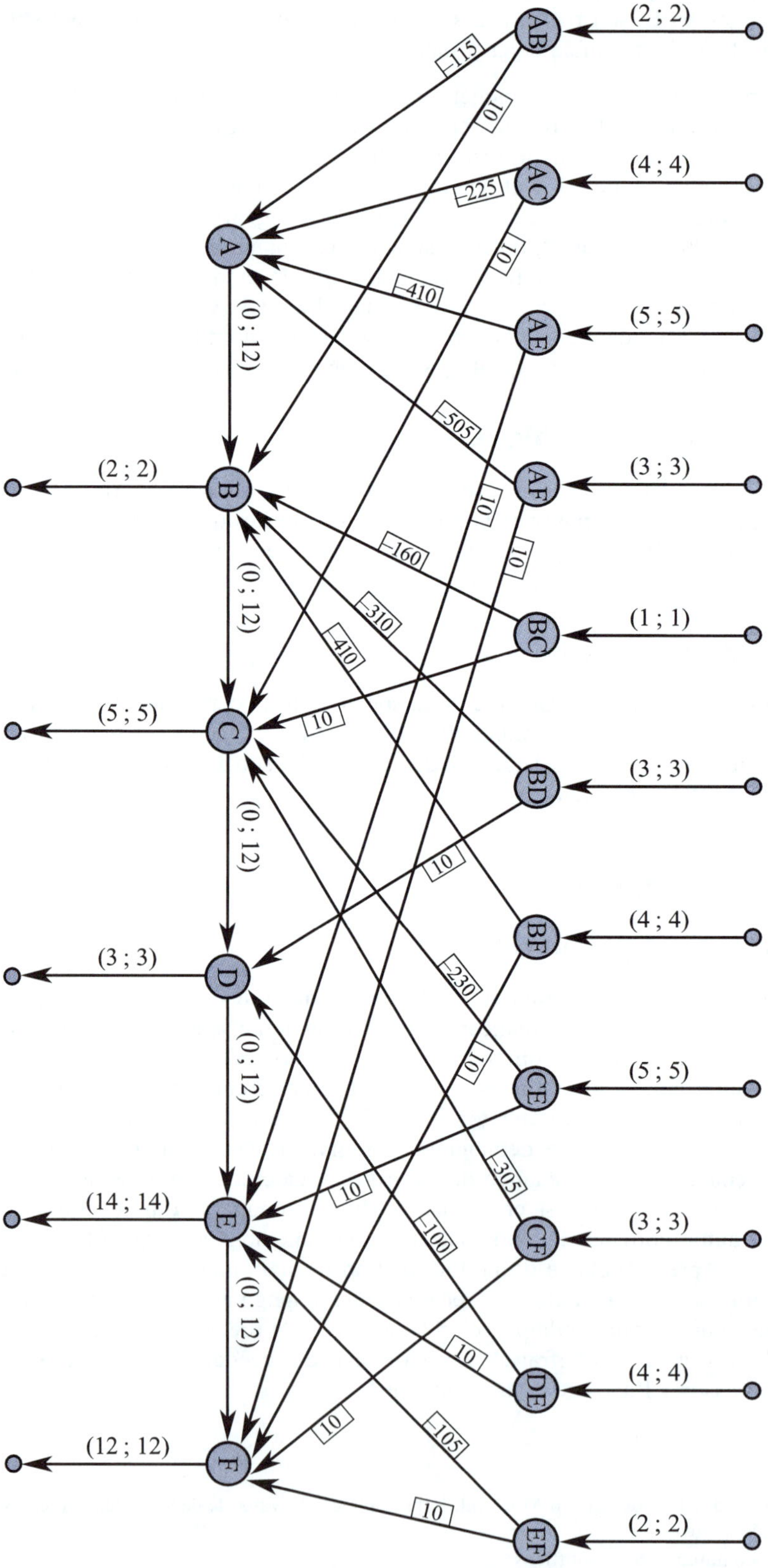

FIGURE 7.25
Réseau pour la société Air Taxi

TABLEAU 7.17 Chiffrier des données pour la société Air Taxi

ROW LABEL	FROM NODE	TO NODE	UNIT COST	LOWR BOUND	UPPR BOUND
ARC 1	.	AB	0	2	2
ARC 2	.	AC	0	4	4
ARC 3	.	AE	0	5	5
ARC 4	.	AF	0	3	3
ARC 5	.	BC	0	1	1
ARC 6	.	BD	0	3	3
ARC 7	.	BF	0	4	4
ARC 8	.	CE	0	5	5
ARC 9	.	CF	0	3	3
ARC 10	.	DE	0	4	4
ARC 11	.	EF	0	2	2
ARC 12	AB	A	–115	0	.
ARC 13	AB	B	10	0	.
ARC 14	AC	A	–225	0	.
ARC 15	AC	C	10	0	.
ARC 16	AE	A	–410	0	.
ARC 17	AE	E	10	0	.
ARC 18	AF	A	–505	0	.
ARC 19	AF	F	10	0	.
ARC 20	BC	B	–160	0	.
ARC 21	BC	C	10	0	.
ARC 22	BD	B	–310	0	.
ARC 23	BD	D	10	0	.
ARC 24	BF	B	–410	0	.
ARC 25	BF	F	10	0	.
ARC 26	CE	C	–230	0	.
ARC 27	CE	E	10	0	.
ARC 28	CF	C	–305	0	.
ARC 29	CF	F	10	0	.
ARC 30	DE	D	–100	0	.
ARC 31	DE	E	10	0	.
ARC 32	EF	E	–105	0	.
ARC 33	EF	F	10	0	.
ARC 34	A	B	0	0	12
ARC 35	B	C	0	0	12
ARC 36	C	D	0	0	12
ARC 37	D	E	0	0	12
ARC 38	E	F	0	0	12
ARC 39	B	.	0	2	2
ARC 40	C	.	0	5	5
ARC 41	D	.	0	3	3
ARC 42	E	.	0	14	14
ARC 43	F	.	0	12	12

Au cours des 48 dernières heures, une tempête en provenance des Grands Lacs, la pire de l'hiver, a laissé 41 cm de neige sur Montréal. L'opération neige a été déclenchée. Nevera Nieve a divisé le quartier dont le déneigement lui incombe en secteurs représentant chacun la tâche pour un quart de travail d'un chasse-neige à turbofraise. Un quart de travail dure 8 heures, au cours duquel il faut aménager 2 pauses de 15 minutes et 1 heure d'arrêt pour le repas.

La figure 7.26 illustre le plan du secteur confié par Nevera Nieve à l'équipe de Roger T. Les sommets correspondent aux carrefours du secteur ; les arcs, aux tronçons routiers à déneiger par le chasse-neige. Le carrefour dénoté D doit constituer le point de départ et le point d'arrivée du trajet à parcourir par le chasse-neige de Roger T. durant son quart de travail. Deux arcs distincts, de même sommet initial et de même sommet terminal, indiquent que la neige est rabattue en 2 andains latéraux, qui nécessiteront chacun un passage du chasse-neige. Deux arcs de sens contraire entre le même couple de sommets indiquent qu'il s'agit d'un boulevard à 2 travées, chacune à parcourir par le chasse-neige dans le sens autorisé. Chaque arc de la figure 7.26 porte 2 nombres. Le premier donne la durée, en minutes, d'un passage de déneigement ; cette valeur tient compte à la fois de la longueur du tronçon et de la quantité de neige à y ramasser. Le second nombre, placé entre parenthèses, correspond à la durée d'un passage hors service. Ces derniers amènent le chasse-neige à pied-d'œuvre.

Roger T., un employé occasionnel dont les gains dépendent de la durée de sa tâche, s'inquiète de l'exiguïté du secteur confié à son équipe. Selon ses calculs, il ne faut que 348 minutes pour compléter le déneigement de son territoire si l'on ne tient pas compte des éventuels passages hors service. Chez Nevera Nieve, toutefois, on craint que les passages hors service provoquent un dépassement des 390 minutes de travail prévues et entraînent le paiement d'heures supplémentaires.

FIGURE 7.26
Le secteur confié à Roger T.

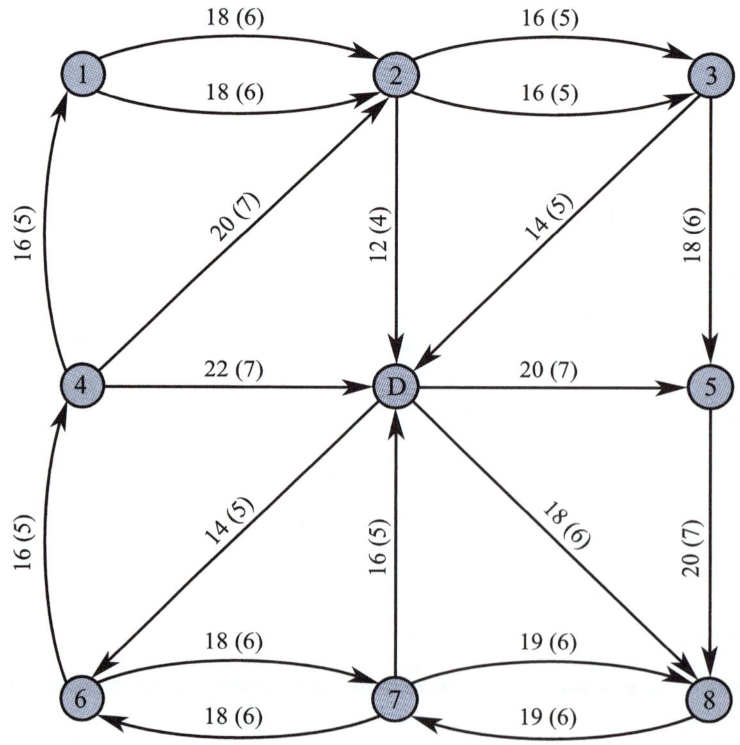

Les composantes du réseau

Sommets et arcs du réseau à construire s'associent naturellement aux sommets et arcs de la figure 7.26. Le sommet D, d'où part le chasse-neige et où il termine sa tournée, sert à la fois de sommet émetteur et de sommet récepteur. Et, puisque Roger T. dispose d'un seul chasse-neige, on reporte des bornes (1 ; 1) sur les arcs virtuels (• ; D) et (D ; •).

Le chasse-neige circulera plus d'une fois sur certains tronçons. Et le flot sur un arc indiquera le nombre de passages du chasse-neige sur le tronçon correspondant. Le coût d'une unité de flot se compte en minutes. Prenons, par exemple, l'arc (4 ; 1). La première unité de flot qui y circule « coûte » 16 minutes, tandis que les subséquentes ne coûtent que 5 minutes. Mais comment distinguer le premier passage des passages subséquents, sinon en dédoublant l'arc approprié ? Dans la figure 7.27, l'arc de coût 16 correspond au passage de déneigement, passage que l'on force en imposant une borne inférieure et une borne supérieure égales à 1 ; l'autre arc servira aux passages hors service du chasse-neige ; leur nombre ne peut être prédit.

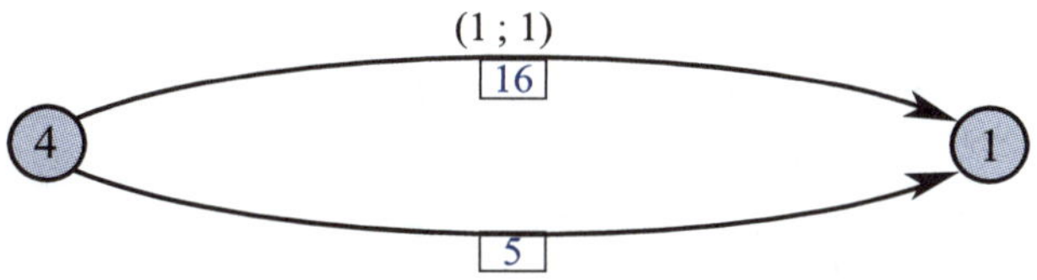

FIGURE 7.27
Pour distinguer le premier passage des passages subséquents

La modélisation graphique

Le réseau de Nevera Nieve est donné à la figure 7.28. Le chiffrier fourni à *STORM* pour résoudre ce problème apparaît au tableau 7.18.

Une solution optimale

La figure 7.29 illustre une solution optimale du problème de Nevera Nieve. Sur cette figure, chaque arc en noir correspond à un passage de déneigement ; chaque arc en couleur, à un passage hors service. Un ordre optimal de visite des carrefours donne le trajet suivant :

D→5→8→7→6→4→2→3→5→8→7→6→4→1→2→D→8→7→6→4→1→
2→3→D→6→4→D→6→7→8→7→D.

Il existe plusieurs autres trajets optimaux. Le parcours d'un trajet optimal requerra 410 minutes, ce qui excède de 20 minutes la durée du quart de travail.

Le réseau de Nevera Nieve possède une solution admissible parce qu'il est possible, à partir de tout sommet, de se rendre à tout autre. On dit alors que le réseau est fortement connexe. Si d'aventure on supprimait l'arc (8 ; 7) de la figure 7.26, il ne serait pas possible de repartir du carrefour 8. Le problème n'aurait pas de solution. Évidemment, les réseaux de déneigement sont toujours fortement connexes.

FIGURE 7.28 Réseau de Nevera Nieve

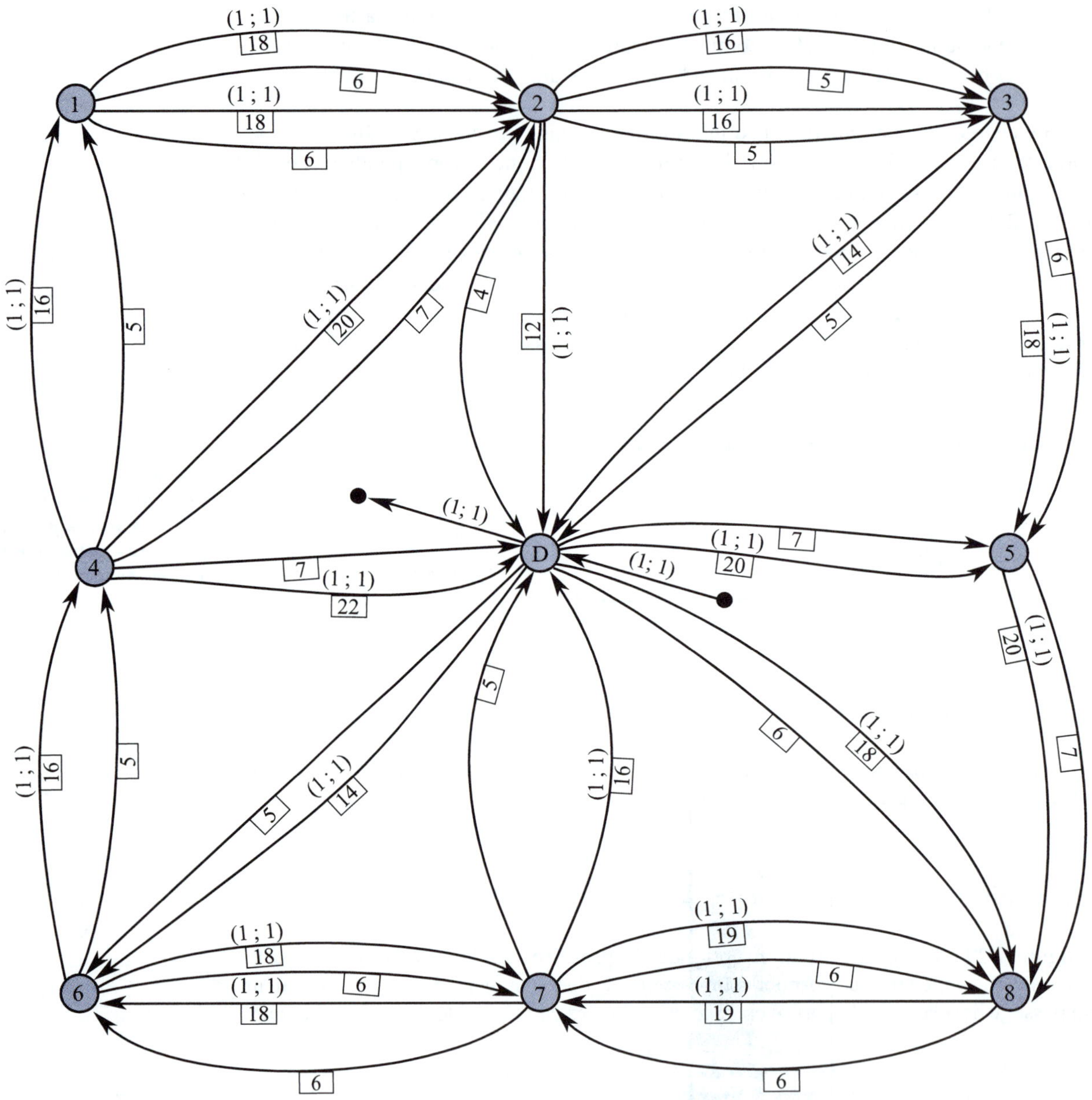

TABLEAU 7.18
Chiffrier des données pour Nevera Nieve

ROW LABEL	FROM NODE	TO NODE	UNIT COST	LOWR BOUND	UPPR BOUND
ARC 1	.	D	0	1	1
ARC 2	D	.	0	1	1
ARC 3	1	2	18	1	1
ARC 4	1	2	6	0	.
ARC 5	1	2	18	1	1
ARC 6	1	2	6	0	.
ARC 7	4	1	16	1	1
ARC 8	4	1	5	0	.
ARC 9	6	4	16	1	1
ARC 10	6	4	5	0	.
ARC 11	4	2	20	1	1
ARC 12	4	2	7	0	.
ARC 13	4	D	22	1	1
ARC 14	4	D	7	0	.
ARC 15	D	6	14	1	1
ARC 16	D	6	5	0	.
ARC 17	6	7	18	1	1
ARC 18	6	7	6	0	.
ARC 19	7	6	18	1	1
ARC 20	7	6	6	0	.
ARC 21	2	D	12	1	1
ARC 22	2	D	4	0	.
ARC 23	7	D	16	1	1
ARC 24	7	D	5	0	.
ARC 25	2	3	16	1	1
ARC 26	2	3	5	0	.
ARC 27	2	3	16	1	1
ARC 28	2	3	5	0	.
ARC 29	3	D	14	1	1
ARC 30	3	D	5	0	.
ARC 31	D	5	20	1	1
ARC 32	D	5	7	0	.
ARC 33	D	8	18	1	1
ARC 34	D	8	6	0	.
ARC 35	8	7	19	1	1
ARC 36	8	7	6	0	.
ARC 37	7	8	19	1	1
ARC 38	7	8	6	0	.
ARC 39	3	5	18	1	1
ARC 40	3	5	6	0	.
ARC 41	5	8	20	1	1
ARC 42	5	8	7	0	.

FIGURE 7.29
Solution optimale de Nevera Nieve

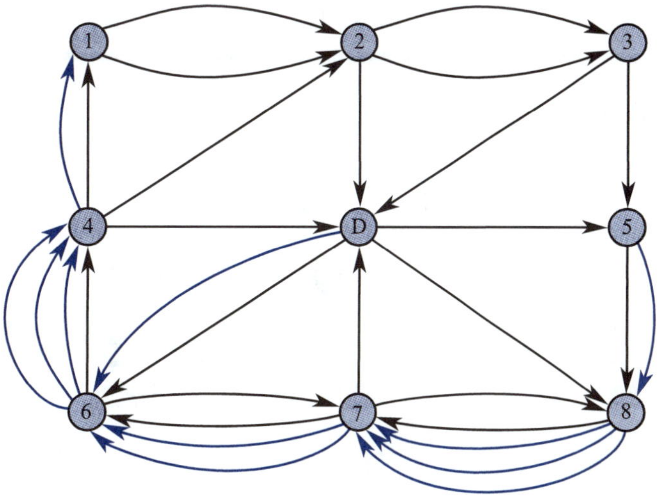

7.3 QUELQUES CAS PARTICULIERS DU PROBLÈME DE TRANSBORDEMENT

Nous traitons maintenant 3 cas particuliers importants du problème de transbordement : le problème du flot maximal, le problème du chemin de longueur minimale et le problème d'affectation. L'importance de ces problèmes s'explique, d'une part, par leur grand nombre d'applications pratiques et, d'autre part, par l'existence d'algorithmes très performants capables de les résoudre en un temps raisonnable même lorsque le nombre de sommets ou d'arcs est très grand.

Pour chacun de ces problèmes, nous montrerons qu'il s'agit d'un cas particulier du problème de transbordement et en donnerons un exemple d'application. Nous ne présenterons pas cependant les algorithmes spécialisés qui servent à résoudre ces problèmes dans la pratique.

7.3.1 Le problème du flot maximal

Dans plusieurs situations réelles, aucune notion de coût n'est associée aux unités de flot qui circulent dans le réseau et celui-ci admet un seul sommet émetteur, la **source**, et un seul sommet récepteur, le **puits**. L'objectif poursuivi est d'acheminer la plus grande quantité possible de flot de la source vers le puits. Cette quantité de flot est contrainte seulement par la présence de bornes supérieures sur le flot transmis par certains arcs du réseau. Le problème du flot maximal fut l'un des premiers à avoir fait l'objet d'études en théorie des réseaux.

Le problème général du flot maximal est illustré à la figure 7.30. Tous les sommets, sauf S et P, sont des sommets de transbordement : ainsi, le flot qui émane de S aboutira forcément au sommet récepteur P. Les bornes supérieures portées sur certains arcs sont appelées ici « capacités ». Le seul arc de coût non nul est l'arc (• ; S) de coût −1 : minimiser le coût total revient donc à maximiser la quantité de flot émise par le sommet S tout en tenant compte des capacités de certains arcs. La constante *M* est incluse pour respecter les exigences du progiciel *STORM*. Il est toujours possible, dans un problème réel, de trouver une telle borne supérieure, sinon le flot serait illimité, ce qui est absurde en pratique.

FIGURE 7.30
Le problème général du flot maximal

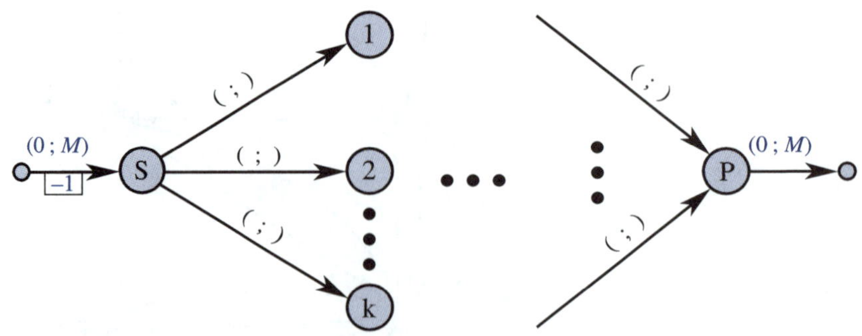

Un exemple : l'expédition scientifique du CNRS

Manaus, situé sur le Rio Negro près de sa confluence avec l'Amazone, est une ville désormais perdue dans la jungle brésilienne, mais qui a connu, au début du siècle, des heures fabuleuses. C'était avant que l'hévéa, essence indigène du Brésil, ne soit acclimaté en Indonésie où d'immenses plantations provoquèrent une chute brutale des cours du caoutchouc.

À la belle époque, avant l'effondrement des cours, certains planteurs de Manaus ne buvaient à table que du meilleur champagne ; plusieurs familles expédiaient régulièrement, pour le lavage et l'entretien, leur lingerie fine à Paris. Manaus accueillit Caruso, qui y chanta sous la coupole de l'opéra le plus fastueux du monde, dont les sièges étaient décorés de feuilles d'or et les parquets recouverts de marbre de Carrare.

De nos jours, Manaus est resté le point de départ obligé de nombreuses expéditions anthropologiques, géologiques, botaniques et même entomologiques, comme celles du CNRS qui étudient, à l'aide d'un parachute inversé flottant sur la cime des grands arbres et déplacé par ballon, les insectes vivant dans les hautes houppes de la forêt amazonienne.

La dernière expédition du CNRS fait face à un problème : il s'agit d'expédier de toute urgence par avion la plus grande partie possible de son matériel de Buenos Aires à Manaus. Il y a des points de transit obligatoires et des tonnages maximaux à respecter. Le tableau 7.19 les résume.

Quel est le tonnage maximal qui peut parvenir à Manaus ? Le flot est le matériel scientifique transporté de Buenos Aires à Manaus. Les sommets du réseau sont les aéroports et les arcs en sont les vols. Le réseau qui modélise le problème du CNRS est reproduit à la figure 7.31. Nous y avons également donné une solution optimale du problème : à droite des bornes est reportée la valeur du flot si ce dernier est positif. Le tonnage maximal s'élève à 52 tonnes.

TABLEAU 7.19 Tonnages maximaux entre les aéroports

De \ À	A	B	C	D	Manaus
Buenos Aires	15	22	30	–	–
A	–	30	35	12	–
B	–	–	20	10	10
C	–	–	–	10	10
D	–	–	–	–	40

FIGURE 7.31 Réseau des vols pour le problème du CNRS

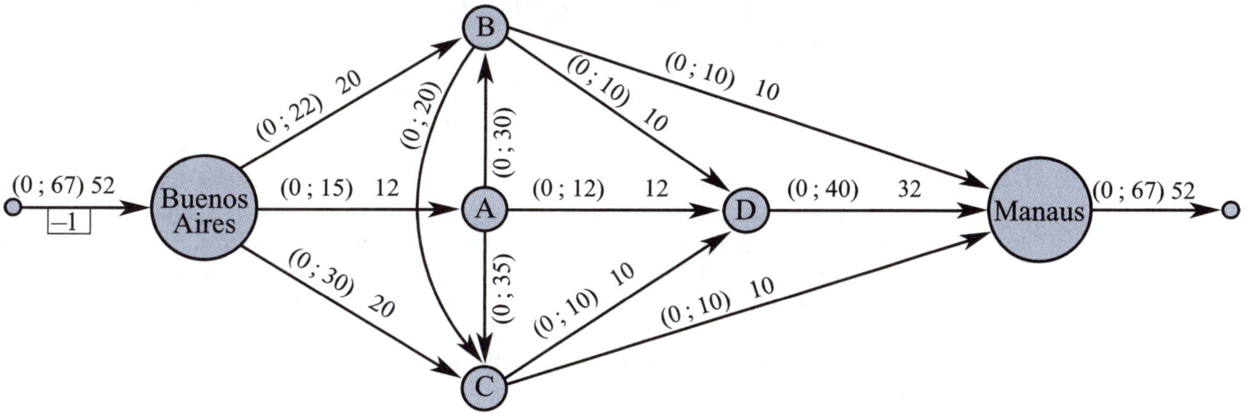

Le chiffrier des données utilisé par le progiciel *STORM* pour résoudre ce problème est d'un format analogue à ceux rencontrés dans les deux sections précédentes. Mais il faut préciser au progiciel, dans les menus, qu'il s'agit d'un problème de flot maximal, et non d'un problème de transbordement, car *STORM* fait appel à des algorithmes différents pour leur résolution.

7.3.2 Le problème du chemin le plus court

La résolution d'un problème de transport force souvent à trouver les trajets les plus courts, ou de plus faibles coûts, entre plusieurs paires de points, ce qui constitue autant de problèmes du chemin le plus court. Pour expédier un colis d'une ville A vers un pays lointain, lorsqu'il n'y a pas de vol direct entre la ville A et la destination finale du colis, il faut trouver une séquence de vols pour acheminer le colis au moindre coût. Les sommets du réseau sont alors les aéroports et les arcs sont les vols entre les paires d'aéroports pertinents.

Le problème du chemin le plus court peut se présenter comme un cas particulier du problème de transbordement, comme l'illustre la figure 7.32. Une unité de flot doit se rendre du sommet D (début) au sommet F (fin). Les « coûts » associés aux arcs peuvent représenter des coûts monétaires, des distances ou des durées. La séquence des sommets visités par l'unité de flot au cours de son déplacement de D à F constitue le chemin le plus court recherché.

FIGURE 7.32
Le problème général du chemin le plus court

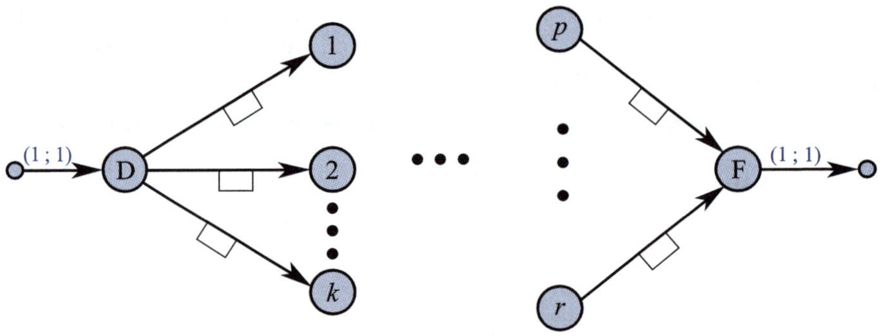

Un exemple : la politique optimale de remplacement d'un véhicule

Jean est représentant d'une firme dont presque tous les clients ont leur place d'affaires en province. Il lui faut donc une voiture pour leur rendre visite régulièrement. Son employeur lui verse des allocations destinées à rembourser les frais relatifs à l'achat et à l'entretien d'une voiture. Jean veut élaborer une politique d'achat et de revente de son véhicule pour les 10 prochaines années. Le problème se pose avec d'autant plus d'acuité que Jean vient de se départir de sa vieille voiture et songe à acquérir une compacte neuve qui lui coûterait 20 000 $. Il a colligé des statistiques sur l'évolution du prix d'achat des voitures neuves, de leur valeur de revente et du coût de l'entretien annuel. Il pense que les coûts suivront les mêmes tendances dans le futur. Les tableaux 7.20 et 7.21 donnent les chiffres que Jean a retenus après réflexion. De ces tableaux, on peut déduire, par exemple, que :

TABLEAU 7.20
Prix d'achat et valeur de revente (en $)

Achat		Prix de revente (en $) lorsque conservée *j* années*				
Au début de l'an	Prix (en $)	1	2	3	4	5
1	20 000	18 000	16 200	13 770	11 016	8 262
2	20 800	18 720	16 848	14 321	11 457	8 592
3	21 632	19 469	17 522	14 894	11 915	8 936
4	22 497	20 248	18 223	15 489	12 392	9 294
5	23 397	21 057	18 952	16 109	12 887	9 665
6	24 333	21 900	19 710	16 753	13 403	10 052
7	25 306	22 776	20 498	17 423	13 939	10 454
8	26 319	23 687	21 318	18 120	14 496	10 872
9	27 371	24 634	22 171	18 845	15 076	11 307
10	28 466	25 620	23 058	19 599	15 679	11 759

* Le numéro de la colonne représente le nombre d'années pendant lesquelles la voiture est conservée. Noter que Jean n'envisage pas de garder la même voiture pendant plus de 5 ans.

TABLEAU 7.21
Coûts de l'entretien annuel (en $) selon l'année d'achat et l'âge

	Âge de la voiture (à la fin de l'année)				
Achat au début de l'an	1	2	3	4	5
1	1 800	1 600	1 200	1 600	2 200
2	1 872	1 664	1 248	1 664	2 288
3	1 947	1 731	1 298	1 731	2 380
4	2 025	1 800	1 350	1 800	2 475
5	2 106	1 872	1 404	1 872	2 574
6	2 190	1 947	1 460	1 947	2 677
7	2 278	2 025	1 518	2 025	2 784
8	2 369	2 105	1 579	2 105	2 895
9	2 463	2 190	1 642	2 190	3 011
10	2 562	2 277	1 708	2 277	3 131

– une voiture achetée au début de l'an 3 et revendue 2 ans plus tard occasionne une perte, en dévaluation, de 21 632 – 17 522 = 4 110 dollars ;
– une voiture achetée au début de l'an 4 et vendue 4 ans plus tard aura coûté en entretien 2 025 + 1 800 + 1 350 + 1 800 = 6 975 dollars.

On cherche la politique de remplacement que Jean devrait adopter pour minimiser la somme de ses débours au cours des 10 prochaines années, si l'on tient pour acquis qu'il remplacera toujours la voiture revendue par une voiture compacte neuve et si l'on ne tient pas compte des effets de l'actualisation.

Pour modéliser graphiquement ce problème, il suffit d'associer un sommet à chaque année de la période de planification. Le passage d'une unité de flot sur un arc $(i\,;j)$ s'interprète comme la décision de conserver l'auto achetée au début de l'an i jusqu'à la fin de l'an j-1.

Considérons l'an 1. La figure 7.33 illustre les choix qui s'offrent au représentant. Le représentant doit acheter une voiture de 20 000 $ et la garder au moins une année : une unité de flot de coût 20 000 sera forcément émise par le sommet 1. Puis, selon le nombre d'années que l'auto sera conservée, cette unité ira à l'un des sommets suivants : 2, 3, 4, 5 ou 6. Prenons l'arc (1 ; 4) : l'auto est conservée du début de l'an 1 à la fin de l'an 3, c'est-à-dire pendant 3 ans. Jean subit donc une

FIGURE 7.33 L'an 1

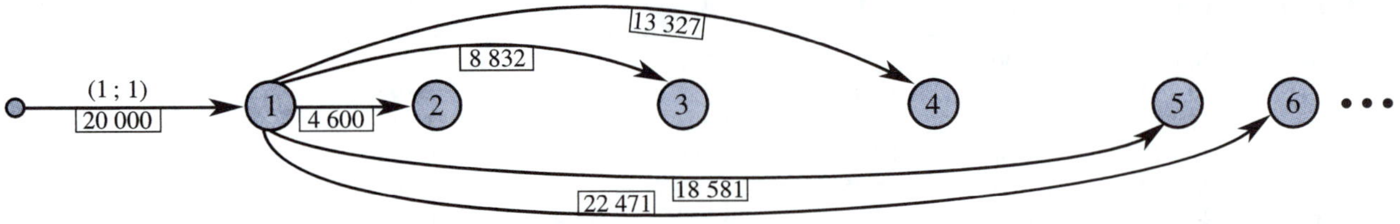

dévaluation de 20 000 – 13 770 = 6 230 dollars, assume des frais d'entretien de 1 800 + 1 600 + 1 200 = 4 600 dollars et doit investir 22 497 – 20 000 = 2 497 dollars dans l'achat d'une nouvelle voiture, pour un coût total c_{14} de 13 327 $.

Le modèle complet est donné à la figure 7.34. Pour tout arc $(i\,;j)$ où $j \neq 11$, le coût c_{ij} se calcule de façon analogue à c_{14}, traité au paragraphe précédent. Lorsque le sommet terminal de l'arc est 11, le coût c_{ij} comprend deux termes seulement, car, au sommet virtuel qui représente la fin de la période de planification, Jean doit en théorie se retrouver sans voiture, tout comme au sommet virtuel qui marque le début. Par exemple,

$$c_{9\,;\,11} = (27\,371 - 22\,171) + (2\,463 + 2\,190) = 9\,853\ .$$

Pour trouver une politique de remplacement optimal, il suffit de résoudre le modèle de réseau représenté à la figure 7.34. La solution optimale consiste à changer de voiture au début des années 1, 4 et 7 ; le total des débours de Jean s'élèvera à 67 532 $.

7.3.3 Le problème d'affectation

L'affectation des employés aux différentes tâches à exécuter est un problème répétitif dans certaines entreprises. Il s'agit d'un problème conceptuellement simple, mais dont la résolution est rendue complexe par la combinatoire. Il existe en effet 20 ! façons différentes d'affecter 20 employés à 20 tâches, si chaque employé doit exécuter une tâche et si chaque tâche doit être faite par un seul employé. Un ordinateur qui prendrait une seconde par affectation tournerait pendant des millions de millénaires si on voulait déterminer une solution optimale en énumérant toutes les affectations admissibles.

Tout problème d'affectation se représente par un réseau d'un type particulier. La figure 7.35 donne le réseau d'un problème général d'affectation de n employés à n tâches[7]. Ce réseau comporte n sommets émetteurs, dénotés 1, 2, …, n, qui chacun émettent exactement 1 unité de flot : il s'agit des n employés[8] qui doivent chacun effectuer une tâche. Le réseau admet aussi n sommets récepteurs, dénotés $n + 1$, $n + 2$, …, $2n$, qui chacun reçoivent 1 unité de flot : ces sommets sont associés aux tâches qui doivent se voir affecter un et un seul employé. On retrouve à la figure 7.35 un arc générique entre les sommets i et $n + j$: le paramètre c_{ij} représente le coût d'affectation de l'employé i à

---

7. L'hypothèse implicite que le nombre d'employés est égal au nombre de tâches n'est pas restrictive. Il suffit, s'il y a déséquilibre, d'ajouter des employés fictifs ou des tâches fictives. Affecter un employé fictif à une tâche signifie que cette tâche ne sera pas accomplie. De même, affecter un employé à une tâche fictive signifie que cet employé restera sans affectation.
8. Le fait d'associer les employés aux sommets émetteurs et les tâches aux sommets récepteurs est une convention. On pourrait tout aussi bien inverser les rôles, en réinterprétant évidemment les arcs pour tenir compte de l'inversion : le fait qu'une unité de flot circule sur l'arc $(i\,;\,n + j)$ signifierait alors que la tâche i est confiée à l'employé j.

FIGURE 7.34
Problème de remplacement d'une voiture

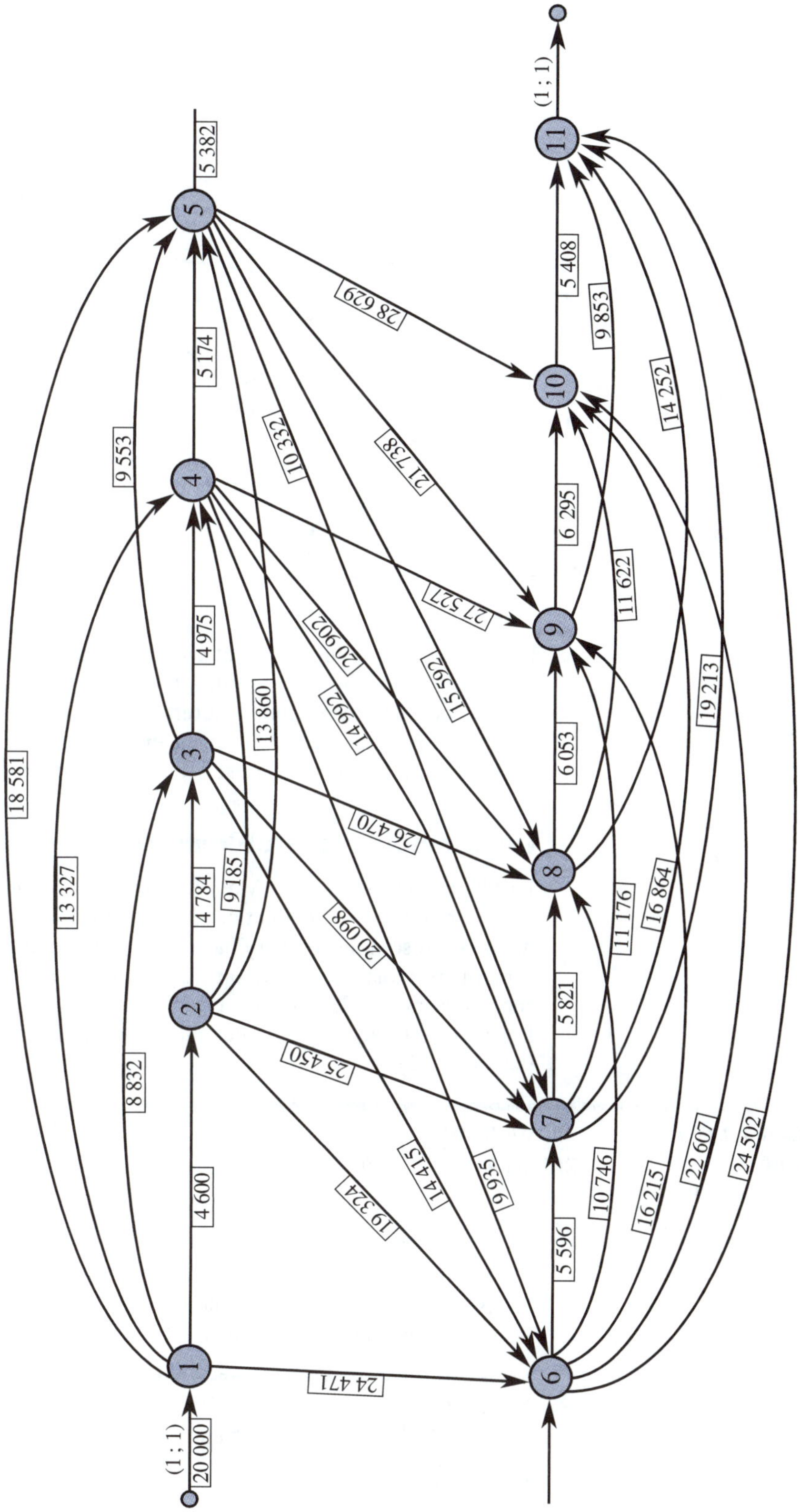

FIGURE 7.35
Réseau d'un problème générique d'affectation

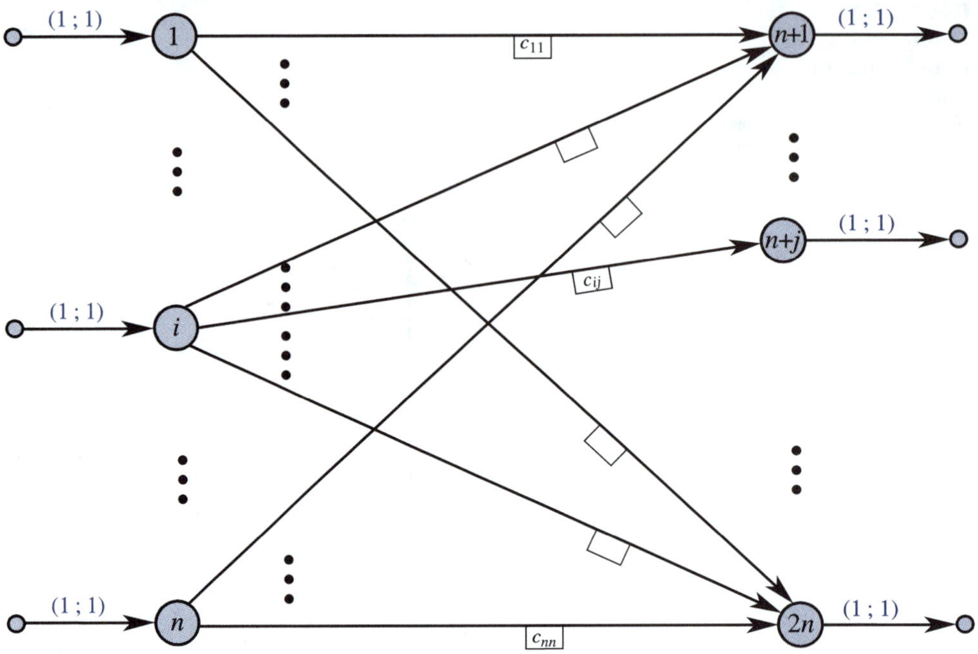

la tâche j ; qu'une unité de flot circule sur cet arc $(i\,;\,n+j)$ signifie que l'employé i est affecté à la tâche j. Les bornes, toutes égales à 1, imposées aux sommets émetteurs et aux sommets récepteurs assurent que chaque employé effectue une tâche et que chaque tâche est effectuée par un employé ; l'unimodularité du modèle de réseau implique que tout employé est affecté « en entier » à la tâche qui lui incombera.

Un exemple : le problème de la Pharmacie Centrale

La Pharmacie Centrale du Mali doit répondre à une demande soudaine pour un médicament rare dont elle détient certains stocks d'âges divers. Les délais de commande et de livraison sont tels que la Pharmacie devra compter sur ses propres stocks durant les 5 premiers mois. Le laboratoire américain qui fabrique ce médicament a établi que son efficacité va décroissant avec le nombre de mois écoulés depuis sa production. Le laboratoire accompagne chaque livraison du médicament d'un tableau d'efficacité (tableau 7.22).

TABLEAU 7.22
Efficacité du médicament selon l'âge

Âge (en mois)	0	1	2	3	4	5	6	7	8	9
Efficacité	100	99	97	94	88	83	81	78	76	75

La pharmacie prévoit avoir besoin de 12 lots au cours des 5 prochains mois, selon la distribution indiquée au tableau 7.23. Présentement, elle dispose de 12 lots dont les âges sont donnés au tableau 7.24.

TABLEAU 7.23
Nombre de lots requis au début des 5 prochains mois

Mois	1	2	3	4	5
Nombre de lots	3	2	4	1	2

TABLEAU 7.24
Âge des lots en stock

Lot	A	B	C	D	E	F	G	H	I	J	K	L
Âge (en mois)	2	1	4	3	2	4	5	2	1	4	5	3

La Pharmacie, qui cherche à maximiser l'efficacité totale des lots, s'interroge sur la séquence selon laquelle elle devrait mettre en circulation les lots à sa disposition.

– Une première approche, dite méthode PEPS[9] (premier entré, premier sorti), consiste à mettre tout d'abord en circulation les lots les plus âgés. Le tableau 7.25 présente une séquence de livraisons qui respecte les principes de la méthode PEPS. Les lots C, A et E auront, au moment de leur livraison, un âge de 4 mois et une efficacité de 88 ; les 9 autres lots seront vieux de 5 mois et leur efficacité s'élèvera à 83. L'efficacité totale est donc de 1 011 :

$$(3 \times 88) + (9 \times 83) = 1\ 011\,.$$

TABLEAU 7.25
Méthode PEPS :
séquence de livraisons

Mois	1	2	3	4	5
Lots à livrer	G K C	F J	D L A E	H	B I

– Une autre approche, dite méthode DEPS[10] (dernier entré, premier sorti), suggère de livrer d'abord les lots les plus récents. Le tableau 7.26 donne une séquence engendrée selon cette méthode, dont l'efficacité totale est de 1 039.

TABLEAU 7.26
Méthode DEPS :
séquence de livraisons

Mois	1	2	3	4	5
Lots à livrer	B I A	E H	D L C F	J	G K

– Ce problème d'ordonnancement des livraisons se ramène à un problème d'affectation dont les « employés » sont les lots et dont les « tâches » sont les mois, un mois étant répété autant de fois qu'il y a de lots requis au cours de ce mois. Une solution optimale, dont l'efficacité totale est de 1 051, est donnée au tableau 7.27.

TABLEAU 7.27
Solution optimale :
séquence de livraisons

Mois	1	2	3	4	5
Lots à livrer	D H L	A E	B C I J	F	G K

9. En anglais : *FIFO, first in, first out.*
10. En anglais : *LIFO, last in, first out.*

7.4 LES PROBLÈMES DE TRANSPORT

7.4.1 Le contexte et la terminologie

Nous commençons par l'exposé d'une situation comportant les caractéristiques des modèles regroupés par la recherche opérationnelle sous l'appellation **problèmes de transport** et qui, en raison de leur structure spéciale, méritent une étude approfondie.

L'entreprise Sporcau, spécialiste de la saucisse de porc, dispose de 3 laboratoires où elle élabore son produit, et de 5 centres de distribution d'où elle ravitaille sa clientèle. Le marché de la saucisse de porc est devenu fort concurrentiel et, récemment, l'entreprise a vu se resserrer ses marges. Elle a donc entrepris une étude pour abaisser ses coûts. Les coûts de transport, en particulier, sont rapidement apparus comme plus élevés que ceux des concurrents. Jusqu'ici, l'horaire quotidien d'acheminement des produits entre laboratoires et centres de distribution était dressé par un répartiteur averti armé de son bon sens et de son flair. Chez Sporcau, on pense qu'il s'agit là du maillon faible de la chaîne de contrôle des coûts de transport et on veut que le répartiteur adopte une méthode qui mènera à un horaire quotidien optimal.

Les laboratoires fonctionnent sept jours sur sept. Les viandes qu'on y conditionne sont livrées aux centres de distribution où s'approvisionnent tous les clients de Sporcau, du supermarché à la boucherie de quartier. Une carcasse de porc livrée le jour 1 dans un laboratoire réapparaît sous forme de saucisses le jour 3 sur les étals du rayon de la charcuterie des clients. Chaque centre de distribution enregistre les commandes de sa clientèle et les communique à la direction de l'entreprise, qui assure un approvisionnement adéquat. Le transport, au tarif kilométrique âprement négocié et incompressible de 2 $ la tonne, est confié aux camions réfrigérés de la société Dicam.

Le tableau 7.28 indique les distances entre les laboratoires et les centres de distribution.

TABLEAU 7.28
Tableau des distances (en km)

Labo \ Centre	C_1	C_2	C_3	C_4	C_5
L_1	50	400	50	250	200
L_2	250	250	150	300	350
L_3	100	450	250	450	400

Chaque laboratoire s'approvisionne en carcasses de porc désossées auprès de coopératives d'éleveurs de son voisinage, qui lui en fournissent chaque jour une quantité convenue. Les pertes de poids consécutives à la transformation de la chair à saucisse en saucisses sont compensées par le poids des additifs alimentaires et celui des emballages. Le tableau 7.29 donne les quantités qui sont disponibles (en tonnes de chair à saucisse) dans les laboratoires, et celles qui sont requises (en tonnes de saucisses) dans les centres de distribution.

TABLEAU 7.29
Quantités disponibles et requises (en tonnes)

Laboratoire	L_1	L_2	L_3	Total
Disponibilité S_i	240	160	260	660

Centre	C_1	C_2	C_3	C_4	C_5	Total
Demande D_j	120	130	145	125	140	660

Sporcau recherche un plan d'acheminement à coût minimal des laboratoires aux centres de distribution.

Dans les problèmes considérés dans les premières sections de ce chapitre, les biens étaient tantôt acheminés vers des points de transbordement avant leur réexpédition vers une destination ultime, tantôt expédiés directement vers leurs points de chute ; et les quantités acheminées étaient soumises, sur les routes empruntées, à des restrictions minimales ou maximales. Les saucisses de Sporcau, par contre, sont toutes expédiées directement des m origines (ici $m = 3$) aux n destinations (ici $n = 5$) selon des coûts de transport directement proportionnels aux quantités transportées et sans que leur soient imposées, sur les routes empruntées, des conditions quant à leur poids maximal ou minimal. La figure 7.36 illustre le réseau de transport chez Sporcau.

Il s'adonne ici que l'offre est égale à la demande : la somme des expéditions doit être égale à celle des réceptions, soit 660 tonnes dans chaque cas. Ces **problèmes de transport** où l'offre est égale à la demande sont dits **équilibrés**. Ainsi, de façon à satisfaire la demande des centres, chaque laboratoire devra expédier toutes les saucisses dont il dispose et chaque centre recevra exactement la quantité de saucisses requise pour satisfaire la totalité de la demande.

Les données pertinentes au cas de Sporcau sont présentées sous forme d'un tableau *ad hoc*, appelé tableau de transport (tableau 7.30).

Les laboratoires L_1, L_2 et L_3 correspondent aux points dénommés **origines** et les centres de distribution C_1, C_2, C_3, C_4 et C_5, à ceux dénommés **destinations**. À droite du tableau apparaît, à la ligne i, la disponibilité S_i retrouvée au laboratoire L_i. Sous le tableau, à la colonne j, on trouve la demande D_j à satisfaire par le centre C_j.

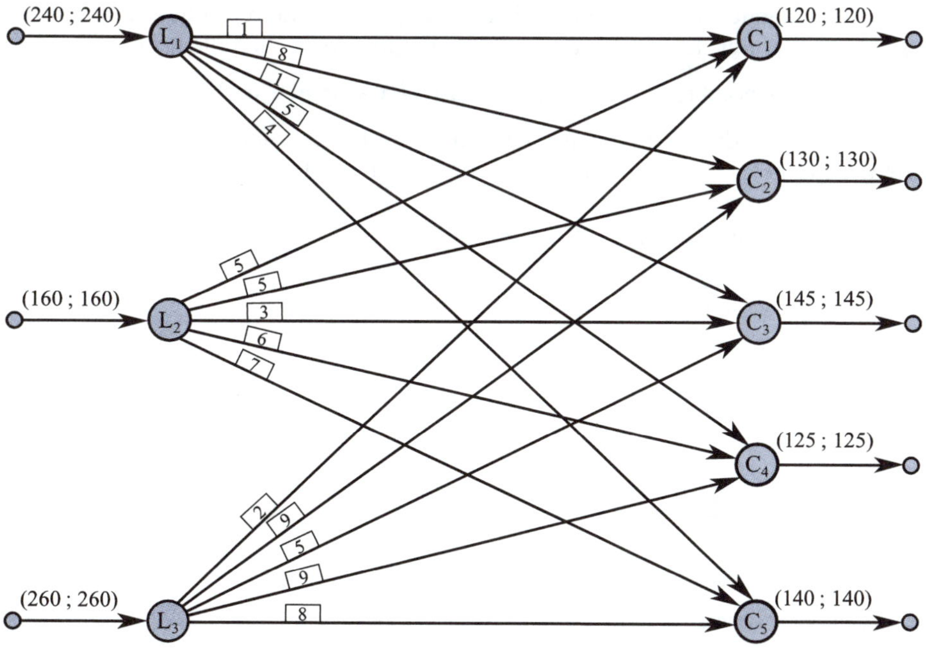

FIGURE 7.36
Sporcau : réseau de transport

TABLEAU 7.30
Sporcau : tableau de transport

	C_1	C_2	C_3	C_4	C_5	S_i
L_1	1	8	1	5	4	240
L_2	5	5	3	6	7	160
L_3	2	9	5	9	8	260
D_j	120	130	145	125	140	660

Pour chaque couple origine-destination, le coût unitaire de transport (exprimé en centaines de dollars pour alléger l'écriture) occupe le coin supérieur droit de la case appropriée. Chacun de ces coûts unitaires se dénote c_{ij}, où i désigne l'indice de l'origine et j, celui de la destination. Par exemple $c_{23} = 3$ indique qu'il en coûte 300 $ pour transporter, au tarif de 2 $ le km, une tonne de saucisses de L_2 à C_3, soit sur une distance de 150 km.

La modélisation du problème de Sporcau

Sporcau doit indiquer à Dicam, pour chaque couple laboratoire-centre, la quantité de saucisses à transporter. Les variables de décision s'imposent naturellement :

x_{ij} = nombre de tonnes de saucisses à transporter de L_i à C_j.

Il existe, pour résoudre les problèmes de transport équilibrés tels celui de Sporcau, un modèle général (T) dont la formulation classique prend la forme suivante.

$$\text{Min } z = \sum_{i=1}^{m} \sum_{j=1}^{n} c_{ij}\, x_{ij} \qquad (1)$$

sous les contraintes :

$$\sum_{j=1}^{n} x_{ij} = S_i \qquad i = 1, \ldots, m \qquad (2)$$

$$\sum_{i=1}^{m} x_{ij} = D_j \qquad j = 1, \ldots, n \qquad (3)$$

$$x_{ij} \geq 0 \qquad i = 1, \ldots, m \quad \text{et} \quad j = 1, \ldots, n \qquad (4)$$

Dans le cas de Sporcau,

$$m = 3 \quad \text{et} \quad n = 5 .$$

Les contraintes (2) forcent le nombre total de tonnes de saucisses livrées à partir de chaque laboratoire à en égaler les disponibilités. Ainsi, pour L_3, on écrit

$$x_{31} + x_{32} + x_{33} + x_{34} + x_{35} = 260 \ .$$

Les contraintes (3) assurent la réception, dans chaque centre, du nombre requis de tonnes de saucisses. Ainsi, pour C_1, on écrit

$$x_{11} + x_{21} + x_{31} = 120 \ .$$

Les contraintes (2) et (3) s'écrivent comme des équations, car le problème de transport de Sporcau est équilibré :

$$\sum_{i=1}^{m} S_i = \sum_{j=1}^{n} D_j \qquad (5)$$

Lorsque l'équation (5) n'est pas vérifiée par les données d'un problème de transport, le modèle (T) ne convient pas à la situation décrite et l'algorithme du transport, présenté à la section suivante, ne peut s'appliquer tant que le problème n'a pas été soumis au nécessaire rééquilibrage décrit à la section 7.4.5.

L'intégrité des variables de décision n'est pas requise dans le contexte de Sporcau, car le transport d'un nombre non entier de tonnes de saucisses serait tout à fait acceptable pour n'importe lequel des couples (L_i ; C_j). Toutefois, on sait démontrer qu'en présence de quantités S_i et D_j qui sont toutes entières, il existe toujours une solution optimale de (T) où chaque variable x_{ij} prend une valeur entière.

Le modèle (T) constitue un modèle linéaire comportant $(m \times n)$ variables et $(m + n)$ contraintes technologiques écrites sous forme d'équations. Selon les résultats exposés au chapitre 4, toute solution de base admissible de (T) comportera $(m + n)$ variables de base.

Dans le modèle (T), toutefois, chacune des contraintes technologiques est redondante en présence du groupe que forment les autres. Pour fixer les idées, prenons le cas de la dernière contrainte de la série (3) où il est imposé que le centre C_5 reçoive $D_5 = 140$ tonnes de saucisses. Toute solution qui satisfait les autres contraintes prescrit aux trois laboratoires d'expédier au total 660 tonnes de saucisses et garantit la réception par C_1, C_2, C_3 et C_4 de $120 + 130 + 145 + 125 = 520$ tonnes de saucisses. Il s'ensuit que le dernier centre recevra le solde, soit $660 - 520 = 140$ tonnes, sans qu'une contrainte ait à l'exiger expressément.

De cette façon, on se convainc rapidement que le retrait de l'une ou l'autre des contraintes technologiques donne un modèle équivalent à (T). Pour fixer les idées, retirons de (T) la dernière contrainte technologique : le modèle linéaire résultant comporte $(m + n - 1)$ contraintes et une solution de base de ce problème comporte $(m + n - 1)$ variables de base. Pour Sporcau, une solution de base comptera $3 + 5 - 1 = 7$ variables de base (dont certaines pourraient être égales à 0) ; autrement dit, dans une solution de base, le transport des saucisses utilisera au plus 7 des 15 arcs laboratoire-centre possibles.

Le tableau 7.31 donne une solution de base admissible initiale du problème de Sporcau[11]. La valeur prise par une variable de base x_{ij} est indiquée par le nombre reporté en gras dans la case $(i\,;j)$: par exemple, $x_{11} = 120$, puisque le nombre 120 apparaît dans la case (1 ; 1) située à l'intersection de la ligne L_1 et de la colonne C_1. L'absence de

11. Cette solution a été obtenue grâce à une méthode heuristique dite **méthode du coin nord-ouest**, qui attribue, à autant de reprises qu'il le faut, le plus grand nombre possible à la case encore disponible située le plus à l'ouest et le plus au nord pour un observateur qui verrait le tableau comme une carte géographique.

TABLEAU 7.31
Sporcau : une solution de base admissible initiale

	C_1	C_2	C_3	C_4	C_5	S_i
L_1	1 / **120**	8 / **120**	1	5	4	240
L_2	5	5 / **10**	3 / **145**	6 / **5**	7	160
L_3	2	9	5	9 / **120**	8 / **140**	260
D_j	120	130	145	125	140	660

valeur reportée dans une case $(i\,;j)$ signifie que la variable correspondante x_{ij} est hors base et, par conséquent, nulle. Il est facile de vérifier que la solution décrite au tableau 7.31 est bien une solution de base admissible : on compte 7 cases, dites **cases de base**, où sont reportées les valeurs des 7 variables présentes dans la base de la solution proposée ; la somme des nombres de chaque ligne i donne S_i, et la somme des nombres de chaque colonne j donne D_j. Le total des coûts de transport correspondant à cette solution est 3 795 centaines de dollars.

7.4.2 L'algorithme du transport

L'algorithme du transport, une fois amorcé à l'aide d'une solution de base admissible initiale obtenue selon l'une des méthodes heuristiques courantes (trois d'entre elles sont décrites à la section 7.4.3), ou bien établit l'optimalité de cette première solution ou bien donne, à chaque itération, une solution de base admissible dont le coût associé est inférieur ou égal à celui de la solution précédente. Une fois lancé, l'algorithme poursuit ses itérations jusqu'à l'obtention d'une solution de base optimale.

L'algorithme du transport est une **version spécialisée de l'algorithme du simplexe** : lors d'une itération, l'ensemble des variables de base est modifié, une variable entrant dans la base et une autre en sortant.

Amorçons donc l'algorithme du transport par la solution de base décrite au tableau 7.31. Pour tester l'optimalité de cette solution initiale, il faut d'abord déterminer, pour toute variable hors base x_{ij}, son coût marginal $\overline{c}_{ij}$. Une méthode de calcul, dite méthode des potentiels, est donnée à la section 7.4.4. Pour l'instant, concentrons-nous sur l'utilisation de ces coûts marginaux et considérons le tableau 7.32, qui reproduit le tableau 7.31, mais en y ajoutant les coûts marginaux des variables hors base.

TABLEAU 7.32
Coûts marginaux de la solution de base initiale

	C_1	C_2	C_3	C_4	C_5	S_i
L_1	[1] **120**	[8] **120**	–5 [1]	–4 [5]	–4 [4]	240
L_2	7 [5]	[5] **10**	[3] **145**	[6] **5**	2 [7]	160
L_3	1 [2]	1 [9]	–1 [5]	[9] **120**	[8] **140**	260
D_j	120	130	145	125	140	660

La solution du tableau 7.32 n'est pas optimale, car les variables hors base x_{13}, x_{14}, x_{15} et x_{33} admettent des coûts marginaux négatifs. On pourra donc diminuer les coûts de transport en assignant à l'une ou l'autre de ces variables hors base une valeur positive.

Convenons de choisir la variable hors base x_{13} pour entrer dans la base. Si la valeur de x_{13} était portée de 0 à +1 et qu'aucune autre modification n'était apportée dans les autres cases, 241 tonnes de saucisses partiraient du laboratoire L_1, et le centre C_3 en recevrait 146 tonnes, ce qui n'est pas admissible. Augmenter la variable hors base x_{13} exige donc de rééquilibrer les propositions de transport, de façon à respecter à nouveau les disponibilités et les demandes. Ces ajustements devront **n'affecter que des variables de base**, car, comme nous l'avons dit précédemment, l'algorithme du transport est une version spécialisée de l'algorithme du simplexe.

Le tableau 7.33 donne le **cycle de changement**, ou **stepping-stone**, associé à la variable hors base x_{13} : quand x_{13} passe de 0 à une valeur positive, trois variables de base sont affectées, soit x_{12}, x_{22} et x_{23} ; l'effet unitaire net sur z est égal à –5 :

$$+1-8+5-3 = -5 = \bar{c}_{13}\,.$$

Ainsi, le cycle de changement, qui explicite les modifications des variables de base induites par le fait de donner une valeur positive à la variable entrante x_{13}, permet de retrouver la valeur de $\bar{c}_{13}$. Cependant, il serait fastidieux de calculer de cette façon les coûts marginaux des huit variables hors base de ce tableau ; la méthode des potentiels décrite à la section 7.4.4 est plus rapide.

La non-négativité des variables de base x_{12} et x_{23} implique que Δ ne peut dépasser les valeurs de ces variables dans le tableau :

$$\Delta \leq \min\,\{120\,;\,145\} = 120\,.$$

On pose donc : Δ = 120. Par conséquent, x_{12} sera la variable sortante ; et les coûts de transport de la prochaine solution de base s'établiront à 3 195 centaines de dollars :

$$3\,795 - (5 \times 120) = 3\,195\,.$$

TABLEAU 7.33
Solution de base initiale et cycle de changement de x_{13}

	C_1	C_2	C_3	C_4	C_5	S_i
L_1	[1] **120**	[8] **120 − Δ**	−5 [1] +Δ	−4 [5]	−4 [4]	240
L_2	7 [5]	[5] **10 + Δ**	[3] **145 − Δ**	[6] **5**	2 [7]	160
L_3	1 [2]	1 [9]	−1 [5]	[9] **120**	[8] **140**	260
D_j	120	130	145	125	140	660

Le tableau 7.34 donne la solution de base numéro 1 résultant de la première itération. (Les coûts marginaux des variables hors base, qui seront nécessaires à la prochaine itération, y sont reportés.)

Dans le tableau 7.34, les coûts marginaux de certaines variables hors base sont négatifs. Il semble donc que la solution de base associée ne soit pas optimale. Une autre itération sera nécessaire. On choisira la variable entrante selon le critère MCM, qui recommande de sélectionner l'une des variables hors base dont le coût négatif est le plus élevé en valeur absolue. Ici, il s'agit de x_{31}, dont le cycle de changement est reproduit

TABLEAU 7.34
Solution n° 1 résultant de la première itération

	C_1	C_2	C_3	C_4	C_5	S_i
L_1	[1] **120**	5 [8]	[1] **120**	1 [5]	1 [4]	240
L_2	2 [5]	[5] **130**	[3] **25**	[6] **5**	2 [7]	160
L_3	−4 [2]	1 [9]	−1 [5]	[9] **120**	[8] **140**	260
D_j	120	130	145	125	140	660

TABLEAU 7.35
Solution n° 1 et cycle de changement de x_{31}

	C_1	C_2	C_3	C_4	C_5	S_i
L_1	**120 – Δ**		**120 + Δ**			240
L_2		**130**	**25 – Δ**	**5 + Δ**		160
L_3	**+Δ**			**120 – Δ**	**140**	260
D_j	120	130	145	125	140	660

au tableau 7.35. À cause de la non-négativité des variables de base, la valeur maximale que l'on peut attribuer à Δ est 25 :

$$\Delta \leq \min\ \{120\,;\ 25\,;\ 120\} = 25\,.$$

On pose donc : Δ = 25. La variable sortante est x_{23} cette fois. La solution de base résultant de l'itération est donnée au tableau 7.36 ; les coûts de transport associés s'élèvent à 3 095 centaines de dollars :

$$3\ 195 - (4 \times 25) = 3\ 095\,.$$

La solution n° 2 décrite au tableau 7.36 n'est pas optimale, car les coûts marginaux de certaines variables hors base sont négatifs. Il serait donc possible de diminuer davantage la valeur de z en entrant dans la base soit x_{14}, soit x_{15}. Laquelle choisir ? Comme $\overline{c}_{14} = \overline{c}_{15} = -3$, le critère usuel MCM laisse plusieurs candidates en lice. Il s'avère donc nécessaire de recourir à un 2e critère[12] : **en cas d'égalité, on retient une variable dont le coefficient c_{ij} est minimal.** Ici, la variable entrante sera x_{15} ; et le

TABLEAU 7.36
Solution n° 2 résultant de la deuxième itération

	C_1	C_2	C_3	C_4	C_5	S_i
L_1	(1) **95**	1 (8)	(1) **145**	–3 (5)	–3 (4)	240
L_2	6 (5)	(5) **130**	4 (3)	(6) **30**	2 (7)	160
L_3	(2) **25**	1 (9)	3 (5)	(9) **95**	(8) **140**	260
D_j	120	130	145	125	140	660

12. Si plusieurs variables candidates étaient à égalité selon ce 2e critère également, on les départagerait soit de façon aléatoire, soit en privilégiant la variable x_{ij} dont l'indice $(i\,;j)$ est le plus faible selon l'ordre lexicographique.

TABLEAU 7.37
Solution n° 3 résultant de la troisième itération

	C_1	C_2	C_3	C_4	C_5	S_i
L_1	3 [1]	4 [8]	[1] **145**	0 [5]	[4] **95**	240
L_2	6 [5]	[5] **130**	1 [3]	[6] **30**	2 [7]	160
L_3	[2] **120**	1 [9]	0 [5]	[9] **95**	[8] **45**	260
D_j	120	130	145	125	140	660

cycle de changement sera composé des cases (1 ; 5), (1 ; 1), (3 ; 1) et (3 ; 5). Le tableau 7.37 donne la solution de base résultant de l'itération. Les coûts de transport associés sont de 3 095 – (3 × 95) = 2 810 centaines de dollars. Enfin, le tableau ne montre aucun coût marginal négatif, ce qui permet de conclure à l'optimalité de la solution n° 3.

La solution du tableau 7.37 n'est pas l'unique solution optimale du problème de Sporcau. En effet, les variables hors base x_{14} et x_{33} admettent un coût marginal nul et peuvent, en entrant dans la base, prendre une valeur positive. Le tableau 7.38 donne une solution de base différente obtenue du tableau 7.37 en traitant x_{33} comme variable entrante ; évidemment, l'itération laisse inchangée la valeur de la fonction-objectif z, de sorte que le plan de transport représenté par la solution du tableau 7.38 entraîne des coûts totaux de 2 810 centaines de dollars, tout comme le plan décrit par le tableau 7.37.

7.4.3 Les méthodes heuristiques de calcul d'une solution de base admissible initiale

La structure du problème de transport classique permet, sans recourir à la phase I de l'algorithme du simplexe, d'en trouver une solution de base admissible dont souvent le coût n'est pas très éloigné de la valeur optimale. Recourir à l'algorithme du simplexe pour trouver une solution initiale de (T) nécessiterait d'abord l'ajout, à chacune des $(m + n - 1)$ contraintes

TABLEAU 7.38
Autre solution de base optimale

	C_1	C_2	C_3	C_4	C_5	S_i
L_1			**100**		**140**	240
L_2		**130**		**30**		160
L_3	**120**		**45**	**95**		260
D_j	120	130	145	125	140	660

technologiques, d'une variable artificielle, forçant le recours à au moins $(m + n - 1)$ pivotages avant d'obtenir une solution de base admissible. Les méthodes heuristiques proposées ci-dessous ne font pas intervenir de variables artificielles et donnent d'entrée de jeu une solution de base admissible.

La méthode du coin nord-ouest

Il s'agit de la méthode heuristique la plus facile à appliquer, mais elle donne souvent des solutions éloignées de l'optimum. C'est celle qui a été utilisée pour obtenir la solution de base du tableau 7.31. Nous référons à cet exemple pour illustrer la méthode décrite ci-après.

1. Amorcer la méthode avec la case située dans le coin supérieur gauche du tableau de transport.
2. Attribuer le plus d'unités possible à la case courante.
3. Aller à une case adjacente à la case courante, en se déplaçant soit vers la droite, soit vers le bas. Revenir à l'étape 2.

La méthode s'arrête une fois effectuée l'attribution à la case située dans le coin inférieur droit.

Dans la plupart des cas, la direction à choisir lors de l'étape 3 s'impose. Considérons, à titre d'exemple, le tableau 7.31 : on amorce la méthode en posant $x_{11} = 120$, puis on doit aller vers la droite, car la demande du centre C_1 est déjà complètement satisfaite par la quantité que l'on planifie d'expédier de L_1 ; de même, l'attribution de la valeur 120 à la case (1 ; 2) est nécessairement suivie d'un déplacement vers le bas, puisque le plan de transport esquissé épuise déjà les 240 unités disponibles en L_1. Dans certains cas cependant, les deux directions de déplacement sont logiquement possibles. Nous indiquerons à la section 7.4.5 comment traiter ces cas particuliers, qui mènent toujours à une solution de base dégénérée.

*La méthode des coûts minimaux (CM)[13]

Cette méthode tire son nom de la priorité qu'elle accorde à l'acheminement de quantités les plus grandes possible par des routes origine-destination dont les coûts unitaires de transport sont les plus faibles. Acheminer une quantité maximale de biens sur la route i-j correspond à en attribuer le nombre le plus grand possible à une case $(i\,;j)$ choisie parmi celles des cases disponibles dont le coût unitaire de transport est minimal. Une **case** est dite **disponible** tant qu'elle n'a pas fait l'objet d'un choix ou n'a pas été « éliminée » à la suite d'un choix.

Appliquons cette méthode au problème de transport de Sporcau. Initialement, toutes les cases sont disponibles. Les deux cases de coût unitaire minimal sont (1 ; 1) et (1 ; 3). Cherchons donc à leur attribuer tour à tour le nombre le plus grand possible. Prenons d'abord la case (1 ; 1) : comme illustré ci-dessous à gauche, on ne peut faire transiter plus de 120 unités sur la route L_1-C_1.

À la case (1 ; 3), il est possible d'attribuer un maximum de 145 unités. C'est donc cette dernière qui sera préférée, puisqu'on peut lui attribuer 25 unités de plus. On pose : $x_{13} = 145$.

13. Les parties du texte marquées d'un astérisque peuvent être omises, sans nuire à la continuité.

TABLEAU 7.39
Méthode CM : tableau de transport après 1 attribution

	C_1	C_2	C_3	C_4	C_5	S_i
L_1	1	8	1 **145**	5	4	95 (240)
L_2	5	5	3 –	6	7	160
L_3	2	9	5 –	9	8	260
D_j	120	130	(145) 0	125	140	660

On obtient le tableau de transport 7.39. Puisque 145 tonnes vont être expédiées de L_1 vers C_3, le laboratoire L_1 dispose encore de 240 – 145 = 95 unités qui seront destinées à d'autres centres. La demande en C_3 est comblée : la **colonne** C_3 sera dite **saturée**. On indique l'attribution forcée de la valeur 0 aux cases (2 ; 3) et (3 ; 3) par des tirets, dont la présence indique la saturation de la colonne C_3. C'est une raison technique liée à la dégénérescence, et dont nous parlerons à la section 7.4.5, qui nous fait placer dans chacune de ces cases un tiret plutôt qu'un 0.

En résumé, une **attribution** selon la méthode des coûts minimaux comprend les étapes suivantes :

1. choix d'une case disponible de coût unitaire minimal (s'il y a plusieurs candidates, on cherche à maximiser la valeur qui sera attribuée lors de l'étape 2 ; s'il en reste encore plus d'une, on choisit de façon aléatoire parmi les cases candidates restantes) ;
2. attribution à la case $(i ; j)$ retenue du nombre le plus grand possible, compte tenu des disponibilités et des demandes résiduelles indiquées au tableau ;
3. mise à jour de la demande non comblée de C_j et de la disponibilité résiduelle de L_i ;
4. saturation de la rangée[14] dont la marge contient maintenant le nombre 0 (il s'agit de la ligne L_i ou de la colonne C_j) ; inscription de tirets dans les cases de la rangée déclarée saturée qui étaient encore disponibles.

La première attribution du problème de Sporcau se termine par un tableau de transport (tableau 7.39) comportant une colonne saturée. La case (1 ; 1) est cette fois l'unique case disponible de coût minimal. La disponibilité du laboratoire L_1 a été révisée

14. Si, lors d'une attribution à la case $(i ; j)$, les valeurs dans les marges des rangées L_i et C_j deviennent nulles en même temps, on déclare saturée une seule de ces deux rangées. La solution de base résultant de la méthode CM sera alors dégénérée. Nous indiquons à la section 7.4.5 comment traiter cette situation.

à la baisse lors de la 1re attribution, de sorte que la quantité maximale que l'on peut expédier maintenant sur la route L_1-C_1 est de 95 tonnes.

	C_1	
L_1		95
	120	

On pose donc : $x_{11} = 95$. On a maintenant disposé des 240 tonnes de saucisses disponibles en L_1 : d'où S_1 devient 0. Il faut également réviser à la baisse la demande du centre C_1, demande qui ne sera plus que de 25 tonnes. Enfin, comme on a épuisé les unités disponibles en L_1, les cases de la première ligne ne sont plus disponibles et on inscrit un tiret dans les cases (1 ; 2), (1 ; 4) et (1 ; 5). Le tableau 7.40 décrit la situation résultant de la 2e attribution. On poursuit cette démarche jusqu'à ce que toutes les tonnes de saucisses disponibles dans les laboratoires aient été expédiées. Le tableau 7.41 résume les 7 attributions du problème de Sporcau. Une fois la méthode CM complétée, on obtient une solution de base admissible. Dans le cas de Sporcau, cette solution de base admissible initiale est le tableau de transport nº 2 considéré à la section 7.4.2 (voir le tableau 7.36).

TABLEAU 7.40
Méthode CM : tableau de transport après 2 attributions

	C_1	C_2	C_3	C_4	C_5	S_i
L_1	1 **95**	8 –	1 **145**	5 –	4 –	0 (240)
L_2	5	5	3 –	6	7	160
L_3	2	9	5 –	9	8	260
D_j	(120) 25	130	(145) 0	125	140	660

TABLEAU 7.41
Méthode CM : résumé des attributions

Nº	Attribution	S_1	S_2	S_3	D_1	D_2	D_3	D_4	D_5
0		240	160	260	120	130	145	125	140
1	$x_{13} = 145$	95	160	260	120	130	–	125	140
2	$x_{11} = 95$	–	160	260	25	130	–	125	140
3	$x_{31} = 25$	–	160	235	–	130	–	125	140
4	$x_{22} = 130$	–	30	235	–	–	–	125	140
5	$x_{24} = 30$	–	–	235	–	–	–	95	140
6	$x_{35} = 140$	–	–	95	–	–	–	95	–
7	$x_{34} = 95$	–	–	–	–	–	–	–	–

La méthode CM est généralement supérieure à celle du coin nord-ouest. Cependant, elle résulte parfois en une solution initiale qui s'avère contre-intuitive et de coût fort éloigné de celui d'une solution optimale. Pour le voir, remplaçons par 1 000 le coût unitaire associé à la case (3 ; 4) faisant l'objet de la dernière attribution. La méthode CM redonnerait pour ce nouveau problème la même solution initiale. Mais le transport de 95 tonnes de L_3 vers C_4 coûterait 95 000 centaines de dollars. Assurément, la route L_3-C_4 ne serait pas retenue par une solution optimale. La méthode CM, ne permettant pas de retour en arrière, force souvent, vers la fin, des attributions à des cases de coût unitaire élevé, alors qu'il est trop tard pour faire intervenir le bon sens.

*La méthode des pénalités (PEN)

Cette méthode heuristique, que l'on doit à Reinfeld et Vogel[15], donne habituellement une solution admissible de coût inférieur à celui de la solution obtenue par la méthode CM. Cette dernière propose de traiter d'abord la case de coût unitaire minimal, sans tenir compte de l'impact de cette première attribution sur les décisions futures. Le bon sens dicterait plutôt de tenir compte au moins des conséquences prochaines. À cette fin, on calcule, pour chaque rangée où il y a au moins 2 cases disponibles, une pénalité définie comme suit.

Définition *La **pénalité** associée à une rangée est la valeur absolue de la différence entre les deux coûts unitaires minimaux des cases disponibles apparaissant dans cette rangée. Elle mesure l'augmentation minimale du coût de transport d'une unité si celle-ci n'empruntait pas la route de coût minimal de cette rangée.*

Les pénalités-lignes et les pénalités-colonnes associées au problème de transport de Sporcau sont données au tableau 7.42. La pénalité maximale 3 est associée à trois rangées :

TABLEAU 7.42 Méthode PEN : pénalités avant la 1re attribution

	C_1	C_2	C_3	C_4	C_5	S_i	
L_1	1	8	1	5	4	240	0
L_2	5	5	3	6	7	160	2
L_3	2	9	5	9	8	260	3
D_j	120	130	145	125	140	660	
	1	3	2	1	3		

15. Reinfeld, N.V. et Vogel, W.R., *Mathematical Programming*, Prentice-Hall, Englewood Cliffs, 1958, p. 59-70.

la ligne L_3, les colonnes C_2 et C_5. La première attribution se fera dans l'une d'entre elles : on choisira la case de coût minimal dans L_3, C_2 et C_5. Il s'agit de la case (3 ; 1), dans laquelle on reporte la valeur 120. La demande du centre C_1 est entièrement comblée par cette première attribution : par conséquent, les cases (1 ; 1) et (2 ; 1) ne seront désormais plus disponibles. De plus, des 260 tonnes de saucisses produites par le laboratoire L_3, 120 sont destinées à C_1, de sorte que la disponibilité de L_3 s'établit maintenant à 140 unités seulement. Enfin, il faut réviser les pénalités pour tenir compte de la non-disponibilité des cases de la colonne C_1. Le tableau 7.43 décrit la situation après cette première attribution.

La plus grande pénalité apparaissant au tableau 7.43 est égale à 3, comme précédemment. Cette fois, elle est associée à quatre rangées : les lignes L_1 et L_3, les colonnes C_2 et C_5. Le choix de la case où s'effectuera l'attribution se fait selon la **règle hiérarchique** suivante : on retient parmi les cases disponibles

1. celles dont la rangée est associée à la pénalité la plus élevée ;
2. celles de coût minimal ;
3. celles auxquelles on peut attribuer le nombre maximal.

S'il reste encore plus d'une case candidate, le choix se fait alors de façon aléatoire parmi les candidates encore en lice.

Dans le cas du tableau 7.43, on retient la case (1 ; 3), à laquelle on attribue la valeur 145. On poursuit cette démarche jusqu'à ce que toutes les tonnes de saucisses disponibles dans les laboratoires aient été expédiées. Le tableau 7.44 résume les 7 attributions du problème de Sporcau. Une fois la méthode PEN complétée, on obtient une solution de base admissible. Dans le cas de Sporcau, cette solution initiale est en fait la solution optimale (voir le tableau 7.37).

La méthode PEN s'est révélée fort efficace dans le présent exemple, car elle mène immédiatement à une solution optimale. Il n'en est pas toujours ainsi. On peut cependant énoncer les deux principes généraux suivants.

TABLEAU 7.43
Méthode PEN : tableau de transport après 1 attribution

	C_1	C_2	C_3	C_4	C_5	S_i	
L_1	1 –	8	1	5	4	240	3
L_2	5 –	5	3	6	7	160	2
L_3	2 **120**	9	5	9	8	140 (260)	3
D_j	(120) 0	130	145	125	140	660	
	*	3	2	1	3		

TABLEAU 7.44 Méthode PEN : résumé des attributions et pénalités

N°	Attribution	L_1	L_2	L_3	C_1	C_2	C_3	C_4	C_5
0		0	2	3	1	3	2	1	3
1	$x_{31} = 120$	3	2	3	–	3	2	1	3
2	$x_{13} = 145$	1	1	1	–	3	–	1	3
3	$x_{15} = 95$	–	1	1	–	4	–	3	1
4	$x_{22} = 130$	–	1	1	–	–	–	3	1
5	$x_{24} = 30$	–	–	1	–	–	–	–	–
6	$x_{35} = 45$	–	–	–	–	–	–	–	–
7	$x_{34} = 95$	–	–	–	–	–	–	–	–

1. La méthode PEN fournit habituellement une solution admissible de coût plus faible que celle donnée par la méthode CM.
2. La méthode PEN conduit souvent à une solution dont le coût est voisin de celui d'une solution optimale. On dit de la méthode PEN qu'elle est une méthode heuristique « quasi optimale ».

7.4.4 Le calcul des coûts marginaux : la méthode des potentiels

À la section 7.4.2, nous avons utilisé les coûts marginaux $\overline{c}_{ij}$ des variables hors base, référant à la présente section pour une méthode systématique de calcul de ces coûts. Nous avons également indiqué comment le cycle de changement d'une variable entrante x_{ij} permet de retrouver le coût marginal $\overline{c}_{ij}$ associé. On pourrait déterminer de même les coûts marginaux de chaque variable hors base, en établissant son cycle de changement. Cependant, cette approche est fastidieuse. Montrons comment on peut s'y prendre plus efficacement.

Partons de la solution de base admissible trouvée par la méthode du coin nord-ouest (voir le tableau 7.31). Et construisons le tableau 7.45, appelé **tableau de calcul**. La lettre **B** y désigne les variables de base. Les u_i et les v_j sont des variables auxiliaires, dites **variables duales**, qui permettent d'obtenir rapidement le coût marginal associé à chacune des variables hors base. Mais indiquons d'abord comment déterminer les valeurs des variables duales. On peut montrer[16] que, pour chaque case de base $(i\,;j)$, l'équation suivante est satisfaite :

$$u_i + v_j = c_{ij} \tag{6}$$

Pour la solution donnée au tableau 7.45, on obtient successivement :

Case de base	Équation	
(1 ; 1)	$u_1 + v_1 = 1$	
(1 ; 2)	$u_1 + v_2 = 8$	
(2 ; 2)	$u_2 + v_2 = 5$	
(2 ; 3)	$u_2 + v_3 = 3$	(7)
(2 ; 4)	$u_2 + v_4 = 6$	
(3 ; 4)	$u_3 + v_4 = 9$	
(3 ; 5)	$u_3 + v_5 = 8$	

16. Par la théorie de la dualité.

TABLEAU 7.45
Tableau de calcul pour la solution initiale n° 0

	$v_1 = 1$	$v_2 = 8$	$v_3 = 6$	$v_4 = 9$	$v_5 = 8$	S_i
$u_1 = 0$	1 B	8 B	1	5	4	240
$u_2 = -3$	5	5 B	3 B	6 B	7	160
$u_3 = 0$	2	9	5	9 B	8 B	260
D_j	120	130	145	125	140	660

Ordre de calcul : u_1, v_1, v_2, u_2, v_3, v_4, u_3, v_5.

L'ensemble (7) forme un système linéaire de 7 équations impliquant 8 variables duales. Comme le nombre de cases de base dans une solution de base est égal à $(m + n - 1)$ alors qu'un tableau de transport comporte $(m + n)$ rangées, les systèmes tels (7) qui sont associés à un tableau de transport comportent toujours une variable de plus qu'il n'y a d'équations et admettent un nombre infini de solutions. Pour en déterminer une, on convient de donner une valeur arbitraire à l'une des variables duales et de déduire les valeurs des autres variables à l'aide du système. L'usage[17] est de poser :

$$u_1 = 0 \tag{8}$$

Aussitôt posé $u_1 = 0$, les valeurs des autres variables du système (7) se déduisent rapidement.

Puisque	**et que**	**alors**
$u_1 = 0$	$u_1 + v_1 = 1$	$v_1 = 1$
$u_1 = 0$	$u_1 + v_2 = 8$	$v_2 = 8$

* La valeur prise par v_2 sert à trouver celle de u_2 :

$v_2 = 8$	$u_2 + v_2 = 5$	$u_2 = -3$

* Cette valeur de u_2 permet maintenant d'obtenir v_3 et v_4 :

$u_2 = -3$	$u_2 + v_3 = 3$	$v_3 = 6$
$u_2 = -3$	$u_2 + v_4 = 6$	$v_4 = 9$

17. Les valeurs prises par les u_i et v_j dépendent de (8), mais les coûts marginaux associés aux variables hors base restent les mêmes, quelle que soit la variable duale considérée dans (8) et quelle que soit la valeur qu'on lui assigne.

* On obtient ensuite u_3, puis finalement v_5 :

$$v_4 = 9 \qquad u_3 + v_4 = 9 \qquad u_3 = 0$$

$$u_3 = 0 \qquad u_3 + v_5 = 8 \qquad v_5 = 8$$

Les valeurs des u_i et v_j se trouvent directement à partir du tableau de calcul, sans écrire explicitement les équations du système (7). Cette approche est illustrée au tableau 7.46, qui reprend la solution optimale de Sporcau résultant de la 3e itération (voir le tableau 7.37) et en calcule les valeurs des variables duales. L'ordre de calcul des variables u_i et v_j, qui est donné sous le tableau, est moins évident que dans l'exemple précédent. D'autres ordres de calcul seraient possibles.

Le calcul des valeurs des u_i et des v_j est suivi par le calcul des coûts marginaux associés aux variables hors base : dénotons par $\overline{c}_{ij}$ le coût marginal associé à la variable x_{ij}. On montre que :

$$\overline{c}_{ij} = c_{ij} - (u_i + v_j) \quad \text{où } (i\,;j) \text{ est une case hors base} \tag{9}$$

À titre d'exemple, calculons les coûts marginaux $\overline{c}_{13}$ et $\overline{c}_{21}$ associés à la solution n° 0 (tableau 7.45) :

$$\overline{c}_{13} = 1 - (0 + 6) = -5$$

$$\overline{c}_{21} = 5 - (-3 + 1) = 7$$

Le coût marginal –5 associé à la case (1 ; 3) coïncide évidemment avec celui déterminé à la section 7.4.2 par le cycle de changement.

Pour une variable de base x_{ij}, on a que $c_{ij} = u_i + v_j$. Il en résulte que $\overline{c}_{ij} = c_{ij} - (u_i + v_j) = 0$. Le coût marginal associé à une variable de base est donc toujours égal à 0, tout comme dans un tableau du simplexe. Il est donc superflu de reporter ces coûts dans les tableaux de transport.

TABLEAU 7.46
Tableau de calcul pour la solution n° 3

	$v_1 = -2$	$v_2 = 4$	$v_3 = 1$	$v_4 = 5$	$v_5 = 4$	S_i
$u_1 = 0$	1	8	1 **B**	5	4 **B**	240
$u_2 = 1$	5	5 **B**	3	6 **B**	7	160
$u_3 = 4$	2 **B**	9	5	9 **B**	8 **B**	260
D_j	120	130	145	125	140	660

Ordre de calcul : u_1, v_3, v_5, u_3, v_1, v_4, u_2, v_2.

7.4.5 Les problèmes non équilibrés et la dégénérescence

L'équilibrage d'un problème de transport

Les problèmes de transport que l'on retrouve dans la pratique ne sont pas toujours équilibrés : souvent, la somme des disponibilités n'est pas égale à la somme des demandes. L'algorithme du transport, toutefois, a été conçu pour résoudre les problèmes équilibrés.

Un problème de transport non équilibré sera donc remplacé par un problème équilibré qui lui est équivalent dans un sens que nous allons préciser. À titre d'exemple, reprenons le problème de Sporcau, mais en modifiant la disponibilité du laboratoire C_1, que nous supposerons maintenant égale à 250 tonnes.

Dans cette nouvelle version du problème, la somme des S_i dépasse de 10 unités la somme des D_j. Pour rétablir l'équilibre, on ajoute un centre fictif C_6, dont la demande coïncide avec l'écart entre disponibilité totale et demande totale, soit 10 tonnes. Attribuer une valeur positive δ à l'une des variables x_{i6} associée à la colonne fictive C_6 signifie non pas que le laboratoire L_i expédie δ tonnes on ne sait où, mais plutôt que la capacité de L_i est sous-utilisée de δ tonnes. Il est donc raisonnable de fixer à 0 les coûts unitaires associés à ces expéditions virtuelles. Le tableau de transport du problème équilibré résultant est reproduit au tableau 7.47.

Lorsque c'est la somme des D_j qui dépasse la somme des S_i, on ajoute dans le tableau de transport une ligne L_{m+1} dotée de coûts unitaires $c_{m+1\,;\,j}$ tous nuls.

La dégénérescence et la méthode du coin nord-ouest

Appliquons la méthode du coin nord-ouest au problème révisé de Sporcau représenté au tableau 7.47. On pose d'abord $x_{11} = 120$, puis $x_{12} = 130$. Après ces deux attributions, la demande en C_1 et en C_2 est complètement satisfaite, et les 250 tonnes qui étaient disponibles en L_1 ont toutes été affectées. Le principe de la méthode incite à poursuivre avec une case le plus près possible de (1 ; 2). La plus rapprochée à laquelle on peut attribuer

TABLEAU 7.47
Sporcau révisé : tableau de transport

	C_1	C_2	C_3	C_4	C_5	C_6	S_i
L_1	1	8	1	5	4	0	250
L_2	5	5	3	6	7	0	160
L_3	2	9	5	9	8	0	260
D_j	120	130	145	125	140	10	670

TABLEAU 7.48
Méthode du coin nord-ouest et solution dégénérée

	C_1	C_2	C_3	C_4	C_5	C_6	S_i
L_1	(1) **120**	(8) **130**	(1) **0**	(5)	(4)	(0)	250
L_2	(5)	(5)	(3) **145**	(6) **15**	(7)	(0)	160
L_3	(2)	(9)	(5)	(9) **110**	(8) **140**	(0) **10**	260
D_j	120	130	145	125	140	10	670

une valeur positive est (2 ; 3). Cependant, si l'on sautait ainsi de (1 ; 2) à (2 ; 3) et si l'on continuait en allant toujours vers la droite ou vers le bas, la méthode se terminerait avec 7 variables de base seulement, alors qu'une solution de base de ce problème doit comporter $m + n - 1 = 3 + 6 - 1 = 8$ variables de base. Afin de satisfaire à cette exigence, on attribuera une valeur 0 à l'une des cases adjacentes à (1 ; 2), qui sera considérée comme case de base. Il s'agit donc de choisir entre (1 ; 3) et (2 ; 2). Comme $c_{13} < c_{22}$, on retient[18] la case (1 ; 3) et on y reporte la valeur 0. La méthode se poursuit avec les cases (2 ; 3), (2 ; 4), (3 ; 4), (3 ; 5) et (3 ; 6). Le tableau 7.48 donne la solution de base résultante : elle comporte bien 8 variables de base, mais l'une d'entre elles, soit x_{13}, prend la valeur 0.

*La dégénérescence et la méthode CM

Reprenons le problème de transport de Sporcau, mais supposons que $S_1 = 265$ et $S_3 = 235$. La méthode CM s'amorce comme à la section 7.4.3 : on pose d'abord $x_{13} = 145$, puis $x_{11} = 120$. Lors de cette 2e attribution, la demande de C_1 est comblée et du même coup sont épuisées les 265 tonnes qui étaient disponibles en L_1. La situation est décrite au tableau 7.49 : les valeurs dans les marges des rangées C_1 et L_1 sont devenues nulles en même temps. On en est maintenant à l'étape 4 de la méthode CM pour cette attribution, où il s'agit d'« inscrire des tirets dans les cases disponibles de la rangée dont la marge contient maintenant la valeur 0 ». Les inscrira-t-on dans les cases de C_1, dans celles de L_1, ou dans celles de ces 2 rangées ? On doit se limiter à l'une seulement de ces rangées, sinon la solution résultante comporterait insuffisamment de variables de base. On choisira de façon aléatoire entre C_1 et L_1. Convenons, pour fixer les idées, que l'on inscrit des tirets dans (1 ; 2), (1 ; 4) et (1 ; 5). La prochaine attribution se fera dans la case (3 ; 1), qui est la case disponible de coût minimal : on pose donc $x_{31} = 0$ car c'est la portion non satisfaite de la demande en C_1. La méthode se poursuit

18. S'il y avait égalité entre les deux coûts unitaires, on choisirait de façon aléatoire entre les cases candidates.

TABLEAU 7.49 Méthode CM et dégénérescence : tableau lors de la 2e attribution

	C_1	C_2	C_3	C_4	C_5	S_i
L_1	[1] **120**	[8]	[1] **145**	[5]	[4]	0 (265)
L_2	[5]	[5]	[3] –	[6]	[7]	160
L_3	[2]	[9]	[5] –	[9]	[8]	235
D_j	(120) 0	130	(145) 0	125	140	660

TABLEAU 7.50 Méthode CM et dégénérescence : solution de base

	C_1	C_2	C_3	C_4	C_5	S_i
L_1	[1] **120**	[8] –	[1] **145**	[5] –	[4] –	265
L_2	[5] –	[5] **130**	[3] –	[6] **30**	[7] –	160
L_3	[2] **0**	[9] –	[5] –	[9] **95**	[8] **140**	235
D_j	120	130	145	125	140	660

avec des attributions, dans cet ordre, aux cases (2 ; 2), (2 ; 4), (3 ; 4) et (3 ; 5). La solution de base résultante est donnée au tableau 7.50 : elle comporte 7 variables de base comme exigé, mais l'une d'entre elles, x_{31}, prend la valeur 0.

*La dégénérescence et la méthode PEN

Reprenons le problème de transport de Sporcau, mais supposons cette fois que les coûts unitaires de la colonne C_5 soient modifiés de la façon suivante :

$$c_{15} = 8 \quad \text{et} \quad c_{25} = 9 \quad \text{et} \quad c_{35} = 5.$$

TABLEAU 7.51
Méthode PEN et dégénérescence : tableau pendant de la 3e attribution

	C_1	C_2	C_3	C_4	C_5	S_i	
L_1	1 –	8	1 **145**	5	8	95 (240)	3
L_2	5 –	5	3 –	6	9	160	1
L_3	2 **120**	9	5 –	9	5	140 (260)	4
D_j	(120) 0	130	(145) 0	125	140	660	
	*	3	*	1	3		

La méthode PEN s'amorce comme en 7.4.3 : on pose d'abord x_{31} = 120, puis x_{13} = 145. Des changements surviennent lors de la 3e attribution : comme indiqué dans le tableau 7.51, la rangée de pénalité maximale est L_3, et la case disponible de coût minimal dans cette ligne est (3 ; 5). La méthode PEN dicte de poser x_{35} = 140. La demande de C_5 est ainsi comblée et du même coup sont épuisées les 260 tonnes qui étaient disponibles en L_3. Cette saturation simultanée d'une ligne et d'une colonne pose problème. On devra considérer que l'une est officiellement saturée et que l'autre ne l'est pas, même si le nombre inscrit dans sa marge est nul. Comment répartir les rôles entre L_3 et C_5 ? Puisque la case (1 ; 5) de coût minimal parmi les cases disponibles appartenant à l'une ou l'autre de ces rangées est située dans la colonne C_5, c'est l'autre rangée candidate, soit L_3, qui officiellement sera déclarée saturée. Le tableau 7.52 décrit le tableau de transport à la fin de cette attribution.

Dans ce tableau, les rangées de pénalité maximale sont L_1 et C_2 ; dans ces rangées, il y a deux cases disponibles de coût minimal, soit (1 ; 4) et (2 ; 2). Conformément à la règle hiérarchique mentionnée en 7.4.3, on considère maintenant la valeur maximale que l'on pourrait attribuer à chacune des cases encore en lice : en (1 ; 4), cette valeur maximale est 95, et en (2 ; 2), elle est 130. C'est donc la case (2 ; 2) qui sera retenue comme prochaine case de base, et l'on posera x_{22} = 130. La méthode PEN se poursuit avec des attributions aux cases (1 ; 4), (2 ; 4) et (2 ; 5). La solution de base résultante est donnée au tableau 7.53 : elle comporte 8 variables de base comme exigé, mais l'une d'entre elles, soit x_{25}, prend la valeur 0.

La dégénérescence et le choix de la variable sortante

Dans tous les exemples considérés jusqu'à présent, une seule variable de base pouvait aspirer au rôle de variable sortante. Cependant, il n'en est pas toujours ainsi. À titre d'illustration, reprenons le tableau 7.37, qui donne une solution optimale du problème de Sporcau. Deux variables hors base y admettent des coûts marginaux nuls, ce qui

TABLEAU 7.52
Méthode PEN et dégénérescence : tableau après la 3e attribution

	C_1	C_2	C_3	C_4	C_5	S_i	
L_1	[1] –	[8]	[1] **145**	[5]	[8]	95 (240)	3
L_2	[5] –	[5]	[3] –	[6]	[9]	160	1
L_3	[2] **120**	[9] –	[5] –	[9] –	[5] **140**	0 (260)	*
D_j	(120) 0	130	(145) 0	125	(140) 0	660	
	*	3	*	1	1		

TABLEAU 7.53
Méthode PEN et dégénérescence : solution de base

	C_1	C_2	C_3	C_4	C_5	S_i
L_1	[1] –	[8] –	[1] **145**	[5] **95**	[8] –	240
L_2	[5] –	[5] **130**	[3] –	[6] **30**	[9] **0**	160
L_3	[2] **120**	[9] –	[5] –	[9] –	[5] **140**	260
D_j	120	130	145	125	140	660

suggère que le problème possède plus d'une solution optimale. À la section 7.4.2, nous avons utilisé la case (3 ; 3) pour amorcer une itération additionnelle et construire une 2e solution de base optimale. Qu'arriverait-il si, comme variable entrante, nous prenions plutôt x_{14}, dont le coût marginal aussi est nul ? Le cycle de changement associé à x_{14} est représenté au tableau 7.54. On constate que Δ ne peut excéder 95 et que deux variables de base, soit x_{15} et x_{34}, deviendront nulles simultanément lorsqu'on posera $x_{14} = 95$. Mais

TABLEAU 7.54
Cycle de changement de x_{14} dans la solution optimale de Sporcau

	C_1	C_2	C_3	C_4	C_5	S_i
L_1	3 [1]	4 [8]	[1] **145**	0 [5] **Δ**	[4] **95 – Δ**	240
L_2	6 [5]	[5] **130**	1 [3]	[6] **30**	2 [7]	160
L_3	[2] **120**	1 [9]	0 [5]	[9] **95 – Δ**	[8] **45 + Δ**	260
D_j	120	130	145	125	140	660

TABLEAU 7.55
Solution optimale avec x_{15} dans la base

	C_1	C_2	C_3	C_4	C_5	S_i
L_1	3 [1]	4 [8]	[1] **145**	[5] **95**	[4] **0**	240
L_2	6 [5]	[5] **130**	1 [3]	[6] **30**	2 [7]	160
L_3	[2] **120**	1 [9]	0 [5]	0 [9]	[8] **140**	260
D_j	120	130	145	125	140	660

on ne peut admettre que x_{15} et x_{34} seront toutes deux hors base dans le tableau résultant de l'itération, car celui-ci ne comporterait alors que 7 cases de base, au lieu des 8 attendues. Il faut donc que l'une seulement des variables x_{15} ou x_{34} soit déclarée hors base et que l'autre reste dans la base tout en prenant la valeur 0. On convient généralement de conserver dans la base celle des variables candidates dont le coût unitaire est minimal. Ici, $c_{15} < c_{34}$: ainsi, x_{15} restera dans la base et x_{34} agira à titre de variable sortante. Le résultat de l'itération est donné au tableau 7.55.

La dégénérescence et les itérations

Lorsque le point de départ d'une itération est une solution de base dégénérée, trois cas peuvent se présenter. Les tableaux 7.56 à 7.58 donnent un exemple de chacun.

Cas nº 1 Le cycle de changement contient une ou plusieurs variables de base nulles, dont l'une au moins diminuerait si la variable entrante prenait une valeur positive. Le tableau 7.56, où x_{25} est la variable entrante, illustre une telle situation. On observe que la non-négativité de la variable de base x_{31} limite à 0 la valeur maximale de Δ. L'itération consiste à transférer la valeur 0 de la case (3 ; 1) à la case (2 ; 5) ; la solution résultant de l'itération est égale à la solution de départ, sauf que la liste des variables de base a été modifiée.

TABLEAU 7.56
Dégénérescence et itérations : cas nº 1

	C_1	C_2	C_3	C_4	C_5	C_1	C_2	C_3	C_4	C_5	S_i
L_1	**20 + Δ**				**10 − Δ**	**20**				**10**	30
L_2		**20 − Δ**		**30**	**+Δ**		**20**		**30**	**0**	50
L_3	**0 − Δ**	**5 + Δ**	**15**				**5**	**15**			20
D_j	20	25	15	30	10	20	25	15	30	10	100

TABLEAU 7.57
Dégénérescence et itérations : cas nº 2

	C_1	C_2	C_3	C_4	C_5	C_1	C_2	C_3	C_4	C_5	S_i
L_1	**20 − Δ**			**+Δ**	**10**	**15**			**5**	**10**	30
L_2		**20 + Δ**		**30 − Δ**			**25**		**25**		50
L_3	**0 + Δ**	**5 − Δ**	**15**			**5**		**15**			20
D_j	20	25	15	30	10	20	25	15	30	10	100

TABLEAU 7.58
Dégénérescence et itérations : cas nº 3

	C_1	C_2	C_3	C_4	C_5	C_1	C_2	C_3	C_4	C_5	S_i
L_1	**20**				**10**	**20**				**10**	30
L_2		**20 − Δ**	**+Δ**	**30**			**5**	**15**	**30**		50
L_3	**0**	**5 + Δ**	**15 − Δ**			**0**	**20**				20
D_j	20	25	15	30	10	20	25	15	30	10	100

Cas nº 2 Le cycle de changement contient une ou plusieurs variables de base nulles, mais toutes augmentent en même temps que la variable entrante. Le tableau 7.57, où x_{14} est la variable entrante, illustre une telle situation.

Cas nº 3 Le cycle de changement ne contient aucune variable de base nulle. Le tableau 7.58, où x_{23} est la variable entrante, illustre une telle situation. La solution de base résultant de l'itération est alors nécessairement dégénérée.

7.5 LES PROBLÈMES APPARENTÉS À DES PROBLÈMES DE RÉSEAUX

L'approche de modélisation graphique n'est pas confinée aux problèmes de réseaux. Il existe de nombreuses situations pratiques qui admettent une représentation graphique, mais qui ne respectent pas la structure des modèles de réseaux sous un ou plusieurs des aspects suivants :

- la non-conservation du flot aux sommets ;
- la non-conservation du flot sur les arcs ;
- la présence de contraintes supplémentaires.

Même dans ces situations, la modélisation graphique reste souvent fort utile pour élaborer un modèle linéaire. Nous donnons ci-dessous 2 exemples qui illustrent l'avantage de recourir à la représentation visuelle offerte par le réseau lors de l'écriture du modèle linéaire.

7.5.1 Xanada : première version

L'énoncé du problème

À Xanada, pays de cocagne béni des dieux, peuplé d'éphèbes et de belles houris, où abondent le lait et le miel, il n'y a ni chicanes linguistiques, ni inflation débridée, ni impôts. L'État tire ses revenus d'une taxe sur les exportations. Par contre, les possibilités d'investissement s'y sont réduites, au fil des ans, comme une peau de chagrin.

Un investisseur qui vient d'y élire domicile dispose d'un capital de 500 000 $ qu'il désire faire fructifier le plus possible au cours des 8 prochaines années. Le tableau 7.59 donne les seuls types de placement qui s'offrent à lui. Ces placements seront également offerts au début de chacune des 8 prochaines années.

Quelles sommes l'investisseur devrait-il engager dans les divers types de placement au cours des 8 prochaines années afin d'augmenter le plus possible son capital ?

TABLEAU 7.59
Code d'investissement à Xanada

Type	Maximum permis (en 000 $)	Durée de l'investissement	Rendement* pour la durée	Réinvestissement immédiat
1	100	1 an	9 %	Permis
2	Illimité	2 ans	6 %	Permis
3	50	3 ans	10 %	Permis

* Les rendements donnés dans le tableau s'interprètent comme suit : par exemple, si l'investisseur place 1 $ au début de l'an i dans un placement de type 3, il recevra 1,10 $ à la fin de l'an $i + 2$. Le maximum permis de 50 000 $ s'applique à l'achat de titres de type 3 au début d'une année donnée ; il est cependant possible d'accumuler des titres de type 3 au-delà de 50 000 $, à condition d'étaler leur achat sur plus d'une année ; par exemple, il serait permis d'investir 40 000 $ dans le type 3 au début de chacune des 3 premières années, ce qui amènerait l'investisseur à posséder pour 120 000 $ de ces titres pendant la 3e année.

Les composantes du réseau

Qu'est-ce qui constitue le flot dans cet exemple ? Il s'agit d'un flot monétaire qu'on veut faire fructifier le plus possible entre le début de l'an 1 et la fin de l'an 8. Ce flot se déplace en empruntant des arcs qui représentent des investissements de diverses durées. Il semble donc naturel de définir les arcs du réseau de la façon illustrée à la figure 7.37.

FIGURE 7.37
Xanada : arc typique

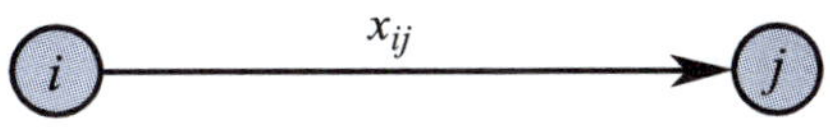

Dans cette figure, x_{ij} est un montant (en milliers de dollars) investi au début de l'an i pour une durée de $j - i$ années. Il faut évidemment que $j - i \leq 3$. Les montants maximaux permis pour chaque type de placement fournissent les bornes supérieures à reporter sur les arcs appropriés. Par exemple, on représenterait comme à la figure 7.38 un placement de type 3 fait au début de l'an 2.

FIGURE 7.38
Xanada : arc pour un investissement de type 3

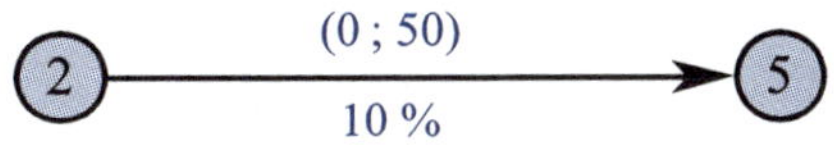

Le taux de 10 % n'est pas un coût d'écoulement du flot. Il représente plutôt un taux d'accroissement du flot le long de l'arc (2 ; 5). En effet, dire que x milliers de dollars empruntent l'arc (2 ; 5) signifie que les x milliers de dollars partis du sommet 2 seront devenus 1,10 x milliers de dollars en aboutissant au sommet 5. Le flot sur les arcs et aux sommets de transbordement n'est donc pas conservé.

Il faut également permettre qu'une partie des sommes qui sont ou qui deviennent disponibles au début d'une année ne soit pas investie sur-le-champ. La figure 7.39 montre la façon de s'assurer que y milliers de dollars ne seront pas investis pendant l'année i.

FIGURE 7.39
Xanada : arc pour représenter un montant non investi

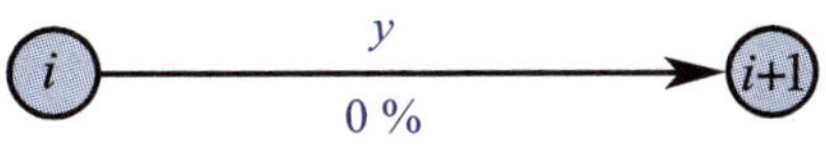

Un montant de y milliers de dollars qui ne serait pas investi pendant n années se représenterait par un flot de y unités le long de n arcs consécutifs de la forme indiquée à la figure 7.39.

La modélisation graphique

La figure 7.40 donne une représentation graphique du problème de l'investisseur. Le sommet 1, correspondant au début de l'an 1, est le seul sommet émetteur; 500 unités de flot (500 000 $) y sont émises. Le sommet 9, correspondant au début de l'an 9 ou encore à la fin de l'an 8, est l'unique sommet récepteur. Le flot n'est pas conservé: le flot incident au sommet 9 est supérieur aux 500 unités émises par le sommet 1. Les arcs émergeant d'un sommet représentent les différentes possibilités de placement au début de l'année correspondante.

La modélisation algébrique

Écrivons, à partir du modèle graphique, les contraintes qui régissent l'écoulement du flot sur les arcs et le transit du flot aux sommets. Les bornes inférieures et supérieures du flot sur les arcs découlent directement du modèle graphique. Toutefois, la gestion du flot aux différents sommets est plus délicate.

Pour le sommet émetteur 1 $y_{12} + x_{12} + x_{13} + x_{14} = 500$.

Pour les sommets 2 à 8 Le montant disponible au début de l'an i doit être égal au total des sommes investies dans chacun des types possibles et de l'argent non investi pendant cette année-là. Par exemple, pour le sommet 4,

$$1{,}10\ x_{14} + 1{,}06\ x_{24} + 1{,}09\ x_{34} + y_{34} = y_{45} + x_{45} + x_{46} + x_{47}$$

c'est-à-dire

$$1{,}10\ x_{14} + 1{,}06\ x_{24} + 1{,}09\ x_{34} + y_{34} - y_{45} - x_{45} - x_{46} - x_{47} = 0\,.$$

Pour le sommet récepteur 9 La fonction-objectif vise à faire fructifier le plus possible les 500 000 $ initiaux ou, ce qui est équivalent, à maximiser le montant z incident au sommet 9, où

$$z = 1{,}10\ x_{69} + 1{,}06\ x_{79} + 1{,}09\ x_{89} + y_{89}.$$

Le modèle mathématique de Xanada s'écrit

$$\text{Max } z = 1{,}10\ x_{69} + 1{,}06\ x_{79} + 1{,}09\ x_{89} + y_{89}$$

sous les contraintes :

$$y_{12} + x_{12} + x_{13} + x_{14} = 500$$

$$1{,}09\ x_{12} + y_{12} - y_{23} - x_{23} - x_{24} - x_{25} = 0$$

$$1{,}06\ x_{13} + 1{,}09\ x_{23} + y_{23} - y_{34} - x_{34} - x_{35} - x_{36} = 0$$

$$1{,}10\ x_{14} + 1{,}06\ x_{24} + 1{,}09\ x_{34} + y_{34} - y_{45} - x_{45} - x_{46} - x_{47} = 0$$

$$1{,}10\ x_{25} + 1{,}06\ x_{35} + 1{,}09\ x_{45} + y_{45} - y_{56} - x_{56} - x_{57} - x_{58} = 0$$

$$1{,}10\ x_{36} + 1{,}06\ x_{46} + 1{,}09\ x_{56} + y_{56} - y_{67} - x_{67} - x_{68} - x_{69} = 0$$

$$1{,}10\ x_{47} + 1{,}06\ x_{57} + 1{,}09\ x_{67} + y_{67} - y_{78} - x_{78} - x_{79} = 0$$

$$1{,}10\ x_{58} + 1{,}06\ x_{68} + 1{,}09\ x_{78} + y_{78} - y_{89} - x_{89} = 0$$

$$x_{i;\,i+1} \leq 100 \qquad i = 1, \ldots, 8$$

$$x_{i;\,i+3} \leq 50 \qquad i = 1, \ldots, 6$$

$$x_{ij} \geq 0 \qquad \text{toute variable } x_{ij}$$

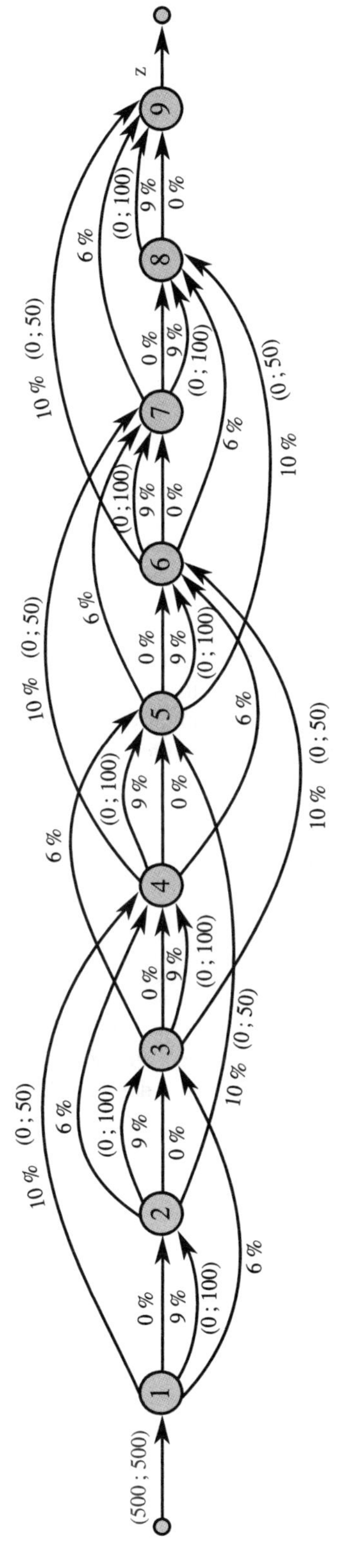

FIGURE 7.40
Réseau du problème Xanada

La valeur maximale de z est de 686,3375 milliers de dollars. Voici les valeurs des variables de base d'une solution de base optimale :

$x_{12} = 100$	$x_{13} = 362{,}7273$	$x_{14} = 37{,}2727$	
$x_{23} = 100$		$x_{25} = 9$	
$x_{34} = 100$	$x_{35} = 356{,}2182$	$x_{36} = 37{,}2727$	
$x_{45} = 100$		$x_{47} = 50$	
$x_{56} = 100$	$x_{57} = 396{,}4912$		
$x_{67} = 100$		$x_{69} = 50$	
$x_{78} = 100$	$x_{79} = 484{,}2807$		
$x_{89} = 100$			$y_{89} = 9$

7.5.2 Xanada : changements au code d'investissement

Le gouvernement de Xanada vient de resserrer le code d'investissement : dorénavant, le maximum de 50 000 $ s'appliquera à l'ensemble des titres de type 3 possédés par une même personne.

De quelle façon cette nouvelle règle affectera-t-elle les projets de notre investisseur ? Remarquons tout d'abord que le réseau de la figure 7.40 constitue encore une représentation graphique adéquate du problème d'investissement. Le modèle linéaire est le même que précédemment, sauf qu'il faut ajouter les 4 contraintes suivantes :

$$x_{14} + x_{25} + x_{36} \leq 50$$

$$x_{25} + x_{36} + x_{47} \leq 50$$

$$x_{36} + x_{47} + x_{58} \leq 50$$

$$x_{47} + x_{58} + x_{69} \leq 50$$

Noter qu'en présence de ces nouvelles contraintes, les bornes « $x_{i\,;\,i+3} \leq 50$ » deviennent redondantes. La valeur maximale de z pour le modèle modifié est de 685,4653 milliers de dollars, soit 872,20 $ de moins qu'auparavant. Voici les valeurs des variables de base d'une solution de base optimale :

$x_{12} = 100$	$x_{13} = 370{,}9091$	$x_{14} = 29{,}0909$	
$x_{23} = 100$		$x_{25} = 9$	
$x_{34} = 100$	$x_{35} = 402{,}1636$		
$x_{45} = 100$		$x_{47} = 41$	
$x_{56} = 100$	$x_{57} = 445{,}1934$		
$x_{67} = 100$		$x_{69} = 9$	
$x_{78} = 100$	$x_{79} = 526{,}005$		
$x_{89} = 100$			$y_{89} = 9$

7.5.3 Le supermarché Provi

L'énoncé du problème

La caissière en chef d'un supermarché Provi est à préparer l'horaire du vendredi des caissiers et des emballeurs. Les heures d'ouverture du vendredi vont de 8 heures à minuit. Le nombre de postes à combler, selon la période de la journée et selon le type d'employé, est donné au tableau 7.60. La caissière en chef doit prévoir, à même le personnel sous sa direction, un certain nombre de postes d'étalagistes, car il est d'usage dans l'entreprise d'utiliser des caissiers ou des emballeurs comme préposés à l'étalage afin de minimiser les coûts salariaux totaux. (Les préposés à l'étalage ont pour la plupart beaucoup d'ancienneté et, selon la convention collective en vigueur, la direction jouit d'une marge de manœuvre fort étroite dans la confection de leur horaire ; la mutation temporaire de caissiers ou d'emballeurs en étalagistes ajoute de la souplesse à un système d'affectation qui, autrement, serait très rigide et entraînerait des coûts salariaux inutilement élevés.) Les besoins en étalagistes indiqués au tableau 7.60 ont été fournis par le gérant de l'épicerie et sont traités par la caissière en chef comme des contraintes à respecter.

Caissiers et emballeurs travaillent 8 heures d'affilée. Les premières équipes prennent leur service à 8 heures, les deuxièmes renforcent les premières à midi, et les troisièmes commencent leur quart de travail à 16 heures. Le salaire horaire d'un caissier est de 10 $ tandis que celui d'un emballeur est de 8 $. Selon les besoins, caissiers et emballeurs peuvent se muter en préposés à l'étalage. Selon la convention collective, ces mutations, qui sont les seules permises, doivent s'effectuer obligatoirement à 8 heures, à midi, à 16 heures ou à 20 heures, et pour des durées de 4 ou de 8 heures.

Combien de caissiers et d'emballeurs doit-on retrouver dans chaque équipe de façon à minimiser, le vendredi, les coûts de main-d'œuvre ? Et comment les répartir entre les 3 tâches ?

Le modèle graphique

Voici des questions auxquelles il faut apporter une réponse avant de considérer comme résolu le problème de Provi :

- Combien de caissiers et d'emballeurs commenceront leur travail à 8 heures, à midi et à 16 heures ?
- Combien de caissiers et d'emballeurs seront mutés en préposés à l'étalage à 8 heures, à midi, à 16 heures et à 20 heures ?

L'objectif du modèle consiste à minimiser la somme des salaires versés à l'ensemble des employés qui combleront les postes décrits au tableau 7.60. Les contraintes assurent que les équipes comportent suffisamment d'employés pour accomplir adéquatement les 3 tâches mentionnées. La construction d'un réseau facilitera l'écriture du modèle recherché. Voyons comment tracer une représentation graphique de la situation.

Tâche	8 h–12 h	12 h–16 h	16 h–20 h	20 h–24 h
Caissier	6	15	12	2
Étalagiste	8	4	2	6
Emballeur	4	12	12	1

TABLEAU 7.60
Besoins en personnel du supermarché Provi

FIGURE 7.41
Régulation du nombre de caissiers entre 16 h et 20 h

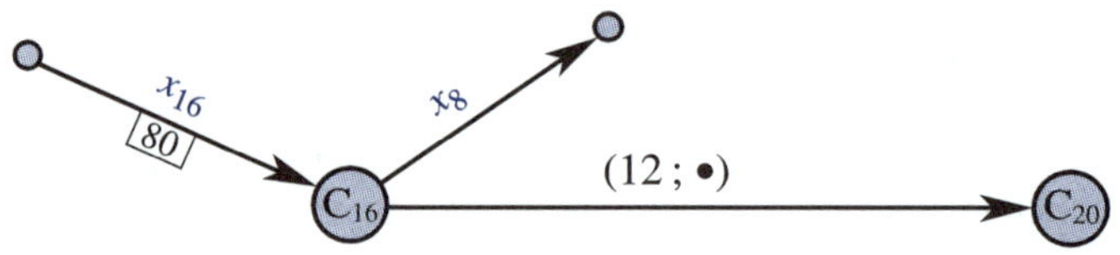

Le flot qui circule sur les arcs s'associe naturellement à des employés affectés aux différentes tâches à divers moments de la journée. L'arrivée de nouveaux employés et leur affectation ont lieu aux 4 heures. Les points de contrôle du flot que constituent les sommets seront donc de la forme I_t, où I est soit C (caissier), soit E (emballeur), soit P (préposé à l'étalage) et où t = 8, 12, 16, 20, 24. On retrouvera également des sommets notés F_t représentant la fin de la période t.

Le modèle graphique devra permettre de contrôler le nombre d'employés affectés à chacune des 3 tâches pendant chacune des périodes de 4 heures considérées. Convenons de noter x_t et y_t respectivement le nombre de caissiers et d'emballeurs qui débutent leur quart de travail à l'heure t = 8, 12, 16. Et considérons, à titre d'exemple, la période de 16 à 20 heures.

La figure 7.41 indique la façon retenue pour s'assurer qu'il y aura suffisamment de caissiers pendant cette période. À 16 heures, x_{16} caissiers, dont le salaire quotidien est de 80 $, commencent leur quart et les x_8 caissiers qui ont commencé à 8 heures quittent le travail. Ces mouvements de personnel correspondent aux arcs (• ; C_{16}) et (C_{16} ; •). Les caissiers qui constituent le flot sur l'arc (C_{16} ; C_{20}) sont ceux qui sont au travail de 16 à 20 heures. Il en faut au moins 12 d'après la borne inférieure reportée sur l'arc.

La figure 7.42 indique comment traiter graphiquement les mutations de tâches. Les caissiers mutés en préposés à l'étalage, pour la période de 16 h à 20 h, seront représentés par le flot qui emprunte l'arc (C_{16} ; P_{16}). De façon générale, une mutation sera toujours représentée par un arc dont les sommets initial et terminal admettent le même indice t. Le flot incident au sommet P_{16} donne le nombre total de caissiers et d'emballeurs qui seront affectés à l'étalage à partir de 16 heures. Afin de s'assurer qu'il y en aura au moins 2, on ajoute un sommet F_{20} et on crée un arc (P_{16} ; F_{20}) sur lequel est reportée la borne inférieure 2. Puis, les caissiers et emballeurs employés temporairement comme préposés à l'étalage retournent à leurs tâches normales, ce qui se traduit par les arcs (F_{20} ; C_{20}) et (F_{20} ; E_{20}). Mais l'agglomération, sur l'arc (P_{16} ; F_{20}), de caissiers et d'emballeurs pose difficulté, car il n'est pas possible de les distinguer ni dans le flot incident au sommet F_{20}, ni dans le flot émergeant de F_{20}. Il faudra exiger que le flot sur l'arc (F_{20} ; C_{20}) soit égal à celui sur l'arc

FIGURE 7.42
Régulation des mutations

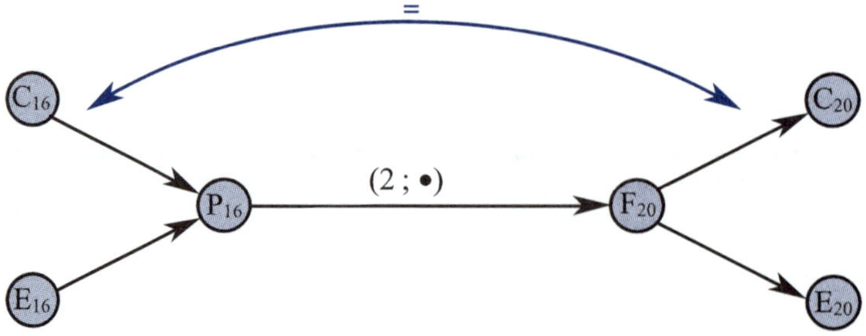

$(C_{16}\,;P_{16})$. Aux contraintes habituelles de conservation de flot dans un réseau, il faudra donc ajouter l'équation $x_{C16\,;\,P16} = x_{F20\,;\,C20}$. Le problème de Provi ne s'écrit pas comme un modèle de réseau et les algorithmes spécialisés dans la résolution des modèles de transbordement ne pourront pas servir pour le résoudre. Normalement, il faudra donc recourir à l'algorithme du simplexe. La représentation graphique aidera toutefois à écrire le modèle linéaire de Provi.

Le modèle graphique du problème de Provi apparaît à la figure 7.43. Le choix de la même variable x_8 comme flot incident au sommet émetteur C_8 et comme flot émergeant du sommet récepteur C_{16} permet de s'assurer d'emblée que les caissiers qui ont pris leur service à 8 heures quittent tous à 16 heures, et ce sans avoir à l'exiger par des contraintes additionnelles.

FIGURE 7.43
Modèle complet de Provi

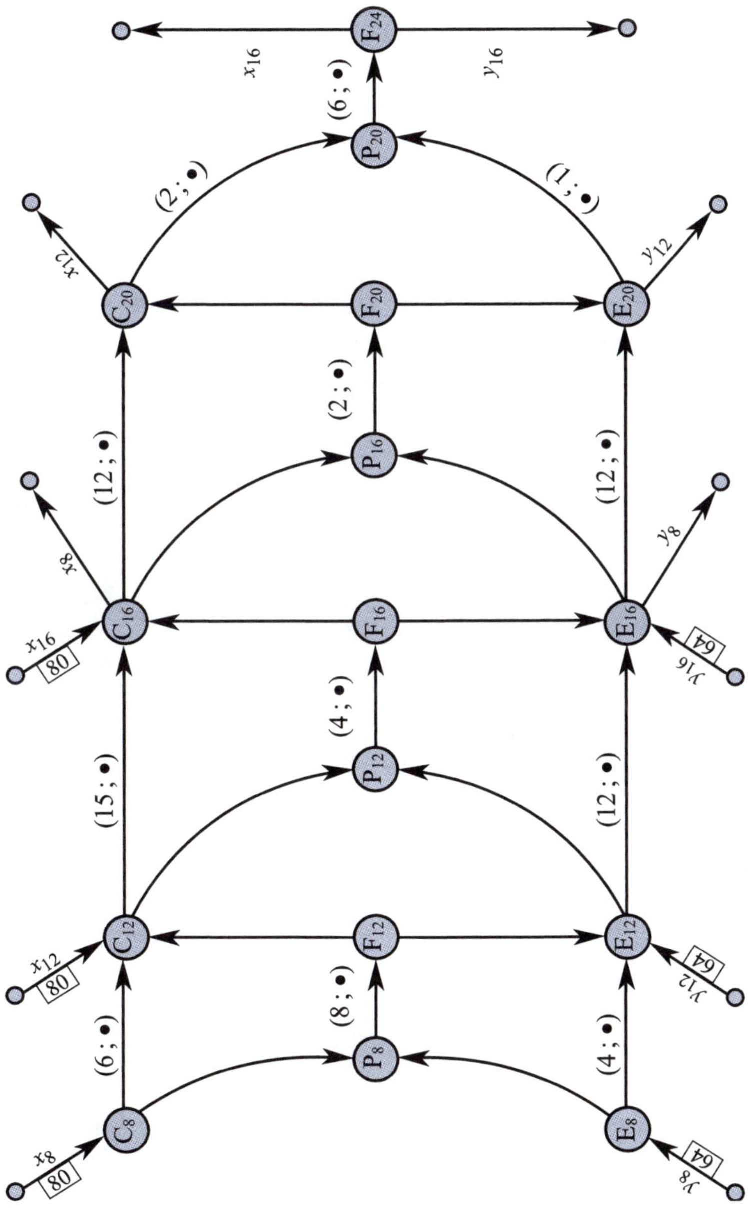

Du réseau représenté à la figure 7.43, on déduit aisément un modèle linéaire, dont voici quelques éléments.

– La fonction-objectif s'écrit :

$$\text{Min } z = 80\ (x_8 + x_{12} + x_{16}) + 64\ (y_8 + y_{12} + y_{16}).$$

– Contraintes de conservation de flot aux sommets : par exemple,

en C_8 : $x_{C8\,;\,P8} + x_{C8\,;\,C12} - x_8 = 0$

en E_{16} : $x_{E16\,;\,P16} + x_{E16\,;\,E20} + y_8 - x_{F16\,;\,E16} - x_{E12\,;\,E16} - y_{16} = 0$

en P_{12} : $x_{P12\,;\,F16} - x_{C12\,;\,P12} - x_{E12\,;\,P12} = 0$

en F_{16} : $x_{F16\,;\,C16} + x_{F16\,;\,E16} - x_{P12\,;\,F16} = 0$

FIGURE 7.44
Solution optimale de Provi

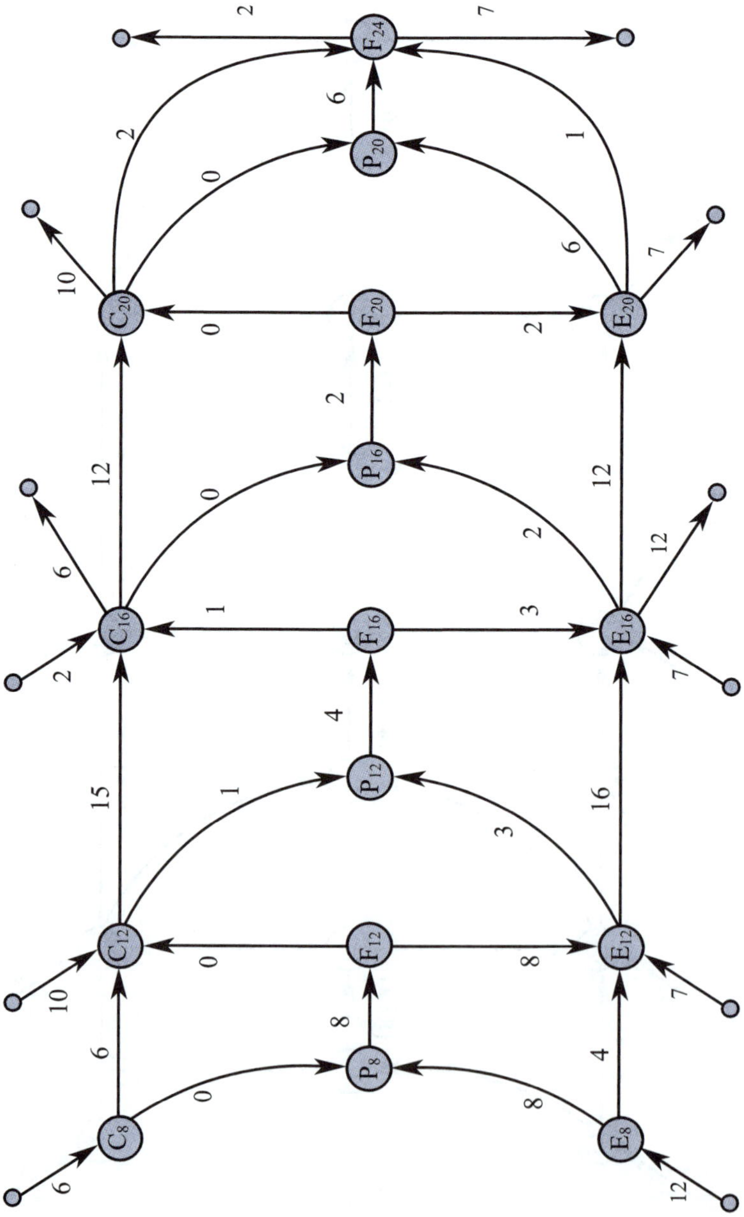

– Bornes sur les variables : par exemple,

$$x_{C12\,;\,C16} \geq 15$$

$$x_{P8\,;\,F12} \geq 8$$

$$x_{E16\,;\,E20} \geq 12$$

– Les contraintes additionnelles :

$$x_{C8\,;\,P8} - x_{F12\,;\,C12} = 0$$

$$x_{C12\,;\,P12} - x_{F16\,;\,C16} = 0$$

$$x_{C16\,;\,P16} - x_{F20\,;\,C20} = 0$$

Trois autres équations similaires sont associées aux emballeurs. Elles sont omises ici parce que redondantes : la conservation du flot en chacun des sommets et la régulation des mutations des caissiers exercée par les 3 contraintes additionnelles ci-dessus entraînent que les emballeurs mutés en étalagistes retourneront nécessairement à leur rôle d'emballeur avant de sortir du réseau à l'un des sommets E_t.

La figure 7.44 illustre une solution optimale du problème de Provi, dont le coût salarial s'élève à 3 104 $. Le gestionnaire peut aisément visualiser le déroulement des activités à partir de cette représentation graphique. Indiquons, par exemple, comment interpréter le flot aux sommets C_{12} et C_{16} : 10 caissiers commencent leur quart de travail à 12 heures ; puisque 6 autres caissiers ont commencé leur journée à 8 heures, au total 16 caissiers sont disponibles à midi ; 15 d'entre eux combleront une tâche de caissier entre 12 h et 16 h, et le 16e sera muté en préposé à l'étalage pendant cette même période.

7.6 PROBLÈMES

1. **Érébus et les châteaux de neige** La construction de châteaux de neige durcie faisait partie jusqu'à tout récemment des traditions du Carnaval de la ville A, de la Fête des neiges de B et du Mardi gras de C. Mais depuis que des pluies intempestives ont, ces dernières années, raviné et ravalé façades et créneaux et que le soleil de mardis gras tardifs a sublimé tourelles et mâchicoulis, échauguettes et chemins de ronde, on a recours, pour l'érection des châteaux, aux parpaings de glace fabriqués dans les 2 glacières, G_1 et G_2, de la compagnie Érébus.

Les parpaings sont expédiés des glacières aux villes A, B et C par camion, et Érébus a l'habitude de mesurer les quantités à livrer en charges de camion. Érébus a analysé les plans fournis par les comités organisateurs des 3 villes et estime leurs besoins en parpaings de la façon suivante.

Ville	Nombre de charges
A	entre 100 et 110
B	entre 200 et 220
C	entre 180 et 185

La glacière G_1 ne peut être exploitée économiquement que si sa production se situe entre 150 et 200 charges. De même, c'est dans la fourchette de 275 à 300 charges que G_2 obtient les meilleurs résultats.

Les coûts d'acheminement d'une charge de parpaings entre glacières et villes sont donnés au tableau suivant.

Glacière	Ville		
	A	B	C
G_1	500 $	800 $	400 $
G_2	600 $	825 $	425 $

Le prix de 825 $ entre G_2 et B ne peut être maintenu que si au moins 100 charges sont acheminées sur cette route. De plus, les camions qui livrent les parpaings de G_1 à la ville A doivent emprunter un traversier, et Érébus estime que 75 charges tout au plus peuvent être acheminées par cette route.

Tracer un réseau qui illustre ce problème et indiquer une façon d'organiser le transport des parpaings qui minimise le coût total d'approvisionnement des villes.

2. **Le nettoyage de bureaux** Dans une grande métropole, on assiste depuis quelques années à une flibuste commerciale entre les entreprises de nettoyage de bureaux : celles-ci se disputent âprement les clients à coups d'escomptes et de rabais, rétroactifs parfois, et tentent de débaucher les meilleurs employés de leurs concurrents à coups d'offres

d'augmentation de salaire. Un entrepreneur peu délicat a décidé de faire ses choux gras de cette guérilla en mettant sur pied une entreprise qui offrira, aux diverses entreprises de nettoyage, des travailleurs déjà entraînés dont il assurera le recrutement et le débauchage et dont il louera les services au plus offrant. Il pense recruter par la voie des petites annonces dans les quotidiens et vise tout particulièrement les travailleurs au noir, les chômeurs et les assistés sociaux, auxquels il garantirait une mensualité de 250 $ aussi longtemps que durerait leur emploi. Ces travailleurs ne recevraient, au cours des quelques jours nécessaires à leur entraînement, que des frais de déplacement et de restauration.

L'entrepreneur a étudié plusieurs scénarios pour prévoir le capital maximal dont il aurait besoin au cours des 10 prochains mois pour exploiter sa boîte en l'absence même de tout revenu. Le tableau suivant décrit le scénario qui, pour le moment, lui semble le plus plausible. Les 2 premières lignes donnent les coûts, en dollars, de recrutement et d'entraînement (R + E) et de mise à pied (D) d'un employé, lesquels varieront d'un mois à l'autre ; la 3e ligne, le nombre de personnes qui répondront à son annonce et seront disponibles au début du mois indiqué ; la 4e, le nombre de travailleurs entraînés dont il aura besoin au cours du mois indiqué. Ajoutons que l'entrepreneur désire s'assurer d'avoir 50 travailleurs à son emploi pendant le 10e mois.

Mois	1	2	3	4	5	6	7	8	9	10
R + E	100	200	150	75	100	90	125	75	125	150
D	125	150	125	100	100	110	100	125	75	125
Réponses	60	40	30	10	50	40	20	10	15	20
Besoins	50	75	100	75	50	25	50	100	45	–

L'entrepreneur cherche à déterminer combien de travailleurs il devrait engager et mettre à pied chaque mois pour minimiser ses dépenses tout en répondant à la demande prévue dans le scénario qu'il a retenu comme étant le plus plausible.

(a) Compléter le réseau ci-contre en reportant les coûts sur les différents arcs.

(b) Résoudre le réseau complété à l'aide d'un logiciel approprié.

PROBLÈME 2 Le nettoyage de bureaux

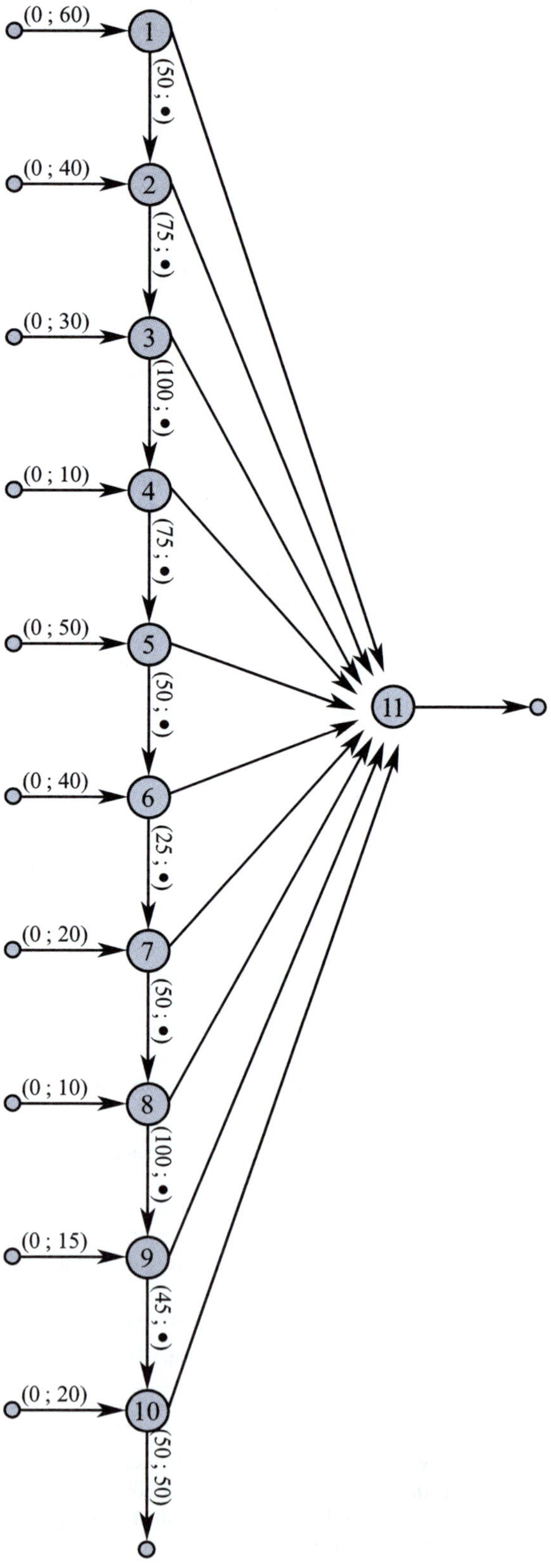

3. La maison Olga La maison Olga, comme la maison Kalinine, vend des chemises russes très recherchées appelées « roubachki ». Toutefois, contrairement à sa célèbre concurrente, la maison Olga ne les fabrique pas elle-même, mais s'approvisionne auprès de 3 ateliers, A, B et C. La maison Olga vend 4 modèles de roubachka. Le tableau ci-dessous donne les quantités désirées par la direction du service des achats de Olga pour le prochain trimestre.

Cosaque	Ukrainienne	Slavonne	Tatare
600	1 100	900	1 200

Les fournisseurs de la maison Olga ont des capacités de production mensuelles qui, tous modèles confondus, s'établissent à 700, 300 et 1 000 roubachki pour l'atelier A, B et C respectivement.

À partir des listes de prix fournies par chacun des 3 fournisseurs potentiels, Olga a établi le bénéfice qu'elle pourrait retirer en passant commande chez l'un ou l'autre d'entre eux.

Bénéfice par roubachka (en $)				
Atelier	**Cosaque**	**Ukrainienne**	**Slavonne**	**Tatare**
A	21	10	–	16
B	–	–	13	17
C	18	12	13	16

Note : Un trait (–) indique que l'atelier correspondant ne fabrique pas le modèle indiqué.

(a) Comment la maison Olga devrait-elle répartir ses commandes pour le prochain trimestre, si son objectif est de maximiser ses bénéfices ?

(b) Adapter le réseau obtenu à la question (*a*) pour tenir compte du fait que la maison Olga s'est engagée à commander mensuellement au moins 200 roubachki de l'atelier A et au moins 100 roubachki de l'atelier B.

(c) À la suite d'une opération promotionnelle visant à mousser les ventes de roubachki L'Ukrainienne, la maison Olga s'est engagée à commander au cours du trimestre au moins 600 chemises de ce modèle à chacun des fournisseurs qui lui en a proposé. Adapter en conséquence le réseau obtenu à la question (*a*).

(d) L'atelier C vient d'aviser la maison Olga que, pour des raisons hors de son contrôle, il ne pourrait fournir mensuellement plus de 250 roubachki pour les modèles La Slavonne et La Tatare ensemble. Modifier le réseau obtenu à la question (*a*) afin de tenir compte de ce changement.

4. La répartition de véhicules récréatifs Des copains, A, B, C, D et E, doivent se répartir 5 véhicules récréatifs qui leur sont prêtés pour le week-end par le pourvoyeur dont ils sont les hôtes. Chacun a décidé d'attribuer les 65 points dont il dispose selon la préférence qu'il accorde à chacun des véhicules, notés V_1, V_2, V_3, V_4 et V_5.

	V_1	V_2	V_3	V_4	V_5
A	15	30	20	–	–
B	–	30	10	–	25
C	10	–	35	20	–
D	–	20	30	15	–
E	–	–	–	25	40

Il n'est pas obligatoire que chaque copain obtienne un véhicule, ni que chaque véhicule trouve preneur. L'objectif est de maximiser le total des préférences attribuées par le groupe de copains.

(a) Tracer un réseau qui permet de répartir les véhicules. Résoudre.

Modifier le réseau construit en (a) pour tenir compte, tour à tour, de chacune des conditions suivantes, qui sont indépendantes. Résoudre.

(b) Il faut que 2 ou 3 des véhicules V_2, V_3, V_4 et V_5 soient attribués.

(c) Un des véhicules, à choisir entre V_2, V_3, V_4 et V_5, doit être remis à un autre groupe de vacanciers et ne pourra être mis à la disposition du groupe des 5 copains.

(d) Il faut qu'au plus 3 des 4 véhicules V_1, V_3, V_4 et V_5 soient attribués au groupe de copains tout en assurant un véhicule à au moins l'un des copains B ou C.

5. L'importation de voitures de luxe Un importateur de voitures de marque Masserati fait transiter les véhicules qu'il importe par 2 ports, A et B, avant de les stocker dans 3 entrepôts à partir desquels il alimente, au fur et à mesure des commandes, les 5 concessionnaires de son réseau. L'objectif qu'il poursuit est de minimiser les coûts relatifs à l'acheminement des voitures entre les ports et les concessionnaires.

Voici le nombre de Masserati que, selon lui, réclameront les divers concessionnaires pendant la prochaine saison.

Concessionnaire	C_1	C_2	C_3	C_4	C_5
Nombre de véhicules	110	40	60	40	35

Les 2 tableaux suivants donnent les coûts unitaires de transport entre les ports (P), les entrepôts (E) et les concessionnaires (C). (Un tiret indique l'impossibilité de se rendre à un entrepôt à partir d'un port, ou encore chez un concessionnaire à partir d'un entrepôt.)

Coût de transport (en $/véhicule) entre un port et un entrepôt			
	E_1	E_2	E_3
P_A	120	105	–
P_B	180	–	150

Coût de transport (en $/véhicule) entre un entrepôt et un concessionnaire					
	C_1	C_2	C_3	C_4	C_5
E_1	125	135	–	150	–
E_2	130	–	200	140	120
E_3	–	150	180	–	130

Le transit des voitures des entrepôts aux concessionnaires est assuré par des camions spécialisés dont les capacités maximales pour la prochaine saison sont indiquées au tableau suivant.

Nombre maximal de véhicules acheminés d'un entrepôt à un concessionnaire					
	C_1	C_2	C_3	C_4	C_5
E_1	60	100	–	70	–
E_2	70	–	80	75	60
E_3	–	55	50	–	45

Pour obtenir des tarifs raisonnables de la part des transitaires dans les ports, l'importateur doit faire entrer au moins 100 véhicules dans chaque port ; de plus, les licences d'importation qu'il détient le limitent à un maximum de 200 véhicules dans chaque port.

Présentement, l'entrepôt 1 contient 40 véhicules en stock ; l'entrepôt 2 en contient 60.

(a) Tracer un réseau qui décrit le problème de l'importateur.

(b) Résoudre le réseau à l'aide d'un logiciel approprié.

6. Sanivac Sanivac loue des toilettes mobiles de chantier, dont certaines sont isolées et chauffées. Un chantier, situé en A, disposait de 6 toilettes Sanivac, toutes isolées et chauffées. Un second chantier, situé en B, disposait de 8 toilettes Sanivac non isolées ni chauffées. Les travaux sur ces deux chantiers étant très avancés, on a demandé à Sanivac de retirer ses toilettes des deux sites.

Sanivac a prévu d'acheminer toutes ces toilettes en C ou en D, où s'ouvriront bientôt des chantiers. Elle devra en amener au moins 6 en C et au moins 5 en D. De plus, une entente avec un chef de chantier oblige Sanivac à installer en C au moins 2 toilettes isolées et chauffées. Le tableau suivant donne les coûts de transport (en $) d'une toilette entre les sites mentionnés.

	C	D
A	50	30
B	40	95

(a) Construire un réseau qui traduit le problème de Sanivac et qui vise à minimiser les coûts de transport des toilettes.

(b) Modifier le réseau de la question précédente de façon à tenir compte du fait suivant : il y a déjà 5 toilettes Sanivac en C et 3 en D, dont aucune n'est isolée ni chauffée.

(c) Modifier le réseau de la question précédente de façon à tenir compte du fait suivant : le transporteur sur la route A – C requiert une toilette isolée et chauffée, qu'il utilisera pendant quelque temps ; il transportera cette toilette à ses frais et versera en contrepartie 175 $ à Sanivac.

(d) Modifier le réseau de la question précédente de façon à tenir compte du fait suivant : les toilettes, qui se retrouveront en C ou en D et qui seront excédentaires aux minima requis (soit 6 en C et 5 en D), pourront y être remises à neuf ; pour effectuer ce travail, il en coûte 125 $ par toilette en C et 135 $ par toilette en D ; Sanivac exige qu'au moins 4 toilettes soient réparées au total.

(e) Modifier le réseau de la question précédente de façon à tenir compte du fait suivant : en C, remettre une toilette à neuf revient à 110 $ pour chacune des deux premières, et à 125 $ pour chaque toilette supplémentaire.

7. Modèle linéaire et réseau Tracer un réseau qui soit l'illustration du modèle linéaire suivant.

$$\text{Min } z = 3\,x_{12} + 3\,x_{43} + 4\,x_{52} + 5\,x_{53}$$

sous les contraintes technologiques :

$$30 \le x_{A1} \le 60$$
$$40 \le x_{B5} \le 50$$
$$20 \le x_{C4} \le 50$$
$$x_{A1} - x_{12} = 0$$
$$x_{B5} - x_{52} - x_{53} = 0$$
$$x_{C4} - x_{43} = 0$$
$$x_{12} + x_{52} - x_{26} - x_{27} - x_{28} = 0$$
$$x_{53} + x_{43} - x_{36} - x_{37} - x_{38} = 0$$
$$x_{26} + x_{36} = 38$$
$$x_{27} + x_{37} = 42$$
$$x_{28} + x_{38} = 25$$
$$5 \le x_{26} \le 20$$
$$20 \le x_{28} \le 25$$
$$30 \le x_{36} \le 35$$

8. La location d'un yacht Un plaisancier loue son yacht durant les vacances estivales par le biais d'une annonce dans *Mer et Vacances*. Le bateau est offert du 1er mai au 31 août et la durée minimale de location est de 15 jours. Les personnes intéressées doivent indiquer la période de location désirée et le prix qu'elles sont prêtes à payer pour disposer du yacht pendant cette période.

Voici l'ensemble des propositions reçues par le plaisancier cette année en réponse à son annonce.

Proposition	Période	Prix proposé (en francs)
1	1er juillet – 31 juillet	60 000
2	1er juillet – 31 août	90 000
3	1er mai – 31 août	180 000
4	1er juillet – 15 juillet	30 000
5	1er août – 31 août	55 000
6	16 juillet – 15 août	60 000
7	16 mai – 15 juillet	80 000
8	1er mai – 15 août	175 000
9	1er mai – 15 mai	70 000
10	1er mai – 15 juin	75 000
11	1er mai – 30 juin	100 000
12	1er juin – 30 juin	55 000
13	1er juin – 15 juillet	70 000
14	16 mai – 15 juin	45 000
15	16 juillet – 31 août	85 000
16	1er juin – 15 juin	50 000
17	16 juin – 30 juin	35 000
18	1er juillet – 15 juillet	30 000

Le plaisancier cherche à déterminer quel ensemble de propositions lui assurerait un revenu maximal.

(a) Compléter le réseau de la page suivante en ajoutant le ou les arcs qui manquent. Résoudre.

(b) Comment devrait être modifié le réseau construit en *(a)* si le plaisancier possédait 2 yachts semblables ? Résoudre.

PROBLÈME 8 La location d'un yacht

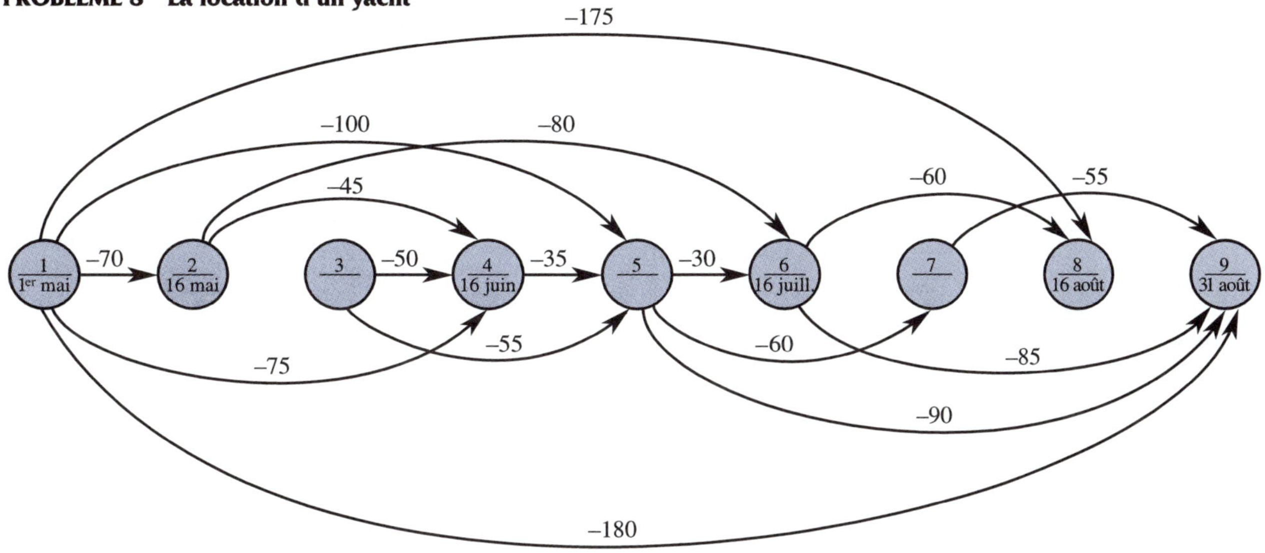

9. L'horaire des employés d'un cinéma le jour de Noël Le propriétaire d'un cinéma comportant plusieurs salles a, par inadvertance, accordé un congé à tous ses employés le jour de Noël. Comme son cinéma sera ouvert ce jour-là, il les a appelés et leur a demandé de lui indiquer à quelles heures et pour quel salaire ils accepteraient de travailler le jour de Noël. Certains employés ont offert leurs services à des conditions qui sont décrites dans les tableaux ci-dessous. Le propriétaire cherche à déterminer lesquelles de ces offres il devrait retenir pour minimiser ses coûts.

(a) Le propriétaire aura besoin d'une caissière de 13 h à 22 h. Le tableau suivant donne les conditions soumises par les 7 caissières qui lui ont fait une offre.

Caissière	1	2	3	4	5	6	7
Horaire	13-18	13-15	15-19	15-22	18-22	16-21	21-22
Salaire	60 $	31 $	45 $	85 $	55 $	53 $	12 $

Compléter le réseau ci-dessous. Résoudre.

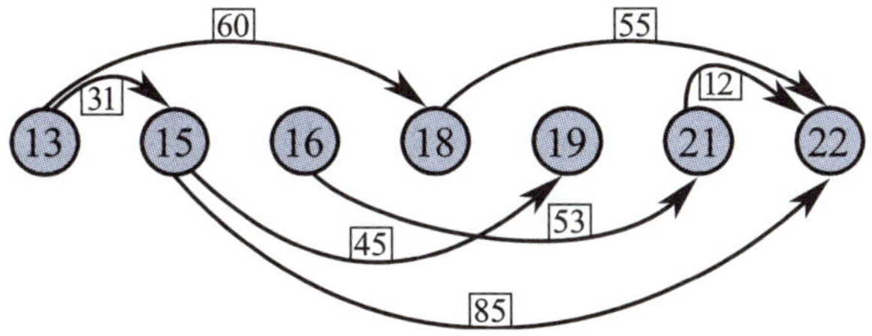

(b) Le propriétaire aura besoin de 2 projectionnistes de 13 h à 23 h. Le tableau suivant donne les conditions soumises par les 9 projectionnistes qui ont fait une offre.

Project.	1	2	3	4	5	6	7	8	9
Horaire	17-21	13-19	16-19	18-22	19-23	13-17	18-23	17-23	13-21
Salaire	68 $	90 $	38 $	61 $	56 $	60 $	63 $	105 $	120 $

Modifier le réseau construit en (*a*) pour traiter ce nouveau problème. Résoudre.

10. Le problème d'affectation des chauffeurs de Trans-Europe L'entreprise de placement Trans-Europe met des chauffeurs de camion à la disposition de compagnies de transport européennes. Ces compagnies utilisent des camions de différentes tailles et pourvus de divers équipements techniques. De plus, les destinations des camions varient et la maîtrise par le chauffeur de la langue des pays de départ et d'arrivée s'avère fort souhaitable. L'affectation d'un chauffeur à une tâche est donc soumise à plusieurs contraintes. La compagnie cliente verse le salaire du chauffeur et remet à Trans-Europe une commission, qui dépend de la tâche.

Trans-Europe s'est vu proposer 15 tâches pour la semaine prochaine. Le tableau suivant donne la somme (en euros) que recevra Trans-Europe pour chacune de ces tâches, si elle réussit à trouver un chauffeur pour l'accomplir.

Tâche	Commission	Tâche	Commission	Tâche	Commission
1	321	6	225	11	210
2	273	7	141	12	180
3	150	8	243	13	405
4	126	9	300	14	210
5	192	10	234	15	330

Les affectations des chauffeurs se font le samedi pour la semaine à venir. Trans-Europe doit assumer les coûts des déplacements pour amener un chauffeur retenu à l'endroit où il sera requis le lundi suivant par la compagnie cliente. Un chauffeur peut se voir attribuer au plus une tâche ; s'il reste sans affectation durant une semaine donnée, il reçoit de Trans-Europe une prime de chômage qui varie selon ses qualifications.

Le tableau suivant donne, pour chaque chauffeur, la prime de chômage (en euros) qu'il recevra de Trans-Europe s'il n'est affecté à aucune des tâches proposées pour la semaine, ainsi que la liste des tâches qu'il pourrait accomplir. À droite de chacune de ces tâches est donné le coût (en euros) que doit assumer Trans-Europe pour l'amener à pied d'œuvre. Par exemple, le chauffeur B peut être affecté aux tâches 4, 8 ou 15 ; Trans-Europe devra débourser 40 euros pour son déplacement dans le premier cas, 60 dans le deuxième cas, et 40 euros dans le troisième et dernier cas.

	Chômage	Tâche		Tâche		Tâche		Tâche	
Chauffeur	(eu euros)	nº	coût	nº	coût	nº	coût	nº	coût
B	100	4	40	8	60	15	40		
C	80	2	20	3	16	5	22	12	34
D	75	2	150	6	175	9	200	12	100
E	125	3	100	8	105	11	40	15	20
F	150	2	10	5	22				
G	110	4	62	7	51	8	46	15	12
H	90	1	75	3	80	8	14	12	42
I	80	4	28	7	16	8	22	15	29
J	75	1	76	9	80	11	14	14	22
K	60	3	125	8	160	11	145	14	160
L	110	4	36	7	20	8	42	15	50
M	120	4	60	7	6	10	12	13	20
N	85	2	10	5	28	6	15	14	32
O	135	4	12	7	14	8	26		

(*a*) Comment Trans-Europe doit-elle procéder pour maximiser le profit net de la semaine prochaine si elle n'est pas tenue de fournir un chauffeur pour chacune des tâches ? Donner la valeur optimale de ce profit net et indiquer quelle tâche sera attribuée à quel chauffeur ; énumérer, s'il y a lieu, les chauffeurs en chômage et les tâches qui ne trouveront pas preneur.

(*b*) Indiquer comment sont modifiés le profit net optimal et l'affectation optimale obtenus à la question précédente si Trans-Europe doit verser un dédit pour toute tâche pour laquelle elle ne peut fournir de chauffeur. Le dédit associé à une tâche donnée correspond au tiers de la commission, augmenté d'un montant forfaitaire de 100 euros ; par exemple, le dédit pour la tâche 1 s'élève à (321/3) + 100 = 207 euros.

(*c*) Indiquer comment sont modifiés le profit net optimal et l'affectation optimale obtenus à la question précédente si la direction de Trans-Europe a pris l'engagement secret d'attribuer la semaine prochaine une tâche à chacun des chauffeurs B, G et L.

(*d*) Indiquer comment sont modifiés le profit net optimal et l'affectation optimale obtenus à la question précédente si toutes les tâches 1 à 5, de même qu'au moins 4 des tâches 10 à 14, doivent se voir attribuer un chauffeur adéquat. En effet, Trans-Europe pratique une politique du « premier arrivé premier servi » pour inciter ses clients à lui acheminer les demandes de chauffeurs le plus tôt possible. Or, un même transporteur T1 a proposé les tâches 1, 2, 3, 4 et 5 au tout début de la semaine, tandis qu'un transporteur T2 a proposé le lendemain les tâches 10, 11, 12, 13 et 14. Trans-Europe aimerait donner priorité, de la façon tout juste indiquée, à ces 10 tâches et cherche à évaluer l'impact économique de cette contrainte.

11. La société Kola La noix de kola, fruit du kolatier, représente une des seules denrées tropicales à emprunter les circuits commerciaux qui relient les régions humides de l'Afrique de l'Ouest aux pays du Sahel. La mastication de ces noix ambrées et rougeâtres en forme de galets permet d'en extraire caféine et théobromine, stimulants légers et coupe-faim efficaces. Ces noix entrent aussi dans la composition de certaines boissons gazeuses et, à ce titre, elles font l'objet d'exportations de la Sierra Leone, du Libéria, de la Côte-d'Ivoire et du Ghana vers les pays industrialisés. Le commerce de gros de la noix de kola est aux mains des Haoussas, qui sont en même temps les principaux transporteurs dans ces contrées. Diffusées en Afrique de l'Ouest, les noix atteignent les consommateurs en bout de ligne par l'entremise de petits « tabliers » qui en assurent la distribution à l'unité.

Un spéculateur haoussa, El Hadj Babandiga, qui achète la récolte de kola de nombreux producteurs et les stocks de petits commerçants-ramasseurs, possède un entrepôt bien gardé d'une capacité de 6 500 sacs de noix de kola. Le stockage lui revient chaque mois à 50 FCFA le sac ; ces frais comprennent les coûts de gardiennage, les pertes de poids et de qualité, les dommages causés par les rongeurs. Les sacs de kola sont achetés en début de mois et ne peuvent être revendus qu'en fin de mois.

Le tableau de la page suivante donne les prévisions de El Hadj Babandiga quant au prix de vente (V) et au prix d'achat (A) d'un sac de noix de kola pour les 10 prochains mois. La demande mensuelle maximale s'élèvera à 2 000 sacs pour chacun des 5 premiers mois, et à 4 000 sacs pour chacun des 5 mois suivants. El Hadj s'oblige, pour garder sa part de marché, à livrer chaque mois au moins 70 % de la demande. Pour ne pas perdre une commande, la livraison doit s'effectuer à la fin du mois de sa réception. Quant à l'offre, elle dépasse la capacité de l'entrepôt: El Hadj pourrait, s'il le jugeait à propos, se procurer 6 500 sacs de noix chaque mois.

Prix prévus (en 000 FCFA) à l'achat (A) et à la vente (V) d'un sac de noix de kola										
Mois	1	2	3	4	5	6	7	8	9	10
A	18	24	20	20	19	23	22	23	19	20
V	20	20	23	17	22	22	23	24	19	18

L'entrepôt est vide présentement. Dans 10 mois, ce sera le ramadan et El Hadj se rendra à La Mecque ; il souhaite que son entrepôt soit vide le jour de son départ en pèlerinage. Quelles quantités de sacs El Hadj devrait-il acheter et vendre au cours de chacun des 10 mois pour maximiser ses profits ? (On ne tiendra pas compte des effets de l'actualisation.)

12. Simiex Simiex est le fabricant de jouets de luxe qui a mis en marché la poupée qui parle en marchant et le robot qui range les jouets de son petit propriétaire. Comme chaque année, le directeur du marketing prépare la foire du jouet de Hong-Kong et a décidé de consacrer les disponibilités excédentaires de production dans les usines A et B à la fabrication d'une console de jeux électroniques qui s'intègre dans le berceau des bouts de chou. Voici, pour chacun des 3 prochains mois et pour chaque usine, la capacité et les coûts unitaires de production de ces consoles.

Usine	Mois 1	Mois 2	Mois 3
A	4 500 un	6 000 un	3 400 un
B	5 100 un	5 600 un	4 500 un
A	90 $/un	80 $/un	75 $/un
B	100 $/un	90 $/un	85 $/un

Le directeur du marketing a conclu une entente avec un distributeur qui dispose de 4 points de vente. Simiex s'est engagée à livrer, en chacun des 4 points de vente, 2 500 consoles à la fin de chacun des deux premiers mois, et 2 200 consoles à la fin du dernier mois. Le distributeur s'est toutefois engagé :

- à accepter, en échange d'un escompte de 2 $ la console, de recevoir en retard une partie de ses commandes, pourvu que ce retard n'excède pas 1 mois ;
- à accepter de recevoir à l'avance certaines des unités commandées en contrepartie d'un dédommagement de 1 $ la console pour chaque mois de livraison anticipée.

Le tableau suivant donne les coûts unitaires de transport (en dollars par console) entre les usines et les points de vente du distributeur.

Usine	PV1	PV2	PV3	PV4
A	9	6	7	12
B	10	11	12	13

Quel plan de production et quel plan de livraison devra adopter Simiex pour minimiser les coûts de production et de livraison des consoles ?

13. La production de turbines La direction d'une usine de turbines électriques a accepté de livrer 53 turbines durant les 4 prochains mois. Le coût de production d'une turbine est de 12 millions de dollars en heures régulières ; ce coût augmente de 50 % pour les unités produites durant les heures supplémentaires.

Mois	Nombre de turbines à livrer	Capacité de production (en turbines) en heures régulières	Capacité de production (en turbines) durant les heures supplémentaires
1	14	10	6
2	9	10	6
3	18	10	6
4	12	10	6

Entreposer une turbine pendant 1 mois revient à 100 000 $. La capacité de stockage de l'usine est de 8 turbines. Au début du mois 1, l'usine détiendra 2 turbines en stock. La direction désire qu'il n'y en ait aucune à la fin de la période de planification.

Déterminer un plan optimal de production pour les 4 prochains mois.

14. Le choix entre 3 fournisseurs de gravier Le responsable du chantier de réparation d'une route a reçu les propositions suivantes de 3 fournisseurs de gravier.

- Le fournisseur A propose de livrer de 25 à 50 charges selon le tarif progressif suivant :

1-30 charges	350 $/charge
31-35 charges	400 $/charge
36-50 charges	500 $/charge

- Le fournisseur B propose de livrer de 40 à 75 charges selon le tarif progressif suivant :

1-50 charges	350 $/charge
51-60 charges	400 $/charge
61-75 charges	450 $/charge

- Le fournisseur C propose de livrer au plus 75 charges selon le tarif progressif suivant :

1-25 charges	350 $/charge
26-60 charges	400 $/charge
61-75 charges	450 $/charge

Le responsable cherche à s'approvisionner en gravier au moindre coût tout en respectant les minima imposés par les fournisseurs A et B. Combien de charges commander à chacun des trois fournisseurs dans le cas où :

(*a*) le chantier requiert 85 charges ?

(*b*) le chantier requiert 122 charges ?

Tracer un réseau qui permette de répondre à ces questions. (Indices : un des arcs admet comme borne le nombre de charges requises ; il existe plusieurs arcs entre certaines paires de sommets.)

15. La descente du Colorado en radeau Plusieurs petites entreprises organisent, à la saison des basses eaux, des descentes du Colorado en radeau qui s'étalent sur plusieurs jours. Les radeaux sont échoués sur la rive à l'heure des repas. Les touristes passent les nuits bien au chaud dans des tentes dressées sur la rive. Divers points de départ et d'arrivée sont proposés aux touristes.

Les Lanctôt sont propriétaires de l'une de ces entreprises. Leur spécialité est l'accueil des familles, auxquelles ils consentent des rabais intéressants. Lors d'une excursion, ils cherchent à favoriser l'intégration du groupe en répartissant les membres d'une même famille de façon qu'il y en ait au plus 2 qui soient sur le même radeau durant le premier jour. Par la suite, chacun peut garder sa place ou l'échanger contre celle d'un passager d'un autre radeau.

Sept familles, dont les tailles sont données au tableau suivant, seront de la prochaine excursion.

Famille	A	B	C	D	E	F	G
Taille	3	4	5	3	6	4	5

Six radeaux semblables sont disponibles pour l'expédition. Mais il faudra réserver de l'espace sur certains pour transporter les bagages et l'équipement de camping... Voici donc le nombre de touristes que chaque radeau peut transporter.

Radeau	1	2	3	4	5	6
Nombre de places	5	6	9	7	3	0

(*a*) Est-il possible, le premier jour, de répartir les familles de la façon recherchée pour l'intégration du groupe ?

(*b*) Comment peut-on y arriver tout en minimisant le nombre total de membres d'une même famille qui se retrouveront sur le même radeau ?

(*c*) Si la famille G se désiste et qu'une famille H comportant 4 personnes se présente au départ de l'excursion, comment devra-t-on répartir l'ensemble des touristes ?

16. Les manches de bois de Cerbère Cerbère fabrique dans 4 petites usines régionales des manches de bois cylindriques destinés aux outils de jardinage et aux balais. Voici les coûts de fabrication (en $ par millier de manches) ainsi que les productions mensuelles minimale et maximale des usines.

Usine	**Coût de fabrication**	**Production mensuelle**	
		maximale	**minimale**
U	1 000 $	20 000	6 000
V	1 100 $	15 000	4 000
W	1 150 $	22 000	7 000
X	1 050 $	16 000	4 000

Les manches sont en frêne et il faut compter 500 g de bois brut par manche usiné. Cerbère se procure le bois requis auprès de 2 scieries, S et T, qui peuvent lui fournir tout le bois désiré. La scierie S réclame, pour le bois de frêne brut, 25¢ le kg et T, 21¢ le kg. Pour obtenir ces prix avantageux, Cerbère a dû s'engager à acheter chaque mois de S au moins 4,5 tonnes de bois et de T, au moins 2 tonnes. Cerbère assume les frais de transport du bois acheté jusqu'à ses usines. Voici les coûts de transport par kg de bois brut.

Coût de transport (en ¢/kg) d'une scierie à une usine

Scierie	**Usine**			
	U	V	W	X
S	3	2	5	6
T	4	3	4	7

L'usinage du frêne en manches occasionne des copeaux dont le poids s'élève à 25 % du poids du bois brut. Les copeaux sont vendus 5¢ le kg à une usine d'aggloméré qui en assure l'enlèvement et le transport.

Les manches sont expédiés à 5 grossistes. Voici les coûts de transport, assumés par Cerbère, d'un millier de manches des usines aux grossistes.

Coût de transport (en $/1 000 manches) d'une usine à un grossiste

Usine	**Grossiste**				
	A	B	C	D	E
U	30	33	39	32	34
V	31	32	38	39	33
W	28	33	37	38	32
X	32	30	32	31	32

Le tableau suivant indique le prix demandé par Cerbère aux grossistes (en $ par 1 000 manches) ainsi qu'une estimation de la demande mensuelle des grossistes.

Grossiste	**Prix de vente**	**Demande mensuelle**	
		maximale	**minimale**
A	5 500 $	14 000	10 000
B	5 510 $	12 000	9 000
C	5 480 $	6 000	4 000
D	5 405 $	8 000	4 000
E	5 505 $	4 000	2 000

Cerbère cherche à établir un plan de production mensuel qui maximise ses profits.

(*a*) Où chaque usine doit-elle se procurer le bois non ouvré nécessaire à ses activités ?

(*b*) Combien de manches doit fabriquer chaque usine ?

(*c*) Combien de manches chaque usine doit-elle acheminer vers chaque grossiste ?

Construire un réseau qui traduit ce contexte. (Prendre comme unité de flot le kg de bois brut.) Résoudre.

***17. La robinetterie NévéGlace** La robinetterie NévéGlace exploite 2 ateliers, A et B, où elle fabrique baignoires et lavabos de grand luxe. En A, elle dispose chaque semaine de 70 heures régulières et de 30 heures supplémentaires. Les disponibilités hebdomadaires de l'atelier B sont de 75 heures régulières et de 40 heures supplémentaires. Chaque atelier peut produire en une heure soit 3 baignoires, soit 5 lavabos. Enfin, les coûts de production dans l'un et l'autre ateliers s'élèvent à 100 $ l'heure régulière et à 150 $ l'heure supplémentaire.

Le carnet de commandes de NévéGlace se résume pour l'instant à 2 commandes, que NévéGlace ne s'est pas engagée à satisfaire : le client T désire 225 baignoires et 525 lavabos ; le client W souhaite la livraison de 255 baignoires et de 365 lavabos. Le prix de vente d'une baignoire s'élève à 290 $; celui d'un lavabo, à 200 $.

Il en coûte à NévéGlace la même somme pour expédier une baignoire ou un lavabo. Le prix varie cependant selon l'atelier et selon le client. Le tableau ci-dessous donne les coûts unitaires d'expédition que doit assumer la robinetterie. (Le coût élevé entre A et W provient du fait que le transport aérien est de rigueur sur cette route.)

Coût d'expédition d'une baignoire ou d'un lavabo		
de l'atelier	**à T**	**à W**
A	10 $	150 $
B	18 $	8 $

(a) On demande quel atelier doit fournir quel client et en quelles quantités pour maximiser les revenus nets de NévéGlace. (Suggestion : utiliser comme flot sur les arcs les heures de travail dans l'un ou l'autre des ateliers.)

(b) Les commandes de T et de W viennent d'être révisées à la hausse : T réclame maintenant 321 baignoires et 625 lavabos ; W, 300 baignoires et 425 lavabos. Par inadvertance, NévéGlace a accepté ces commandes et s'est engagée à payer un dédit de 50 $ par baignoire manquante et de 25 $ par lavabo manquant. Comment s'y prendra-t-elle maintenant pour maximiser ses revenus nets ?

(c) Quel plan de production et d'expédition NévéGlace devrait-elle retenir pour maximiser ses revenus nets si les commandes fermes et les dédits mentionnés en (*b*) étaient maintenus, mais que les prix étaient modifiés de la façon suivante : les baignoires sont vendues, à W comme à T, 290 $ chacune pour les 180 premières, et 275 $ pour chaque baignoire supplémentaire ; les lavabos sont offerts au prix de 200 $ chacun pour les 300 premiers et de 185 $ pour chaque lavabo supplémentaire ?

18. La Belle au bois dormant Le problème 48(*a*) du chapitre 2, « La Belle au bois dormant », se traite également comme un problème de réseau. Tracer un réseau qui traduit graphiquement ce problème ; puis, le résoudre à l'aide d'un logiciel approprié.

***19. Les ciments éburnéens** Le problème 59 du chapitre 2, « Les ciments éburnéens », se traite également comme un problème de réseau. Tracer un réseau qui traduit graphiquement ce problème ; puis, le résoudre à l'aide d'un logiciel approprié.

20. Les mines à ciel ouvert L'importante société minière Norfer exploite, dans le Grand Nord québécois, 7 mines à ciel ouvert situées près d'une petite ville où résident la grande majorité des travailleurs de Norfer. Ceux-ci doivent, chaque jour où les mines sont en exploitation, se rendre à leur lieu de travail et en revenir en suivant un réseau de routes en terre, dont l'état déplorable fait rager plus d'un.

La figure ci-après illustre les tronçons qui relient la ville, dénotée V dans la figure, et les mines entre elles. Les nombres placés sur les arcs donnent les distances en kilomètres. Le maire de la ville, qui incidemment est au service de Norfer, vient d'être réélu et doit maintenant tenir la promesse électorale qui lui a valu la victoire : recouvrir d'asphalte certains tronçons du réseau de façon qu'un employé roule toujours sur des routes asphaltées quand il voyage par le plus court chemin entre la ville et la mine où il est affecté.

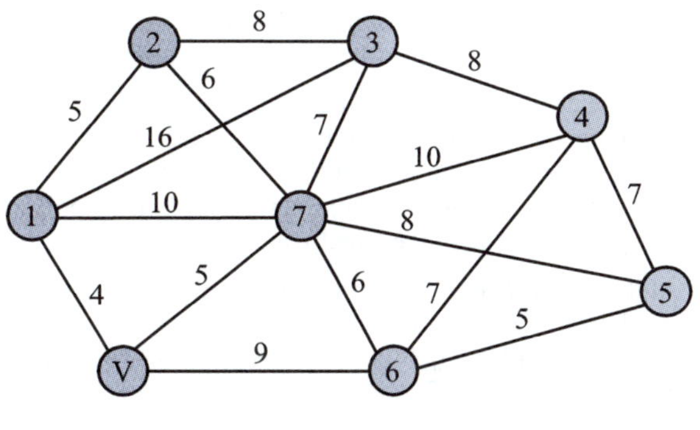

(a) Indiquer quels tronçons devraient être recouverts d'asphalte.

Les 3 questions qui suivent concernent un réseau quelconque entre une ville V et un certain nombre de mines. Répondre sans recourir à la solution de la question (a).

(b) Peut-il exister, dans le sous-réseau constitué des seuls tronçons asphaltés, 2 chemins de longueurs différentes entre V et l'une des mines ? Expliquer.

(c) Si le chemin le plus court entre V et une mine S passe par une mine T, la portion de ce chemin entre V et T sera-t-elle asphaltée ? Expliquer.

(d) Si la mine la plus près de S est la mine T, le chemin le plus court de V à T inclut-il forcément le tronçon (S ; T) ? Expliquer.

21. La compagnie Abitibus La compagnie Abitibus possède une vingtaine d'autobus qui transportent les passagers aux quatre coins du Québec. Sa clientèle principale est constituée d'hommes et de femmes d'affaires qui vivent en région éloignée et viennent à Montréal pour rencontrer des clients. Abitibus dessert, entre autres, la ligne Montréal – Amos. Le trajet dans une direction prend 7 heures et inclut un arrêt dans le pittoresque parc La Vérendrye. Le directeur de l'exploitation, qui vient d'entrer en fonction, veut remanier l'horaire des autobus sur cette ligne de façon à tenir compte des suggestions de quelques clients assidus. Il a commencé par établir les heures de départ de Montréal et d'Amos.

Trajet	Départ de Montréal	Arrivée à Amos
A	6 h 00	13 h 00
B	7 h 00	14 h 00
C	11 h 30	18 h 30
D	18 h 00	1 h 00
E	0 h 00	7 h 00

Trajet	Départ d'Amos	Arrivée à Montréal
1	6 h 00	13 h 00
2	8 h 30	15 h 30
3	15 h 15	22 h 15
4	18 h 00	1 h 00
5	1 h 00	8 h 00

Une fois les heures de départ établies, il faut apparier les trajets de façon à obtenir des allers retours. Pour des raisons syndicales, le chauffeur et l'agent de bord doivent se reposer au moins 4 heures entre l'aller et le retour mais ne peuvent rester plus de 24 heures en attente du retour.

Le directeur dispose, à Amos tout comme à Montréal, d'équipages mis en disponibilité récemment à cause d'une baisse de la demande sur d'autres lignes. Pour chaque aller retour choisi, il pourra donc, à sa guise, faire appel à un équipage d'Amos ou de Montréal.

Abitibus veut minimiser le temps d'attente total des employés entre les allers et les retours. Déterminer comment apparier les trajets et où résideront les équipages pour atteindre cet objectif.

22. La livraison de berlingots de lait Au cours des vacances estivales, une laiterie assure la livraison des berlingots de lait remis aux jeunes qui fréquentent les 6 camps d'été du club Grands-Frères dans les Laurentides. La laiterie dispose de 2 camions (C_1 et C_2) et de 2 fourgonnettes (F_1 et F_2) qui effectuent déjà une tournée quotidienne de distribution dans cette région. Le tableau suivant donne le nombre de kilomètres supplémentaires qui seraient imposés à chaque véhicule, en plus de sa tournée habituelle, pour desservir un camp.

Les camions desserviront 2 camps chacun et les fourgonnettes, 1 camp chacune. La direction de la laiterie, qui cherche à minimiser le total des kilomètres supplémentaires parcourus, se demande quel véhicule devrait livrer les berlingots à chacun des camps.

	Nombre de kilomètres supplémentaires pour desservir un camp					
	1	**2**	**3**	**4**	**5**	**6**
C_1	18	16	18	14	16	19
C_2	15	14	16	11	17	16
F_1	13	16	18	18	11	18
F_2	16	10	19	14	19	15

(*a*) Représenter ce problème par un réseau comportant 4 sommets émetteurs, un pour chaque véhicule. Résoudre.

(*b*) Cette situation se traite également comme un problème d'affectation où $n = 6$. Déterminer les sommets émetteurs et récepteurs d'un réseau d'affectation qui traduit ce problème. Résoudre.

23. Les candidatures Le problème 24 du chapitre 2, « Les candidatures », se traite également comme un problème d'affectation. Déterminer les n sommets émetteurs et récepteurs d'un réseau d'affectation qui traduit ce problème. Résoudre.

24. La société Volauvent Le problème 21 du chapitre 2, « La société Volauvent », se traite également comme un problème d'affectation. Déterminer les sommets émetteurs et récepteurs. Résoudre.

25. La répartition de modules entre différents programmeurs Le responsable d'un projet informatique vient de terminer l'analyse de l'implantation d'un nouveau système. Il doit maintenant répartir le travail entre les 8 programmeurs de l'entreprise.

Il a divisé le travail à effectuer en 5 modules, chacun devant être réalisé en entier par une seule personne. De plus, il désire confier chaque module à un employé différent. Le tableau ci-dessous indique, pour chaque programmeur, le temps nécessaire pour compléter chacun des modules, ainsi que son salaire hebdomadaire.

	Nombre de semaines nécessaires pour compléter le module					
Employé	**1**	**2**	**3**	**4**	**5**	**Salaire (en $/sem.)**
1	20	18	18	18	16	700
2	24	24	22	21	20	600
3	24	24	21	20	20	600
4	32	30	30	24	24	550
5	36	32	28	30	30	400
6	38	32	32	32	30	400
7	38	35	32	32	28	400
8	40	36	32	32	28	375

Déterminer comment affecter, au coût minimal, les programmeurs aux modules sachant que, les modules 1 et 2 exigeant une plus grande expérience, l'analyste tient à ce qu'ils soient confiés aux employés 1, 2 ou 3.

26. La chaîne de restauration rapide Junkbec La chaîne de restauration rapide Junkbec dispose de 3 usines de préparation de hamburgers, à Montréal, à Québec et à Chicoutimi. Les produits préparés sont expédiés aux divers points de vente de la province.

Les restaurants de la région métropolitaine s'approvisionnent exclusivement à l'usine de Montréal. De même, l'usine de Québec fournit tous les restaurants de Québec, et celle de Chicoutimi, tous les restaurants des différentes villes de la région du Saguenay – Lac-Saint-Jean.

Junkbec exploite 4 autres succursales, une dans chacune des villes suivantes : Trois-Rivières, Sherbrooke, Rimouski et Drummondville. Le tableau ci-dessous indique les ventes prévues pour la semaine prochaine ainsi que les coûts de transport entre les usines et ces 4 succursales.

Coûts de transport (en $/1 000 hamburgers)				
	TR	**Sh**	**Rim**	**Dr**
Montréal	20	18	35	15
Québec	17	20	20	17
Chicoutimi	35	37	25	35
Demande (en hamb.)	4 000	4 000	2 000	3 000

Voici également la capacité hebdomadaire de chaque usine ainsi que les ventes prévues dans les restaurants de sa région immédiate.

Données pour les 3 usines de Junkbec		
Usine	**Capacité hebdomadaire**	**Ventes prévues dans la région immédiate**
Montréal	20 000	12 000
Québec	15 000	7 000
Chicoutimi	5 000	4 000

(*a*) Formuler un problème linéaire permettant de minimiser les coûts de transport.

(*b*) Présenter cette situation comme un problème de transport et construire le tableau de transport.

(*c*) Déterminer, à l'aide de la méthode du coin nord-ouest, une première solution de base admissible. Calculer les coûts de transport associés à cette solution.

(*d*) Améliorer la solution trouvée à la question précédente en effectuant une itération de l'algorithme du transport. De combien diminuent les coûts de transport à la suite de cette itération ? La solution résultante est-elle optimale ?

***(*e*)** Déterminer, à l'aide de la méthode des pénalités, une solution de base admissible « initiale ». Calculer les coûts de transport associés à cette solution.

***(*f*)** Améliorer la solution trouvée à la question précédente en effectuant une itération. De combien diminuent les coûts de transport à la suite de cette itération ? La solution résultante est-elle optimale ?

27. Les hauts fourneaux Une fonderie comporte 4 hauts fourneaux à alimentation multiple. On peut y enfourner du minerai, des voitures compactées ou de la ferraille. Mais le coût du traitement varie selon le haut fourneau et le matériau. Le tableau suivant donne ces coûts, en dollars par tonne de matériau traitée.

	Matériau		
Haut fourneau	**Minerai**	**Voitures**	**Ferraille**
1	500	325	370
2	450	330	360
3	475	345	380
4	510	310	350

Voici la capacité quotidienne de traitement des hauts fourneaux.

Haut fourneau	1	2	3	4
Nombre de tonnes	270	185	205	245

Et voici la quantité de matériaux à traiter quotidiennement.

Matériau	Minerai	Voitures	Ferraille
Nombre de tonnes	450	275	180

(*a*) Présenter cette situation comme un problème de transport.

(*b*) Déterminer un plan de production dont le coût soit minimal.

(*c*) Si le coût du traitement des voitures dans le haut fourneau 2 passe de 330 $ à 260 $ la tonne, de combien varieront les coûts quotidiens d'exploitation ?

28. Transport et coûts de pénurie Une société de produits ménagers a lancé l'an dernier un détergent miracle qu'elle fabrique dans 2 usines (U_1 et U_2) et qu'elle distribue par l'entremise de 3 entrepôts (E_1, E_2 et E_3). Les coûts de transport des usines aux entrepôts sont donnés ci-dessous.

Coût de transport (en $/100 caisses)			
	E_1	**E_2**	**E_3**
U_1	350	250	375
U_2	400	300	600

Les ventes ont démarré plutôt lentement, mais connaissent une croissance rapide depuis le début d'une campagne publicitaire bien menée. Voici, en centaines de caisses par semaine, la demande actuelle à chacun des entrepôts ainsi que la capacité des usines.

Demande		**Capacité des usines**	
E_1	50	U_1	75
E_2	50	U_2	100
E_3	100		

Il y a donc, pour l'instant, un déficit de 2 500 caisses par semaine. Les coûts de pénurie, qui diffèrent d'un entrepôt à l'autre, sont donnés au tableau suivant.

Coûts de pénurie (en $/100 caisses)	
E_1	50
E_2	75
E_3	200

Minimiser, à l'aide de l'algorithme du transport, les coûts totaux de transport et de pénurie.

29. La Commission scolaire de Béthune En milieu rural, les commissions scolaires assurent le transport des élèves. La Commission scolaire de Béthune recueille les élèves du secondaire dans 6 paroisses pour les acheminer vers l'un des établissements A ou B.

Voici le nombre d'élèves du secondaire dans chacune des 6 paroisses et la distance moyenne (en km) du parcours en autobus.

		Distance moyenne du parcours	
Paroisse	**Nombre d'élèves**	**vers A**	**vers B**
1	100	15	30
2	200	5	18
3	150	15	12
4	120	18	25
5	200	10	12
6	250	17	5

Afin d'assurer un équilibre entre paroisses riches et paroisses pauvres, la Commission scolaire désire qu'au moins 40 élèves de la paroisse 5 et au moins 50 élèves de la paroisse 6 fréquentent l'établissement A, et qu'au moins 50 élèves de la paroisse 1 fréquentent l'établissement B. Les établissements A et B ne peuvent accueillir que 700 et 500 élèves respectivement.

Comment doit-on répartir les élèves entre les établissements A et B si l'objectif de la Commission scolaire est de minimiser le nombre total de kilomètres à parcourir par les élèves tout au long de l'année scolaire ?

(a) Cette situation se représente par un réseau dont les sommets émetteurs sont les 6 paroisses et dont les sommets récepteurs sont les 2 établissements. Construire ce réseau. Résoudre.

(b) Cette situation s'analyse également comme un problème de transport. Construire le tableau de transport. Résoudre.

30. La compagnie Pétrolco La compagnie Pétrolco possède une flotte de 20 pétroliers de tonnage moyen qu'elle utilise pour transporter du pétrole brut à partir de certains ports du Moyen-Orient vers des grandes villes d'Amérique du Nord. Mohamed, le responsable de l'organisation des transports, doit déterminer la façon dont les commandes en brut du prochain mois seront satisfaites. Le tableau suivant résume les données dont doit tenir compte Mohamed : les demandes et disponibilités sont en millions de litres ; les entrées de la section centrale donnent le profit (en cents) obtenu par l'acheminement d'un litre à chaque destination finale à partir de chaque port d'origine.

Profit (en ¢/litre) selon l'origine et la destination						
	Montréal	**New York**	**Détroit**	**Toronto**	**Philadelphie**	**Disp.**
Abu Zabi	12	11	8	6	14	1,2
Al-Dawha	10	10	15	8	12	0,8
Manana	8	9	14	7	14	1,5
Koweit	11	15	13	11	13	2,0
Demande	0,5	1,7	0,3	1,5	1,0	

(a) Déterminer un plan de transport qui maximise le profit de Pétrolco.

(b) Peut-on trouver plus d'un plan optimal ? Si oui, en calculer un deuxième.

(c) La demande de Détroit s'avère erronée : il faut y expédier 1,3 million de litres et non 0,3 million de litres. Du coup, Mohamed se rend compte que le pétrole disponible pour le prochain mois ne peut satisfaire à toute la demande. Mais une entente contractuelle, décrite au tableau ci-dessous, oblige Pétrolco à rembourser les clients dont la demande n'est pas satisfaite.

Dédit à payer (en ¢/litre) pour toute demande non satisfaite				
Montréal	**New York**	**Détroit**	**Toronto**	**Philadelphie**
3	4	2	3	4

Dans ce contexte, quel est le plan de transport optimal ?

31. Automobiles de location à déplacer Le problème 51 du chapitre 2, « Automobiles de location à déplacer », se résout également à l'aide de l'algorithme du transport : il suffit de traiter séparément les petites et les grosses voitures. Pour chacun de ces 2 cas, construire le tableau de transport, puis déterminer une solution optimale.

32. Le paradoxe « More for Less » Une entreprise dispose de 2 usines, U_1 et U_2, dont elle emmagasine la production dans 3 entrepôts, E_1, E_2 et E_3. Le tableau suivant donne les coûts unitaires de transport entre les usines et les entrepôts.

	E_1	E_2	E_3
U_1	5	1	5
U_2	13	9	5

La production atteint 30 000 unités dans chaque usine. Les entrepôts ont une capacité de 20 000 unités chacun.

(a) Trouver un plan qui minimise les coûts de transport des 60 000 unités.

(b) À supposer que la production de l'usine U_1 grimpe à 40 000 unités et que la capacité de E_3 soit portée à 30 000 unités, de quelle façon devrait-on procéder pour minimiser les coûts de transport des 70 000 unités produites ?

(c) Commenter les résultats des questions précédentes, qui sont paradoxaux à première vue : en effet, sans que l'on ait changé les coûts unitaires, il en coûte moins cher en (*b*) et l'on transporte 10 000 unités de plus...

33. La location de services par le ministère des Transports Les responsables de l'entretien de la voirie au ministère des Transports louent en saison estivale les services du personnel et la machinerie d'entreprises régionales de travaux publics pour assurer la réfection de tronçons routiers dans les divers districts d'une région. Chacune de ces entreprises met à la disposition du Ministère un certain nombre d'équipes autonomes. Le prix réclamé par une entreprise, qui est le même pour toutes ses équipes, comprend personnel et équipement pour la durée de la saison. (La nature des travaux compte peu puisque le Ministère s'assure de proposer aux diverses entreprises un panier standard de travaux.) Le prix demandé dépend en grande partie du district où l'équipe sera appelée à travailler. En effet, la machinerie doit être conduite à pied d'œuvre et il faut prévoir des compensations salariales pour les travailleurs qui seront affectés à un chantier éloigné de leur foyer.

Le Ministère, dont l'objectif est de minimiser les coûts de location des équipes, doit donc déterminer combien d'équipes de chaque entreprise il faut retenir pour mener à bien les travaux dans chaque district. Voici, sous forme de tableaux, les informations dont disposent les responsables pour s'offrir les services des équipes des entreprises C_1, C_2, …, C_8 dans les districts D_1, D_2, D_3 et D_4.

Prix (en 00 000 $) des services d'une équipe de l'entreprise C_j dans le district D_i

	C_1	C_2	C_3	C_4	C_5	C_6	C_7	C_8
D_1	4	5	5	7	6	4	7	6
D_2	4	4	5	7	3	3	7	7
D_3	6	3	6	8	6	5	4	7
D_4	5	7	6	7	4	6	6	4

Nombre d'équipes disponibles dans chaque entreprise

C_1	C_2	C_3	C_4	C_5	C_6	C_7	C_8
8	12	14	17	10	18	40	22

Nombre d'équipes requises par district

D_1	D_2	D_3	D_4
16	22	17	19

(a) Cette situation se traite comme un problème de transport. Construire le tableau de transport. Résoudre.

(b) Écrire le modèle linéaire associé à ce problème de transport. Résoudre.

(c) Pour ne pas inféoder un district à une seule entreprise, les responsables du Ministère exigent souvent la présence, dans chaque district, d'équipes fournies par plus d'une entreprise. Voici, pour chaque district, le nombre minimal d'entreprises dont la présence est jugée souhaitable.

Nombre minimal d'entreprises dans chaque district

D_1	D_2	D_3	D_4
1	4	3	1

Modifier le modèle linéaire construit en (*b*) pour tenir compte de cette nouvelle exigence. Résoudre.

34. Les voies d'évitement lors de la réfection d'un viaduc Pendant la réparation d'un viaduc, il faudra interrompre la circulation dans le sens ouest-est sur une autoroute fort achalandée. Des voies d'évitement ont été prévues à même les rues d'une petite ville située tout près de l'autoroute (voir la figure sur la page suivante).

Toutes les voies d'évitement seront à sens unique, mais il reste à déterminer le sens à donner aux tronçons BD, BE, CD et CE de façon que le système de voies d'évitement maximise le nombre potentiel des véhicules qui pourraient l'emprunter. Les nombres reportés sur les tronçons indiquent leur capacité maximale en milliers de véhicules par jour.

Construire et résoudre un modèle linéaire pour déterminer quel sens donner aux tronçons BD, BE, CD et CE. (Tracer d'abord un réseau et écrire les contraintes de conservation de flot aux sommets de transbordement et de bornes sur les différents arcs ; puis, ajouter les contraintes linéaires manquantes.)

PROBLÈME 34 Les voies d'évitement lors de la réfection d'un viaduc

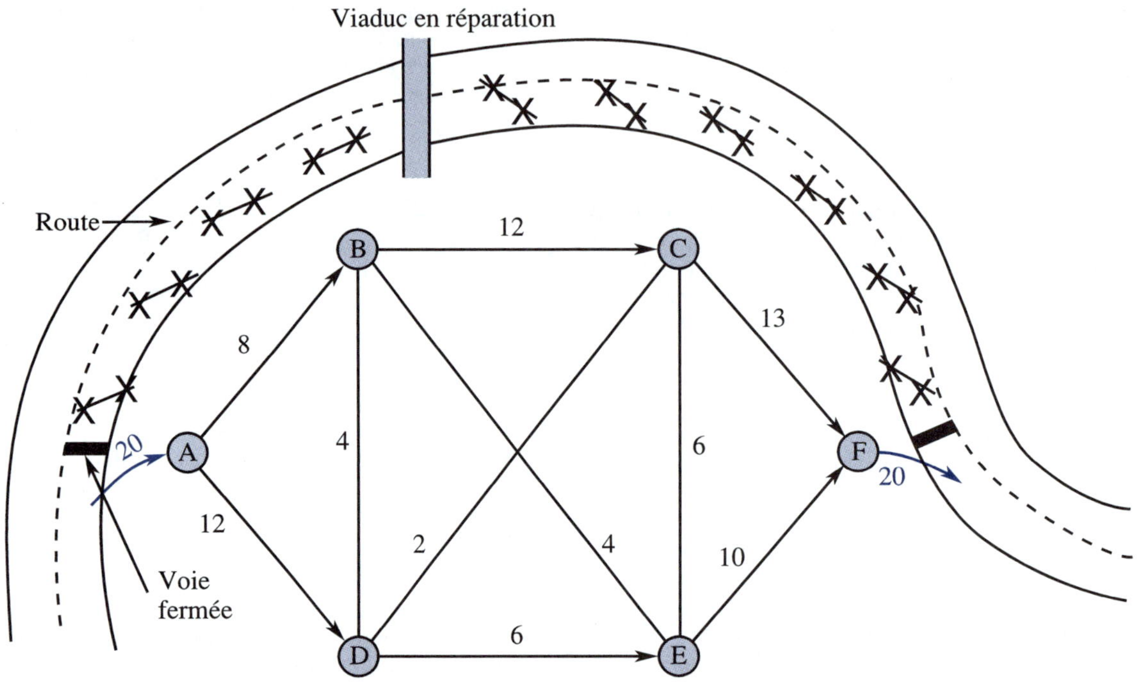

35. D'Auteuil et la location de tracteurs à chenilles D'Auteuil est propriétaire de 4 tracteurs à chenilles équipés d'une pelle hydraulique. Le nombre de tracteurs disponibles chaque semaine est donné au tableau suivant.

Semaine	1	2	3	4	5	6	7	8	9	10
Nombre	2	2	4	3	4	3	4	4	4	2

En période estivale, aussitôt les foins coupés, ces tracteurs sont utilisés pour creuser des fosses où enterrer les nombreux « tas de roches » dont sont encore parsemées les terres du comté, empierrées par les moraines de glaciers préhistoriques. D'Auteuil a conclu un contrat avec 7 fermiers pour enfouir leurs tas de roches. Voici, pour chaque tâche contractée, le nombre de semaines de travail requises, la date de démarrage au plus tôt et la date de parachèvement au plus tard.

Tâche	Démarrage au plus tôt *	Parachèvement au plus tard *	Durée (en semaines)
Ferme A	15 juin (2)	6 juillet (5)	3
Ferme B	29 juin (4)	27 juillet (8)	4
Ferme C	8 juin (1)	10 août (10)	7
Ferme D	13 juillet (6)	10 août (10)	3
Ferme E	15 juin (2)	3 août (9)	6
Ferme F	29 juin (4)	20 juillet (7)	3
Ferme G	22 juin (3)	3 août (9)	5

* Les nombres entre parenthèses donnent le numéro de la semaine.

Il n'est pas possible d'utiliser plus d'un tracteur à la fois pour la même tâche. Mais il n'est pas requis qu'une tâche soit accomplie d'un trait sans dérougir. Les tracteurs sont acheminés d'une ferme à l'autre selon les besoins.

D'Auteuil peut-il accomplir toutes les tâches promises dans les délais impartis ? Si oui, prévoir l'allocation hebdomadaire des différents tracteurs aux différentes tâches.

La gestion de projets

CHAPITRE

8

La sortie de l'Arche des premiers chantiers navals et l'édification de la tour de Babel évoquent, la première, un projet complété à temps qui a permis de soustraire aux affres de la noyade la famille de Noé et son environnement faunique, et la seconde, une entreprise qui, la planification ayant fait défaut, n'a jamais été menée à terme. Plus près de nous, la construction des pyramides égyptiennes ou incasiques, la Guerre des Gaules ou celle de 1939-1945 montrent que l'allocation à bon ou à mauvais escient des ressources a souvent, dans les sociétés humaines, suscité le leadership de ceux, pharaons, Incas ou généraux, dont le talent est de prévoir et de planifier. L'instinct et le geste impulsif ont fréquemment cédé le pas, avec profit, à l'action réfléchie et au geste étudié.

La planification fait partie de la vie moderne; elle se fait spontanément dans les petites choses, comme un geste de civilisation, comme on fait de la prose sans le savoir. L'homme d'expérience planifie rapidement un départ en voyage d'affaires : un petit tour chez son agent de voyage, une courte visite à la banque, la préparation de sa valise et de son porte-documents, l'appel d'un taxi, et le voilà fin prêt. Parfois, l'action s'appuie sur des procédés plus élaborés qui relèvent du talent organisationnel ou de techniques de la recherche opérationnelle : le circuit qu'empruntent deux fois la semaine les éboueurs d'un quartier en a fourni un exemple[1]. Pour les projets encore plus complexes, dont le caractère non répétitif empêche l'établissement par expérimentation d'une planification optimale, projets qui requièrent de grands moyens et la coordination du travail de nombreux individus, l'effort de planification est encore plus justifié. On pense alors :

- à préciser l'objectif ;
- à déterminer les opérations ou les tâches nécessaires pour atteindre cet objectif ;
- à estimer la durée de chaque tâche et les ressources exigées par chacune ;
- à estimer les risques et à prévoir les marges nécessaires pour les pallier ;
- à calculer la durée totale et le coût total du projet ;
- à dresser un calendrier d'échelonnement des tâches.

Pour arriver à franchir ces étapes, qui résument le processus de la planification, des méthodes de plus en plus élaborées ont été petit à petit mises au point dans le milieu industriel, avant de rapidement envahir la plupart des domaines où s'exerce l'activité humaine. Partout où le temps perdu ou gagné a une signification monétaire, ces méthodes ont trouvé un créneau favorable à leur application. La naissance de la planification par l'utilisation des réseaux a fait son apparition avec le taylorisme : on la doit à Gantt.

Depuis, on a fait mieux que les diagrammes de Gantt, ces tableaux constitués de réglettes coulissantes dont chacune représente une tâche à accomplir dans l'exécution d'un projet. Il existe, parmi la panoplie des diverses méthodes proposées aux planificateurs modernes, deux prétendantes principales au titre de méthode reine : le *PERT* et le *CPM*. Quelques mots sur chacune.

Le *CPM* (*Critical Path Method*, ou méthode du chemin critique) a été mis au point par Kelly et Walker pour la compagnie DuPont de Nemours. Sa première application date de 1957. Le *CPM* se fonde sur l'idée que la durée d'un projet peut se compresser par l'accélération de certaines tâches, ce qui implique l'acceptation d'une dépense supplémentaire.

Le *PERT* (*Program Evaluation and Revue Technique*) a pris son départ en 1958 au Bureau des programmes spéciaux de la marine américaine, pour être mis en œuvre la première fois dans la gestion du gigantesque projet que constituaient la conception, la fabrication et le lancement de la fusée *Polaris*, ancêtre du programme spatial américain. Dans le *PERT*, la durée des tâches est considérée comme incertaine et, pour chaque tâche, trois estimés de sa durée sont obtenus. Ces trois estimés sont convertis en un seul, bientôt assorti de la variance de la distribution attribuée à la durée. De cet ensemble de durées entachées d'incertitude émerge la probabilité de respecter les dates fixées aux diverses étapes d'un projet.

Dans la pratique, ces deux méthodes ont fini par se fondre. Elles seront présentées ici comme concourantes et synergiques.

---

1. Voir la section 2.4.1, « Le parcours des éboueurs ».

8.1 UN EXEMPLE : LE PROJET RESO

Le recours à un système bien documenté d'aide à la décision s'appuie, dans plusieurs firmes, sur un réseau micro-informatique. L'implantation d'un tel réseau constitue ce que nous convenons d'appeler un **projet**, c'est-à-dire un ensemble de tâches ordonnées dans le temps, admettant un démarrage et une fin. Pour fixer les idées, nous avons choisi d'étudier un projet d'implantation de réseau micro-informatique, que nous appellerons par la suite projet RESO, qui compte 3 phases successives.

- **Phase 1 :** planification, c'est-à-dire évaluation initiale, prise en considération des différentes approches possibles et analyse des coûts relatifs à chaque approche. Cette phase se termine par l'approbation du budget nécessaire à la mise en œuvre de l'approche retenue.
- **Phase 2 :** mise en place du matériel, installation du logiciel puis formation du personnel.
- **Phase 3 :** élaboration des procédures pour assurer le fonctionnement adéquat du réseau.

Chacune de ces phases se ramifie en plusieurs **tâches**, qui sont énumérées et décrites au tableau 8.1. Notons que les serveurs mentionnés dans la tâche G sont des unités qui sont les dépositaires des ressources communes (fichiers, imprimantes, etc.) et qui coordonnent le trafic sur le réseau ; que les ponts de la tâche K sont des unités qui assurent la liaison entre différents serveurs ou différents réseaux. La durée prévue pour chaque tâche apparaît à la dernière colonne du tableau.

L'avant-dernière colonne donne, pour chaque tâche, une liste de tâches dont le parachèvement est nécessaire et suffisant à son démarrage. Par exemple, l'analyse des coûts, tâche dénotée D, pourra démarrer dès que seront terminées les tâches B et C ; mais la structure du réseau et le plan de formation devront être complètement élaborés avant que l'on puisse passer à l'analyse des coûts.

On voit que la tâche A doit précéder la tâche B et que celle-ci doit précéder la tâche D : il en résulte que A précède nécessairement D. Mais A est dite **prédécesseur lointain** de D puisque B s'intercale entre A et D. Dans le tableau 8.1, la liste des prédécesseurs « immédiats » de E inclut B et C : mais, puisque B et C précèdent D, laquelle précède E, les tâches B et C sont prédécesseurs lointains de E et il était redondant de les inscrire dans la liste des prédécesseurs de E. Idéalement, dans une liste de prédécesseurs, on évite les prédécesseurs lointains et on se limite aux seuls **prédécesseurs immédiats**, afin de ne pas alourdir la description et l'analyse du projet. Cet objectif d'épuration n'est pas facile à atteindre lorsque le projet est complexe et les tâches enchevêtrées. L'élimination de tous les prédécesseurs lointains est souvent fastidieuse et difficile[2]. La présence de certains prédécesseurs lointains, dans une liste qu'on souhaiterait cantonner aux seuls prédécesseurs immédiats de chaque tâche, n'entache toutefois pas la validité des démarches et des calculs subséquents.

La tâche A, n'admettant pas de prédécesseurs immédiats, est une tâche initiale du projet. (Ici, A est l'unique tâche initiale ; beaucoup de projets en admettent plus d'une.) Les tâches M, P et Q ne sont prédécesseurs immédiats d'aucune tâche du projet ; ce sont donc des tâches qui s'effectueront en fin de projet, dont le parachèvement signalera le moment où le projet s'achèvera.

2. Il existe des algorithmes pour éliminer toute redondance. Voir, par exemple, Wiest et Levy, *A Management Guide to PERT/CPM, 2nd edition*, p. 22-25.

TABLEAU 8.1
Projet RESO : implantation d'un réseau micro-informatique

Code	Description	Prédécesseur(s) immédiat(s)	Durée (en jours)
A	Évaluation initiale	–	5
B	Élaboration de la structure du réseau	A	10
C	Élaboration du plan de formation du personnel	A	3
D	Analyse des coûts	B, C	5
E	Révision des plans et approbation du budget	B, C, D	5
F	Mise en place du câblage	E	5
G	Montage des serveurs	F	5
H	Montage des stations de travail	G	3
I	Installation du logiciel d'exploitation du réseau	H	4
J	Montage des lignes téléphoniques	G	5
K	Montage des ponts	G	3
L	Documentation de la structure du réseau	I, J, K	5
M	Formation du personnel	L	8
N	Négociation de la politique d'entretien	H, J, K	2
O	Élaboration des procédures d'exploitation	L, N	5
P	Élaboration des procédures de copies de sécurité	O	5
Q	Élaboration des procédures d'entretien et de réparation	O	5

Il est commode de représenter graphiquement les tâches et leur ordonnancement en s'appuyant sur la liste des prédécesseurs immédiats de chaque tâche. La plus courante de ces représentations fait correspondre chaque tâche à un arc, sans toutefois établir de relation entre la durée d'une tâche et la longueur de l'arc correspondant ; pour indiquer que A est un prédécesseur immédiat de B, l'arc correspondant à B prend son départ là où aboutit l'arc associé à A.

A est prédécesseur immédiat de B : 

Cette convention souffre cependant des exceptions, que nous expliquerons à la section 8.2 et qui entraîneront l'introduction de tâches fictives.

Les 2 cercles occupant les extrémités d'un arc sont appelés respectivement **sommet initial** et **sommet terminal** de cet arc. On convient de numéroter ces sommets de façon que le numéro attribué au sommet terminal d'un arc soit toujours supérieur à celui du sommet initial. On attribue le numéro 1 au sommet initial de la tâche ou des tâches qui n'ont pas de prédécesseurs immédiats. Ce sommet représente le **démarrage du projet**.

8.2 LA CONSTRUCTION DU RÉSEAU

Nous indiquons maintenant comment représenter graphiquement l'ordonnancement des tâches d'un projet. Avant de traiter le projet RESO, nous introduisons quelques trucs de construction d'une telle représentation graphique grâce à l'exemple simple décrit au tableau 8.2. Nous reviendrons par la suite au projet RESO.

D'après le tableau 8.2, T et W sont prédécesseurs immédiats de X. Selon la convention énoncée ci-dessus, le sommet initial de l'arc correspondant à X doit donc coïncider à la fois avec le sommet terminal de T et avec celui de W. Il en résulte que les arcs T et W convergent vers un même sommet terminal.

TABLEAU 8.2
Un projet abstrait : prédécesseurs immédiats

Tâche	Prédécesseur(s) immédiat(s)
T	–
U	–
W	U
X	T, W
Y	U
Z	X, Y
R	U
S	X, Y, R

T et W sont prédécesseurs immédiats de X :

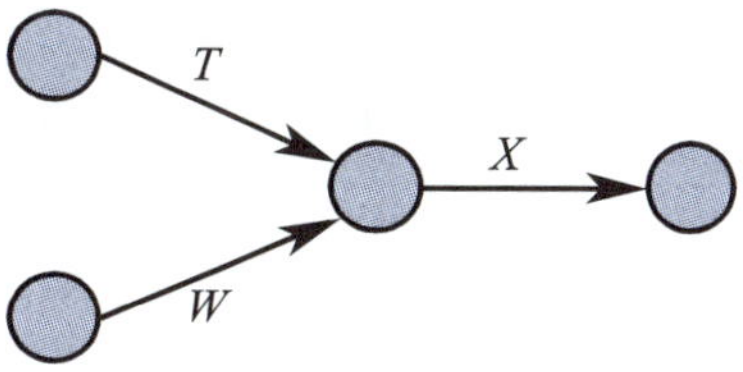

Les arcs X et Y admettent également un sommet terminal commun, qui sert de sommet initial à Z. La figure ci-dessous donne une façon de traduire les relations d'antériorité du sous-projet formé des tâches T à Z. Cette figure constitue ce qu'on convient de désigner sous le nom de **réseau**.

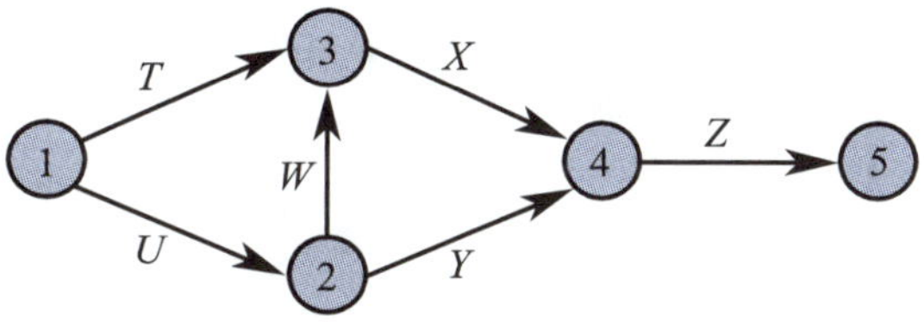

La prise en considération des tâches R et S présente une difficulté particulière. En effet, les arcs X, Y et R devraient, selon ce qui vient d'être convenu, partager le même sommet terminal, qui serait le sommet initial de S. Or, le sommet terminal de X et de Y est le sommet initial de Z.

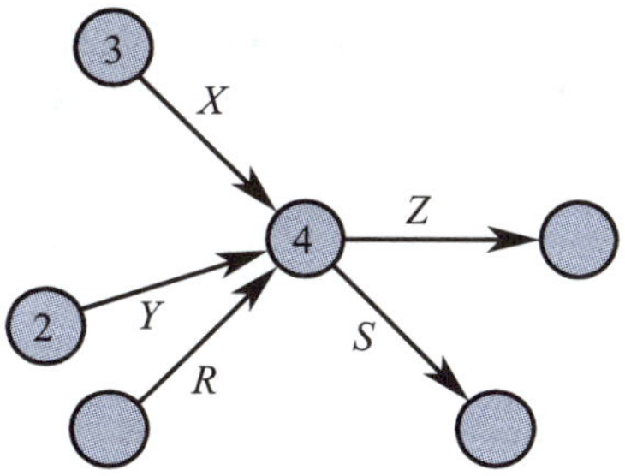

Le sous-réseau ci-dessus, s'il était utilisé pour représenter l'exemple 8.2, exigerait que R précède Z, bien que R ne fasse pas partie, dans le tableau 8.2, de la liste des prédécesseurs immédiats de Z. Il faut éviter que la structure du réseau induise de telles relations d'antériorité entre des arcs qui ne correspondent pas à des contraintes d'antériorité entre les tâches correspondantes. Nous dédoublons donc le sommet terminal des tâches X, Y et R et ajoutons, entre les deux sommets obtenus, une **tâche fictive** F, dont la durée est nulle.

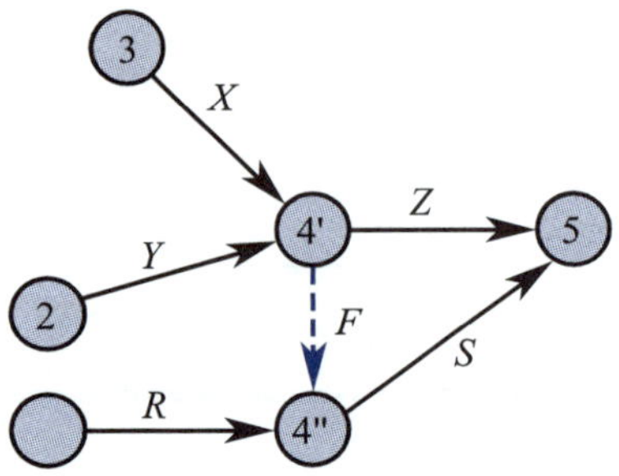

La présence d'un arc allant du sommet 4' au sommet 4" indique que X et Y sont des prédécesseurs immédiats de S. L'absence d'arc allant en sens inverse permet à la tâche Z de démarrer dès que X et Y sont parachevées, que la tâche R soit terminée ou non.

Le dédoublement des sommets 4' et 4" permet de distinguer les prédécesseurs immédiats de Z de ceux de S ; l'ajout de la tâche fictive F assure que les tâches X et Y, de sommet terminal 4', précèdent S dont le sommet initial est 4". Le recours à une tâche fictive s'impose chaque fois que deux tâches admettent comme ensembles de leurs prédécesseurs immédiats des ensembles différents et non disjoints. Ici, les tâches Z et S partagent deux prédécesseurs immédiats, soient X et Y, alors que R est prédécesseur immédiat de S sans l'être de Z.

Pour compléter le réseau de l'exemple 8.2, il suffit d'ajouter les arcs T, U et W, en faisant coïncider le sommet initial de R avec le sommet terminal de U.

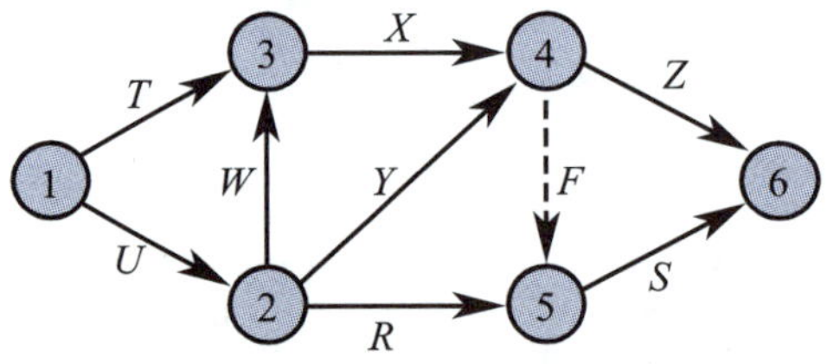

Nous avons renuméroté les sommets pour obéir aux conventions suivantes : **les numéros accordés à l'ensemble des sommets sont consécutifs et commencent par 1 ; le numéro attribué au sommet initial de tout arc est inférieur à celui attribué à son sommet terminal.**

Revenons maintenant au projet RESO d'implantation d'un réseau micro-informatique. Puisque la tâche initiale A est prédécesseur immédiat de B et de C, le tracé du réseau des tâches débute comme suit.

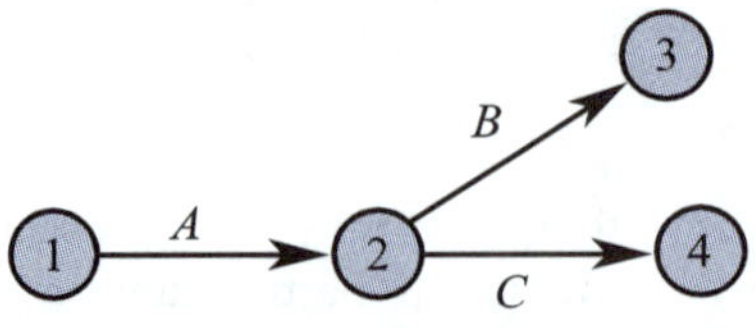

L'analyse des coûts, tâche D, admet comme prédécesseurs immédiats les tâches B et C. Il faudrait donc que B et C partagent le même sommet terminal.

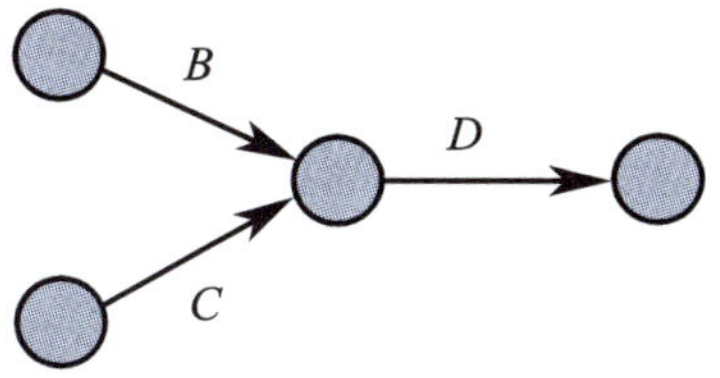

En combinant les contraintes des 2 sous-réseaux, on pourrait conclure que les arcs B et C ont le même sommet initial et le même sommet terminal. Bien que cette affirmation ne comporte pas d'illogisme, la tradition et les conventions de codage[3] utilisées dans les logiciels de gestion de projets interdisent cette pratique. On ajoute entre les sommets 3 et 4 une tâche fictive F1, dont la durée est nulle comme celle de toute tâche fictive, pour assurer que la tâche D, de sommet initial 4, démarre seulement lorsque B, tout comme C, sont parachevées.

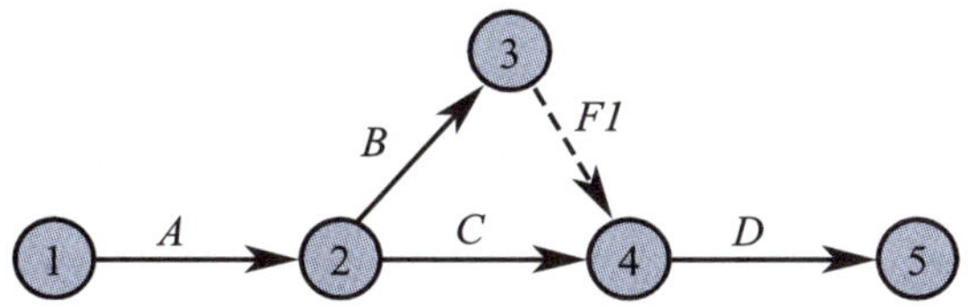

Le tableau 8.1 indique que E admet 3 prédécesseurs immédiats : B, C et D. Les 2 premiers sont redondants puisqu'ils précèdent D ; ce sont des prédécesseurs lointains de E. On pourrait les éliminer de la liste des prédécesseurs immédiats de E sans que le tracé du réseau en soit modifié. La phase 1 de planification du réseau se traduit par le sous-réseau suivant.

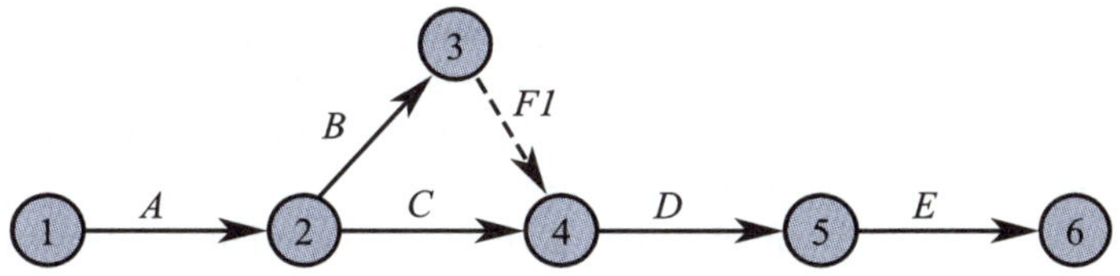

La mise en place du câblage, tâche F, démarre du sommet 6 où aboutit E. Suit le montage des serveurs, soit la tâche G. Trois tâches émanent du sommet terminal de G.

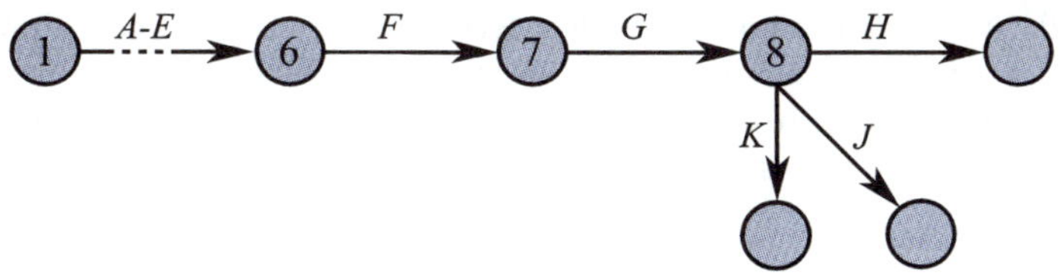

On doit relier les sommets terminaux des arcs H, K et J par des tâches fictives, puisque les tâches correspondantes admettent toutes la tâche N comme successeur immédiat. (Noter que I est successeur immédiat de la seule tâche H.)

3. Une tâche est souvent codée par le couple (*ni* ; *nt*) des numéros des sommets initial et terminal de l'arc qui lui est associé dans le réseau.

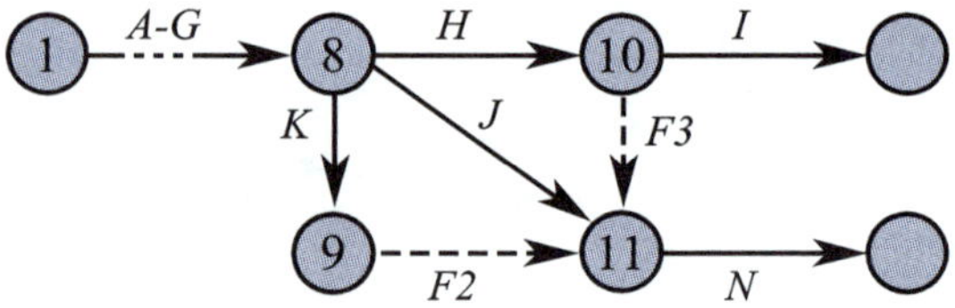

Une quatrième tâche fictive, F4, allant du sommet 11 au sommet terminal de I, assure que la tâche de documentation, L, démarre après le parachèvement non seulement de I, mais également de J et K. L'arc F5 dénote la tâche fictive, allant des sommets terminaux de L et de N, qui garantit que l'élaboration des procédures d'exploitation, tâche O, ne débutera qu'après le parachèvement de L et N. (L'existence d'un successeur immédiat M, propre à la seule tâche L, interdit de donner à L et à N un même sommet terminal.)

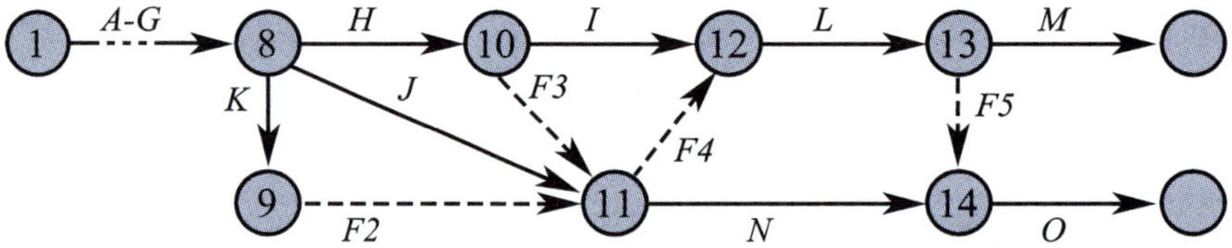

Il reste à tracer les arcs P et Q. Leur sommet initial sera le sommet terminal de leur prédécesseur immédiat commun O. Puis, on convient de donner aux arcs M, P et Q un même sommet terminal, qui sera le **sommet terminal du réseau**. Cela exige l'introduction d'une sixième tâche fictive F6. Retenons que le réseau d'un projet n'a qu'un sommet de démarrage et qu'un sommet de parachèvement. La figure 8.1 illustre le réseau complet du projet RESO. Ce réseau obéit aux conventions suivantes :

- les n sommets sont numérotés de 1 à n ;
- les sommets 1 et n représentent respectivement le démarrage et le parachèvement du projet : le sommet 1 n'est terminal pour aucun arc, le sommet n n'est initial pour aucun arc, et tout autre sommet est à la fois terminal pour au moins un arc et initial pour un ou plusieurs autres arcs ;
- le numéro attribué au sommet initial d'un arc est inférieur à celui attribué à son sommet terminal ;
- les arcs associés à des tâches distinctes ne peuvent avoir à la fois même sommet initial et même sommet terminal.

Il est toujours possible de construire un réseau respectant ces conventions, pourvu que le projet étudié ne comporte pas de cycle[4]. Évidemment, la présence d'un cycle rend contradictoire la structure des prédécesseurs immédiats et impossible à parachever le projet correspondant. Nous présumerons dans ce qui suit que chaque réseau respecte les 3 conventions énoncées ci-dessus[5].

---

4. Un **cycle** est une suite $t_1, t_2, \ldots, t_m$ de tâches telles que $t_m = t_1$ et que t_h ($h = 1, \ldots, m-1$) est prédécesseur immédiat de t_{h+1}.

5. Voici une méthode infaillible pour numéroter les sommets d'un réseau sans cycle de façon à respecter ces conventions. On accorde le premier numéro au sommet correspondant au démarrage du projet, c'est-à-dire au sommet qui n'est le sommet terminal d'aucun arc. Puis on biffe tous les arcs qui émanent de ce sommet. On se retrouve alors avec au moins un sommet qui, dans le réseau ainsi obtenu, n'est le sommet terminal d'aucun arc. On donne à ce ou ces sommets les numéros suivant le dernier numéro accordé. On biffe ensuite tous les arcs qui émanent de chacun des sommets que l'on vient de numéroter. Et on reprend le processus jusqu'à ce que le sommet terminal du réseau ait reçu un numéro.

FIGURE 8.1
Réseau pour le projet RESO

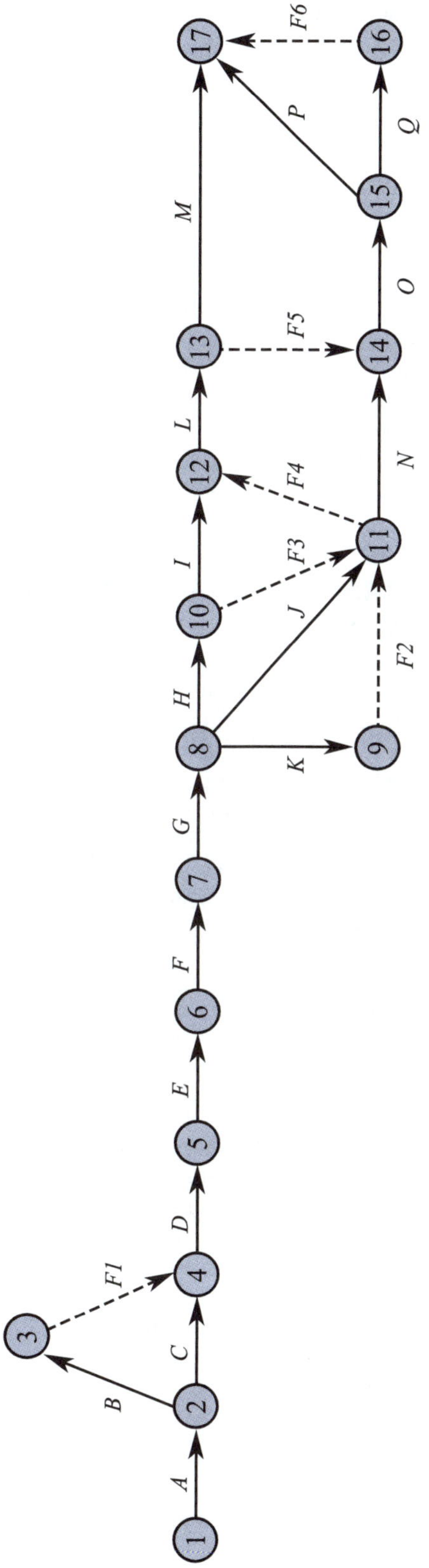

Notons qu'il y a plusieurs réseaux différents, mais équivalents, pouvant correspondre à un projet donné. Dans le projet RESO, le début du réseau pourrait se tracer comme suit.

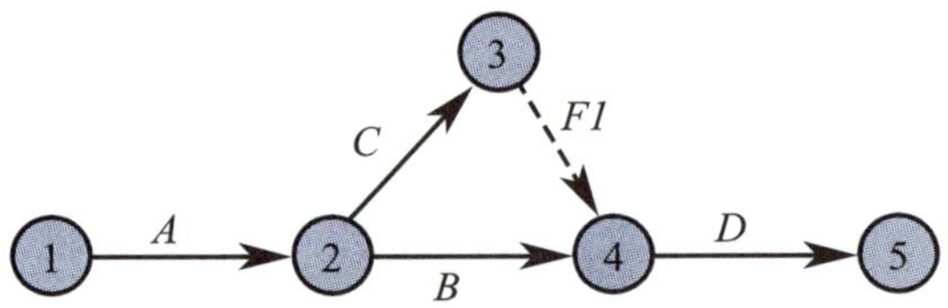

Nous avons illustré la construction de réseaux à l'aide de 2 exemples. Il existe des procédures systématiques, qui suggèrent l'adjonction automatique d'arcs fictifs entre les sommets terminaux des tâches admettant un même successeur immédiat ; une fois le réseau construit, on élimine ceux des arcs fictifs qui sont inutiles. Le lecteur intéressé par cette approche consultera avec profit le chapitre 2 de *A Management Guide to PERT/CPM* de J.D. Wiest et F.K. Levy.

8.3 LA DURÉE MINIMALE D'UN PROJET ET LE CHEMIN CRITIQUE

Le réseau d'un projet permet au gestionnaire de visualiser les relations entre les différentes tâches à réaliser pour mener ce projet à bien. Son tracé l'amène à examiner les relations d'antériorité et de postériorité entre les tâches : ainsi, d'aucunes sont considérées comme prédécesseurs immédiats ou prédécesseurs lointains de certaines autres ; les mêmes sont vues comme successeurs immédiats ou successeurs lointains d'autres tâches. Par exemple, tracer le réseau du projet RESO a forcé les responsables à préciser explicitement que la tâche O, l'élaboration des procédures d'exploitation, ne peut démarrer qu'une fois terminées les tâches L et N ; c'est ainsi que le tracé du réseau d'un projet trouve une première justification dans le fait qu'il oblige à un examen approfondi des relations entre les tâches à accomplir.

Le réseau sert également de point de départ à la mise en œuvre de divers algorithmes reliés soit à l'ordonnancement optimal des tâches, soit au déroulement optimal du projet. Parmi ces algorithmes, expliquons d'abord celui qui permet d'établir la durée minimale d'un projet, sous l'hypothèse que la durée de chaque tâche est connue à l'avance.

Plusieurs approches équivalentes ont été proposées pour le calcul de la durée minimale d'un projet. Nous avons retenu celle qui détermine, pour chaque « étape », le **moment au plus tôt** où se terminera l'ensemble des tâches aboutissant au sommet s correspondant à cette étape. Ce moment au plus tôt sera noté E(s), pour refléter la terminologie anglo-saxonne qui qualifie ce moment de *earliest*, littéralement « au plus tôt ». On dénote ce moment tantôt sous une forme que nous qualifierons d'absolue (par exemple, 1er avril 1999 ou demain à 15 heures), tantôt sous une forme, appelée forme relative, où le temps se mesure à partir du moment où démarre le projet : dans ce dernier cas, E(s) représente le nombre minimal de périodes (jours, semaines, etc.) entre le démarrage du projet et le parachèvement de toutes les tâches dont s est le sommet terminal.

Reprenons l'exemple du tableau 8.2 pour adjoindre à chaque tâche sa durée : le tableau 8.3 donne le résultat de cet effort. Adoptons la forme relative et indiquons comment calculer les moments E(s) des 6 étapes du réseau de la page 410 qui représente ce projet abstrait.

TABLEAU 8.3
Un projet abstrait : durée des tâches

Tâche	Sommets	Durée
T	1 3	7
U	1 2	4
W	2 3	4
X	3 4	5
Y	2 4	6
Z	4 6	8
R	2 5	4
S	5 6	6
F	4 5	0

Pourvu que la numérotation des sommets respecte les 3 conventions mentionnées à la section précédente, le calcul des E(*s*) se fera selon l'ordre croissant des numéros. Tout d'abord, comme le sommet 1 correspond au début du projet,

$$E(1) = 0 \qquad (1)$$

Déterminons maintenant E(2) : l'arc U est le seul qui aboutisse en 2 ; cette tâche U dure 4 périodes ; par conséquent,

$$E(2) = E(1) + (\text{durée de U}) = 0 + 4 = 4\,.$$

Pour atteindre le sommet 3, il faut que les tâches T et W soient parachevées ; d'où

$$E(3) \geq E(1) + (\text{durée de T}) = 0 + 7 = 7$$

et

$$E(3) \geq E(2) + (\text{durée de W}) = 4 + 4 = 8\,.$$

Le moment au plus tôt où seront complétées toutes les tâches aboutissant au sommet 3 intervient 8 périodes après le démarrage du projet : E(3) = 8. De même,

$$E(4) = \max\,\{4 + 6\,;\, 8 + 5\} = 13 \qquad (2)$$

$$E(5) = \max\,\{4 + 4\,;\, 13 + 0\} = 13$$

$$E(6) = \max\,\{13 + 8\,;\, 13 + 6\} = 21$$

Le sommet 6, qui correspond au parachèvement du projet, ne peut être atteint avant le moment 21. Le projet ne peut donc se terminer en moins de 21 périodes. C'est la **durée minimale du projet**.

Le calcul des moments au plus tôt s'effectue le plus souvent grâce à un logiciel. On peut, en adoptant la méthode tout juste illustrée, les calculer directement sur le réseau si la durée de chaque tâche y a été reportée. Voici le résultat de ces calculs dans le cas de l'exemple précédent.

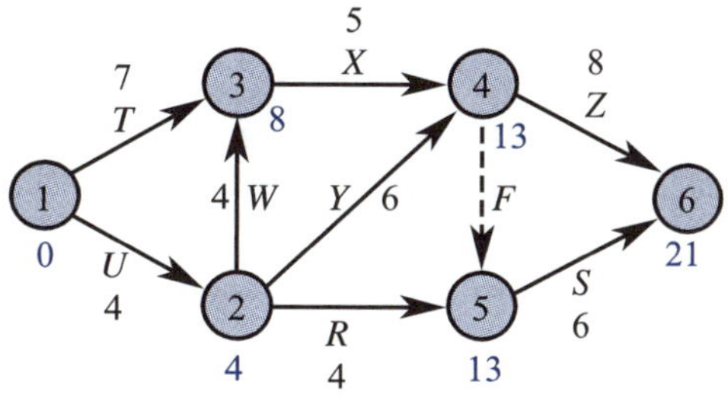

La tâche S pourrait s'étaler sur plus des 6 périodes prévues au tableau 8.3 sans que la fin du projet en soit nécessairement retardée : en effet, si S durait 7 ou 8 périodes, il serait encore possible d'atteindre le sommet 6 au moment 21, puisque l'on dispose de 8 périodes entre les sommets 5 et 6. On appelle **marge** d'une tâche le nombre de périodes supplémentaires qu'on pourrait lui consacrer sans que soit retardé le parachèvement du projet. Dans notre exemple, la marge de S est de 2 périodes. On qualifie de **tâches critiques** celles dont la marge est nulle : tout prolongement de leur durée retarde donc le parachèvement du projet.

Nous indiquons maintenant comment déterminer les tâches critiques et calculer la marge positive des tâches non critiques. Mais tout d'abord définissons, pour le sommet s, le **moment au plus tard** dénoté par L(s), vocable inspiré de l'anglais où L rappelle *Latest*, c'est-à-dire « au plus tard ». Le moment L(s), c'est l'instant le plus tardif où devront être complétées toutes les tâches aboutissant en s, si la durée du projet doit rester minimale. Dès qu'un sommet s est atteint après son moment L(s), on sait que la durée du projet dépassera la durée minimale prévue.

Les moments au plus tard, L(s), se calculent successivement en suivant à rebours l'ordre des numéros attribués aux sommets s. Commençons donc par le sommet terminal 6 :

$$\text{L}(6) = \text{durée minimale du projet} = 21 \tag{3}$$

Le sommet 5 doit être atteint au plus tard au moment 15, sinon les 6 périodes qu'exige la tâche S amèneraient la fin du projet au-delà du moment 21 :

$$\text{L}(5) = \text{L}(6) - (\text{durée de S}) = 21 - 6 = 15\,.$$

Chacun des 2 arcs émanant du sommet 4 induit une contrainte sur L(4) :

$$\text{L}(4) \leq \text{L}(5) - (\text{durée de F}) = 15 - 0 = 15$$

$$\text{L}(4) \leq \text{L}(6) - (\text{durée de Z}) = 21 - 8 = 13\,.$$

Ainsi, L(4) = 13. De même,

$$\begin{aligned} \text{L}(3) &= \text{L}(4) - (\text{durée de X}) = 13 - 5 = 8 \\ \text{L}(2) &= \min\,\{8 - 4\,;\ 13 - 6\,;\ 15 - 4\} = 4 \qquad (4) \\ \text{L}(1) &= \min\,\{4 - 4\,;\ 8 - 7\} = 0\,. \end{aligned}$$

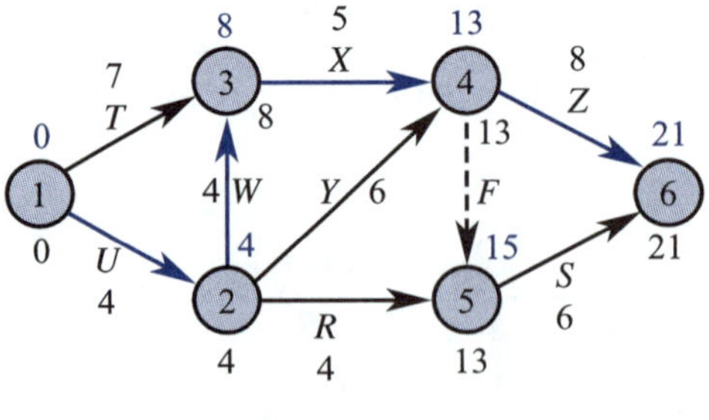

L'exécution de la tâche S peut se faire n'importe quand entre les moments 13 et 21 sans que la fin du projet soit retardée. On dispose de 8 périodes pour une tâche dont la durée est de 6 périodes : la marge de la tâche S est donc égale à 2 périodes.

De façon générale, si t est une tâche de sommet initial s et de sommet terminal s', la **marge**[6] de t se définit comme suit :

$$\text{marge de } t = \text{L}(s') - \text{E}(s) - (\text{durée de } t) \qquad (5)$$

Dans l'exemple du tableau 8.3,

$$\text{marge de S} = \text{L}(6) - \text{E}(5) - 6 = 21 - 13 - 6 = 2$$

$$\text{marge de Z} = \text{L}(6) - \text{E}(4) - 8 = 21 - 13 - 8 = 0$$

$$\text{marge de T} = \text{L}(3) - \text{E}(1) - 7 = 8 - 0 - 7 = 1\,.$$

Répétons que les **tâches** dont la marge est nulle sont dites **critiques**. Dans tout projet, il existe au moins un **chemin critique**, c'est-à-dire une suite de tâches critiques échelonnées entre le premier et le dernier sommet du réseau telles que le sommet initial de chacune, sauf la première, soit le sommet terminal de la précédente. La somme des durées de tâches qui définissent un chemin critique, parfois appelée **longueur** du chemin critique, coïncide avec la durée minimale du projet. Dans l'exemple du tableau 8.3, la suite des tâches U → W → X → Z forme un chemin critique dont la longueur est égale à la durée minimale du projet, soit 21 périodes :

$$(\text{durée de U}) + (\text{durée de W}) + (\text{durée de X}) + (\text{durée de Z}) = 4 + 4 + 5 + 8 = 21\,.$$

La figure 8.2 indique les moments au plus tôt et au plus tard des divers sommets-étapes du projet RESO. Le projet a une durée minimale de 57 jours. Les 2 suites de tâches

A → B → F1 → D → E → F → G → H → I → L → F5 → O → P

et

A → B → F1 → D → E → F → G → H → I → L → F5 → O → Q → F6

constituent autant de chemins critiques de longueur 57.

La figure 8.3 illustre quelques sorties du progiciel *STORM* pour le projet RESO.

- La première section reprend les données fournies par l'usager. Il incombe à ce dernier de déterminer le sommet initial et le sommet terminal de chaque tâche. Le tracé préalable du réseau facilite ce travail.
- Le graphique énumère les tâches, illustrant la durée et la marge de chacune.
- La troisième et dernière partie donne la liste des tâches, leurs marges, leurs moments d'achèvement au plus tôt et au plus tard.

---

6. La **marge** introduite ici est qualifiée de **totale** par certains auteurs. On parle également de **marge libre** pour désigner le délai pour démarrer une tâche sans toucher les marges des tâches subséquentes. Par exemple :

$$\text{marge totale de R} = \text{L}(5) - \text{E}(2) - (\text{durée de R}) = 7\,;$$

si on utilise ces 7 périodes de marge et que l'on entreprenne R à la date E(2) + 7 = 11, le parachèvement du projet ne sera pas retardé, mais la marge de S sera ramenée à 0 ; pour ne pas entamer la réserve que constitue la marge de S, il faut que R débute assez tôt pour être achevée à la date E(5) = 13 ; on pose donc la définition suivante :

$$\text{marge libre de R} = \text{E}(5) - \text{E}(2) - (\text{durée de R}) = 5\,.$$

FIGURE 8.2
Moments au plus tôt et au plus tard pour le projet RESO

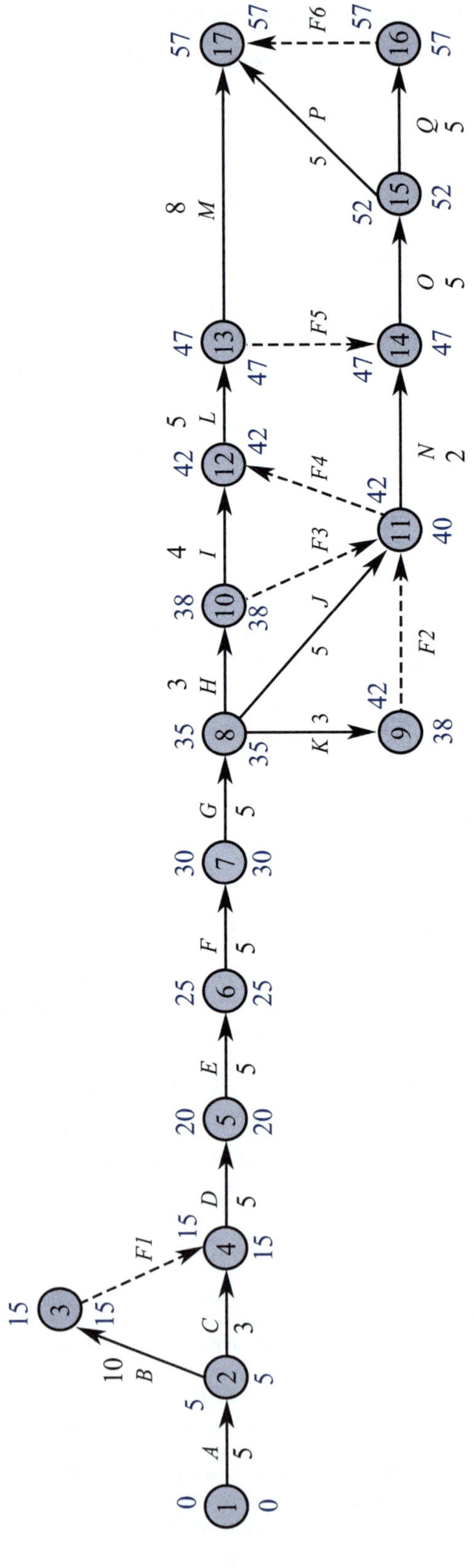

FIGURE 8.3
Sorties de *STORM* pour le projet RESO

ROW LABEL	SYMBOL	ACT TIME	START NODE	END NODE
EVAL INIT	A	5.	1	2
PLAN RESEA	B	10.	2	3
PLAN FORMA	C	3.	2	4
ANAL COUTS	D	5.	4	5
REVIS PLAN	E	5.	5	6
INST CABLA	F	5.	6	7
INST SERVE	G	5.	7	8
INST STATI	H	3.	8	10
INST LOGIC	I	4.	10	12
INST TELEP	J	5.	8	11
INST PONTS	K	3.	8	9
DOC RESEAU	L	5.	12	13
FORM PERSO	M	8.	13	17
NEGO ENTRE	N	2.	11	14
PROC OPERA	O	5.	14	15
PROC COPIE	P	5.	15	17
PROC ENT&R	Q	5.	15	16
FICT 1	F1	0.	3	4
FICT 2	F2	0.	9	11
FICT 3	F3	0.	10	11
FICT 4	F4	0.	11	12
FICT 5	F5	0.	13	14
FICT 6	F6	0.	16	17

```
BAR CHART: NONCRITICAL ACTIVITIES SORTED BY EARLIEST START

    0                                                          57
----+-----+-----+-----+-----+-----+-----+-----+-----+-----+-----+
A   ccccc                                                       |
B   |    ccccccccccc                                            |
D   |               ccccc                                       |
F1  |               c                                           |
E   |                    ccccc                                  |
F   |                         cccccc                            |
G   |                               ccccc                       |
H   |                                    ccc                    |
I   |                                       cccc                |
L   |                                           ccccc           |
O   |                                                cccccc     |
F5  |                                                c          |
P   |                                                      ccccc|
Q   |                                                      ccccc|
F6  |                                                           c
C   |    xxx........                                            |
J   |                                    xxxxx..                |
K   |                                    xxx....                |
F2  |                                       x...                |
F3  |                                       x...                |
N   |                                         xx.....           |
F4  |                                         x.                |
M   |                                                xxxxxxxxx..|
----+-----+-----+-----+-----+-----+-----+-----+-----+-----+-----+
```

→

FIGURE 8.3
Sorties de *STORM* pour le projet RESO (suite)

ACTIVITIES IN THE ORDER AS ENTERED

Activity Name	Symb	Activity Time	Earliest Start/Fin	Latest Start/Fin	Slack	
EVAL INIT	A	5.0000	0.0000 5.0000	0.0000 5.0000	0.0000	c
PLAN RESEA	B	10.0000	5.0000 15.0000	5.0000 15.0000	0.0000	c
PLAN FORMA	C	3.0000	5.0000 8.0000	12.0000 15.0000	7.0000	
ANAL COUTS	D	5.0000	15.0000 20.0000	15.0000 20.0000	0.0000	c
REVIS PLAN	E	5.0000	20.0000 25.0000	20.0000 25.0000	0.0000	c
INST CABLA	F	5.0000	25.0000 30.0000	25.0000 30.0000	0.0000	c
INST SERVE	G	5.0000	30.0000 35.0000	30.0000 35.0000	0.0000	c
INST STATI	H	3.0000	35.0000 38.0000	35.0000 38.0000	0.0000	c
INST LOGIC	I	4.0000	38.0000 42.0000	38.0000 42.0000	0.0000	c
INST TELEP	J	5.0000	35.0000 40.0000	37.0000 42.0000	2.0000	
INST PONTS	K	3.0000	35.0000 38.0000	39.0000 42.0000	4.0000	
DOC RESEAU	L	5.0000	42.0000 47.0000	42.0000 47.0000	0.0000	c
FORM PERSO	M	8.0000	47.0000 55.0000	49.0000 57.0000	2.0000	
NEGO ENTRE	N	2.0000	40.0000 42.0000	45.0000 47.0000	5.0000	
PROC OPERA	O	5.0000	47.0000 52.0000	47.0000 52.0000	0.0000	c
PROC COPIE	P	5.0000	52.0000 57.0000	52.0000 57.0000	0.0000	c
PROC ENT&R	Q	5.0000	52.0000 57.0000	52.0000 57.0000	0.0000	c
FICT 1	F1	0.0000	15.0000 15.0000	15.0000 15.0000	0.0000	c
FICT 2	F2	0.0000	38.0000 38.0000	42.0000 42.0000	4.0000	
FICT 3	F3	0.0000	38.0000 38.0000	42.0000 42.0000	4.0000	
FICT 4	F4	0.0000	40.0000 40.0000	42.0000 42.0000	2.0000	
FICT 5	F5	0.0000	47.0000 47.0000	47.0000 47.0000	0.0000	c
FICT 6	F6	0.0000	57.0000 57.0000	57.0000 57.0000	0.0000	c

The computations were based on 23 activities

Earliest project completion time = 57.0000

Dans ces sorties, moments et marges renvoient aux tâches, et non aux sommets comme dans la figure 8.2. Soit t, une tâche dont les sommets initial et terminal sont s et s' respectivement. On définit les moments au plus tôt, les moments au plus tard et la marge de t de la façon suivante :

- le début et la fin au plus tôt, notés ES(t) et EF(t) respectivement conformément à l'usage anglo-saxon (ES : *Earliest Start* ; EF : *Earliest Finish*), sont calculés à partir du moment au plus tôt du sommet initial s :

$$\text{ES}(t) = \text{E}(s) \quad \text{et} \quad \text{EF}(t) = \text{ES}(t) + (\text{durée de } t) \qquad (6)$$

- le début et la fin au plus tard, notés respectivement LS(t) et LF(t), (L pour *Latest*), découlent du moment au plus tard du sommet terminal s' :

$$\text{LF}(t) = \text{L}(s') \quad \text{et} \quad \text{LS}(t) = \text{LF}(t) - (\text{durée de } t) \qquad (7)$$

- la marge d'une tâche est l'écart entre le début au plus tard et le début au plus tôt (ou entre la fin au plus tard et la fin au plus tôt) :

$$\text{marge de } t = \text{LS}(t) - \text{ES}(t) = \text{LF}(t) - \text{EF}(t) \qquad (8)$$

Par exemple,

$$\text{ES(N)} = \text{E(11)} = 40 \quad \text{et} \quad \text{EF(N)} = 40 + 2 = 42$$
$$\text{LF(N)} = \text{L(14)} = 47 \quad \text{et} \quad \text{LS(N)} = 47 - 2 = 45$$
$$\text{marge de N} = 45 - 40 = 47 - 42 = 5$$

8.4 LA COMPRESSION DE LA DURÉE D'UN PROJET

Lorsqu'il s'agit de fixer la durée d'une tâche, la coutume veut que de toutes les durées possibles l'on retienne celle qui s'avérerait la moins onéreuse. En y consacrant les ressources nécessaires, il est possible, si le projet revêt un caractère urgent, de diminuer la durée de certaines des tâches qui le constituent. On parlera alors d'accélérer ces tâches pour compresser la durée du projet.

Nous indiquons, à l'aide de deux exemples, comment analyser de telles situations. Le premier concerne une vérification externe dans le cadre d'une émission d'actions[7].

Analyse *ad hoc* de l'accélération de certaines tâches : un exemple

Une entreprise doit procéder, dans un mois environ, à une émission de 5 millions d'actions par voie de prospectus simplifié. Les avocats et les courtiers ont déjà indiqué qu'ils pourront respecter l'échéance fixée. Comme le précise la *Loi québécoise sur les valeurs mobilières*, des états financiers vérifiés doivent être inclus dans le prospectus.

Le tableau 8.4 décrit les diverses tâches que comporte ce projet de vérification, leur durée ainsi que les relations d'antériorité. La vérification doit être complétée le plus tôt possible, car tout délai après le 22e jour ouvrable repousse la date à laquelle l'entreprise cliente disposera des fonds recueillis ; compte tenu des taux d'intérêt à court terme, on évalue à 4 000 $ par jour de retard le manque à gagner subi par le client.

La figure 8.4 représente le réseau associé à ce projet. Notons que l'obtention du mandat correspond au démarrage du projet et est en réalité une étape plutôt qu'une tâche :

7. Les données de base nous ont été communiquées par MM. Michel Hébert et André Vincent de Samson, Bélair, Deloitte & Touche. Nous les avons modifiées quelque peu à des fins pédagogiques.

TABLEAU 8.4
Émission d'actions par voie de prospectus simplifié

Code	Description	Prédécesseurs	Durée (en jours)
A	Obtention du mandat d'émission	–	0
B	Élaboration de la stratégie de vérification	A	2
C	Élaboration et approbation du budget de la vérification	B	2
D	Sélection du personnel (incluant le personnel spécialisé en informatique)	B	0,5
E	Formation du personnel (pré-audit)	A, D	0,5
F	Sélection des échantillons	B	1
G	Établissement des travaux préparatoires effectués par le client	B, F	0,5
H	Coordination et exécution des travaux de vérification informatique	C, D, F	3
I	Coordination et exécution des mandats confiés à des cabinets affiliés	H	10
J	Coordination et exécution du travail chez le client	E, H	20
K	Revue des dossiers complétés chez le client	J	3
L	Revue des dossiers confiés à des cabinets affiliés	I	2
M	Revue des états financiers du client	P, K, L	2
N	Rencontre avec le client pour corriger les erreurs éventuelles	M	1
O	Préparation du rapport destiné aux actionnaires et au comité de vérification	N	1
P	Exécution par le client des travaux préparatoires	G	3

on la représentera par le sommet initial du réseau. D'après les calculs effectués sur le réseau, la durée minimale du projet est 34 jours ouvrables ; en effet, le chemin critique

$$B \to C \to H \to F3 \to J \to K \to M \to N \to O$$

a une longueur de 34 jours :

$$2 + 2 + 3 + 0 + 20 + 3 + 2 + 1 + 1 = 34 .$$

Il s'est avéré que ce délai de 34 jours était inacceptable pour le client. Il a donc fallu imaginer divers scénarios pour raccourcir la durée totale de la vérification.

Scénario 1 *Le client utilise un ordinateur qui n'est pas compatible avec l'équipement du cabinet des experts comptables. La mise au point d'un logiciel d'accès aux fichiers des stocks permettrait aux comptables de diminuer de 80 heures le temps exigé par la sélection des articles en stock depuis plus de 6 mois et par les tests de calcul (50 heures de sélection à 120 $/h et 30 heures de calcul à 75 $/h). La tâche J, coordination et exécution du travail chez le client, serait alors ramenée à 10 jours. Par contre, la tâche H, coordination et exécution des travaux de vérification informatique, exigerait 4 jours supplémentaires et coûterait 18 000 $ de plus : il faudrait acheter un logiciel dédié valant 3 000 $ et investir 15 000 $ pour sa programmation.*

Ce scénario coûte 9 750 $:

$$\text{Coût additionnel net} = 15\,000 + 3\,000 - (50 \times 120) - (30 \times 75) = 9\,750 .$$

Par contre, il permet de gagner 6 jours, car toute modification de la durée des tâches critiques H et J se répercute directement sur la durée du projet :

$$\text{Durée minimale du projet selon le scénario } 1 = 34 - 10 + 4 = 28 .$$

La figure 8.5 donne les moments au plus tôt selon ce scénario. Ainsi, le développement d'un logiciel d'accès augmenterait les coûts de 9 750 $ mais permettrait d'accélérer le projet de 6 jours, ce qui épargnerait 24 000 $ au client. D'où un gain net de 14 250 $.

FIGURE 8.4
Émission d'actions : réseau et moments au plus tôt

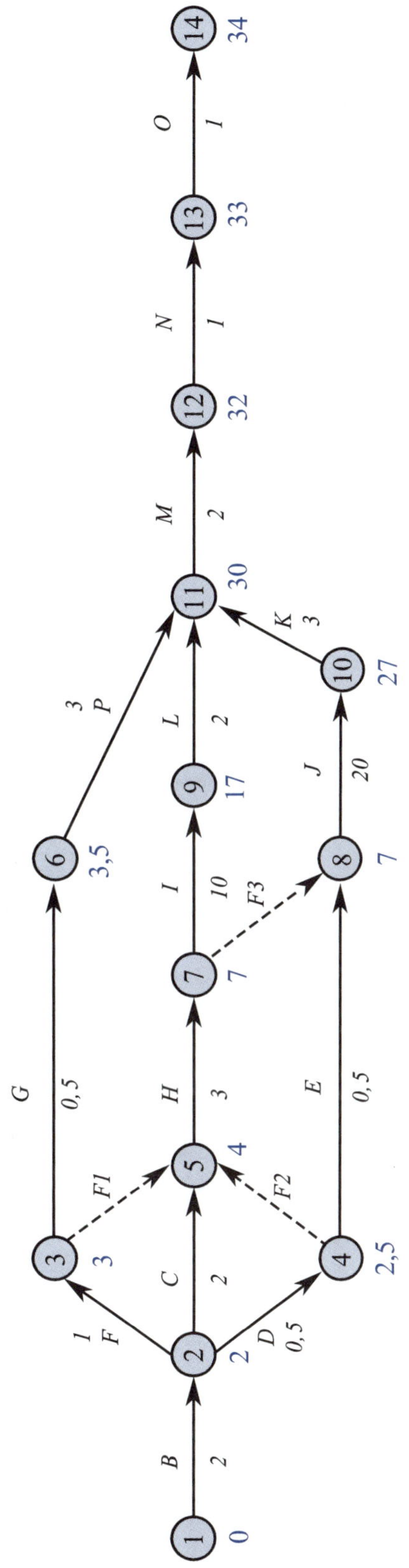

FIGURE 8.5
Émission d'actions : moments au plus tôt selon le scénario 1

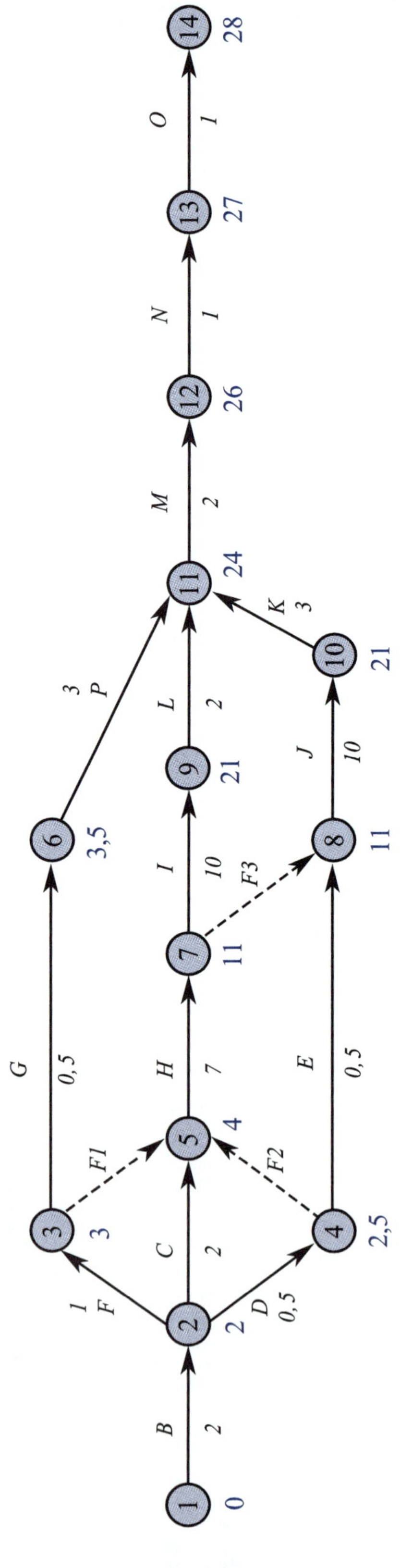

Scénario 2 *On pourrait confier la vérification de la succursale de New York du client au cabinet local. Les taux en vigueur sur la place de New York excèdent de 30 % ceux du cabinet de Montréal et cette vérification aurait coûté 32 000 $ selon les tarifs de Montréal. Confier une partie de la vérification au cabinet affilié de New York permettrait de gagner 5 jours sur la tâche J, coordination et exécution du travail chez le client (4 jours seulement si le scénario 2 est jumelé au scénario 1), n'aurait aucun impact sur la durée de la tâche I, coordination et exécution des mandats confiés à d'autres cabinets affiliés, et allongerait d'une journée la tâche L, revue des dossiers confiés à d'autres cabinets.*

Jumeler le scénario 2 au scénario 1 ne permet pas de diminuer davantage la durée minimale du projet mais en augmente les coûts. En effet, que l'on retienne les 2 scénarios ou seulement le premier, le délai minimal entre les sommets 7 et 11 du réseau est de 13 jours :

Scénario 1 : $E(11) - E(7) = \max\{0 + 10 + 3\,;\, 10 + 2\} = 13$

Scénarios 1 et 2 jumelés : durée de $J = 10 - 4 = 6$ et durée de $L = 3$

$$E(11) - E(7) = \max\{0 + 6 + 3\,;\, 10 + 3\} = 13\,.$$

Pris isolément, le scénario 2 est intéressant : il permet de diminuer de 5 jours la longueur du chemin critique et entraîne un gain net de 10 400 $:

$$\text{Gain net grâce au scénario } 2 = (5 \times 4\,000) - (30\,\% \times 32\,000) = 10\,400\,.$$

Cependant, il est moins rentable que le scénario 1.

Scénario 3 *On pourrait accélérer certaines tâches en demandant au personnel de faire des heures supplémentaires. Les coûts additionnels sont donnés au tableau 8.5.*

Accélérer C et H s'avère rentable, car ces tâches sont critiques : chaque journée gagnée raccourcit d'autant la durée minimale du projet. Il en coûte 1 000 $ pour gagner une journée, mais il en résulte une économie de 4 000 $. Il est inutile d'accélérer F, car même après réduction de la durée de C, la tâche F ne devient pas critique.

TABLEAU 8.5
Scénario 3 : heures supplémentaires

Tâche	Durée (en j) normale	Durée (en j) accélérée	Coût additionnel (en $/j)
C	2	1,5	1 000
F	1	0,5	1 000
H	3 7	2,5 5,5	1 000
I	10	8,5	1 300
J	20 15 10 6	16 12 8 4,5	1 000
L	2 3	1,5 2,5	1 000

FIGURE 8.6
Émission d'actions : moments au plus tôt selon les scénarios 1 et 3 jumelés

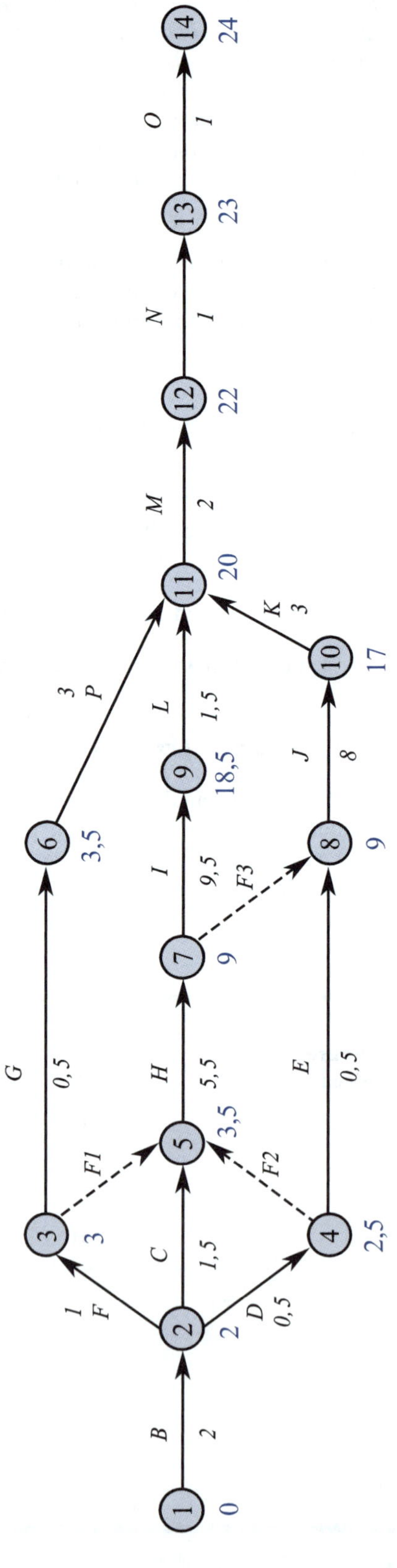

Les 3 autres tâches doivent être considérées simultanément, en fonction des décisions prises quant aux scénarios 1 et 2. Supposons d'abord que l'on ait retenu le seul scénario 1. Deux chemins mènent du sommet 7 au sommet 11 :

F3 → J → K : durée totale selon le scénario 1 = 13 jours

I → L : durée totale selon le scénario 1 = 12 jours.

En accélérant de 2 jours la tâche J et de 1 jour le chemin I → L, on retranche encore 2 jours à la durée minimale du projet. En résumé, tel qu'illustré à la figure 8.6, le scénario 3 permet de gagner 4 jours sur les 28 jours que nécessitait le scénario 1 :

C : accélération de 0,5 jour, coût de 500 $

H : accélération de 1,5 jour, coût de 1 500 $

J : accélération de 2 jours, coût de 2 000 $

I : accélération de 0,5 jour, coût de 650 $

L : accélération de 0,5 jour, coût de 500 $.

Les heures supplémentaires coûteront 5 150 $. En jumelant les scénarios 1 et 3, on économisera 25 100 $:

Gain net obtenu par 1 et 3 jumelés = 14 250 + (28 − 24) × 4 000 − 5 150 = 25 100.

On vérifie facilement que toute autre combinaison de scénarios est moins rentable que celle tout juste analysée ; de fait

- scénario 3 seul : durée : 29 jours gain net : 15 000 $
- scénarios 2 et 3 : durée : 25 jours gain net : 22 400 $
- les trois scénarios combinés : durée : 24 jours gain net : 16 200 $.

Le meilleur choix est de retenir le scénario 1 et de payer des heures supplémentaires pour l'exécution des tâches C, H, I, J et L (accélérer I d'un demi-jour seulement).

Un modèle linéaire général pour l'accélération

Lorsque le nombre de tâches augmente et que les possibilités d'accélération se multiplient, il devient impossible d'analyser une à une chaque combinaison de scénarios. Le recours à une méthode systématique s'impose : nous recourrons à un modèle linéaire pour déterminer les tâches à accélérer.

Reprenons l'exemple décrit aux tableaux 8.2 et 8.3. Les tâches dont l'accélération est possible et les coûts afférents si une telle décision était prise sont donnés au tableau 8.6. Par exemple, la durée de la tâche T pourrait être réduite de 7 à 4 périodes mais, en contrepartie, on devrait alors débourser 10 000 $ au lieu des 7 000 $ qu'il en coûte lorsqu'on exécute T conformément au programme normal. On convient généralement que la durée effective d'une tâche peut être fixée à toute valeur comprise entre les durées normale et accélérée, et que les coûts évoluent **linéairement** en fonction de cette durée effective : si l'on décidait d'exécuter T en 5 périodes, le coût en serait de 9 000 $.

Nous avons déjà calculé que la durée minimale sans compression d'aucune tâche, appelée **durée normale** du projet, est de 21 périodes. Si l'on désirait ramener cette durée à 18 périodes, il faudrait accélérer certaines tâches. Mais lesquelles choisir et de combien de périodes accélérer chacune, tout en minimisant les coûts additionnels ? La réponse à cette question s'obtient comme solution d'un modèle linéaire dont voici les variables de décision :

x_j : moment où l'on atteint l'étape j $\quad j = 1, \ldots, 6$

Acc_t : réduction, grâce à l'accélération, de la durée de la tâche t $\quad t = \text{T}, \ldots, \text{S}$

TABLEAU 8.6
Un exemple abstrait : coûts d'accélération des tâches

Tâche	Programme normal		Programme accéléré		Coût d'accélération (en $/période)
	Durée	Coût (en $)	Durée	Coût (en $)	
T	7	7 000	4	10 000	1 000
U	4	20 000	4	20 000	–
W	4	4 000	2	8 000	2 000
X	5	10 000	4	14 000	4 000
Y	6	12 000	4	17 000	2 500
Z	8	8 000	5	14 000	2 000
R	4	8 000	3	11 000	3 000
S	6	18 000	5	21 000	3 000

L'objectif est de minimiser les coûts d'accélération. Un premier groupe de 2 contraintes fixe le début du projet au moment 0 et en restreint la durée totale à un maximum de 18 périodes :

$$x_1 = 0 \quad \text{et} \quad x_6 \leq 18\,.$$

À chaque tâche correspondent 2 contraintes. La première en limite l'accélération à l'écart de durée entre les programmes normal et accéléré. Par exemple,

$$\text{Acc}_\text{T} \leq 7 - 4\,.$$

La seconde exige que le délai entre les sommets initial et terminal d'une tâche ne soit pas inférieur à sa durée effective. Par exemple,

$$x_3 - x_1 \geq 7 - \text{Acc}_\text{T}\,,$$

contrainte que l'on réécrit sous la forme équivalente suivante :

$$-\,x_1 + x_3 + \text{Acc}_\text{T} \geq 7\,.$$

Le modèle linéaire complet est reproduit à la figure 8.7. La solution optimale propose d'accélérer la tâche W de 1 période et la tâche Z de 2 périodes. Les coûts de cette compression s'élèvent à 6 000 $.

8.5 LA MÉTHODE *PERT* : DURÉE ALÉATOIRE DES TÂCHES

Jusqu'ici, nous avons présumé que les durées des différentes tâches étaient fixes ou, comme dans la dernière section, relevaient du responsable du projet. La plupart des projets réels contiennent un certain nombre de tâches dont la durée dépend de facteurs incontrôlables et peut être tenue pour aléatoire. Parfois, ces variations sont faibles par rapport à la durée utilisée dans les calculs et peuvent être négligées en première approximation. Parfois, on doit incorporer explicitement l'aspect aléatoire dans l'analyse quantitative, car le parachèvement du projet peut être retardé de façon substantielle par une tâche critique dont la durée s'avère, « par hasard », beaucoup plus longue que prévu. La prise en considération de l'aléatoire en gestion de projets relève d'une méthode connue sous l'acronyme *PERT* (*Program Evaluation and Review Technique*).

La méthode *PERT* fut élaborée à la fin des années 1950 pour gérer la mise au point du missile *Polaris*. Les aspects novateurs, voire révolutionnaires, de cette arme créaient des problèmes technologiques exigeant des recherches dont les résultats étaient difficiles à prévoir. Une grande incertitude régnait quant à la durée de plusieurs tâches. Les responsables étaient certes confiants de résoudre tous les problèmes reliés à l'aboutissement

FIGURE 8.7
Un exemple abstrait : modèle linéaire pour l'accélération du projet du tableau 8.6

ON CHERCHE À MINIMISER LA FONCTION-OBJECTIF

$$1\ Acc_T + 2\ Acc_W + 4\ Acc_X + 2{,}5\ Acc_Y + 2\ Acc_Z + 3\ Acc_R + 3\ Acc_S$$

SOUS LES CONTRAINTES SUIVANTES :

DEBUT PROJ	:	$x_1 = 0$
FIN PROJET	:	$x_6 \leq 18$
MAXACCEL U	:	$Acc_U \leq 0$
DUREE U	:	$-x_1 + x_2 + Acc_U \geq 4$
MAXACCEL T	:	$Acc_T \leq 3$
DUREE T	:	$-x_1 + x_3 + Acc_T \geq 7$
MAXACCEL W	:	$Acc_W \leq 2$
DUREE W	:	$-x_2 + x_3 + Acc_W \geq 4$
MAXACCEL Y	:	$Acc_Y \leq 2$
DUREE Y	:	$-x_2 + x_4 + Acc_Y \geq 6$
MAXACCEL R	:	$Acc_R \leq 1$
DUREE R	:	$-x_2 + x_5 + Acc_R \geq 4$
MAXACCEL X	:	$Acc_X \leq 1$
DUREE X	:	$-x_3 + x_4 + Acc_X \geq 5$
DUREE F	:	$-x_4 + x_5 \geq 0$
MAXACCEL Z	:	$Acc_Z \leq 3$
DUREE Z	:	$-x_4 + x_6 + Acc_Z \geq 8$
MAXACCEL S	:	$Acc_S \leq 1$
DUREE S	:	$-x_5 + x_6 + Acc_S \geq 6$
NON-NÉGATIV	:	$0 \leq x_j \quad j = 1$ À 6
		$0 \leq Acc_t \quad t = T, U, W, X, Y, Z, R, S$

du projet, mais ils ne pouvaient éliminer a priori la possibilité que des complications inattendues perturbent complètement tout échéancier construit à partir de durées « normales » ou « attendues », qui auraient été attribuées une fois pour toutes aux diverses tâches. Il fallait tenir compte explicitement de l'aspect aléatoire associé à la durée de plusieurs des tâches.

Ils décidèrent que la durée de chaque tâche serait décrite par une variable aléatoire à choisir dans une famille suffisamment riche pour couvrir la très grande variété de situations envisageables. En particulier, on exigeait que cette famille englobe des variables dont la fonction de densité est asymétrique (voir la figure 8.8) : en effet, les retards

FIGURE 8.8
Fonctions de densité symétrique et asymétrique

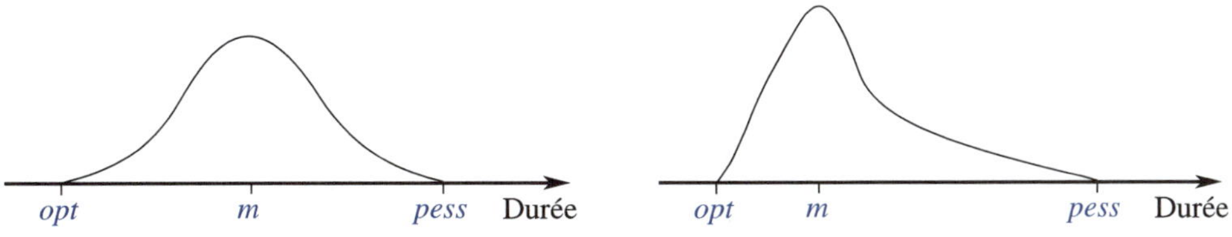

Symétrique : $m - opt = pess - m$ Asymétrique : $m - opt \neq pess - m$

provoqués par l'imprévu et les vents adverses sont souvent plus longs que les avances dues à la bonne chance ou à un Éole collaborateur.

Cette exigence d'asymétrie excluait le modèle normal, car toute variable normale est distribuée symétriquement par rapport à sa valeur centrale, laquelle en est à la fois le mode, la médiane et la moyenne. Le choix se porta sur la famille des variables de distribution bêta : on y retrouve, entre autres, des variables aléatoires unimodales prenant leurs valeurs dans un intervalle précisé [*opt* ; *pess*], les bornes *opt* et *pess* représentant les plus courtes et les plus longues durées concevables, celles observées quand tout va bien ou quand tout va mal. Les paramètres de la loi bêta sont choisis de façon que leur espérance mathématique (on dit aussi leur moyenne) μ s'obtienne comme une somme pondérée du mode *m* et des valeurs extrêmes *opt* et *pess* (voir le graphique de droite de la figure 8.8) :

$$\mu = \frac{opt + 4\,m + pess}{6} \qquad (9)$$

On convient également que l'écart type σ se calcule selon la formule suivante :

$$\sigma = \frac{pess - opt}{6} \qquad (10)$$

Qu'on puisse fixer a priori une valeur extrême *pess* est considéré par certains comme un excès d'optimisme ; c'est, en effet, présumer que, même si les problèmes se multiplient et les délais s'additionnent, la tâche sera nécessairement complétée dans un délai d'au plus *pess* périodes. Il est concevable que, lorsque tout va vraiment mal, une tâche ne puisse être menée à terme : la durée en serait alors aussi longue que l'on veut... pour ne pas dire infinie. Une telle situation ne présente aucun intérêt pratique, car il est évidemment inutile de planifier l'ordonnancement des différentes tâches d'un projet si l'une d'entre elles ne peut être complétée. On conviendra donc que chacune des tâches considérées admet une durée maximale au-delà de laquelle elle ne peut se prolonger.

Revenons à l'exemple du tableau 8.2 et supposons cette fois que les durées des différentes tâches sont incertaines ou, comme le disent les statisticiens, aléatoires. Le tableau 8.7 donne, pour chaque tâche, trois **durées** : la première, qualifiée d'**optimiste**, indique combien de périodes au minimum seront nécessaires pour compléter la tâche, même si tout va bien ; la deuxième, notée *m* (pour **modale**), est la durée **la plus probable** ; la dernière, qualifiée de **pessimiste**, correspond à la durée maximale, lorsque rien ne fonctionne correctement et que les retards s'accumulent.

TABLEAU 8.7
Un projet abstrait : version *PERT*

Tâche	Sommets		Durée *opt*	Durée *m*	Durée *pess*
T	1	3	5	7	12
U	1	2	3	4	5
W	2	3	1	4	7
X	3	4	3	5	7
Y	2	4	4	6	8
Z	4	6	5	8	14
R	2	5	3	4	7
S	5	6	4	6	11
F	4	5	0	0	0

L'analyse *PERT* d'un tel exemple commence par le calcul, pour chaque tâche t, de la valeur espérée μ_t et de l'écart type σ_t de la variable aléatoire D_t, « durée de t ». Par exemple, pour la tâche T,

$$\text{durée espérée} = \mu_T = \frac{5 + (4 \times 7) + 12}{6} = 7,5$$

$$\text{écart type de la durée} = \sigma_T = \frac{12 - 5}{6} \doteq 1,167\,.$$

On détermine ensuite les moments espérés au plus tôt et au plus tard en appliquant aux durées espérées les algorithmes de la section 8.3. Par exemple (voir la figure ci-après) :

$$\begin{array}{lllll} E(2) & = & E(1) + \mu_U & = 0 + 4 & = 4 \\ E(4) & = & \max\{E(2) + \mu_Y ; E(3) + \mu_X\} & = \max\{4 + 6 ; 8 + 5\} & = 13 \\ L(4) & = & \min\{L(5) - \mu_F ; L(6) - \mu_Z\} & = \min\{15 - 0 ; 21,5 - 8,5\} & = 13\,. \end{array}$$

La marge d'une tâche se calcule comme dans le cas déterministe. Par exemple :

$$\begin{array}{lllll} \text{marge de U} & = & L(2) - E(1) - \mu_U & = 4 - 0 - 4 & = 0 \\ \text{marge de S} & = & L(6) - E(5) - \mu_S & = 21,5 - 13 - 6,5 & = 2\,. \end{array}$$

Le réseau comporte 4 **tâches** de marge nulle, soit U, W, X et Z, qui seront qualifiées de **critiques**. Tout chemin formé de tâches critiques échelonnées entre le premier et le dernier sommet est dit **chemin critique**. Dans notre exemple, U→W→X→Z est l'unique chemin critique.

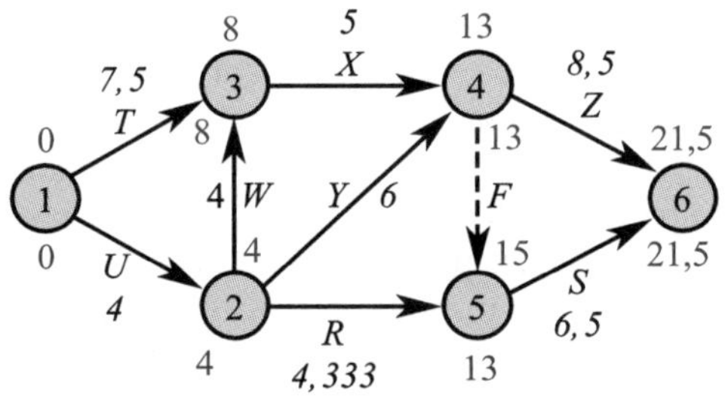

La durée totale, ou **longueur**, D d'un tel chemin est une variable aléatoire égale à la somme des durées des différentes tâches qui le constituent :

$$D = D_U + D_W + D_X + D_Z$$

où, par exemple, D_U dénote la durée de la tâche U. La longueur espérée du chemin U→W→X→Z est donc

$$\begin{array}{lll} E(D) & = & \mu_U + \mu_W + \mu_X + \mu_Z \qquad \text{où } \mu_U = E(D_U)\ldots \\ & = & 4 + 4 + 5 + 8,5 \\ & = & 21,5 \end{array}$$

Pour calculer l'écart type de la longueur D, il faut soit introduire explicitement la covariance entre les durées des différentes tâches, soit admettre l'hypothèse que ces durées sont des variables aléatoires indépendantes. Pour des raisons de commodité, il est d'usage de retenir cette dernière approche. Nous discuterons plus loin du réalisme, du bien-fondé de cette hypothèse. Mais, pour l'instant, indiquons quelles informations on peut en tirer. Tout d'abord, il en résulte que la variance de D s'obtient comme la somme des variances des durées des tâches formant le chemin :

$$\begin{aligned}\mathrm{Var}(D) &= \mathrm{Var}(D_\mathrm{U}) + \mathrm{Var}(D_\mathrm{W}) + \mathrm{Var}(D_\mathrm{X}) + \mathrm{Var}(D_\mathrm{Z})\\ &= \left(\frac{5-3}{6}\right)^2 + \left(\frac{6}{6}\right)^2 + \left(\frac{4}{6}\right)^2 + \left(\frac{9}{6}\right)^2\\ &= 3{,}8056\\ \sigma_D &= \sqrt{3{,}8056} \doteq 1{,}9508\end{aligned}$$

De plus, il suit du théorème de limite central[8] que D obéit approximativement à une loi normale, ce qui permet d'estimer la probabilité pour que la durée totale du chemin dépasse une valeur fixée. Par exemple,

$$\begin{aligned}\mathrm{P}(D > 24) &= \mathrm{P}\left(\frac{D-21{,}5}{1{,}9508} > \frac{24-21{,}5}{1{,}9508}\right)\\ &= \mathrm{P}(\mathrm{Z} > 1{,}282)\\ &= 10\ \%\end{aligned}$$

Ainsi, il y a 10 % de chances pour que les 4 tâches U, W, X et Z, exécutées dans cet ordre, exigent plus de 24 périodes pour leur parachèvement. La probabilité pour que le projet, dans son ensemble, nécessite plus de 24 périodes est donc, au minimum, de 10 %.

Pourrait-on être plus précis et calculer cette probabilité, au lieu d'affirmer simplement qu'elle est de 10 % ou plus ? Malheureusement, pour la majorité des projets réels, la réponse est : non. Illustrons, toujours à l'aide du même exemple, les difficultés que nous devrions surmonter pour déterminer la probabilité cherchée.

Le projet s'étalera sur plus de 24 périodes dès que l'un des chemins menant du sommet 1 au sommet terminal 6 du réseau sera de longueur supérieure à 24. Outre le chemin critique U→W→X→Z déjà considéré, un seul chemin, soit T→X→Z, est susceptible en pratique de retarder le projet au-delà de 24 périodes[9]. La probabilité pour que la durée totale du projet dépasse 24 périodes est donc égale, en première approximation, à celle de l'événement « $D > 24$ ou $D' > 24$ », où D' est la longueur du chemin T→X→Z. Cet événement composite peut se réaliser de plusieurs façons : un seul ou les deux chemins considérés peuvent être de longueur supérieure à 24. De plus, les longueurs D et D' ne sont pas des variables indépendantes, puisque les deux chemins ont des tâches en commun. Pour déterminer P($D > 24$ ou $D' > 24$), on devra faire intervenir explicitement les durées des différentes tâches composant les chemins, ce qui implique des calculs enchevêtrés et fastidieux. Dans un projet lilliputien comme celui utilisé ici à titre d'exemple, on saurait, avec un peu d'efforts, obtenir la probabilité cherchée. Mais, dans les projets réels, les chemins du type T→X→Z, qualifiés de quasi critiques, se multiplient et le calcul des probabilités reliées à la durée totale du projet s'avère inextricable. (La simulation permet toutefois d'estimer ces probabilités.)

Lorsqu'on s'interroge sur la durée totale d'un projet, on convient généralement de ne tenir compte explicitement que du chemin critique ; si d'aventure il y en a plusieurs, on retient uniquement celui dont la longueur admet la variance la plus élevée. Évidemment, les résultats numériques ainsi obtenus risquent de n'être qu'approximations des valeurs réelles.

8. En toute rigueur, on ne devrait pas invoquer ici le théorème de limite central, le nombre de termes indépendants composant la somme D étant trop faible. Dans les projets pratiques, le nombre de tâches constituant un chemin critique est le plus souvent suffisamment élevé pour justifier le recours à ce théorème : en effet, la longueur D du chemin est alors la somme d'un grand nombre de variables, supposées indépendantes, et sa fonction de densité peut être approchée par celle d'une loi normale.

9. En adaptant la méthode utilisée dans le cas de la longueur D du chemin critique, on vérifie facilement que $\mathrm{P}(D' > 24) = 6{,}8\ \%$, où $D' = D_\mathrm{T} + D_\mathrm{X} + D_\mathrm{Z}$.

De façon générale, les résultats obtenus de la méthode *PERT* devront être interprétés avec grande circonspection : en effet, les différentes hypothèses sous-jacentes sont souvent satisfaites de façon fort imparfaite dans les projets pratiques ; de plus, les algorithmes de calcul utilisés constituent une simplification des procédures exactes dérivées théoriquement du modèle, lesquelles sont trop complexes pour être mises en œuvre.

Quel est l'impact sur la pertinence du modèle *PERT* de tous ces raccourcis et accommodements ? Nous en discutons brièvement maintenant, en les considérant un à un.

- L'hypothèse selon laquelle les durées des différentes tâches obéissent à des lois bêta ne porte pas trop à conséquence, car elle est utilisée seulement pour permettre l'asymétrie des fonctions de densité et justifier la formule exprimant la durée espérée en fonction de la valeur modale et des valeurs extrêmes.
- Les formules pour la durée espérée μ et l'écart type σ sont incompatibles. En effet, les lois bêta forment une famille dépendant de 4 paramètres, dont 2 correspondent aux valeurs extrêmes et dont les 2 autres précisent la forme de la fonction de densité. La valeur modale *m* et l'équation « $\mu = (opt + 4\ m + pess)/6$ » induisent 2 relations entre les 2 paramètres de forme : parmi les lois bêta définies dans l'intervalle [*opt* ; *pess*], une seule répond à ces 2 conditions. Le mode *m* et l'équation « $\sigma = (pess - opt)/6$ » constituent un autre ensemble de 2 relations, qui déterminent des valeurs légèrement différentes des 2 paramètres de forme. Si on tenait à procéder rigoureusement, on devrait choisir l'une ou l'autre de ces approches, puis calculer, à l'aide d'une formule complexe, celle des caractéristiques, soit μ, soit σ, qui n'aurait pas été spécifiée par l'équation retenue. En pratique, on ne tient pas compte de ces problèmes théoriques, ce qui introduit des incohérences. Divers auteurs[10] ont comparé l'estimé traditionnel $(pess - opt)/6$ et la valeur exacte σ découlant des paramètres de forme déduits de *m* et de μ. Pour une tâche donnée, l'écart peut atteindre 17 %, l'estimé étant inférieur à la valeur exacte quand *m* se situe au centre de l'intervalle [*opt* ; *pess*], et supérieur quand *m* est près de l'une ou l'autre des bornes. On considère généralement que, en pratique, les erreurs se compensent plus ou moins et que, pour le chemin critique d'un projet réel, qui, presque toujours, comprend un nombre élevé de tâches, la somme des variances estimées ne s'écarte pas trop de la somme des variances théoriques. De toute façon, l'erreur ainsi introduite est jugée négligeable par rapport aux erreurs dues aux facteurs qui suivent.
- Il n'est pas toujours facile de déterminer la durée la plus probable *m* d'une tâche donnée. Mais les valeurs extrêmes *opt* et *pess*, et en particulier cette dernière, posent un défi de taille dans un grand nombre de cas. Certains gestionnaires présentent les trios *opt-m-pess* systématiquement sous une forme régulière, du type 6-8-10, ou encore 40-50-60. Si l'on fait remarquer que les durées ne sont pas nécessairement symétriques et que l'on insiste pour obtenir un estimé plus réaliste de la valeur pessimiste, on se voit demander de préciser le degré de pessimisme souhaité ! Certains auteurs ont suggéré de remplacer les valeurs extrêmes par les quantiles[11] d'ordres 1 % et 99 % respectivement, ou encore d'ordres 5 % et 95 %. Cette approche semble faciliter la besogne des personnes responsables des estimés. Mais elle introduit des distorsions importantes dans le calcul des durées espérées μ_t et des écarts type σ_t des différentes tâches *t*. Swanson et Pazer[12] ont comparé les valeurs

---

10. Voir, par exemple, Swanson, L.A. et Pazer, H.L., « Implications of the Underlying Assumptions of PERT », *Decision Sciences*, vol. 2, 1971, p. 461-480.
11. Le **quantile** d'ordre *p* (où $0 < p < 1$) d'une variable continue *X* est l'unique nombre x_p tel que $P(X < x_p) = p$. Ainsi, la variable *X* a 1 % des chances d'être inférieure à $x_{0,01}$ et, de même, 1 % des chances d'être supérieure à $x_{0,99}$; par conséquent, la probabilité pour que la valeur de *X* appartienne à l'intervalle $[x_{0,01} ; x_{0,99}]$ est de 98 %.
12. Voir la note 10.

traditionnelles de μ et de σ avec les estimés obtenus en remplaçant les valeurs extrêmes par les quantiles d'ordres 1 % et 99 %. Ils montrent que l'estimé de μ dépend de la position du mode *m* dans l'intervalle [*opt* ; *pess*] et augmente en même temps que *m* se déplace de la gauche vers la droite dans cet intervalle ; que l'estimé est inférieur, égal ou supérieur à la valeur traditionnelle, selon que *m* est situé dans la portion gauche, au centre ou dans la portion droite de l'intervalle. Ils notent également que l'estimé de σ est toujours plus petit que la valeur traditionnelle $(pess - opt)/6$. L'utilisation de quantiles entraîne donc une sous-estimation de la variabilité de la longueur du chemin critique. Certains auteurs[13] ont proposé de recourir plutôt aux quantiles d'ordres 5 % et 95 % et de remplacer dans la formule de σ le dénominateur 6 par 3,2. Par ailleurs, certains ont envisagé la possibilité de modifier la formule de μ : en effet, il est plutôt rare que la durée d'une tâche soit asymétrique avec le mode *m* à droite, de sorte que les estimés des durées espérées μ_t obtenus des quantiles sont, pour la plupart, inférieurs ou égaux aux valeurs traditionnelles correspondantes ; par conséquent, la somme de ces estimés tend à sous-estimer la longueur espérée du chemin critique. On a cherché à enlever ce biais par des modifications à la formule de μ. Aucune des versions amendées n'a réussi à ce jour à supplanter la formule traditionnelle.

– Lors du calcul de la variance de la longueur du chemin critique, les durées des tâches qui y apparaissent sont prises comme des variables aléatoires indépendantes. Cette hypothèse est peu vraisemblable, comme les réflexions suivantes nous en convaincront. La négociation d'une convention collective, un marché moins porteur, une crise du pétrole, la morosité économique, les rigueurs du climat affectent semblablement la durée de plusieurs tâches. Par contre, si l'exécution d'un projet a pris du retard, les responsables chercheront à accélérer le rythme des tâches subséquentes et à regagner partiellement le temps perdu. L'effet net de ces facteurs inflationnistes et déflationnistes sur la durée totale d'un projet ne serait pas facile à apprécier. On le néglige le plus souvent et on calcule la variance de la longueur du chemin critique comme si les durées des tâches étaient indépendantes.

– Lorsque l'on évalue la probabilité pour que la durée totale du projet excède un délai donné, on ignore totalement les **chemins quasi critiques**, c'est-à-dire les chemins menant du démarrage au parachèvement du projet dont la durée espérée est légèrement inférieure à celle du chemin critique. On tend ainsi à sous-estimer la probabilité recherchée, lourdement parfois. Mais tenir compte de tous les chemins quasi critiques dans l'analyse d'un projet de taille réaliste nécessiterait, nous l'avons mentionné ci-dessus, des calculs excessivement complexes et longs. Il est pratiquement impossible de déterminer précisément les probabilités reliées à la durée totale. Tout au plus peut-on les estimer à l'aide de la simulation. Si l'on procède ainsi, il est utile de compiler en même temps, pour chaque tâche, le pourcentage des essais lors desquels cette tâche s'avère critique. Plus ce pourcentage est élevé, plus le gestionnaire devrait surveiller de près la progression de la tâche.

– Les réseaux considérés dans les sections précédentes présument que l'on peut énumérer à l'avance la liste des tâches, que les prédécesseurs d'une tâche donnée sont connus à l'avance et doivent être tous complétés avant que ne démarre cette tâche. Divers auteurs ont cherché à assouplir ces contraintes. Par exemple, on a considéré des modèles où l'on admet des relations entre les tâches de l'un ou l'autre des types suivants :

13. Voir, par exemple, Moder, J.J. et Rodgers, E.G., « Judgment Estimates of the Moments of PERT Type Distributions », *Management Science*, vol. 15, 1968, p. B78-B83.

(FD ; n) la tâche t' doit démarrer au moins n périodes après la fin de t

(DD ; n) la tâche t' doit démarrer au moins n périodes après le début de t

(FF ; n) la fin de t' doit survenir au moins n périodes après celle de t

(DF ; n) la fin de t' doit survenir au moins n périodes après le début de t.

Notons que la relation de prédécesseur immédiat considérée dans les sections précédentes est du type (FD ; 0). Le modèle *Decision CPM* de Crowston et Thompson[14] va plus loin : il intègre au réseau des nœuds de décision, c'est-à-dire des nœuds dont un seul des arcs qui en émanent sera choisi. De tels nœuds de décision permettent de traiter les projets où certaines tâches peuvent être effectuées de plusieurs façons et où l'on cherche à la fois l'ordonnancement des tâches et la façon la plus rentable de les accomplir. Les nœuds de décision offrent également le choix entre exécuter ou omettre une tâche donnée. Par exemple, dans un projet de recherche et développement, un échec lors des tests signifie que le produit doit être revu et éventuellement modifié, tandis qu'un succès permet de passer à la phase suivante. Divers modèles, tel le *GERT*[15], traitent ces situations aléatoires à l'aide de nœuds probabilistes. Ces différentes extensions offrent une plus grande flexibilité mais sont plus complexes à utiliser. Aucune n'a supplanté les modèles *CPM* et *PERT*, qui continuent à être largement employés.

La construction du réseau présuppose que nous avons réussi à décomposer le projet en tâches bien délimitées, entre lesquelles les relations de prédécesseur et de successeur sont bien définies. Tous les modèles, quantitatifs ou autres, exigent que la réalité soit ainsi circonscrite dans un cadre conceptuel plus ou moins rigide. L'essentiel est que ce processus ne trahisse pas le problème à analyser, que les aspects clés sur lesquels seront basées les décisions soient représentés fidèlement dans le modèle. Les modèles de réseaux en gestion de projets offrent un compromis intéressant. Ils décrivent graphiquement les interrelations entre les tâches du projet, ce qui permet au gestionnaire de visualiser le projet dans sa globalité ; de plus, les logiciels fournissent à faible coût les principaux résultats numériques dont le gestionnaire a besoin pour gérer le projet. Par contre, certains aspects de la réalité leur échappent. Mais, pour obtenir plus de réalisme, il faudrait accepter une plus grande complexité. Les modèles de réseaux allient simplicité et efficacité ; utilisés à bon escient, ils sont fort utiles dans la gestion des projets.

*8.6 ANNEXE – LA REPRÉSENTATION DES TÂCHES PAR LES SOMMETS : LE RÉSEAU POTENTIELS-TÂCHES

Jusqu'ici dans ce chapitre, les projets ont été représentés graphiquement par des réseaux dont les arcs correspondent aux tâches et dans lesquels, pour indiquer que la tâche S est un prédécesseur immédiat de T, on fait coïncider le sommet initial de T avec le sommet terminal de S. Il existe une autre approche[16] où ce sont les sommets qui correspondent

---

14. Crowston, W. et Thompson, G.L., « Decision CPM : A Method for Simultaneous Planning, Scheduling and Control of Projects », *Operations Research*, vol. 15, 1967, p. 407-426.
15. Pritsker, A.A.B. et Happ, W.W., « GERT : Graphical Evaluation and Review Technique, Part I : Fundamentals, Part II : Probabilistic and Industrial Engineering Applications », *Journal of Industrial Engineering*, vol. XVII, 1966. Voir aussi le volume de Pritsker, A.A.B., *Modeling and Analysis Using Q-GERT Networks*, John Wiley & Sons, 1977.
16. Voir : Bernard Roy, « Contribution de la théorie des graphes à l'étude des problèmes d'ordonnancement », *Actes du congrès IFORS*, 1960. Voir également : Bernard Roy, *Algèbre moderne et théorie des graphes orientées vers les sciences économiques et sociales*, tome 2, fascicule 3 : « Problèmes d'ordonnancement et ensembles de potentiels sur un graphe », Dunod, 1970.

aux tâches. Les anglo-saxons parlent alors de *Activity On Node (AON) Graph*. Bernard Roy nomme **graphe potentiels-tâches** une telle représentation graphique. Par opposition, il qualifie de **graphe potentiels-étapes** la représentation plus traditionnelle décrite aux sections 8.1 et 8.2.

8.6.1 La construction d'un réseau potentiels-tâches

Considérons, à titre d'exemple, le projet abstrait dont les tâches sont énumérées au tableau 8.8 (il s'agit du même exemple déjà décrit au tableau 8.2 et dont le réseau potentiels-étapes a été construit à la section 8.2). La figure 8.9 donne le réseau potentiels-tâches associé à ce projet. Trois règles ont présidé à l'élaboration de cette représentation graphique :

- une tâche est représentée par un sommet ;
- quand une tâche *t* est prédécesseur immédiat de *t'*, on trace un arc du sommet associé à *t* vers celui correspondant à *t'* ;
- on ajoute des sommets D, « début », et F, « fin » : D précède tout sommet n'admettant aucun prédécesseur immédiat, tandis que F est lié comme sommet terminal à tout sommet qui ne possède aucun successeur immédiat.

En principe, on peut disposer les sommets à son gré. Cependant, on essaie généralement de placer autant que possible un prédécesseur à gauche de ses successeurs, de minimiser le nombre de croisements des arcs. Ces conventions, qui souffrent un certain nombre d'exceptions, améliorent la lisibilité et l'élégance du réseau.

TABLEAU 8.8
Un projet abstrait : description

Tâche	Prédécesseur(s) immédiat(s)	Durée
T	–	7
U	–	4
W	U	4
X	T, W	5
Y	U	6
Z	X, Y	8
R	U	4
S	X, Y, R	6

FIGURE 8.9
Un exemple abstrait : le réseau potentiels-tâches

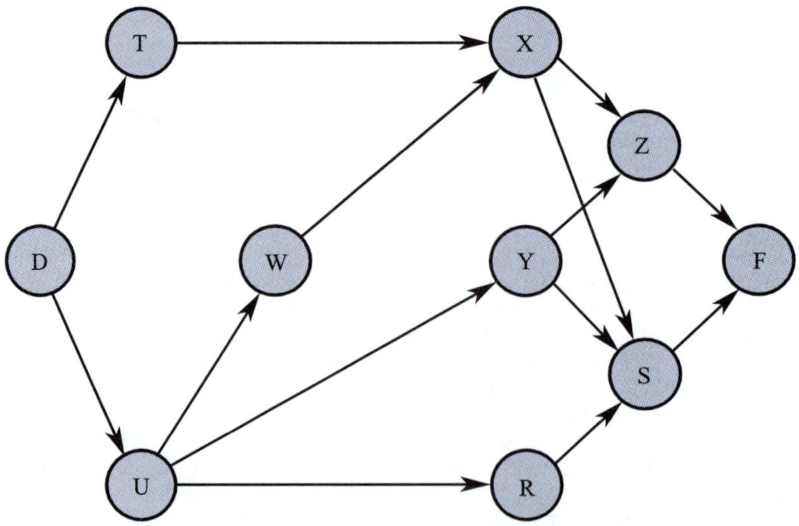

8.6.2 Le calcul des moments et des marges

Le réseau d'un projet permet au gestionnaire de visualiser les relations entre les différentes tâches à réaliser pour mener ce projet à bonne fin. Il sert également de point de départ à la mise en œuvre de divers algorithmes reliés soit à l'ordonnancement optimal des tâches, soit au déroulement optimal du projet. Parmi ces algorithmes, expliquons d'abord celui qui permet d'établir la durée minimale d'un projet, sous l'hypothèse que la durée de chaque tâche est fixe et connue à l'avance.

De nouveau, le projet abstrait du tableau 8.8 servira d'illustration. En un premier temps, on calcule, pour toute tâche t, les **moments au plus tôt** ES(t) et EF(t) :

- ES(t), le **début au plus tôt** de t, est par définition le nombre minimal de périodes entre le démarrage du projet et le début de la tâche t ;
- EF(t), la **fin au plus tôt** de t, représente le délai minimal entre le démarrage du projet et le parachèvement de t.

Les notations ES(t) et EF(t) reflètent la terminologie anglo-saxonne, *Earliest Start* et *Earliest Finish*. Les fins au plus tôt s'obtiennent de la façon suivante :

$$\text{EF}(t) = \text{ES}(t) + (\text{durée de } t).$$

Il reste donc à calculer les débuts au plus tôt. Il résulte immédiatement de la définition de ES(t) que

$$\text{ES(T)} = \text{ES(U)} = 0 \ .$$

De plus, ES(W) = EF(U) + 4 = 0 + 4 = 4, car W peut commencer dès que la tâche U est complétée et cette dernière exige 4 périodes. On obtient de même que ES(Y) = ES(R) = 4.

Tout semble baigner dans l'huile. Déterminons donc ES(S) : puisque X, Y et R sont les prédécesseurs immédiats de S, ces 3 tâches devront être complétées avant que S ne puisse démarrer. Ainsi,

$$\text{ES(S)} \geq \text{EF(X)} = \text{ES(X)} + 5$$

$$\text{ES(S)} \geq \text{EF(Y)} = 4 + 6 = 10$$

$$\text{ES(S)} \geq \text{EF(R)} = 4 + 4 = 8 \ .$$

On constate que le calcul de ES(S) achoppe sur l'ignorance dans laquelle nous sommes temporairement de la valeur de ES(X). Mais X admet T et W comme prédécesseurs immédiats et, par conséquent,

$$\text{ES(X)} \geq \text{EF(T)} = 0 + 7 = 7$$

$$\text{ES(X)} \geq \text{EF(W)} = 4 + 4 = 8$$

On en conclut que ES(X) = 8, puis que ES(S) = 13. On obtient enfin que

$$\text{ES(Z)} = \max \{ 8 + 5 ; 4 + 6 \} = 13$$

$$\text{ES(F)} = \max \{ 13 + 8 ; 13 + 6 \} = 21$$

Ainsi, le délai minimal entre le démarrage du projet et la pseudo-tâche F, qui en représente la fin, est de 21 périodes. C'est la **durée minimale du projet**.

L'exemple précédent a montré que l'ordre dans lequel se calculent les valeurs des ES(t) n'est pas complètement arbitraire ; en fait, le début au plus tôt d'un sommet ne peut être déterminé que si les débuts au plus tôt de tous ses prédécesseurs immédiats sont connus. Nous décrivons maintenant un **algorithme qui donne les moments au plus tôt** ES(t) et EF(t) des différentes tâches t d'un réseau potentiels-tâches. Afin d'en simplifier la présentation, nous convenons que les pseudo-tâches D et F sont de durée nulle.

FIGURE 8.10
Un exemple abstrait : débuts au plus tôt et au plus tard

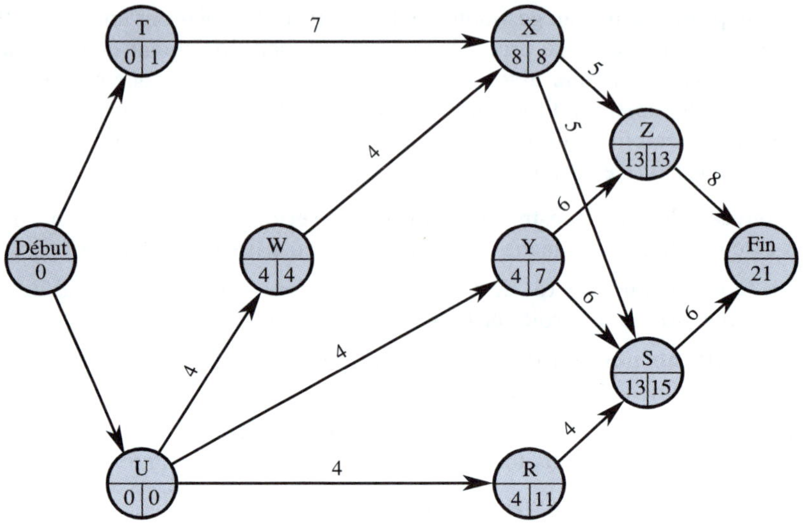

- Poser : ES(D) = EF(D) = 0.
- Choisir au hasard une tâche parmi celles dont les valeurs ES et EF de tous les prédécesseurs immédiats sont connues. Soient t, la tâche retenue ; t_1, ..., t_k, ses prédécesseurs immédiats. Poser

$$\text{ES}(t) = \max \{\text{EF}(t_1) ; \text{EF}(t_2) ; ... ; \text{EF}(t_k)\} \tag{11}$$

$$\text{EF}(t) = \text{ES}(t) + (\text{durée de } t) \tag{12}$$

Le calcul des moments au plus tôt s'effectue le plus souvent grâce à un logiciel. On peut également les calculer directement sur le réseau, pourvu que la durée de chaque tâche y ait été reportée. La figure 8.10 donne les valeurs ES(t) des différentes tâches du projet abstrait. Les valeurs dans les cases de droite représentent des débuts au plus tard LS(t), dont nous verrons ci-dessous l'interprétation et l'intérêt.

La tâche S pourrait s'étaler sur plus de temps que prévu au tableau 8.8 sans que la fin du projet n'en soit nécessairement retardée : en effet, le délai entre les sommets S et F est de 21 – 13 = 8 périodes, alors que la tâche S en exige 6 seulement. Cet excédent de 2 périodes, qui est qualifié de **marge**, représente le nombre maximal de périodes supplémentaires qu'on pourrait accorder à la tâche S sans que soit retardé le parachèvement du projet. On qualifie de **critiques** les **tâches** dont la marge est nulle : tout prolongement de leur durée retarde donc le parachèvement du projet.

Nous indiquons maintenant comment trouver les tâches critiques et calculer la marge positive des tâches non critiques. Mais tout d'abord introduisons, pour toute tâche t, les **moments au plus tard** LS(t) et LF(t). La **fin au plus tard** LF(t), *Latest Finish* en anglais, est par définition l'instant le plus tardif où devra être complétée la tâche t si la durée du projet doit rester minimale. De même, LS(t) représente l'instant le plus tardif pour commencer t si l'on veut éviter de retarder la fin du projet. Évidemment,

$$\text{LS}(t) = \text{LF}(t) - (\text{durée de } t).$$

Il reste donc à déterminer la fin au plus tard des différentes tâches. On procède en suivant à rebours l'ordre utilisé dans le calcul des moments au plus tôt. Il résulte immédiatement des définitions que

$$\text{LF(Z)} = 21 \quad \text{et} \quad \text{LS(Z)} = 21 - 8 = 13$$

$$\text{LF(S)} = 21 \quad \text{et} \quad \text{LS(S)} = 21 - 6 = 15$$

La tâche X, qui est prédécesseur immédiat de Z et de S, doit être complétée suffisamment tôt pour que ni le début de Z, ni celui de S ne soient retardés : par conséquent,

$$\text{LF(X)} \leq \text{LS(Z)} = 13 \quad \text{et} \quad \text{LF(X)} \leq \text{LS(S)} = 15 \; .$$

Il en résulte que $\text{LF(X)} = 13$ et $\text{LS(X)} = 13 - 5 = 8$. De même,

$$\text{LF(Y)} = \min \{\text{LS(Z)} ; \text{LS(S)}\} = 13 \quad \text{et} \quad \text{LS(Y)} = 13 - 6 = 7 \; .$$

Enfin,

$$\text{LF(R)} = \text{LS(S)} = 15 \quad \text{et} \quad \text{LS(R)} = 15 - 4 = 11$$

$$\text{LF(W)} = \text{LS(X)} = 8 \quad \text{et} \quad \text{LS(W)} = 8 - 4 = 4$$

$$\text{LF(T)} = \text{LS(X)} = 8 \quad \text{et} \quad \text{LS(T)} = 8 - 7 = 1$$

La tâche U admet trois successeurs immédiats W, Y et R : par conséquent,

$$\text{LF(U)} = \min \{\text{LS(W)} ; \text{LS(Y)} ; \text{LS(R)}\} = 4 \quad \text{et} \quad \text{LS(U)} = 4 - 4 = 0 \; .$$

Voici un algorithme qui systématise la procédure suivie ci-dessus et qui donne les moments au plus tard $\text{LF}(t)$ et $\text{LS}(t)$ des différentes tâches t d'un réseau potentiels-tâches.

- Poser : LF(F) = LS(F) = durée minimale du projet.
- Choisir au hasard une tâche parmi celles dont les valeurs LF et LS de tous les successeurs immédiats sont connues. Soient t, la tâche retenue ; t_1, ..., t_k, ses successeurs immédiats. Poser

$$\text{LF}(t) = \min \{\text{LS}(t_1) ; \text{LS}(t_2) ; \ldots ; \text{LS}(t_k)\} \tag{13}$$

$$\text{LS}(t) = \text{LF}(t) - (\text{durée de } t) \tag{14}$$

Enfin, la marge d'une tâche se calcule conformément à la formule (8) de la section 8.3 :

$$\text{marge de } t = \text{LS}(t) - \text{ES}(t) = \text{LF}(t) - \text{EF}(t) \tag{15}$$

Le tableau 8.9 énumère les moments et les marges des différentes tâches du projet abstrait. La figure 8.10 décrit ce même projet par un réseau potentiels-tâches sur lequel ont été reportés les débuts au plus tôt et au plus tard. Enfin, le projet RESO présenté au tableau 8.1 est illustré à la figure 8.11 : on constate que l'implantation du réseau de micro-informatique exige 57 jours ouvrables, un résultat déjà trouvé aux figures 8.2 et 8.3 à partir de l'approche potentiels-étapes.

TABLEAU 8.9
Un projet abstrait : moments et marges

Tâche t	ES(t)	EF(t)	LS(t)	LF(t)	Marge
T	0	7	1	8	1
U	0	4	0	4	0
W	4	8	4	8	0
X	8	13	8	13	0
Y	4	10	7	13	3
Z	13	21	13	21	0
R	4	8	11	15	7
S	13	19	15	21	2

FIGURE 8.11
Projet RESO : le réseau potentiels-tâches

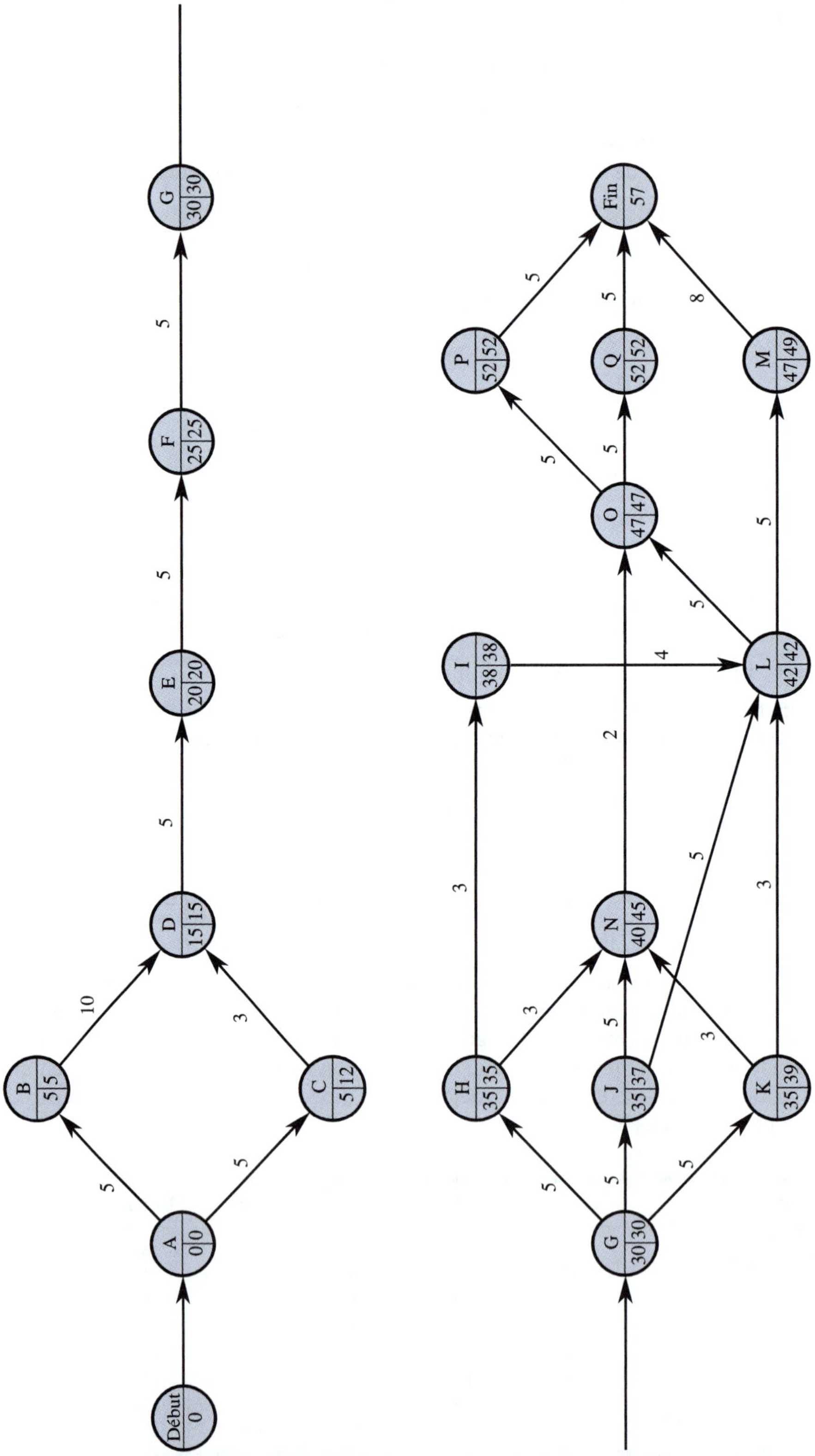

8.6.3 La compression de la durée d'un projet

Lorsqu'il s'agit de fixer la durée d'une tâche, la coutume veut que de toutes les durées possibles l'on retienne celle qui s'avérerait la moins onéreuse. En y consacrant les ressources nécessaires, il est possible, si le projet revêt un caractère urgent, de diminuer la durée de certaines des tâches qui le constituent. On parlera alors d'accélérer ces tâches pour compresser la durée du projet.

Indiquons comment analyser de telles situations. Reprenons l'exemple abstrait décrit au tableau 8.8. Les tâches dont l'accélération est possible et les coûts afférents si une telle décision était prise sont donnés au tableau 8.10 : par exemple, la durée de la tâche T pourrait être réduite de 7 à 4 périodes mais, en contrepartie, on devrait alors débourser 10 000 $ au lieu des 7 000 $ qu'il en coûterait pour exécuter T conformément au programme normal. On convient généralement que la durée effective d'une tâche peut être fixée à toute valeur comprise entre les durées normale et accélérée et que les coûts évoluent **linéairement** en fonction de cette durée effective : par exemple, ceux-ci s'élèveraient à 9 000 $ si l'on décidait d'exécuter T en 5 périodes.

Nous avons déjà calculé que la **durée normale** du projet, c'est-à-dire la durée minimale sans compression d'aucune tâche, est de 21 périodes. Si l'on désirait ramener cette durée à 18 périodes, il faudrait accélérer certaines tâches. Mais lesquelles choisir et de combien de périodes accélérer chacune, tout en minimisant les coûts additionnels ? La réponse à cette question s'obtient comme solution d'un modèle linéaire continu.

Mais auparavant, nous construisons un modèle linéaire plus simple, qui cherche seulement à calculer la durée minimale du projet, en l'absence de toute compression. Le modèle comprend les variables de décision suivantes :

$$\text{Déb}(t) = \text{instant où débute la tâche } t$$

$$\text{DuréeP} = \text{durée du projet.}$$

L'objectif consiste ici à minimiser la durée normale du projet :

$$\text{Min } z = \text{DuréeP.}$$

Les contraintes technologiques de ce modèle se regroupent en 2 catégories :

– si t est prédécesseur immédiat de t', alors t' ne peut démarrer avant la fin de t :

$$\text{Déb}(t') \geq \text{Déb}(t) + \text{d}(t) \qquad (16)$$

– si t n'admet aucun successeur, alors

$$\text{DuréeP} \geq \text{Déb}(t) + \text{d}(t) \qquad (17)$$

TABLEAU 8.10
Coûts d'accélération des tâches

Tâche	Programme normal		Programme accéléré		Coût d'accélération (en $/période)
	Durée	Coût (en $)	Durée	Coût (en $)	
T	7	7 000	4	10 000	1 000
U	4	20 000	4	20 000	–
W	4	4 000	2	8 000	2 000
X	5	10 000	4	14 000	4 000
Y	6	12 000	4	17 000	2 500
Z	8	8 000	5	14 000	2 000
R	4	8 000	3	11 000	3 000
S	6	18 000	5	21 000	3 000

Dans le cas du projet abstrait, le modèle linéaire comprend 12 contraintes technologiques, dont voici la liste.

```
U AVANT W   : - DÉB(U) + DÉB(W) ≥ 4
T AVANT X   : - DÉB(T) + DÉB(X) ≥ 7
W AVANT X   : - DÉB(W) + DÉB(X) ≥ 4
U AVANT Y   : - DÉB(U) + DÉB(Y) ≥ 4
X AVANT Z   : - DÉB(X) + DÉB(Z) ≥ 5
Y AVANT Z   : - DÉB(Y) + DÉB(Z) ≥ 6
U AVANT R   : - DÉB(U) + DÉB(R) ≥ 4
X AVANT S   : - DÉB(X) + DÉB(S) ≥ 5
Y AVANT S   : - DÉB(Y) + DÉB(S) ≥ 6
R AVANT S   : - DÉB(R) + DÉB(S) ≥ 4
Z AVANT FIN : - DÉB(Z) + DURÉEP ≥ 8
S AVANT FIN : - DÉB(S) + DURÉEP ≥ 6
```

Il est facile d'adapter le modèle linéaire précédent pour déterminer quelles tâches accélérer et de combien de périodes chacune, de façon à parachever le projet dans les délais impartis tout en minimisant les coûts d'accélération. Tout d'abord, on ajoute au modèle des variables Acc(t) :

Acc(t) = réduction, grâce à une accélération, de la durée de t

où t est une tâche qui peut être accélérée. On adapte la fonction z au nouvel objectif de minimiser les coûts d'accélération. Ensuite, si t est une tâche qui peut être accélérée, on remplace, dans les inéquations (16) et (17), la durée normale d(t) de t par sa durée accélérée d(t) – Acc(t) :

si t est prédécesseur immédiat de t', alors Déb(t') ≥ Déb(t) + (d(t) – Acc(t)) (18)

si t n'admet aucun successeur, alors DuréeP ≥ Déb(t) + (d(t) – Acc(t)) (19)

Enfin, on doit tenir compte des bornes supérieures pour les variables DuréeP et Acc(t) qui découlent du contexte. Dans le cas des données du tableau 8.10, le modèle modifié prend la forme suivante.

Min z = Acc(T) + 2 Acc(W) + 4 Acc(X) + 2,5 Acc(Y) + 2 Acc(Z) + 3 Acc(R) + 3 Acc(S)

sous les contraintes technologiques :

```
U AVANT W   : - DÉB(U) + DÉB(W) ≥ 4
T AVANT X   : - DÉB(T) + DÉB(X) + ACC(T) ≥ 7
W AVANT X   : - DÉB(W) + DÉB(X) + ACC(W) ≥ 4
U AVANT Y   : - DÉB(U) + DÉB(Y) ≥ 4
X AVANT Z   : - DÉB(X) + DÉB(Z) + ACC(X) ≥ 5
Y AVANT Z   : - DÉB(Y) + DÉB(Z) + ACC(Y) ≥ 6
U AVANT R   : - DÉB(U) + DÉB(R) ≥ 4
```

```
X AVANT S     : - DÉB(X) + DÉB(S) + ACC(X) ≥ 5
Y AVANT S     : - DÉB(Y) + DÉB(S) + ACC(Y) ≥ 6
R AVANT S     : - DÉB(R) + DÉB(S) + ACC(R) ≥ 4
Z AVANT FIN   : - DÉB(Z) + DURÉEP + ACC(Z) ≥ 8
S AVANT FIN   : - DÉB(S) + DURÉEP + ACC(S) ≥ 6
DURÉE PROJ    : DURÉEP ≤ 18
MAXACCEL T    : ACC(T) ≤ 3
MAXACCEL W    : ACC(W) ≤ 2
MAXACCEL X    : ACC(X) ≤ 1
MAXACCEL Y    : ACC(Y) ≤ 2
MAXACCEL Z    : ACC(Z) ≤ 3
MAXACCEL R    : ACC(R) ≤ 1
MAXACCEL S    : ACC(S) ≤ 1
```

8.6.4 En conclusion

D'un point de vue mathématique, les deux approches – réseau potentiels-étapes ou réseau potentiels-tâches – sont équivalentes et donnent les mêmes résultats. La première est la plus ancienne, la mieux documentée et traditionnellement la plus utilisée en Amérique du Nord. L'interprétation des sommets comme des événements permet au gestionnaire de scinder naturellement le projet en « étapes », de réviser la planification du projet aux événements charnières que seront certains sommets.

Par contre, le tracé d'un réseau potentiels-étapes peut s'avérer difficile lorsque plusieurs tâches admettent des ensembles de prédécesseurs immédiats différents mais non disjoints. Le tracé du réseau potentiels-tâches s'obtient toujours plus ou moins automatiquement. Il n'est d'ailleurs pas indispensable pour calculer moments et marges, car les formules (11)-(15) ne font appel qu'aux relations de prédécesseurs immédiats et aux durées, données qui font partie de la description du projet ; les formules correspondantes de l'approche potentiels-étapes reposent de façon cruciale sur la numérotation des sommets et exigent le tracé préalable du graphique. Les réseaux potentiels-tâches s'adaptent plus facilement à des changements dans les données du projet.

De nos jours, la plupart des logiciels offrent les deux approches et le choix de l'une ou l'autre est affaire de goût, d'habitude... ou de contexte culturel !

8.7 PROBLÈMES

1. Tracé 1 Soit un projet dont les tâches satisfont aux relations de prédécesseurs indiquées au tableau suivant. Tracer un réseau qui représente ce projet.

Tâche	Prédécesseur(s) immédiat(s)
A	G, H
B	H
C	H, M
D	–
E	–
F	–
G	D
H	D, E, F
M	E

2. Tracé 2 Soit un projet dont les tâches satisfont aux relations de prédécesseurs indiquées au tableau suivant. Tracer un réseau qui représente ce projet.

Tâche	Prédécesseur(s) immédiat(s)
A	–
B	–
C	A
D	A, B
E	C, D
F	D
G	D, H
H	B

3. Modifications à apporter à un réseau Indiquer en quoi le réseau suivant n'est pas conforme à la description qui suit. Puis, indiquer quelles modifications il faudrait apporter au réseau pour le rendre conforme à la description.

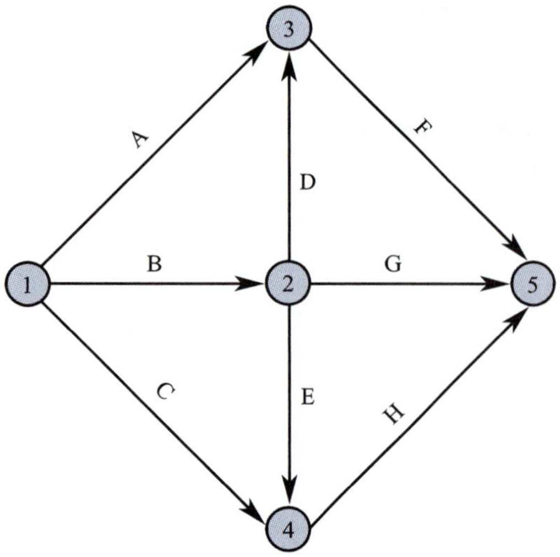

Tâche	Prédécesseur(s) immédiat(s)
A	–
B	–
C	–
D	B
E	B
F	A, D, H
G	B
H	C, E

4. Énumération des chemins d'un réseau Retrouver dans le réseau suivant tous les chemins possibles. Calculer la durée de chacun et indiquer le chemin critique.

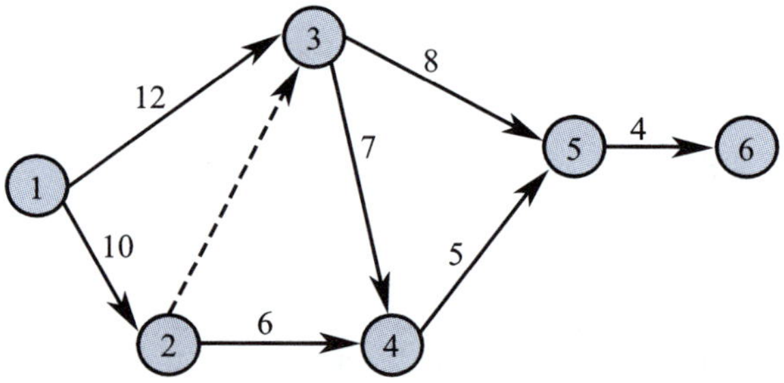

5. Chemin critique Soit un projet dont les tâches satisfont aux relations de prédécesseurs indiquées au tableau suivant.

Tâche	Prédécesseur(s) immédiat(s)	Durée
L	–	3
M	L	2
G	M	5
H	M	1
S	T, G, H	3
T	L	4

(*a*) Tracer un réseau pour représenter ce projet.

(*b*) Calculer la date d'achèvement au plus tôt du projet.

(*c*) Déterminer un chemin critique.

6. Moments au plus tôt et au plus tard Soit un projet dont les tâches satisfont aux relations de prédécesseurs indiquées au tableau suivant.

Tâche	Prédécesseur(s) immédiat(s)	Durée
L	–	8
M	L	5
N	L	4
H	M, N	6
S	M, H	7
T	N	9
P	S, H, T	12

(*a*) Tracer un réseau pour représenter ce projet.

(*b*) Calculer les moments au plus tôt ES et EF de chaque tâche.

(*c*) Calculer les moments au plus tard LS et LF de chaque tâche.

(*d*) Déterminer un chemin critique.

7. **Marge des tâches** Soit un projet dont les tâches satisfont aux relations de prédécesseurs indiquées au tableau suivant.

Tâche	Prédécesseur(s) immédiat(s)	Durée
A	–	3
B	A	4
C	A	6
D	A	2
E	B	7
F	B, C, D	12
G	B	8
H	E, F	7

(*a*) Tracer un réseau pour représenter ce projet.

(*b*) Trouver le(s) chemin(s) critique(s).

(*c*) Calculer les marges des tâches F et G.

8. **Suppression d'une tâche** Soit un projet dont les tâches satisfont aux relations de prédécesseurs indiquées au tableau suivant.

Tâche	Prédécesseur(s) immédiat(s)	Durée
A	–	5
B	A	4
C	A	3
D	B	6
E	D	7
F	C	8
G	E, F	4
H	F	5
I	F	4
J	H, I	6
K	J, G	7
L	K	2

(*a*) Tracer un réseau pour représenter ce projet.

(*b*) Trouver le chemin critique.

(*c*) La durée minimale du projet serait-elle modifiée si la tâche J était supprimée, K admettant alors H, I et G comme prédécesseurs immédiats ? Quels seraient alors le ou les chemins critiques ?

9. **Modification de la durée des tâches et chemin critique** Le réseau ci-dessous représente un projet comportant 8 tâches. Les nombres reportés sur les arcs désignent la durée (en jours) des tâches correspondantes.

(*a*) De combien de jours faudrait-il modifier la durée de la tâche A pour qu'elle appartienne à un chemin critique ?

(*b*) De combien de jours faudrait-il modifier la durée de G pour qu'elle ne fasse plus partie d'un chemin critique ?

(*c*) Les tâches B, G et H constituent un chemin critique, dont la durée est de 22 jours. Si on décidait d'augmenter la durée de B et de diminuer celle de H d'un même nombre de jours, jusqu'où pourrait-on poursuivre cette opération tout en gardant B→G→H comme chemin critique ?

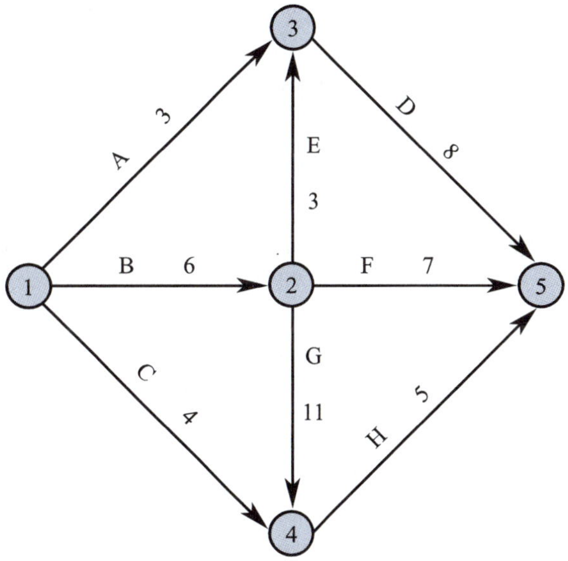

10. **Tâche critique** Le réseau ci-dessous représente un projet comportant 11 tâches. Les nombres reportés sur les arcs désignent la durée (en jours) des tâches correspondantes.

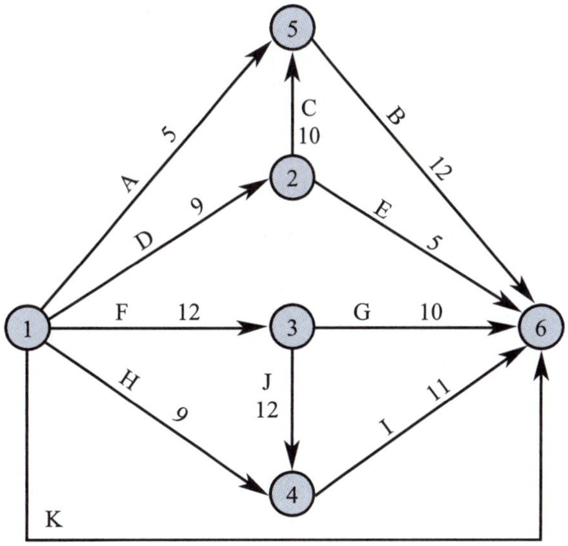

Quelle devrait être la durée minimale de K pour que cette tâche appartienne à un chemin critique ?

11. **Chemin critique et modèle linéaire** Le réseau qui suit représente un projet comportant 9 tâches. Les nombres reportés sur les arcs désignent la durée (en jours) des tâches correspondantes.

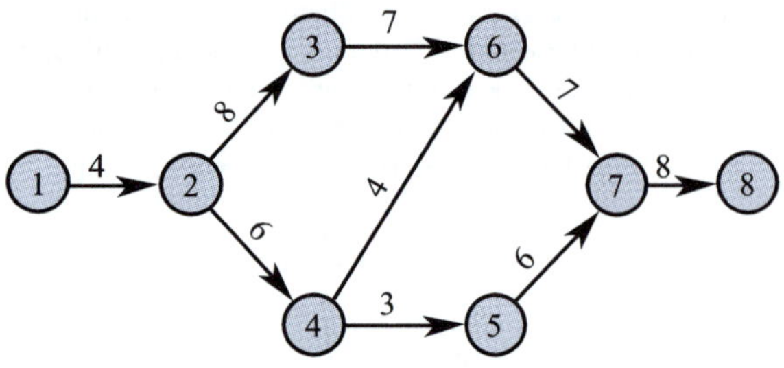

(*a*) Déterminer les tâches dont la marge est nulle.

(*b*) Déterminer tous les chemins critiques de ce projet.

(*c*) Déterminer ces chemins critiques grâce à un modèle linéaire de recherche du chemin le plus long.

12. Hydro-Québec[17] Un client industriel d'Hydro-Québec déplorait que la fréquence des pannes sur le réseau électrique alimentant son usine était anormalement élevée et notait que ces pannes provoquaient des chutes de tension nuisibles à ses procédés de production. Hydro-Québec s'engagea à effectuer les travaux nécessaires à la suppression du problème.

Code	Description	P.I.	Durée
A	Offre de services au client et entente	–	21
B	Mandat d'analyse fonctionnelle	A	5
C	Analyse d'installations similaires et historique	B	24
D	Délai : établissement de la liste des fournisseurs	B	10
E	Étude des installations du client	B	24
F	Révision du mandat pour diagnostic	B	24
G	Analyse fonctionnelle des besoins	B	14
H	Mandat d'ingénierie	D	26
I	Collecte d'informations et dessins existants	G	19
J	Relevés de l'existant	G	14
K	Rapport diagnostique	F	10
L	Établissement de la liste des fournisseurs d'ingénierie	C, E	10
M	Délai : début des schémas avant l'analyse comparative	I	13
N	Schémas des concepts et tableaux	H, I, J, K, L	16
O	Analyse comparative des divers scénarios	H, K, L, M	11
P	Dessins d'implantation (génie civil)	N, O	31
Q	Délai : début des dessins avant estimation et tableaux	O	15
R	Estimation des qualités et des coûts	N, Q	21
S	Tableaux comparatifs des concepts	N, Q	21
T	Analyse de risque	P	23
U	Analyse de la valeur	O, S, T	10
V	Révision des dessins de la solution retenue	R, T	21
W	Rapport technique	U, V	10
X	Estimation des quantités et des coûts	W	10
Y	Rapport d'avant-projet	X	20
Z	Recommandation du projet	Y	60

La réparation proprement dite des installations physiques fut précédée d'une « étude d'avant-projet » dont les objectifs étaient d'analyser l'état des câbles et des structures souterraines alimentant l'usine du client, de poser un diagnostic et, enfin, d'explorer les solutions envisageables. L'étude d'avant-projet fut décomposée en 26 tâches, qui sont énumérées au tableau précédent : celui-ci donne, pour chaque tâche, la liste de ses prédécesseurs immédiats (P.I.) ainsi que sa durée (en jours).

Construire un réseau pour représenter cet avant-projet. Combien de jours ouvrables exige-t-il et quelles en sont les tâches critiques ? Calculer les marges des tâches non critiques.

13. *CPM et PERT* Soit un projet dont les tâches satisfont aux relations de prédécesseurs indiquées au tableau suivant.

Tâche	P.I.	Durée	Tâche	P.I.	Durée
A	–	7	R	N	28
B	A	9	S	P, Q	5
C	A	4	T	R	5
D	B	12	U	N, O	2
E	A	12	V	S	8
F	D	7	W	T, U	2
G	D	8	X	U	2
H	E	14	Y	W, X	9
I	E	7	Z	Y	2
J	E	3	AA	Z	4
K	C	13	BB	Z	3
L	C	14	CC	Z	4
M	C	14	DD	Z	2
N	F, G	2	EE	AA, BB	6
O	H	9	FF	CC, DD	12
P	H, I, J	10	GG	EE, FF	5
Q	K, L, M	4			

(*a*) Tracer un réseau pour représenter ce projet.

(*b*) Calculer la durée minimale de ce projet.

(*c*) Quelles sont les tâches critiques ?

(*d*) À supposer que chacune des tâches de A à G (respectivement de AA à GG) puisse être accélérée de 1 période à un coût de 200 $ (resp. de 100 $), indiquer comment compléter le projet en 100 périodes au moindre coût.

(*e*) À supposer que les durées optimiste et pessimiste de chaque tâche soient d'une période de moins et d'une période de plus respectivement que la durée indiquée, celle-ci devenant la durée la plus probable, quelle serait la probabilité pour que le projet dure moins de 120 périodes ?

17. Cet exemple fut élaboré à partir de données fournies par Michel Blouin et Luc Lamy de la division P.E.C.C. et Support, région Saint-Laurent. Certains éléments ont cependant été modifiés afin de simplifier le problème. En particulier, le projet réel utilisait des relations de prédécesseur avec délais entre les tâches, du type décrit à la fin de la section 8.5. Des « tâches » D, M et Q, représentant des délais, ont été ajoutées dans la présente formulation, afin de restreindre au seul type (FD ; 0) les relations entre tâches et de permettre ainsi de calculer durée minimale du projet et marges à l'aide des outils mathématiques décrits à la section 8.3.

14. Compression de la durée d'un projet Le réseau suivant représente un projet comportant 4 tâches.

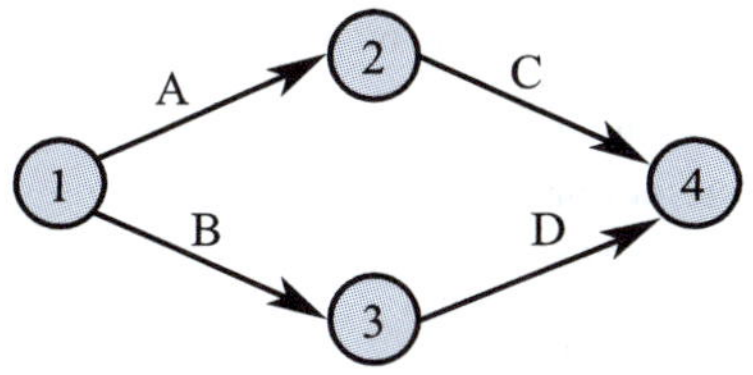

À chacune de ces tâches correspondent 3 durées, selon que la tâche s'accomplit normalement, de façon « pressée » ou de façon accélérée. Le tableau suivant donne, pour chaque tâche, la durée et les dépenses selon le rythme auquel elle est exécutée.

Tâche	Durée normale	Durée pressée	Durée accélérée
A	3 mois : 1 M $	2 mois : 2 M $	1 mois : 4 M $
B	4 mois : 2 M $	3 mois : 4 M $	2 mois : 6 M $
C	5 mois : 3 M $	4 mois : 5 M $	2 mois : 7 M $
D	6 mois : 2 M $	5 mois : 4 M $	3 mois : 6 M $

Construire et résoudre un modèle linéaire indiquant comment procéder pour parachever ce projet le plus vite possible sans excéder le budget de 14 M $.

15. Cheminée d'épuration Une firme d'ingénieurs a proposé à une entreprise de pâtes et papier de construire et installer une cheminée d'épuration. Le tableau ci-dessous décrit ce projet : sous la rubrique « Durée normale » sont donnés, pour chaque tâche, le nombre de semaines requises de même que le coût (en milliers de dollars) si la tâche devait être exécutée au rythme le plus économique ; sous la rubrique « Compression » sont donnés, pour chaque tâche, la durée minimale (en semaines) ainsi que le coût additionnel (en 000 $/semaine) pour l'accélérer.

	Durée normale		Compression	
Tâche	Nombre de semaines	Coût (en 000 $)	Durée minimale	Coût additionnel
1-2	4	50	2	18
2-3	5	80	4	28
2-4	4	40	3	12
2-5	9	50	8	12
3-6	5	30	3	10
4-6	7	20	5	7,2
5-7	6	100	5	28
6-7	4	70	2	21,2

Le contrat qui lie la firme d'ingénieurs à l'entreprise comporte une clause d'honoraires variables selon la durée totale du projet. Cette clause se justifie par l'image de « bon citoyen corporatif » que mériterait l'entreprise en accédant promptement aux demandes des écologistes, qui réclament haut et fort qu'elle devance les dispositions d'une loi à l'étude en se conformant dès maintenant aux normes sévères de respect de l'environnement qui seront édictées. Le tableau suivant donne les honoraires (en 000 $) que recevrait la firme selon la durée du projet.

Durée (en sem.)	19	18	17	16	15	14
Honoraires	825	835	850	875	910	990

Quel échéancier la firme d'ingénieurs devrait-elle proposer ? Comment s'y prendra-t-elle pour arriver à cette proposition ?

16. Belladone Belladone veut remettre à neuf son système de récupération et de traitement des eaux usées. Voici une description du réseau des tâches envisagées, ainsi que les coûts à assumer pour accélérer certaines tâches.

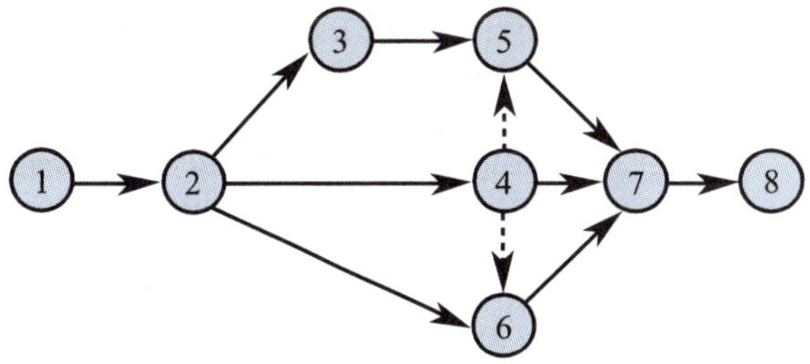

Tâche	Durée normale (en jours)	Accélération maximale (en jours)	Coût d'accélération (en $/jour)
1-2	12	0	–
2-3	4	1	500
2-4	16	4	200
2-6	14	0	–
3-5	24	6	300
4-7	4	0	–
5-7	32	14	100
6-7	10	5	800
7-8	2	0	–

(*a*) Donner le chemin critique.

(*b*) Donner le coût minimal à assumer pour accélérer d'un jour la durée du projet.

(*c*) Donner le coût minimal à assumer pour accélérer de deux jours la durée du projet.

(*d*) Donner la durée minimale du projet si on ne tient pas compte des coûts à assumer.

17. Implantation d'un progiciel de gestion de paie et des ressources humaines Une entreprise en forte croissance éprouve des problèmes dans son service de la paie et dans celui des ressources humaines. En effet, les systèmes associés à la paie ont atteint leurs limites et ne permettent plus de suivre la croissance. Quant aux systèmes de gestion des ressources humaines, ils sont hétéroclites, nécessitant trop souvent des opérations manuelles longues et lourdes.

En 1997, la vice-présidence du service des ressources humaines a décidé d'acheter un progiciel, dont quatre modules seront implantés : Ressources humaines, Avantages sociaux, Saisie du temps et Paie.

Le projet comporte deux phases d'implantation : la phase 1 sera consacrée à la solution des problèmes du traitement de la paie et vise entre autres à éliminer les difficultés liées au passage à l'an 2000 ; la phase 2 solutionnera les besoins de gestion des ressources humaines. Préalablement à ces deux phases, une étude préliminaire de 3 mois est prévue afin de confirmer le déroulement de chacune des phases et de dresser la liste des modifications qui devront être apportées au progiciel pour l'adapter aux besoins particuliers de l'entreprise.

Afin de ne pas compromettre l'échéancier global du projet, la vice-présidence des ressources humaines exige que l'étude préliminaire soit réalisée en 3 mois, soit 60 jours ouvrables. Le tableau ci-contre énumère les différentes tâches à accomplir durant cette étude préliminaire.

Le démarrage du projet se décompose en 3 tâches : planifier le projet de façon détaillée, rassembler les intervenants pour le lancement officiel du projet et démarrer la négociation du contrat avec le fournisseur de services.

L'approche d'analyse retenue consiste à comparer les processus d'affaires de l'entreprise avec ceux que propose le progiciel. La première étape porte donc sur les écarts. Ensuite, pour chacun des écarts, il s'agit de trouver des solutions : changement des façons de faire de l'entreprise, adaptations du progiciel, etc. Les processus à analyser ont été regroupés de façon à suivre les modules du progiciel : Ressources humaines, Avantages sociaux, Saisie du temps et Paie. Afin de repérer correctement les écarts, l'analyse doit se faire dans cet ordre. Par exemple, il est nécessaire d'avoir repéré les écarts dans le champ des ressources humaines avant de s'intéresser à ceux liés aux avantages sociaux. Par contre, il n'est pas nécessaire d'avoir trouvé une solution pour chaque écart observé avant de passer à l'analyse des processus du module suivant.

Après avoir analysé les processus, il est nécessaire d'élaborer des stratégies : conversion, essais, formation et communication. La mise en œuvre de ces stratégies ne peut débuter avant que les écarts pour chacun des processus aient été repérés. L'architecture technologique peut être élaborée concomitamment aux analyses des processus et à l'élaboration des stratégies. La stratégie d'implantation est un document qui précise le contenu de chaque phase et décrit comment se déroulera la transition de l'ancien au nouveau système. Pour pouvoir l'élaborer, il faut qu'il n'y ait plus d'inconnue : tous les écarts doivent être résolus et toutes les stratégies doivent être élaborées.

Le tableau ci-contre donne, pour chaque tâche, la liste de ses prédécesseurs immédiats (P.I.) ainsi que sa durée (en jours).

Il est alors possible de planifier de façon détaillée la phase 1, qui démarrera aussitôt. La phase 2 ne débutant que dans un an environ, une planification globale suffira.

	Tâche	P.I.	Durée
	Démarrage		
A	Planification de l'étude préliminaire	–	7
B	Lancement du projet	A	3
C	Négociation du contrat	A	40
	Analyse des processus		
	Processus Ressources humaines		
D	Identification des écarts	B	8
E	Solutions aux écarts	D	3
	Processus Avantages sociaux		
F	Identification des écarts	D	6
G	Solutions aux écarts	F	3
	Processus Saisie du temps		
H	Identification des écarts	F	7
I	Solutions aux écarts	H	5
	Processus Paie		
J	Identification des écarts	H	8
K	Solutions aux écarts	J	4
	Élaboration des stratégies		
L	Stratégie de conversion	D, F, H, J	20
M	Stratégie d'essais	D, F, H, J	12
N	Stratégie de formation	D, F, H, J	7
O	Stratégie de communication	D, F, H, J	7
P	Architecture technologique	B	10
Q	Stratégie d'implantation	E, G, I, K, L, M, N, O, P	12
	Installation du progiciel		
R	Installation des équipements	P	5
S	Installation du progiciel	C, R	5
	Planification des phases à venir		
T	Planification détaillée Phase 1	Q	5
U	Planification globale Phase 2	Q	3

(*a*) Construire un réseau pour représenter le projet et déterminer combien de jours exigera cette étude préliminaire.

(*b*) Donner tous les chemins critiques de ce projet.

(*c*) Calculer les marges des tâches C, D, E et M.

(*d*) Certaines tâches d'analyse des processus peuvent être accélérées en faisant participer des utilisateurs. Ceux-ci peuvent collaborer au projet sans formation préalable, car ils connaissent bien le contexte de l'entreprise. Le coût de l'accélération de ces tâches est donc proportionnel à la durée de la collaboration des utilisateurs.

Tâche	Durée normale	Durée accélérée	Coût d'accélération (en 000 $/jour)
D	8	6	1
F	6	5	1,4
H	7	4	1,2
I	5	4	1
J	8	5	1,5

Exemple : La tâche H peut être accélérée de 0 à 3 jours et il en coûte 1 200 $ par jour d'accélération.

Certaines tâches de démarrage, d'élaboration de stratégies et de planification peuvent être accélérées par l'ajout de consultants spécialisés en implantation de progiciels. Dans ce cas, il s'agit d'un coût fixe : en effet, les consultants doivent se familiariser avec le contexte de l'entreprise et du projet, et il n'est pas envisagé de limiter leur intervention.

Tâche	Durée normale	Durée accélérée	Coût d'accélération (en 000 $)
A	7	5	5
L	20	14	15
M	12	10	6
O	7	5	5
P	10	7	7
Q	12	8	10
T	5	4	5
U	3	2	3

Exemple : Le recours à un consultant permettrait d'accélérer la tâche L de 6 jours, à un coût de 15 000 $. Ce montant doit être déboursé en entier si l'entreprise décidait d'utiliser un consultant dans le cadre de cette tâche.

Déterminer quelles tâches devraient être accélérées, si l'étude doit être complétée en 60 jours.

18. ***PERT 1*** Soit un projet dont les tâches satisfont aux relations de prédécesseurs indiquées au tableau suivant.

Tâche	Prédécesseur(s) immédiat(s)	Durée (en jours)		
		opt	*m*	*pess*
A	–	6	9	15
B	–	9	12	14
C	A	2	4	6
D	A	5	7	11
E	B, C	4	5	7
F	E	8	12	16
G	D, F	5	7	9
H	E	4	5	8

(*a*) Tracer un réseau pour représenter ce projet.

(*b*) Pour chaque tâche *t*, calculer la valeur espérée μ_t et l'écart type σ_t de la variable aléatoire D_t, « durée de *t* ».

(*c*) Calculer les moments espérés au plus tôt et au plus tard des différentes tâches.

(*d*) Calculer la marge de chaque tâche. Lesquelles sont critiques ?

(*e*) Déterminer l'unique chemin critique du réseau. Calculer la valeur espérée μ_D et l'écart type σ_D de la longueur D de ce chemin.

(*f*) Quelle est la probabilité pour que le parachèvement du projet exige 42 jours ou plus ?

(*g*) Quelle est la probabilité pour que le projet soit complété en moins de 35 jours ?

(*h*) Quelle est la probabilité pour que la durée du projet soit comprise entre 40 et 42 jours ?

19. ***PERT 2*** Soit un projet dont les tâches satisfont aux relations de prédécesseurs indiquées au tableau suivant.

Tâche	Prédécesseur(s) immédiat(s)	Durée (en semaines)		
		opt	*m*	*pess*
A	–	2	3	6
B	A	3	4	6
C	B, H, K	4	5	7
D	A	4	6	8
E	C, D	6	7	10
F	C	7	8	11
G	–	8	9	12
H	–	9	10	12
I	G	4	6	11
J	C, I	6	7	8
K	G	3	4	8

(*a*) Tracer un réseau pour représenter ce projet.

(*b*) Calculer les moments espérés au plus tôt et au plus tard des différents sommets.

(*c*) Déterminer l'unique chemin critique du réseau. Calculer la valeur espérée μ_D et l'écart type σ_D de la longueur D de ce chemin.

(*d*) Quelle est la probabilité pour que le projet soit parachevé en 30 semaines ou plus ?

(*e*) Quelle est la probabilité pour que la durée du projet soit comprise entre 27 et 30 semaines ?

20. ***PERT 3*** Soit un projet dont les tâches satisfont aux relations de prédécesseurs indiquées au tableau suivant.

Tâche	Prédécesseur(s) immédiat(s)	Durée		
		opt	*m*	*pess*
A	–	9	12	16
B	–	5	7	9
C	–	9	11	13
D	A, B	2	4	6
E	A, B	3	5	6
F	B	6	7	8
G	B, C	4	6	8
H	B, C	9	10	12
I	D	11	14	16
J	D, E, F, G, H	7	9	10
K	H	6	7	8

(*a*) Tracer un réseau pour représenter ce projet.

(*b*) Calculer les moments espérés au plus tôt et au plus tard des différents sommets.

(*c*) Déterminer tous les chemins critiques du réseau. Pour chacun, calculer la valeur espérée μ_i et l'écart type σ_i de la variable D_i, longueur du chemin critique numéro *i* ; calculer également la probabilité pour que D_i soit supérieur ou égal à 32 périodes.

(*d*) Que peut-on dire de la probabilité pour que le projet soit parachevé en 32 périodes ou plus ?

21. Gisement de kimberlite Depuis longtemps, on a repéré au Canada des traces de kimberlite, la roche mère du diamant. Certes, on n'a pas encore trouvé l'équivalent du Cullinan, cette pierre de 621,2 grammes découverte le 26 janvier 1905 dans le Transvaal et qui a donné naissance, à Amsterdam, à 105 pierres gemmes, dont la plus grosse pèse 530,2 carats. Elle est connue maintenant comme la *Star of Africa* et brille de tous ses feux sur le sceptre royal britannique.

Il y a des indices de kimberlite en Abitibi, dans l'île Perrot, dans les Territoires du Nord-Ouest et dans le nouveau territoire de Nunavuk, où des indices sérieux ont mené récemment à la mise en exploitation d'un gisement que l'on croit porteur de brillantes perspectives.

Voici la liste des macrotâches qu'il faudra exécuter pour lancer l'exploitation du gisement.

A Étude d'impact environnemental
A' Démarches pour l'obtention du permis d'exploitation
B Ouverture d'une piste d'accès de 20 km
B' Érection de 2 ponts sur la piste d'accès
C Transport à pied d'œuvre d'une foreuse-sondeuse
C' Installation de la foreuse-sondeuse
D Construction de bâtiments pour loger les ouvriers sondeurs
E Pavage de la piste d'accès
F Construction d'un canal d'adduction d'eau
G Travaux de sondage pour repérer les endroits propices où enfoncer les puits
H Forage de 2 puits
J Transport du matériel d'exploitation (monte-charges, matériel d'aération, etc.)
K Descente du matériel d'exploitation au fond des puits
L Construction des bureaux et des logements pour les mineurs
M Traçage des galeries
N Construction de la laverie et des tables de tri

Et voici ces tâches accompagnées de leurs prédécesseurs immédiats et de leurs durées.

Tâche	Prédécesseur(s) immédiat(s)	Durée (en jours)		
		opt	*m*	*pess*
A	A'	100	125	160
A'	–	100	110	130
B	A	90	100	120
B'	A	60	70	100
C	B, B'	10	12	15
C'	C	15	20	25
D	B, B'	20	30	35
E	B, B'	10	12	15
F	B, B'	30	35	50
G	D	40	50	75
H	G	100	120	200
J	E	30	40	60
K	J	10	15	25
L	E	75	90	100
M	L, K	60	75	80
N	E	30	40	55

(*a*) Tracer un réseau approprié.

(*b*) Calculer la durée espérée du projet. Déterminer un chemin critique.

(*c*) Quelle est la probabilité pour que le projet dure moins de 550 jours ?

(*d*) Sachant que les tâches A, A', B, B', D, E, G, H, J, K, L et M pourraient être accomplies chacune en 10 jours de moins en dépensant pour chacune de ces journées 1 000 $, comment répartirait-on de façon optimale un budget de 100 000 $ pour abréger le plus possible la durée espérée du projet ?

(*e*) Supposons que les tâches mentionnées en (*d*) puissent être abrégées de 15 jours chacune en dépensant 1 000 $ pour chacune des 5 premières journées gagnées, 2 500 $ pour chacune des 5 suivantes et 5 000 $ pour chacune des 5 dernières. Quelles sont les tâches à abréger et de combien de jours chacune si le budget total disponible pour la compression s'élève à 650 000 $?

22. La vérification externe Dans une monographie destinée aux experts-comptables américains, Krogstad, Grudnitsky et Bryant ont fait une description du réseau des tâches associées à un projet de vérification externe d'une grande société. Un associé d'un cabinet canadien d'experts-comptables songe à s'inspirer de cet exemple pour planifier une mission de vérification récemment obtenue. Il prévoit faire la vérification des systèmes en cours d'exercice afin de réduire le délai de publication des états financiers vérifiés.

Voici la liste des différentes tâches que comprend ce mandat.

A Planification
B Vérification du système Ventes-Clients-Encaissements
C Vérification du système Achats-Fournisseurs-Décaissements
D Vérification du système Salaires
E Vérification du dénombrement des stocks
F Mise en marche des procédés de vérification de fin d'exercice
G Vérification des liquidités
H Vérification de l'évaluation des stocks
I Vérification des comptes clients
J Vérification des autres actifs à court terme
K Vérification des comptes fournisseurs
L Vérification des autres charges et produits
M Vérification des actifs immobilisés
N Vérification des placements de portefeuille
O Vérification des dettes à long terme
P Obtention de la lettre de déclaration
Q Révision du dossier de mission
R Obtention de la lettre de confirmation d'avocat
S Rédaction du rapport du vérificateur et des autres rapports
T Préparation des déclarations d'impôts

U Rencontre associé responsable et direction

Le tableau suivant décrit les relations de prédécesseurs immédiats entre ces tâches et donne leurs durées estimées par l'associé.

Tâche	Prédécesseur(s) immédiat(s)	Durée (en heures)		
		opt	*m*	*pess*
A	–	10	12	18
B	A	25	30	40
C	A	25	30	40
D	A	7	10	15
E	B, C	12	25	36
F	D, E	5	11	17
G	B, C	16	20	36
H	E	80	150	160
I	G	16	30	48
J	F	10	15	20
K	H	20	30	40
L	H, I, J	8	14	20
M	J	18	24	26
N	L	2	3	4
O	J	10	15	25
P	K, M, N, O	1	1	1
Q	K, M, N, O	15	20	30
R	K, L, M, O	1	1	1
S	P, Q, R	15	24	30
T	P, Q, R	18	24	30
U	S, T	5	6	7

(*a*) Construire un réseau pour représenter la mission de vérification.

(*b*) Déterminer la durée espérée de cette mission et indiquer un chemin critique.

(*c*) Si les 3 durées associées à la tâche H pouvaient être diminuées de moitié, la durée espérée de la mission de vérification serait-elle raccourcie de 75 heures ? Pourquoi ?

Table – Aire sous la courbe normale centrée réduite

La valeur tabulée est le nombre α tel que

$\alpha = P(Z \geq z_\alpha)$

où $Z \sim N(0\,;\,1)$.

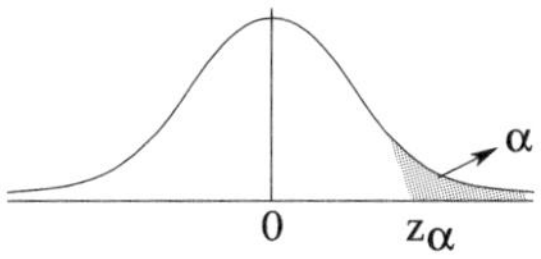

z_α	,00	,01	,02	,03	,04	,05	,06	,07	,08	,09
0,0	,5000	,4960	,4920	,4880	,4840	,4801	,4761	,4721	,4681	,4641
0,1	,4602	,4562	,4522	,4483	,4443	,4404	,4364	,4325	,4286	,4247
0,2	,4207	,4168	,4129	,4090	,4052	,4013	,3974	,3936	,3897	,3859
0,3	,3821	,3783	,3745	,3707	,3669	,3632	,3594	,3557	,3520	,3483
0,4	,3446	,3409	,3372	,3336	,3300	,3264	,3228	,3192	,3156	,3121
0,5	,3085	,3050	,3015	,2981	,2946	,2912	,2877	,2843	,2810	,2776
0,6	,2743	,2709	,2676	,2643	,2611	,2578	,2546	,2514	,2483	,2451
0,7	,2420	,2389	,2358	,2327	,2296	,2266	,2236	,2206	,2177	,2148
0,8	,2119	,2090	,2061	,2033	,2005	,1977	,1949	,1922	,1894	,1867
0,9	,1841	,1814	,1788	,1762	,1736	,1711	,1685	,1660	,1635	,1611
1,0	,1587	,1562	,1539	,1515	,1492	,1469	,1446	,1423	,1401	,1379
1,1	,1357	,1335	,1314	,1292	,1271	,1251	,1230	,1210	,1190	,1170
1,2	,1151	,1131	,1112	,1093	,1075	,1056	,1038	,1020	,1003	,0985
1,3	,0968	,0951	,0934	,0918	,0901	,0885	,0869	,0853	,0838	,0823
1,4	,0808	,0793	,0778	,0764	,0749	,0735	,0721	,0708	,0694	,0681
1,5	,0668	,0655	,0643	,0630	,0618	,0606	,0594	,0582	,0571	,0559
1,6	,0548	,0537	,0526	,0516	,0505	,0495	,0485	,0475	,0465	,0455
1,7	,0446	,0436	,0427	,0418	,0409	,0401	,0392	,0384	,0375	,0367
1,8	,0359	,0351	,0344	,0336	,0329	,0322	,0314	,0307	,0301	,0294
1,9	,0287	,0281	,0274	,0268	,0262	,0256	,0250	,0244	,0239	,0233
2,0	,0228	,0222	,0217	,0212	,0207	,0202	,0197	,0192	,0188	,0183
2,1	,0179	,0174	,0170	,0166	,0162	,0158	,0154	,0150	,0146	,0143
2,2	,0139	,0136	,0132	,0129	,0125	,0122	,0119	,0116	,0113	,0110
2,3	,0107	,0104	,0102	,0^{2}99	,0^{2}96	,0^{2}94	,0^{2}91	,0^{2}89	,0^{2}87	,0^{2}84
2,4	,0^{2}82	,0^{2}80	,0^{2}78	,0^{2}75	,0^{2}73	,0^{2}71	,0^{2}69	,0^{2}68	,0^{2}66	,0^{2}64
2,5	,0^{2}62	,0^{2}60	,0^{2}59	,0^{2}57	,0^{2}55	,0^{2}54	,0^{2}52	,0^{2}51	,0^{2}49	,0^{2}48
2,6	,0^{2}47	,0^{2}45	,0^{2}44	,0^{2}43	,0^{2}41	,0^{2}40	,0^{2}39	,0^{2}38	,0^{2}37	,0^{2}36
2,7	,0^{2}35	,0^{2}34	,0^{2}33	,0^{2}32	,0^{2}31	,0^{2}30	,0^{2}29	,0^{2}28	,0^{2}27	,0^{2}26
2,8	,0^{2}26	,0^{2}25	,0^{2}24	,0^{2}23	,0^{2}23	,0^{2}22	,0^{2}21	,0^{2}21	,0^{2}20	,0^{2}19
2,9	,0^{2}19	,0^{2}18	,0^{2}18	,0^{2}17	,0^{2}16	,0^{2}16	,0^{2}15	,0^{2}15	,0^{2}14	,0^{2}14
3,0	,0^{2}13	,0^{2}13	,0^{2}13	,0^{2}12	,0^{2}12	,0^{2}11	,0^{2}11	,0^{2}11	,0^{2}10	,0^{2}10
3,1	,0^{3}97	,0^{3}94	,0^{3}90	,0^{3}87	,0^{3}84	,0^{3}82	,0^{3}79	,0^{3}76	,0^{3}74	,0^{3}71
3,2	,0^{3}69	,0^{3}66	,0^{3}64	,0^{3}62	,0^{3}60	,0^{3}58	,0^{3}56	,0^{3}54	,0^{3}52	,0^{3}50
3,3	,0^{3}48	,0^{3}47	,0^{3}45	,0^{3}43	,0^{3}42	,0^{3}40	,0^{3}39	,0^{3}38	,0^{3}36	,0^{3}34
3,4	,0^{3}34	,0^{3}32	,0^{3}31	,0^{3}30	,0^{3}29	,0^{3}28	,0^{3}27	,0^{3}26	,0^{3}25	,0^{3}24
3,5	,0^{3}23	,0^{3}22	,0^{3}22	,0^{3}21	,0^{3}20	,0^{3}19	,0^{3}19	,0^{3}18	,0^{3}17	,0^{3}17
3,6	,0^{3}16	,0^{3}15	,0^{3}15	,0^{3}14	,0^{3}14	,0^{3}13	,0^{3}13	,0^{3}12	,0^{3}12	,0^{3}11
3,7	,0^{3}11	,0^{3}10	,0^{3}10	,0^{4}96	,0^{4}92	,0^{4}88	,0^{4}85	,0^{4}82	,0^{4}78	,0^{4}75
3,8	,0^{4}72	,0^{4}69	,0^{4}67	,0^{4}64	,0^{4}62	,0^{4}59	,0^{4}57	,0^{4}54	,0^{4}52	,0^{4}50
3,9	,0^{4}48	,0^{4}46	,0^{4}44	,0^{4}42	,0^{4}41	,0^{4}39	,0^{4}37	,0^{4}36	,0^{4}34	,0^{4}33
4,0	,0^{4}32	,0^{4}30	,0^{4}29	,0^{4}28	,0^{4}27	,0^{4}26	,0^{4}25	,0^{4}24	,0^{4}23	,0^{4}22

Note : La valeur tabulée ,0^{3}84 se lit 0,00084. Ainsi, $P(Z \geq 3{,}14) = 0{,}00084$.

Réponses des problèmes de numéro impair

CHAPITRE 2 La modélisation

1. M1 : 2 000 et M2 : 0 ; contribution au profit : 24 000 $

3. Oranges : 600, pamplemousses : 100 et tangerines : 200 ; revenus de 6 100 $

5. Chaque atelier fonctionnera pendant 28 jours ; le coût minimal est de 232 400 naïras.

7. 400 modèles standard dans A, 1 300 dans B, 800 dans C et 560 modèles de luxe dans B : profit maximal de 210 300 $

9. 5 de type A, 26 de type B, 1 de type C et 24 de type D : revenu maximal de 4 714 300 $

11. 50 000 pieds de planche d'épinette et 50 000 pieds carrés de contreplaqué : 75 000 $

13. Pour un revenu maximal net de 1 082 143 $, on fabriquera 107 142,9 litres de Special Reserve.

15. On produira 12 outils A et 10 outils B. Le coût horaire minimal est 55,17 $.

17.

Composant	1. Chiens	2. Chats	Total
Viande	2 000	7 000	9 000
Poisson	3 000	–	3 000
Céréales	2 000	2 000	4 000
Total	7 000	9 000	16 000

Coûts minimaux : 28 500 $

19. (*a*) Lorsqu'on exige l'intégrité des variables de décision et de la durée du périple, la durée maximale est de 7 jours : 4 jerricans, 2 bonbonnes et 7 jours de nourriture.

(*b*) Lorsqu'on n'exige que l'intégrité de la durée du périple, la durée maximale est de 8 jours : 5 jerricans, 2 bonbonnes d'eau, dont l'une est pleine au départ et l'autre, remplie à 60 %.

21. (*a*) Départs à 6 h pour Val-d'Or et Lac-Mégantic, à 8 h pour Jonquière et Matane, à 13 h pour Rivière-du-Loup et Baie-Comeau. Profits quotidiens maximaux : 61 000 $

(*b*) Départs à 6 h pour Baie-Comeau, Val-d'Or et Lac-Mégantic, à 8 h pour Jonquière et Matane, à 13 h pour Rivière-du-Loup ; profits quotidiens maximaux : 62 000 $

23. Le total des bourses accordées s'élèverait au minimum à 18 725 $. Seule la bourse Janvier ne serait pas décernée.

25. (*a*) Il est optimal d'implanter l'unique usine en D. On rejoint 418 000 habitants au total.

(*b*) Il est optimal de choisir D et L, ou bien B et H.

27. La patrouille peut être formée de B, D, I et J, ou encore de D, G, I et J.

29. (*b*) Construire dans l'ordre K, B, P, puis I.

31. Deux ateliers : en B et en D

z = 3 030 000 (dollars par année)

33. Annonce dans les magazines 1, 3, 4, 6 et 7 ; on rejoint 13 des 15 mercenaires.

35. Rejoindre 603 500 visiteurs potentiels

N°	0	1	2	7	8	9
Nombre	10	8	3	20	1 000	5 000

37. T2 : 475 ; T4 : 275 ; z = 21 875 (dollars)

39. (*a*) z = 50 100 (dollars)
(*b*) z = 63 450 (dollars)
(*c*) z = 51 200 (dollars)
(*d*) z = 53 900 (dollars)
(*e*) z = 52 000 (dollars)

41. C : 3 + 23 + 53 + 21 = 100

43.

Inspecteur	A	B	C	D
Temps à la table	2,4	3,5625	1	1
Nombre de rivets	1 200	1 425	450	425

45. (*a*) P1 : 300 unités ; z = 1 200 (dollars)
(*b*) P2 : 450 unités ; z = 2 062,50 (dollars)
(*c*) P3 : 340 unités ; z = 1 325 (dollars)

47. **(a)** A : 60 ; B : 40 ; C : 80 ; $z = 1\ 180$ (milliers de dollars)
(b) A : 20 ; C : 200 ; $z = 1\ 100$ (milliers de dollars)
(c) A : 36 ; C : 168 ; $z = 1\ 160$ (milliers de dollars)

49. **(a)** $z = 6$ (semaines)
(b) $z = 11$ (techniciens)
(c) $z = 14$ (techniciens)

51. Distance minimale pour déplacer les voitures : 514 km

53. $z = 383\ 600\ 600$ (FMG)

55. $z = 36\ 999{,}60$ (dollars/jour)

57. $z = \mathit{VentesS} + \mathit{VentesI} = 491\ 750$ (dollars)

59. $z = \mathit{CProd} + \mathit{CEntr} + \mathit{CTransp} = 7\ 409\ 450$ (dollars)

61. $z = 880\ 600$ (dollars)

CHAPITRE 3 La résolution graphique de modèles linéaires continus comportant deux variables de décision

1. $z = 4\ 350$ (dollars)

3. $z = 40\ 000$ (dollars)

5. 16 planteurs et 17 étudiants

7. $z = 5\ 700$ (dollars)

9. **(a)** Points extrêmes : (0 ; 0,67), (0 ; 5), (2,33 ; 2,67), (1,6 ; 1,2)
(b) (− 2 ; 0) et (0 ; 2) sur la droite « $z = 2$ »
(c) (0 ; 5)

11. **(a)** Point extrême optimal : (14 ; 4)
(b) Point extrême optimal : (16 ; 5)
(c) Points optimaux : segment de (18,71 ; 13) à (15,41 ; 5,29)
(d) Région admissible vide

13. **(a)** A = (0 ; 1), B = (0 ; 2), C = (1 ; 0), D = (2 ; 0)
(b) Le modèle n'est pas borné.
(c) Il suffit que $c_1 \leq -6$.

15. Points extrêmes : O = (0 ; 0), A = (0 ; 3), B = (3 ; 1,5), C = (4 ; 0)
$z = c_1 x_1 + c_2 x_2$

(a)

	c_1	c_2
O	− 2	− 3
A	− 1	4
B	3	5
C	7	− 5

(b)

	c_1	c_2
O	2	3
A	− 1	− 4
B	− 4	− 6
C	− 8	2

17. **(a)** Point extrême optimal : (4,5 ; 0)
(b) Point extrême optimal : (5 ; 0)
(c) Points optimaux : segment de (2,43 ; 1,71) à (3 ; 0)
(d) Point extrême optimal : (4,5 ; 0)
(e) Point extrême optimal : (4,5 ; 0)
(f) Point extrême optimal : (4,5 ; 0)

19. **(a)** Unique point optimal : (2 ; 3)
(b) Non
(c) $x_1 = 2{,}8571$; $x_2 = 1{,}7143$; $z = 21{,}7143$

21. **(b)** O = (0 ; 0), A = (0 ; 20), B = (2 ; 20), C = (10 ; 4), D = (6 ; 0)
(c) (3 ; 18)
(d) $c_1 \geq 4$
(e) A = (0 ; 20)

23. $-2\, x_1 + x_2 \leq 0$; $-x_1 + x_2 \geq 0$; $x_1 \leq 5$

CHAPITRE 4 L'algorithme du simplexe

1. **(a)** $z = 86$; solution optimale : (10 ; 8)
(b) 3e contrainte de (PLS =) : $2\, x_1 + x_2 + e_3 = 28$

Point	P	Q	R	S
e_3	12	6	− 2	− 1

(c) 3 itérations ; $z = 86$
V.B. : $x_2 = 8$; $x_1 = 10$; $e_1 = 5$
$(c_j - z_j)$: de e_2 : − 5,5 ; de e_3 : − 1,5

3. **(a)** 2 itérations ; $z = 444$
V.B. : $x_2 = 27$; $x_3 = 15$; $e_3 = 18$
$(c_j - z_j)$: de x_1 : − 7 ; de e_1 : − 3,5 ; de e_2 : − 1,5
(b) 2 itérations ; $z = 256$
V.B. : $e_1 = 64$; $x_3 = 64$; $e_3 = 32$
$(c_j - z_j)$: de x_2 : − 1 ; de x_4 : − 1 ; de e_2 : − 2

5. Vrai seulement s'il existe plusieurs solutions optimales.

7. $a = 2$; $b = 3$; $c = 4$; $d = 0$; $e = 0$; $f = 0$; $g = 0$; $h = 0$; $i = 1$; $j = 22/9$; $k = 1$; $m = 0$; $n = 0$; $p = 0$; $q = 0$; $r = -1/9$; $s = 25$

9. **(a)** Point extrême optimal : (3 ; 1)
   (b) Phase I : 1 itération ; e_1, e_2 et x_1 dans la base à la fin
   Phase II : 2 itérations ; $z = 9$
   V.B. : $e_3 = 9$; $x_2 = 1$; $x_1 = 3$
   $(c_j - z_j)$: de e_1 : -1 ; de e_2 : -1

11. **(a)** Phase I : 2 itérations ; e_1, x_1, x_3 et e_4 dans la base à la fin
   Phase II : 1 itération ; $z = 68$
   V.B. : $e_1 = 0$; $x_1 = 10$; $x_3 = 12$; $x_2 = 0$
   $(c_j - z_j)$: de e_2 : -4 ; de e_3 : $-0{,}33$; de e_4 : $-2{,}67$
   (b) Phase I : 3 itérations ; x_2, e_1, e_3 et x_1 dans la base à la fin
   Phase II : 3 itérations ; $z = 4\,800$
   V.B. : $e_4 = 500$; $e_1 = 500$; $e_2 = 600$; $x_1 = 400$
   $(c_j - z_j)$: de x_2 : -33 ; de x_3 : -12 ; de e_3 : -6

13. **(a)** Premier tableau optimal :
   $x_2 = 6$; $x_1 = 12$; $e_2 = 15$; $z = 30$
   $(c_j - z_j)$: de e_1 : 0 ; de e_3 : $-0{,}5$
   Deuxième tableau optimal :
   $x_2 = 30$; $e_1 = 72$; $e_2 = 15$
   $(c_j - z_j)$: de x_1 : 0 ; de e_3 : $-0{,}5$
   (b) $x_2 = 30 - 2\,x_1$ et $e_1 = 72 - 6\,x_1$, où $0 \le x_1 \le 12$

15. $x_1 = 3$; $x_2 = 0$; $x_3 = 97$; $e_1 = e_2 = 0$; $e_3 = 99$; $z = 394$

17. **(a)** Non **(b)** Non **(c)** Non
   (d) Oui **(e)** Oui **(f)** Non

19. **(a)** V.B. : e_1, e_2 et x_2
   (b) $e = g = h = i = j = 0$; $f = 1$; $d = 3$; $m = 12$
   (c) $k = 0$
   (d) $c > 0$ et $a > 3b$
   (e) $c = 0$ et $a = 3b$
   (f) $c < 0$ et $b \le 0$ et $a < 3b$

21. **(a)** $x_1 = 9$; $x_2 = 0$; $x_3 = 0$; $e_1 = 75$; $e_2 = 49$; $e_3 = 0$; $z = 45$
   (b) Il suffit d'entrer e_3 dans la base et d'en sortir x_1. Maximisation
   (c) Une itération plus tard :
   V.B. : $e_1 = 9{,}67$; $x_3 = 16{,}33$; $x_1 = 9$; $z = 94$

23. Non : le modèle n'est pas borné.

25. Oui

CHAPITRE 5 L'analyse postoptimale

1. **(a)** P1 : 33,333 ; P2 : 66,667 ; P3 : 0
   C'est le seul plan optimal.
   (b) P1 : 31,667 ; P2 : 58,333 ; P3 : 10
   Profit : 706,67 $
   (c) Main-d'œuvre : 0,66 $
   Services administratifs : 0 $
   (d) Aucune modification
   (e) $60 \le b_1 \le 150$
   (f) $6 \le c_1 \le 15$
   (g) 2,67 $
   (h) Aucune modification

3. **(a)** x_1 = nombre de sedans produits mensuellement
   $c_1 = 2\,345 - (3{,}5 \times 16) - (2 \times 15) - (1{,}5 \times 12)$
   (b) Sedans : 120 ; sport : 270
   Atelier 1 : 100 % ; atelier 2 : 52,5 %
   (c) 7
   (d) L'analyste a raison.
   (e) Sedans : 120 ; sport : 395
   Le profit augmente de 415 375 $.

5. **(a)** Aucune modification
   (b) Frites : 40 000 ; juliennes : 40 000
   (c) Dépenses : 42 000
   Fourn. 1 : 49 500 ; fourn. 2 : 33 000
   (d) Frites : 300 ; juliennes : 100

7. **(a)**

x_1	x_2	x_3	e_1	e_2	e_3	**Valeur**
– 1	0	0	1	– 0,5	– 0,250	60
1,5	0	1	0	0,5	0	230
0,25	1	0	0	0	0,125	105
– 6,5	0	0	0	– 4	– 0,250	2 050

   (b) e_i = nombre de minutes disponibles non utilisées dans l'atelier A*i*
   (c) Elle ne serait pas utilisée.
   (d) L1 : 0 ; L2 : 95 ; L3 : 230
   (e) Aucune modification
   (f) Muter 40 minutes de l'atelier 1 à l'atelier 2
   (g) L1 : 0 ; L2 : 80 ; L3 : 130 ; NL : 100

9. **(a)** C : 22 000 ; P : 4 000 ; T : 1 000
   Coûts : 141 000 $
   (b) C : 21 936 ; P : 3 520 ; T : 1 144
   Coûts : 140 920 $
   (c) Plan de production inchangé
   Coûts : 147 160 $
   (d) Plan de production inchangé
   Coûts : 142 280 $
   (e) C : 20 400 ; P : 4 000 ; T : 1 300
   Coûts : 137 500 $
   (f) C : 20 533 ; P : 4 000 ; T : 1 300
   Coûts : 138 165 $

11. (*a*) S : 15 500 ; P : 46 500
Investir 31 500 $ en publicité pour Polisukoe
(*b*) Aucune modification
(*c*) 0,08 $
(*d*) S : 15 550 ; P : 46 650
Investir 30 650 $ en publicité pour Polisukoe
(*e*) Le paradoxe provient de la limite supérieure fixée pour le budget alloué aux 2 cidres.

13. (*a*) $10 \leq c_1 \leq 14$
(*b*) 5 £
(*c*) 1,667 £
(*d*) Oui : $|c_j - z_j|$ de $e_1 = 3{,}5 > 2$
(*e*) M1 : 855 ; M2 : 270 ; M3 : 135
Contribution totale : 19 710 £
(*f*) 1 £

15. (*a*) x_{JS} : nombre de cartons de 1 000 crayons en jelutong sans gomme produits durant la prochaine rafale
(*b*) ÉRABLE exige que la production totale de crayons en érable soit d'au moins 1 000 cartons.
(*c*) $z' = 129\ x_{CF} + 188\ x_{CG} + 221\ x_{JG} + 144\ x_{JS} + 330\ x_{OG} + 224\ x_{EF} + 186\ x_{ES}$
(*d*) Au moins 27,75/50 = 0,555 FB
(*e*) Oui : poser $e_{11} = 400$
(*f*) Profit : 1 333 580 FB
$x_{EF} = 3\,030$; $x_{OG} = 770$
(*g*) Ateliers n°s 1, 5 et 6. Le contremaître a tort.
(*h*) Le profit augmente de 8 900 FB.
(*i*) Oui
(*j*) Oui ; profit : 1 327 580 FB
(*k*) La 2e offre est plus intéressante.

17. (*a*) Objectif : maximiser le capital net d'impôt à la fin de l'an 3.
(*b*) La contrainte « BUDGET-2 » exige que l'argent disponible au début de l'an 2 soit dépensé pendant l'année dans le projet de la Toison d'Or ou investi au taux de 10 % :
MG = 70 A2 + 250 P2 + C2.
Le membre gauche MG = 30 A1 + 605 P1 + 2,5 E1 + 1,05 C1 est obtenu ainsi : on calcule d'abord les sommes reçues R_1 par Lainex à la fin de l'an 1; puis on retranche les impôts, qui représentent 50 % de l'écart entre R_1 et les dépenses D_1 :
$MG = R_1 - 0{,}50\ (R_1 - D_1)$
$= 0{,}5\ R_1 + 0{,}5\ D_1$
où
R_1 = 960 P1 + 1,10 C1
D_1 = 60 A1 + (2×125) P1 + 5 E1 + C1.
(*c*) 2 360 tonnes
(*d*) 127 000 dollars
(*e*) Plan optimal inchangé ; $z' = 7\,169\,086{,}80$
(*f*) Plan optimal inchangé ; $z' = 6\,902\,869$
(*g*) Plan optimal inchangé, sauf P1 = 4 720 ;
C2 = 1 105 600 ; C3 = 2 875 880
$z' = 7\,409\,669$
(*h*) $z' = z - 343\,710$
(*i*) $z' = 7\,337\,187$
(*j*) Si la capacité annuelle est portée à 6 500 kg, $z' = 7\,502\,504$.
Si elle est portée à 7 000 kg, $e_1 = -1\,480$ et la solution de base associée au tableau n'est pas admissible.

19. (*a*) MS : 2 500 ; ML : 560
(*b*) Atelier B
(*c*) Le modèle standard
(*d*) 26,25 $
(*e*) Acheter au plus 5 500 h à un coût ne dépassant pas 4,65 $/h ; confier 550 unités du MS.
(*f*) Exiger au moins 103,20 $/unité ; contrat confié à A ou à C.

CHAPITRE 6 La programmation linéaire en nombres entiers

1. (*a*) $x_1 = 8{,}57$; $x_2 = 6{,}29$; $z_0 = 169{,}14$
(*b*) $x_1 = 9$; $x_2 = 5{,}5$; $z_1 = 160$
(*c*) $x_1 = 8{,}73$; $x_2 = 6$; $z_2 = 165{,}83$
(*d*) $z^* \leq 160$
(*e*) $x_1 = 8$; $x_2 = 6$; $z^* = 160$
(*f*) 1re séparation selon x_2 ; 2e séparation selon x_1

3. Une seule séparation, selon x_1
$x_1 = 8$; $x_2 = 6$; $z = 160$

5. (*a*) $x_1 = 6{,}17$; $x_2 = 3{,}87$; $z = 20{,}08$
(*b*) (6 ; 3) viole (1) ; (6 ; 4) viole (2) ; (7 ; 3) viole (1) ; (7 ; 4) viole (1)
(*c*) $x_1 = 4$; $x_2 = 1$; $z = 10$
Le tableau ci-dessous donne, pour chaque séparation, le numéro du nœud ainsi que la variable selon laquelle s'effectue la séparation.

Nœud	0	1	3	5	7	9
Variable x_j	x_1	x_2	x_1	x_2	x_1	x_2

7. (*a*) $x_3 = 2$; $x_6 = 2$; $z = 14$

Nœud	0	2
Variable x_j	x_6	x_3

(*b*) $x_1 = 2$; $z = 20$

Nœud	0	1	3	4	5	7
Variable x_j	x_1	x_3	x_2	x_2	x_4	x_1

(*c*) $x_2 = 3$; $x_3 = 1$; $x_5 = 3$; $z = 50$

Nœud	0	1	3	6	4	5	11
Variable x_j	x_5	x_4	x_3	x_5	x_5	x_2	x_1

(*d*) $x_2 = 4$; $x_3 = 3{,}32$; $x_4 = 1{,}24$; $z = 50{,}28$

Nœud	0	1
Variable x_j	x_2	x_1

(*e*) Une seule séparation, selon x_3 ; $x_5 = 1$; $z = 3$

(*f*) $x_1 = 5\,000$; $x_2 = 3\,500$; $v_1 = v_2 = 1$; $z = 45\,100$

Nœud	0	1	2	4
Variable	v_1	v_3	v_2	v_2

9. (*a*) $v_{Ij} = 1$ si l'employé I est affecté à la machine j.
 (*b*) Une seule séparation, selon v_{Ac}
 $v_{Aa} = v_{Bc} = v_{Cb} = v_{Dd} = 1$; $z = 39$

11. x_{iJ} = nombre de candidats de la spécialité i affectés à la production de J
 y_{iJ} = nombre de jours de travail des employés de spécialité i consacrés à la production de J

Nœud	0	2
Variable x_j	x_{2B}	x_{1A}

$x_{1A} = 7$; $x_{2B} = 8$; $y_{1A} = 133{,}333$; $y_{2B} = 187{,}5$;
$z = 68\,691{,}67$

13. (*a*) x_J = nombre de bennes fournies par le concurrent J
 $v_J = 1$ si le concurrent J fournit au moins une benne
 (*b*) $x_B = 650$; $x_C = 400$; $v_B = v_C = 1$; $z = 476\,500$

Nœud	0	2
Variable	v_B	v_C

 (c) $v_A + v_B + v_C \geq 2$

CHAPITRE 7 Les problèmes de réseaux

1. $z = 290\,875$ (dollars)
3. (*a*) $z = 57\,600$ (dollars) (*b*) $z = 57\,600$
 (*c*) $z = 82\,200$ (*d*) $z = 57\,450$
5. $z = 66\,400$ (dollars)
7. $z = 355$
9. Unité de flot : un poste de travail
 (*a*) $z = 115$ (dollars)
 (*b*) $z = 307$ (dollars)
11. Profit : 39 760 000 FCFA
13. $z = 678\,200\,000$ (dollars)
15. (*a*) Oui
 (*b*) $z = 4$ (personnes)
 (*c*) $z = 2$ (personnes)
17. (*a*) $z = 175\,932$ (dollars)
 (*b*) $z = 148\,280$ (dollars)
 (*c*) $z = 123\,227$ (dollars)
19. $z = 7\,409\,450$ (dollars)
21. Temps d'attente minimal : 31,75 h
23. Salaire total minimal : 144 000 $
25. Coût minimal : 60 700 $
27. (*a*) 4 lignes-origines : hauts-fourneaux numéros 1, 2, 3 et 4
 3 colonnes-destinations : minerai, voitures et ferraille
 (*b*) Coût total minimal de traitement : 362 025 $
 (*c*) Baisse de 2 775 $
29. Distance totale minimale : 11 060 km
31. Petites : 245 km
 Grosses : 269 km
33. (*a*) $z = 26\,400\,000$
 (*b*) Variables de décision : x_{ij} = nombre d'équipes de l'entreprise C_i qui opéreront dans le district D_j.
 Objectif : Min $z = \Sigma_i \Sigma_j\ c_{ij}\ x_{ij}$
 Contraintes :
 $\Sigma_j\ x_{ij} = S_i$ pour $i = 1, \ldots, 8$
 $\Sigma_i\ x_{ij} = E_j$ pour $j = 1, \ldots, 4$
 $x_{ij} \geq 0$ pour tout $(i\,;j)$
 (*c*) $z = 26\,800\,000$
35. Oui

CHAPITRE 8 La gestion de projets

1. 8 événements ; 4 tâches fictives, dont 2 incidentes au sommet terminal de l'arc associé à la tâche F
3. Modifications à apporter : A sur 1→4 ; C sur 1→3 ; E sur 2→3 ; D sur 2→4 ; H sur 3→4 ; F sur 4→5
5. (*b*) Date au plus tôt : 13
 (*c*) L → M → G → F → S (F est une tâche fictive)
7. (*b*) Chemin critique : A → C → F → H de longueur 28
 (*c*) Marge de F = 0
 Marge de G = 13
9. (*a*) L'augmenter d'au moins 11 jours
 (*b*) La diminuer d'un peu plus de 5 jours
 (*c*) Jusqu'à ce que la durée de H soit nulle
11. (*a*) 1→2 ; 2→3 ; 3→6 ; 6→7 ; 7→8
 (*b*) Tâches de (*a*) ; longueur : 34 jours
 (*c*) Variables : $v_{ij} = 1$ si $i \to j$ fait partie du chemin critique. Le coefficient de v_{ij} dans z est la durée de $i \to j$.

Les contraintes forcent les variables v_{ij} à définir un chemin.

13. (*b*) Accélérer les tâches D, G, CC, FF et GG de 1 période chacune. Le coût d'accélération s'élèvera à 700 dollars.

(*c*) A, B, D, G, N, R, T, W, Y, Z, CC, FF, GG

(*e*) 1

15. N'accélérer aucune tâche et réaliser le projet en 19 semaines : revenus nets de 385 000 $

17. (*a*) 76 jours

(*b*) A → B → D → F → H → J → L → F4 → Q → T → F6

(*c*) C : 24 ; D : 0 ; E : 38 ; M : 8

(*d*) Coûts d'accélération minimaux : 30 000 $
Recours aux consultants : A et L
Accélération : D : 2 ; F : 1 ; H : 3 ; I : 0 ; J : 2

19. (*c*) G → K → C → F ; $\mu_D = 27{,}33$; $\sigma_D = 1{,}354$

(*d*) 2,4 %

(*e*) 57,4 %

21. (*b*) $\mu_D = 551{,}67$;
chemin critique : A' → A → B → F1 → D → G → H (F1 est une tâche fictive)

(*c*) 46,8 %

(*d*) Réduction de 10 jours de A', A, B, D, G, H

(*e*) Réduire de 15 jours A', A, B, D, G et H ; parmi E, L et M, en réduire une de 5 jours et une autre de 3 jours

Index

A

- à-coups du membre droit, modification par, 82-85
- additivité, hypothèse d', 33
- affectation, problème d', 71-72, 354-357
- algorithme
  - du simplexe, 13, 169-223
    - efficacité de l'___, 222-223
    - organigramme de l'___, 182
  - du transport, 362-366
- analyse
  - paramétrique, 235
  - postoptimale, 231-265
    - et logiciels, 239-240
- arbre d'énumération, 296
- arc, 319
  - bornes d'un ___ générique, 324
  - dédoublement d'un___, 328
  - flot sur un ___, 319
  - virtuel, 322

B

- base
  - cases de ___, 362
  - coefficient de ___, 192
  - solution de ___, *voir* solution
  - variables de ___, 184, 363
  - variables hors ___, 175, 184
- bornes d'un arc générique, 324

C

- calcul
  - des marges, 437-440
  - tableau de ___, 372
- caractérisation algébrique, 174-176
- cases de base, 362
- chemin(s), 72
  - critique, 414-421
  - longueur d'un ___, 417
  - problème du ___ le plus court, 72-73, 352-354
  - quasi critiques, 434
- circuit, 91
  - eulérien, 93
  - exhaustif, 91
- combinaisons linéaires convexes, 159
- compression de la durée du projet, 441-443
- conditions
  - de linéarité, 33
  - logiques, 73-75
- conservation du flot, contraintes de, 324
- contrainte(s), 16, 29-31
  - active à l'optimum, 166
  - de conservation du flot, 324
  - de non-négativité, 31
  - d'intégrité, 31
  - dominée, 57
  - droite associée à une ___, 142
  - inactive à l'optimum, 166
  - redondante, 36
  - satisfaite comme
    - équation, 143
    - inéquation, 143
  - technologiques, 31, 173
- courbe
  - de niveau, 148
  - d'indifférence, 148
- coût(s)
  - fixes, 79-80
  - marginal, 193, 256
    - critère du meilleur ___ (MCM), 185, 199
  - méthode des ___ minimaux, 367-370
- CPM (*Critical Path Method*), 406
- critère
  - de la variable la plus distante, 296
  - d'optimalité, 200
  - du meilleur c_j, 296
  - du meilleur coût marginal (MCM), 185, 199
- cycle, 412
  - de changement, 363

D

- Dantzig, G.B., 13, 169
- début
  - au plus tard, 421, 438-440
  - au plus tôt, 421, 437-440
- décision, *voir* variable(s)
- dédoublement d'un arc, 328
- dégénérescence, 218-222, 375-382
- démarrage d'un projet, 408
- demi
  - -espace, 153
    - fermé, 153
    - ouvert, 153
  - -plan, 153
- diagrammes de Gantt, 406
- droite associée à une contrainte, 142
- dual, construction du, 259-263
- dualité, 259-265
  - théorème de la ___
    - faible, 263-264
    - forte, 264
- durée du projet
  - compression de la ___, 441-443
  - la plus probable, 430
  - minimale, 414-421
  - modale, 430
  - normale, 427
  - optimiste, 430
  - pessimiste, 430

E

- écart(s)
  - théorème des ___ complémentaires, 264-265
  - variable d'___, 170-171
- émetteur, *voir* sommet

ensemble convexe, 154
énumération, arbre d', 296
équation(s)
contrainte satisfaite comme ___, 143
d'ajustement, 245
équilibrage d'un problème de transport, 375
étape(s)
de séparation, 295
d'évaluation, 298
graphe potentiels-___, 436
variables d'___, 46
Euler, 93
évaluation
étape d'___, 298
méthode de séparation et d'___ progressive, 295-308
excédent, variable d', 171-172

F

fils, nœuds-, 296
fin
au plus tard, 421, 438-440
au plus tôt, 421, 437-440
flot
contraintes de conservation du ___, 324
net
émergeant d'un sommet, 321
incident à un sommet, 321
problème du ___ maximal, 350-352
sur un arc, 319
fonction
linéaire par parties, 87-90
-objectif, 29
forme canonique, 186-187

G

Gantt, diagrammes de, 406
géocodage, 2
gestion
de projets, 10, 405-443
des stocks, 10
graphe potentiels-
étapes, 436
tâches, 436

H

horaire(s)
brisés, 5
des standardistes, 52-58
hypothèses
d'additivité, 33
de proportionnalité, 33

I

indice, variables de décision à double, 48-51
indifférence, courbe d', 148
inéquation, contrainte satisfaite comme, 143
intégrité, contrainte d', 31
itérations, 183
nombre espéré d'___, 223

L

linéarité, conditions de, 33
lots, 80-82

M

M, méthode du grand, 208-210
marge(s), 416, 417
calcul des ___, 437-440
libre, 417
totale, 417
matrice unité, 187
maximum de plusieurs minima, 102-103
MCM (meilleur coût marginal), 185, 199
mélange, problème de, 45-48
méthode(s)
des coûts minimaux, 367-370
de séparation et d'évaluation progressive, 295-308
des pénalités, 370-372
du grand M, 208-210
du rectangle, 197-198
en deux phases, 203-204
heuristiques, 14
scientifique, 10, 14-15
minima, maxima de plusieurs, 102-103
modèle, 27, 111-113
général de réseaux, 326-327
linéaire, 31
continu, 31, 288
en nombres entiers, 31, 288
en variables binaires, 289
général, 200-201
mixte, 288
multipériode, 65, 335-336
non borné, 163, 215-217
sans solution admissible, 214-215
sous forme PLS, 173-174
sous forme (PLS=), 174
totalement en nombres entiers, 288
totalement unimodulaire, 294
modélisation graphique, 318, 320
modification
avec pénalité du membre droit, 96-97
d'un coefficient b_i :
l'approche algébrique, 237-239
l'approche géométrique, 236-237
d'un coefficient c_j :
l'approche algébrique, 235-236
l'approche géométrique, 233-235
par à-coups du membre droit, 82-85
moment
au plus tard, 416, 438-440
au plus tôt, 414, 437-440

N

négativité, contrainte de non-, 31
niveau, courbe de, 148
nœud(s)
-fils, 296
générique, 295
-père, 296
nombre(s)
entiers
modèle linéaire en ___, 31, 288
modèle totalement en ___, 288
espéré d'itérations, 223

O

objectif, 16
fonction-, 29
optimalité
critère d'___, 200
d'un trajet, 2
optimisation d'un processus, recherche d', 8-9
organigramme de l'algorithme du simplexe, 182

P

parachèvement d'un projet, 414
parcours, 93
parties, fonctions linéaires par, 87-90
pénalité(s)
associée à une rangée, 370
méthode des ___, 370-372
modification avec ___ du membre droit, 96-97

père, nœud-, 296
PERT, 406, 428-435
phase(s)
  I, 204-207
  II, 207
  méthode en deux ___, 203-204
  transition entre les ___ I et II, 208
pivot, 187
pivotage, 180, 187-189, 200
plan(s)
  demi-, 153
  de production, 29, 141
PLB, 289
PLC, 200, 288
PLE, 288
PLM, 289
PLS, 173-174
PLTE, 289
P=, 172-173
point(s), 141
  admissible, 141
  extrême(s), 158, 159, 174-176, 178
    adjacent, 186
    dégénéré, 159
  frontières, 158
  inadmissible, 141
  intérieurs, 158
polyèdre, 154
potentiels, *voir* graphe *et* réseaux
prédécesseur(s)
  immédiats, 407
  lointain, 407
principe de relaxation, 293
problème(s)
  d'affectation, 71-72, 354-357
  de mélange, 45-48
  de réseaux, 317-391
    problèmes apparentés à des ___, 382-391
  de transbordement, 350-357
  de transport, 357-382
    classique, 317
    équilibrage d'un ___, 375
    équilibrés, 359
  du chemin le plus court, 72-73, 352-354
  du flot maximal, 350-352
  du sac alpin, 178-180
processus, recherche d'optimisation d'un, 8-9
production, plan de, 29, 141
programmation linéaire, théorème fondamental de la, 160
projet(s), 407
  durée du ___
    compression de la ___, 441-443
    minimale, 414-421
    normale, 427
  gestion de ___, 10, 405-443
proportionnalité, hypothèse de, 33
puits, 350

Q

quantile, 433

R

récepteur, *voir* sommet
rectangle, méthode du, 197-198
région admissible, 142, 145, 147
  bornée, 156
relaxation, 290
  principe de ___, 293
réseau(x), 93, 409
  eulérien, 93
  modèle général de ___, 326-327
  potentiels-étapes, 443
  potentiels-tâches, 435-440
  problèmes de ___, 317-391
    problèmes apparentés à des ___, 382-391
  sommet terminal du ___, 412
restriction, 290
robustesse, 37, 50

S

sac alpin, problème du, 178-180
séparation
  étape de ___, 295
  exhaustive, 296
  méthode de ___ et d'évaluation progressive, 295-308
  variable de ___, 296
simplexe
  algorithme du ___, 13, 169-223
    efficacité de l'___, 222-223
    organigramme de l'___, 182
  tableau initial du ___, 183-184, 199
solution(s) 141
  admissible, 31, 141
    modèle linéaire sans ___, 214-215
  de base, 178-180
    admissible, 173-180
    associée, 183, 184
    dégénérée, 219
    optimale, 178
  inadmissible, 31, 141
  initiale, 186
  irréalisable, 31
  optimale(s), 31, 179
    infinité de ___, 214
    unique, 214
  réalisable, 31
sommet
  de transbordement, 321-322
  émetteur, 322
  flot net
    émergeant d'un ___, 321
    incident à un ___, 321
  initial, 319, 408
  récepteur, 322
  terminal
    d'un arc, 319-408
    du réseau, 412
source, 350
stepping-stone, 363
stocks, gestion des, 10
STORM, 322, 326-327, 417

T

tableau
  de calcul, 372
  de transport, 359-360
  (initial) du simplexe, 183-184, 199
tâche(s), 407
  critiques, 416
  fictive, 410
  graphe potentiels-, 436
taylorisme, 10
théorème
  de la dualité
    faible, 263-264
    forte, 264
  des écarts complémentaires, 264-265
  fondamental de la programmation linéaire, 160
transbordement
  problème de ___, 350-357
  sommet de ___, 321-322
transition entre les phases I et II, 208
transport
  algorithme du ___, 362-366
  problème de ___, 357-382
    classique, 317
    équilibrage d'un ___, 375
    équilibré, 359

U

unimodularité, 326
unité, matrice, 187

V

valeur marginale, 246
variable(s)
  accessoires, 46
  artificielles, 203
  binaires, 69-76
    modèle linéaire en ___, 289
  bivalentes, 69
  booléennes, 69
  critère de la ___ la plus distante, 296
  dans la base, 247, 248
  de base, 184
  d'écart, 170-171
  de décision, 29
    à double indice, 48-51
  de séparation, 296
  d'étape, 46
  d'excédent, 171-172
  entrante, 185, 199
  hors base, 184, 244-247, 247-248
  libre, 104
  originales d'un modèle, 232
  sortante, 186, 199
  0-1, 69

Nous reconnaissons l'aide financière du gouvernement du Canada par l'entremise du Programme d'aide au développement de l'industrie de l'édition (PADIÉ) pour nos activités d'édition.

Gouvernement du Québec — Programmes de crédit d'impôt pour l'édition de livres — Gestion SODEC.